정신건강사회복지의 이해와 실제 1

한국정신건강사회복지사협회 편

신정

집필진

이름	소속	이름	소속
고진선	우리동네마음건강연구소	이나래	인천참사랑병원
권자영	세명대학교 사회복지학과	이미경	부산가톨릭대학교 사회복지상담학과
김근향	대구대학교 심리학과	이성규	숭실대학교 사회복지학부
김도윤	정신건강NPO 마음두레	이은진	수원과학대학교 사회복지학과
김문근	대구대학교 사회복지학과	이정하	정신장애와 인권 파도손
김수영	서대문해벗누리	이종국	국립공주병원
박미은	한남대학교 사회복지학과	이지현	강남세브란스병원
박애란	대한간호협회 정신간호사회	임규설	지역사회전환시설 라온
박재우	서초열린세상	장명찬	마음샘정신재활센터
박현숙	경성대학교 사회복지학과	장수미	청주대학교 사회복지학과
배정훈	우리병원	장창현	느티나무의료사협의원
백형의	을지대학교 중독재활복지학과	전준희	화성시정신건강복지센터
서성자	하모니하우스	채인숙	인제대학교 해운대백병원
손덕순	용인송담대학교 사회복지학과	최명민	백석대학교 사회복지학부
유숙	송국클럽하우스	하경희	아주대학교 공공정책대학원
이구상	한국생명존중희망재단	현진희	대구대학교 사회복지학과
이근희	국립정신건강센터	황순찬	인하대학교 사회복지학과
이기연	한국보건복지인력개발원	황정우	지역사회전환시설 우리마을

발간사

한국정신건강사회복지사협회는 1997년 창립되어 정신건강을 실천하는 사회복지사의 단체로서, 나아가 국민의 정신건강을 지키는 파수꾼으로서 소임을 다하고 있습니다. 현대인을 지치게 하는 정신적 고통과 잦은 재난으로 인한 삶의 위협으로부터 서로를 지켜내는 지혜의 중요성은 더욱 커가고 있습니다. 이렇듯 다양하게 분출되는 정신건강의 필요와 서비스 욕구에 부응해야 할 과제가 우리 앞에 직면해 있습니다. 그래서 급변하는 사회적 이슈들을 새롭게 정리하고 보다 효과적인 복지서비스를 제시하는 자료가 필요하였습니다.

본 교재는 정신건강 서비스의 기본지식을 수련 받는 예비 정신건강사회복지사를 위한 교재로 집필되었습니다. 또한 정신건강 현장에 있는 사회복지사의 실무를 충실하게 담아보고자 하였으니 실천현장에서의 교육자료, 대학 교과과정의 교재 등 다양한 용도로도 활용할 수 있을 것입니다.

특히, 이번에는 정신건강, 그중에서도 보다 사회복지적인 정체성과 사회복지적인 실천기술을 탐색하고 정리해 보고자 고민하였음을 말씀드립니다. 그러나 여전히 부족한 부분은 이후의 과제로 남겨두어야 함도 인정합니다.

코로나19로 힘겨운 생활 속에서, 짧은 원고마감 일정임에도 흔쾌히 원고작성에 열정을 담아주신 선·후배 집필진들께 진심으로 감사드립니다. 그리고 훌륭한 글들을 멋지게 엮어주신 이은진 편집위원장님과 편집위원님들, 협회사무국 선생님들의 노고에도 깊이 감사드립니다.

2021년 4월

한국정신건강사회복지사협회 회장 황정우

머리말

한국정신건강사회복지사협회는 1997년부터 정신건강수련사회복지사 이론교육을 진행하고 있으며, 2012년 「정신보건전문요원 수련교재」를 첫 발간하였고, 2015년 수련교재를 재개정하는 등 정신건강사회복지사를 배출하고 역량 강화를 위해 다각적인 노력을 기울여왔습니다. 최근 급속한 정신건강 환경 변화와 함께 정신건강수련사회복지사 이론교육 교과목 변경으로 인하여 수련교재 재개정이 필요하다는 요구에 부응하기 위해 이번에 2차 수련교재 재개정을 진행하게 되었습니다.

본 교재는 정신건강증진 및 정신질환자 복지서비스 지원에 관한 법률 시행규칙 제7조 제2항 「정신건강전문요원 수련과정」을 근거로 전체 7부 36장으로 구성되어 있습니다. 제1부는 「의료·복지와 윤리」에 대한 내용으로 정신건강의 중요성과 정신건강전문요원의 역할, 정신장애인 인권과 권익옹호, 정신건강사회복지사의 역할과 윤리로 구성되어 있고, 제2부는 「법과 정책」에 대한 내용으로 정신건강복지법, 국가정신건강복지정책, 공공보건복지 전달체계, 정신건강사회복지서비스에 대해 소개하였습니다. 제3부와 제4부에서는 「정신건강이론 및 실제」에 대한 내용으로 임상심리학, 정신건강간호, 정신질환과 약물치료, 응급 위기관리, 치료적 의사소통, 중독질환, 재난, 생애주기별 정신건강, 정신병리, 진단에 따른 정신과적 면담, 심리사회적 사정, 정신건강 실천이론, 집단에 대한 이해와 개입, 가족에 대한 이해와 개입, 지역사회와 지역사회 정신건강 네트워크 구축, 정신사회재활, 퇴원(퇴소)계획과 사후관리, 사례관리, 직업재활서비스와 주거서비스가 기술되었습니다. 제5부에서는 「기획 및 행정」에 대한 내용으로 정신건강사회복지사업의 기획과 평가, 정신건강사회복지 행정실무, 프로그램 개발과 평가, 사회사업기록을 다루었고, 제6부는 「조사연구」에 대한 내용으로 통계의 이해와 지역사회 진단 및 조사, 정신질환 예방 및 정신건강복지 조사연구로 구성되어 있으며, 제7부에서는 「정신건강 이슈 대응」에 대한 내용으로 동료지원가 및 당사자활동, 자살과 자해, 커뮤니티케어, 폭력과 학대, 정신장애와 당사자중심의 임파워먼트 실천을 소개하였습니다.

이 교재의 집필진은 각 주제의 전문성을 가진 1급 정신건강사회복지사와 교수진, 정신건강의학과 전문의, 정신건강간호사, 정신건강임상심리사, 당사자 등으로 구성되었습니다.

이상과 같이, 본 교재는 정신건강사회복지에 대한 이해를 높이기 위해 다양한 최신 이론적 지식을 제공하고 있으므로 정신건강수련사회복지사뿐만 아니라 수련 슈퍼바이저, 정신건강분야에서 헌신하고 계신 정신건강사회복지사와 일반 사회복지사, 수련을 준비하고 있는 예비 정신건강수련사회복지사, 대학에서 사회복지를 전공하고 있는 대학생, 정신건강분야를 연구하는 학자들에게도 널리 활용되길 바랍니다.

끝으로 본 교재의 출판을 적극적으로 지지해 주신 황정우 협회장님과 이미경 전 협회장님, 편집위원회 이나래, 백형의, 고진선 위원님과 사무국 박지혜, 송유선 선생님께 감사드립니다. 또한 짧은 기간임에도 불구하고 집필을 수락해 주신 모든 집필진께 머리 숙여 감사드립니다.

2021년 4월

한국정신건강사회복지사협회 편집위원장 이은진

차례

2권 차례

PART 01

의료·복지와 윤리

1장 정신건강의 중요성과 정신건강전문요원의 역할

2장 정신장애를 가진 사람의 인권과 권익옹호

3장 정신건강사회복지사의 역할과 윤리

1장

정신건강의 중요성과 정신건강전문요원의 역할

장수미
(청주대학교)

Ⅰ. 서론

<정신건강의 중요성과 정신건강전문요원의 역할>은 정신건강전문요원 수련 공통과목으로서, 과목의 개요는 다음과 같다(국립정신건강센터, 2018a: 20). "정신건강의 역사와 중요성에 대한 이해를 바탕으로 법령에 근거한 정신건강전문요원의 역할을 정립하고 전문가로서의 윤리의식을 함양한다. 정신건강 영역에서 직면하는 다양한 윤리적 갈등에 대처할 수 있는 능력을 갖도록 교육한다."

따라서 이 과목은 크게 정신건강의 역사와 중요성에 대한 이해, 정신건강전문요원의 역할 정립, 전문가로서의 윤리의식 함양 및 역량 강화의 세 부분을 주요하게 다루고 있음을 알 수 있다. 다음에서는 이상과 같은 과목의 주요 목표를 달성하기 위해, 필요한 내용을 중심으로 기술하고자 한다.

Ⅱ. 본론

1. 정신건강의 이해

1) 정신건강의 정의

정신건강(mental health)이란 마음이 건강한 상태로서 생각, 감정, 행동이 건강하고 건실한 상태로 정의된다(임정원, 2016). 세계보건기구(WHO)에서는 일상생활을 독립적, 자주적으로 처리해 나갈 수 있고, 질병에 대해 저항력이 있으며, 가정생활과 사회생활을 원만히 할 수 있는 상태이자 정신적 성숙 상태라고 정의한다. 즉, 정신건강이란 사람들이 삶의 다양한 스트레스에 잘 대처할 수 있는 정신적 안녕 상태(mental well-being)로서, 자신의 잠재력을 깨닫고 생산적으로 기능하며, 지역사회에 기여 할 수 있는 상태를 말한다(WHO, 2003).

정신건강은 소극적인 개념의 정신건강과 적극적인 개념의 정신건강으로 구분할 수 있다(원호택, 1998: 임정원, 2016: 16에서 재인용). 전자는 정신질환의 증상이 없는 상태로서 의학적 관점에서 바라본 정의이다. 예를 들어, “나는 우울증 같은 정신질환이 없기 때문에(진단받은 적이 없기 때문에) 정신적으로 건강해”라고 말한다면 소극적 의미에서 건강한 것이다. 하지만, 많은 경우 정신질환 증상이 없음에도 불구하고 행복하지 않다고 느끼고 삶의 만족도가 낮아 가족관계가 어렵거나 사회생활을 유지하지 못 하는 경우도 있는 데, 이를 적극적 정신건강의 개념에서 이해할 수 있다. 따라서 정신적으로 건강하다는 기준은 정신질환 증상의 유무보다 개인이 잘 기능하고 환경에 잘 대처하며 적응하는가에 초점을 맞추어야 한다.

관련 용어의 이해를 통해 정신건강의 개념을 보다 정확하게 파악할 수 있다(권진숙 외, 2020). 정신병(psychosis)이란 일반적으로 가장 많이 사용되는 용어로서 정신적으로 이상이 있다고 생각하는 것을 말한다. 정신질환(metal illness)은 신경증적(neurotic)인 것과 정신병적(psychotic)인 것을 포함하는 질병 관점의 개념이다. 전자는 불안, 공포 등 심인성에 기인하여 증상이 발생하며, 후자는 정신기능(인지, 지각, 생각, 정서 등)의 이상 상태에서 병적 현상이 발생한다. 즉, 정신질환은 사고, 정서, 행동, 타인과의 관계에서 비정상적 상태가 특징적으로 나타난다(WHO, 2013). 마지막으로 정신장애(mental disorder)는 광의의 개념으로서 증상, 질병 자체의 진행 상태 이외에도 질병으로 인한 사회적 기능(개인적, 가족적, 직업적 기능 등)의 붕괴를 의미한다.

2) 정신건강의 역사

정신건강의 역사는 개인과 사회가 정신장애를 어떻게 바라보는가, 즉 정신장애에 대한 관점에 의해 규정되는 역사이다. 정신건강의 역사를 통하 정신건강에 대한 관점의 변화 과정을 간략히 살펴보고자 한다(서동우, 2007; 박한선, 2019).

자연의 지배를 받는 농경 사회에서는 정신장애를 초자연적인 현상으로 바라보았고, 사탄과 마귀의 역사로 해석하여 정신장애인을 격리 수용하여 쇠사슬에 묶어 두었다. 따라서 정신장애의 치료도 종교에 의존하는 것이 주를 이루었다. 대 감금의 시대라고 일컫던 정신의학의 암흑기는 19세기 초반 필리프 피넬(Philippe Pinel)이 환자의 사슬을 풀면서 끝이 났다. 기술발전에 의한 산업사회가 시작되고, 진화론과 유물론의 과학적 패러다임이 등장하면서 이제 정신장애는 악마의 역사가 아닌 질병으로 바라보게 되었다. 하지만, 여전히 유전론과 우생학적, 진화론적 관점에서 정신장애는 유전되며 치료되지 않은 질병이다. 산업사회에서 정신장애는 불치병이며, 폭력적이고 사회적으로 위험한 사람이라고 인식하여 정신장애인을 시설에 수용하는 시기가 오래 지속되었다. 하지만, 20세기가 시작하면서 정신 분석학과 정신 약물학의 발전으로 인해 비인권적, 비과학적인 치료 경향은 점차 사라졌다. 특히, 의학의 발달은 환청이나 망상 같은 정신병 증상을 조절할 수 있는 약물의 눈부신 발전을 가져와, 적절한 약물치료와 지지적인 환경이 제공되면 정신장애는 관리가 가능한 만성질환으로 바라보게 되었고, 탈시설화(deinstitutionalization)가 진행되었다. 탈시설화로 이끈 배경에는 정신 약물의 발전 이외에도 시설 돌봄의 비용 발생, 비인간적 시설수용 실태에 대한 고발, 정신장애인의 인권과 시민권에 대한 관심, 지역사회 정신건강 서비스의 필요성 등 여러 요인이 있었고(Bonnie & Zelle, 2019), 마침내 지역사회에서 회복과 사회통합을 목표로 하는 지역사회 정신건강 시대가 도래하였다.

우리나라 정신건강의 역사를 보면(서동우, 2007), 산업화 이전 1970년대 초까지 농업 중심의 사회에서 정신장애에 대한 미신적인 질병관이 유지되었고, 정신장애에 대한 가족의 부담은 대가족 제도하에서는 어느 정도 수용 가능한 것이었다. 단기간에 산업사회로 도약한 우리나라는 사회 전반에 걸친 광범위한 변화가 발생하여 핵가족화, 산업화, 도시화가 진행되었다. 이에 정신장애인에 대한 가족의 부양기능은 축소되고, 정신장애인은 사회와 가족의 부담으로 여겨졌다. 1980년대 중반 이후 시작된 정신 병상의 확대는 대형 정신병원과 시설의 탄생을 가져와 장기입원과 수용 위주의 정책이 오랫동안 유지되었다.

1995년 정신장애인의 인권 개선과 지역사회 정신건강 확대를 위한 정신보건법 제정 이후 정신장애인의 사회통합과 지역사회 회복에 대한 공공 정신건강 서비스 전달체계가 구축되고 정신건강전문요원 제도가 마련되었다. 이후 정신보건법은 몇 차례의 개정을 거쳐 2016년 정신건강복지법으로 전면 개정되었다. 개정된 법의 주요 내용은 생애주기별 정신건강에 대한 국가 책임 강화, 인권침해 소지가 컸던 강제입원제도 개선, 정신장애인과 가족에 대한 복지서비스 강화, 정신장애인 당사자의 권리와 참여 보장이라는 큰 변화를 담고 있다(최은정 외, 2018).

현재 전 세계 인류가 공통으로 경험하고 있는 감염병은 국민의 정신건강을 위협하고 있으며, 코로나 19 팬데믹의 장기화는 정신건강 문제를 심화시킬 것으로 예측된다. 2021년 1월 발표된 온국민마음건강종합대책(제2차 정신건강복지기본계획)은 중증 정신장애인뿐만이 아닌 전 국민의 정신건강 증진을 포함한 국가 차원의 적극적이고 예방적인 정신건강 정책으로 천명된 바 있다(관계부처 합동, 2021).

이상에서 살펴본 바와 같이, 정신건강의 역사는 정신건강과 정신장애인을 바라보는 관점에 따라, 변화하는 사회 환경에 따라 이해될 수 있으며, 법과 제도의 변화가 초래됨을 알 수 있다.

3) 정신건강의 중요성

(1) 정신건강 실태

정신질환의 평생 유병률은 25.4%로 집계된다(국립정신건강센터 외, 2020). 이는 우리 국민 4명 중 1명이 평생 한 번 이상 정신질환을 경험한다는 의미이다. 2019년 기준 국내 정신질환자 수는 약 316만 명으로, 이는 최근 5년간 22% 증가된 수치이다(관계부처 합동, 2021). 정신질환에 대한 우리 사회의 사회경제적 비용은 2015년 조사에서 11.3조에 달하며, 해마다 평균 10.0%의 증가추세를 나타내고 있어 국민의 사회적, 경제적 부담이 상당할 것으로 전망하고 있다(국민건강보험 건강보험정책연구원, 2017). 특히, 정신건강 문제는 생애 초기에 발생하여 유병 기간이 장기화됨에 따라 치료비 부담, 가계 소득 상실 등 사회적 비용이 큰 특성을 나타낸다. 예컨대, 비감염성 질환의 전 세계 경제적 비용 순위를 보면 1위 정신질환, 2위 심장질환, 3위 암 순서이다(관계부처 합동, 2021).

국가에서는 국민 정신건강 수준을 파악하는 지표로서 총 4개 영역(정신건강 규모, 정신건강 예방 및 조기개입, 정신질환 치료, 정신건강지원체계) 14개 항목을 선정하였다(국립정신건강센터 외, 2020). 다음에서는 이 지표를 중심으로 우리 국민의 정신건강 실태를 살펴보고자 한다.

먼저 정신건강 규모 영역에 해당하는 지표로서, 우울감 경험률 11.2%, 고위험 음주율 14.7%, 정신질환 평생 유병률 25.4%, 인구 10만 명당 자살 사망률은 26.6명(남자 38.5명, 여자 14.8명, 2018년 기준)이다. 이중 자살 사망률은 OECD 국가 중 오랫동안 최고 수준에 해당하며, 30대와 70대 이상의 자살 사망률은 한국이 가장 높다(보건복지부 · 중앙자살예방센터, 2020).[1)]

이와같이 높은 자살 사망율 등 국민 정신건강의 취약성에 비해 정신건강 예방 및 조기개입의 수준은 정신건강 서비스 이용율 22.2%, 지역사회 정신건강 증진 교육 수혜율 4.9%에 불과하다. 정신질환 치료 영역에서 인구 10만 명당 정신질환 치료 수진자 수 4,518명, 비자의 입원율 32.1%, 중증정신질환자 퇴원 후 1개월 이내 외래방문 환자 수 비율 65.7%, 중증정신질환자 퇴원 후 1개월 내 동일 병원 재입원 환자 수 비율 16.8%, 정신의료기관 연간 재원 기간(중앙값) 31일로 정신장애의 치료 상황도 낙관적이지 않다.

무엇보다 정신건강 지원체계에서 인구 1인당 지역사회 정신건강 예산 5,389원, 인구 10만 명당 정신건강 인력 수는 17.6명에 불과하며, 사례관리자 1인당 등록 정신질환자 수는 34.2명에 이른다. 인구 10만 명당 정신건강 인력 수(17.6명)와 관련해, WHO에서 분석한 2017년 기준 유럽의 정신건강 종사자와 수(50.0명)와 비교하면 국내 전문인력의 부족을 절감할 수 있다. 국가 소득수준별로 인구 10만 명당 사회복지사 수를 비교한 세계은행(World Bank)의 분석에서도 소득이 증가할수록 사회복지사의 수가 증가하는 것으로 나타나(low 0.03–lower middle 0.28–upper middle 0.50–high 2.59), 정신건강 지원체계에서 인력 양성이 중요함을 알 수 있다(국립정신건강센터 외, 2020).

(2) 감염병과 정신건강

코로나 19 팬데믹은 우리 모두의 삶을 바꿔 놓은 인류 역사의 변곡점이 되었다. 감염병 위기에서 가장 먼저 주목이 된 것은 감염위험의 차단, 증상의 발현과 치료, 회복 등 신체

1) OECD 회원국의 평균 자살률(OECD 표준인구 10만 명당 명)은 11.5명이고, 한국은 24.6명('16년)으로, 한국이 가장 높은 자살률을 나타내며, OECD 평균보다 2.1배 높다(보건복지부 · 중앙자살예방센터, 2020).

건강의 영역이지만, 감염병으로부터의 두려움과 불안, 변화된 환경과 삶의 양식으로 인한 우울과 불안, 혐오와 차별 등 정신건강 영역을 결코 간과할 수 없다.

코로나 19가 전 세계로 퍼져나가는 시기, 2020년 5월 UN은 “모든 국가에서 코로나 팬더믹으로부터의 회복과 대응에서 정신건강은 선두에 있어야 하며 핵심이 되어야 한다”고 천명하였다. 코로나 19는 모든 사람에게 보편적이고 동일한 경험을 제공했지만, 특정 집단에게는 더욱 스트레스와 심리적 고통으로 다가왔다. 지역사회와 시설의 장애인, 노인들의 외로움, 고립감과 소외감, 만성질환자들의 두려움이 쌓여 가고, 아동과 청소년들의 정서적 어려움은 정서적 발달의 결정적 시기에 발생하는 가족 스트레스와 사회적 고립, 가정폭력의 위험, 교육 기회의 박탈, 미래에 대한 불확실성으로 인해 가중되고 있다. 일반적으로 돌봄을 담당하는 여성들은 가정 내에서 발생하는 더 많은 스트레스를 감내하고 있다(UN, 2020).

감염병 이후 우리 국민의 정신건강 실태를 살펴보면, 보건복지부와 한국트라우마스트레스학회(2020)는 코로나 19 발생 후 국민 정신건강 실태 변화를 확인하기 위한 추적 조사를 실시하였다. 전국 19세~70세까지 2,063명을 대상으로 2020년 3월(1차), 5월(2차), 9월(3차) 총 3차례 조사에서 가장 주목할 결과 중 하나는 시간이 경과됨에 따라 우울과 자살사고 수준이 높아졌다는 점이다. 우울 위험군(cut-off point 10점 이상)은 3월 17.5% 5월 18.6% 9월 22.1%, 자살사고는 9.7%, 10.1%, 13.8%로 각각 증가하였다. 2018년 성인의 자살사고 비율이 4.7%임에 비해 매우 높은 수치이다(국립정신건강센터, 2020에서 재인용).

이상에서 살펴본 바와 같이 감염병 이후 정신건강의 악화, 신체건강과 정신건강의 깊은 상호관련성, 공존(Cormorbidity)에도 불구하고, 정신건강은 가장 간과하기 쉬운 영역으로, 세계적으로 정신건강에 대한 투자는 거의 이루어지지 않았다. 대부분의 나라가 정신건강에 대해서는 건강예산의 평균 2% 정도를 사용하며, 특히 지역사회 중심 서비스는 거의 주목받지 못했다(UN, 2020). 실제로 코로나 19 팬데믹은 정신건강 서비스의 와해를 가져와 재활시설과 요양시설 등에서의 감염과 감염 위기는 대면 서비스의 장벽이 되었고 정신장애인과 시설종사자의 감염과 시설 폐쇄를 가져왔다. 많은 정신건강 서비스가 원격으로 전환되어야 했고, 국내에서도 ICT 기술을 활용한 비대면 정신건강서비스 사례가 보고되었다(태화샘솟는집, 2020). 이러한 시도는 효과적이라는 평가를 받았고 점차 확장되고 있으나, 빈곤층이나 노년층 등 인터넷 접근성이 취약한 집단의 정신건강 서비스 욕구에 대해 완전한 해답은 될 수는 없기 때문에 앞으로 다양한 서비스 모형의 개발과 평가가 필요하다.

4) 정신건강에 대한 지식과 태도

정신건강에 대한 국민의 지식과 태도는 정신건강 서비스의 접근성을 용이하게 하여, 조기개입의 기회를 제공함으로써 국민 정신건강 증진에 기여할 수 있는 중요한 영역이다. 다음에서는 최근의 조사결과를 바탕으로 우리나라 국민의 정신건강 지식 및 태도를 살펴보고, 시사점을 찾아보고자 한다.

전국 15세 이상~69세 이하 1,500명 대상의 설문조사(국립정신건강센터, 2019)에서, 지난 일 년간 정신건강 문제를 경험한 사람은 62.2%로 나타나 전년 대비 2.3% 상승하였다. 조사대상자들은 평균 2.2개의 정신건강 문제를 경험했는데, 5개 이상 경험한 고위험군도 20.4%이었다. 문제의 유형은 심각한 스트레스(37.6%), 우울감(30.3%), 생활에 불편을 줄 정도의 기분 변화(30.2%) 순이었다. 주목할 것은 정신건강 문제를 경험하더라도 누군가와 상담(상의)을 하거나 병원을 방문한 적이 있는 경우는 22.0%에 불과하였고, 1년 이상 치료를 받지 않은 경우도 30.9%에 해당하였다. 그 이유는 치료가 필요하지만 심각하지 않아 그냥 두면 나아질 것 같아서가 39.3%로 가장 높으며, 정신질환은 스스로 극복해야 하는 것이라서(20.3%), 별 효과가 없을 것 같아서(17.2%), 정신과 치료에 대한 두려움(10.9%), 치료기관을 알지 못해서(9.4%)라고 응답하였다. 이상의 결과를 통해 우리 국민은 정신건강 문제의 심각성에 비해 도움 찾기 행동(help-seeking behavior)은 매우 저조한 수준임을 알 수 있다.

이는 정신건강에 대한 부정적 인식과 태도, 지식의 부족에 기인하는 것으로 분석된다. 이 조사에서 대상자들은 정신질환이 있는 사람은 그렇지 않은 사람보다 더 위험한 편이다(64.5%), 정신질환에 걸린다면 나에게 문제가 있어서라고 생각할 것이다(42.8%), 내가 정신질환에 걸리면 몇몇 친구들은 나에게 등을 돌릴 것이다(39.2%), 정신질환에 걸린 사람과 대화하면 나는 불편함을 느낄 것이다(30.6%), 한 번이라도 정신질환에 걸리면 평생 문제가 있을 것이다(24.0%), 정신질환이 있는 사람들은 사회에 기여하기 어렵다(22.6%)고 생각하는 것으로 나타났다.

정신질환에 대한 국민의 인식 수준은 정신장애인에 대한 낙인과 편견, 차별을 초래한다는 점에서 관심을 가져야 할 이슈이다. 개인의 나약함, 의지의 부족이 정신장애의 원인이 되며, 본인의 의지와 노력만으로 충분히 치료가 가능하다고 생각하는 대중의 인식이 정신장애인에 대한 낙인을 유발하며, 정신건강 서비스에 대한 조기 접근을 저해하는 요인이 된다. 또한, 미디어에서 정신질환자에 대한 부정적 측면을 부각하고 부정확한 정보를 확대 보도하면서 대중의 낙인을 강화한다. 진료기록으로 남아 학업이나 취업, 결혼에 불이익으로 작용할 것이라는 걱정, 신분 노출에 대한 불안감 역시 정신건강 서비스 접근에 장벽이 될 것이며(중앙정신건강복지사업지원단, 2018), 결국 정신장애인의 사회통합을 저해하는 요인으로 작용된다.

한편, 정신건강서비스를 제공하는 기관에 대한 인지도도 높다고 할 수 없다. 정신건강복지센터에 대한 대국민 인지도는 56.8%로 나타났다. 하지만 '센터를 이용해 본 적이 있다'라고 응답한 사람은 3.4%에 불과하였다. 이는 정신건강복지센터가 중증 정신장애인만이 아닌 대국민 대상의 정신건강 문제 예방기능을 갖고 있다는 측면에서 매우 낮은 수치라 할 수 있다.

정신장애인의 사회통합 수준을 보여주는 지표와 관련하여, EIU(Economist Intelligence Unit)에서는 환경, 치료접근성, 기회, 거버넌스의 4개 영역으로 구분하여 아시아 태평양 지역 15개 국가를 평가하였다. 이 조사에서 한국은 대만(80.1점)에 이어 5위(75.9점)로 나타났다. 상위국가는 뉴질랜드와 호주였고, 우리와 유사한 중상위권 국가는 일본, 홍콩이었다.

사회통합의 지표를 영역별로 보면, 치료 접근성(83점)이 가장 높았고 환경(75점), 기회와 거버넌스가 72점이었다. 동일 그룹에 속한 국가와 비교했을 때, 치료 접근성은 다소 높지만 정신장애인의 지역사회 참여 기회는 낮았다. 이는 여전히 탈원화의 진행 속도가 더디다는 점으로 분석되는데, OECD 국가 중 1인당 병상 수가 가장 큰 폭으로 증가한 국가가 한국이라는 점에서 이해할 수 있다(중앙정신건강복지사업지원단, 2019에서 재인용).

한국의 정신건강 시스템에 대한 OECD의 권고는 정신건강 서비스에 대한 관점 전환과 새로운 정신건강 시스템 구축을 촉구하는 계기가 되었다. OECD 정신건강 자문관 수잔 오코너(Susan O'Connor) 박사는 다음의 영역에서 한국의 정신건강시스템에 대하여 제안하였다. 첫째, 지역사회 기반 서비스의 강화이다. 정신질환 치료 시스템을 입원 위주에서 지역사회 중심으로 개편할 것을 제안하고, 센터와 시설 등 지역사회 인프라의 적극적 확충을 강조하였다. 둘째, 전 국민 정신건강의 증진이다. 전 국민 정신건강 증진을 위한 대책 수립과 경증 정신질환 치료에서 일차 의료의 역할 확대 등의 도입을 제안하였다. 셋째, 정부의 역할 강화이다. 전 국민 정신건강 증진을 위해 복지부, 교과부, 고용부, 여가부, 문화부 등 부처 간 정책적 연계 강조, 정신건강에 대한 정부 예산 투입의 확대를 제안하였다(보건복지부, 2012).

2. 정신건강전문요원의 역할에 대한 이해

1) 정신건강전문요원 제도의 도입 배경

정신건강전문요원이란 사회복지사, 간호사, 임상심리사가 정신건강 분야의 전문적 지식과 기술을 갖출 경우 취득할 수 있는 국가 자격이다(정신건강증진 및 정신질환자 복지서비스 지원에 관한 법률, 이하 정신건강복지법 제17조). 정신건강전문요원의 근거가 되는 법은 정신건강복지법 제17조, 동법 시행령 제12조, 동법 시행규칙 제7조 및 제8조, 보건복지부 고시 제2018-25호 정신건강전문요원의 수련 및 보수교육 등에 관한 규정이 있다. 국가에서는 정신건강전문요원 제도의 기본방향을 "정신건강전문요원의 자질 및 서비스 수준 향상을 통해 지역사회 정신건강 서비스의 수준을 제고하고, 국민들의 정신건강과 행복한 가정을 통하여 삶의 질 향상 및 국가 경쟁력을 제고 하는 것"으로 선정하였다(국립정신건강센터, 2018b).

정신건강전문요원 제도의 도입 배경을 파악하기 위해서는 1995년 제정된 정신보건법의 시행과 개정 과정을 살펴볼 필요가 있다. 정신보건법의 제정 이후 정신질환자의 재활과 사회통합에 대한 욕구는 더욱 분출되었다. 제정 당시, 정신질환자는 의료기관과 요양시설에서 수용 위주의 치료를 받았으나 법 제정으로 인해 재활과 사회 복귀 위주의 지역사회 중심의 정신건강 정책으로 전환되었다. 따라서 정신질환자의 발견, 상담, 사회복귀훈련 및 사례관리, 제반 지역사회 정신건강 증진사업의 추진을 위해 정신건강 실천현장에서 필요한 다양한 직역의 전문가 양성이 필요해졌다(국립정신건강센터, 2018b).

정신보건법 제정 이후 여러 차례 개정이 되었으나, 정신건강복지법으로의 개정은 특별한 의미가 담겨있다(권자영 외, 2018; 최은정 외, 2018). 연구자들은 정신건강복지법으로의 개정 의미가 의료모델에서 지역사회 중심 모델로의 강화, 의료서비스에서 복지서비스 제공의 근거 규정 신설, 중증 정신장애인 중심에서 생애주기별 개입, 정신건강 문제의 조기발견 중심의 서비스 확대라는 특징을 갖는다고 하였다. 구체적으로, 정신질환자에 대한 복지서비스 개발, 고용 및 직업 재활 지원, 평생교육 지원, 문화·예술·여가·체육활동 지원, 지역사회 거주·치료·재활 등에 대한 지원, 가족에 대한 정보 제공과 교육 등 정신질환자와 가족에 대한 복지서비스 제공의 법적 근거가 마련된 것이다. 또한 생애주기별 정신건강 서비스를 강조함에 따라 전 연령의 정신건강 이슈에 개입할 수 있는 정신건강사회복지사 배출이 필요해졌다. 무엇보다 법 개정을 통해 사회복지영역에서 정신장애인에게 복지서비스 전달을 담당할 정신건강사회복지사에게 새롭게 요구되는 역할을 수행하고 필요한 역량을 갖추는 것이 더욱 중요해졌다.

2) 정신건강전문요원의 현황

2019년 기준 보건복지부 자격증 발급현황에 의하면, 정신건강전문요원의 총 배출 인원은 16,449명으로 집계되며, 이중 간호 8,486명, 사회복지 5,043명 임상심리 2,920명이다 <표 1-1>. 이는 간호 직역이 전체의 51.6%, 사회복지 30.7%, 임상심리 17.8% 순이며, 2017년에서 2019년 기준 매년 700~800명 정도 증가하고 있음을 알 수 있다.

〈표 1-1〉 정신건강전문요원 배출현황[2)]

	간호	사회복지	임상심리	총계
2017년(1월 기준)	7,604	4,099	2,398	14,101
2018년(12월 기준)	8,185	4,758	2,760	15,703(+1,602)
2019년	8,486	5,043	2,920	16,449(+746)

하지만, 1997년 3월 정신건강전문요원 제도 도입 이래 직역별 배출현황 그래프를 보면 <그림 1-1>[3)], 정신건강전문요원은 전반적으로는 감소추세에 있으며, 특히 간호의 감소가 뚜렷하게 나타난다. 전문인력의 양성은 질 높은 정신건강 서비스 제공에 핵심이 되므로 이와 같은 정신건강전문인력의 부족 경향에 주목해야 할 것이다. 실제로 정신건강복지센터의 근속기간이 평균 3년 정도이고, 전국의 정신건강 증진시설 및 지역사회 재활기관에 근무하는 상근인력 중 비 전문요원은 1만 2836명으로 2017년 기준 상근인력 대비 71%에 이르며 계속 상승하고 있는 것으로 나타나므로(국립정신건강센터, 2018c), 전문인력의 공급에 관심을 기울여야 할 것이다.

우리나라 정신건강전문요원은 10만 명당 16.2명으로 OECD 평균 97.1명에 비해 1/6에

2) 국립정신건강센터(2016), 국립정신건강센터(2018c), 국립정신건강센터(2019) 자료에 기반함.

3) 〈그림 1-1〉〈그림 1-2〉〈그림 1-3〉 출처: 국립정신건강센터(2018d).

불과할 만큼 양적으로 부족한 상태이다(관계부처 합동, 2021). 인력 부족의 문제는 장기 근무자의 부족으로 인해 더욱 가중된다. 훈련된 중간관리자층의 부재와 실무자의 낮은 숙련도는 사업수행 능력의 저하, 인력 소진의 문제 등을 발생시킨다. 특히, 전문요원 중 유휴 인력이 50%에 이른다는 보고가 있어, 배출 인력의 이탈 예방과 복직 지원 등 인력 보호 대책이 필요하다(이상훈, 2020).

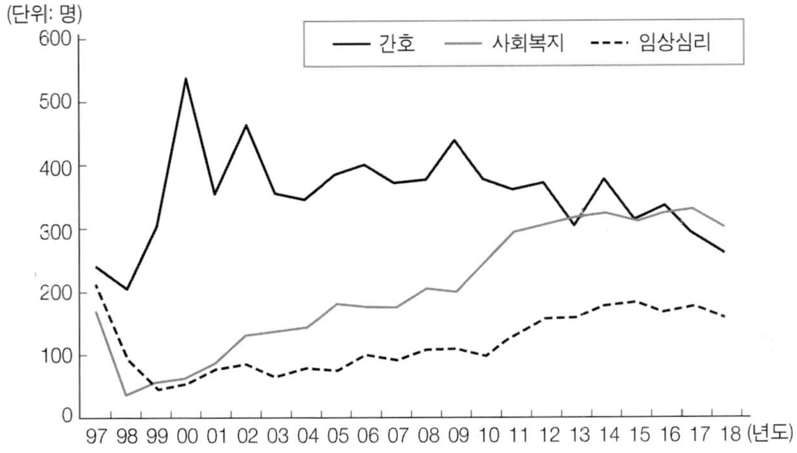

〈그림 1-1〉 정신건강전문요원의 직역별 배출현황

정신건강전문요원이 근무하는 기관 유형을 살펴보면<그림 1-2>, 정신의료기관(33.3%), 정신건강복지센터(18.9%), 국공립기관(10.4%) 순서로 나타났다. 직역별 차이가 두드러지는데, 간호는 정신의료기관(40.3%)과 국공립기관(19.8%)에서 주로 근무하고 있으며, 사회복지는 정신건강복지센터(31.0%)와 정신재활시설(17.2%) 등 중증 정신장애인을 위한 지역사회기관에 주로 근무하는 특징이 있다. 간호, 사회복지와 달리 임상심리는 의료기관(33.7%). 기타(16.6%)의 순서로 나타났다(국립정신건강센터, 2C18d). 이와 같은 근무 기관별 특정 직역의 쏠림현상은 다학제적 접근을 어렵게 하는 등 인력 수급의 문제를 초래한다.

직역별 근무기관의 차이 이외에 근무기관의 지역별 분포도 차이도 뚜렷하며<그림 1-3>, 서울(24.2%)과 경기(17.0%) 수도권에 집중되는 경향이다. 전국적으로 살펴볼 때는 부산·울산·경남(14.5%), 경북·대구(11.5%)가 타 지역에 비해 높은 분포를 보이는 반면, 인천, 강원, 제주, 세종은 타 지역보다 낮은 분포가 나타났다.

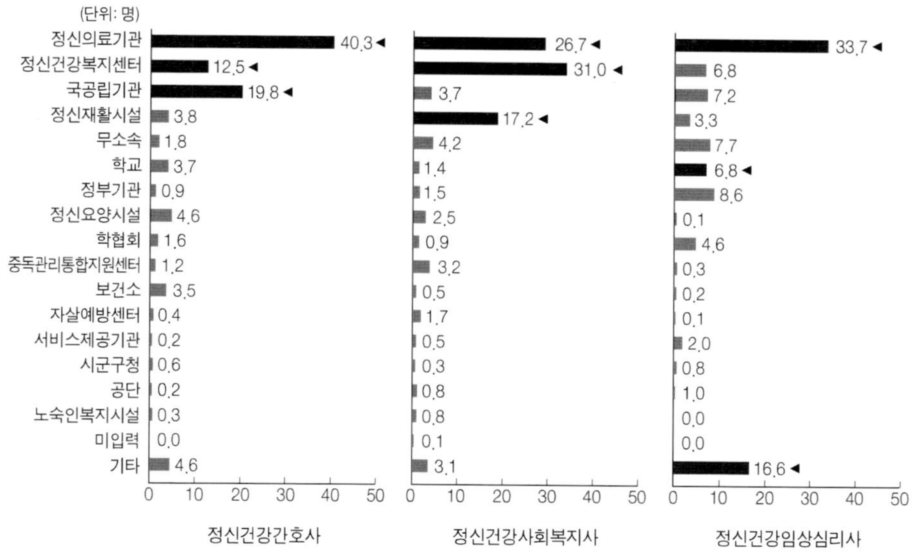

〈그림 1-2〉 정신건강전문요원 직역별 근무기관 순위

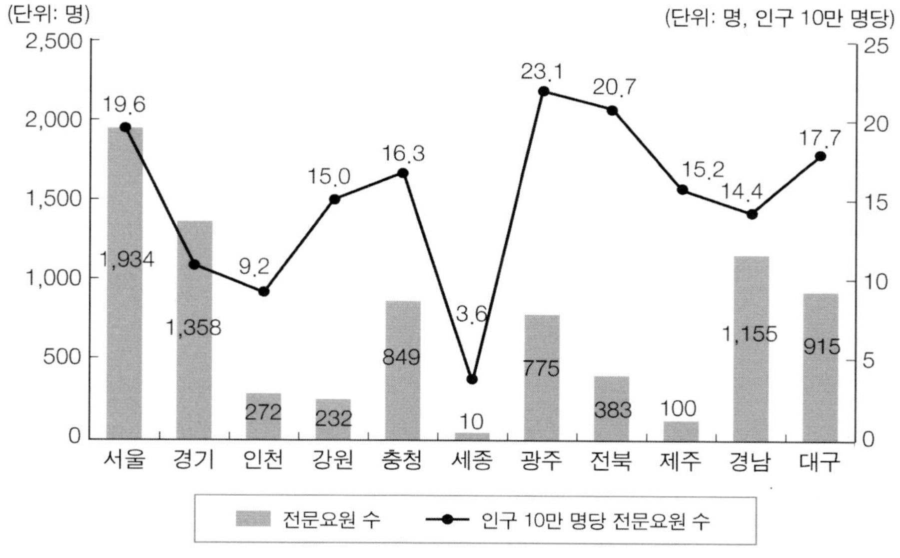

〈그림 1-3〉 정신건강전문요원 근무기관의 지역별 분포

한편, 2020년 3월 정신건강전문요원에 작업치료사가 포함되는 정신건강복지법 개정안이 통과되어 2년간 유예기간을 걸쳐 정신건강작업치료사가 도입될 예정이다. 작업치료(occupational therapy)란 생활기능의 회복, 유지, 개발을 촉진하는 작업 활동을 이용하여 행하는 치료, 훈련, 지도를 말한다. 작업치료사는 신체적, 정신적, 사회적 장애를 지닌 모든 연령대의 사람에게 일상생활동작, 일, 여가 활동 등 일상적인 생활을 수행할 수 있고, 기능 및 발달 수준을 유지, 발전시킬 수 있도록 의미 있고 목적 있는 활동을 통하여 치료프로그램을 계획하고 수행하는 자이다(대한작업치료사협회 홈페이지).

WHO(2014)에서는 지역사회 정신건강사업의 주요 인력으로 정신건강간호사, 정신건강사회복지사, 정신건강임상심리사, 정신건강작업치료사를 제시한 바 있다. 한국의 경우 정신건강복지법 제정 당시에는 작업치료사가 제외되었고, 전문요원을 대상으로 한 설문조사에서도 반대의견이 높았다. 앞으로 작업요법 및 작업치료사의 필요성에 대한 설명, 중복되는 업무의 조정, 양성과정 등의 정비가 필요할 것이다(이성훈, 2020에서 재인용).

3) 정신건강전문요원의 직무와 역할

정신건강전문요원은 병원 등 의료기관뿐 아니라 정신건강복지센터, 정신재활 시설 등 다양한 지역사회 기관에서 일하므로, 근무기관에 따라 직무와 역할에 차이가 있을 것이다. 다음에서는 먼저 대표적인 지역사회 정신건강 전달체계[4]인 정신건강복지센터에서 근무하는 정신건강 전문인력의 직무에 관한 연구를 중심으로 살펴보았다(국립정신건강센터, 2018e).

이 연구에서 광역정신건강복지센터는 최고관리자–중간관리자–실무자(연구기획 실무자, 사업담당 실무자, 행정지원 실무자), 기초정신건강복지센터는 최고관리자–중간관리자–사업담당실무자–행정지원 실무자로 구분되어 각각의 직무가 소개되었다<표 1–2>. 이렇게 구분된 결과로 알 수 있는 것은 크게 두 가지이다. 첫째, 광역과 기초센터는 사업영역, 즉 전문인력의 직무에서는 큰 차이가 없고, 기관의 설립목적에 따라 역할의 차이가 발생한다는 점 둘째, 광역센터 실무자의 직무는 연구기획 영역이 포함되어 정책 제안, 평가지표 개발, 조사 및 계획 수립 근거 마련, 연구, 평가, 정보시스템 운영 등이 이루어진다는 점이다.

4) 2019년 12월 말 기준 전국에는 정신건강복지센터 259개(광역 16개, 기초 241개, 기본(정신건강증진사업을 운영하는 보건소) 2개, 자살예방센터(부설포함) 42개, 중독관리통합지원센터 49개, 정신요양시설 59개, 정신재활시설 349개가 있다(국립정신건강센터 외, 2020).

〈표 1-2〉 광역센터와 기초센터 정신건강전문요원의 직무

	광역	기초
최고관리자	광역단위 정신보건사업기획 및 평가 정책방향 제시 및 조율 지자체 예산확보 센터직원 교육 및 슈퍼비전 실행관리 센터사업 방향 제시 센터 조직관리 및 운영 지역 정신보건네트워크 구축	센터 사업 기획 및 방향 제시 지자체 정신보건 예산 확보 사업 관련 지도 및 조정 센터 조직관리 및 운영 직원 교육 및 슈퍼비전 대외협력
중간관리자	팀 사업 계획수립 사업수행 모니터링 및 조정 사업성과관리 팀원 교육 및 슈퍼비전 운영	팀 사업계획 수립 재무관리 사업수행 모니터링 및 조정 사업 성과 관리, 인사관리 팀원 교육 및 슈퍼비전 시설관리, 지역 네트워크 체계 유지관리
실무자	*연구기획 실무자: 정신건강 정책제안, 정신건강 평가지표 개발, 지역사회 정신건강 진단조사, 정신건강 중장기계획 수립 근거 마련, 연구 사업평가, 정신건강 정보시스템 운영 *사업담당 실무자: 네트워킹 사업 기획 및 수행, 사업 계획 수립, 프로그램 개발 및 보급(매뉴얼, 교육), 정신건강 관련 기관 종사자 역량 강화(신규 직원 교육 등), 일반인 대상 교육지원, 행정 업무(공문서, 예산 처리 등), 정신건강 사업 홍보, 핫라인 운영, 광역형 시범사업 직접 서비스 *행정지원 실무자: 급여관리, 회계처리, 사무관리, 시설관리	*사업담당 실무자: 개별사업 계획수립, 위기개입, 일반상담, 사례관리, 프로그램 기획 및 운영(일반/심리재활), 홍보, 개별사업 평가, 지역기관 유관기관 관리 및 연계
행정지원		급여관리, 회계처리, 사무관리, 기자재관리

출처: 국립정신건강센터(2018e).

정신보건법이 정신건강복지법으로 개정되면서 정신건강전문요원의 업무가 확대되었을 뿐만 아니라 그 역할도 다양해졌다고 할 수 있다. 정신건강전문요원의 업무 범위(정신건강복지법 12조 2항)를 정신보건법과 비교하면 <표 1-3>과 같다(국립정신건강센터, 2017).

정신건강전문요원의 공통업무는 6가지에서 9가지로 확대되었다. 구체적으로 살펴보면, 먼저 정신질환자가 정신질환자 등으로 표기되어 서비스 대상이 정신장애인 개인에서 나아가 다양화질 수 있음을 알 수 있다. 내용을 보면 개인별 지원, 재활을 위한 활동, 정신건강 증진을 위한 활동이 주목된다. 즉, 중증 정신장애인 개인에 대한 개입, 포괄적 의미에서 재활을 위한 활동과 전 국민 대상의 정신건강 증진이 추가되어, 정신건강전문요원의 개입 대상과 역할이 확대되고 있음을 알 수 있다.

직역별로 살펴보면, 정신건강사회복지사의 경우 개인력 조사와 사회조사 항목이 사회서비스 지원 등에 대한 조사로 확대되었고, 사회사업지도와 방문지도가 사회복지서비스 지원에 대한 상담·안내로 변경되었다. 이는 정신장애인 복지서비스 제공을 위한 정신건강사회복지사의 역할이 강조되는 것이다.

〈표 1-3〉 정신보건법과 정신건강복지법에서 정신건강전문요원의 업무 비교

	정신보건법 시행령 별표 1	정신건강복지법 시행령 별표 2
공통업무	-사회복귀시설의 운영 -정신질환자의 사회복귀 촉진을 위한 생활훈련 및 작업훈련 -정신질환자와 그 가족에 대한 교육지도 및 상담 -법 제25조 1항의 규정에 의한 진단 및 보호의 신청 -정신질환 예방활동 및 정신보건에 관한 조사연구 -기타 정신질환자의 사회적응 및 직업재활을 위하여 보건복지가족부 장관이 정하는 활동	-정신재활시설의 운영 -정실질환자 등의 재활훈련, 생활훈련 및 작업훈련의 실시 및 지도 -정신질환자 등과 그 가족의 권익 보장을 위한 활등 지원 -법 제44조 제1항에 따른 진단 및 보호의 신청 -정신질환자 등에 대한 개인별 지원계획의 수립 및 지원 -정신질환 예방 및 정신건강복지에 관한 조사·연구 -정신질환자 등의 사회적응 및 재활을 위한 활동 -정신건강 증진사업 등의 사업 수행 및 교육 -그 밖에 제1호부터 제8호까지의 규정에 준하는 사항으로 보건복지부장관이 정하는 정신건강증진 활동
정신건강 사회복지사	-정신질환자에 대한 개인력 조사 및 사회조사 -정신질환자와 그 가족에 대한 사회사업지도 및 방문지도	-정신질환자 등에 대한 사회서비스 지원 등에 대한 조사 -정신질환자 등과 그 가족에 대한 사회복지서비스 지원에 대한 상담·안내
정신건강 간호사	-정신질환자의 병력에 대한 자료수집, 병세에 대한 판단·분류 및 그에 따른 환자관리 활동 -정신질환자에 대한 간호	-정신질환자 등의 간호 필요성에 대한 관찰, 자료수집, 간호활동 -정신질환자 등과 그 가족에 대한 건강증진을 위한 활동의 기획과 수행
정신건강 임상심리사	-정신질환자에 대한 심리평가 -정신질환자와 그 가족에 대한 심리상담	-정신질환자 등에 대한 심리 평가 및 심리 교육 -정신질환자 등과 그 가족에 대한 심리 상담 및 심리 안정을 위한 서비스 지원

출처: 국립정신건강센터(2017).

최은정 외(2018)는 정신건강복지법으로의 개정이 정신건강 서비스 대상의 다양화와 다각화를 의미하고, 예방·치료·재활 영역에서 복지 지원이 명문화됨으로써 정신건강사회복지사 업무의 법적 근거가 마련된 것이라고 하였다. 법 개정으로 인해 정신건강 서비스

에 대한 사회적 요구가 확대되고, 정신건강사회복지사의 업무 범위가 중증장애인 중심에서 전 국민의 정신건강 증진으로 확대되는 등 정신건강 환경이 변화하는 상황에서 요구되는 새로운 역할을 수행할 수 있도록 전문 역량을 갖추는 것이 매우 중요해졌다.

4) 정신건강전문요원의 역량

역량이란 역할 수행에서 성공적인 결과를 가져오는 내적 특성으로서(Boyatzis, 1982), Alperin(1996)은 사회복지 전문직의 역량을 자기인식, 사회복지 윤리, 전문적 지식, 이론을 실천에 통합시키는 능력, 대인관계 기술, 의사소통 기술, 배움에 대한 욕구, 비판적 사고로 구분하였다(장수미 외, 2015에서 재인용).

휴먼 서비스 분야의 특성상 정신건강 사업의 성공과 서비스의 질은 전문인력의 역량에 좌우될 것이다. 개정된 정신건강복지법은 생애주기별 정신건강에 대한 국가 책임 강화, 강제입원제도의 개선, 정신장애인과 가족에 대한 복지서비스 강화, 정신장애인 당사자의 권리 증진이라는 변화를 담고 있다(최은정 외, 2018). 또한, 감염병 이후 전 국민의 정신건강 욕구가 분출되고, 사회적 관심이 제고되는 등 급변하는 정신건강 환경은 정신건강전문요원에게 다양한 역할을 요구하고 있다. 다음에서는 전문요원 중 주로 정신건강사회복지사에 초점을 맞추어 필요한 역량을 크게 5가지로 정리해 보았다.

첫째, 실천역량이다.

실천역량이란 정신건강사회복지사로서 역할을 수행하는 데 필요한 핵심역량으로서, 접수와 초기면접에서 정신장애인 및 가족과 관계형성을 하고, 정보수집과 심리사회적 사정을 실시하며, 이를 바탕으로 장·단기 계획을 수립한 후, 개인, 가족, 집단, 지역사회를 대상으로 직접실천과 간접실천을 실시하며, 양적·질적 평가를 통해 종결을 결정하는 등 사회복지실천의 전 과정에 걸쳐서 요구되는 역량이다. 특히, 정신장애인과 그 가족의 회복에 효과적이라고 입증된 다양한 이론과 모델에 기반한 근거기반 실천(evidence-based practice)을 위한 역량을 배양해야 한다. 더불어, 사회복지학 교육과 수련을 통한 이론교육도 중요하지만, 수련과 실무를 통해 현장에서 습득하게 되는 실천지혜(practice wisdom)가 축적되고 전수되는 것이 정신건강사회복지사의 실천역량을 쌓아가는 데 필요하다.

정신건강사회복지사가 근무하는 기관의 특성에 따라 강조되는 실천역량에는 차이가 있을 수 있다. 예컨대, 정신건강복지센터와 같은 지역사회기반 현장에서는 입원 셋팅과는 달리 응급입원과 같은 위기개입, 지역사회 자원에의 연결 및 개발, 사례관리를 위한 실천역량이 보다 중요하게 요구된다. 권자영 외(2018)는 정신건강사회복지사의 근무기관의 유형과 특성에 맞는 수련 교육, 정신장애인의 복지서비스 제공을 위한 수련 교육이 필요함을 주장하였다. 즉, 먼저 정신과적 면담, 증상 및 치료에 대한 의료적·임상적 실천 이외에도 사회보장, 정신장애인의 인권과 권익옹호, 정신건강복지법과 정책의 이해에 대한 역량 강화가 필요하며, 더 나아가 공공사례관리, 군사회복지, 학교사회복지 등 다양한 영역과 협업하기 위해 관련 분야에 대한 이해가 필요하다고 하였다. 마지막으로 다양한 분야와의 협업을 위해서는 자살, 폭력, 재난과 PTSD 등 정신건강 관련 사회적 이슈에 대한 이해도 필요함을 강조하였다.

둘째, 생애주기별 개입역량이다.

정신건강복지법으로의 개정으로 인해 그동안 정신건강사회복지사의 중증 정신장애인 중심의 개입에서 영·유아, 아동·청소년, 중·장년, 노인 등 전 생애주기에 해당하는 모든 국민의 정신건강 증진을 위한 개입이 중요해졌다. 또한, 2021년 1월 발표된 온국민마음건강종합대책에서도 지금까지 정신질환자와 고위험군 중심 개입에서 전 국민 대상으로의 정신건강 정책의 방향을 제시하며, 정신건강증진 분위기 조성, 대상자별 정신건강 문제 예방접근성 제고, 트라우마 극복을 위한 대응역량 강화를 주요 핵심과제로 선정하고 있다. 이는 앞으로 생애주기별 전 국민 정신건강 증진을 위한 정신건강사회복지사의 역할이 더욱 강조됨을 시사한다.

1997년 정신보건법 시행 당시에는 대부분의 정신건강사회복지사들이 정신건강의학과 병·의원에서 근무하였고, 심리 사회적 사정을 강조하며 입원 치료 중심의 개입을 하였다. 하지만 지역사회 서비스의 확대로 현재는 지역사회 기관에서 근무하는 정신건강사회복지사가 더 많은 수를 차지하며, 생애주기별 개입업무까지 다양해지고 있다(최은정 외, 2018). 생애주기별 개입을 통한 정신건강 문제의 조기발견은 국민 정신건강 증진의 핵심이 된다. 이러한 정신건강 환경의 변화에 마주하여 정신건강사회복지사들이 전 국민 정신건강 증진을 위해 필요한 역량을 파악하고 대학과 수련 교육과정에 반영해야 할 것이다.

셋째, 네트워크와 연대 역량이다.

생애주기별 개입과 복지서비스 제공을 담당하는 정신건강사회복지사의 역할 수행을 위해서는 보건, 복지, 교육, 고용, 법률, 문화 등 다양한 분야와의 네트워크와 연대가 필수적이다. 정신건강복지법 제33조-제38조에 따르면 정신질환자에 대한 복지서비스 개발 및 직업재활 지원, 평생교육지원, 문화·예술·여가·체육활동 지원, 지역사회 거주·치료·재활 등에 대한 통합지원, 가족에 대한 정보 제공과 교육 등의 조항이 명시되어 있다. 이 법 조항의 실현을 위해서는 정신건강사회복지사의 네트워크와 연대 역량이 필수적이다.

정신건강사회복지사가 최우선으로 개발해야 할 직무능력은 지역사회 중심의 실천을 위한 자원동원 및 연계능력과 사례관리 능력이라 하였다(이기영·임혁, 2009). 정신건강사회복지사는 보건과 복지의 접점에 있는 전문가이므로, 정신건강 분야와 복지 분야를 포괄하는 지식과 관점을 갖추고 정신장애인의 다양한 욕구 충족과 지역사회에서의 회복을 지원할 수 있어야 할 것이다. 대표적으로 공공 사례관리가 이루어지는 읍·면·동 복지허브화, 시·군·구 희망복지지원단의 사회복지전담공무원이나 통합사례관리사들이 만나는 클라이언트의 다수가 정신건강의 어려움을 가지고 있으며, 이들의 회복은 정신건강복지센터, 중독관리통합지원센터 등에 근무하는 정신건강사회복지사와의 협업이 필수이다(권자영 외, 2018). 이에 정신건강사회복지사들은 "사회복지사"로서의 정체성과 전문성을 발휘하여, 필요한 자원에 접근하여 네트워크하고 정신장애인의 회복을 위해 관련 기관과 연대할 수 있는 역량을 갖추어야 한다.

넷째, 공감과 소통역량이다.

우리는 다른 분야를 언급하지 않고 특정 분야를 설명할 수 없고, 전체를 통달하지 않고 일부분만 온전히 알 수 없는 시대에 살고 있다(이건홍, 2021). 융합의 시대에 정신건강사회복지사의 공감과 소통역량은 그 어느 때보다 중요하다. 정신장애인을 만날 때 겉으로 드러나는 몇 가지 증상보다 맥락(context)을 이해하는 것이 얼마나 중요한지는 아무리 강조해도 지나치지 않는다. 이를 위해서는 온전히 클라이언트 입장에서 바라보고 공감하며 소통을 통해 종합적인 판단을 내리는 것이 필요하다. 공감은 사회복지를 처음 배우는 시기에 접하는 용어이다. 공감의 중요성을 모르는 정신건강사회복지사는 없겠지만, 익숙한 대상과 가능한 대상에게만 공감하는 공감의 편향이 이루어지고 있지 않은지 스스로를 점검하고, 공감의 반경을 확대해 가야 할 것이다.

다학제적 접근을 하는 정신건강전문요원에게 소통능력은 무엇보다 중요하다. 권자영 외(2018)의 연구에서는 정신건강사회복지사, 정신건강간호사, 정신건강임상심리사에게 공통으로 요구되는 역량으로 '타 직역과의 개방적인 의사소통'이 우선 필요하며, 다음으로 '역할 갈등을 다루는 역량'이 언급되었다. 다학제적 접근에서 소통을 위한 기반은 타 직역의 업무, 역할에 대한 정확한 이해에서 출발해야 할 것이다. 조직 내 팀 접근에서의 소통 이외에도 지역사회의 다양한 관련 기관과의 관계형성과 소통 역시 중요한 것은 말할 것도 없다.

다섯째, 자기관리 역량이다.

휴먼 서비스 종사자로서 다양한 위기와 트라우마 경험을 가진 정신장애인에게 제한된 자원 속에서 개입하는 정신건강사회복지사의 스트레스와 소진은 불가피한 것으로 보인다. 특히, 정신건강사회복지사들은 타인의 외상사건에 반복적으로 노출되면서 받는 인지적, 심리적 영향(무력감, 절망감 등)을 의미하는 이차외상스트레스(secondary traumatic stress)와 주로 조직 내 직무환경으로부터의 스트레스를 의미하는 소진(burnout)을 겪을 수 있다(Schiff & Lane, 2019). 이와 같은 현상에 대처하고 정신건강사회복지사 스스로를 지키기 위해서는 적극적인 자기관리(self-care)가 필요하다.

자기관리에는 첫째, 신체적 자기관리 영역으로, 자기관리를 위해 건강한 식단과 규칙적인 식사, 흥미 있는 신체활동과 운동, 충분한 수면, 아플 때 휴식하기, 좋아하는 옷 입기, 휴대폰과 이메일 멀리하기, 휴가가기 등 다양한 방법이 있다. 둘째, 정서적 자기관리는 자부심 갖기, 자신이 하는 일에 의미부여 하기, 스스로에게 잘하고 있다고 격려하기, 웃게 하는 것 찾기, 울고 싶을 때 울기, 건설적인 방법으로 화 표현하기, 좋아하는 책 읽기, 좋아하는 영화 다시보기 등이 있다. 마지막으로 영적 자기관리는 기도, 명상, 자기성찰의 시간 갖기, 자연에서 시간 보내기, 감사표현하기(감사일기 작성), 영감을 주는 음악듣기, 노래하기, 영적인 모임에 참가하기(독서클럽, 성경공부 등), 자신에게 의미 있는 의식(ritual) 하기 등의 방법을 통해 가능하다.

3. 정신건강전문요원과 윤리의식

사회복지사의 사회복지실천은 지식, 기술, 가치에 기반하며, 성공적인 업무수행을 위해 필요한 3대 요소이다. 사회복지학 교육이나 정신건강전문요원 수련교육에서는 지식과 기술에 비해 가치영역을 충분히 다루지 않는 경향이 있지만, 실제로 정신건강전문요원들은 현장에서 자주 가치의 충돌과 윤리적 이슈에 부딪히고 있다. 다음에서는 정신건강사회복지사의 가치와 윤리적인 측면에 초점을 맞추어 보고자 한다.

가치는 개인이 삶에서 좋거나, 긍정적이거나, 중요하다고 여기는 것들이다. 개인의 가치는 다를 것이며, 개인의 가치와 전문직의 가치 사이에서 충돌이 일어날 수도 있다. 사회복지와 같은 휴먼 서비스 전문직은 인간존중의 가치를 가장 우선이 되는 가치로 여기고 있다. 이와 같이 전문직은 그 전문직 고유의 가치를 정립하고, 이러한 가치들로부터 나온 윤리적 기준을 갖는다(최혜지 외, 2021).

공공 정신건강 전달체계에서 일하며 정신장애인과 그 가족에 개입하는 정신건강전문요원이 윤리적 기준을 세우고, 윤리의식을 함양하는 것은 그 어느 직종보다 더 중요할 것이다. 최명민(2005)은 정신건강 영역에서 일하는 사회복지사에게 더욱 윤리적 민감성이 필요하다고 강조하였다. 그 이유에 대해 우리 사회에서 정신장애인은 가장 많은 편견과 싸워야 하는 집단이며, 부당한 대우를 받더라도 스스로 개선의 노력을 기울이기 힘든 소수자로서 사회복지사가 파워를 남용하지 않도록 주의를 기울여야 하기 때문이라고 하였다. 특히, 다학제적 접근을 하는 실천 현장 특성상 윤리적 이슈가 발생하기 쉬운데, 의료모델을 기반으로 하는 전문직의 과학적 접근과 인본주의적 관점을 기반으로 하는 사회복지적 접근은 인간을 이해하는 전제가 다르므로 문제에 대한 사정과 개입에 대한 합의가 쉽지 않을 수 있다. 정신건강사회복지사는 사회복지사로서의 인본주의적 정체성을 잃지 않으면서 과학적 접근을 추구해야 하는 부담을 갖게 된다(서미경, 2004).

예컨대, 정신건강 현장에서 흔히 경험하는 윤리적 이슈로는 강제입원과 자기결정, 자해와 타해의 위험을 가진 클라이언트에 대한 비밀보장, 기관 밖에서의 클라이언트와의 연락이나 관계, 가족의 지지체계가 부족하여 계속 입원을 해야 하는 경우, 개인정보 공개범위의 결정, 서비스제공에 대한 고지된 동의(informed consent) 등 다양하다. 이외에도 동료, 슈퍼바이저와의 관계, 타 기관과의 관계에서 다양한 윤리적 이슈가 발생할 수 있다.

정신건강사회복지사들이 매일의 실천 현장에서 윤리적 딜레마를 겪을 때 이를 해결하기 위해 윤리적 민감성을 길러야 하며, 윤리적 기준에 따라서 해결해나가야 할 것이다. 이 윤리적 기준의 가장 기본이 되는 것이 1988년 제정·공포된 사회복지사 윤리강령이다. 윤리강령은 첫째, 사회복지사의 기본적 윤리기준(전문가로서의 자세, 전문성 개발을 위한 노력, 경제적 이득에 대한 태도), 둘째, 사회복지사의 클라이언트에 대한 윤리기준(클라이언트에 대한 윤리적 기준, 동료의 클라이언트와의 관계), 셋째, 사회복지사의 동료에 대한 윤리기준(동료, 슈퍼바이저), 넷째, 사회복지사의 사회에 대한 윤리기준, 다섯째, 사회복지사의 기관에 대한 윤리기준, 여섯째, 사회복지윤리위원회의 구성과 운영으로 이루어져 있다. 정신건강사회복지사의 경우도 사회복지 윤리강령에 대한 숙지가 중요하겠지만, 사회복지 전반의 포괄적인 내용을 담고 있어서 정신건강사회복지 분야의 특수성을 반영한다고 보기 어렵고, 실제 윤리적 결정을 내릴 절차를 밟아가기에는 복잡하다는 지적 하에 정신건강사회복지사 윤리강령을 별도로 제정하자는 제안이 있었다(서미경, 2004).

Ⅲ. 결론

본 장에서는 정신건강의 중요성과 정신건강전문요원의 역할에 대해 개괄해보았다. 정신건강의 중요성은 한 시대의 사조에 따라, 물리적, 사회적 환경에 따라 달라질 것이며 정신건강전문요원의 역할 또한 근무하고 있는 실천 현장의 특성, 주 개입 대상에 따라 상이할 것이다. 정신건강복지법으로의 개정과 온국민 마음건강 종합대책 수립 이후 정신건강사회복지사의 역할은 보다 다양해질 것으로 예측되므로, 이에 맞는 역량을 갖추어야 할 것이다. 학문적 연구, 정책 수립과 추진을 위한 참여, 실천 현장의 요구 반영 등을 통해서 정신건강전문요원의 성공적인 역할수행을 지원해 나가야 할 것이다.

참고문헌

관계부처 합동 (2021). 온국민 마음건강 종합대책 -제2차 정신건강복지기본계획(안)-.
국립정신건강센터 (2017). 제1회 정신건강전문요원 워크숍.
국립정신건강센터 (2018a). 2018 정신건강전문요원 수련지도요원 워크숍 교육자료.
국립정신건강센터 (2018b). 정신건강전문요원 제도 운영 안내.
국립정신건강센터 (2018c). 정신건강 현황 4차 예비조사 결과보고서.
국립정신건강센터 (2018d). 정신건강전문요원 실태조사 보고서.
국립정신건강센터 (2018e). 정신건강복지센터 전문인력 직무분석 연구: DACUM 기법 활용.
국립정신건강센터 (2019). 2019 국민 정신건강 지식 및 태도 조사 결과보고서.
국립정신건강센터 (2020). 한울 e야기 23호.
국립정신건강센터, 건강보험심사평가원, 한국보건사회연구원 (2020). 국가 정신건강 현황 보고서 2019.
국민건강보험 건강보험정책연구원 (2017). 건강보장정책수립을 위한 주요 질병의 사회경제적 비용분석.
권자영, 문영주, 최은정, 하경희, 황정우 (2018). 정신건강사회복지사의 핵심역량에 관한 수련 교육 요구 분석. 정신보건과 사회사업, 46(1). 64-93.
권진숙, 김정진, 전석균, 성준모 (2020). 정신건강사회복지론. 공동체.
대한작업치료사협회. https://www.kaot.org/pds/definition.jsp 2021년 2월 20일자 인출.
박한선 (2019). 정신장애는 정말 있는가? 중앙정신건강복지사업지원단. 정신건강동향, 6.
보건복지부 (2012). 11월 8일자 보도자료.
보건복지부, 중앙자살예방센터 (2020). 2020 자살예방백서.
서동우 (2007). 정신보건의 역사적 변화 선상에서 본 우리나라 정신보건법의 문제와 개선안. 보건복지포럼, 1, 42-56.
서미경 (2004). 정신보건사회사업 실천 장면에서의 윤리적 딜레마와 의사결정. 한국정신보건사회사업학회 추계학술대회 자료집.
이건홍 (2021). http://www.postech.ac.kr/e-postech/newsletter/ 2021년 2월 21일자 인출.
이기영, 임혁 (2009). 정신보건사회복지사 수련실태와 개선방안에 관한 탐색적 연구. 사회과학연구, 25(3), 187-212.
이상훈 (2020). 정신건강 인력의 현황과 과제. 보건복지포럼, 4, 43-54.
임정원 (2016). 정신건강론. 신정.
장수미, 김미옥, 전종설 (2015). 지역사회복지관 사회복지사의 핵심역량은 무엇인가? 한국지역사회복지학, 54, 1-35.
중앙정신건강복지사업지원단 (2018). 정신건강동향, 3.
중앙정신건강복지사업지원단 (2019). 정신건강동향, 8.
태화샘솟는집 (2020). 온택트 사회복지: COVID-19 사회복지실천사례.
최명민 (2005). 정신보건사회복지사의 윤리적 민감성 훈련 프로그램 개발 및 평가. 정신보건과 사회사업, 20, 182-215.
최은정, 권자영, 하경희, 황정우, 문영주 (2018). 정신건강사회복지사 수련 과정의 개선방안에 관한 연구. 한국사회복지교육, 41, 27-56.
최혜지, 김경미, 남성희, 류은정, 박선영, 박형원, 박화옥, 배진형, 안준희, 장수미, 정순둘 (2021). 사회복지실천론(2판). 학지사.
Bonnie, R., & Zelle, H. (2019). Ethics in Mental Health Care: A Public Health Perspective, edited by Mastroianni, A., Kahn, J., & Kass, N. The Oxford Handbook of Public Health Ethics, DOI: 10.1093/oxfordhb/9780190245191.013.21.
Schiff, J. W., & Lane, A. M. (2019). "PTSD symptoms, vicarious traumatization, and burnout in front line workers in the homeless sector", *Community Mental Health Journal, 55*(3). 454-462.
UN (2020). Policy Brief: COVID-19 and the need for action on mental health.
WHO (2003). Investing in Mental Health.
WHO (2013). Mental Health Action Plan: 2013-2020.

2장

정신장애를 가진 사람의 인권과 권익옹호

박재우
(서초열린세상)

아마 언젠가는 정신장애를 가진 사람이 동일 국가의 다른 시민들과 정확하게 동일한 권리를 가져야만 하고, 근본적으로 그들이 선택하고 결정한 삶을 살 권리를 가져야 한다는 것을 인정하게 될 것이다.

- 주디 체임벌린(Judi Chamberlin)[1]

Ⅰ. 서론

정신장애를 가진 사람[2]의 인권보장은 그 사회의 인권 수준을 가늠할 수 있는 인권의 바로미터(barometer)라고 한다. 정신장애를 가진 사람들은 다른 집단에 비해 인권 침해를 경험할 가능성이 매우 높은 반면, 인권보장을 위한 사회적·제도적·문화적 대응은 무시되거나 간과되기 쉽기 때문이다.

정신장애를 가진 사람들이 인권 침해에 노출되는 근본적인 이유는 정신장애를 가진 사람을 '문제 있는 인간'으로 정의하는 데 있다. '문제 있는 인간'이란 바로 이성적 존재인

---

1) 정신장애 당사자로서 NEC(National Empowerment Center)의 교육책임자로 일하며 정신장애 당사자 운동의 리더이자 조직 활동가로 인권 증진에 헌신하였다.

2) '정신장애인'이란 용어는 '정신장애'를 그 사람이 가진 대표적 특성이라는 전제하에 사용하는 것이므로 적절한 용어가 아니다. 여기에서는 가능하면 '정신장애를 가진 사람'으로 표기하되 문맥상 일부에서는 '정신장애인' 용어를 사용하였다.

인간에 반하는 비이성적 존재를 의미한다. 정신질환자는 신체질환자와 달리 강제입원, 자격취득과 취업의 제한 등 사회적 배제의 대상이 되고, 그러한 사회적 배제는 견고한 법제도적 장치들이 뒷받침하고 있다. 이러한 정신질환자에 대한 사회적 배제의 기저에 깔려 있는 것이 비이성에 대한 인식이다(신권철, 2012).

정신장애를 가진 사람을 문제 있는 인간으로 정의하는 권력은 정신의학에 있다. 그 사회의 정상과 비정상의 기준을 제시하는 힘, 그것이 바로 정신의학이 가진 사회적 권력이다. 정신건강사회복지사가 된다는 것은 정신의학을 필두로 하는 '정의하는 집단'에 진입하는 허가증이 될 수도 있고, 정신장애를 가진 사람들에 대해 사회적으로 구성된 차별과 배제의 틀을 깨고 포용과 통합을 촉진하는 인권실천가의 길로의 초대장이 될 수도 있다.

정신건강사회복지사로서 정신장애와 정신장애를 가진 사람을 어떻게 바라보고, 자신의 직업적 정체성을 어떻게 정의할 것인가는 매우 중요한 부분이다. 1995년 정신보건법 제정 이후 사회복지사가 정신건강분야의 전문직으로 인증받고, 정신병원과 정신건강복지센터, 정신재활시설 등에서 주요 전문가 집단으로 역할을 수행해 온 과정에서 우리는 사회복지사라는 정체성에 맞는 정신건강사회복지를 실천해 왔는지, 그 결과로 정신장애를 가진 사람들의 삶은 얼마나 개선되었는지 살펴보아야 한다. 즉 정신건강사회복지사의 '전문(직)성'에 대한 깊은 성찰이 필요하며, 성찰의 토대는 정신장애 당사자의 인권이 되어야 할 것이다.

Ⅱ. 인권에 대한 이해

1. 인권이란 무엇인가

인권(human rights)을 가장 단순하게 정의하면 인간으로서 당연히 누려야 할, 인간답게 살 권리를 말한다. 그렇지만 인권이 갖는 고도의 추상성 때문에 인권을 정의하는 방식은 시대와 사람마다 다를 수 있다. 인권의 의미를 제대로 이해하기 위해서는 인권을 정의하는 주요 방식에 대한 이해가 필요하다.[3)]

---

3) 인권의 정의는 손병돈 외(2008). 사회복지와 인권. pp. 14~16을 발췌·요약한 것임.

인권에 대한 개념 정의로 주로 사용되는 네 가지 방식은 다음과 같다. 첫째는 자연권적 관점에서 인권을 정의하는 것이다. 이러한 관점에서는 인간이라면 누구나 어떠한 사회적 조건에 있든 상관없이 인간이라는 이유만으로 누려야 할 평등하고 양도 불가능한 천부적 권리를 가지는데, 그러한 권리가 인권이라는 것이다. 이러한 인권의 정의는 미국의 독립선언문(1776), 프랑스의 인권선언문(1789), UN세계인권선언문(1948)에서 이루어지고 있다.

자연권적 관점의 인권 정의에서 핵심은 인권의 천부성, 보편성과 양도불가능성이다. 이러한 인권 정의는 인간 고유의 본성을 어떻게 이해해야 하는지 등과 같이 철학적이며, 추상적이고, 직관론적 차원에서 정의하는 것이다. 즉 인권을 인간이 태어나면서 갖는 보편적 권리라고 보는 것인데, 이는 인권을 가치론적·규범적 차원으로 논하는 것으로 인권의 내용이 시간에 따라 변화하고, 확대되는 과정을 설명하지 못하는 한계가 있다.

두 번째 인권의 정의는 제도론적 관점에서 이루어진다. 이 관점에서 인권의 존재와 내용은 사회적 제도와 규율에 근거한 제반 약속과 거래행위에 근거한다. 따라서 인권의 존재와 정당화하는 법률, 규칙, 관습과 이에 따른 약속 등 인간관계의 제도화를 전제한다. 즉 제도론적 관점에서의 인권 정의는 인권을 구체적인 법, 제도 차원과 연결시킴으로써 인권의 실질적 보장 여부를 평가하고 판단할 수 있게 해준다. 하지만 이렇게 인권을 정의할 경우, 인권이 법과 규칙, 제도와 같은 범위 내에서만 제기될 수 있는 것인가라는 비판이 제기될 수 있다.

세 번째 인권의 정의로 제시되는 것은 인권의 본질을 인간의 존엄성에서 추론해 내는 입장이다. 이 입장에서 사람들은 각자가 원래 인간으로서 가치나 존엄성을 가지며, 스스로가 목적 그 자체이고, 인권은 이러한 인간이 갖는 도덕적 권리라는 것이다. 이러한 인권의 개념은 인권을 도덕적·가치론적 차원에서 정의하는 것이다. 이렇게 인권을 정의할 경우 인권의 준수, 침해를 판가름할 수 있는 공통의 기준이 무엇인가라는 문제가 제기된다.

네 번째 인권의 정의는 인권은 만들어지는 혹은 구성되는 권리를 의미한다는 것이다. 이러한 접근에서는 인권이란 인간의 사회적 상호작용과 공통의 인간성의 기반 위에서 조화롭게 살아갈 수 있는지에 대한 고민으로부터 나오는 것이라는 가정을 하고 있다. 따라서 인권은 자연적이거나 신으로부터 주어지는 것이라기보다는 사회적으로 규정되는 것이며, 법률로 제정되는 것이라기보다 형성되는 것이다. 인권을 이렇게 정의할 경우 인권은 시간적, 사회적으로 고정되어 있는 것이 아니라 변화하고 발전하는 동태적인 것으로 이해된다.

2. 인권의 내용과 구분

인권을 내용적으로 구분하면 일반적으로 인권보호를 위한 국가의 역할에 따라 소극적 권리와 적극적 권리로 구분한다. 소극적 권리란 권리 자체가 소극적이라는 의미가 아니라 해당 권리보호를 위한 국가의 역할이 환경제공이나 울타리 역할만 하면 되는 인권을 의미한다. 주로 자유권에 해당하는 권리가 여기에 속한다. 반면 국가가 상당한 재정지출과 서비스 제공 등의 적극적인 개입을 통해 국민의 인권을 보호해야하는 권리가 있는데 이를 적극적 권리라고 한다. 주로 사회권에 속하는 복지권, 노동권, 사회문화적 권리 등이 여기에 속한다.

Jim Ife는 인권의 역사적 발전단계를 기준으로 인권을 구분하고 있다. 그는 인권을 1세대 인권, 2세대 인권, 3세대 인권으로 구분한다. 이렇게 인권을 구분하는 것은 인권 개념의 발전을 점진적 사회변화의 일부로서 이해하는 것으로 인권 역시 이러한 사회변화의 발전을 반영하여 확대되어 온 것으로 파악하는 것이다.

제1세대 인권은 인권의 내용에서 자유권이 해당된다. 제1세대 인권은 개인주의에 기반을 두고 있으며, 민주주의와 시민사회를 효과적이고 공정하게 조직화하는데 필수적인 것으로 간주되는 기본적 자유에 관심을 집중한다.

제2세대 인권은 인권의 내용에서 경제적·사회적·문화적 권리, 즉 사회권으로 분류되는 권리들을 말한다. 제2세대 인권은 사회민주주의 및 사회주의 그리고 다른 집단주의 운동과 같은 집단주의 이데올로기에 기초하고 있다. 제2세대 인권에서 국가는 제1세대 인권보다 더 능동적이고 적극적인 역할을 해야 하므로, 이를 적극적 권리라고 한다.

제3세대 인권은 집단적 권리이므로 개인에게만 적용하면 별 의미가 없지만, 집단적 차원에서는 매우 중요한, 따라서 집단적 맥락에서 이해될 필요가 있는 권리이다. 제3세대 인권에는 경제개발에 대한 권리, 안정적이고 공동체적 사회에서 살 권리, 깨끗하고 오염되지 않은 공기·물·식량 등에 대한 권리 등이 있다(Ife, 2001). <표 2-1>은 짐 아이프(Jim Ife)가 구분한 인권의 3세대를 정리한 것이다.

〈표 2-1〉 인권의 3세대

	1세대	2세대	3세대
세대 명칭	공민권과 정치권	경제적·사회적·문화적 권리	집합적 권리
기원	자유주의	사회주의, 사회민주주의	경제학, 개발학, 녹색이념
예	투표·집회·언론의 자유, 공정한 재판에 대한 권리, 고문·학대 받지 않을 권리, 법적 보호에 대한 권리, 차별 받지 않을 권리	교육, 주거, 의료, 고용, 적정 소득, 사회보장 등에 관한 권리	경제개발과 성장에 대한 관리, 경제성장의 혜택, 사회적 조화, 건강한 환경, 깨끗한 공기 등에 대한 권리
행위자	법률상담소, 국제사면위원회, 인권감시단, 난민사업	복지국가, 민간의 시장복지	경제개발기구, 지역사회개발계획, 그린피스 등
지배적 전문직	법	사회복지	지역사회개발
사회 복지	옹호, 난민사업, 보호시설조사자, 교도소 개혁 등	직접적 서비스, 복지국가의 운영, 정책개발과 옹호, 조사연구	지역사회개발; 사회적 · 경제적 · 정치적 · 문화적 · 환경적 개발 개인 · 정신적 개발

출처: Ife, J.(2001). 인권과 사회복지실천. 김형식 · 여지영 역. p. 83.

3. 인권감수성

인권감수성이란 인권 문제가 결부되어 있는 상황에서 그 상황을 인권 관련 상황으로 지각하고 해석하며, 그 상황에서 가능한 행동이 다른 관련된 당사자들에게 어떠한 영향을 미칠지를 상상해 보며, 그 상황을 해결하기 위한 책임이 자신에게 있다고 인식하는 심리적 과정을 말한다(국가인권위원회, 2002). 즉 인권감수성이란 일상생활에서 만나는 다양한 자극이나 사건에 대하여 매우 작은 요소에서도 인권적인 요소를 발견하고 적용하면서 인권을 고려하는 심리적 과정이다.

인권 실천에 있어 인권감수성은 매우 중요한 요소이다. 현실의 삶 속에서 발생하는 구체적인 상황을 인권이라는 프레임으로 바라보고, 추상적 개념의 인권을 삶의 현장에 체화하는 작업을 거치지 않으면 우리는 인권 실천을 할 수 없기 때문이다. 우리가 인권을 옹호하는 행동을 하려면 ① 인권감수성 과정(상황을 인권 관련 상황으로 지각하고 해석하는 과정), ② 인권에 대한 판단력 과정(어떠한 행동이 인권과 관련하여 옳고 그른지를 판단하는 과정), ③ 인권에 대한 동기과정(다른 가치와 비교하여 인권이라는 가치를 우선시하는 과정),

④ 인권옹호 행동 과정(인권옹호 행동을 밀고 나갈 수 있는 실행과정)이라는 네 가지 심리과정을 거쳐야 한다. 따라서 인권 실천의 출발점으로서 인권감수성은 꾸준히 훈련될 필요가 있다.

Ⅲ. 인권과 사회복지 실천

1. 인권과 사회복지 전문직

사회복지사는 사회복지에 관한 전문 지식과 기술을 가진 자(사회복지사업법 제11조 제1항)로서 우리나라의 <사회복지사 윤리강령>에서는 "사회복지사는 인본주의·평등주의 사상에 기초하여 모든 인간의 존엄성과 가치를 존중하고 천부의 자유권과 생존권의 보장활동에 헌신한다."라고 밝히면서 사회복지 전문직의 소명 자체가 인권보장임을 강조한다.

국제사회복지사협회(IFSW)는 인권실현을 위한 사회복지실천과 관련된 서비스를 제공함에 있어 지켜야 할 인권 원칙을 다음과 제시한다(IFSW, 2002; 배화옥 외, 2015에서 재인용).

- 모든 사람은 고유의 가치를 가지고 있으며 그것은 그 사람을 위한 도덕적 배려로 정당화된다.
- 모든 개인은 자립(self-fulfillment)의 권리를 가지고 있으며, 다른 사람의 동등한 권리를 침해하지 않는 범위에서 최대화되어야 한다. 또한 모든 개인은 사회의 안녕에 기여할 의무를 가지고 있다.
- 어떠한 형태의 사회이든지 모든 사회는 그 구성원에게 최대의 이익을 제공하기 위한 기능을 해야 한다.
- 사회복지사는 사회정의의 원칙에 대한 소신을 가져야 한다.
- 사회복지사는 개인과 집단, 지역사회와 사회의 발전을 도모하고 개인-사회적 갈등을 해결하기 위한 객관적이고 훈련된 지식과 기술에 헌신할 책임을 지니고 있다.
- 사회복지사는 성, 연령, 장애, 인종, 사회계층, 종교, 언어, 정치적 신념, 성적 취향에 기초한 어떠한 차별 없이 가장 최선의 가능한 지원을 제공하여야 한다.

위와 같이 사회복지 전문직의 고유한 가치와 실천은 인권과 불가분의 관계에 있다. 사회적 약자가 인간다운 삶을 영위할 수 있도록 전문적 지원을 제공하는 사회복지사는 단순한 서비스 제공자로서 서비스 전달자의 기능을 하는데 머물 것이 아니라 당사자의 인권을 증진하고 보호하며, 시혜가 아닌 권리로서의 복지를 향유할 수 있도록 인권에 기반한 실천을 해 나가야 한다.

2. 인권의 담지자로서 사회복지 전문직의 과제

사회복지 전문직이 인권전문직으로서의 위상을 정립해 가기 위해서는 다음과 같은 대응이 필요하다(배화옥 외, 2015). 첫째, 지금까지 사회복지전문직은 개인이나 가족, 집단의 치료와 지역사회를 보호하고 개발하는 활동에 집중했는데, 개인 또는 사회의 어느 한쪽만을 변화시키는 양자택일의 성향을 보였다. 그러나 이러한 양자택일의 전문직 활동은 어느 한 쪽을 등한시함에 따라 인권을 침해할 위험성을 내포한다. 따라서 개인과 사회, 미시와 거시의 접점을 찾아 개입하는 양자 모두의 전문직 활동으로 전환시킬 필요가 있다.

둘째, 클라이언트 당사자가 변화 창출의 주체로 자리매김할 수 있도록 클라이언트와 사회복지사 간의 관계를 평등한 관계로 전환시켜야 한다. 사회복지전문직에 내포된 권위, 힘, 특권 등은 변화 창출의 주체가 당사자가 아니라 사회복지사라는 전문가주의가 전제되어 있다. 따라서 이러한 양자 간에는 불평등한 관계가 형성되어 있는바 이러한 관계를 평등한 관계로 전환시켜야 한다.

셋째, 기존의 욕구 패러다임(욕구기반 실천)보다는 권리 패러다임(권리기반 실천)에 따른 실천을 지향해야한다. 욕구 패러다임에 따른 사회복지실천에서는 사회복지사가 클라이언트의 욕구를 정의하는 활동이 주를 이루었고, 이에 따라 사회복지사도 자신의 정체성을 개인과 가족, 집단, 지역사회의 욕구를 사정하는 전문가로서 확립해 왔다. 그러나 욕구에 대한 정의는 객관적으로 측정된 중립적인 사실에 기초하기 보다는 사회복지사의 가치나 이데올로기에 영향을 받아 이루어진 측면이 강했다. 따라서 클라이언트의 욕구를 충족시키는 데에는 한계를 노정할 수밖에 없었던 바, 욕구에 대한 사정은 사회복지전문가 보다는 욕구를 가진 당사자 스스로에 의해 이루어질 필요가 있다. 그리고 이때 인권실천가로서의 사회복지사는 욕구의 이면에 자리한 당사자들의 권리를 확인하여, 이러한 권리와 욕구가 어떠한 관련성을 갖고 있는지 성찰하고 분석할 수 있어야 한다.

Ⅳ. 인권과 정신장애

1. 정신장애를 가진 사람과 인권

1) 정신장애를 가진 사람의 인권에 관한 국제 원칙

(1) 세계인권선언(1948)

"모든 사람은 날 때부터 자유롭고 동등한 존엄성과 권리를 가지고 있다. 사람은 천부적으로 이성과 양심을 가지고 있으며, 서로 형제애의 정신으로 행동하여야 한다."

대부분의 조항이 "모든 사람은~"으로 시작되는 아름다운 문장으로 구성된 세계인권선언(Universal Declaration of Human Rights)은 1948년 12월 10일 유엔 총회에서 당시 가입국 58개 국가 중 50개 국가가 찬성하여 채택된 인권에 관한 세계선언문이다. 360여개 언어로 번역되어, 가장 많이 번역된 유엔 총회 문건이다. 1946년의 인권장전 초안과 1948년의 세계인권선언 그리고 1966년의 국제인권규약을 합쳐 국제인권장전이라고 부르기도 한다. 세계 인권 선언은 유엔의 결의로서 비록 직접적인 법적 구속력은 없으나 오늘날 대부분의 국가 헌법 또는 기본법에 그 내용이 각인되고 반영되어 있다. 세계인권선언을 각국에 법률적 강제력이 있도록 한 것이 '경제적 사회적 및 문화적 권리에 관한 국제규약'(사회권 규약: A규약)과 '시민적 및 정치적 권리에 관한 국제규약'(자유권 규약: B규약)이다.

세계인권선언 중 (정신)장애를 가진 사람들과 관련된 주요 조항은 다음과 같다.

제2조 모든 사람은 인종, 피부색, 성, 언어, 종교, 정치적 또는 그 밖의 견해, 민족적 또는 사회적 출신, 재산, 출생, 기타의 지위 등에 따른 어떠한 종류의 구별도 없이, 이 선언에 제시된 모든 권리와 자유를 누릴 자격이 있다.

제3조 모든 사람은 생명권과 신체의 자유와 안전을 누릴 권리가 있다.

제9조 어느 누구도 자의적인 체포, 구금 또는 추방을 당하지 아니한다.

제22조 모든 사람은 사회의 일원으로서 사회보장제도에 관한 권리를 가지며, 국가적 노력과 국제적 협력을 통하여 그리고 각국의 조직과 자원에 따라 자신의 존엄성과 인격의 자유로운 발전을 위하여 불가결한 경제적, 사회적 및 문화적 권리의 실현에 관한 권리를 가진다.

제25조 1. 모든 사람은 식량, 의복, 주택, 의료, 필수적인 사회역무를 포함하여 자신과 가족의 건강과 안녕에 적합한 생활수준을 누릴 권리를 가지며, 실업, 질병, 불구, 배우자와의 사별,

노령, 그 밖의 자신이 통제할 수 없는 상황에서의 다른 생계 결핍의 경우 사회보장을 누릴 권리를 가진다.

(2) 정신장애인 보호와 정신보건의료 향상을 위한 원칙: MI원칙(1991)

1991년 12월 UN 총회에서 결의된 '정신장애인 보호와 정신보건 의료 향상을 위한 원칙'(Principles for the Protection of Persons with Mental Illness and for the Improvement of Mental Health Care, 흔히 MI원칙이라고 함)은 정신장애인 인권의 구체적인 가이드라인을 제시하고 있어 지금까지도 정신장애인 인권보장을 위한 기본적인 원칙과 지침으로 활용되고 있다. WHO에서는 MI원칙의 실제 적용을 위한 지침서도 제작하여 활용하고 있다.

(3) UN 장애인권리협약: CRPD(2006)

제61차 UN 총회에서 한국을 비롯한 192개 회원국의 만장일치의 결의로 통과된 장애인권리협약은 장애인이 인간으로서 가지는 존엄성을 재차 확인하고 장애인의 인권보장을 위해 노력할 의무를 밝힌 8번째 국제인권조약이다.

장애인권리협약이 가지는 가장 중요한 의미는 법적 구속력이 있는 국제법이란 점이다. 우리나라는 2008년 12월에 국회 비준 동의를 하였으며 2009년 1월 10일부터 발효되었다(협약 제25조(보험가입) ⓔ항은 유보). 헌법 제6조 1항에 따라 국회 비준을 거친 장애인권리협약은 국내법과 같은 효력을 가지게 되며, 정부는 장애인권리협약의 국내 이행의무를 지게 되었다. 또한 협약과 충돌되는 공권력의 행사는 위헌 또는 의법으로 되는 효력을 가진다. 장애인권리협약에서 정신장애와 관련된 주요 조항은 아래와 같다.

제12조(법 앞에서의 동등한 인정)

1. 당사국은 장애인이 법 앞에서 인간으로서 어디서나 인정받을 권리가 있다는 것을 재확인한다.
2. 당사국은 장애인도 생활의 모든 면에서 다른 사람들과 대등하게 법적 능력을 향유한다는 것을 인정해야 한다.
3. 당사국은 장애인이 법적 능력을 행사함에 있어서 필요할지도 모르는 지원에 대하여 장애인이 접근하도록 하기 위하여 적절한 조치를 강구해야 한다.
4. 당사국은 법적 능력을 행사하는데 관련이 있는 모든 조치들이 국제 인권 법률에 따라 남용을 방지할 적절하고 효과적인 예방책을 준비하도록 보장해야 한다. 이러한 예방책은 법적 능력을 행사하는데 관련이 있는 조치가 개인의 권리 · 의지 · 선호를 존중하고 이해의 충돌

과 부당한 영향이 없으며 그 사람의 사정에 어울려 맞추어지고 가능한 한 최단 기간 동안 적용되며 관할권을 가지는 독립적이 공평한 당국이나 사법 조직에 의한 정기적인 재심을 받도록 보장해야 한다. 그 예방책은 이러한 조치가 그 사람의 권리와 이익에 영향을 미치는 정도에 비례해야 한다.

5. 이 조항의 규정의 지배를 받는 당사국은, 재산을 소유하거나 상속받고 자신의 재정을 관리하며 은행융자, 저당, 기타 형태의 금융 대출 등에 동등한 접근을 가지도록, 장애인의 동등한 권리를 보장하기 위한 모든 적절하고 효과적인 조치를 강구해야 하고, 장애인이 그들의 재산을 독단적으로 빼앗기지 않도록 보장해야 한다.

제14조(개인의 자유와 안전)

1. 당사국은 장애인이 다른 사람들과 대등하게
   (a) 개인의 자유와 안전의 권리를 향유하도록
   (b) 불법적으로나 독단적으로 장애인의 자유가 빼앗기지 않고 자유의 어떠한 박탈도 법률에 의거하며 장애의 존재가 여하한 경우에도 자유의 박탈의 정당한 이유가 되어서는 안 되도록 보장하여야 한다.

제16조(착취·폭력·학대로부터의 자유)

3. 모든 형태의 착취·폭력·학대의 발생을 방지하기 위하여, 당사국은 장애인에게 제공하기 위하여 계획된 모든 시설·프로그램을 독립적인 당국이 효과적으로 관리하도록 보장해야 한다.
4. 당사국은 보호 서비스를 제공함을 포함하여, 어떤 형태의 착취·폭력·학대의 희생자가 된 장애인이 신체적·인지적·심리적 회복, 재활, 사회 재통합 등을 증진하기 위한 모든 적절한 조치를 강구해야 한다. 이러한 회복과 재통합은 개인의 건강·복지·자존·존엄·자율을 증진하고 특정한 성·연령에 고유한 욕구를 고려하는 환경에서 이루어져야 한다.

제17조(개인의 본래 상태를 보호함) 모든 장애인은 다른 사람들과 대등하게 그의 신체적·정신적 본래 상태에 대하여 존중받을 권리가 있다.

제19조(자립적으로 생활함과 지역사회에 통합됨) 이 협약의 당사국은 모든 장애인이 다른 사람들과 동등한 선택 기회를 가지고 지역사회에 살 수 있는 동등한 권리를 인정하며, 다음을 보장함을 포함하여 장애인이 이 권리를 완전히 향유하고 지역사회에 완전히 통합·참여하도록 촉진하기 위한 효과적이고 적절한 조치를 강구해야 한다.

(a) 장애인이 다른 사람들과 대등하게 거주지 및 어디에서 누구와 살 것인지를 선택할 기회를 가지며 특정 거주 형태에서 살도록 강요되지 않음
(b) 지역사회에서의 생활과 통합을 지원하기 위하여 그리고 지역사회로부터의 고립이나 격리를 방지하기 위하여 필요한 개별 지원을 포함하여 장애인이 광범위한 재가·주거 서비스와 기타 지역사회 지원 서비스들에 대하여 접근할 수 있음
(c) 일반인을 위한 지역사회 서비스·시설이 대등하게 장애인에게 이용 가능하며 장애인의 욕구에 민감하게 반응함

2) 정신장애를 가진 사람의 인권에 관한 국내 법규

(1) 헌법

우리나라 헌법은 제10조에서 '인간으로서의 존엄성과 행복추구권 보장'을 통해, "모든 국민은 인간으로서의 존엄과 가치를 가지며, 행복을 추구할 권리를 가진다. 국가는 개인이 가지는 불가침의 기본적 인권을 확인하고 이를 보장할 의무를 진다"고 명시한다. 또 헌법은 모든 영역에서 각인의 기회균등, 법 앞의 평등 원칙과 차별금지 및 교육의 기회균등 등을 규정하고 있다.

헌법 제34조는 가장 대표적인 사회적 기본권 규정으로, 1항에서는 인간다운 생활을 할 권리로서의 생존권을 규정하고, 국가의 사회보장 및 사회복지 증진 노력의 의무(2항) 및 신체장애자 및 질병, 노령 기타의 사유로 생활 능력이 없는 국민에 대한 국가의 보호(5항)를 규정한다. 이 외에도 불합리한 차별을 받지 않을 권리(평등권), 국가권력이나 타인으로부터 간섭받지 않을 권리(자유권), 국가에 대해 인간다운 생활보장을 요구할 권리(사회권) 등이 명시되어 있다(배화옥 외, 2015).

(2) 정신건강증진 및 정신질환자 복지서비스 지원에 관한 법률(정신건강복지법)

정신질환자의 열악한 인권 상황에 대한 사회적, 국제적 문제제기가 커지면서 강제입원에 대한 법적 절차를 규정하고 정신질환자의 인권을 개선하며, 지역사회정신보건의 확대를 주요 취지로 하는 정신보건법이 1995년 12월에 제정되었다. 이를 계기로 우리나라의 정신보건 정책도 공식적으로는 '수용·입원' 중심에서 '지역사회' 기반의 정신보건으로 방향을 전환하게 된 것이다. 그러나 정신보건법 제정 이후 지속적으로 증가하는 정신병상 수와 높은 비자의입원율, 열악한 정신장애인 복지 수준은 정신보건법의 한계 또한 분명히 드러냈다. 이에 정신보건법을 전면 개정하면서, 정신장애인의 인권 증진을 주요 목표 중의 하나로 설정한 정신건강복지법이 2016. 5. 30. 국회를 통과하였다.

정신건강복지법은 제2조(기본이념) 2항에서 모든 정신질환자는 인간의 존엄과 가치를 보장받고, 최적의 치료를 받을 권리를 가지며, 3항에서 정신질환이 있다는 이유로 부당한 차별대우를 받지 아니하며, 5항에서 입원 또는 입소가 최우선되도록 지역 사회 중심의 치료가 우선적으로 고려되어야 하며, 정신건강증진 시설에 자신의 의지에 따른 입원 또는 입소가 권장되어야 하고, 6항에서 입원 등을 하고 있는 모든 사람은 가능한 한 자유로운 환경을 누릴 권리와 다른 사람들과 자유로이 의견교환을 할 수 있는 권리를 가지며,

7항에서 정신질환자는 원칙적으로 자신의 신체와 재산에 관한 사항에 대하여 스스로 판단하고 결정할 권리를 가지며, 특히 주거지, 의료 행위에 대한 동의나 거부, 타인과의 교류, 복지서비스의 이용 여부와 복지서비스 종류의 선택 등을 스스로 결정할 수 있도록 자기결정권을 존중받는다는 것을 분명히 하였으며, 8항에서 정신질환자는 자신에게 법률적·사실적 영향을 미치는 사안에 대하여 스스로 이해하여 자신의 자유로운 의사를 표현할 수 있도록 필요한 도움을 받을 권리를 가지며, 9항에서 정신질환자는 자신과 관련된 정책의 결정과정에 참여할 권리를 가진다는 점을 명시하고 있다.

비록 정신건강복지법이 이러한 기본이념을 실현할 수 있는 실체적 규정을 충분히 담고 있지는 못하지만, 정신장애인의 자기결정권의 내용을 구체적으로 명시하면서 정신장애인을 정책에 참여할 권리를 가진 주체로 선언한 것은 의미 있는 진전이라고 할 수 있다.

(3) 장애인차별금지 및 권리구제 등에 관한 법률

2007년 제정된 장애인차별금지 및 권리구제 등에 관한 법률(보통 "장애인차별금지법"이라고 한다)은 모든 생활 영역에서 장애를 이유로 한 차별을 금지하고 장애를 이유로 차별받은 사람의 권익을 효과적으로 구제함으로써 장애인의 완전한 사회참여를 성취하고, 평등권 실현을 통하여 인간으로서의 존엄과 가치를 구현함을 목적으로 한다.

장애인차별금지법은 장애인의 고용이나 교육, 재화와 용역의 제공 및 이용, 사법·행정절차 및 서비스와 참정권, 모·부성권, 성 등, 가족·가정·복지시설, 건강권 등에서의 장애인에 대한 차별금지와 이에 대한 권리구제를 내용으로 한다. 이 법에서는 차별을 직접차별, 간접차별, 정당한 편의제공 거부, 광고에 의한 차별로 규정하고 있으며, 과도한 부담이나 현저히 곤란한 사정, 특정 직무나 사업 수행의 성질상 불가피한 경우 그리고 적극적 우대조치를 차별의 예외로 명시하고 있다.

장애인차별금지법은 장애인의 실질적인 평등보장을 위하여 장애차별의 보편성과 특수성을 감안하여 차별의 유형을 상세히 적시함으로써 장애차별의 판단기준과 내용에 대한 가이드라인을 제시하고 있다.

2. 정신장애를 가진 사람의 인권 쟁점[4)]

1) 자기결정권

모든 사람은 일정한 사적 사안에 관하여 국가로부터 간섭을 받음이 없이 자신에 대하여 스스로 결정할 수 있는 권리를 가지는데, 이를 '자기결정권'이라 한다. 자기결정권은 인간 존엄권으로부터 필연적으로 도출되는 중요한 인권으로서, 각 나라마다 규정 방식은 다르지만 이를 중요한 헌법상 기본권으로 인정하고 있다. 자기결정권은 자신의 신체, 라이프스타일, 성적 자기결정권 등 개인이 결정할 수 있는 다양한 영역에서 인정된다.

먼저 근본적으로 정신장애인의 자기결정권을 다른 사람과 동일하게 인정할 수 있는지가 중심 문제로 등장한다. 시민·정치 권리에 한 국제 규약(자유권 규약)은 "모든 사람은 자결권을 가진다"는 것을 최우선으로 명시하고 있다(제1조). 우리 법상으로는 미성년자나 법원에 의하여 무능력자(피성년후견인, 피한정후견인)로 결정된 자는 일정한 의사 판단과 행위 능력이 제한될 수 있지만, 이들의 경우도 제한되는 권리는 계약 등 법률 행위에 관한 능력일 뿐이고 정신병원에 입원을 할 것인지 여부 등 기타 일상생활에 관한 자기결정권은 정신장애인이라고 하여 결코 부인당하지 않는다. 그런데도 우리 사회에는 정신장애인을 '독자적인 자유를 누릴 능력이 결여된 자'인 것으로 인식한 나머지 정신장애인의 자기결정권을 제한하는 것은 불가피하다는 통념이 남아있는 것이 사실이다.

정신장애인의 자기결정권과 관련하여 가장 문제가 되는 것은 비자발적 입원제도이다. 정신건강복지법 상의 대표적인 비자발적 입원제도인 보호의무자에 의한 입원제도는 정신장애인 본인의 의사에 반해서, 오로지 보호의무자와 정신과전문의의 결정에 따라서 비자발적 입원을 시키도록 규정하고 있다. 이는 정신장애인의 자기결정권을 인정하지 않는 전제에 기초한 것이다.

자기결정권이 문제되는 또 다른 경우는 정신장애인에게 '치료를 거부할 권리'를 인정할 수 있는가이다. 환자는 의사로부터 자신의 상태에 관한 설명을 들은 후에 필요한 치료를 거부할 수 있고, 이때 의사는 환자의 동의 없이는 치료를 강제할 수 없는데, 이를 '치료를 거부할 권리'라고 한다. 정신장애인에게는 치료를 거부할 권리를 인정하기 어렵다거나 인정 범위를 제한하여야 한다는 견해가 있다. 법적으로 정신장애인이라는 이유만으

4) 이 부분은 국가인권위원회(2011). 정신보건분야 종사자 인권교육 교재. pp. 16~22를 요약 발췌함.

로 치료에 관한 결정 능력을 부인할 근거는 없으며, 의학적으로도 정신질환자라 하여도 예외적인 경우를 제외하고는 치료 여부를 결정할 능력이 없다고 단정할 수 없다고 알려져 있다. 따라서 원칙적으로 정신장애인에게도 치료를 거부할 권리가 인정되어야 하고, 그 제한은 적법절차원칙에 따라 엄격하고 적법한 한도에서 이루어져야 한다. 환자에 대한 치료 강제를 정당화 할 사유가 있는 경우에 한하여 법원이나 적어도 공정성을 갖춘 공적 기관에 의하여 치료명령이 이루어지도록 하며, 그 경우에도 인권침해를 최소화할 수 있도록 조치가 취해져야 한다.

2) 신체의 자유 및 적법절차원리

신체의 자유는 신체의 안전성이 외부로부터의 물리적 힘이나 정신적 위험으로부터 침해당하지 아니할 자유와 신체 활동을 임의적이고 자율적으로 할 수 있는 자유, 즉 신체의 안전성과 신체 활동의 임의성을 그 내용으로 하는 자유를 말한다.

헌법 제12조제1항제2문은 신체의 자유와 관련하여 적법절차의 원리를 규정하고 있다. 적법절차원리는 공권력에 의한 국민의 자유와 권리 침해는 반드시 실체법상 또는 절차법상 합리적이고 정당하다고 인정되는 절차에 의해서만 행할 것을 요구한다. 적법절차원리는 형사소송절차에 한하지 않고 모든 국가 작용 및 입법 작용 전반에 대하여 적용되며, 또한 문제된 법률의 실체적 내용이 합리성과 정당성을 갖추고 있는지 여부를 판단하는 기준이 된다(헌법재소 1992. 12. 24. 92헌가8 결정 등).

따라서 신체의 자유를 제한하는 내용을 형식적 의미의 법률에 규정하였다는 것만으로는 합헌일 수 없으며, 그 법률이 정한 절차도 실질적으로 적법하여야 한다. 적법절차원칙은 미국에서 판례를 통하여 형성되어 왔는데, 그 핵심 내용은 ① 개인의 자유와 권리에 영향을 미치는 국가적 행위에 대하여 관계 국가 기관이 정당한 권한을 가질 것, ② 입법절차는 물론 법률 내용도 구체적이고 명확할 것, ③ 상대방에게 고지, 청문의 기회가 제공될 것, ④ 변호인의 조력을 받을 권리와 유리한 증인의 강제 소환 등이 보장될 것, ⑤ 판정 기관이 공정하게 구성될 것, ⑥ 권리의무의 판정은 정의의 원칙과 헌법의 기본 이념에 합치하고 자의적인 것이 아닐 것, ⑦ 헌법상 보장된 국민의 권리가 행정작용에 의해서 침해된 경우에는 그에 대한 사법 심사가 반드시 이루어져야 할 것 등을 들고 있다.

정신장애인이 정신건강증진시설에 입소할 경우, 특히 정신병원에 비자발적 입원될 경우 적법한 절차를 지키지 아니하면 신체의 자유를 침해한 것이 된다. 국제연합 MI원칙도

비자발적 입원의 요건, 심사기관, 절차상 보호조치를 자세하고 엄격하게 요구하고 있다(16, 17, 18.항). 현행 정신건강복지법상 비자발적 입원이 된 자는 임의로 퇴원할 수 없고 병원장이나 행정기관의 결정에 의해서만 퇴원이 가능하며, 행동의 자유, 통신권 등 헌법상 기본권이 제한될 수 있다는 점에서 정신건강복지법상 비자발적 입원은 헌법상 신체의 자유를 제한하고 있음이 명백하다.

3) 사생활의 자유

사생활의 자유란 소극으로는 개인의 사생활 내용이 함부로 공개당하지 아니할 권리(사생 활의 비밀)와 사생활의 자유로운 형성과 전개를 국가기관 등 타인으로부터 방해받지 아니할 권리(사생활의 자유), 적극적으로는 자신에 대한 정보를 스스로 통제할 수 있는 권리(자기정보관리통제권)를 포함한다. '세계인권선언'은 "어느 누구도 자신의 사생활, 가정, 주거 또는 통신에 대하여 자의적인 간섭을 받지 않으며, 자신의 명예와 신용에 대하여 공격을 받지 아니한다. 모든 사람은 그러한 간섭과 공격에 대하여 법률의 보호를 받을 권리를 가진다"고 선언한다(제12조).

국제 연합 MI원칙은 제6항에서 정신장애인에 대한 비밀보장을, 19항에서 정신장애인의 정보열람권한을 규정하고 있다. 현대사회는 고도로 정보화되어 가고 있으며, 특히 인터넷 등 정보 통신의 발달로 개인의 신상에 관한 정보가 수집되거나 유통될 가능성이 매우 높아지고 있다. 이 때문에 많은 법률에서 사생활의 비밀과 자유를 보장하기 위한 규정을 포함시키고 있다. 정신장애인의 경우, '본인이 원하지 않는 정신장애에 관한 신상정보가 공공기관이나 시설에서 수집 유통되는 경우', '치료를 이유로 사생활의 비밀이 침해되는 경우', '시설 등에서 CCTV로 정신장애인의 일상을 촬영하는 것' 등이 문제될 수 있다.

4) 거주이전의 자유

거주이전의 자유는 외부의 간섭을 받지 않고 자신이 원하는 곳에 거소나 주소를 정하고, 그 곳으로부터 자유로이 이동하며, 자신의 의사에 반하여 거주지와 체류지를 옮기지 아니할 자유를 말한다. 정신병원에 입원되거나 시설에 수용된 정신장애인의 경우 입·퇴원이나 입·퇴소가 제한된다면 이는 거주이전의 자유가 침해된 것으로 볼 수 있다.

5) 정신장애인과 사회권

정신장애인은 장애로 인하여 대개 사회경제적으로 약자가 되기 마련이다. 상황에 따라서는 가족들로부터 버림받은 채 시설이나 지역에서 방치될 경우도 있다. 정신장애인에게 사회권의 보장은 이 때문에 더욱 절실한 문제이다. '세계인권선언'과 사회권 규약이 이에 대한 중요한 원칙이 된다. 정신장애인의 사회권은 특히 성공적인 재활과 사회 복귀를 위하여 매우 중요하다.

첫째, 근로 및 적정한 보수를 받을 권리이다. '세계인권선언' 제23조는 '근로 및 적정한 보수를 받을 권리'에 관하여 규정하고 있고, MI원칙 13의 3, 4에서도 강제 노동과 노동 착취를 금지하고 있다. 정신보건시설에서 치료나 재활이라는 명목으로 정신장애인에게 시설 내에서 장시간 강제 노역을 시키거나 작업치료비 명목으로 최저 임금에도 못 미치는 소액만을 주는 경우가 발생하는 경우 등이 문제가 된다.

둘째, 휴식과 여가에 관한 권리이다. '세계인권선언' 제24조는 모든 사람은 근로시간의 합리적 제한과 정기적인 유급 휴일을 포함한 휴식과 여가에 관한 권리를 가진다고 정하고 있다. 시설에서는 자유로운 여가생활의 보장 및 프로그램 제공, 외부 문화 교류, 체육 활동을 위한 시설 구비 등이 이루어져야 한다.

셋째, 건강 및 행복에 필요한 생활수준을 누릴 권리와 사회보장을 받을 권리이다. '세계인권 선언' 제25조는 자신과 가족의 건강과 안녕에 적합한 생활수준을 누릴 권리를 정하고, 제22조는 이를 위한 사회보장을 받을 권리를 규정하고 있으며, 사회권 규약은 이를 구체화하고 있다. 정신장애인이 시설에 있을 때는 기본적인 의식주에 관한 권리의 침해가 문제된다. 정신장애인은 시설에서 퇴소할 경우, 특히 단독 세대의 경우 의식주를 스스로 해결해야 하고 사회보장에 필요한 절차도 본인이 해결해야 한다. 지역사회 보장시스템이 제대로 작동하지 않을 경우, 정신장애인은 지역사회 복귀를 꺼리는 현상이 생기기도 하는데, 이는 정신장애인의 사회권을 크게 훼손하는 것이다.

넷째, 교육받을 권리이다. 민주국가에서 인간다운 생활의 보장을 위해서는 모든 개인이 이에 필요한 최소한의 교육을 받을 권리가 보장되어야 한다. 교육받을 권리는 우리 헌법 제31조 제1항에도 규정된 기본권이다. 모든 사람은 '능력에 따라', '균등하게' 교육받을 수 있어야 하며, 국가는 이를 방해할 수 없고 개인은 국가에게 적극적으로 배려하여 주도록 요구할 권리가 있다. 정신장애인은 사회 약자이므로 교육받을 권리가 더욱 보장되어야 한다. 그러나 현실은 정신장애인이 교육을 받을 수 있는 여건이 이루어지지 못하여 많은 정신장애인이 교육 기회를 박탈당하고 있고, 결국 낮은 취업률과 저임금 등으로 빈곤 계층이 되는 악순환이 반복되고 있다.

다섯째, 결혼 및 가족 형성의 권리이다. 인간의 존엄권의 핵심적 요구로써, '세계인권선언' 제16조도 이를 정하고 있다. 정신보건시설에서 정신장애인 간 이성교제에 대하여 부정적인 태도를 가지고 이성 교제가 발생하면 해당 장애인을 분리하거나 다른 시설로 보내려는 경우, 불임 시술 및 낙태 수술을 강요하는 경우 등이 문제될 수 있다.

6) 정신장애인에 대한 차별금지

평등권이란 국가로부터 차별 대우를 받지 아니할 뿐만 아니라 국가에 대하여 평등한 처우를 요구할 수 있는 권리이다. 우리 헌법상 평등권은 상대적 평등을 의미하는 것으로써, 절대적 평등이 아니라 자의적 차별, 즉 합리적인 이유 없는 차별을 금지하는 것이다. "같은 것은 같게, 다른 것은 다르게" 다루어져야 한다는 것이다. 정신장애인의 인권이란 근본으로는 차별과 배제의 금지로 모아진다.

정신장애인에 대한 사회적 차별은 사회복지사 자격 취득 제한과 같은 각종 자격과 면허 취득의 제한, 장애인복지법 적용 배제로 인해 나타나는 복지 서비스 차별이 가장 시급히 해결되어야 할 차별 영역으로 대두되고 있다.

Ⅴ. 정신장애를 가진 사람의 인권 증진을 위한 실천 과제

1. 강제입원(비자의입원)에서의 인권 보호

강제입원 요건을 "자타해 위험 그리고(and) 치료 필요성"으로 규정하고, 2주간의 진단입원 이후 계속 입원을 시킬 경우에는 소속이 다른 정신과전문의의 2차 진단을 받도록 하며, 최초 입원 기간을 6개월에서 3개월로 단축하고, 입원 단계에서 부적절한 입원을 예방하기 위해 입원적합성심사위원회를 거치도록 하는 내용을 담고 있는 정신건강복지법은 정신보건법에 비해 정신장애인의 자유권 보호 측면에서 일부 개선되었다고 볼 수 있다.

그러나 강제입원 과정에서의 인권침해를 최소화하기 위한 과제들은 여전히 남아 있다. 정신건강복지법의 입원적합성심사위원회나 정신건강심사위원회는 심사기관으로서의 독립성이나 중립성이 없고, 서면 심사를 하는 점에서 환자의 절차적 권리보장이 사실상 불가능하다. 제도 시행 이후 정신질환자 인권보호를 위한 절차적 제도 개선을 위해 절차보조인시범사업을 실시하고, 대면심사를 확대하는 노력을 기울이고는 있지만 당사자가 자신의 신체적 속박을 결정하는 기관에서 자신의 의사를 표현할 권리를 온전히 보장하지는 못 하고 있다. 이에 대한 대안으로 입원적합성심사위원회를 폐지하고 사법입원제도를 도입하자는 주장도 있지만 판사가 정신건강전문가가 아니기 때문에 현실적으로는 정신과의사의 견해에 좌우될 가능성이 높으며, 사법부의 판결에 의한 입원은 입원절차의 형식적 정당성만 더 강화시키게 될 것이라는 우려가 지속적으로 제기되고 있다.

입원적합성심사위원회 제도를 개선해 나가든 사법입원제도를 도입하든 강제입원 과정에서 정신장애인의 인권을 보호하기 위해서는 입원심사 판단의 객관성과 공정성을 확보할 수 있도록 강제입원을 당하는 전체 환자가 자신의 의사를 표명할 수 있는 통로를 마련하고, 입원 단계부터 절차보조인의 조력을 받을 수 있어야하며, 판단 주체의 결정에 불복할 경우에 대비한 논의 절차를 제공하여야 한다.

또한 위기 상황에 처한 당사자가 정신병원 입원 외에 선택할 수 있는 대안적 안전망을 제공해야 한다. 위기에 처한 당사자에 대한 전통적인 개입방법은 정신병원에 입원시키는 것이다. 정신병원은 안전하면서도 명확한 치료 계획을 수립하고 수행하는 정신의학적 해결 능력을 가지고 있다는 점에서 좋은 안전망이 될 수 있지만, 많은 사람들에게 입원은 부정적인 경험이 되고, 위기 상황에서 상당수의 당사자들은 어떻게든 입원을 피하려는 노력을 기울이는 것도 사실이다. 자타해의 위험이 분명한 응급상황으로서의 위기일 경우에는 당사자와 가족, 사회의 안전을 도모하기 위해 강제입원이 이루어질 수밖에 없지만, 비응급 위기 상황에서는 쉼터와 같은 대안적 일시주거 서비스가 제공되어야 한다. 정신건강 선진국에서는 동료지원 위기개입 전문가들이 운영하거나 동료지원가와 정신건강전문가들이 함께 운영하는 일시보호 주거서비스가 확대되고 있으며, 비강제적인 위기 지원과 동료지원가에 의한 동료상담은 정신질환 당사자가 위기 상황에서 자기결정권의 침해와 존엄성의 손상을 최소화하는데 큰 효과가 있는 것으로 입증되었다.

마지막으로, 위기 상황에서도 당사자의 자기결정권을 보호하고 충격을 최소화하며, 당사자가 미래에 가질 수 있는 책임능력과 희망을 향해 열려 있도록 지원하기 위해서는 자율성의 침해를 최소화할 수 있는 의사결정지원제도가 필요하다.

미국, 영국 등에서 폭넓게 활용되고 있는 PAD(Psychiatric Advance Directives, AD라고도 한다)는 당사자가 위기 상황에 대비하여 자신의 의사를 대리할 사람과 범위를 미리 정해 둠으로써 위기 상황에서 당사자의 자기결정권을 최소한으로 침해하는 중요한 방법 중의 하나이다. PAD는 위기상황에서 가능한 한 치료자와 당사자가 수평적 동반자 관계를 만들기 위한 것으로, 강제입원율을 감소시키고 자기주도권·임파워먼트·강점기반 사정·개인의 의사 존중을 증대시키는 회복 지향적인 특성을 가지고 있다.

2. 정신장애인 복지권 강화

1995년 정신보건법이 제정될 당시의 가장 큰 시대적 과제는 정신질환자의 감금과 수용, 병원이나 시설 내에서의 학대, 열악한 입원(입소) 환경 등 주로 자유권 이슈에 대응하는 것이었다. 당시의 상황에 비하면 절대적 기준에서는 상당한 진보와 개선을 이룬 것도 사실이지만 표면적 정책 방향에 역행하는 정신병상 수의 지속적인 증가와 UN장애인권리협약(CRPD)을 비롯한 높아진 인권 기준에 한참 미달하는 강제입원을 비롯한 인권보장을 위한 제도적 개선은 정신장애인의 인권 논의에서 항상 최우선 과제로 다루어지고 있다.

그런데 그동안 자유권 관련 이슈에 가려서 제대로 문제 제기되지 못하고 있는 이슈가 있다. 바로 사회권이다. 지역사회 안에서 인간답게 살 권리이다. 지역사회정신보건으로 정책 방향을 전환하면서 요구되는 가장 기본적인 필요는 퇴원한 정신장애인들이 지역사회에서 살아갈 수 있는 환경을 구축하는 것이다. 지역사회 안에서 살아가기 위해서는 집이 있어야 하고, 돈이 필요하고, 일상을 꾸려갈 자원이 공급되어야 한다. 지역사회통합에는 주거, 소득, 의료, 고용, 사례관리 및 정신건강회복 지원 서비스가 함께 있어야 하는 것이다.

정신장애인의 자유권과 사회권은 길항관계에 있는 것도 아니고, 하나가 완결된 후에야 나머지를 논의할 수 있는 것도 아니다. 자유권이 시급하다고 사회권 보장을 위한 노력을 미룰 수 있는 것이 아니다. 정신장애를 가졌어도 가족에게 부담 끼치지 않고 생활할 집이 있고, 능력에 맞게 일할 수 있는 직장이 있고, 지역사회에서 살아갈 수 있는 소득이 보장되고, 정신건강 관리를 지원하는 정신건강 서비스가 지역사회 내에서 적절히 제공되면 자유권 이슈인 입원(입소) 자체를 예방할 수 있는 것이다.

현시점에서 정신장애인의 사회권을 보장하고 타 유형의 장애인과의 복지차별을 해소하는 제도적 개선 방법은 크게 3가지가 있다.

첫째, 정신건강복지법을 통한 복지권 강화 방안이다. 정신건강복지법은 정신보건법 제정 이후 오로지 의료의 대상으로만 정의되어 왔던 정신장애인을 복지서비스의 대상으로도 규정하고 있다. '제4장 복지서비스의 제공'장이 신설된 것이다. 여기에는 복지서비스의 개발, 고용 및 직업재활 지원, 평생교육 지원, 문화·예술·여가·체육활동 등 지원, 지역사회 거주·치료·재활 등 통합 지원, 가족에 대한 정보제공과 교육이 담겨 있다.

그러나 2017. 5. 30. 정신건강복지법이 시행된 이후 정신장애인의 복지는 달라진 게 거의 없다. 복지가 법에는 담겼지만 현실에서는 작동하지 않는 것이다. 이런 결과가 만들어진 데는 정신건강복지법 하위법령(시행령, 시행규칙)을 매우 소극적으로 만들고 국가 재정을 투입하지 않는 방식으로 복지서비스 제공을 사문화시켜버린 보건복지부의 책임이 크지만, 복지서비스의 내용과 실현 방식을 제안하고 요구했어야 할 정신건강사회복지 전문가들 또한 그 책임에서 자유롭지 못하다. 지금부터라도 제4장 복지서비스 제공의 내용과 공급 방식을 구체적으로 담은 하위법령 개정안을 제대로 만들어 낼 수 있도록 정책 제안을 하고, 지자체 단위에서 복지서비스 제공의 법적 근거를 담은 조례 제정 운동을 통해 지역별 복지서비스 제공의 법적 근거를 명확히 하고, 예산확보를 위한 실천 노력을 기울여야 한다.

둘째, 장애인복지법 제15조를 삭제하고 지역사회 복지 전달체계를 장애인복지체계로 통합하는 방식이다. 장애인복지법 제15조(다른 법률과의 관계)는 "「정신건강증진 및 정신질환자 복지서비스 지원에 관한 법률」 등 대통령령으로 정하는 다른 법률을 적용 받는 장애인에 대해서는 대통령령으로 정하는 바에 따라 이 법의 적용을 제한할 수 있다."라고 규정하고 있으며, 전달체계 상에서 정신장애인은 장애인복지 전달체계가 아닌 정신보건 전달체계로 편재함으로써 정신장애인은 국가의 장애인복지정책과 서비스의 대상에서 배제되는 결과를 가져오고 있다.

법적으로는 정신장애인의 복지를 장애인복지법에서 정신건강복지법으로 위임한 것이지만, 정신건강복지법에서 장애인복지법의 내용을 모두 담아내지 못한다면 정신장애인에 대한 복지 차별은 발생할 수밖에 없는 구조이다. 이 때문에 복지차별 해소를 위해 장애인복지법 제15조 삭제와 정신장애인복지서비스 전달체계를 장애인복지체계로 일원화시켜 줄 것을 요구하는 소비자들의 목소리가 커지고 있다.

셋째, 장애인복지법 제15조 삭제와 더불어 정신장애인 맞춤형 복지제도를 담은 「정신장애인복지법」을 제정하는 방식이다. 이 방식에는 보건과 복지 양쪽의 유기적 서비스가 필요하고, 장애의 특성을 고려한 정신장애인 맞춤형 복지서비스를 충분히 담아 낼 수 있는 장점이 있다. 그렇게 되면 장애인복지법의 적용을 받는 발달장애인이 「발달장애인 권리보장 및 지원에 관한 법률」 제정을 통해 발달장애인 권리보호와 지원의 고유성과 특수성을 충족해 가는 방법과 동일한 구조가 된다.

3. 정신장애를 가진 사람의 권익옹호(Protection and Advocacy: P&A)

권익옹호는 사회적 약자를 위해 변호·지지·주장하는 활동을 지칭하는 것으로, 사회정의의 보장과 유지를 위해 개인, 그룹, 지역의 이익을 위해 일련의 행위를 직접 대변·옹호·지지·장려하는 활동을 의미한다.

영국의 정신장애인권리옹호기관인 MIND(The National Association for Mental Health)에서는 권리옹호의 유형을 자기변호(Self-advocacy), 시민권리옹호(Civil-advocacy), 법적권리옹호(Legal-advocacy), 공적권리옹호(Public advocacy)로 구분하고 있다. 자기변호는 주로 이용자 스스로가 자신의 권리를 주장하고 자기의 의사를 표명하고 스스로의 능력에 맞게 의무를 다하는 것이며, 시민권리옹호는 훈련된 시민이나 전문가가 이들의 복지서비스 이용을 지원하거나 권익을 보호하는 활동이며, 법적권리옹호는 법적 관여가 필요한 경우 변호사나 법적 훈련을 받은 자가 이용자의 권리행사나 보호를 위해 행하는 다양한 수단 및 활동을 의미하며, 공적권리옹호는 복지서비스의 질을 담보하고 통제하는 역할을 하는 권리옹호시스템의 제도화 등이 해당된다(장애인차별금지추진연대, 2010).

P&A 프로그램의 주요 사례로는 미국의 PAIMI(Protection and Advocacy for Individuals with Mental Illness)를 들 수 있다. PAIMI 프로그램은 1986년 '정신장애인을 위한 보호, 옹호법(Protection and Advocacy for Individuals with Mental Illness Act)'에 의해 수립되었다. P&A 기관들은 정신장애인의 권리를 보호·옹호하고, 정신장애인을 돌보거나 치료하는 시설에서의 학대와 방임에 대해 조사한다. 이 법은 P&A 기관들이 시설에 거주하지 않고 지역사회에 거주하는 정신장애인을 위한 옹호활동도 허용하기 위해 2000년에 개정되었다.

장애인에 대한 차별과 인권침해가 지속적으로, 광범위하게 일어나고 있음에도 불구하고 차별이나 인권침해를 당한 당사자가 적극적으로 이를 해결해 나가기에는 현실적인 제약이 너무나 크기에 피해 당사자가 참고 견디는 경우가 절대 다수를 차지하는 현실은 쉽게 이용할 수 있고 효과적인 권리구제 시스템을 요구해 왔다. 특히 장애인권 단체를 중심으로 장애인의 권리옹호를 보다 적극적으로 수행할 수 있는 제도 마련에 대한 목소리가 높아졌고, 결국 '장애인학대 방지와 권리구제'를 담은 장애인복지법이 2015. 6. 22. 개정되었다.

그러나 장애인권익옹호가 장애인복지법에 담기면서 정신장애인권익옹호에는 별다른 영향을 미치지 못하게 되었다. 장애인학대신고의무자로 정신건강복지센터의 장과 종사자가 포함되기는 했지만 적용대상이 지나치게 협소해졌고(정신질환자, 정신의료기관 등은 제외), 정신장애를 가진 사람들에 대한 학대의 형태와 법적 기준이 반영되지 못했다. 정신장애인은 권익옹호마저도 차별받는 상황이 만들어진 것이다.

정신장애인 권익옹호체계를 구축하기 위해서는 첫째, 정신장애인 권익옹호를 위한 별도의 법률이 필요하다. 정신장애인에 대한 복지서비스를 제한하는 장애인복지법 제15조가 폐지되지 않고, 전달체계가 통합되지 않은 현 상황에서는 장애인복지법의 근거규정으로 정신의료기관을 비롯한 정신건강관련 시설을 조사하기도 어렵지만, 애초에 정신장애인은 이 법의 대상이 아니라고 생각하는 인식의 분리를 극복하기도 어렵다.

둘째, 장애인복지법에 근거한 장애인 학대 관련 기관의 사업 대상은 '장애인'[5]이다. 물론 여기서 말하는 장애인이 '등록' 장애인만을 의미하지는 않을 것이다. 하지만 정신질환이라는 손상만 인정하지 이를 장애로 인식하지 않거나, 장애 정체성 자체를 거부하는 보편적 인식의 전환이 없는 상태에서 대상의 범주에 정신질환자를 명시하지 않으면, 이 법이 정신건강 영역에서 제대로 기능하기는 어려울 것이다. PAIMI에서는 적용 대상을 '정신질환(Mental illness) 또는 정서적 손상(Emotional impairment)을 가졌다고 법률에 의한 자격을 갖춘 정신건강 전문가로부터 인정받은 사람'으로 정의하고 있다.

셋째, 정신장애인과 관련된 학대의 형태와 법적 기준을 포괄적이고 적극적으로 담아야 한다. '신체적·정신적·정서적·언어적·성적 폭력이나 가혹행위·경제적 착취, 유기 또는 방임'으로 되어 있는 학대의 정의에 약물에 의한 화학적 강박(chemical restraints)이 포함되어야 한다. 치료적 목적의 범위를 넘어서는 약물 사용으로 환자를 무력하게 만드는 형태도 분명한 학대이며, 적절한 약물 사용 기준을 설정하여 이러한 형태의 학대를 통제하여

5) 장애인학대는 '장애인에 대하여 신체적·정신적·정서적·언어적·성적 폭력이나 가혹행위·경제적 착취, 유기 또는 방임을 하는 것'으로 정의되어 있다.

야 한다.

또한 PAIMI에서는 치료시설과 복지시설에서 ① 개별화된 적절한 개입계획/치료계획을 수립하지 않은 것, ② 적절한 영양을 갖춘 식사, 의복, 건강관리를 제공하지 않는 것, ③ 안전한 환경을 제공하지 않는 것, ④ 일정 수준의 전문성을 갖추지 못한 직원이나 직원의 수가 부족한 것도 방임의 한 형태로 규정하고 있으며, PAIMI에 대한 미국의회연구에서는 적절한 퇴원계획을 수립하지 않는 것도 방임에 포함시키고 있는 점을 참고하여 정신장애인에 대한 학대와 방임을 구체적으로 규정하는 노력이 필요하다.

넷째, 법의 적용을 받는 시설에는 의료시설, 복지시설뿐단 아니라 기도원 같은 종교기관으로 정신장애인을 수용하고 있는 시설, 치료감호소, 교도소까지 포함되어야 한다.

마지막으로 정신장애인 학대방지 및 피해자지원을 위한 실천적 과제로 시급한 것은 정신장애인 치료·복지 종사자와 당사자, 가족에게 권익옹호체계를 적극적으로 알리고 교육하는 것이다. 정신장애 영역에서는 권익옹호(P&A)라는 용어 자체가 아직 낯설 정도로 치료적 개념이 강하다. 대부분의 학대가 가족이나 의료·복지시설 종사자에 의해 또는 제도적 차원에서 발생하게 되므로 정신장애 영역 내부 인력들을 교육하면서 장애인권리옹호체계에 대한 인식을 확대해 나가야한다.

4. 회복 지향(Recovery-Oriented)의 정신건강 정책과 서비스 실천

1) 회복 지향의 정신건강 정책과 서비스

회복(Recovery)은 전 세계적으로 정신건강정책과 서비스의 보편적 기준으로 강조되고 있다. WHO는 MENTAL HEALTH ACTION PLAN 2013~2020에서 주요 목표의 하나로 “지역사회 기반의 포괄적이고, 통합적이며, 반응적인 정신건강 및 사회보호 서비스 제공”을 들고 있으며, 이를 위해서 지역사회 기반의 서비스는 당사자가 자신의 삶의 열망과 목표를 성취할 수 있도록 지원하는 데 초점을 맞추는 회복 기반 접근(Recovery-based approach)을 제시하고 있다. 또한 WHO는 2017년 UN장애인권리협약(CRPD)을 정신건강 및 인지적 장애 영역에 적용하도록 개발한 ‘Quality Rights’의 목적을 ① 정신건강영역에서 인권과 회복(Recovery)을 이해하고 증진하는 능력 개발, ② 인권을 존중하고 증진시키는 회복 지향(Recovery oriented)의 지역 기반 서비스와 지지 창출, ③ 정신건강서비스의 질과 인권 상황의 개선, ④ 정신장애를 가진 사람들을 옹호하고 정책 수립에 영향력을 가진

시민사회운동의 계발, ⑤ 국가 정책과 법률을 CRPD를 비롯한 국제적인 인권 기준에 맞도록 개정하는 것으로 제시하면서, 인권보장을 위해 회복 지향의 정신건강정책과 서비스 실천을 요구하고 있다.

소수자 인권운동과 장애당사자운동의 영향으로 1980~1990년대 정신건강분야에서 태동된 정신건강 소비자 & 생존자 운동은 미국에서 2003년 발표된 대통령 직속 New Freedom Commission on Mental health에서 국가 정신건강정책의 핵심 원칙을 "1. 서비스와 치료는 반드시 소비자와 가족 중심으로 이루어져야 하며, 치료자와 치료방법을 소비자가 선택할 수 있는 실질적인 선택권이 보장되어야 한다. 2. 정신건강서비스는 소비자가 삶의 도전에 대처하는 능력을 향상시키고, 회복을 촉진하며, 탄력성을 향상시키는 힘을 키워가는 데 초점을 맞춰야한다. 단지 증상을 관리하는 데 중점을 두어서는 안 된다."라고 규정하면서 당사자 운동을 넘어 국가 정책과 서비스의 한 축으로 발전하였다. 이후 미국은 "회복 지향 보호체계를 위한 회복 접근", 호주는 "회복지향 정신건강 서비스를 위한 국가 프레임워크", 영국은 "회복으로의 여정: 국가정신건강보호에 대한 국가 비전"이라는 이름으로 구체화되어 실행되고 있다.

영국은 "회복으로의 여정: 국가정신건강보호에 대한 국가 비전"에서 회복 중심의 정신건강정책의 내용을 다음과 같이 제시하고 있다. ① 정신건강 서비스의 목표가 증상과 질병 뿐 아니라 회복에 있으며, ② 정신건강체계가 정신장애인 당사자가 스스로 선택할 수 있도록 지원하고, ③ 각자가 자신의 회복과정에 중요하다고 생각하는 주거, 교육, 직업, 관계 등의 지역사회 자원에 접근할 수 있도록 해야 하며, ④ 정신장애인이 권리를 가진 시민으로서 자신의 건강과 사회적 욕구를 충족하며, ⑤ 일상적 사회활동에 참여할 수 있는 기회를 가져야하며, ⑥ 정신건강에 대한 사회적 인식과 태도를 바꿔 나가야 한다.[6]

각국의 회복지향 정책과 서비스에서 공통적으로 강조되는 부분은 정신건강정책과 서비스의 핵심가치는 "인권"이며, 주요 목표는 증상관리와 사회적 통제가 아닌 "당사자가 인간다운 삶을 살아가면서, 자신이 원하는 삶의 목표를 성취할 수 있도록 지원"하는 것이며, 그 구체적인 내용으로는 사회통합과 참여의 촉진, 주거·고용·교육 등 복지 지원 강화, 자율성과 자기결정권 보호, 개별화된 지원, 동료지원활동(peer support)을 담고 있다.

정신장애인을 의료적 치료 또는 교정의 대상으로 보는 것이 아니라 전인적 존재로 보고 치료자가 아닌 당사자가 자신의 삶의 목표를 성취할 수 있도록 지원하는 접근이 회복

6) 하경희, 정신장애인복지서비스 지원체계 구축, 정신장애인복지서비스 지원을 위한 토론회 자료집.

기반 실천이다. 정신건강분야에서 회복(Recovery)은 두 가지 의미를 지닌다. 임상적 회복(Clinical recovery)과 전인적 회복(Personal recovery)이다. 이에 대한 개념 정의가 제대로 되지 않은 상태에서 회복을 논하면 같은 테이블에서 다른 얘기를 하고 있을 수 있다. 회복 중심 실천에서 사용하는 회복은 당연히 전인적 회복(Personal recovery)을 의미한다.

회복(Personal Recovery) 중심 실천은 당사자가 자신의 삶에 대한 통찰을 갖고, 자신이 원하는 삶에 대한 그림을 그리고, 그것을 실현 할 수 있도록 전문가들이 지원하는데 중점을 두는 실천지향이다. 서구의 경우 2000년 이전에는 회복에 대한 정의, 당사자 관점의 이해, 가치 차원의 중요성에 대한 논의가 많았으나 2000년 이후에는 회복 중심 실천의 목표와 접근법, Pro-recovery intervention과 효과성 검증, 이에 근거한 회복실천모델과 회복실천 전문가 교육 프로그램이 속속 개발되고 있다.

2014년 발표된 Uses and abuses of recovery: implementing recovery-oriented practices in mental health systems에 따르면 회복을 촉진하는 5가지 핵심열쇠는 <관계맺기(Connectedness) - 희망과 낙관성(Hope & optimism) - (삶의 의미와 목적)Meaning & purpose - 임파워먼트(Empowerment) - 정체성(Identity)>이며 이를 CHIME framework이라고 한다. 2017년 WHO는 QualityRights에서 CHIME framework에 긍정적 위험 감수(Positive Risk-taking)를 더해서 '회복의 핵심 열쇠 6가지'를 제시하고 있다.

회복지향의 정신건강복지 실천(Pro-recovery intervention)이란 '회복의 핵심 열쇠 6가지'를 당사자가 자신의 것으로 만들어 갈 수 있도록 전문적 실천을 제공하는 것이다. 이렇게 회복의 핵심 요소를 증진시킴으로서 회복을 지원하는 효과성이 검증된 10가지 실천 방법으로 Peer support workers, Advance directives, Wellness recovery action planning(WRAP), Illness management and recovery(IMR_WSM), REFOCUS, Strengths model, Recovery education program, Supported housing, Mental health trialogue, Individual placement and support(IPS)[7]을 들 수 있다.

WHO가 회복기반 실천을 강조하고 정신건강선진국의 정신보건정책과 서비스의 주요 목표가 회복 지향성을 가짐에도 불구하고 우리나라의 정신건강정책과 서비스 실천은 여전히 증상관리를 최우선의 가치로 여기면서 사회방위적 시각에서 당사자를 관리하는 수준을 벗어나지 못하고 있다. 대다수의 전문가들이 회복을 얘기하지만 전인적 회복보다는

7) Uses and abuses of recovery: implementing recovery-oriented practices in mental health systems (World Psychiatry 2014)

임상적 회복의 개념을 견지하고 있으며, 회복은 그저 지향해야 할 좋은 가치나 철학으로 여길 뿐 이를 실현할 방법에 대한 고민과 실천은 매우 부족하다.

회복은 지향해야 할 가치나 철학일 뿐 아니라 이를 체현할 수 있는 검증된 방법까지 개발되어있는 실천모델이기도 하다. 추상적·개념적 담론을 당사자의 삶에 구체화되도록 하는 작업은 정신건강영역의 전문가와 당사자, 가족, 정책 관계자 모두의 과제이다. 정신건강 선진국의 경험과 사례를 통해 전인적 회복 지원이 우리나라 정신건강 정책과 서비스 실천에서 구체화될 수 있도록 힘을 모아야 한다.

2) 사회적 장애 모델(disability model)과 회복 지향의 정신건강서비스 실천

모든 심리적 장애는 사회적 장애이다. 심리적 장애의 존재 자체가 사회적 관계를 내포하고 있기 때문이다. 그럼에도 불구하고 정신장애(질환)을 바라보는 주도적 패러다임은 의료적 관점에 기반한 '질병모델'이다. 뇌의 화학적 불균형 이론에 근거하여 정신장애를 개인의 병리적 문제로 보는 질병모델에서 정신장애를 가진 사람에게 '문제 있는 인간'이라는 사회적 낙인이 들러붙게 되며, 그 낙인은 인간으로서의 보편적 권리를 제한 할 수 있다는 꼬리표 역할을 하게 된다. 이러한 의료적 관점에 기반한 정보로 수련을 받는 정신보건 전문가들은 질병의 치료적 측면에 집중하게 되고, 이러한 적극적인 치료적 개입이 역설적으로 정신장애를 가진 사람들의 인권을 침해하는 결과로 이어지기도 한다.

우리가 '사회복지정신보건사'로 일하지 않고 '정신건강사회복지사'로 일하기 위해서는 사회복지사 윤리강령에 담긴 사회복지사의 정체성에 부합하는 정신장애의 이해와 실천적 개입 전략과 기술을 개발해야 하며, 무엇보다 정신장애를 가진 사람과의 수평적이고 신뢰하는 관계 형성에 노력해야 한다.

이를 위해서는 정신장애(mental disorder)를 장애(disability) 관점에서 바라볼 필요가 있다. UN 장애인권리협약(CRPD)이나 WHO의 'MENTAL HEALTH ACTION PLAN 2013~2020'에서는 Mental Illness/disorder를 심리사회적 장애(Psychosocial disability)로 명명한다. 이러한 변화는 사회적 맥락을 고려한 정신장애의 이해를 담고 있는 것이다.

장애 관점에서 정신장애를 바라보아야 하는 또 다른 이유는 장애의 원인이 무엇이냐가 중요한 것이 아니라 장애를 가진 사람이 보편적 시민으로서의 통합된 삶을 살아가기 위해서 사회와 국가가 어떤 지원을 해 나갈 것이냐가 중요하기 때문이다. 사회적 장애모델에서 장애는 '질병의 고착화'가 아니라 '손상을 가진 사람들의 시민권'을 의미한다.

〈표 2-2〉 정신건강 회복을 지원하는 모델 간 비교

	임상 모델	장애 모델	다양성 모델
문제의 근원	질병	정신병과 사회적 반응의 결합	사회
치료	필요하고 적절한	필요하지만 충분하지 않음	원하는 경우에만, 원하지 않을 경우 불가함.
전문성	전문가가 가짐	전문가와 당사자가 공유	소비자가 가짐
정신건강전문가의 중심적 역할	증거기반 치료 제공	옹호	소비자 행동주의 지원
정신건강 서비스 이용자의 역할	치료 받기	상호 의존성 개발: 적절한 지원과 자기관리 기술 개발	자신을 받아들이고 가치 있게 생각하며 자기 편견적 믿음의 감소
강점	• 명확한 설명 모델을 제공 • 체계적으로 발전된 치료법 제공	• 정신질환을 이전단큼 강조하지 않음. • 장애차별금지법과 인권 규범에 부합 하는 사회통합 강조	• 병리화하지 않는다. • 소비자에게 힘(권력)을 부여한다.
약점	• 모든 사람에게 적합한 것은 아니다. • 치유(cure)를 약속하지만 실현되지 않는다.	온정주의적인 접근법을 유지함	모든 사람이 '정상_normal'이면 자원제공의 기준은 무엇인가?

출처: Slade, M. (2014). Personal Recovery and Mental Illness. p. 33.

장애의 개념적 모델에는 크게 개별적 모델과 사회적 모델이 있다. 개별적 모델은 개별적 모델은 장애를 개인이 가진 의학적, 기능적 문제라고 보는 시각이며, 치료모델 또는 개인중심의 모델이라고 할 수 있다. 반면에 사회적 모델은 장애인이 살고 있는 사회 환경의 문제를 중요하게 인식하는 시각이며, 사회행동 모델 또는 환경중심의 모델이라고 할 수 있다. 현재 정신장애에 대한 이해는 개별적 모델에 근거한 의료적 개입에 머물러 있다. 이제는 사회적 관점에서 정신장애를 이해하고 사회 환경의 변화를 함께 고민하는 사회적 모델로 전환할 필요가 있다.

〈표 2-3〉 장애의 개념적 모델 비교

개별적 모델(the individual theory)	사회적 모델(the social model)
개인적 비극 이론(personal tragedy theory)	사회억압이론(social oppression theory)
개인적 문제(personal problem)	사회적 문제(social problem)
개별적 치료(individual treatment)	사회적 행동(social action)
의료화(medicalisation)	자조(self-help)
전문적 권위(professional dominance)	개별적, 집합적 책임(individual and collective responsibility)
숙련가(expertise)	경험(experience)
조절(adjustment)	긍정(affirmation)
개별적인 정체성(individual identity)	집합적 정체성(collective identity)
편견(prejudice)	차별(discrimination)
태도(attitudes)	행위(behaviour)
보호(care)	권리(rights)
통제(control)	선택(choice)
정책(policy)	정치(politics)
개별적인 적응(individual adaption)	사회변화(social changes)

출처: 김용득(2002).

3) 미시적 실천과 거시적 실천의 균형

'악한 구조 속에서 선한 사람이 일하면 언제나 구조가 이긴다'는 말이 있다. 구조에 대한 성찰 없이 주어진 일에 최선을 다하는 것에 만족해선 안 된다는 말이다. 질병 모델과 개별적 모델이 득세한 현재의 정신건강복지 현장에서는 인권 침해와 차별도 구조적으로 형성될 수 있다. 더욱 안타까운 점은 이러한 관점 하에서 수련을 받은 정신건강사회복지사들의 실천도 개인의 병리를 다루는데 집중하는 경향이 있다는 점이다. 사회복지는 그런 것이 아니다. 사회복지사로서 우리는 당사자와 가족 뿐 만 아니라 지역사회와 법, 제도, 문화의 변화를 위해 노력해야 한다.

4) 실천 현장에서 당사자의 자기결정권 존중과 개별화된 서비스 제공

정신장애를 가진 사람에 대한 인권침해는 대부분 정신장애인을 직접적으로 만나는 사람에 의해 발생한다. 결국 가족, 정신건강 전문가들이 인권옹호자가 되기도 하지만 인권 침해자가 될 수도 있다는 말이다. 따라서 우리는 추상적 개념인 인권을 정신장애인을 만나는 실제 삶의 현장에서 구체화시키기 위해 끊임없이 성찰하고 노력해야 한다.

인권 존중에 있어 가장 중요한 것 중의 하나가 정신장애를 가진 사람의 자기결정권을 존중하는 것이다. 정신장애로 인한 제한점에 초점을 맞추는 것이 아니라 결정권을 강조해야 한다. 실패와 위험에 대한 두려움과 불안으로 인해 스스로 결정하고 책임지는 시도 자체를 막기 시작하면 당사자가 자기결정권을 행사할 수 있는 능력을 키울 수 없다. 모든 사람은 시행착오를 통해 배우고 성장한다. 정신장애를 가진 사람도 마찬가지이다. 전문가로서 우리가 해야 할 일은 당사자가 자기결정권을 행사 할 수 있는 비교적 안전한 환경을 만들고, 당사자가 도전하고 성취하고 또 때로 실패했을 때 좌절하지 않도록 인식을 재구조화 할 수 있도록 지원함으로써 당사자의 내면의 힘이 자라서 자립하는 데까지 이르도록 전문적 원조를 제공하는 것이다. 이를 위해서는 당사자의 속도와 방향, 역량과 목표에 맞는 개별화된 접근과 도전에 따른 스트레스와 위험의 수위가 높을수록 높은 수준의 지원을 제공하겠다는 기관 차원의 결단이 필요하다.

Ⅵ. 결론

적어도 정신건강사회복지사로서 우리가 정신장애 당사자의 회복에 방해가 되거나, 인권을 침해하는 일은 없어야 한다. 나아가 정신장애를 가진 사람의 인권옹호자이자 인권실천가 역할을 감당해야 한다. 그렇게 하기 위해서는 인권에 기반한 가치와 지식, 기술을 배우고 익히며, 인권에 기반한 실천을 해 나가야 한다.

문제는 인권이란 것이 결코 쉬운 개념이 아니라는 점이다. 누구나 인권의 개념을 간단히 설명할 수 있지만 인권감수성을 바탕으로 삶의 현장에서 인권을 실천하기 위해서는 성찰과 훈련이 반드시 동반되어야 한다. 인권은 보고 들어서 자신의 것이 되는 것이 아니라 행할 때 비로소 체화되는 것이다. 그러한 성찰과 실천의 끊임없는 반복이 멈춘다면 우리는 어느 새 각자 자신이 편한 방식으로 정신장애를 가진 사람을 대하고 있을 것이며, 인권 침해는 바로 그 지점에서 잉태된다. 김현경(2015)의 표현을 빌리자면 우리를 사람으로 만들어주는 것은 추상적인 관념이 아니라 우리가 매일 매일 다른 사람들로부터 받는 대접이다.

정신장애를 관리하려다 정신장애를 가진 사람을 통제하고 관리하는 정신건강사회복지사는 되지 말아야 한다. 회복 실천은 정신장애를 가진 사람의 존엄성을 존중하고 일상의 관계에서 수평적이고 인격적인 실천 관계를 형성함으로써 정신장애를 가진 사람이 자신을 '정신질환자'가 아닌 '온전한 인격체'로 재인식하고 자신의 정체성을 재구성해 나가는 과정을 돕는 작업이다. 즉 정신건강복지의 최고의 가치는 인권 증진이며, 인권 보호를 위한 정신건강정책과 임상 실천은 '회복 지향의 정신건강복지' 실천을 요구한다.

정신건강사회복지사는 정신장애 당사자의 인권 존중을 위해 정신장애를 가진 사람의 전인적 회복을 지원하며, 개인의 회복은 사회관계 속에서 일어날 수밖에 없으므로 환경에 개입하는 것이다. 즉, 사정·개입·재활서비스 제공 등을 통해 당사자가 사회 속으로 들어가려는 노력을 지원하고, 주거·직업·소득 보장·여가활용 등의 복지서비스 제공을 통해 사회가 당사자를 끌어안는 노력을 기울일 수 있도록 사회구조와 정책 변화에 힘을 쏟아야 한다.

정신건강사회복지사가 정신건강 분야의 주요 전문직으로 존재해야 하는 이유는 무엇인가? 사회복지사 윤리강령에 따라 정신장애를 가진 사람들의 전인적 회복과 시민적 권리의 실현을 지원하는데 그 답이 있다고 믿는다.

참고문헌

강석임 (2013). 정신장애인의 회복과정 영향요인. 가톨릭대학교 대학원 박사학위 논문.

국가인권위원회 (2002). 인권감수성 지표개발 연구.

국가인권위원회 (2011). 정신보건분야 종사자 인권교육 교재.

김용득 (2002). 장애개념의 변화와 사회복지실천 현장 함의, **한국사회복지학**, 51, 157-185.

김현경 (2015). **사람, 장소, 환대**. 문학과지성사.

배화옥, 심창학, 김미옥, 양영자 (2015). **인권과 사회복지**. 나남.

손병돈, 김기덕, 권선진, 박지영, 이종복, 이혜경, 최승희 (2008). **사회복지와 인권**. 양서원.

신권철 (2012). 정신질환자의 법적 지위. 서울대학교 대학원 박사학위 논문.

장애인차별금지추진연대 (2010). 장애인권리옹호체계 확립을 위한 정책토론회 자료집.

하경희 (2017). 정신장애인복지서비스 지원체계 구축. 정신장애인복지서비스 지원을 위한 토론회 자료집.

Ife, J. (2001). **인권과 사회복지실천**. 김형식, 여지영 공역. 인간과 복지.

Slade, M. (2014). *Personal Recovery and Mental Illness.* Boston:Cambridge University Press.

Slade, M., Amering, M., Farkas, M., Hamilton, B., O'Hagan, M., Panther, G., Perkins, R., Shepherd, G., Tse, S., & Whitley, R. (2014). Uses and abuse of recovery: implementing revovery-oriented practices in mental health systems. *World Psychiatry, 13,* 12-20.

WHO (2013). MENTAL HEALTH ACTION PLAN 2013-2020.

WHO (2017). QualityRights.

3장

정신건강사회복지사의 역할과 윤리

서성자
(하모니하우스)

Ⅰ. 서론

우리나라의 「정신보건법」은 1995년 12월에 처음으로 제정되고 시행되었다. 「정신보건법」의 시행으로 정신의료기관에서 퇴원한 정신질환자의 재입원과 재발을 예방하고 정신장애인이 지역사회에서 생활하고 자립할 수 있도록 개입하고 지원하는 지역사회정신보건이 강조되기 시작하였다. 이 시기에 정신보건전문요원이라는 자격제도가 정신보건법에 규정되어 간호사, 사회복지사, 임상심리사 직역으로 구성된 정신보건전문요원과 수련제도가 도입되었다.

1997년 3월부터 시행된 정신보건전문요원(이하 정신건강전문요원) 수련제도는 전문적인 이론 교육과 사례연구 및 임상 실습 등을 통해 정신건강전문요원으로서의 역량을 갖추는 일련의 과정이다. 이 과정을 이수하고 자격을 취득한 정신건강전문요원은 정신건강증진을 위하여 다양한 영역과 현장에서 중추적이고 핵심적인 활동을 수행하고 있다.

우리나라 정신보건에 관련 법률인 「정신보건법」의 수차례 개정과 「정신건강증진 및 정신질환자 복지서비스 지원에 관한 법률」(이하 정신건강복지법)로 전면 개정이 되면서 정신건강복지정책들도 여러 과정으로 변천되어 왔다. 그에 따라 일선에서 활동하고 있는 정신건강전문요원들에게 요구되는 업무나 역할에도 변화되어 왔으며, 정신건강복지의 환경변화에 따라 경험하게 되는 윤리적 문제나 갈등도 다양해지고 있다.

특히, 2020년은 감염병으로 커다란 사회적 변화를 겪었다. 사회복지서비스 전반에 감염병에 대하여 단계별 대응방법을 마련하고 시행하도록 조치하면서 정신건강복지서비스 역시 큰 영향을 받게 되었다. 정신건강증진시설에서도 단계별 대처방안을 구체적으로 계획하여 찾아가는 서비스와 비대면 기술을 활용한 서비스 제공 방법을 실시하고 정신건강사회복지사는 그에 따른 역량을 갖추기 위하여 새로운 실천기술을 갖추어야 되는 것이 현재의 상황이기도 하다.

이 장에서는 정신건강사회복지사의 실천 환경에 따른 역할과 사례를 파악해보고 활동을 통해 경험할 수 있는 사례들을 제시하여 정신건강사회복지사의 윤리의식 현황을 살펴보고자 한다.

Ⅱ. 이론적 배경

1. 정신건강사회복지사의 개념 및 역할

1) 정의

정신건강전문요원에 대한 규정으로는 「정신건강복지법」 제17조에 '보건복지부장관은 정신건강 분야에 관한 전문지식과 기술을 갖추고 보건복지부령으로 정하는 수련기관에서 수련을 받은 사람에게 정신건강전문요원의 자격을 줄 수 있다(제1항).'라고 정신건강전문요원의 자격에 대해 규정 하고 있으며, 특히 2022년 4월 시행예정인 「정신건강복지법」 개정안에는 '그에 따른 정신건강전문요원은 그 전문분야에 따라 정신건강임상심리사, 정신건강간호사, 정신건강사회복지사 및 정신건강작업치료사로 구분한다.[1]'라고 직역을 구분하여. 정신건강작업치료사가 새롭게 정신건강전문요원에 포함될 예정이다. 직역의 변화에 따른 정신건강전문요원 직역간의 업무나 역할의 변화, 특히 정신건강작업치료사에 대한 구체적인 업무나 역할에 대해서도 어떻게 규정될 것인지에 대한 관심이 집중되고 있다.

1) 정신건강복지법 2020년 4월 개정, 2022년 4월 8일 시행 예정.

2) 정신건강사회복지사의 현황

2018년 정신건강전문요원 실태조사에 의하면 2018년까지 배출된 정신건강전문요원은 총15,703명이다. 이 중에서 정신건강간호사가 8,185명으로 52.1%를 차지하고 있으며 정신건강사회복지사는 4,758명으로 30.3%를 차지하고 있다. 정신건강임상심리사는 2,760명으로 17.6%를 차지하고 있다. 정신건강사회복지사는 4,758명중에 1급은 1,800명으로 전체 정신건강사회복지사 중에서 37.8%를, 2급은 2,958명으로 62.2%를 차지하고 있다. 그러나 이 실태조사의 정신건강전문요원 직역별 배출현황에서는 3개의 직역 모두 배출인원이 감소추세로 돌아서는 것으로 조사되어 지역사회정신건강사업을 수행하는 데 필요한 전문요원의 인력 부족 문제가 심화될 것으로 보인다.

〈표 3-1〉 정신건강전문요원 현황[2)]

구분	정신건강간호사		정신건강사회복지사		정신건강임상심리사	
	1급	2급	1급	2급	1급	2급
배출인원	2,835명	5,350명	1,800명	2,958명	1,428명	1,332명
계	8,185명		4,758명		2,760명	

출처: 2018 정신건강전문요원 실태조사보고서 참조.

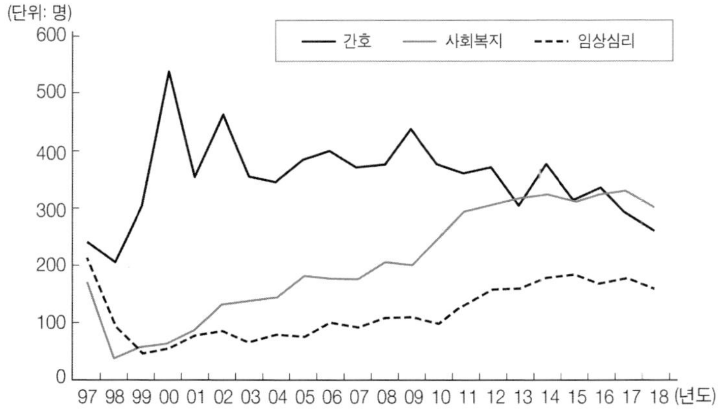

〈그림 3-1〉 직역별 배출현황

출처: 2018 정신건강전문요원 실태조사보고서(p. 5) 그래프 인용.

2) 2018년 정신건강전문요원 실태조사 보고서, 보건복지부 국립정신건강복지센터.

3) 정신건강사회복지사의 업무

「정신건강복지법」에서는 정신건강전문요원의 업무범위로 공통업무와 직역별 개별업무로 나누어 규정하고 있다. 1996년「정신보건법」 시행령 제2조제1항에 정신건강전문요원의 공통 업무를 살펴보면 총 6가지로 규정되어있으나, 2021년 1월 1일부터 시행되고 있는「정신건강복지법」에서의 정신건강전문요원의 공통 업무는 총 9가지로 규정되어 예전에 비하여 업무의 내용이 구체화되어 있음을 알 수 있다. 자세한 업무의 내용은 아래의 <표 3-2>와 같다.

〈표 3-2〉 정신건강전문요원의 업무의 변화 비교

종 별	업무 범위	
	1996년 시행령	2021년 시행령
공통	1. 사회복귀시설[3]의 운영 2. 정신질환자의 사회복귀 촉진을 위한 생활훈련 및 작업훈련 3. 정신질환자와 그 가족에 대한 교육·지도 및 상담 4. 법 제26조제1항의 규정에 의한 진단 및 보호신청 5. 정신질환 예방활동 및 정신보건에 관한 조사 연구 6. 기타 정신질환자의 사회적응 및 직업재활을 위하여 보건복지부령이 정하는 활동	1. 정신재활시설의 운영 2. 정신질환자 등의 재활훈련, 생활훈련 및 작업훈련의 실시 및 지도 3. 정실질환자 등과 그 가족의 권익보장을 위한 활동 지원 4. 법 제44조제1항에 따른 진단 및 보호의 신청 5. 정신질환자등에 대한 개인별 지원계획의 수립 및 지원 6. 정신질환 예방 및 정신건강복지에 관한 조사·연구 7. 정신질환자 등의 사회적응 및 재활을 위한 활동 8. 정신건강증진사업 등의 사업 수행 및 교육 9. 그 밖에 제1호부터 제8호까지의 규정에 준하는 사항으로 보건복지부장관이 정하는 정신건강증진 활동
정신보건 간호사	1. 정신질환자의 병력에 대한 자료수집, 병세에 대한 판단·분류 및 그에 따른 환자 관리활동 2. 정신질환자에 대한 간호	1. 정신질환자 등의 간호 필요성에 대한 관찰, 자료수집, 간호 활동 2. 정신질환자등과 그 가족에 대한 건강증진을 위한 활동의 기획과 수행
정신보건 사회복지사	1. 정신질환자에 대한 개인력 조사 및 사회조사 2. 정신질환자에 대한 사회사업지도 및 방문지도	1. 정신질환자 등에 대한 사회서비스 지원 등에 대한 조사 2. 정신질환자등과 그 가족에 대한 사회복지서비스 지원에 대한 상담·안내
정신보건 임상심리사	1. 정신질환자에 대한 심리평가 2. 정신질환자와 그 가족에 대한 심리상담	1. 정신질환자 등에 대한 심리 평가 및 심리 교육 2. 정신질환자등과 그 가족에 대한 심리 상담 및 심리 안정을 위한 서비스 지원

3) 사회복귀시설은 정신재활시설로 명칭 변경.

그리고 정신건강사업수행을 위한 지침으로 보건복지부에서 발행하는 정신건강사업안내를 살펴보면 정신건강사업을 수행하는 기관 중 정신의료기관이나 중독관리통합지원센터, 정신재활시설, 정신요양시설 등에서는 직급별 업무나 역할에 대한 언급이 없으나, 정신건강복지센터에 관한 사업내용에서는 직급별 업무와 역할에 대하여 설명하고 있다.[4)]

4) 정신건강증진을 위한 실천현장에 따른 업무 및 역할

정신건강증진을 위해 사업을 수행하는 기관은 지역사회정신보건이 시작되었던 초기에 비하면 지금은 다양한 기관과 현장에서 정신건강증진을 위한 업무와 역할을 수행하고 있으며 실천현장에 따라 업무의 내용과 역할은 차이가 있다.

먼저, 정신의료기관에서 정신건강사회복지사는 치료팀의 일원으로서 정신건강의학과 전문의, 간호사, 임상심리사 등과 협동하여 환자에 대한 사정, 치료, 재활의 모든 분야에서 치료팀과 긴밀한 협조를 바탕으로 역할을 수행한다. 특히 입원과정에서의 심리사회적 사정을 위한 역할, 치료를 위한 역할로 입원 생활 등의 상담 및 프로그램을 제공하고 퇴원 및 사후관리의 역할로 퇴원계획 및 지역사회 자원연계 등이 있다.

둘째, 정신건강복지센터의 정신건강사회복지사는 중증정신질환의 조기개입, 개별서비스 계획의 수립과 제공, 위기개입, 긴급지원 대상자 발굴 등의 중증정신질환관리, 자살예방, 인식개선 및 정신건강증진, 아동청소년정신건강증진, 재난정신건강지원 등의 업무를 수행한다. 예를 들어 정신질환자 사례관리, 지역주민의 정신건강증진 및 정신건강 고위험군에 대한 적극적인 개입, 자살률 감소 및 고위험군 조기발견 및 치료연계, 자살유족지원, 아동청소년 정신건강증진을 위한 교육 및 홍보, 치료비 지원 등의 활동을 한다. 최근에는 재난 및 감염병으로 인한 심리지원을 위하여 적극적인 역할들을 수행하고 있다.

셋째, 중독관리통합지원센터의 정신건강사회복지사는 중독문제로 도움이 필요한 사람들과 그 가족들에게 전문적이고 다양한 서비스를 제공하며, 지역주민들을 대상으로 중독예방교육을 실시하여 건강한 개인, 가족, 지역사회를 유지하도록 돕는다. 중독문제 조기발견 및 개입서비스, 중독질환 상담 및 재활프로그램, 중독질환 가족지원사업, 중독 폐해예방 및 교육사업, 지역사회안전망조성사업, 노숙인 및 취약계층을 위한 알코올중독문제관리사업을 계획하고 진행한다.

---

4) 2020년 정신건강사업안내, pp. 33~34.

넷째, 정신재활시설에서의 정신건강사회복지사는 지역사회에서 정신건강에 어려움을 가진 사람들이 안심하고 치료를 받을 수 있도록 개입하고 지역에서 이웃들과 함께 살아갈 수 있도록 지원하는 업무를 수행한다. 예를 들면 정신재활시설 클라이언트에 대한 개별 재활계획을 수립하고 상담하며 일상생활 및 사회기술을 지원하고, 대인관계 및 스트레스를 관리할 수 있도록 돕는다. 또한 문화예술여가체육활동 지원, 직업재활 및 취업자에 대한 개입과 지원, 독립생활 및 주거지원, 가족교육 및 상담과 가정방문, 지역사회 자원을 발굴하고 관리하는 역할을 수행한다.

그 밖에도 국민의 정신건강에 대한 관심이 증가하고 중요성에 대한 인식이 높아지면서 정신건강전문요원의 활동을 원하는 곳이 확대되고 있으며, 「정신건강복지법」에 규정된 정신건강증진기관 외에 군대 전문상담관, 범죄피해자심리지원센터, 해바라기센터, 학교, 보호관찰소 및 교도소, 치료감호소, 노숙인 복지시설, 도박중독치료센터, 트라우마센터, 공단 등 다양한 곳에서 활동하고 있다.

2. 사회복지실천에서의 윤리와 가치

1) 개념

윤리의 사전적 의미는 '사람으로서 마땅히 행하거나 지켜야 할 도리나 규범'으로 일차적으로 윤리는 사람들이 옳다고 믿는 것을 행동으로 옮기는 것이 아니라 옳은 것이 무엇인지를 결정하도록 돕는 것과 관련되어 있다. Loewenberg와 Dolgoff(1996)은 사회복지윤리는 "사회복지 실무자로 하여금 무엇이 윤리적으로 올바른 실천방법인가를 인식할 수 있게 도와주며 전문적인 사회복지실천상황에서 초래되는 윤리적 측면들과 관련된 올바른 실천행위를 결정하고 행동에 옮길 수 있는 하나의 방법"이라고 설명하고 있다(김기덕 외, 2020에서 재인용). 사회복지윤리는 사회복지실천에 대한 규범적인 내용을 명확하게 하고 이를 정당화하고자 하는 체계적인 노력을 말한다.

특히 전문가 윤리는 사회복지사가 자신의 전문적 가치를 실천적 행동으로 전환하도록 돕는 지침이 되며, 일반적인 윤리와 동일하지는 않지만 밀접하게 관련이 되어있다. 일반윤리로 '모든 사람은 동등하게 존중되어야 한다.'라고 하면 전문가 윤리는 '모든 사람은 동등하게 존중받아야 하지만 우선순위는 클라이언트의 이익에 두어야 한다.'라고 할 수 있다.

2) 사회복지윤리의 역할

사회복지윤리는 사회복지실천에 대한 평가요소가 된다. Levy(1976)에 의하면 사회복지윤리는 전문직의 행위를 이끌어주거나 사회복지사가 사회복지의 기능을 수행하는 데 원칙을 제시해 주며, 사회복지실천의 평가 기준을 제시하는 데 기여한다고 보았다. 그리고 사회복지윤리의 역할로서 첫째, 사회복지윤리는 사회복지전문직의 기본적인 임무와 목표를 명확하게 제시하여 사회복지의 본질과 사명을 분명하게 해주기에 사회복지의 정체성을 상징하기도 한다. 둘째, 사회복지윤리는 사회복지사나 사회복지기관이 구체적으로 어떠한 종류와 성격의 사회적 관계를 형성해 나가야 할지를 제시한다. 셋째, 사회복지윤리는 사회복지사가 자신의 실천과정에서 선택할 수 있는 다양한 실천대안들 가운데 어떠한 것이 가장 바람직한 것인지를 판단하는 중요한 기준으로 작용한다. 넷째, 사회복지윤리가 가지고 있는 또 하나의 중요한 실천적 역할은 사회복지사가 실천과정에서 직면하는 윤리적 갈등을 해결할 수 있는 중요한 도구라는 것이다(김기덕 외, 2020에서 재인용).

사회복지실천에 있어서 윤리적인 문제에 대한 관심이 높아지고 윤리적 갈등이 발생하면서 전문적인 윤리적 지침에 대한 필요성이 대두되었다. 전문직의 윤리강령에는 전문직의 실천과 관련된 윤리적 원칙들과 지켜야 할 원칙들이 포함되어 있으며, 윤리강령은 갈수록 복잡한 문제들을 해결하기 위하여 구체적인 상황 등을 포함하고 상황에 대한 지침을 제시하는 방향으로 나가고 있다.

3) 정신건강사회복지사의 윤리적 의식 현황

2017년에 한국정신건강사회복지사협회에서 정신건강사회복지사를 대상으로 윤리적 갈등의 경험에 대한 실태조사에 의하면 다음과 같다. 먼저 기관유형으로 살펴보면, 전체적으로 윤리적 갈등경험이 있는 경우가 478명(56.7%), 없는 경우가 365명(43.3%)이었다. 윤리적 갈등경험이 있는 정신건강사회복지사의 기관유형을 살펴보면 정신의료기관이 192명, 정신건강복지센터가 163명, 정신재활시설은 70명, 중독관리통합지원센터 19명 순으로 나타났다. 그리고 자격급수에 따라 윤리적 갈등의 경험에 대해 살펴보면 1급이 133명, 2급이 324명으로 2급이 윤리적 갈등 경험이 훨씬 더 높게 나타났다.

〈표 3-3〉 정신건강사회복지사로서 겪은 윤리적 갈등의 경험 유무(단위: %, 명)

구분		정신건강사회복지사		
		있다	없다	계
유형	전체	478(56.7)	365(43.3)	843
	정신의료기관	192(55.2)	156(44.8)	348
	정신재활시설	70(57.4)	52(42.6)	122
	정신건강복지센터	163(57.2)	122(42.8)	285
	중독관리통합지원센터	19(55.9)	15(44.1)	34
	기타	34(63.0)	20(37.0)	54
자격	전체	457(58.6)	323(41.4)	780
	1급	133(66.5)	67(33.5)	200
	2급	324(55.9)	256(44.1)	580

출처: 최희철(2017). 정신건강사회복지사의 윤리의식 실태 및 제고 방안 연구. 한국정신건강사회복지사협회.

정신건강사회복지사로서 현장에서 근무하면서 경험하는 윤리적 갈등의 유형을 살펴보면 클라이언트 관련이 175명으로 47.2%를 차지하였으며 다음으로 시설운영관련이 127명으로 34.2%, 기관장 관련이 106명으로 28.6%를 차지하였고, 동료관련이 77명으로 20.8% 순으로 나타났다. 클라이언트와 관련한 윤리적 갈등의 경험 중에서 가장 높은 유형은 정신의료기관이었으며 다음으로 정신건강복지센터, 정신재활시설, 중독관리통합지원센터 순으로 나타났으며 시설운영 관련과 기관장 관련의 윤리적 갈등에 있어서도 정신의료기관, 정신건강복지센터, 정신재활시설 순으로 높은 비율을 차지하였다. 자격 급수에 따른 경험한 윤리적 갈등의 유형에 있어서는 아래의 표와 같이 정신건강사회복지사 1급보다는 정신건강사회복지사 2급이 윤리적 갈등 경험이 높은 것으로 나타났다.

〈표 3-4〉 정신건강사회복지사로서 겪은 윤리적 갈등의 유형(단위: %, 명)

구분		클라이언트 관련	시설운영 관련	동료 관련	지역사회 관련	기관장 관련	기타 관련	계
유형	유형전체	175(47.2)	127(34.2)	77(20.8)	35(9.4)	106(28.6)	49(13.2)	371
	정신의료기관	63(41.4)	50(32.9)	34(22.4)	14(9.2)	42(27.6)	27(17.8)	152
	정신재활시설	33(63.5)	18(34.6)	5(9.6)	3(5.8)	12(23.1)	2(3.8)	52
	정신건강복지센터	56(45.2)	35(28.2)	22(17.7)	14(11.3)	39(31.5)	17(13.7)	124
	중독관리 통합지원센터	10(62.5)	6(37.5)	3(18.8)	-	4(25.0)	2(12.5)	16
	기타	13(48.1)	18(66.7)	13(48.1)	4(14.8)	9(33.3)	1(3.7)	27
자격	자격전체	163(46.0)	122(34.5)	73(20.6)	33(9.3)	104(29.4)	47(13.3)	354
	1급	56(56.6)	33(33.3)	23(23.2)	11(11.1)	25(25.3)	8(8.1)	99
	2급	107(42.0)	89(34.9)	50(19.6)	22(8.6)	79(31.0)	39(15.3)	255

출처: 최희철(2017). 정신건강사회복지사의 윤리의식 실태 및 제고 방안 연구. 한국정신건강사회복지사협회.

정신건강사회복지사가 윤리적 갈등을 얼마나 자주 경험하는지에 대한 조사 결과, 아래의 표와 같다. 정신건강사회복지사가 근무하는 시설의 유형별로 살펴보면, 월1회가 223명으로 34.4%를 차지하였고 거의 없음이 194명으로 29.8%, 월1회~2회가 139명으로 21.5%를 차지하였다. 주 1회는 61명으로 9.4% 거의 매일이 20명으로 3.1%, 주3회가 12명으로 1.9%를 나타내었다. 여기서 윤리적 갈등의 빈도가 높은 월1회의 결과에서 기관유형으로 살펴보면 정신의료기관, 정신건강복지센터, 정신재활시설 순으로 나타났다.

정신건강사회복지사 자격에 따른 윤리적 갈등의 빈도를 살펴보면, 2급 정신건강사회복지사가 1급 정신건강사회복지사에 비하여 빈도도 높게 나타나고 있음을 알 수 있다.

〈표 3-5〉 정신건강사회복지사로서 겪은 윤리적 갈등의 빈도(단위: %, 명)

구분		거의 매일	주3회	주1-2회	월1-2회	월1회 미만	거의 없음	계
유형	유형전체	20(3.1)	12(1.9)	61(9.4)	139(21.5)	223(34.4)	193(29.8)	648
	정신의료기관	11(4.6)	6(1.1)	30(9.2)	53(20.2)	87(33.1)	76(28.9)	263
	정신재활시설	4(63.5)	1(1.1)	8(9.2)	12(13.8)	38(43.7)	24(27.6)	87
	정신건강 복지센터	5(45.2)	2(0.9)	19(8.5)	56(25.0)	74(33.0)	68(30.4)	224
	중독관리통합 지원센터	-	-	2(7.7)	6(23.1)	8(30.8)	10(38.5)	26
	기타	-	3(6.2)	2(4.2)	12(25.0)	16(33.3)	15(31.2)	48
자격	자격전체	19(3.1)	10(1.6)	60(9.9)	134(22.0)	212(34.8)	174(28.6)	609
	1급	3(1.9)	-	12(7.4)	29(17.9)	68(42.0)	50(30.9)	162
	2급	16(3.6)	10(2.2)	48(10.7)	105(23.5)	144(32.2)	124(27.7)	447

출처: 최희철(2017). 정신건강사회복지사의 윤리의식 실태 및 제고 방안 연구. 한국정신건강사회복지사협회.

Ⅲ. 실천현장에서의 사례

1. 비밀보장의 원칙

실천현장에서 비밀보장은 사회복지사가 클라이언트와 신뢰 관계를 바탕으로 수집된 정보들에 대해서 어느 누구에게도 말하지 않는 것을 의미한다. 그러나 정신건강사회복지사는 클라이언트와 상담, 개인력, 심리사회적 사정 등 개입하는 과정에서 비밀보장 하에 사생활과 관련한 클라이언트의 정보를 접하게 된다. 특히 클라이언트는 자신의 사생활에 대한 내용들이 비밀보장이 될 것이라고 믿으며 사회복지사에 대한 신뢰를 증가시키기도 한다. 반면, 비밀보장이 지켜지지 않는다는 것을 클라이언트가 알게 된다면 신뢰 관계는 깨어지거나 손상될 수 있다.

「정신건강복지법」 제71조(비밀누설의 금지)에는 '정신질환자 또는 정신건강증진시설과 관련된 직무를 수행하고 있거나 수행하였던 사람은 그 직무의 수행과 관련하여 알게 된 다른 사람의 비밀을 누설하거나 공표하여서는 아니된다.'라고 명시되어 있다.

정신건강사회복지사로서 클라이언트와의 비밀보장의 원칙을 준수하지 못하는 경우도 발생한다. 예를 들어 클라이언트가 자살이나 범죄를 계획하여 실행할 가능성이 있을 때,

중요한 책임이나 역할(예: 비행기 조종사, 대중교통 운전기사 등)을 가지고 있는 클라이언트가 심한 판단장애를 보이는 경우 등은 비밀보장의 예외가 될 수 있다.

대표적으로 Tarasoff Duty는 클라이언트가 타인에게 심각한 해를 가할 것이라고 판단하고 피해가 예상되는 사람에게 주의와 경고를 하여 위험에서 보호해 줄 의무가 있음을 설명하고 있다.

〈표 3-6〉 Tarasoff Case[5)]

1969년 8월 캘리포니아 버클리 대학 학생상담센터에서 상담을 받고 있던 포다르(Poddar)라는 학생이 어느 날 상담자였던 무어(Moore)에게 자신의 여자친구인 타라소프를 살해할 계획에 대해 말한 것에서 시작되었다. 상담자는 캠퍼스 경찰에게 이 사실을 통보하여 포다르를 위험인물로 지목해 병원에 입원시키고 감시해 달라고 요청했다. 캠퍼스 경찰은 포다르를 구금한 후 심문했지만 그에게서 별다른 위협적인 징후를 발견하지 못했다는 이유로 그를 석방했다. 상담자는 캠퍼스 경찰의 책임자에게 협조를 요청하는 공식적인 편지를 발송했다. 그 후 상담자의 슈퍼바이저는 상담자에게 그 편지를 되돌려 받을 것, 편지와 상담사례기록을 파기할 것, 그리고 더 이상 이 상담사례에 관여하지 말 것 등을 요구했다. 이러한 과정 중에 의도된 희생자, 즉 타라소프와 그녀의 가족에게는 아무런 사전경고가 주어지지 않았고, 결국 약 2개월 후 포다르는 타라소프를 살해했다. 타라소프의 부모는 학생상담센터가 의도된 희생자에게 위협을 알리지 않았다는 이유로 소송을 제기했고, 1976년 캘리포니아 주 대법원은 타라소프 부모의 항소를 수용하여 상담자가 의도된 희생자에게 사전경고하지 않은 것은 무책임한 행동이었다는 판결을 내렸다.

2. 자기결정의 원칙

클라이언트의 자기결정은 자신과 관련된 문제에 대해서 외부에 영향을 받지 아니하고 주어지는 다양한 선택들 중에서 스스로 결정하는 것을 의미하며 클라이언트의 자율성을 강조한다. 클라이언트가 스스로 자기결정을 하기 위해서는 모든 적절한 대안이나 정보들을 충분히 알고 있어야 하며, 어떤 결정이나 선택을 하는데 필요한 정보가 충분하게 제공되어야 한다.

우리나라 사회복지사 윤리강령에서도 "사회복지사는 클라이언트가 자기결정권을 최대한 행사할 수 있도록 도와야 하며, 저들의 이익을 최대한 대변해야 한다."라고 제시하고 있다.

정신건강사회복지 실천현장에서 자기결정의 원칙과 관련한 사례들은 다양하게 경험할 수 있다. 지역사회정신건강 서비스를 제공하는 기관에서는 클라이언트에게 서비스를

5) 네이버 지식백과.

충분하게 설명하고 클라이언트 자신이 직접 원하거나 필요하다고 생각하는 서비스를 선택하여 참여하는 과정으로 진행되고 있으며 이는 클라이언트의 자율성과 자기결정의 중요성을 강조하고 있음을 알 수 있다. 그러나 간혹 정신건강과 관련한 기관에서는 클라이언트의 자기결정의 원칙이나 정신건강사회복지사의 가치와의 충돌이 발생하기도 한다. 예를 들어 지역사회에서 조현병이 재발된 클라이언트가 입원 또는 약물치료를 강력하게 거부하는 경우에는 자기결정의 원칙과는 상충하기도 한다. 정신과 치료를 받고 있는 클라이언트가 결혼이나 출산을 계획하고 정신건강사회복지사에게 상담을 한다면 여러 가지 측면에서 발생할 수 있는 상황이나 정보들을 찾아보고 제시하여 클라이언트가 충분하게 생각하고 선택할 수 있도록 돕는 것이다.

3. 코로나-19 재난 상황에서 요구받는 새로운 역할

재난과 전염병에 대하여 적극적으로 대처하지 못한다면 국가적 위기상황이 올 수 있다. 급작스러운 환경변화에 따라 지역사회정신건강 실천현장에서 활동하는 정신건강사회복지사들은 전통적인 역할을 넘어서 새로운 환경변화에 대처할 수 있는 능동적인 역할의 변화를 요구받고 있다. 사회적 거리의 단계에 따라 집단 감염을 예방하기 위하여 자신이 근무하는 곳에서 감염병 예방을 위한 기본적인 수칙과 감염자가 발생 할 경우 대처 지침 등을 숙지하여 적극적으로 대응해야 하는 것은 필수적인 역할이라고 할 수 있다. 그리고 정신의료기관에서는 입원과정 및 외출, 면회 등의 외부와의 출입이 어려운 상황이 되었고, 지역사회에서 활동하는 정신건강사회복지사들은 사회적 거리 단계에 따라 기관의 이용인원과 방법이 달라지고 휴관을 할 경우에는 클라이언트를 지원할 수 있는 물품을 구성한 키트를 제작하여 가정방문을 통해 안부를 전하고 심리적 안정을 지원하고 있다.

감염병의 확산을 막기 위하여 집에 있는 정신장애인들에게 영상통화나 각종 매체를 통한 메시지 전달, 실시간 방송을 활용하여 함께 소통하고 프로그램을 제공하기도 하며, 영상을 제작하여 SNS에 업로드하여 정신장애인들이 언제든지 찾아서 볼 수 있도록 하는 등의 다양한 서비스를 기획하고 실행하고 있다. 그리고 정신건강관련 상담이나 자가검진 평가를 받을 수 있는 방법으로 스마트폰의 앱을 개발하고 앱을 통해 자신의 정신건강을 평가하고 점검해 보는 방법으로 서비스를 제공하고자 준비하는 기관들도 늘어나고 있다.

태화샘솟는집의 온택트사회복지 사회복지실천현장 사례집[6]은 태화샘솟는집의 직원과 회원들이 온라인공동체로의 전환과정 속에서 기관에서 제공되었던 활동과 서비스들을 생생하게 기록한 내용을 담고 있다. 송국클럽하우스는 예방적 주간재활실시, 일상생활유지(대면, 비대면)서비스 등을 제공하였다. 특히 SNS 송TV[7]를 통해 다양한 주제로 실시간 방송을 하거나 영상을 업로드하여 이용자와의 소통을 위해 노력한 흔적을 찾아볼 수 있다.

재난과 감염병에 대비하기 위해 요구받는 새로운 역할들로 인해 정신건강사회복지 실천현장에서는 정신건강사회복지사의 업무나 역할이 다양화되고 확대되었지만 부담이 증가하게 된 것도 사실이다.

Ⅳ. 과제

정신건강사회복지사의 역할과 윤리를 살펴보면서 정신건강사회복지 환경이나 정책의 변화 또는 예상치 못한 재난이나 감염병으로 정신건강사회복지 실천현장도 변화에 대처하기 위하여 전통적인 역할 외에 새로운 역할이 요구되고, 갖추어야 하는 역량도 증가하고 있음을 확인하였다. 정신건강사회복지를 실천하는 과정에도 윤리적 민감성과 실천 윤리에 대한 중요성은 높으나 윤리의식의 필요성과 중요성에 비해 윤리적 민감성을 높이기 위한 교육체계나 내용을 실천현장에서 거의 찾아보기 어렵다.

또한 실천현장에서 윤리적 갈등은 느끼지만 여러 가지 이유로 개선되거나 해결되지 않는 것이 현실이다. 실천현장에서의 윤리적 갈등 해결을 위한 노력이 우선적으로 필요하며 윤리적 민감성을 향상하기 위한 과제로 다음과 같이 제시하고자 한다.

첫째, 정신건강사회복지사로서 윤리적 민감성을 향상하기 위한 교육이나 훈련 등이 개설되고 다양화되어야 한다. 윤리적 민감성을 향상하는 방법으로 일방적인 교육을 지양하고 토론이나 워크숍 등을 활용하여 정신건강사회복지사들이 느끼는 윤리적 갈등상황을 이야기하고 고찰하면서 적용해 볼 수 있도록 하는 것이다. 교육 대상자도 정신보건 기관 유형이나 근무 경력 등을 고려하여 선정함으로써 다양한 경험의 사례들을 공유하고 토론하는 것이 윤리의식의 민감성을 높일 수 있는 방안이 될 수 있다.

---

6) 태화샘솟는집(2020). 온택트사회복지 COVID-19 -사회복지실천사례.

7) YouTube '송TV' 검색 또는 송국클럽하우스 사람들(2020). '우리는 뾰족한 사람들이야'를 통해 여러 활동을 일상툰으로도 확인할 수 있다.

둘째, 정신보건 현장에서 활동하고 있는 정신건강사회복지사들을 위하여 기관유형별로 경험하게 되는 윤리적 문제나 사례들을 살펴보고, 윤리적 갈등이나 딜레마를 해결하는데 도움이 되는 지침서를 만들어 보급하는 것이 필요하다. 지침서를 제작하여 보급하면 실천현장에서 느끼는 윤리적 갈등을 해결하는 데 가이드로 활용할 수 있다.

셋째, 전문가로서 윤리를 확립하기 위해서는 정신건강사회복지사의 자기인식이 중요하다. 즉, 클라이언트를 위하여 직접적인 서비스를 제공하고 실천 기술들을 수행하는 역할을 하는 정신건강사회복지사는 다른 사람을 이해하고 수용하기 위해서는 자신에 대한 이해와 수용이 필요하다. 자기이해를 위한 끊임없는 노력은 정신건강사회복지사의 역량 강화와 성장에 있어서 중요한 요소이다.

한국사회복지사 윤리강령(2001.12)[8]

사회복지사 선서문

사회복지사는 인본주의 · 평등주의 사상에 기초하여, 모든 인간의 존엄성과 가치를 존중하고 천부의 자유권과 생존권의 보장활동에 헌신한다. 특히 사회적·경제적 약자들의 편에 서서 사회정의와 평등·자유와 민주주의 가치를 실현하는데 앞장선다. 또한 도움을 필요로 하는 사람들의 사회적 지위와 기능을 향상시키기 위해 저들과 함께 일하며, 사회제도 개선과 관련된 제반 활동에 주도적으로 참여한다. 사회복지사는 개인의 주체성과 자기결정권을 보장하는 데 최선을 다하고, 어떠한 여건에서도 개인이 부당하게 희생되는 일이 없도록 한다. 이러한 사명을 실천하기 위하여 전문적 지식과 기술을 개발하고, 사회적 가치를 실현하는 전문가로서의 능력과 품위를 유지하기 위해 노력한다. 이에 우리는 클라이언트·동료·기관 그리고, 지역사회 및 전체사회와 관련된 사회복지사의 행위와 활동을 판단·평가하며 인도하는 윤리기준을 다음과 같이 선언하고 이를 준수 할 것을 다짐한다.

Ⅰ. 사회복지사의 기본적 윤리기준

1. 전문가로서의 자세

1) 사회복지사는 전문가로서의 품위와 자질을 유지하고, 자신이 맡고 있는 업무에 대해 책임을 진다.
2) 사회복지사는 클라이언트의 종교 · 인종 · 성 · 연령 · 국적 · 결혼상태 · 성 취향 · 경제적 지위 · 정치적 신념 · 정신, 신체적 장애 · 기타 개인적 선호, 특징, 조건, 지위를 이유로 차별 대우를 하지 않는다.
3) 사회복지사는 전문가로서 성실하고 공정하게 업무를 수행하며, 이 과정에서 어떠한 부당한 압력에도 타협하지 않는다.
4) 사회복지사는 사회정의 실현과 클라이언트의 복지 증진에 헌신하며, 이를 위한 환경 조성을 국가와 사회에 요구해야 한다.

5) 사회복지사는 전문적 가치와 판단에 따라 업무를 수행함에 있어, 기관 내외로부터 부당한 간섭이나 압력을 받지 않는다.
6) 사회복지사는 자신의 이익을 위해 사회복지 전문직의 가치와 권위를 훼손해서는 안된다.
7) 사회복지사는 한국사회복지사협회 등 전문가단체 활동에 적극 참여하여, 사회정의 실현과 사회복지사의 권익옹호를 위해 노력해야 한다.

2. 전문성 개발을 위한 노력

1) 사회복지사는 클라이언트에게 최상의 서비스를 제공하기 의해, 지식과 기술을 개발하는데 최선을 다하며 이를 활용하고 전파할 책임이 있다.
2) 클라이언트를 대상으로 연구하는 사회복지사는 저들의 권리를 보장하기 위해, 자발적이고 고지된 동의를 얻어야 한다.
3) 연구과정에서 얻은 정보는 비밀보장의 원칙에서 다루어져야 하고, 이 과정에서 클라이언트는 신체적, 정신적 불편이나 위험·위해 등으로부터 보호되어야 한다.
4) 사회복지사는 전문성을 개발하기 위해 노력하되, 이를 이유로 서비스의 제공을 소홀히 해서는 안된다.
5) 사회복지사는 한국사회복지사협회 등이 실시하는 제반 교육에 적극 참여하여야 한다.

3. 경제적 이득에 대한 태도

1) 사회복지사는 클라이언트의 지불 능력에 상관없이 서비스를 제공해야 하며, 이를 이유로 차별대우를 해서는 안 된다.
2) 사회복지사는 필요한 경우에 제공된 서비스에 대해, 공정하고 합리적으로 이용료를 책정해야 한다.
3) 사회복지사는 업무와 관련하여 정당하지 않은 방법으로 경제적 이득을 취하여서는 안 된다.

Ⅱ. 사회복지사의 클라이언트에 대한 윤리기준

1. 클라이언트와의 관계

1) 사회복지사는 클라이언트의 권익옹호를 최우선의 가치로 삼고 행동한다.
2) 사회복지사는 클라이언트에 대하여 인간으로서의 존엄성을 존중해야 하며, 전문적 기술과 능력을 최대한 발휘한다.
3) 사회복지사는 클라이언트가 자기결정권을 최대한 행사할 수 있도록 도와야 하며, 저들의 이익을 최대한 대변해야 한다.
4) 사회복지사는 클라이언트의 사생활을 존중하고 보호하며, 직무 수행과정에서 얻은 정보에 대해 철저하게 비밀을 유지해야 한다.
5) 사회복지사는 클라이언트가 받는 서비스의 범위와 내용에 대해, 정확하고 충분한 정보를 제공함으로써 알 권리를 인정하고 존중해야 한다.
6) 사회복지사는 문서 · 사진 · 컴퓨터 파일 등의 형태로 된 클라이언트의 정보에 대해 비밀보장의 한계 · 정보를 얻어야 하는 목적 및 활용에 대해 구체적으로 알려야 하며, 정보 공개시에는 동의를 얻어야 한다.
7) 사회복지사는 개인적 이익을 위해 클라이언트와의 전문적 관계를 이용하여서는 안 된다.
8) 사회복지사는 어떠한 상황에서도 클라이언트와 부적절한 성적관계를 가져서는 안 된다.
9) 사회복지사는 사회복지 증진을 위한 환경조성에 클라이언트를 동반자로 인정하고 함께 일

해야 한다.

2. 동료의 클라이언트와의 관계

1) 사회복지사는 적법하고도 적절한 논의 없이 동료 혹은, 다른 기관의 클라이언트와 전문적 관계를 맺어서는 안 된다.
2) 사회복지사는 긴급한 사정으로 인해 동료의 클라이언트를 맡게 된 경우, 자신의 의뢰인처럼 관심을 갖고 서비스를 제공한다.

Ⅲ. 사회복지사의 동료에 대한 윤리기준

1. 동 료

1) 사회복지사는 존중과 신뢰로서 동료를 대하며, 전문가로서의 지위와 인격을 훼손하는 언행을 하지 않는다.
2) 사회복지사는 사회복지 전문직의 이익과 권익을 증진시키기 위해 동료와 협력해야 한다.
3) 사회복지사는 동료의 윤리적이고 전문적인 행위를 촉진시켜야 하며, 이에 반하는 경우에는 제반 법률규정이나 윤리기준에 따라 대처해야 한다.
4) 사회복지사가 전문적인 판단과 실천이 미흡하여 문제를 야기시켰을 때에는, 적절한 조치를 취하여 클라이언트의 이익을 보호해야 한다.
5) 사회복지사는 전문직 내 다른 구성원이 행한 비윤리적 행위에 대해, 제반 법률규정이나 윤리기준에 따라 조치를 취해야 한다.
6) 사회복지사는 동료 및 타 전문직 동료의 직무 가치와 내용을 인정·이해하며, 상호간에 민주적인 직무관계를 이루도록 노력해야 한다.

2. 슈퍼바이저

1) 슈퍼바이저는 개인적인 이익의 추구를 위해 자신의 지위를 이용해서는 안 된다.
2) 슈퍼바이저는 전문적 기준에 의해 공정하게 책임을 수행하며, 사회복지사·수련생 및 실습생에 대한 평가는 저들과 공유해야 한다
3) 사회복지사는 슈퍼바이저의 전문적 지도와 조언을 존중해야 하며, 슈퍼바이저는 사회복지사의 전문적 업무수행을 도와야 한다.
4) 슈퍼바이저는 사회복지사·수련생 및 실습생에 대해 인격적·성적으로 수치심을 주는 행위를 해서는 안 된다.

Ⅳ. 사회복지사의 사회에 대한 윤리기준

1) 사회복지사는 인권존중과 인간평등을 위해 헌신해야 하며, 사회적 약자를 옹호 하고 대변하는 일을 주도해야 한다.
2) 사회복지사는 필요한 사회서비스를 개발하기 위한 사회정책의 수립· 발전·입법· 집행에 적극적으로 참여하고 지원해야 한다.
3) 사회복지사는 사회환경을 개선하고 사회정의를 증진시키기 위한 사회정책의 수립·발전·입법 · 집행을 요구하고 옹호해야 한다.
4) 사회복지사는 자신이 일하는 지역사회의 문제를 이해하고, 그것을 해결하는 일에 적극적으로 참여해야 한다.

Ⅴ. 사회복지사의 기관에 대한 윤리기준

1) 사회복지사는 기관의 정책과 사업 목표의 달성, 서비스의 효율성과 효과성의 증진을 위해 노력함으로써, 클라이언트에게 이익이 되도록 해야 한다.
2) 사회복지사는 기관의 부당한 정책이나 요구에 대하여, 전문직의 가치와 지식을 근거로 이에 대응하고 즉시 사회복지윤리위원회에 보고해야 한다.
3) 사회복지사는 소속기관 활동에 적극 참여함으로써, 기관의 성장발전을 위해 노력해야 한다.

Ⅵ. 사회복지윤리위원회의 구성과 운영

1) 한국사회복지사협회는 사회복지윤리위원회를 구성하여, 사회복지윤리실천의 질적인 향상을 도모하여야 한다.
2) 사회복지윤리위원회는 윤리강령을 위배하거나 침해하는 행위를 접수 받아, 공식적인 절차를 통해 대처하여야 한다.
3) 사회복지사는 한국사회복지사협회의 윤리적 권고와 결정을 존중하여야 한다.

참고문헌

국립정신건강센터 (2018). 정신건강전문요원 실태조사 보고서.

권자영 (2020). 변화하는 정신건강정책에 따른 정신건강사회복지사의 역할 및 과제. 한국정신건강사회복지사협회 정책세미나 자료집. 27-39.

김기덕 외 (2020). **사회복지윤리와 철학**. 양서원.

보건복지부 (2020). 정신건강사업안내.

서미경 외 (2011). **사회복지실천윤리**. 양서원.

용효중 (2014). 정신보건현장에서의 윤리적 실천. 한국정신건강사회복지사협회 추계보수교육 자료집, 7-48.

임규설 (2020). 실천현장별 정책제안 및 대응전략. 한국정신건강사회복지사협회 정책세미나 자료집, 47-51.

최명민 (2005). 정신보건사회복지사의 윤리적 민감성 훈련프로그램 개발 및 평가. **정신보건과 사회사업, 20**, 182-215.

최명민 (2010). 정신장애인 인권과 전문가 실천윤리. 한국정신보건사회복지학회 추계학술대회, 69-81.

최희철 (2017). 정신건강사회복지사의 윤리의식 실태 및 제고 방안 연구. 한국정신건강사회복지사협회.

태화샘솟는집 (2020). 온택트사회복지 COVID-19 사회복지실천사례.

8) 한국사회복지사협회 홈페이지 게시 내용.

PART 02

법과 정책

4장

정신건강복지법과 국가정신건강복지정책의 이해

하경희
(아주대학교)

Ⅰ. 정신건강정책의 환경 변화

1. 국제적 기준의 적용 요구

1991년 UN 총회에서 결의된 「정신장애인 보호 및 정신보건의료 향상을 위한 원칙(Principle for the Protection of Persons with Mental Illness and for the Improvement of Mental Health Care, MI원칙)」은 국제사회에서 정신장애인 인권보호의 기본적 지침으로 널리 사용되어 왔다. UN 회원국은 이 원칙을 주요 국제협약의 요구사항에 대한 권위 있는 해석으로 인정하고 있다. MI원칙에서는 정신장애인 인권 제한 시 과잉금지원칙과 법률유보원칙이 반드시 준수되어야 함을 천명하고 있고, 가급적 지역사회에서 치료 및 보호받을 권리와, 고지된 동의에 따라 치료받을 권리가 정신장애인에게도 있음을 명시하고 있다.

「장애인권리협약(Convention on the Rights of Persons with Disabilities)」은 2006년 12월 UN 총회에서 회원국 192개국의 만장일치로 채택되었으며, 한국은 2008년 12월 이 협약을 비준하여 2009년 1월부터 발효되었다. 이 협약은 국내법적 효력이 있으며, 주요 원칙으로 자율성 존중, 비차별, 완전하고 효과적인 사회참여와 통합 등을 명시하고 있다. 각 원칙 및 그에 따른 조항들은 정신장애인에게도 동일하게 적용된다. UN 장애인권리위원회는 2014년 10월 우리 정부에게, 정신장애인의 자유박탈조치를 허용하는 현존 법령조항을 폐지할 것과, 당사자의 동의에 기반한 정신보건서비스를 제공할 것, 비자의입원에 대한 심사 및 이의제기 절차를 보장할 것 등에 관한 권고를 하였다. 이 권고는 2016년 「(구)정신보건법」을 개정하는 데 있어 하나의 주요 지침이 되었다.

OECD(Organization for Economy Cooperation and Development)는 한국의 보건복지부로부터 정신보건체계에 대한 조사를 요청받았으며, 그 결과 다음과 같이 권고하였다(김태희 · 양윤준, 2013). 첫째, 시설 입원 중심에서 지역사회 의료 중심으로 정신보건 모델 변경이 필요하다. 한국의 정신보건의료체계는 병원 중심이며 지역사회 의료는 제한적이다. 지역사회 치료 확대와 1차 의료 역할 확장으로 방향을 바꾸어야 한다. 이를 위해 현재 입원시스템의 구조적인 문제와 입원 선호 유발요인에 대한 개선이 필요하며, 지역사회 치료를 지원하는 방향으로 사회보장체계의 개혁이 필요하다. 둘째, 한국 내 정신적 스트레스에 대한 인식 및 대처를 강화해야 한다. 특히, 경미하거나 중등도의 정신질환 치료에 지역사회 자원을 확대하고, 심리치료의 기회를 늘리며, 근거중심의 접근을 강화해야 한다. 셋째, 관리 및 리더십의 개선이 필요하다. 정신건강 분야의 예산을 확대하고, 지역사회 중심 서비스 및 심리치료 프로그램, 1차 의료에서의 정신보건 진료를 강화해야 한다. 통합적인 전달체계, 임상 가이드라인 제정, 통합적인 접근, 사회적 인식개선도 필요하다.

2. 회복 패러다임의 대두

정신보건의 흐름은 1950년대 탈시설화와 지역사회 정신보건, 1970년대 정신사회재활을 거쳐 1990년대 이후 소비자 운동의 확대와 더불어 회복 패러다임이 대두되었다. 회복은 의료적 관점에서의 증상치료에 초점을 둔 '결과'로서의 개념뿐만 아니라, 일상적 도전에 대응하며 개인에게 의미 있는 삶을 다시 만들어 나가는 '과정'으로서의 개념이 더욱 강조되었다(Deegan, 1998).

WHO(2015)에서도 QualityRights를 통해 정신장애인의 인권을 존중하고 증진시키기 위해 지역기반의 회복지향 서비스(community based and recovery oriented services)와 국가 정책을 강조하고 있다. QualityRights에서 정의하고 있는 회복은 '치료되는 것', '다시 정상이 되는 것'이 아니라 자신의 정체성과 삶에 대한 통제를 획득하는 것, 삶에 대한 희망을 갖게 되는 것, 자신들에게 의미 있는 삶(일, 관계, 지역사회 참여 등)을 사는 것이다. 회복의 핵심요소로는 연결(Connected-ness), 희망(Hope), 정체성(Identity), 삶의 의미(Meaning in life), 역량

강화(Empowerment), 위험 감수(Risk-taking)를 제시하고 있다.

회복 지향은 많은 국가에서 정신건강 체계를 개선하고 향상시켜나가는데 중요한 정책 원리가 되고 있다. 즉, 증상의 감소와 같은 의료적 관점에서 벗어나 의미 있는 삶과 가치 있는 역할을 다시 시작할 수 있도록 정신장애인 당사자의 선택과 의사를 강조하고 있다. 서구의 많은 국가들에서는 정신건강 정책, 서비스 기준, 조직의 지침을 회복 지향으로 전환해 가고 있다. 호주, 캐나다, 영국, 아일랜드, 네덜란드, 이스라엘, 뉴질랜드, 미국 등의 국가에서 회복을 정책의 비전과 목표로 제시하고 있으며, 서비스에 반영될 수 있도록 제도적인 노력을 기울이고 있다(Ramon et al., 2009; Shera & Ramon, 2013; Pincus et al., 2016).

3. 정신장애인 당사자 운동의 성장

2010년대 들어 한국정신장애연대(KAMI)와 같은 당사자 참여 활동이 시작되었다. 한국정신장애인자립생활센터, 정신장애와 인권 파도손과 같은 단체가 조직되면서 정신장애 당사자들이 정신건강정책에 대한 목소리를 본격적으로 내기 시작하였다. 한국정신장애연대를 중심으로 2013년 12월 국가인권위원회에 약 200명의 강제입원 피해자 집단진정을 하였다. 2014년 1월에는 헌법재판소에 정신보건법의 보호입원 조항에 대한 헌법소원을 제기하여, 결국 2016년 9월 위헌(헌법불합치)결정을 얻어냈다. 이후 정신건강복지법 개정 과정에서는 '정신장애인복지지원법추진공동행동'을 결성하고 입법토론회, 간담회, 공청회 등을 통해 '정신장애인 복지지원법' 제정을 추진하기도 하였다. 이후 2016년 국회 법안심사과정에서도 정신장애 단체로서 입법과정에 참여하였다.

정신장애인 당사자 단체들은 강제치료 중단, 정신보건법 폐지, 차별철폐, 불공정보도 개선, 권익옹호 및 자립지원, 동료지원 등의 활동을 통해 정신건강복지 제도 개선에 적극적으로 참여하고 있다. 정신장애인 당사자 단체는 오프라인·온라인상에서, 다양한 분야와 지역으로 확대되고 있으며, 2020년 기준 10여개 이상이 조직화되고 정기적으로 활동하고 있다. 정신건강복지 정책의 주체로서 정신장애인 당사자들은 기존의 전문가 주도의 정책 지형에 큰 변화를 만들어 가고 있다.

Ⅱ. 정신건강복지법

1. 법과 정책

정책은 하나의 계획이고 큰 틀이다. 그리고 사회복지정책이란 사람들이 인간다운 삶을 영위하도록 서비스나 소득을 제공함으로써 인간의 기본적 욕구를 충족시켜 주고 각종 의존문제를 해결하기 위한 정부의 지침, 계획, 과정이다(박병현, 2011). 정신건강복지정책 또한 정신적 어려움을 가지고 있는 사람들이 인간다운 삶을 살기 위해 필요한 치료, 재활, 복지, 자립을 지원하기 위한 정부의 계획이다. 정책은 정신장애인 당사자들의 삶뿐만 아니라 정신건강복지 실천에 영향을 미치는 중요한 근간이 된다. 따라서 정신건강복지 전문가는 자신의 실천이 어떠한 정책적 토대를 갖고 있는지 이해해야 하며, 정책의 방향과 내용이 인권과 회복지향으로 나아갈 수 있도록 관심을 갖고 목소리를 내야 한다.

정책이 실효성을 가지기 위해서는 다섯 가지의 요소를 필요로 한다. 첫째, 정책이 어떠한 가치와 이념을 추구하는지 구체적으로 명시해 놓은 목적과 목표이다. 둘째, 누구에게 어떠한 기준으로 제공할 것인가에 대한 대상체계이다. 셋째, 무엇을 어떤 형태로 제공할 것인가에 대한 급여체계이다. 넷째, 어떠한 재원으로 어떻게 지출할 것인가에 대한 재원체계이다. 마지막으로 전달의 구조와 과정은 어떻게 할 것인가에 대한 전달체계이다. 정책이 실제적으로 추진되기 위해서는 이 다섯 가지 요소가 구체화되어야 한다. 예를 들면 정신건강복지법의 제4장에는 복지서비스에 대한 내용을 규정하고 있다. 하지만 목적과 급여에 대해서는 명시하고 있지만, 대상, 재원, 전달체계에 대한 내용은 정책적으로 구체화되지 않음으로써, 실제 추진되지 못하고 있다.

정책이 실질적으로 효력을 가지고 시행되기 위해서는 강제력이 필요하다. 이러한 강제력에는 법적인 뒷받침이 필요하고, 구체적으로는 입법의 형태로 진행된다. 법령은 법형식, 공포번호, 제명, 본칙 및 부칙의 구분으로 구성된다. 법형식은 법률, 대통령령, 부령 등 법령의 종류를 말하고, 공포번호는 법령의 법 형식별로 붙이는 일련번호를 말한다. 제명은 법령의 이름이고, 본칙은 그 법령의 본체적 사항을 규정하는 부분으로 여기에서 거의 모든 실제적인 내용을 다루게 된다. 부칙은 법령의 본체적 규정사항에 부수되거나 경과적인 성격의 사항을 규정하는 부분이다. 본칙은 조, 항, 호, 목의 순서에 의한 조문형식으로 작성한다. 법령의 조문 수가 많고 이를 성질에 따라 몇 개의 군으로 나누는 것이 법령의 이해에 편리한 경우에는 장으로 구분할 수 있다. 법령의 본칙은 원칙적으로 '조'로 구분하며, 조문형식으로 열거하는 사항을 문장으로 표시하기 곤란한 때에는 조문 중에서 표, 수식 또는 그림 형식으로 작성할 수 있다. 별표, 별지서식 등으로 부칙 다음 부분에 작성할 수도 있다(김수정, 2020).

〈그림 4-1〉 정책의 구성요소

2. 정신건강복지법의 전개 과정

1) 정신보건법

한국에서는 1968년 처음으로 대한신경정신의학회에서 정신보건법안을 마련하여 제안하였으나 흐지부지되었다. 이후 산업화, 도시화를 겪으면서 그동안 전통적인 가족제도와 지역사회가 책임졌던 정신질환자에 대한 보호가 사회적 문제로 표출되기 시작하였으나, 체계적인 서비스의 미비로 인하여 많은 정신질환자가 격리된 미인가 시설 혹은 무허가 기도원에 수용되었다. 1983년 KBS TV의 '추적 60분'을 통해 비참한 기도원의 실상이 보도되면서 사회적 파장을 낳았고, 정신질환자 문제가 사회적 쟁점으로 부각되면서 정신보건법 제정의 시도가 있었으나 국회에서 통과되지 못했다. 이때에는 법의 대상이나 내용에 사회방위적 시각이 뚜렷하고 입원조항과 관련하여 인권문제도 제기되었다. 특히 군사독재 시절에 정치범을 감금하기 위해 악용될지도 모른다는 우려도 법 제정의 반대 이유가 되었다. 이에 재야 인권단체와 법조계, 의료계 등 18개 관련 단체가 연합하여 '정신보건법 저지 공동대책위원회'를 구성하고 인권 옹호차원에서 법안 제정을 반대하였다(서동우, 2007).

이후 1991년 여의도 차량질주사건과 대구의 나이트클럽 방화사건이 발생하면서 다시금 정신질환자 범죄를 막기 위한 법 제정의 논의가 시작되었다. 사회적으로도 법치적 민주주의로 전환되는 시대에 들어서면서 이전의 우려도 상대적으로 낮아졌다. 이에 대한정신의학회를 중심으로 다시 법안이 마련되고, 1992년 보건사회부안이 국회에 제출되어 1995년 통과되고 1997년부터 시행되었다.

정신보건법의 제정은 정신질환의 치료와 보호에 대한 국가적 의무를 선언하고 인권존중 등을 기본이념으로 명시하며, 지역사회 기반의 정신건강 체계를 구축하였다는 데 큰 의의가 있다. 하지만 탈원화를 위한 제도적 노력은 전혀 구체화되지 못했으며, 강제입원의 정당화 등 여전히 인권침해의 소지가 많은 한계점이 있었다(하경희, 2019).

2) 정신건강증진 및 정신질환자 복지서비스 지원에 관한 법률(정신건강복지법)

2016년 정신건강복지법의 입법과정은 1995년 정신의료계의 주도로 이루어진 정신보건법 제정과 정 반대의 양상을 띠었다(신권철, 2017). 즉, 정신의료에 대한 사회의 비판적 시각에서부터 입법과정이 시작되었기 때문이다. 정신보건법 제정 이후 20년 간 가족과 의사에 의해 환자가 강제로 장기간 입원하게 되는 문제점을 개선하기 위해 법 개정의 시도가 지속적으로 있어 왔다. 제19대 국회회기(2012년 5월부터 2016년 5월까지)에는 약 30건이 넘는 법안이 제출되었다. 회기 말기 무렵인 2015년 11월부터는 강제입원제도의 개선 및 지역사회 복지서비스 지원의 내용을 담고 있는 4개의 법안이 국회 보건복지위원회에서 심의되기 시작하여, 2016년 4월 4개 법안이 통합된 안이 통과하게 되었다.

정신건강복지법 입법 과정에서는 정신장애인 당사자 단체의 참여가 두드러졌다. 당사자 단체는 '정신장애인복지지원법추진공동행동'을 결성하여, 정신보건법에 대한 소극적 비판이 아닌 복지 중심의 새로운 법률로서 '정신장애인 복지지원법' 제정을 추진하였다. 여기에는 당사자 단체뿐만 아니라 사회복지계, 장애인단체, 법조계가 함께 힘을 실어주었다. 이들이 추진한 법안에서는 기존의 정신보건법의 틀을 벗어나 지역사회에서 정신장애인의 삶을 종합적으로 지원하는 새로운 복지체계 마련을 주장하였다. 하지만 개정된 정신건강복지법은 기존 정신보건법에 복지서비스에 대한 규정을 추가하는 정도로 반영되었고, 이에 당사자 단체는 '후퇴'한 법률이라며 반발하기도 하였다.

정신건강복지법은 법 내용적으로 다음과 같은 큰 변화를 가져왔다.

첫째, 법률상의 정신질환자의 개념을 축소하였다. 그 이전 법에서는 정신질환자를 알코올 및 약물중독 등 비정신병적 정신장애, 기질적 정신병 등을 포함하여 매우 광범위하게 정의함으로써, 정신질환의 의심만으로도 자격취득제한 등 차별의 대상이 될 수 있었다. 이에 정신건강복지법에서는 증상과 장애 정도에 근거해 정신질환자의 개념을 축소하였다.

둘째, 인권침해 문제가 지속적으로 제기되었던 입원제도를 개선하였다. 우선 자발적 입원 형태로 동의입원을 신설하였으며, 강제입원의 요건을 강화하고 국가적 책임을 확대하며, 환자의 절차적 권리 보장을 강조하였다. 강제입원 심사기관으로서 국가가 의료적 합의체인 입원적합성심사위원회를 두어 1개월 내에 심사하도록 하고, 입원병원 정신과 의사의 진단 외에 국공립 병원 등 지정 진단의사의 대면진단을 도입함으로써 진단의 공공성과 더불어 환자의 의견진술권을 보장하였다.

셋째, 복지서비스 지원에 대한 규정을 신설하였다. 기존의 법이 정신질환자에 대한 치료와 재활만 규정했던 것에서 한걸음 더 나아가 고용, 교육, 주거, 가족지원 등 복지서비스 지원에 대한 내용을 담았다. 이는 입법 과정에서 정신장애인 당사자 단체의 요구를 반영한 결과이기는 하지만, 시행의무가 아닌 노력의무(노력하여야 한다) 규정인데다, 세부 내용은 구체화되지 못하여 단지 형식적이고 선언적이라는 비판을 면하기 어렵다.

넷째, 전 국민에 대한 생애주기별 정신건강증진사업의 근거를 마련하였다. 조기발견체계 구축, 정신건강증진사업 추진, 학교 및 300인 이상 사업장에서의 정신건강증진사업 실시, 10월 10일을 정신건강의 날로 지정하는 등의 내용이 포함되었다.

다섯째, 정신질환자의 자기결정권을 강화하였다. 기본이념에 자기결정권, 의사표현에 있어 도움을 받을 권리, 정책결정과정에의 참여권 세 가지를 추가하였다. 치료 과정에서의 권리고지, 의견진술권, 그리고 정신건강심의위원회의 당사자 참여 등 권리주체로서의 내용을 담았다.

3. 정신건강복지법의 구성

정신건강복지법은 총 8장 89조로 구성되어 있으며 세부 조항은 다음 표와 같다. 제3장의 정신건강증진시설은 전달체계에서, 제4장은 복지서비스 제공에서 구체적으로 다룰 예정이다. 여기에서는 총칙 및 정신건강증진 정책의 추진, 보호·치료와 퇴원 등의 청구 및 심사, 권익보호 및 지원을 중심으로 설명하고자 한다.

〈표 4-1〉 정신건강복지법 조문 구성

구분	조문 구성	
제1장 총칙	제1조 목적 제3조 정의 제5조 국민의 의무	제2조 기본이념 제4조 국가와 지방자치단체의 책무 제6조 정신건강증진시설의장의 의무
제2장 정신건강증진 정책의 추진 등	제7조 국가계획의 수립 등 제9조 정신건강증진 관련 주요정책의 심의 제11조 정신건강상 문제의 조기발견 제13조 학교 등에서의 정신건강증진사업 실시 제15조 정신건강복지센터의 설치 및 운영 제17조 정신건강전문요원의 자격 등	제8조(시행계획의 수립・시행 등) 제10조(실태조사) 제12조(국가와 지방자치단체의 정신건강증진 사업등의 추진 등) 제14조(정신건강의 날) 제16조(정신건강연구기관 설치・운영) 제18조(정신건강전문요원의 결격사유)
제3장 정신건강증진시설의 개설・설치 및 운영 등	제19조(정신의료기관의 개설・운영) 제21조(국립・공립 정신병원의 설치) 제23조(정신건강의학과전문의의 자문) 제25조(정신요양시설 사업의 정지, 설치허가 취소 등) 제27조(정신재활시설의 종류) 제29조(정신재활시설의 폐쇄 등) 제31조(정신건강증진시설의 평가)	제20조(과징금처분) 제22조(정신요양시설의 설치・운영) 제24조(정신요양시설의 폐지・휴지・재개 신고) 제26조(정신재활시설의 설치・운영) 제28조(정신재활시설의 폐지・휴지・재개신고) 제30조(기록보존) 제32조(청문)
제4장 복지서비스 제공	제33조(복지서비스 개발) 제35조(평생교육 지원) 제37조(지역사회 거주・치료・재활 등 통합 지원)	제34조(고용 및 직업재활 지원) 제36조(문화・예술・여가・체육활동 등 지원) 제38조(가족에 대한 정보제공과 교육)
제5장 보호 및 치료	제39조(보호의무자) 제41조(자의입원 등) 제43조(보호의무자에 의한 입원 등) 제45조(입원 등의 입원적합성심사위원회 신고 등) 제47조(입원적합성심사위원회의 심사 및 심사결과 통지 등) 제49조(입원적합성심사위원회 위원 등의 제척) 제51조(신상정보의 확인)	제40조(보호의무자의 의무) 제42조(동의입원 등) 제44조(특별자치시장・도지사・시장・군수・구청장에 의한 입원) 제46조(입원적합성심사위원회의 설치 및 운영 등) 제48조(입원적합성의 조사) 제50조(응급입원) 제52조(퇴원 등의 사실의 통보)
제6장 퇴원 등의 청구 및 심사 등	제53조(정신건강심의위원회의 설치・운영) 제55조(퇴원 등 또는 처우개선 심사의 청구) 제57조(퇴원등 또는 처우개선 심사) 제59조(퇴원 등 명령의 통지 등) 제61조(재심사의 회부 등) 제63조(임시 퇴원 등) 제65조(무단으로 퇴원 등을 한 사람에 대한 조치) 제67조(입・퇴원 등 관리시스템)	제54조(정신건강심사위원회의 설치・운영) 제56조(정신건강심의위원회에의 회부) 제58조(정신건강심사위원회 위원의 제척・기피・회피) 제60조(재심사의 청구 등) 제62조(시장・군수・구청장에 의한 입원의 해제) 제64조(외래치료 명령 등) 제66조(보고・검사 등)
제7장 권익보호 및 지원 등	제68조(입원 등의 금지 등) 제70조(인권교육) 제72조(수용 및 가혹행위 등의 금지)	제69조(권익보호) 제71조(비밀누설의 금지) 제73조(특수치료의 제한)

	제74조(통신과 면회의 자유 제한의 금지) 제76조(작업치료) 제78조(단체 · 시설의 보호 · 육성 등) 제80조(비용의 부담) 제82조(보조금 등)	제75조(격리 등 제한의 금지) 제77조(직업훈련 지원) 제79조(경제적 부담의 경감 등) 제81조(비용의 징수) 제83조(권한의 위임 및 업무의 위탁)
제8장 벌칙	제84조(벌칙) 제86조(벌칙) 제88조(양벌규정)	제85조(벌칙) 제87조(벌칙) 제89조(과태료)

4. 총칙 및 정신건강증진 정책의 수립

1) 목적과 기본이념

정신건강복지법은 정신질환의 예방·치료, 정신질환자의 재활·복지·권리보장과 정신건강 친화적인 환경 조성에 필요한 사항을 규정함으로써 국민의 정신건강증진 및 정신질환자의 인간다운 삶을 영위하는 데 이바지함을 목적으로 한다.

정신건강복지법의 기본 이념으로 다음의 9가지를 제시하고 있다.

- 모든 국민은 정신질환으로부터 보호받을 권리를 가진다.
- 모든 정신질환자는 인간으로서의 존엄과 가치를 보장받고, 최적의 치료를 받을 권리를 가진다.
- 모든 정신질환자는 정신질환이 있다는 이유로 부당한 차별대우를 받지 아니한다.
- 미성년자인 정신질환자는 특별히 치료, 보호 및 교육을 받을 권리를 가진다.
- 정신질환자에 대해서는 입원 또는 입소가 최소화되도록 지역사회 중심의 치료가 우선적으로 고려되어야 하며, 정신건강증진시설에 자신의 의지에 따른 입원 또는 입소가 권장되어야 한다.
- 정신건강증진시설에 입원 등을 하고 있는 모든 사람은 가능한 한 자유로운 환경을 누릴 권리와 다른 사람들과 자유로이 의견교환을 할 수 있는 권리를 가진다.
- 정신질환자는 원칙적으로 자신의 신체와 재산에 관한 사항에 대하여 스스로 판단하고 결정할 권리를 가진다. 특히 주거지, 의료행위에 대한 동의나 거부, 타인과의 교류, 복지서비스의 이용 여부와 복지서비스 종류의 선택 등을 스스로 결정할 수 있도록 자기결정권을 존중받는다.
- 정신질환자는 자신에게 법률적·사실적 영향을 미치는 사안에 대하여 스스로 이해하

여 자신의 자유로운 의사를 표현할 수 있도록 필요한 도움을 받을 권리를 가진다.
- 정신질환자는 자신과 관련된 정책의 결정 과정에 참여할 권리를 가진다.

2) '정신질환자'의 정의

정신건강복지법상의 '정신질환자'란 망상, 환각, 사고나 기분의 장애 등으로 인하여 독립적으로 일상생활을 영위하는 데 중대한 제약이 있는 사람을 말한다. 이는 이전 법률에서 '정신병(기질적 정신병 포함)·인격장애·알코올 및 약물중독 기타 비정신병적 정신장애'로 정의한 것에서 크게 축소시킨 것이다. 정신질환의 정의를 축소한 취지는 정신질환에 대한 차별을 해소하기 위한 것이다. 즉, 정신질환을 광범위하게 정의할 경우 가벼운 우울증 치료만 받아도 법적 정신질환자가 되어 자격 취득 등에 있어 배제되는 문제를 완화하기 위한 것이다. 국가위원회가 시정 권고한 정신건강복지법상 정신질환자의 면허·자격을 제한한 법률은 다음 표와 같이 27개이다.

3) 국가 및 국민의 의무

정신건강복지법에서는 정신건강복지에 대한 국가와 지방자치단체의 의무를 다음과 같이 명시하고 있다.

- 정신질환의 예방, 상담, 조기발견, 치료 및 재활을 위한 활동과 각 활동 상호 연계
- 영·유아, 아동, 청소년, 중·장년, 노인 등 생애주기 및 성별에 따른 정신건강증진사업
- 정신질환자의 조기퇴원 및 사회적응
- 적정한 정신건강증진시설의 확보 및 운영
- 정신질환에 대한 인식개선을 위한 교육·홍보, 정신질환자의 법적 권리보장 및 인권보호 방안
- 전문인력의 양성 및 관리
- 정신건강증진을 위한 교육, 주거, 근로환경 등의 개선 및 이와 관련된 부처 또는 기관과의 협력 방안
- 정신건강 관련 정보체계 구축 및 활용
- 정신질환자와 그 가족의 지원
- 정신질환자의 건강, 취업, 교육 및 주거 등 지역사회 재활과 사회참여

〈표 4-2〉 정신질환자 자격제한 관련 법령 현황

구분	결격조항	소관부처
절대적 결격 조항	모자보건법 제15조의2 제2호[산후조리원의 설치와 운영]	보건복지부
	수상에서의 수색·구조 등에 관한 법률 제30조의3 제2호[수상구조사]	해양경찰청
	야생생물 보호 및 관리에 관한 법률 제46조 제3호[수렵면허]	환경부
	영유아보육법 제16조 제2호[어린이집 설치 운영]	보건복지부
	아이돌봄지원법 제6조 [아이돌보미]	여성가족부
상대적·적극적 결격 조항 (의사의 진단으로 업무수행에 지장이 없다고 인정되는 경우)	공중위생관리법 제6조 제2항 제2호 및 제6조의2 제7항 지1호[이용사 및 미용사, 위생사]	보건복지부
	국민영양관리법 제16조 제1항[영양사]	보건복지부
	노인복지법 제39조의13 제1호[요양보호사]	보건복지부
	말산업육성법 제13조 제1항 제2호[말조련사, 장제사, 재활승마지도사]	농림축산식품부
	사회복지사업법 제11조의2[사회복지사]	보건복지부
	수산생물질병관리법 제37조의3 제1호[수산질병관리사]	해양수산부
	수의사법 제5조 제1호[수의사]	농림축산식품부
	식품위생법 제54조 제1호[조리사]	식품의약품안전처
	실험동물에 관한 법률 제25조 제1호 [동물실험시설 운영, 관리, 실험동물공급]	식품의약품안전처
	약사법 제5조 제1항[약사]	보건복지부
	응급의료에 관한 법률 제37조 제1호[응급구조사]	보건복지부
	의료기사 등에 관한 법률 제5조[의료기사]	보건복지부
	의료법 제8조 제1호[의료인]	보건복지부
	장사등에 관한 법률 제29조의4 제2호[장례지도사]	보건복지부
	장애인복지법 제74조 제1항 제1호[의지·보조기기사, 언어재활사 및 장애인재활상담사 국가시험의 응시]	보건복지부
	장애인활동지원에 관한 법률 제29조 제1호[활동지원인력]	보건복지부
	축산법 제12조 제2항 제2호[가축수정사]	농림축산식품부
	화장품법 제3조 제2항 제1호[화장품제조판매업]	식품의약품안전처
상대적·소극적 결격조항	건설기계관리법 제27조[건설기계조종사면허]	국토교통부
	도로교통법 제82조 및 동시행령 제42조 제1항[운전면허]	경찰청
	수상레저안전법 제5조 제1항 제2호[수상레저조종면허]	해양경찰창
	철도안전법 제11조[철도차량운전면허]	국토교통부

- 정신질환자에 대한 복지서비스의 연구·개발 및 평가에 관한 사항
- 정신질환자에 대한 복지서비스 제공에 필요한 재원의 조달 및 운용에 관한 사항
- 그 밖에 보건복지부장관 또는 시·도지사가 정신건강증진을 위하여 필요하다고 인정하는 사항

정신건강복지법은 국민의 의무도 명시하고 있다. 즉, 모든 국민은 정신건강증진을 위하여 국가와 지방자치단체가 실시하는 조사 및 정신건강증진사업 등에 협력하여야 한다.

4) 국가계획의 수립 및 실태조사

보건복지부 장관은 관계 행정기관의 장과 협의하여 5년마다 정신건강증진 및 정신질환자 복지서비스 지원에 관한 국가의 기본계획을 수립하여야 하며, 시·도지사는 국가계획에 따라 지역계획을 수립하여야 한다. 이를 위해 보건복지부 장관은 5년마다 유병률, 치료 이력 및 시설 이용 현황, 사회적·경제적 손실, 복지서비스, 정신질환자 가족의 사회·경제적 상황 등에 대해 실태조사를 실시하여야 한다. 보건복지부 장관과 시도지사는 각각 국가계획과 지역계획에 따라 매년 시행계획을 수립·시행하여야 한다.

5) 정신건강상 문제의 조기발견 및 정신건강증진사업

정신건강복지법에서는 전 국민에 대한 생애주기별 정신건강증진사업의 근거를 마련하였다. 즉, 보건복지부 장관 및 지방자치단체장은 정신건강상 문제의 조기발견 체계를 구축하고, 정신건강증진사업을 시행한다. 업무의 특성상 정신건강을 해칠 가능성이 높아 정신건강증진사업을 실시할 필요가 있는 기관·단체, 학교의 장, 그리고 근로자 300명 이상 사업장의 사용자는 구성원의 정신건강에 관한 교육·상담과 정신질환 치료와의 연계 등의 정신건강증진사업을 실시하도록 노력하여야 한다.

6) 정신건강연구기관 설치 및 운영

보건복지부 장관은 국립정신연구기관을 두어 다음과 같은 연구를 할 수 있다. 즉 뇌신경 과학에 관한 연구, 정신질환 치료 및 재활을 위한 중개·임상 연구, 정신건강증진 서비스 전달체계 개선에 관한 연구, 정신질환과 관련된 정보·통계의 수집·분석 및 제공, 정신건강증진 전문가 양성 및 정신건강증진시설 종사자 훈련, 국가계획의 수립 및 실태조사의 지원, 국가정신건강정책의 수행을 위한 국립정신병원의 지원 등이다. 이와 같은 연구기능은 국립정신건강센터의 정신건강연구소에서 수행하고 있다. 연구소에서는 정신건강실태조사·정책 연구를 통한 정책 근거를 마련하고, 국가정신건강 R&D 중장기 전략을 마련한다. 기초·임상 연구를 통해 정신질환의 원인을 규명하고 진단·치료 기술 검증을

〈표 4-3〉 정신건강복지법 상의 입원 유형

	자의입원 (제41조)	동의입원 (제42조)	보호의무자에 의한 입원 (제43조)	행정입원 (제44조)
유형	자발적		비자발적	
요건	정신질환 또는 정신건강상 문제가 있는 사람	정신질환자	입원치료 필요한 정신질환 및 (and) 자·타해 위험	정신질환으로 자타해 위험 발견 → 정신과전문의 또는 정신보건 전문요원의 신청
입원 신청	본인이 입원신청서 제출	본인의 신청+ 보호의무자 동의	보호의무자 2인의 신청	시장·군수·구청장
입원 절차	별도 절차 없음		정신과 전문의 1인 입원 권고 ⇒ 2주 간 진단입원 ⇒ 소속이 다른 정신과 전문의 2인이 일치된 소견으로 입원(치료입원) 확정	정신과 전문의 1인 입원 권고 ⇒ 2주 간 진단입원 ⇒ 정신과 전문의 2인이 일치된 소견으로 입원(치료입원) 확정
기간	제한 없음		3개월 간	
입원신고	해당 없음		3일 내 신고	
입원적합성 심사	해당 없음		국립정신병원 등에 설치된 입원적합성 심사위원회가 심사(최초 입원일부터 1개월 이내)	
퇴원의사의 표시	본인의 신청 (2개월마다 퇴원의사 확인 필요)		본인 또는 보호의무자의 신청	시장·군수·구청장의 입원해제
퇴원 제한	신청하면 지체 없이 퇴원	정신과 전문의 진단으로 최대 72시간 제한 가능	입원요건 충족 시 퇴원 거부 가능	해제하면 지체 없이 퇴원
입원 연장의 요건	해당 없음	해당 없음 (72시간 내 비자발적 입원으로 전환 필요)	소속 다른 정신과전문의 2인 소견 + 보호의무자 2명 이상 동의 *3개월(1차)+6개월연장	2인 이상의 전문의 판단 * 3개월(1차)+6개월연장

한다. 그리고 축적된 연구 성과를 활용하고 확산한다.

5. 보호·치료와 퇴원 등의 청구 및 심사

1) 입원의 종류

정신건강복지법에서는 입원의 유형과 절차를 규정하고 있다. 입원 유형에는 자발적인 입원으로 분류되는 자의입원과 동의입원, 비자발적 입원에 해당하는 보호의무자에 의한 입원과 행정입원 네 가지가 있다. 각 유형은 다음 표와 같이 입원의 요건, 신청, 절차,

기간, 퇴원제한, 연장요건에 있어서 차이가 있다.

정신건강복지법 개정에서 개선된 사항은 첫째, 동의입원 유형의 신설이다. 동의입원은 자의입원과 보호의무자에 의한 입원의 중간 유형으로서, 자·타해의 위험이 있는 상황에서 퇴원할 것을 우려하여 72시간 동안 퇴원제한이 가능하도록 규정하고 있다. 둘째, 보호의무자에 의한 입원 유형을 대폭 개선하였다. 입원의 요건 및 입원을 결정하는 절차를 강화하고, 국립병원 등에 설치된 입원적합성 심사위원회에서 심사하도록 규정하였다. 셋째, 행정입원제도의 절차를 강화하였다. 기존 법에서는 보호의무자에 의한 입원의 한 종류로 시장, 군수, 구청장이 보호의무자가 되는 경우를 규정하였으나 이를 삭제하였다. 행정입원의 신청자를 정신과전문의, 정신건강전문요원에서 경찰관까지 더 추가하였으며, 입원적합성 심사를 받도록 하였다.

2) 입원적합성심사

보호의무자에 의한 입원과 행정입원의 경우 정신의료기관 장은 입원 즉시 입원을 한 사람에게 입원 등의 사유와 입원적합성심사를 받을 수 있다는 사실을 알려야 한다. 입원한 날로부터 3일 이내에 입원을 한 사람의 주민등록번호를 포함한 인적사항, 입원 일자, 진단명, 입원 필요성, 대면조사 신청여부 등을 입원적합성심사위원회에 신고하여야 한다.

입원적합성심사위원회는 국립정신병원에 설치하고, 위원장을 포함하여 10명 이상 30명 이내의 위원으로 구성하며, 다음에 해당하는 사람 중 각각 1명 이상을 포함해야 한다. 즉, 정신건강의학과전문의, 판사·검사 또는 변호사의 자격이 있는 사람, 정신건강복지센터 소속 정신건강전문요원, 정신질환자의 보호와 재활을 위하여 노력한 정신질환자의 가족, 그 외 정신건강에 관한 전문지식과 경험을 가진 사람(정신건강증진시설의 설치·운영자, 관련 학과 전임강사 이상, 정신질환을 치료하고 회복한 사람, 정신건강 관계 공무원, 인권전문가 등)을 포함해야 한다.

입원적합성심사위원회는 입원심사소위원회를 설치하여, 입원에 대한 적합성 여부를 심사하여야 한다. 입원을 한 사람이 대면조사를 신청하거나, 대통령령상 사유가 인정되는 경우 직접 면담 조사를 할 수 있다. 이때, 정신의료기관 장은 면담, 기록의 제출, 출입 및 현장확인 등에 협조하여야 한다.

3) 퇴원 등의 청구 및 심사

시·도지사와 시장·군수·구청장은 정신건강에 대한 중요한 사항을 심의 또는 심사하기 위하여 정신건강심의위원회를 둔다. 각 위원회의 구성 및 기능은 다음 표와 같다. 정신건강심의위원회의 업무 중 심사와 관련된 업무를 전문적으로 수행하기 위하여 위원회 안에 정신건강심사위원회를 둔다. 정신건강심사위원회는 5명 이상 9명 이내의 위원으로 구성하며, 월 1회 회의를 개최한다.

〈표 4-4〉 정신건강심의위원회의 구성 및 기능

<table>
<tr><th colspan="2">구분</th><th>광역 정신건강심의위원회</th><th>기초 정신건강심의위원회</th></tr>
<tr><td rowspan="2">구성 및 임기</td><td>구성</td><td>• 10명 이상 20명 이하
• 시·도지사 위촉(임기 2년)</td><td>• 6명 이상 12명 이하
• 시·군·구청장 위촉(임기 2년)</td></tr>
<tr><td>자격</td><td colspan="2">• 다음 각 호 1명 이상 포함(밑줄 광역3명 이상, 기초2명 이상 필수포함)
① 정신건강의학과전문의
② 판사·검사 또는 변호사
③ 정신건강복지센터 소속 정신건강전문요원
④ 정신질환자의 회복과 재활에 노력한 가족
⑤ 정신건강 전문지식과 경험보유자(시설의 설치 운영자, 관련학과 전임강사 이상, 정신질환자였던 사람, 그 외 관계 공무원, 인권전문가 등 정신건강과 인권관련 전문지식과 경험보유자)</td></tr>
<tr><td rowspan="2">기능</td><td>심의 및 심사</td><td>• 정신건강증진시설에 대한 감독
• 입원연장 등 재심사
• 기타 복지부령으로 정하는 사항</td><td>• 입원 등 기간연장의 심사
• 퇴원 등 또는 처우개선의 심사
• 입원기간 연장
• 외래치료 명령
• 기타 복지부령으로 정하는 사항</td></tr>
<tr><td>요청</td><td colspan="2">정신질환자에 대한 인권침해행위에 대하여 국가인권위에 조사 요청</td></tr>
</table>

보호의무자에 의한 입원시 입원 연장, 퇴원, 처우개선의 심사 청구가 있을 때 정신건강심의위원회에 회부하여야 하고, 이를 정신건강심사위원회에서 심사한 후, 그 결과를 시·도지사, 시장·군수·구청장에게 보고하여야 한다. 시·도지사 및 시장·군수·구청장은 심사청구 15일 이내에 명령 또는 결정을 하여야 한다. 이때, 명령의 종류는 3개월 이내 재심사, 다른 의료기관 등으로의 이송, 자의입원 또는 동의입원으르의 전환, 외래치료지원 등이다. 이는 정신건강복지법 개정 전 퇴원, 임시퇴원, 처우개선 조치 세 가지에서 더 다양화된 것이다.

6. 권익보호 및 지원

1) 권익보호 및 인권교육

누구든지 정신질환자이거나 정신질환자였다는 이유로 그 사람에 대하여 교육, 고용, 시설이용의 기회를 제한 또는 박탈하거나 그 밖의 불공평한 대우를 하여서는 아니 된다. 누구든지 정신질환자, 그 보호의무자 또는 보호를 하고 있는 사람의 동의를 받지 아니하고 정신질환자에 대하여 녹음·녹화 또는 촬영하여서는 아니 된다. 정신건강증진시설의 장은 입원 등을 하거나 정신건강증진시설을 이용하는 정신질환자에게 정신건강의학과 전문의의 지시에 따른 치료 또는 재활의 목적이 아닌 노동을 강요하여서는 아니 된다.

정신건강증진시설의 장과 종사자는 인권교육을 받아야 한다. 보건복지부 장관은 인권교육을 하기 위하여 인권교육기관을 지정할 수 있고, 비용의 일부를 예산의 범위에서 보조할 수 있다.

2) 인권침해 금지

정신질환자 또는 정신건강증진시설과 관련된 직무를 수행하고 있거나 수행하였던 사람은 그 직무의 수행과 관련하여 알게 된 다른 사람의 비밀을 누설하거나 공표하여서는 아니 된다. 누구든지 정신질환자를 보호할 수 있는 시설 외의 장소에 정신질환자를 수용하여서는 아니 되며, 정신건강증진시설에 입원 등을 하거나 시설을 이용하는 사람에게 폭행을 하거나 가혹행위를 하여서는 아니 된다. 정신의료기관에 입원을 한 사람에 대한 전기충격요법·인슐린혼수요법·마취하최면요법·정신외과요법, 그 밖의 특수치료는 그 정신의료기관이 구성하는 협의체에서 결정하되, 본인 또는 보호의무자에게 특수치료에 관하여 필요한 정보를 제공하고, 본인의 동의를 받아야 한다.

정신의료기관 등의 장은 입원 등을 한 사람에 대하여 치료 목적으로 정신건강의학과 전문의의 지시에 따라 하는 경우가 아니면 통신과 면회의 자유를 제한할 수 없다. 정신의료기관 등의 장은 입원 등을 한 사람에 대하여 치료 또는 보호의 목적으로 정신건강의학과 전문의의 지시에 따라 하는 경우가 아니면 격리시키거나 묶는 등의 신체적 제한을 할 수 없다. 신체적 제한을 하는 경우에도 자신이나 다른 사람을 위험에 이르게 할 가능성이 뚜렷하게 높고 신체적 제한 외의 방법으로 그 위험을 회피하는 것이 뚜렷하게 곤란하다고 판단되는 경우에만 할 수 있다. 정신의료기관 등의 장은 입원 등을 한 사람의 치료, 재활 및 사회적응에 도움이 된다고 인정되는 경우에는 작업을 시킬 수 있으나 본인이 신청하거나 동의한 경우에만 정신건강의학과 전문의가 지시하는 방법에 따라 시켜야 한다.

3) 지원 및 부담 경감

국가 또는 지방자치단체는 정신질환으로부터 회복된 사람이 그 능력에 따라 적당한 직업훈련을 받을 수 있도록 노력하고, 이들에게 적절한 직종을 개발·보급하기 위하여 노력하여야 한다. 정신질환자의 사회적응 촉진과 권익 보호를 목적으로 하는 단체 또는 시설을 보호·육성하고, 이에 필요한 비용을 보조할 수 있다. 정신질환자와 그 보호의무자의 경제적 부담을 줄이고 정신질환자의 사회적응을 촉진하기 위하여 의료비의 경감·보조나 그 밖에 필요한 지원을 할 수 있으며, 진단과 치료에 드는 비용의 전부 또는 일부를 부담할 수 있다.

Ⅲ. 국가정신건강복지정책

1. 정신건강복지 현황 및 문제점

1) 정신건강복지 현황[1)]

(1) 정신질환실태

국민건강보험공단 요양급여 지급실적에 따르면, 2019년 기준 국내 정신질환자 수는 약 316만 명(치매 제외)으로 최근 5년 간 약 22% 증가하였다. 또한 2016년 정신질환 실태조사에 따르면, 정신질환 평생 유병률이 25.4%로 국민 4명 중 1명은 평생 동안 한 번 이상 정신질환을 경험하는 것으로 나타났다. 우울감 경험률은 11.2%, 고위험 음주율도 14.7%로 나타나고 있다. 한편 2018년 통계청 사망원인 통계에 따르면, 2018년 한 해 자살사망자 수는 13,670명이며, 자살률은 인구 1,000명 당 26.6명인 것으로 나타났다. 이는 2011년

1) 보건복지부·건강보험심사평가원·한국보건사회연구원(2019). 국가 정신건강현황 보고서 2019.

대비 자살사망자 수는 2,236명 감소, 자살률은 5.1명 감소한 수치이나, 여전히 OECD 회원국 중 가장 높은 수준이다. 정신건강 문제는 생애주기 초기에 발생하고 유병기간이 긴 경우가 많아 의료비 부담, 소득 상실 등 사회적 비용이 큰 특성이 있다.

(2) 정신질환 치료 현황

정신질환에 이환되어 있는 대상자 중 22.2%만이 정신건강서비스를 이용한 적이 있다고 응답하였다. 이는 2011년 15.3% 대비 6.9% 증가한 수치이나 미국 43.1%, 캐나다 46.5%, 호주 34.9%과 비교하여 여전히 낮은 편이다. 초기 발병 후 치료를 받기까지 기간이 약 56주로 WHO가 권고하는 12주보다 상당히 길다. 정신의료기관 입원환자 중 비자의 입원율은 32.1%이다. 이는 2016년 정신건강복지법 개정 이전 60% 이상이었던 것과 비교하면 절반 수준으로 낮아진 수치이다. 하지만 자의입원의 형태로 간주되는 동의입원의 비율까지 합하면 여전히 50% 이상을 상회하고 있다. 2019년 한 해 동안 정신의료기관에서 퇴원한 환자의 입원 횟수는 평균 1.5회, 재원기간은 평균 124.9일(중앙값 31.0일)로 나타났다. 1년 이상 장기 입원환자도 전체의 15%에 이른다. 중증 정신질환으로 진단받았던 환자 중 퇴원 후 1개월 이내 동일병원으로 재입원한 환자는 16.8%, 3개월 이내는 24.5%로 나타났다.

(3) 정신건강증진시설 및 지역재활기관 현황

2019년 12월 기준 정신의료기관은 총 1,839개소로 전체 정신건강증진시설의 3분의 2에 해당된다. 그중 민간의료기관이 90% 이상을 차지하고 있다. 이에 반해 사회복귀 및 통합을 목적으로 하는 정신재활시설은 349개소에 불과하며 그나마도 전체 시군구 중 45.9%에 해당하는 105개 지역에는 전혀 설치되어있지 않다. 정신요양시설은 지난 20여년 간 59개소가 그대로 유지되고 있으며, 입소자의 절반 이상이 60대 이상이고, 입소기간이 10년 이상이다. 정신건강복지센터 및 자살예방센터는 266개소로 시군구 중 3개 지역에만 없다. 중독관리통합지원센터는 전국적으로 49개소에 불과하다. 사례관리 1인당 등록 정신질환자 수는 34.2명이다.

2) 정신건강복지의 문제점

(1) 정신질환에 대한 부정적인 사회적 인식

사회 전반적으로 정신질환에 대한 이해가 부족하다. 정신질환은 치료가 곤란하고 사회생활을 하기 어렵다는 부정적인 인식이 크다. 특히 진주 방화·살인 사건, 임세원 교수 사망 사건 등으로 정신질환자를 예비 범죄자로 보는 사회적 편견과 차별이 더욱 강화되고 있다. 이는 정신건강 서비스에 대한 접근성을 떨어뜨리고, 정신질환자의 사회적 배제를 더욱 강화시키고 있다. 서구의 경우 영국의 'Time to Change', 호주의 'Beyond Blue'와 같이 국가적인 차원에서 인식개선을 위한 캠페인을 실시하고 있다.

(2) 장기입원 중심의 치료서비스

정신질환의 초기 발견이 늦어 입원 치료할 만큼 증상이 악화된 후 첫 치료를 시작하게 되며, 퇴원 이후 치료 중단 등으로 증상이 악화된다. 입원절차의 개선으로 비자의 입원율은 감소하였으나 여전히 동의입원제도가 악용되거나, 입원 시 권리 고지가 적극적으로 이루어지지 않으며, 비자의 입원 시 절차지원이 제도화되어 있지 않은 등 입원 과정에서의 인권이 충분히 보장되지 못하고 있다. 입원적합성심사위원회 등을 통해 입원절차에 대한 공공성을 강화하였으나 대부분 서류심사로 이루어지고, 환자 1인에게 주어진 심사시간이 단지 몇 분에 불과하다.

정신응급상황에서의 공공이송체계와 신체질환이 동반될 경우에 입원할 수 있는 공공병상이 부족하다. 코로나19 집단발병에서도 확인되듯이, 폐쇄적인 다인실(8~10인실), 공동 화장실, 의료 인력 부족 등 치료환경이 집단감염에 매우 취약하다. 격리·강박이 본래의 목적보다 과도하고 빈번하게 시행되고 있으며(국가인권위원회, 2015), 치료에 대해 알 권리 및 통신·면회의 자유가 충분히 보장받지 못하고 있다(국가인권위원회, 2019). 의료급여환자의 경우 정신질환에 대해서는 행위별 수가제가 아닌 일당 정액제를 적용하고 있어, 서비스의 양과 질에서 차별받고 있다.

(3) 정신재활시설 등의 지역사회 인프라 부족

정신질환자가 퇴원 후 지역사회에서 자립적으로 살아갈 수 있는 지원체계가 취약하다. 정신재활시설의 경우 전국적으로 1개소도 설치되어 있지 않은 시군구는 105개로 전체의 45.9%에 달하며, 설치되어 있는 지역도 절반 이상이 수도권에 집중되어 있다. 정신재활시설이 없는 시군구의 정신질환자는 지역사회 서비스 접근이 차단된 상태이다. 정신재활시설의 유형 또한 거주형이 가장 많으며, 직업재활시설, 지역사회전환시설, 아동청소년시설은 수도권을 제외하고는 거의 없다. 이에 지역사회에서의 정신장애인의 삶은 타 유형의 장애인보다 훨씬 열악한 것으로 나타나고 있다(보건복지부·한국보건사회연구원, 2017). 2017년 장애인 실태조사에 따르면, 정신장애인의 고용률은 비장애인의 1/4, 전체 장애인의 1/2 수준이며, 수급가구 비율이 타 장애 유형의 3배 이상이고, 주거 또한 자가소유 비율 및 주거환경에서 더 열악하다. 이에 정신장애인이 인식하는 삶에 대한 만족도나 차별받고 있다는 느낌 등 주관적으로 인식하는 삶의 질도 현저히 낮다. 이는 장애인복지법 제15조 등을 비롯하여 다른 복지서비스에서도 배제되거나 차별받기 때문이다.

(4) 정신건강복지센터의 취약한 운영구조

정신건강복지센터는 지역사회 기반 정신건강복지서비스의 중추적인 역할을 맡고 있다. 지역주민 정신건강증진, 중증정신질환자관리, 알코올 등 중독관리, 자살예방, 아동청소년 정신건강 등 지역사회 정신건강복지 관련 모든 사업이 센터에 집중되어 있다. 하지만 그에 비하여 인력은 부족하고, 양적인 실적이 강조되어 사업의 내실화에 한계가 있다. 특히 역할은 공공의 성격을 가짐에도 불구하고, 많은 경우 민간위탁으로 운영되고 센터장이 비상근이라 공적인 책임성에 한계가 있다. 과중한 업무 대비 인력에 대한 처우는 타 영역에 비하여 열악하여, 이직률이 높고 이는 전문성 부족으로 이어진다.

(5) 중독문제에 대한 사회적 지원 부실

알코올 사용장애는 타 정신질환에 비해 유병률이 높은 반면, 정신건강서비스 이용률은 절반 수준으로 저조한 실정이다. 알코올 중독에 특화된 개입·치료 프로그램이 부족하여 중증 정신질환자에 비해 잦은 재발로 입·퇴원을 반복하는 경향이 있다. 지역사회 내 알코올 중독 서비스가 특히 부족하여, 중독관리 통합지원센터의 경우 전국에 49개소에 불과하다. 마약류 범죄 중 투약 사범이 절반을 차지하고, 최근 마약 범죄로 사회적 관심이 증대하나 마약류 중독자 관리가 미흡하고 치료 및 재활 인프라 또한 부족하다. 스마트폰 보급 증가 등으로 게임, 인터넷·스마트폰, 온라인 도박 등 디지털 기기 이용 장애가 매년 증가하고 있으나, 행위중독의 경우 자각·인식 부족으로 조기개입이 용이하지 않은 어려움이 있다.

(6) 자살 예방에 대한 통합적인 체계 부족

자살률은 2011년 이후 지속적으로 감소하다가 2018년 이후 다시 소폭 증가 추세에 있으며, 여전히 OECD 회원국 중 가장 높은 수치를 보이고 있다. 자살률은 실업률과 높은 상관관계를 나타내며, 부정적인 경기변동이나 소득 불평등의 영향을 크게 받는 경향이 있다. 또한 자살에 대한 선정적인 보도나 자살유해정보, 자살에 허용적인 태도 등 자살문제에 대한 심각성을 인지하지 않는 사회적 분위기가 있다. 하지만 자살 예방을 위한 인프라는 아직 미비하고 고위험군 지원체계는 양적·질적으로 미흡하다. 자살시도자 사후관리는 전체 응급실의 17.2%에서만 시행 중이며, 정신건강복지센터의 자살 예방 전담인력은 평균 3명에 불과하다.

(7) 정신건강복지 정책 기반 취약

정신건강복지 정책을 추진해 나갈 거버넌스가 부재하다. 광역 시·도 중 정신건강 업무 전담과가 없는 곳도 있으며, 다부처 간 논의체계, 민관 협력채널, 그리고 정책평가체계가 부재하다. 인구 10만 명당 정신건강전문요원이 16.2명으로 OECD 평균 97.1명과 비교했을 때 1/6 수준이다. 정신의료서비스에 있어 공공 인프라가 절대적으로 부족하며, 전달체계 간에 분절적으로 운영되고 있다. 정신건강 지표, 주요 정신질환 유병률, 의료이용 현황 등 통계 생산체계가 부재하거나 미흡하여 근거기반의 정책 수립에 한계가 있으며, 정신건강 분야 R&D 예산 비율이 전체 보건의료 R&D 예산 대비 0.79%에 불과하다.

(8) 정신질환자에 대한 사회적 차별과 권리옹호체계 부재

입·퇴원 및 치료과정에서의 인권침해뿐만 아니라 정신질환자에 대한 사회적인 차별과 장벽 또한 크다. 2018년 기준 정신질환자 자격·면허 취득 제한 결격조항이 있는 법률이 27개가 있다. 채용 시 정신질환 전력이 있는 사람을 제한하는 등 모든 정신질환자를 잠재적 범죄자 및 업무수행 무능력자로 취급하는 상황이 발생하고 있다. 정신질환 여부가 보험가입 거절 사유가 되어서는 안 되나 실제 현실에서는 이와 관련된 국가인권위원회 진정 또는 소송이 빈번하게 일어나고 있다. 범죄 관련 기사 등 정신질환에 대하여 잘못된 인식을 조장하는 언론이나 미디어의 문제도 심각하다. 하지만 이러한 사회적 차별에 대응할 수 있는 권익옹호체계는 부재하다. 장애인의 경우 장애인인권센터가 있고, 당사자 단체에 대한 다양한 지원 사업들이 있다. 최근 정신건강 영역에도 당사자 단체가 적극적으로 활동을 해나가고 있으며, 동료지원가도 양성되고 있으나 이들이 지속적으로 활동할 수 있는 제도적인 기반은 부재하다.

2. 제2차 국가정신건강복지 기본계획

비전	마음이 건강한 사회, 함께 사는 나라
정책 목표	1. 코로나 19 심리방역을 통한 대국민 회복탄력성 증진 2. 전 국민이 언제든 필요한 정신건강서비스를 이용할 수 있는 환경 조성 3. 정신질환자의 중증도와 경과에 따른 맞춤형 치료환경 제공 4. 정신질환자가 차별 경험 없이 지역사회 내 자립할 수 있도록 지원 5. 약물 중독, 이용 장애 등에 대한 선제적 관리체계 마련 6. 자살 충동, 자살 수단, 재시도 등 자살로부터 안전한 사회 구현

추진전략	핵심과제
전 국민 정신건강증진	1. 적극적 정신건강증진 분위기 조성 2. 대상자별 예방 접근성 제고 3. 트라우마 극복을 위한 대응역량 강화
정신의료 서비스 / 인프라 선진화	1. 정신질환 조기인지 및 개입 강화 2. 지역기반 정신 응급 대응체계 구축 3. 치료 친화적 환경 조성 4. 집중 치료 및 지속 지원 등 치료 효과성 제고
지역사회 기반 정신질환자의 사회통합 추진	1. 지역사회 기반 재활 프로그램 및 인프라 개선 2. 지역사회 내 자립 지원 3. 정신질환자 권익신장 및 인권 강화
중독 및 디지털기기 이용장애 대응 강화	1. 알코올 중독자 치료 및 재활서비스 강화 2. 마약 등 약물중독 관리체계 구축 3. 디지털기기 등 이용장애 대응 강화
자살로부터 안전한 사회 구현	1. 자살 고위험군 발굴과 위험요인 관리 2. 고위험군 지원 및 사후관리 3. 서비스 지원체계 개선
정신건강정책 발전을 위한 기반 구축	1. 정책 추진 거버넌스 강화 2. 정신건강관리 전문인력 양성 3. 공공자원 역량 강화 4. 통계 생산체계 정비 및 고도화 5. 정신건강분야 전략적 R&D 투자 강화

출처: 보건복지부(2021). 온국민 마음건강 종합대책.

1) 정책 방향 및 목표

제2차 정신건강복지기본계획에서는 "정신건강 없이는 개인과 사회의 건강도 없다"는 문제의식 하에 전 국민의 생애주기적 건강관리를 위해 국가 책임을 강화하였다. 정책 대상을 정신질환자와 고위험군 중심에서 전 국민 대상으로, 지원 내용은 치료를 넘어 전 주기적 정신건강서비스로 확대하였다. 개입 시점은 정신건강서비스가 필요한 시점이며, 지원목표는 증상관리에서 삶의 질과 인권증진으로 확장되었다. 정책 주체에서도 공공 차원에서의 범부처적 대응과 민간에서의 지역사회로 확대되었다.

〈표 4-5〉 정책 방향

	지금까지	앞으로
정책 대상	정신질환자+고위험군	전 국민 대상
지원 내용	정신과적 치료	전 주기적 정신건강서비스
개입 시점	심각한 정신과적 문제가 발생한 시점	정신건강서비스가 필요한 시점
지원 목표	정신질환자의 증상관리	전 국민의 삶의 질과 인권 증진
정책 주체	(공공) 부처·지자체 분절적 대응 (민간) 정신의료기관	(공공) 범정부적 대응 (민간) 정신의료기관+지역사회

출처: 보건복지부(2021). 온국민 마음건강 종합대책.

정책목표로는 다음의 6가지를 제시하고 있다. 첫째, 코로나19 심리방역을 통한 대국민 회복탄력성 증진, 둘째, 전 국민이 언제든 필요한 정신건강서비스를 이용할 수 있는 환경 조성, 셋째, 정신질환자의 중증도와 경과에 따른 맞춤형 치료환경 제공, 넷째, 정신질환자가 차별 경험 없이 지역사회 내 자립할 수 있도록 지원, 다섯째, 약물 중독, 이용 장애 등에 대한 선제적 관리체계 마련, 여섯째, 자살 충동, 자살 수단, 재시도 등 자살로부터 안전한 사회 구현이다.

2) 전 국민 정신건강증진

(1) 적극적 정신건강증진 분위기 조성

코로나 19로 인한 대전환기에 국민 마음건강을 지키기 위해 실태조사를 실시하고 통합심리지원단을 통해 대상자별 맞춤형 심리지원 및 찾아가는 서비스를 강화한다. 이를 위해 관계부처·시도 협의체를 운영하고 전 국민 대상 홍보를 실시한다. 국가정신건강정보포털 등을 통해 믿을 수 있는 정신건강 관련 최신 정보를 생산하고 확산한다. 정신건강 언론보도 권고기준을 마련하여 배포하고, 언론 모니터링단 등을 통해 정신건강 이슈에 대한 올바른 접근을 유도하여 인식도를 개선해 나간다.

(2) 대상자별 예방 접근성 제고

생애주기별 활동 특성과 연계한 정신건강 위해 요인의 관리를 강화해 나간다. 영유아는 보육·유치원 교사 및 부모 대상 정신건강 교육을 확대하고, 아동·청소년은 학생정서·행동특성검사를 통해 발굴된 관심군 학생에 대해 전문기관을 연계한다. 대학교 학생상담센터, 사업장·기업체의 직장 대상 정신건강 프로그램, 임산부 대상 우울 관리, 노인 대상 서비스 제공자 교육 등을 실시한다. 학교 밖 청소년, 미취업·실업 청년, 감정노동자, 취약노인, 이주민 등 사각지대 해소를 위한 찾아가는 정신건강서비스를 확대하고, 비대면 서비스 개발 등을 통해 심리상담서비스 이용 문턱을 낮춘다.

(3) 트라우마 극복을 위한 대응역량 강화

대규모 재난·위기 사건 이후의 트라우마에 대응할 수 있도록 국립정신병원에 권역별 트라우마센터를 설치한다. 재난 심리지원 총괄·지원체계를 구축하여 범정부적으로 지원하고 공동대응할 수 있도록 한다. 일반 국민 대상 트라우마 예방·극복 프로그램을 개발하여 확산하고, 근로자, 군인 등 대상별 정신건강관리를 강화하며 트라우마 회복을 지원한다.

3) 정신의료 서비스·인프라 선진화

(1) 정신질환 조기인지 및 개입 강화

장병 정신건강실태조사나 우울증 국가검진 시 특정 가능한 고위험군에 대하여 상담 및 치료를 연계하고, 청년특화 마음건강 서비스, 청년조기중재 서비스 등 초기 정신질환 발견 및 지원서비스를 확대한다. 동네 의원에서도 정신과 상병코드(F)가 아닌, 보건일반 상담 상병코드를 통해서 우울증 등 주요 정신과적 문제를 조기 발견할 수 있도록 하고, 정신건강의학과 의뢰를 활성화하도록 한다.

(2) 지역 기반 정신 응급 대응체계 구축

정신응급상황에 신속하게 대응할 수 있도록 지역 협의체 및 응급개입팀을 운영하고, 응급 사례 판단 기준 및 정신응급 가이드라인 등을 개발하며, 통합정보시스템을 구축한다. 정신응급상황에 상시 대응할 수 있도록 권역 정신응급의료센터를 지정하여 24시간 대기하는 정신응급팀 운영 및 정신 응급병상 상시 확보를 추진한다.

(3) 치료 친화적 환경 조성

감염병에 대비해 폐쇄병동 밀집도를 낮추기 위해 입원실 당 병상 수, 병상 간 이격 거리 등 시설기준을 강화하며, 집단감염 발병 시 국립정신병원 중심의 대응체계를 확립한다. 환자의 진단·치료 경과와 통원 가능성, 입원 필요성, 개방/폐쇄병동 입원 요구도 등을 고려하여 정신질환자 중증도 분류기준을 마련하고, 병동을 급성기, 회복기, 만성 등으로 구분하여 병동별 운영지침을 마련한다. 장기재원 환자 중 의학적 필요도가 없는 탈원화/등록지원 대상자를 선별하여 지역사회 지원체계를 마련한다. 정신의료기관 폐쇄병동 입원실에 대한 정확한 실태 파악을 통해 치료환경을 개선해 나가며, 안전한 병원이 될 수 있도록 안전 시스템을 강화한다. 정신의료기관을 의료기관 인증제와 통합 시행하며, 지역별 입원 수요에 맞게 적정 병상이 공급될 수 있도록 정신병상 관리체계를 마련한다.

(4) 집중 치료 및 지속 지원 등 치료 효과성 제고

초발 및 급성기 환자에 대한 집중 지원으로 완치 회복률을 제고하고, 병원기반 사례관리 제도 및 낮 병원과 지역사회 사례관리 프로그램으로의 연계 강화를 통해 퇴원 후 지속적이고 일관성 있는 치료 및 사회복귀 지원이 이루어질 수 있도록 한다.

4) 지역사회 기반 정신질환자의 사회통합 추진

(1) 지역사회 기반 재활 프로그램 및 인프라 개선

재활지원을 필요로 하는 미등록자에 대한 지원시스템을 구축한다. 정신질환자의 중증도·수요를 기반으로 정신재활시설의 유형·기준을 표준화하고, 자립체험주택 등 신규 유형도 도입한다. 정신건강복지센터와 정신재활시설 간 정책 대상, 서비스 등 역할 분담을 명확히 하고, 지역 내 환자 지원을 위한 정보연계 체계를 마련한다. 지역별 정신질환자 분포 등을 고려하여 수요-공급 현황을 분석하고, 정신재활시설 유형별 확충 계획을 수립하여 2025년까지 누적 200개의 정신재활시설을 추가 확충한다.

(2) 지역사회 내 자립 지원

지역사회 내 자립을 위해 주거, 고용, 복지, 자립지원 방안을 마련한다. 정신요양시설의 기능 개편 및 정신재활시설의 확충을 통해 거주공간을 확보하고, 장애인복지법 개정 등을 통해 장애인복지시설 기반의 서비스를 이용할 수 있도록 한다. 정신질환자의 고용 창출 및 직업재활 지원을 위해 직업재활시설 유형을 세분화하고, 중앙정부와 지자체 재정지원 일자리 사업 및 사회적 농업 등에 참여할 수 있도록 한다. 지역사회 통합돌봄 선도사업을 단계적으로 확대하고, 장애인 활동지원서비스 이용 활성화 방안을 강구하며, 정신장애인에 대한 특화된 복지서비스 모형을 개발한다. 자력으로 후견인 선임이 어려운 정신질환자에 대해 공공후견인을 선임할 수 있는 법률상 근거를 마련하고, 공공후견 활동지원서비스를 단계적으로 확대한다.

(3) 정신질환자 권익 신장 및 인권 강화

정신질환에 대한 잘못된 인식이나 편견을 해소할 수 있도록 정신질환 인식개선 주간을 활성화하고, 인식개선 홍보 및 언론 등에의 협조요청 근거 등을 마련한다. 정신질환자의 고용, 교육·훈련, 각종 서비스 이용 등에 차별이 없도록 법령·제도를 개선한다. 정신질환자의 인권을 보호하고 사회적 차별을 해소하기 위한 정신질환자 권익옹호기관을 육성하고, 회복된 정신질환자·당사자 가족을 동료·가족 지원가로 양성한다. 당사자 단체가 직접 기획·운영하는 수요자 관점의 경험을 공유할 수 있는 플랫폼 프로그램을 적극 발굴·지원한다. 인권보호를 위한 입원적합성심사제도를 개선하기 위해 심사 가이드라인 제시, 대면조사 확대, 퇴원결정자 사후 모니터링 등을 단계적으로 개선 추진한다.

5) 중독 및 디지털기기 이용장애 대응 강화

(1) 알코올 중독자 치료 및 재활서비스 강화

SBIRT 프로그램 확산 등 초기 알코올 중독에 대한 조기개입을 강화한다. '동기강화 포괄치료' 프로그램, 병원-지역사회 통합 알코올 사용장애 서비스 모델, 회복자 자조 모임 및 가족 자조모임 등 알코올 중독 특성을 고려한 치료·재활 프로그램을 개발하고 확산한다. 지역사회 내 중독 표준 서비스 지침을 고도화하고, 광역정신건강복지센터 내 중독

팀을 신설·운영하며, 중독관리 통합지원센터 인력을 확충하고, 2025년까지 35개소를 추가 설치하는 등 지역사회 알코올 중독 서비스 전달체계를 개선한다. 알코올 중독치료 전문기관 지정을 확대하고, 표준 외래치료 프로그램 개발을 개발하며, 중독자 전문 정신재활시설을 2025년까지 17개소 설치한다.

(2) 마약 등 약물중독 관리체계 구축

약물중독 예방을 위한 대국민 정보 제공을 강화한다. 다제약물 복용자 등 약물중독 고위험군에 대한 개입을 강화하고, 마약류 중독자에 대한 치료보호 지원을 확대하며, 약물의 특성에 기반한 전문치료 및 재활 프로그램을 개발·확산한다. 약물중독 전반에 대한 치료 지원을 위해 마약류 치료보호기관을 중독분야 전문병원으로 전환하며, 중독재활센터를 단계적으로 확대한다.

(3) 디지털기기 등 이용장애 대응 강화

게임이용장애에 대한 근거를 마련할 수 있는 연구 및 실태조사를 추진한다. 게임과몰입힐링센터 및 스마트쉼센터, 인터넷 치유학교 운영 등 인터넷·스마트폰 등의 건강한 사용을 유도하는 지원환경 기반을 마련한다. 디지털기기 등 이용장애 대응을 위해 교육부, 과기정통부, 문체부, 복지부, 여가부, 식약처 등 관계부처 간 협의체를 구성하여 협력체계를 강화하고, 대응인력을 양성한다.

6) 자살로부터 안전한 사회 구현

(1) 자살 고위험군 발굴과 위험요인 관리

자살보도 권고기준을 확산하고, 연예인 자살 예방 지원 강화, 자살수단에 대한 관리 등을 통해 사회 내 자살위험 요인을 지속적으로 관리 한다. 자살시도자 등 고위험군에 대한 즉각 개입이 가능하도록, 당사자의 명시적 동의 없이도 정보 연계 및 개입을 할 수 있도록 하고, 경찰·소방의 생명존중 협력 담당관 교육을 정례화하는 등 고위험군에 대한 선제적 발굴 및 연계를 활성화한다.

(2) 고위험군 지원 및 사후관리

응급실 기반 자살시도자 사후관리 수행기관을 67개소에서 2024년까지 137개소로 확대하고, 사례관리 가능한 기관으로 연계하여 서비스를 받을 수 있도록 건강보험 수가를 적용한다. 자살예방센터에 유족 지원 전담자를 배치하며, 훈련된 유족이 다른 유족을 상담·지원할 수 있도록 동료지원 활동을 확대한다.

(3) 서비스 지원체계 개선

자살예방 상담전화(1393)의 신속한 대응 및 전문성 확보를 위해 상담 인력을 확충하고, '한국생명존중희망재단'을 설립하여 기존의 중앙자살예방센터 및 중앙심리부검센터의 역할을 통합적으로 수행하도록 한다. 자살예방센터(정신건강복지센터) 내 자살 위기지원을 위한 신규 전담인력을 현재 평균 3명에서 2025년까지 평균 5명으로 확대한다. 사회적 약자가 주로 접하는 기관 중 자살 고위험군 방문이 많은 기관에 상담인력을 단계적으로 배치하도록 한다.

7) 정신건강정책 발전을 위한 기반 구축

(1) 정책 추진 거버넌스 강화

정신건강복지정책에 대한 리더십과 국가 책임성을 강화하기 위하여 정신건강복지정책심의위원회, 중앙-광역 시·도간 정책협의체를 설치하고, 전국 광역·기초 지자체 내 정신건강 관련 전담 조직을 설치한다. 민관협력 창구로서 중앙정신건강복지사업지원단을 활성화하고 17개 시도에 지방정신건강복지사업지원단을 설치하여 정기적으로 운영 지원한다.

(2) 정신건강관리 전문인력 양성

정신건강복지센터 등 종사자의 경력, 자격요건 등을 고려한 직무체계 및 보상방안을 검토한다. 정신건강전문요원으로 추가된 작업치료사에 대한 자격관리 체계를 마련하며, 비(非)정신건강전문요원에 대한 표준화된 교육과정을 마련한다. 민간 심리상담 분야 서비스 활성화를 위한 자격관리 및 서비스 제도화 방안을 마련하고, 공공 심리지원센터 구축 모델의 타당성을 검토한다. 사례관리자 1인당 적정 등록 정신질환자 수를 22명 수준이 될 수 있도록 인력을 확충한다.

(3) 공공자원 역량 강화

환자 수요에도 불구하고 공립정신병원이 없는 지역을 중심으로 설치·운영을 확대하고, 국립정신병원–민간 정신의료기관 간의 진료 협력체계를 구축한다. 지역사회 정신건강복지 전달체계 상 역할을 정립하고, 중독질환 지원을 위해 중독분야 전문병원 및 중독관리통합지원센터를 확충한다.

(4) 통계 생산체계 정비 및 고도화

국가승인통계 지표생산 목표를 정하고 이에 부합하도록 기존 통계 항목 점검, 산출방식 표준화 등 국가승인통계를 정비한다. 주요 질환 유병 통계는 실태조사를 통한 생산방식에서 벗어나 이차자료원을 활용하는 방식을 검토하여 매년 산출한다. 정신건강복지서비스 이용 현황을 분석하고 정책 효과를 평가하기 위한 통계 데이터 조사체계를 마련한다.

(5) 정신건강분야 전략적 R&D 투자 강화

정신건강 R&D의 획기적인 확대를 위해 장기 R&D 사업을 기획하고, 투자확대 수준에 맞는 정신건강 R&D 기획·운영·평가 거버넌스를 검토한다. 코로나19가 전 국민의 정신건강에 미친 영향을 분석하고 효과적인 중재 기술을 개발하며, 정신건강증진시설 방역기술 개발 및 스마트 병동 구축 등 포스트 코로나 시대 정신건강기술개발을 추진한다. 국립정신건강연구기관으로서 국립정신건강센터의 고유 연구사업을 확대하고 연구역량을 강화한다.

3. 정신건강복지정책의 과제

1) 정신건강복지에 대한 국가 책임성 강화

WHO에서는 전체 보건 예산 중 정신건강 분야 투자를 5% 이상 할 것을 권장하나 우리나라의 경우 1.6%에 불과하다. OECD 회원국이 평균 5.39%, 세계 68개국이 평균 2.8%를 투자하는 것과 비교하여 매우 낮은 수치이다. 또한 정신건강복지 정책은 공공의 책임성이 요구되며, 다부처 간에 통합적으로 추진되어야 한다. 향후 정책 거버넌스를 강화하고 국제적인 수준의 예산 투입이 이루어질 필요가 있다.

2) 인권기반의 정신건강 서비스 강화

입·퇴원 과정 및 강제입원에서의 인권침해 문제는 지속적으로 비판받아 왔다. 국제적인 요구 수준에 맞게 인권기반의 정신건강서비스로 개선해야 한다. 입원 과정에서 정신질환자 및 보호의무자에 대한 권리고지가 보장되도록 매뉴얼과 법정 서식을 마련하여야 한다. 강제 입원에 대하여 입원적합성심사제도의 중립성과 독립성을 강화하고, 대면심사를 보장하며, 절차보조사업을 제도화하여 확대해야 한다. 정신의료기관의 시설 기준을 강화하고, 격리·강박 등 신체 제한을 최소화하며 이를 대체할 수 있는 프로그램을 개발해야 한다. 입원 시 환자의 알 권리 및 통신의 자유 등 기본권이 보장되도록 하고, 의료급여 환자에 대한 차별을 개선해야 한다.

3) 정신질환자의 복지권 강화

정신질환자의 치료와 재활뿐만 아니라 지역사회에서 자립적으로 살아갈 수 있는 주거, 고용, 교육 등의 복지서비스 지원이 이루어져야 한다. 이를 위해 정신건강복지법 제 4장 복지서비스 지원에 대한 위임법령을 구체화하고, 이에 대한 정책의 목표, 성과지표, 예산 등에 대한 계획을 수립하여 정기적으로 모니터링 해야 한다. 장애인복지법 제15조를 폐지하고, 장애인 복지체계에서의 이중차별 조항들을 개선해 나가야 한다.

4) 지역사회 지원체계 구축

지역사회 통합돌봄 체계 구축을 통해 개인별 지원계획 수립에 근거하여 주거, 보건의료, 돌봄, 독립생활 지원 등이 통합적으로 이루어지도록 해야 한다. 이러한 지역사회 기반 구축을 위해 재원 확보 및 지역사회 인프라 구축이 필요하다. 정신재활시설의 수요를 추계하여 시군구별 최소 1개소 이상의 시설을 설치하도록 하며, 정신건강복지센터의 사례관리 기능을 강화하고 인력지원이 이루어져야 한다. 입원하지 않고도 지역사회에서 치료를 받을 수 있는 다양한 대안이 마련되어야 하며, 만성화를 예방하기 위하여 초발환자 조기개입을 위한 지원 체계 또한 구축해야 한다.

5) 정신질환자의 사회적 차별 해소 및 권리옹호 강화

정신질환자의 권리에 대한 국제규약 및 법률 규정에도 불구하고, 현실에서는 정신질환자에 대한 편견과 차별적 대우가 만연해 있다. 정신질환자에 대한 부정적인 사회적 인식을 개선하기 위하여 대국민 캠페인, 언론·미디어 지침 마련 등 국가적 차원에서의 행동전략이 추진되어야 한다. 정신질환 치료 전력이 있거나 진단을 받았다는 이유만으로 면허의 취득이나 취업 자격을 박탈하고 있는 법률과 보험가입에서의 차별 조항 등을 폐지 혹은 개정해야 한다.

한편 정신질환자의 자기결정권이 존중될 수 있도록 공공후견제도를 의사결정지원제도로 개편하고, 강제입원 환자의 의사결정지원을 위한 절차보조사업을 확대해야 한다. 동료지원이 제도화될 수 있도록 법적 근거를 마련하고, 동료지원가 양성체계 구축, 인력기준 및 보수체계를 마련해야 한다. 정신건강복지 기본계획 수립, 관련 법령 개정, 제도개선 등 정책 과정에 정신질환자 및 관련 단체 구성원의 참여를 보장하고, 정신건강복지법에 의한 위원회에 정신질환자를 대표할 수 있는 사람이 위원 등으로 위촉되도록 하여 당사자들의 의견이 개진될 수 있도록 해야 한다.

6) 중독문제에 대한 사회적 지원체계 강화

중독문제의 심각성에 비하여 정책적인 관심 및 지원체계는 매우 취약하다. 중독예방치료 안전망 구축을 위한 법제도와 전달체계 구축이 보다 강화되어야 한다. 중독문제 조기발견 및 치료를 위한 지역사회 지원을 확대하고 서비스 모델을 개발하여 확산해야 한다. 중독관리통합지원센터의 설치를 확대하고 인력을 확충하며, 전문치료·재활 시설을 확충해야 한다. 음주문화 및 인식개선, 중독문제 인식 제고를 위해 대국민 정보제공 및 미디어 홍보·교육을 확대해야 한다.

7) 자살예방을 위한 전 사회적 노력

자살에 대한 심층적인 원인분석과 근거기반의 정책을 발굴해야 한다. 자살고위험군 발굴을 위한 전 사회적 네트워크 구축이 필요하며, 고위험군에 대한 체계적인 지원체계가 구축되어야 한다. 특히 보건-복지서비스 연계 활성화로 통합적인 지원이 이루어지도록 해야 한다. 자살시도자 사후관리 및 유가족 지원을 위한 심리상담, 치료지원, 집중사례관리, 서비스 개발 등에 대한 적극적인 지원이 이루어져야 한다. 자살을 조장하는 경제·사회구조적 문제 등 전 국가적인 변화가 필요하며, 장기적인 정책 추진이 이루어져야 한다.

참고문헌

국가인권위원회 (2015). 정신병원 격리·강박 실태조사.

국가인권위원회 (2019). 정신장애인 국가보고서 이행상황 점검을 위한 실태조사.

김수정 (2020). **사회복지법제와 실천**. 학지사.

김태희, 양윤준 (2013). 한국인의 정신건강: 2013년 OECD 조사 및 권고안 요약본 번역. **가정의학**, 3(3), 236-239.

박병현 (2011). **사회복지정책론**. 학현사.

보건복지부 (2021). 온국민 마음건강 종합대책: 제2차 정신건강복지기본계획.

보건복지부 한국보건사회연구원 (2017). 2017년 장애인 실태조사.

보건복지부, 건강보험심사평가온, 한국보건사회연구원 (2020) 국가 정신건강현황 보고서.

서동우 (2007). 정신보건의 역사적 변화선 상에서 본 우리나라 정신보건법의 문제와 개선안. **보건복지포럼**, 123, 42-56.

신권철 (2017). 한국 정신보건법의 변화와 그 의미, **경희법학**, 52(3), 171-210.

하경희 (2019). 정신보건제도의 도입과 토착화에 관한 연구. **한국사회와 행정연구**, 30(1), 197-226.

Deegan, P. E. (1998). Recovery: The lived experience of rehabilitation. *Psychosocial Rehabilitation Journal, 14*(4), 11-19.

Pincus, H. A., Spaeth-Rublee, B., Sara, G., Goldner, E. M., Prince, P. N., Ramauj, P., & Gaebel, W. (2016). A review of mental health recovery programs in selected industrialized countries.*International Journal of Mental Health System. 10,* 73-82.

Ramon, S., Shera, W., Healy, B., Lachman, M., & Renouf, N. (2009). The rediscovered concept of recovery in mental illness. *International Journal of Mental Health, 38*(2), 106-126.

Shera, W., & Ramon, S. (2013). Challenges in the implementation of recovery-oriented mental health policies and services. *International Journal of Mental Health, 42*(2-3), 17-42.

WHO (2015). Quality Rigts: Promoting recovery in mental health and related services.

5장

공공보건복지 전달체계의 이해

이미경
(부산가톨릭대학교)

Ⅰ. 서론

우리나라 정신건강에 대한 접근은 1995년 정신보건법의 제정을 계기로 정신질환의 치료와 재활을 중심으로 이루어져 왔다. 정신보건법은 기존의 무허가시설·기도원 등에 법적 근거 없이 수용되어 있는 정신질환자들이 정신의료기관에 입원·치료할 수 있는 근거를 마련하고, 정신질환자의 인권보호를 명시한 정신질환자의 보호와 치료를 위한 규정이라고 할 수 있다. 또한 정신보건법은 정신질환자의 치료뿐만 아니라 정신질환자의 지역사회생활을 지원하기 위한 지역사회정신보건[1]의 필요성을 명시하고, 정신보건시설에 정신의료기관·정신요양시설과 함께 정신보건센터·알코올상담센터·정신질환자 사회복귀시설[2] 등 정신질환자를 위한 지역사회 정신보건 시설의 유형 및 기준을 제시하고 있다.

그러나 현대인들이 빠르게 변화하는 사회에 적응하는 과정에서 정서·심리적으로 겪는 어려움이 증가되면서, 정신보건의 방향은 일반시민의 정신질환을 예방하고, 더 나아가 정신건강을 증진시키는 방향으로 관심이 전환되고 있다. 우리나라 정신건강 정책 및 제도의 핵심이라고 할 수 있는 「정신보건법」이 2016년 「정신건강증진 및 정신질환자 복

---

1) 최근 '정신보건'이라는 개념은 대상, 서비스, 정책적 영역의 확대로 '정신건강'이라는 용어로 전환되고 있다. 여기에서는 정신보건법의 특성을 살린 사업·기관·서비스·정책 등의 의미를 살리기 위해서는 '정신보건'이라는 용어를 사용하였다.

2) '정신질환자 사회복귀시설'은 2016년 '정신재활시설'로 명칭이 변경되었으며, 여기서는 「정신보건법」의 용어를 그대로 사용하였다.

지서비스 지원에 관한 법률(이하 정신건강복지법)」으로 개정되었다. 법 명칭의 변화는 단순히 명칭의 변화를 넘어서서 국가정책이 국민의 정신건강증진을 포함하고자 하는 의지의 반영이다. 정신건강복지법에서 정신건강증진의 장이 신설되고, 지역사회정신건강의 중추적 역할을 수행하는 「정신보건센터」가 「정신건강복지센터」로 변경된 것은 정신보건의 대상이 선택적 대상에서 보편적 대상으로의 전환을 보여주는 실재적 예로 보인다. 정신건강으로의 패러다임 전환은 2016년 「제1차 정신건강 종합계획」에 반영되어, 국민정신건강증진, 중증정신질환자 지역사회 통합, 중독으로 인한 건강저해 및 사회적 폐해 최소화, 자살위험 없는 안전한 사회구현이 정책목표로 설정되었다(정부부처합동, 2016).

국가의 정신건강정책의 방향은 중증정신질환자의 지역사회 통합을 강화하고, 정신질환자를 위한 정신건강복지서비스에 대한 국가의 책임성을 강화하는 방향으로 추진되고 있다. 2016년 제1차 정신건강종합대책에서는 중증정신질환자의 지역사회통합을 강화하기 위하여 조기 집중치료로 만성화를 방지하고, 중증·만성정신질환자의 삶의 질을 향상하고, 정신질환자의 인권 강화를 정책목표 및 전략으로 표명하였다. 2018년 정부의 사회복지전달체계는 「지역사회돌봄(Community Care)」으로 전환되게 된다. 지역사회돌봄의 주요 대상은 노인·장애인·정신질환자·노숙인이며, 그중 정신질환자 지역사회돌봄 시범사업을 화성시에서 시행하고 있다. 향후 시범사업의 성과 및 결과를 바탕으로 확대될 전망이다.

2021년 발표된 「제2차 정신건강복지기본계획(안)」에서는 기존의 전국민 정신건강증진 및 지역사회기반 정신질환자 사회통합을 주요 추진을 계승하는 것을 표방하였다. 거기에 더해 이러한 정책을 실현하기 위한 정책 추진 거버넌스를 강화하고, 정신의료 서비스 및 인프라를 선진화하고, 정신건강 전문인력을 양성하는 등의 정신건강서비스 환경 및 전달체계를 강화하고자 한다. 본 원고에서는 정부의 정신건강복지 정책목표를 달성하기 위한 정신건강서비스의 추진전략, 정책 추진 원칙, 정신보건복지서비스 전달체계를 살펴보고자 한다.

Ⅱ. 정신건강복지정책의 추진방향

최근 우리나라는 낮은 행복지수와 삶의 만족도, 높은 자살률, 재난으로 인한 정신건강 악화, 정신질환자에 대한 국가적 책임요구의 증가 등의 현안문제가 증가하고 있다. 현안문제에 대해서 국가가 어떤 정책기조로 목표와 전략을 추진하는가는 현장에서의 서비스 제공에 지대한 영향을 준다고 할 수 있다. 이장에서는 각국의 정신건강복지 정책 설정에 있어서 주요 기준이 되는 WHO의 정신건강 추진 기본 원칙을 살펴보고, 이를 기반으로 우리나라의 정신건강복지정책의 비전과 추진전략을 살펴보고자한다.

1. WHO 정신건강정책 추진 목표[3)]

WHO에서는 정신건강 실행계획 접근 원칙으로, 회복을 위한 보편적 건강 보급, 인권 중심, 증거기반 실천, 생애전반의 접근, 다양한 영역을 포괄하는 접근, 정신장애 및 정신질환을 가진 사람을 위한 역량강화 등으로 제시하고 있다. 이러한 원칙에 입각한 실행계획을 수립하는 데 있어 정신건강계획의 목표는 다음과 같다.

1) 정신건강에 대한 효과적인 리더쉽과 거버넌스 강화

정신건강·정신질환자와 장애인 인권을 다른 부처 정책의 주요 안건으로 설정하게 하여 정신건강을 국가의 주요 아젠다로 설정할 수 있도록 한다. 이를 위해서는 정신질환자와 장애인에 대한 낙인·차별·인권 침해를 지속시키는 법안을 폐지하도록 하고, 정신건강 정책을 향상시키고 실행하는데 있어 민간분야와 협력하고 이에 대한 예산 배정을 통해 정부의 리더십 및 거버넌스를 강화하도록 한다.

2) 지역사회 기반의 복합적, 통합적, 대응적 정신건강 및 사회서비스 제공

WHO에서는 지역사회 기반의 정신건강서비스 제공을 위해 다양하고, 통합적이고, 대상자의 욕구에 대응하는 서비스 제공을 주요 목표로 설정하고 있다. 그 구체적인 서비스로는 서비스 당사자와 가족을 실제 경험을 가지고 도울 수 있는 동료지원가 같은 교육 프로그램 개발, NGO·종교단체의 지역사회기반의 자조모임을 지원할 수 있는 단체에 예산 지원, 응급·재난 상태에서 정신건강 문제에 개입할 수 있는 정부의 특수팀을 만들고 예산 지원, 장애·AIDS·비감염질환·산전후관리·사법·이중진단 정신질환자·청소년 정

3) 본 내용은 WHO(2012)에서 발간한 Mental Health Atlas를 근거로 정리하였다.

신건강 등과 같은 특화된 서비스를 포함하고 있다.

3) 정신보건에서 증진 및 예방 실행 전략 수립

기존의 정신보건이 정신과 치료·재활 중심이었다면 향후에는 정신건강증진 및 예방을 위한 실행 전략이 수립되어야 한다. 이를 위해서는 정신건강 증진 및 예방을 위한 예산을 편성하고, 중독문제 해결을 위한 기준을 설정하고, 자살예방을 위한 국가전략을 개발·실행·평가하고, 정신건강증진과 예방을 위한 사회 문화적 환경을 조성하고, 정신건강증진 및 예방의 중요성에 대한 인식을 개선하는 정책 대안들을 제안한다.

4) 정신건강을 위한 정보시스템, 연구개발 강화

근거기반의 정신건강서비스를 마련하기 위해서는 정신건강에 대한 정보시스템을 구축하고, 연구개발이 수행되어야 한다. 이를 위해서는 정신질환자 입퇴원관리시스템을 구축하고, 정신건강에 대한 투자를 확대하고, 프로그램을 개발 실행하며, 사업·서비스·프로그램에 대한 성과를 주기적으로 측정하는 것이 필요하다.

2. 우리나라의 정신건강정책

2016년 정신건강복지법에서는 매 5년마다 중앙정부, 광역지자체, 기초지자체에서 정신건강종합대책을 수립하도록 명시하고 있다. 2021년에 발표된 제2차 정신건강복지기본계획은 '정신건강 없이는 개인과 사회의 건강도 없다'는 문제의식 하에 전 국민의 전 주기적 건강관리를 위해 국가 책임을 강화하는 방향으로 추진되었으며, 이는 <그림 5-1>에 나타나 있다.

	지금까지(AS-IS)	앞으로(TO-BE)
정책대상	• 정신질환자 + 고위험군	• 전 국민 대상
지원내용	• 정신과적 치료	• 전 주기적 정신건강서비스
개입시점	• 심각한 정신과적 문제가 발생한 시점	• 정신건강서비스가 필요한 시점
지원목표	• 정신질환자의 증상관리	• 전 국민의 삶의 질과 인권 증진
정책주체	• (공공) 부처·지자체 분절적 대응 • (민간) 정신의료기관	• (공공) 범정부적 대응 • (민간) 정신의료기관 + 지역사회

〈그림 5-1〉 제2차 정신건강복지계획 패러다임

출처: 관계부처합동(2021).

제2차 정신건강복지계획에서는 기본 정책목표를 코로나19 심리방역을 통한 대국민 회복탄력성 증진, 전 국민이 언제든 필요한 정신건강서비스를 이용할 수 있는 환경 조성, 정신질환자의 중증도와 경과에 따른 맞춤형 치료환경 제공, 정신질환자가 차별 경험 없이 지역사회 내 자립할 수 있도록 지원, 약물중독·이용 장애 등에 대한 선제적 관리체계 마련, 자살충동·자살 수단·재시도 등 자살로부터 안전한 사회 구현 등으로 제시하고 있다. 이를 실현하기 위한 구체적인 추진전략은 다음과 같다.

1) 전국민 정신건강증진

우리나라는 정신건강에 대한 신뢰할 수 있는 공적 정보에 대한 접근성이 낮고, 부정확한 정보로 인한 편견에 노출되었으며, 정신건강서비스의 이용률이 저조하다. 이를 해결하기 위해 적극적 정신건강증진분위기를 조성하고, 대상자별 예방 접근성을 제고하고, 트라우마 극복을 위한 대응 역량을 강화하는 핵심과제를 제시하고 있다

2) 정신의료 서비스 및 인프라 선진화

정신의료서비스와 관련하여 우리나라는 정신질환자 대상 서비스와 지원이 미흡하여 정신질환이 중증화·만성화되고, 응급의료대응 인프라가 부족한 문제가 제기된다. 대책으로는 정신질환조기인지 및 개입강화, 지역기반 정신응급대응체계 구축, 치료친화적 환경 조성, 집중치료 및 지속 지원 등 치료효과성 제공 등을 제시하고 있다.

3) 지역사회 기반 정신질환자의 사회통합 추진

정신질환자의 사회통합과 관련하여서는 정신재활시설 부족에 따른 서비스 제공 불충분, 퇴원 후 스스로 자립할 수 없는 환경, 정신질환에 대한 낮은 국민 인식 수준 등을 지적하고 있다. 이에 대한 대책으로는 지역사회 기반 재활 프로그램 및 인프라 개선, 지역사회 내 자립 지원, 정신질환자 권익 신장 및 인권 강화 등이 제시되었다.

4) 중독 및 디지털기기 이용장애 대응 강화

중독문제와 관련하여서 우리나라의 현황은 알코올 중독자 정신건강서비스 이용률 저조, 마약류 등 약물 중독자에 대한 관리체계 미흡, 인터넷·스마트폰 등 디지털기기 이용장애 증가 등의 문제가 지적된다. 해결을 위한 과제로는 알코올 중독자 치료 및 재활서비스 강화, 마약류 등 약물중독 관리체계 구축, 디지털기기 등 이용장애 강화 등을 제시하고 있다.

5) 자살로부터 안전한 사회 구현

우리나라의 자살률이 OECD 1위라는 불명예는 오래된 현황이다. 우리나라는 자살고위험군 대상 선제적 관리체계 미흡, 자살고위험군 지원체계의 미흡, 자살예방을 위한 인프라 미비 등이 문제라고 분석되고 있다. 이의 해결을 위해서는 자살고위험군 발굴과 위험요인 관리, 고위험군 사후관리 강화, 서비스 지원체계개선 등을 제시하고 있다.

6) 정신건강정책 발전을 위한 기반 구축

우리나라는 정신건강복지정책 추진을 위한 거버넌스 부재, 정신건강 전문인력 부족, 공공 인프라 부족 및 분절적인 전달체계 문제를 안고 있다. 이의 해결을 위한 과제로 정책 추진 거버넌스 강화, 정신건강관리 전문인력 양성, 공공자원 역량 강화, 통계 생산체계 정비 및 고도화, 정신건강분야 전략적 R&D 투자 강화를 제시하고 있다.

Ⅲ. 공공보건복지 전달체계

국민의 정신건강 증진, 정신질환자의 사회통합, 자살로부터 안전한 사회구현, 중독 예방 등의 정책 과제를 수행하기 위해서는 서비스의 전달체계가 필요하다. 우리나라의 경우 정신건강복지서비스는 보건복지부를 주무부서로 하여 다소 분절된 서비스 전달체계를 갖추고 있었다. 그러나 정신건강의 문제가 안전, 고용, 다문화, 재난 정신건강 등의 다양한 요소가 영향을 주고 있어 다양한 부처와의 기관과의 협력이 필수적이다. 제2차 정신건강복지기본계획에서는 이를 보완하기 위한 부처 간 협력 및 공조를 강화하고 있다. 이장에서는 이러한 정신건강복지서비스의 전달체계에 대해 살펴보고자 한다.

1. 정신건강복지 전달체계

보건복지부의 정신건강사업의 핵심 가이드라인인 정신건강사업안내[4]에서는 정신건강 서비스의 전달체계를 <그림 5-2>와 같이 제시하고 있다.

먼저 정신의료기관의 기능은 정신질환자 진료, 지역사회정신건강사업 지원, 정신질환자 치료이다. 최근 재난으로 인한 정신건강의 어려움이 심각한 사회문제로 대두되면서 국립정신의료기관의 재난정신건강 지원 역할이 강조되게 되고, 국립정신의료기관 산하에 권역 트라우마센터의 설치가 강조되고 있다. 우리나라는 정신질환자의 평균재원기간이 124.9일(보건복지부 국립정신건강센터, 국가정신건강현황브고서, 2020)로 길고, 응급대응체계가 미흡한 문제를 안고 있다.

정신건강복지센터는 지역사회 내 정신질환 예방하고, 정신질환자 발견·상담·정신재활훈련 및 사례관리를 수행하며, 정신건강복지시설 간 연계체계 구축하고, 지역사회 정신건강복지사업을 기획·조정하는 기능을 수행한다. 정신건강복지센터는 국립정신건강센터·광역정신건강복지센터·기초정신건강복지센터가 있고, 국립정신건강센터는 국가의 정신건강복지정책을 수립하는 정신건강복지사업의 headquarter 역할을 수행한다. 광역정

4) 보건복지부에서 국가의 정신건강사업의 제도·기관·역할에 대한 가이드라인을 제시하기 위하여 매년 「정신건강사업안내」를 발간 배포하고 있다. 2016년 정신건강복지법으로 법이 개정되고 정신건강서비스뿐 아니라 복지서비스의 제공이 필요함을 명시하고 있으나, 2020년도까지 보건복지부의 정신건강복지사업의 가이드라인을 「정신건강사업안내」로 명시하고 있는 한계가 있다.

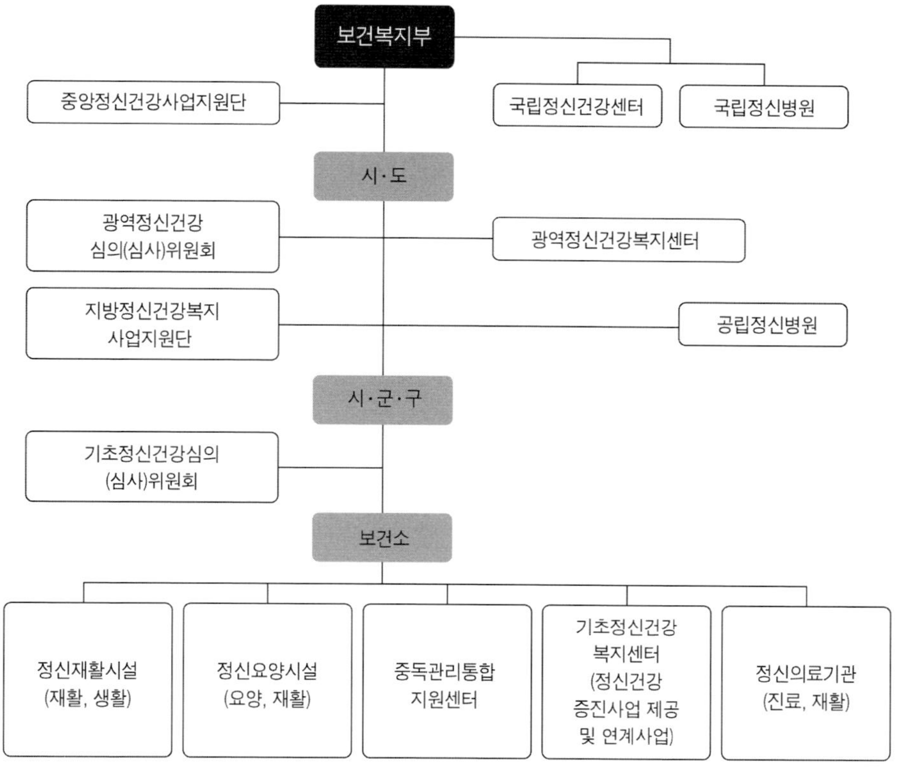

〈그림 5-2〉 정신건강서비스 전달체계

출처: 정신건강사업안내, 보건복지부(2020).

신건강복지센터는 광역지자체의 정신건강복지사업의 기획, 24시간 정신건강 상담전화 운영, 정신 및 자살응급대응체계 마련 등의 역할을 수행한다. 기초정신건강복지센터는 지역사회 최 일선에서 정신건강복지서비스를 제공하는 기관으로서 지역사회 정신질환자 사례관리, 아동·청소년 정신건강증진, 직장인 정신건강증진, 지역사회 사업 기획·조정 등의 기능을 수행한다.

정신재활시설은 정신질환자가 정신의료기관 또는 정신요양시설에서 치료, 요양 후 사회복귀를 촉진하기 위한 훈련을 실시하는 기관이다. 유형에는 생활시설, 주간재활시설, 공동생활가정, 지역사회전환시설, 직업재활시설, 아동·청소년 정신건강증진시설, 중독자 재활시설, 생산품 판매시설, 종합시설 등이 있다.

정신요양시설은 가족의 보호가 어려운 만성 정신질환자를 정신요양시설에 입소시켜 요양보호 함으로써 이들의 삶의 질 향상 및 사회복귀를 도모하기 위해서 설치·운영하는 정신건강증진기관이다. 정신요양시설에서는 수용보호뿐만 아니라 사회복귀를 촉진하여야 하나, 현실에서는 오히려 장기 입소[5])로 인해 사회복귀의 어려움이 있다.

중독관리통합지원센터는 2000년 7월 보건복지부와 한국음주문화연구센터가 공동으로 알코올상담센터로 운영되다가 2014년 알코올뿐 아니라 4대 중독[6])에 대한 서비스를 제공하기 위하여 중독관리통합지원센터로 기관 명칭을 변경하였다. 중독관리통합지원센터는 중독관련사용 장애군과 그 가족에 대한 체계적·지속적 관리, 상담, 재활 서비스 및 프로그램 제공을 통한 회복과 사회복귀를 지원하고 있다.

중앙 및 광역 정신건강복지사업지원단은 정신건강복지서비스 프로그램을 개발하고, 정신건강전문요원의 역량을 강화하고, 지역사회정신건강복지사업을 평가하는 역할을 수행한다. 또한 각 광역단위의 정신건강복지심의(심사)위원회는 정신건강복지사업을 심의·의결하고, 정신건강증진관련시설에 대한 감독, 계속입원 심사 등의 역할을 수행한다.

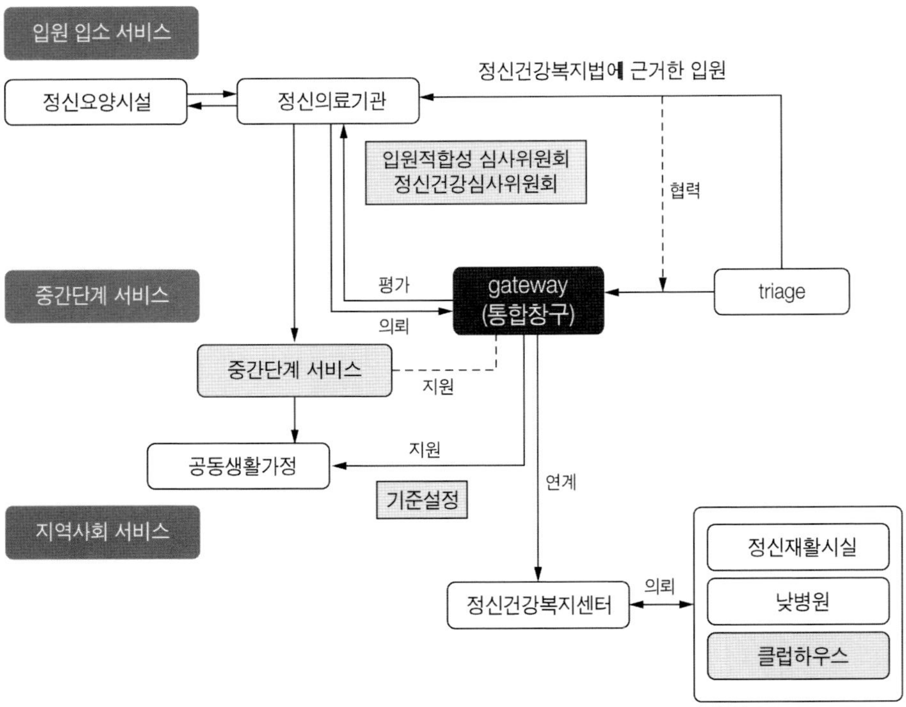

〈그림 5-3〉 정신질환자 정신건강복지서비스 전달체계

출처: 2018년 정신건강전문요원 수련교재 재구성.

---

5) 정신보건기관(정신의료기관, 정신요양시설) 재원기간 평균값은 2016년을 기준으로 303일이다. 그러나 정신요양시설의 평균재원기간은 3,931일로 정신의료기관 226일에 비해 장기간 입원이 이루어지고 있음을 알 수 있다(국립정신건강센터, 2018).

6) 4대 중독에는 도박·인터넷·알코올·마약 중독이 포함된다.

공공영역에서의 정신건강복지 전달체계는 보건복지부의 정신건강정책국 산하 정신건강정책과, 정신건강관리과, 자살예방정책과가 중심을 이루고 있다. 각 광역자치단체의 정신건강 부서와 기초지자체의 보건소를 통해 정신건강복지서비스의 전달체계가 구축되어 있다.

정신질환자의 정신건강복지 서비스의 전달체계는 입원·입소서비스, 중간단계 서비스, 지역사회 서비스를 중심으로 이루어진다. 전달체계 내에서의 각 기관의 역할과 서비스 흐름도는 <그림 5-3>과 같다.

2. 범정부 차원의 협력체계 구축

기존의 정신건강복지전달체계가 부처·지자체간 분절적으로 대응해 왔던 것은 정신건강복지전달체계 거버넌스에서의 취약점으로 평가받아왔다. 제2차 정신건강복지기본계획에서는 이러한 한계를 극복하고자 공공영역의 정책주체가 보건복지부로 한정되는 것이 아니라, 다부처가 협력하여 대응하는 것으로 정책 주체를 확대 개편하였다. 특히 최근

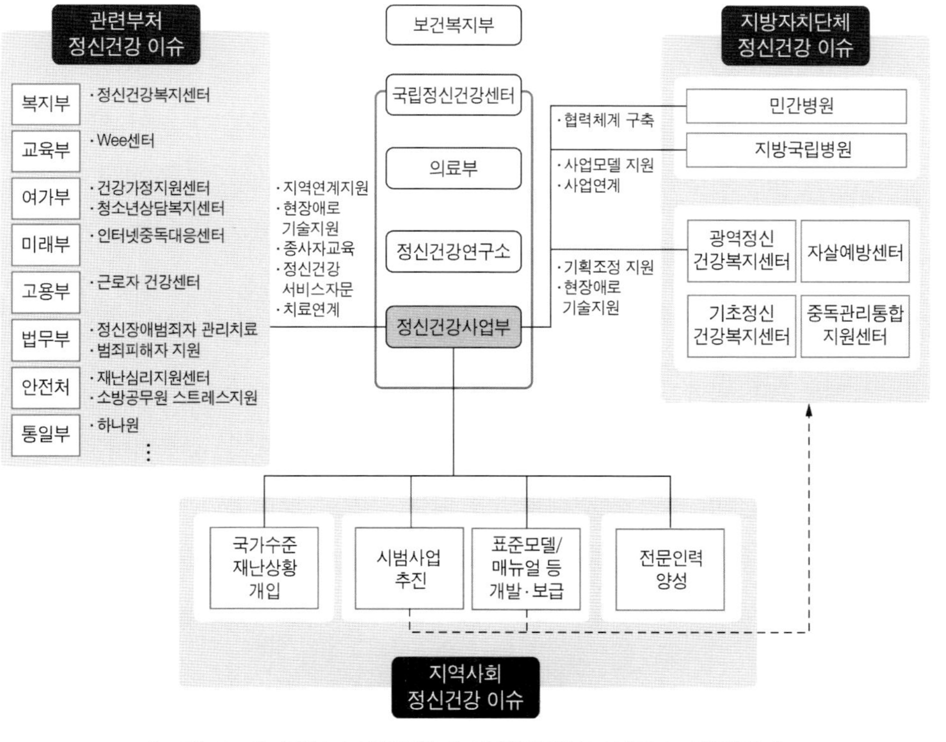

〈그림 5-4〉 정부 부처에서의 정신건강복지서비스 전달체계

감염병 등의 재난의 발생으로 마음건강의 중요성이 부각되었고, 이에 대한 대처로서는 범정부적으로 상시적인 정신건강 관리 거버넌스 구축하는 것을 목표로 하고 있다. 정부 부처에서의 정신건강복지서비스 전달체계에서의 역할은 <그림 5-4>에 제시되어 있다

3. 정신질환자 지역사회돌봄(Community Care)

보건복지부는 2018년 3월 재가·지역사회 중심으로 각종 사회서비스를 제공하는 지역사회돌봄(Community Care)을 본격 추진하고 주요대상을 노인, 장애인, 정신질환자, 노숙인으로 규정한다고 발표한다. 지금까지 시행된 병원·시설 중심 서비스만으로는 개인의 삶의 질 저하와 고령화에 따른 의료·돌봄 수요 급증에 대응하기 어렵다고 판단하였기 때문이다. 인권위원회(2008)는 정신요양시설과 정신의료기관에 입원·입소해 있는 정신질환자 1,982명에 대한 조사에서 입원이 불필요한 사회적 입원[7] 환자의 비율은 34.5%에 이른다고 보고하고 있으며 이들이 지역사회 돌봄의 주요 대상이 된다고 할 수 있다. 또한 지역사회에서 사회적 돌봄의 사각지대에 놓여 있는 정신질환자도 지역사회돌봄의 주요 대상이 된다.

정책적으로 정신질환자의 지역사회 보호를 위한 방안들이 마련되어지고 있다는 사실은 정신질환자의 지역사회 돌봄을 위해 고무적이다. 2019년 화성시는 정신질환자를 위한 지역사회돌봄 시범사업을 시행하였다. 장기입원 정신질환자의 지역사회 복귀를 위한 기반조성, 방치된 정신질환자를 위해 찾아가는 서비스 구현, 정신질환자의 지역 안착을 위한 정책 대안 마련을 목표로 다양한 사업 및 서비스를 수행하였다. 향후 화성시 시범사업의 성과와 결과에 근거하여 정신질환자 지역사회돌봄의 모델이 마련되어지기를 기대한다.

지역사회돌봄 전달체계는 각 읍면동에 케어 전담창구를 설치하고 이를 통해 입원·입소 정신질환자, 지역사회 사각지대 정신질환자의 서비스 신청을 총괄한다. 지역사회 돌봄을 위해서는 독립적인 주거가 전제되어야 한다. 케어전담창구에서는 정신질환자의 지역사회 생활을 지원하기 위하여 주거서비스를 우선 제공하며, 지역사회에서의 생활 유지를 위한 정신질환자의 복합적 욕구에 부합하는 다양한 보건·복지 자원과 연계하여 서비

7) 의료기관은 질병을 치료하는 기관이나, 질병 치료의 목적이 아니라 거주지 부재 및 가족의 거부로 인해 의료기관에 입원한 경우, 불필요한 입원의 의미로 사회적 입원이라고 한다.

스를 제공한다. 정신질환자의 지역사회돌봄을 위해서는 주거서비스와 정신질환자의 다양한 욕구에 부합하는 지역사회 서비스와의 통합서비스 제공이 필수적이라고 할 수 있다. 정신질환자 지역사회돌봄 서비스 연계체계도는 <그림 5-5>와 같다.

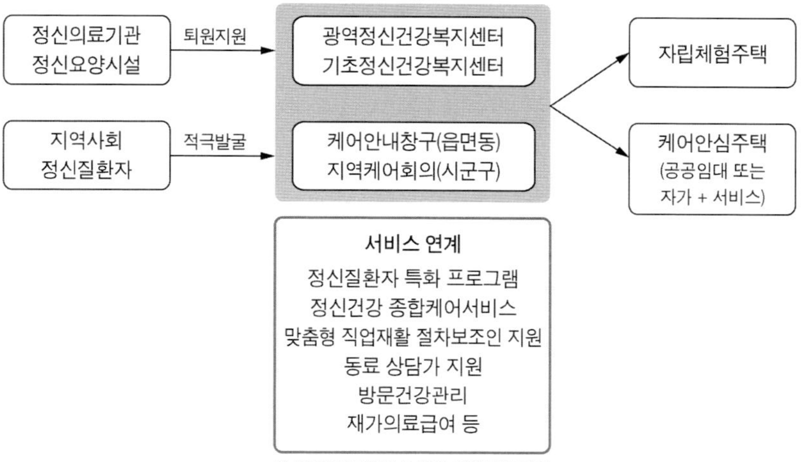

〈그림 5-5〉 정신질환자 지역사회 정착 지원 모델 연계

출처: 보건복지부(2019).

4. 통합정신건강증진사업8)

2020년부터 정부는 분절된 정신건강서비스 제공체계를 개선하고 우리나라 특성에 맞는 통합적 정신건강관리체계 모형을 구축하기 위하여 광역지자체 단위로 통합정신건강증진사업을 추진하고 있다. 즉 지자체가 지역사회 주민을 대상으로 정신건강문제의 예방과 치료, 정신질환자의 재활 등 정신건강증진 도모를 목적으로 지역사회 특성과 주민의 요구가 반영된 프로그램 및 서비스 등을 기획·추진하도록 하고 있다.

이는 2012년 시범사업으로 수행된 광주광역시 지역 정신건강증진사업의 통합적 운영을 그 모델로 하고 있다. 통합정신건강사업의 의의는 첫째, 지역여건을 고려한 사업, 둘째, 과정·성과중심의 평가, 셋째, 보건소 내외 사업 통합·연계 활성화라고 할 수 있다. 이러한 통합정신건강증진사업의 목적은 지역사회 주민의 정신건강수준 향상을 위해 지자체가 주도적으로 정신건강사업을 추진하여 지역주민의 정신건강증진사업 체감도 및

8) 통합정신건강증진사업 내용은 보건복지부의 통합정신건강증진사업 안내(2020)의 내용을 중심으로 재구성하였다.

정신건강에 대한 행동 개선하는 것이다. 즉, 중앙정부와 지방정부가 함께 노력하여 국가 정신건강증진사업 목표를 달성하고, 지역별 다양한 특성과 주민 요구를 바탕으로 정신건강증진사업 개발 및 정신건강문제에 대응 할 수 있는 기반을 마련하는 것이다.

이러한 목적을 달성하기 위한 사업의 추진체계는 <그림 5-6>에서와 같이 보건복지부가 총괄하고, 국립정신건강센터가 운영을 지원하며, 시·도가 사업을 기획·관리하는 핵심적인 역할을 수행한다. 사업의 기본방향은 정신건강증진사업의 통합 및 재편성을 통한 사업의 효율성을 제고하고, 지자체의 자율성과 책임성을 확대하는 것이다.

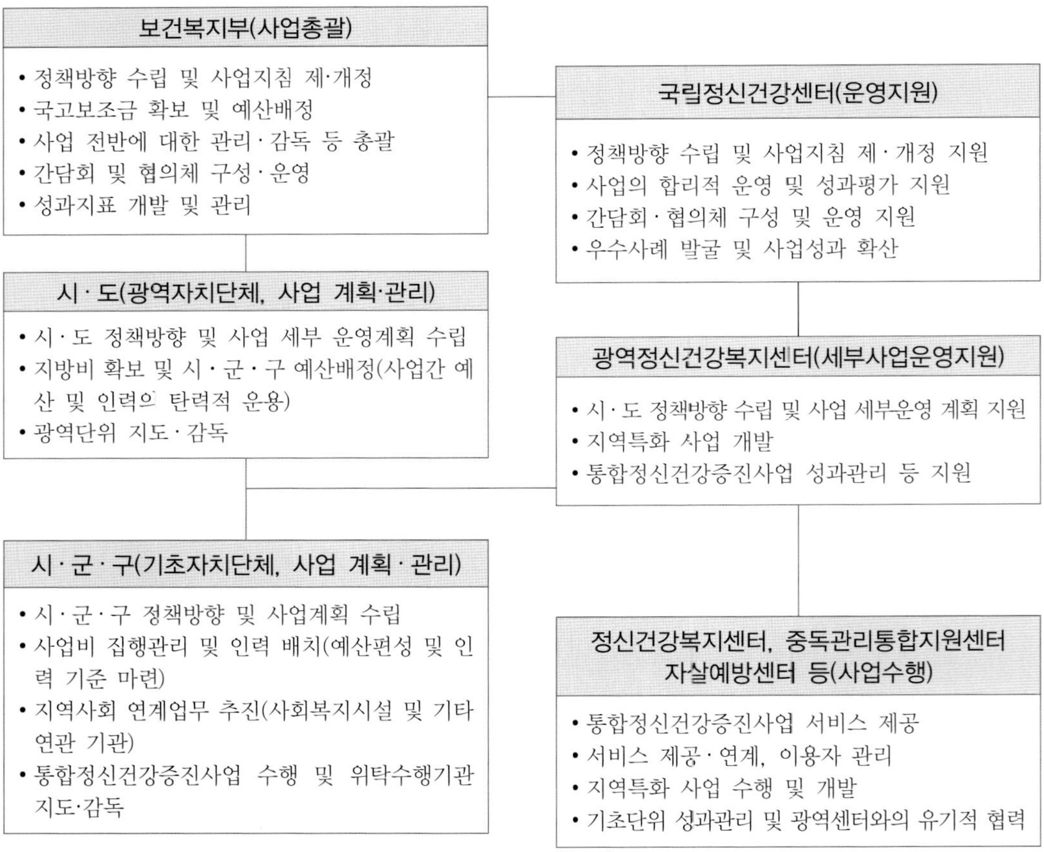

〈그림 5-6〉 통합정신건강사업 추진체계

출처: 보건복지부(2020).

Ⅳ. 문제 및 과제

지금까지 국민정신건강증진을 위한 범 부처 간의 정신건강복지서비스 전달체계, 정신질환자의 치료·중간단계서비스·지역사회서비스 전달체계, 지역사회돌봄 서비스 체계, 통합정신건강증진사업 추진체계 등을 중심으로 우리나라 정신건강복지서비스 전달체계에 대해 살펴보았다. 1995년 정신보건법의 제정, 2000년대 지역사회정신보건의 시행, 1·2차 정신건강복지기본계획의 수립, 정신보건법의 정신건강복지법으로의 개정, 정신건강과 복지서비스의 통합, 지자체 특성에 따른 정신건강복지 서비스 개발 및 전달체계 구축 등 정신건강복지서비스 및 전달체계에는 많은 긍정적 변화가 있었다. 여기에서는『마음이 건강한 사회, 함께 사는 나라』라는 국가의 정신건강복지 비전을 실현하기 위해서 향후 개선하고, 보완되어야 할 전달체계의 방향성을 살펴보고자 한다.

1. 의료중심의 전달체계 개선

정신건강복지법에서는 정신건강증진 및 정신과적 어려움을 경험하는 사람들을 위한 복지서비스 강화를 명시하고 있다. 그러나 정신건강 증진 및 정신의료서비스의 전달체계에 초점이 맞추어져 있고, 고용·주거·교육 등의 복지서비스의 시행과 전달체계가 부족하다. 신권철(2017)은 정신건강복지법에서 정신질환자를 위한 복지서비스의 필요성이 명시된 것은 중요한 의미를 갖지만, 이의 실행을 위한 예산 및 전달체계의 미비에 대해서는 한계점으로 지적하고 있다. 이처럼 정신건강복지서비스에서 아직까지 복지서비스의 전달체계에 대한 제도적, 정책적, 실천적 근거가 취약하며 이에 대한 보완이 필요하다.

2. 통합적 정신건강복지서비스 전달체계 구축

2021년 정신건강복지기본계획은 계획의 완결성·실행력을 확보하기 위하여 보건복지부와 타 부처가 합동으로 발표한다. 중앙정부차원에서의 보건·복지의 통합의 중요성이 강조되고 있지만 일선에서는 보건과 복지의 통합에는 여전한 어려움이 있다. 이러한 전달체계의 한계를 극복하기 위하여 지역사회의 다양한 복지자원의 활용이 강조한다. 강상경(2017)은 분절 정신건강복지서비스를 대체할 정신건강서비스 통합 모델을 <그림 5-7>과 같이 제시하고 있으며, 향후 통합 정신건강복지서비스 방향성을 제시하고 있다.

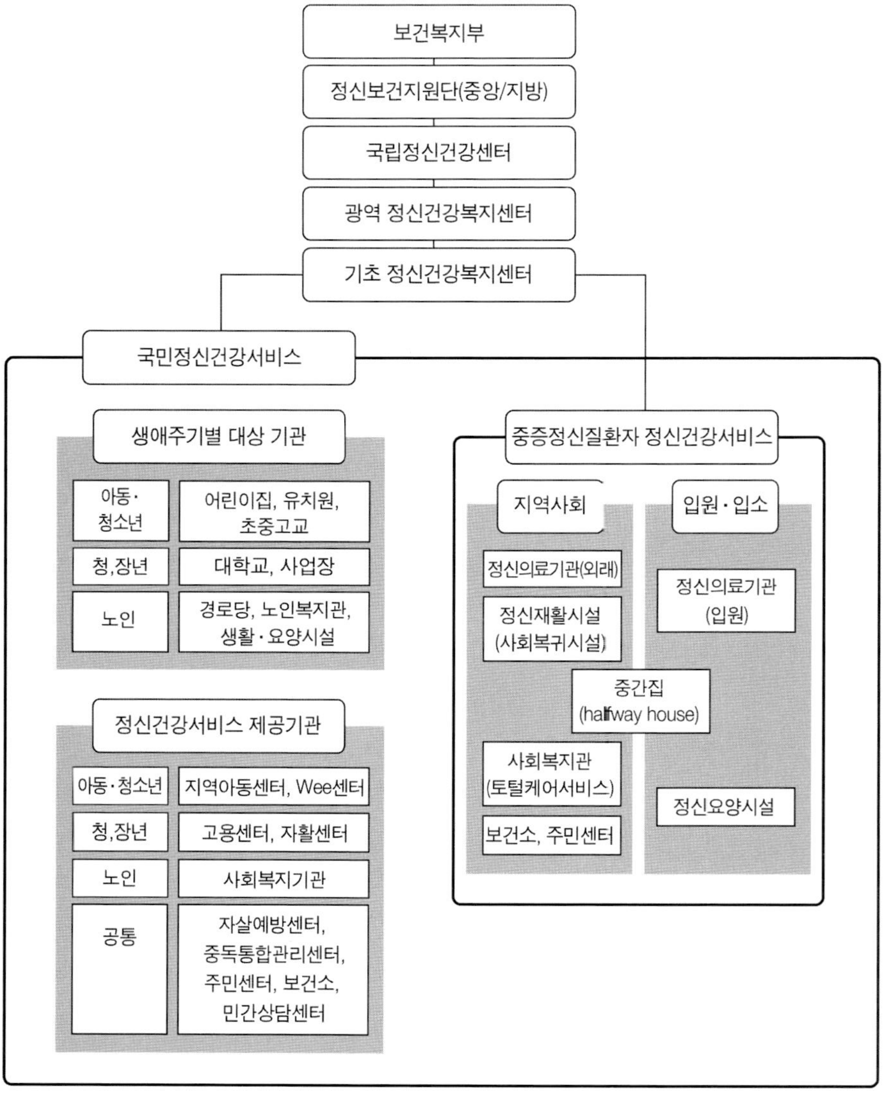

〈그림 5-7〉 정신건강서비스 통합 모델

출처: 강상경(2017).

3. 정신건강증진을 위한 전문 상담서비스 전달체계 구축

우리나라의 경우 정신과 서비스 문턱을 낮춤으로 국민의 정신건강증진을 도모하고자 하며, 정신건강복지센터가 그 역할을 담당하고 있다. 그러나 정신건강복지센터의 경우 중증정신질환자 사례관리, 자살예방사업, 아동·청소년 정신건강사업 등의 수행으로 일반인의 정신건강서비스 욕구를 충족하기에는 한계가 있다. 강상경(2017)은 일반인의 정신건강 문제에 대한 고강도 개입으로 7~12회의 상담서비스를 제공하는 IAPT와 같은 전문 상담 프로그램개발과 서비스 제공으로의 제도 개편이 문제해결책이 될 수 있음을 지적하였다.

4. 다양한 기능을 수행하는 정신건강복지 인프라의 구축

정신건강복지전달체계 내에서는 정신건강복지센터, 정신재활시설, 트라우마 센터, 중독관리통합지원센터 등 다양한 시설이 있다. 이러한 기관들이 유사한 프로그램을 수행하고 있어, 조기 정신증 대상자를 위한 정신재활서비스·정신질환자 독립주거 서비스·지역사회 전환주거·알코올중독자의 지역사회 적응을 지원한 서비스 등을 제공하는 기관이 부족하다. 제2차 정신건강복지기본계획에서는 다양한 서비스를 제공하는 정신재활시설을 적극적으로 확충하겠다는 의지를 표명하고 있어, 국민 및 정신질환자의 욕구에 부합하는 서비스를 제공하는 인프라가 확충되기를 기대해 본다.

참고문헌

강상경 (2017). 정신보건정책환경 변화와 전달체계 발전방향-정신건강증진센터를 중심으로. 한국정신보건사회복지학회 학술발표 논문집.

국가인권위원회 (2008). 장기입원의 구조적 원인과 지속요인.

국립정신건강센터 (2018). 정신건강현황 4차 예비조사 결과보고서.

김용득 (2018). 탈시설과 지역사회 중심의 복지서비스 구축 방안 - 자립과 상호의존을 융합하는 커뮤니티 케어. 2018년 보건복지연구 콜로키움 발표문.

보건복지부 (2020). 통합정신건강증진사업 안내.

보건복지부 (2020). 2020년 정신건강사업안내.

보건복지부 (2018). 지역사회 중심 복지구현을 위한 커뮤니티케어 추진방향.

보건복지부 (2019). 지역사회 통합 돌봄 선도사업 추진계획.

신권철 (2017). 한국 정신보건법의 변화와 그 의미. **경희법학**, 52(3), 171-210.
한국정신건강사회복지사협회 (2018). 정신건강전문요원 수련교재.
WHO (2013). Mental Health Atlas.

6장

황정우
(지역사회전환
시설 우리마을)

정신건강복지법과 정신건강사회복지서비스

Ⅰ. 서론

1. 정신건강사회복지서비스의 필요성

정신질환자 혹은 정신장애인을 위한 서비스는 그동안 정신보건법 체계하에서 정신보건서비스로 대변되어왔다. 즉 정신질환자는 보건정책의 대상자로 규정되어 치료를 받아야 하는 대상자로 인식하였기 때문에 이들을 위한 서비스는 정신의료적인 서비스가 주를 이루었다. 그러한 결과로 정신질환이 있는 환자를 위한 정신의료기관과 병상수가 늘어나고 장기입원 지속이 방치되었다. 정신적인 어려움이 있는 이들이 지역사회에서 환자가 아닌 전인적 존재로서 포괄적인 서비스를 받을 수 있어야 할 것이지만, 정작 이들의 권리는 법의 가장자리에 내몰려 있었다.

2016년에 이르러 정신보건법이 정신건강복지법으로 전면 개정되었다. 법의 명칭에서 드러나듯이 법 개정은 이른바 정신보건에서 정신건강복지로의 전환을 의미한다. 물론 이 법도 한계점을 갖고 있기에 정신질환 당사자와 관련 분야에서의 아쉬움도 여전히 토로된다. 더구나 법 개정이 곧 실천현장의 변화를 담보로 하지 않는다는 것 역시 상기해야 한다. 1995년 정신보건법 제정 이후 수차례의 법개정과 현장에서의 혼선을 통해 우리는 법과 현장의 괴리를 체험하였기 때문이다. 그럼에도 불구하고 정신질환자가 전인적 존재로서 보다 풍요로운 복지서비스를 제공받을 수 있기 위한 과제의 일정 몫은, 우리 서비스 현장에서 분담하고 준비해야 할 것이다.

2. 정신건강복지법과 복지서비스

정신건강복지법은 총 8장으로 구성되어 있고 신설된 제4장에서 복지서비스의 제공을 규정하고 있다. 본 장은 제33조 복지서비스의 개발에서 제38조 가족에 대한 정보제공과 교육 등 6개의 범주로 복지서비스를 열거하고 있다.

법에서 말하는 복지서비스는 정신질환자의 복리증진을 위한 '넓은 의미'의 복지서비스를 말하는 것이다. 즉 사회복지사 혹은 정신건강사회복지사가 제공하는 해당 전문분야의 전통적 서비스나 직역의 역할을 말하는 '좁은 의미'의 복지서비스가 아니다. 복지서비스는 의료, 간호, 사회복지, 그리고 작업치료 등 다학제적인 접근으로 제공되어야 할 것이며 나아가서 정신건강 영역을 벗어나 문화, 예술, 여가, 교육, 고용 등으로 확장된 사회적 주체가 폭 넓게 분담해야할 서비스 범주라고 볼 수 있다.

〈정신건강복지법 제4장 복지서비스 제공〉

제33조 복지서비스의 개발
제34조 고용 및 직업재활 지원
제35조 평생교육 지원
제36조 문화, 예술, 여가, 체육활동 등 지원
제37조 지역사회 거주, 치료, 재활 등 통합지원
제38조 가족에 대한 정보제공과 교육

법의 각 조에서 국가와 지방자치단체가 해당 복지서비스에 대하여 가지는 책무를 명시적으로 제시하고 있다. 이후 시행규칙(보건복지부령)에서는 보건복지부장관 또는 지방자치단체의 장이 진행해야 할 조사나 민간과의 협조사항을 명시하고 있다. 그러나 시행규칙에 언급된 내용은 당위적이고 개괄적인 내용으로서 실제적인 법실행에 있어서 한계점을 가지고 있음을 확인할 수 있다.

먼저, 법에 명시된 복지서비스 범주별로 문헌과 제도적 근거를 살펴보고, 서비스 현장에서의 실제와 제한점을 논의해 보도록 하자.

Ⅱ. 복지서비스의 근거와 실제

1. 복지서비스의 개발

제33조 복지서비스의 개발

1. 국가와 지방자치단체는 정신질환자가 정신질환에도 불구하고 잠재적인 능력을 최대한 계발할 수 있도록 정신질환자에게 적합한 서비스를 적극적으로 개발하기 위한 연구지원체계를 구축하기 위하여 노력하여야 한다.
2. 제1항에 따른 연구지원체계 구축에 필요한 사항은 보건복지부령으로정한다

시행규칙 제27조 복지서비스 연구지원체계 구축

1. 보건복지부장관 또는 지방자치단체의 장은 법 제33조 제1항에 따른 연구지원체계에 참여하는 기관, 법인, 단체 등에 대하여 예산의 범위에서 필요한 재정적 지원을 할 수 있다.
2. 보건복지부장관 또는 지방자치단체의 장은 법 제33조 제1항에 따른 연구지원체계의 구축을 위하여 필요한 경우에는 정신질환 또는 사회복지 관련 기관, 법인, 단체 또는 전문가 등에게 자료 제공 또는 의견 제출 등 필요한 협조를 요청할 수 있다.

정신질환자를 위한 복지서비스 제공을 위해서 법에서는 우선적으로 복지서비스의 개발을 명시하고 있다. 즉 제33조에서 국가와 지방자치단체는 정신질환에도 불구하고 잠재적인 능력을 최대한 계발할 수 있도록, 정신질환자에게 적합한 서비스를 개발하기 위한 연구지원체계를 구축해야 할 것임을 언급하였다. 그리고 이를 위하여 예산의 범위에서 필요한 재정적 지원을 하는 것과 사회복지관련 기관, 법인, 단체 또는 전문가에게 자료 제공 또는 의견 제출 등 협조를 요청할 수 있음을 시행규칙 제27조에 명시하였다.

복지서비스의 개발을 위한 보건복지부의 예산은 국립정신건강센터의 정신건강문제해결연구(R&D) 예산을 우선적으로 고려해야 한다. 2020년의 경우, 복지부의 연구개발 총예산 5,278억 중에서 정신건강문제해결연구 예산은 62억 원으로서 전체 예산의 1% 수준에 머물러 있다(보건복지부, 2019). 이러한 규모의 예산으로 지원되는 정신건강문제해결연구의 주요주제는 중독 및 자살, 주요정신질환에 대한 것으로서 시행규칙에 언급된 복지서비스 개발에 대한 재정적 지원과는 다소 거리가 멀다. 또한 이러한 연구의 수행자 역시 의료연구자 뿐이며 사회복지연구자는 찾아볼 수 없다(정신건강R&D사업단, 2021).

시행규칙 27조 2항에서 연구지원체계의 구축을 위하여 필요한 경우에는 사회복지 관

련 기관, 법인, 단체 또는 전문가 등에게 자료 제공 또는 의견 제출 등 필요한 협조를 요청할 수 있도록 하고 있는데, 정작 정신건강문제해결 연구의 주무부서인 국립정신건강센터 연구직에 사회복지직이 아직 없는 상황이다. 따라서 복지서비스 개발의 역할은 상당 부분 민간기관과 학계, 이에 소속된 서비스 인력이 수행해 왔다고 보는 것이 타당하다. 향후 복지서비스 연구에 매진하기 위한 연구지원체계를 위하여 국가차원에서 많은 투자와 더불어 사회복지 연구자가 이에 적극적으로 참여할 수 있는 여건이 마련되어야 할 것이다.

〈표 6-1〉 정신건강문제해결연구 연구과제: 2019~2021년

연 구 과 제 명	연구기관	연구 책임자
정신건강 코호트 관리체계 개발 및 일반인구 대상 정신질환 코호트 상세기획	한림대학교 산학협력단	김동현
정신건강복지센터-대학병원 연계 모델 기반 정신건강 고위험군 대상 코호트 확립 및 경과 모델 구축	한림대학교 산학협력단	김세현
자살 관련자 장기추적 코호트기반 자살행동 예측 모델 개발	서울대학교병원	안용민
초기 정신증 전향적 코호트의 장단기 결과의 예측인자 규명: 딥러닝기반의 접근	전북대학교 병원	정영철
아동들을 대상으로 한 인터넷 중독의 위험요인과 보호 요인 파악하기 위한 코호트 연구	아주대학교 산학협력단	신윤미
재난경험자들의 정신건강문제에 대한 레지스트리 기반 전향적 코호트 구축 및 운영	가톨릭대학교 산학협력단	채정호
만성 신체질환자 및 신체장애인의 자살 위험도 평가도구 및 디스트레스 중재법 개발	서울대학교 산학협력단	함봉진
청소년 자해행동 예방 프로그램 개발 및 효과검증	서울대학교병원	김재원
알코올중독 예방을 위한 고위험음주 조기개입기술 개발	가톨릭대학교 산학협력단	이해국
알코올중독 치료를 위한 병원, 지역사회 통합 서비스 모델 및 프로그램 개발	한림대학교 산학협력단	이상규
사회적 고립 현황 조사·분석 및 발굴방법 개발	삼성서울병원	홍진표
자살 고위험군 선별도구 및 자살 위험도 평가도구 개발 및 효과검증	삼성서울병원	전홍진

2. 고용 및 직업재활 지원

제34조 고용 및 직업재활 지원

1. 국가와 지방자치단체는 정신질환자가 자신의 능력을 최대한 활용하여 직업생활을 영위할 수 있도록 일자리 창출, 창업지원 등 고용촉진에 필요한 조치를 강구하여야 한다.
2. 보건복지부장관은 정신질환자의 능력과 특성에 적합한 직업훈련, 직업지도 등을 지원하기 위하여 필요한 조치를 강구하여야 한다.
3. 제1항 및 제2항의 고용촉진 및 직업훈련 등에 필요한 사항은 보건복지부령으로정한다.

시행규칙 제28조 고용 및 직업재활 지원

1. 보건복지부장관 또는 지방자치단체의 장은 법 제34조 제1항 및 제2항에 따른 고용촉진 및 직업훈련을 위하여 필요한 경우에는 정신질환자에대한 고용 및 직업훈련에 관한 실태 또는 현황을 조사할 수 있다.
2. 보건복지부장관 또는 지방자치단체의 장은 고용서비스 또는 직업훈련 관련 기관, 법인, 단체 또는 전문가 등에게 자료 제공 또는 의견 제출 등 필요한 협조를 요청할 수 있다.

인간의 성장과 노년기 삶을 연구한 Vaillant(2002)는 에릭슨의 8단계 발달이론을 현대인에 맞게 보강하여 10단계 생애과업으로 제시하였다. 즉 성인초기 친밀감 과업과 성인기 생산성 과업의 사이에 “직업적 안정”을 추가하였는데, 그만큼 현대인에게 직업의 의미가 커진 것을 반영한 것이다. 정신질환이 있는 이들에게 직업은 그 의미가 더 절박하다. 자기에 대한 정체감을 형성하고 직업준비에 매진해야 할 청년기에 정신질환이라는 커다란 위기에 직면하였고, 이후에 정신질환이 걸림돌이 되어 직업적 안정을 이루지 못하게 되면서 또다시 이것이 2차적인 장벽을 만들어 이후의 생산성 과업과 의미수호 과업을 진행하는 데 지속적인 정체현상을 초래한다(황정우, 2020). 따라서 정신장애인을 위한 직업재활은 이들의 삶에 대한 자신감을 증진시키고, 다양한 기술을 획득하게 하고, 정신과적 증상을 감소시키고, 사회적응을 유도하고, 경제적·사회적 독립을 이룰 수 있는 목표이자 과정으로서 매우 중요하다(최희철, 1994에서 재인용). 직업재활은 증상이 치료되고 기능이 개선된 이후에 제공되어야 할 ‘선택적 서비스’가 아닌, 직업이나 일을 먼저 갖게 함으로써 증상 및 기능개선, 나아가서 사회적응을 달성할 수 있도록 하는 ‘우선적 권리’가 되어야 할 것이다.

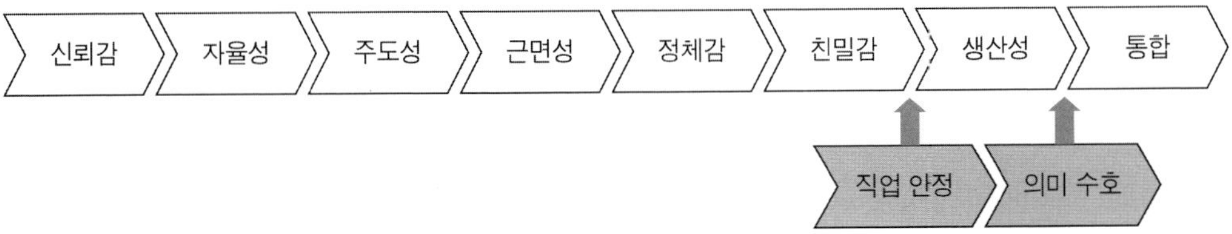

〈그림 6-1〉 Vaillant의 10단계 생아과업

법에서 규정하였듯이 정신질환자가 직업생활을 영위할 수 있도록 일자리 창출, 창업지원 등 고용촉진에 필요한 조치를 강구하는 것에 대한 우선적인 책무는 고용노동부 및 한국장애인고용공단에 있다. 그리고 이들을 위한 직업훈련, 직업지도 등을 지원하기 위한 직업재활 서비스는 주로 전국의 지역사회정신보건기관에서 담당하고 있다. 특히 정신재활시설은 보다 적극적이고 체계화된 직업재활 서비스를 통해 정신질환자의 사회경제적 자립생활(IL)을 도모해야한다.

3. 평생교육 지원

제35조 평생교육 지원

1. 국가와 지방자치단체는 정신질환자에게 교육기본법 제3조 및 제4조에 따른 평생교육의 기회가 충분히 부여될 수 있도록 특별자치시장, 특별자치도지사, 시장, 군수, 구청장별로 평생교육법 제2조 제2호의 평생교육기관을 지정하여 정신질환자를 위한 교육과정을 적절하게 운영하도록 조치하여야 한다.
2. 국가와 지방자치단체는 제1항에 따라 지정된 평생교육기관에 대하여 예산의 범위에서 정신질환자를 위한 교육과정운영에 필요한 경비의 전부 또는 일부를 지원할 수 있다.
3. 제1항에 따른 평생교육기관의 지정기준과 절차, 정신질환자를 위한 교육과정의 기준, 교육제공인력의 요건 등은 교육부장관이 보건복지부장관과 협의하여 정한다.

'국민안전교육진흥기본법(교육기본법)'은 제3조와 제4조에서 국민의 학습권과 교육의 기회균등을 명시하고 있다. 학습권은 모든 국민은 평생에 걸쳐 학습하고, 능력과 적성에 따라 교육받을 권리를 말하는 것이다. 교육의 기회균등은 성별, 종교, 신념, 인종, 사회적 신분, 경제적 지위 또는 신체적 조건 등을 이유로 교육에서 차별을 받지 아니한다는 것을 말한다. 나아가 학습자가 평등하게 교육을 받을 수 있도록 지역 간의 교원 수급 등 교육

여건 격차를 최소화하는 시책을 마련하여 시행해야 하는 것을 국가와 지방지치단체의 책무로 명시하고 있다.

평생교육이란 학교의 정규교육과정을 제외한 학력보완교육, 성인 문자해득교육, 직업능력 향상교육, 인문교양교육, 문화예술교육, 시민참여교육 등을 포함하는 모든 형태의 조직적인 교육활동을 말하는 것으로 '평생교육법'에서 정의하고 있다. 평생교육법은 헌법과 교육기본법에 규정된 평생교육의 진흥에 대한 국가 및 지방자치단체의 책임과 평생교육제도와 그 운영에 관한 기본적인 사항을 정함을 목적으로 한다. 본 법에서 평생교육기관에 대한 정의도 내리고 있다. 즉 평생교육기관이란 평생교육법에 따라 인가·등록·신고된 시설·법인 또는 단체, 혹은 '학원의 설립·운영 및 과외교습에 관한 법률'에 따른 학원 중 학교교과교습학원을 제외한 평생직업교육을 실시하는 학원과 그 밖에 다른 법령에 따라 평생교육을 주된 목적으로 하는 시설·법인 또는 단체를 말하는 것으로 규정하고 있다.

한편, 장애인을 위한 평생교육은 2016년 평생교육법 개정으로 국내에서 관심과 필요성이 대두되었고 이어서 2018년에 장애인 평생교육을 지원하는 '국가장애인평생교육진흥센터'가 개소되었다. 그러나 실제로 장애인과 비장애인 간의 교육격차는 더욱 심각하게 벌어지고 있으며 장애인을 대상으로 하는 평생교육 프로그램은 여전히 미흡한 실정이다(권재현 외, 2020). 그나마 지금까지 개발된 장애인 평생교육 프로그램은 주로 발달장애인을 대상으로 하는 프로그램에 국한되어 왔으며 시·청각장애인이나 지체·뇌병변장애인을 위한 프로그램 개발은 상대적으로 미흡한 수준으로 보고된다(조창빈·김두영, 2020). 그렇다면 정신질환자 혹은 정신장애인을 위한 평생교육은 얼마나 뒤쳐진 상태인지 짐작해 볼 수 있을 것이다. 우리나라는 정신장애를 '장애인 등에 대한 특수교육법(특수교육법)'에서는 따로 분류하지 않고, 다만 장애인복지법에서 명시하고 있는 상태이다. 특히 정신장애의 경우 정규교육과정을 이미 이수한 사람들로 인지능력은 물론 신체적 장애가 존재하지 않기 때문에 교육과정이나 내용에 있어서 비장애인과 차별성이 크지 않을 수도 있다. 이를 감안하여 비장애인을 위한 평생교육과정이나 공간에 정신장애인이 쉽게 참여할 수 있도록 문턱을 낮추는 과정이 필요하다는 주장이 제기된다(이미정, 2016).

어쩌면, 정신질환자에 대한 학습권과 교육의 기회균등을 주장하기 이전에 법의 취지와 대치되는 차별규정에 대한 대응이 더 절실한 상황인지도 모른다. 장애인 평생교육기관은 장애인복지시설, 일반평생교육기관, 장애인평생교육시설 등으로 분류할 수 있는데 장애인복지법 제15조에 정신질환자에 대한 장애인복지시설 이용을 제한하는 규정이 그것이다. 또한, 사회복지사업법 제11조에서 사회복지사가 될 수 없는 결격사유에 정신질환자를 포함하고 있는 규정(다만, 전문의가 사회복지사로서 적합하다고 인정하는 사람은 그러하지 아니함) 역시 정신질환자의 학습권과 교육의 기회균등 권리를 차별하는 규정으로 볼 수 있다. 따라서 정신질환자를 위한 평생교육에 대하여 향후 정부정책으로, 실천현장으로, 그리고 당사자 권익옹호활동으로 남겨진 과제가 적지 않음을 알 수 있다.

4. 문화, 예술, 여가, 체육활동 지원

> 제36조 문화, 예술, 여가, 체육활동 등 지원
> 국가와 지방자치단체는 이 법에서 정한 지원 외에 문화, 예술, 여가, 체육활동 등의 영역에서 정신질환자에게 필요한 서비스가 지원되도록 최대한 노력하여야 한다.

문화예술 및 여가활동을 통해서 얻게 되는 것이 긍정적 정서인데 이것이 정신장애인의 회복력을 증대시키고 이들이 보이는 만성적인 부정적 기분의 유해효과를 상쇄한다(Garlan et al., 2010). 민성길 등(2007)도 정신질환자들이 미술, 음악, 무용, 작문과 같은 문화예술 활동을 통해 내적 갈등을 표출하거나 해소함으로써 통찰력을 강화하고 치료의 효과를 얻을 수 있는 것으로 보았다. 이러한 이유로 정신보건사업안내지침에도 개인의 역량을 최대한 발휘할 수 있는 문화 및 예술활동을 포함하는 여가훈련을 지역사회재활서비스에 포함시키고 있다. 즉, 장애인 혹은 정신질환자에게 있어서 이러한 문화예술 및 여가활동은 치료적 목적이나 기능향상을 통한 적응능력의 증진을 도모하기 위한 도구로서 다루어진 경향이 있다(오수경·구보경, 2019). 그러나 이제는 문화예술활동이 이러한 재활의 수단을 넘어 삶의 질을 향상시키는 보편적 기준으로 이해되어야 할 필요가 있다(김도현, 2009). 즉, 일상에서 문화를 누리고 문화활동에 참여하는 것이 정신장애인의 기본권이라는 관점에서 이해되어야 한다.

정신장애인이 문화예술활동을 통해 역량강화의 경험을 할 수 있었고, 이는 희망과 새로운 도전으로서 정상적인 삶으로 회복과 자신의 새로운 존재를 발견하는 변화로 나타났다고 보고한다(한지연·심경순, 2016). 실제로 한국인들이 가장 재미있고 의미 있는 순간은 여행, 산책, 운동, 친목모임, 놀이, 수다, 요리 등을 할 때라고 조사되었다(최인철, 2018).

정신장애인도 가장 재미있고 의미 있는 활동을 할 때 가장 행복하다. 이들을 위한 서비스의 목적은 이들의 행복을 증진시키는 것이어야 하며 그러기 위해서는 문화, 예술, 여가, 체육활동 지원과 같은 활동이 풍요롭게 제공되어야 한다(황정우, 2011; 심경순, 2016).

그러나 오수경과 구보경(2019)은 지적장애와 정신장애를 포함하는 정신적 장애를 가진 이들에게서 영화관관람, 전시회 등 관람 경험의 비율이 비정신적 장애 대상자보다 유의하게 낮았다는 연구를 보고하였다. 그 외에 정신장애인의 실제적인 문화예술 및 여가활동의 실태가 어느 정도인지 조사된 문헌은 찾기 어려울 정도로 사회적 관심을 받지 못하는 것이 현실이다.

그럼에도 불구하고 전국 지역단위의 문화행사와 체육대회, 경기도 정신재활시설 연합캠프(since 1997), 정신건강연극제, 그리고 최근의 경기도정신장애인스포츠연맹 창립(2019) 등 정신장애인의 문화권을 지향하는 당사자와 실천가의 행보는 계속해서 명맥을 이어가고 있다.

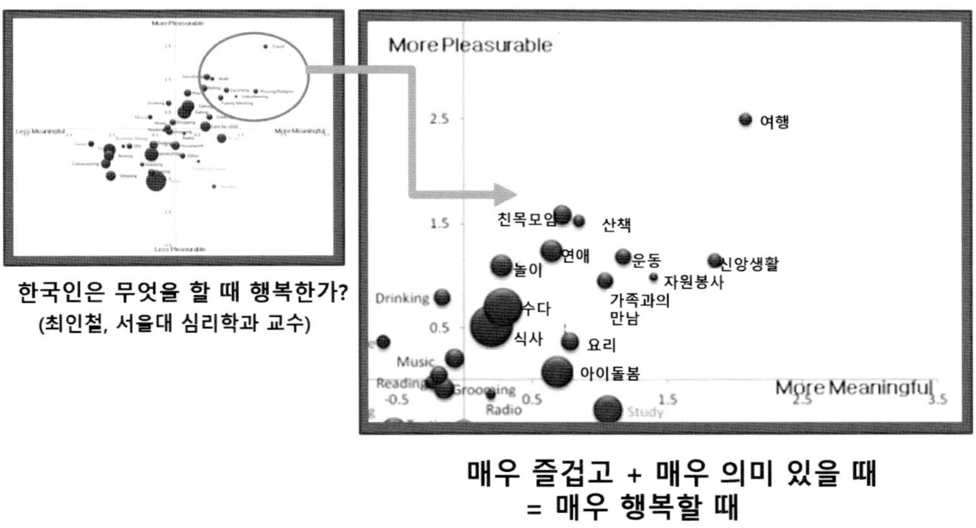

〈그림 6-2〉 한국인이 말하는 재미와 의미의 순간

5. 지역사회 거주, 치료, 재활 통합지원

제37조 지역사회 거주, 치료, 재활 등 통합지원

1. 국가와 지방자치단체는 정신질환자의 지역사회 거주 및 치료를 위하여 필요한 시책을 강구하여야 한다.
2. 국가와 지방자치단체는 정신건강증진시설에서의 퇴원 및 퇴소가필요한 정신질환자에대한 지역사회 재활 지원 등 지역사회 통합 지원을 위하여 노력하여야한다.
3. 제1항 및 제2항에 따른 지역사회 거주, 치료, 재활 등 통합 지원을 위하여 필요한 사항은 보건복지부령으로정한다.

시행규칙 제29조 지역사회 거주 및 통합 지원

1. 보건복지부장관 또는 지방자치단체의 장은 법 제37조 제1항 및 제2항에 따른 정신질환자의 지역사회 거주, 치료 및 재활지원 등 지역사회 통합지원을 위하여 필요한 경우에는 보건복지부장관이 정하는 바에 따라 그 현황에 대한 실태조사를 할 수 있다.

지역사회에서의 거주는 모든 사람에게 필수적이지만, 특히 정신장애인에게는 독립생활의 기본 원칙인 자기결정, 지역사회접근권 실현의 전제조건이 된다. 그러므로 지역사회중심 통합을 위한 핵심열쇠는 바로 주거라고 볼 수 있다(송승연, 2020에서 재인용). 정신질환 장기입원환자 중 주거제공 시 퇴원의사를 밝힌 비율은 45%였으며(박종익 외, 2008), 서울시 정신의료기관 입원자 중 87.8%가 퇴원욕구를 나타냈다(박경수 외, 2012). 2017년 정신건강복지법 시행이후 탈시설화를 가속화하기 위해서 정신의료기관의 역할을 대체할 수 있는, 지역사회 주거서비스가 가장 핵심적 대안으로 주목받고 있다.

우리나라 중증정신질환자 수는 2008년 약 32만 명에서 2017년 약 42만 명으로 연평균 3.0% 증가 추세에 있다(중앙정신건강복지사업지원단, 2020). 반면에 이들을 위한 종합적인 정신건강복지지원과 주거지원의 역할을 맞고 있는 정신재활시설의 정원수는 2016년 기준 7,041명에서 2018년 6,715명으로 326명이 오히려 감소되고 있는 상황에서, 정책과 현장의 괴리를 확인할 수 있다(중앙정신건강복지사업지원단, 2019). 그나마 주거를 제공하고 있는 시설은, 그 수가 부족하고 기능분화도 잘 되어 있지 못하며, 예산 및 전문 인력의 부족 현상에 직면하고 있다. 또한 공동생활로 인한 생활규제가 많은 공급자 중심의 서비스 제공, 시설 간 분절적 기능, 수도권 집중현상 등이 문제점으로 지적되고 있다(오유라 외, 2018; 전현주 외, 2018).

2018년 보건복지부는 커뮤니티케어(community care)의 본격 추진을 발표하였다. 커뮤니티 케어는 돌봄을 필요로 하는 주민들이 '주택이나 그룹홈' 등 지역사회에 거주하면서 개개인의 욕구에 맞는 복지급여와 서비스를 누리고 지역사회와 함께 어울려 살아가며 자아실현을 할 수 있도록 하려는 혁신적인 사회서비스 체계이다. 이러한 국가정책과 발맞추어 서울시와 경기도 광역단위에서 지역사회전환시설 7개소가 운영 중이고, 화성시에서는 지역사회 통합돌봄 선도사업이 진행 중이다. 또 한편으로는 낮병동 활성화, 병원형 사례관리(PPM) 사업도 진행되고 있다. 이러한 정신건강복지법과 커뮤니티케어의 물결이 과연 정신질환자의 시설화, 지역사회 단절이라는 장벽을 허물 수 있을 것인지 귀추가 주목되는 시점이다.

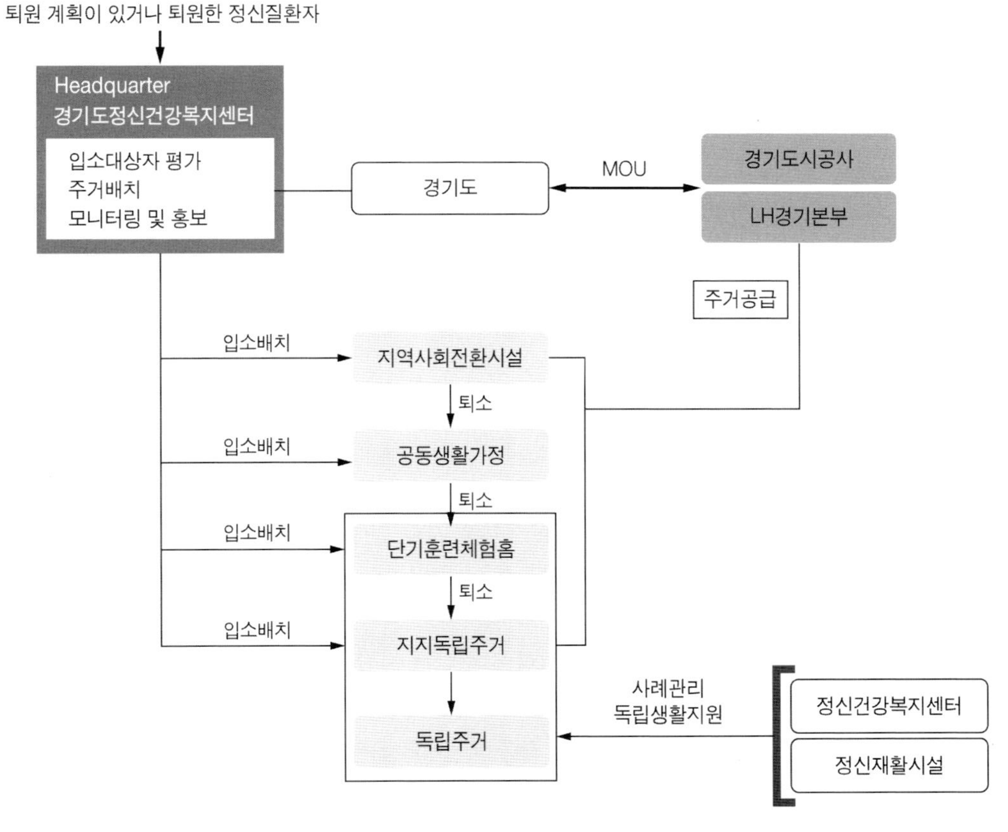

〈그림 6-3〉 예시: 경기도형 주거서비스 전달체계

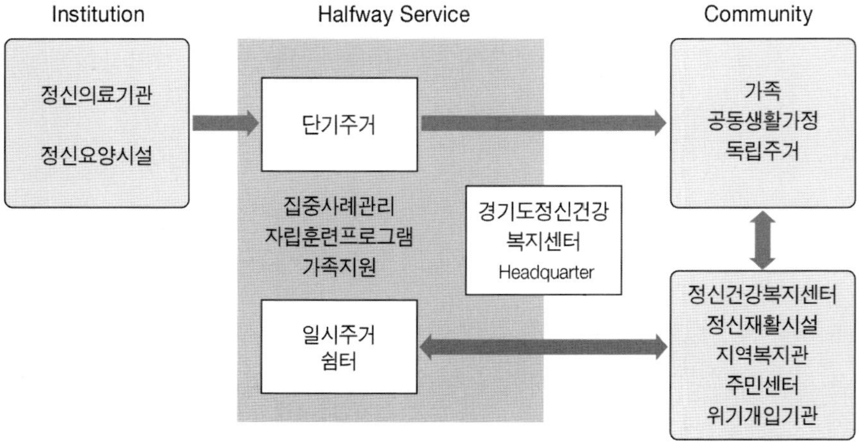

〈그림 6-4〉 지역사회전환시설 서비스 체계

6. 가족에 대한 정보제공과 교육

제38조 가족에 대한 정보제공과 교육

1. 국가와 지방자치단체는 정신질환자의 가족이 정신질환자의 적절한 회복과 자립을 지원하는 데 필요한 정보를 제공하거나 관련 교육을 실시할 수 있다.
2. 제1항에 따라 제공하는 정보와 교육의 내용, 방법 등에 필요한 사항은 보건복지부령으로 정한다.

시행규칙 제30조 가족에 대한 정보제공과 교육

1. 법 제38조 제1항에 따라 제공하는 정보와 교육의 내용은 다음 각 호와 같다.
   1) 정신질환자의 고용과 재활에 필요한 지식과 기술
   2) 정신질환자를 위한 지역사회 교육 및 복지서비스
   3) 정신질환자를 위한 진로, 직업 및 사회참여활동
   4) 그 밖에 제1호로부터 제3호까지의 사항에 준하는 사항으로서 보건복지부장관이 정신질환자의 회복과 자립에 필요하다고 인정하여 정하는 사항
2. 보건복지부장관 또는 지방자치단체의 장은 법 제33조 제1항에 따른 정보제공 또는 교육 실시를 위하여 필요한 경우에는 관련 기관, 법인, 단체 또는 전문가 등에게 자료제공 또는 의견제출 등 필요한 협조를 요청할 수 있다.

가족은 조현병과 같은 만성정신질환의 회복을 돕는 일차적인 지지기반이기에 장기적

인 치료과정에서 발생하는 상황에 적절하게 대처하고 소진되지 않도록 이들에 대한 개입이 반드시 필요하다(Lefley, 1989). 이러한 이유로 치료를 진행하고 있는 병원이나 사례관리 개입을 하고 있는 지역사회기관에서, 가족교육이나 가족치료 및 자조모임 등의 형태로 서비스를 제공하고 있다. 전통적으로 병원에서의 가족교육은, 가족들이 질병에 대한 지식을 습득하고, 가족구성원과 치료자 간에 협조적인 관계를 형성하여 대처하는 기술을 익힘으로써 환자와 가족 모두를 돕는 것을 목표로 진행되고 있다. 그리고 이러한 서비스에 대한 효과성은 여러 문헌에서 확인되고 있다. 그러나 병원에서는 가족치료 수가가 매우 낮게 책정되어 전담인력을 배치하는 것이 어려운 실정이다. 그렇기에 보다 전문적인 가족교육이 제공되기 어렵고, 열정을 가지고 외래나 입원 시에 개인 면담으로 가족교육을 진행하기도 하지만 이것이 연속적, 효과적으로 유지되기는 어려운 상황이다(백수현, 2020). 실제 임상에서는 조현병 환자 및 그 가족 중 소수만이 가족교육에 참여하는 것으로 나타났는데 미국의 경우 그 가족의 10%, 서유럽의 경우에도 15% 정도만이 가족교육을 받는 것으로 추정된다(신혜경 외, 2013에서 재인용).

사회적 지지가 강화되면 불안과 스트레스가 줄어들고 재발로 이끄는 취약성을 보완할 수 있다는 점을 고려할 때, 가족의 사회지지망을 강화할 수 있는 방법이 가족교육에서 반드시 제공되어야 한다(백수현, 2020). 가족교육 전후에 사회지지망을 강화할 수 있는 것이 가족자조모임과 같은 동료 지지집단이다. 지지집단에서 가족 참여자의 역동으로 상호지지, 정보교환이 자연스럽게 일어나고, 때로는 적극적인 역할훈련도 진행될 수 있도록 이끄는 것이 필요하다. 이러한 맥락에서 백수현(2020)은 질병과 관련된 교육을 하는 대집단 가족교육(open group)과 당사자와 가족이 공존하기 위한 기술을 익힐 수 있는 집중 소집단 가족교육(closed group)의 투 트랙 집단 가족교육 전략을 제안하고 있다.

한국정신사회재활협회에서는 가족 중에 교육강사를 양성하는 패밀리 링크(family link)를 정기적으로 진행하여 보급하고 있다. 이는 미국 National Alliance for Mental Illness(NAMI)의 family-to-family의 프로그램을 아시아 문화 상황에 맞게 홍콩에서 수정한 것을 다시 국내에 적용한 것이다. 본 프로그램에 참여한 가족강사들의 지속적인 네트워크는 국내 가족옹호활동의 구심점으로 작용하고 있다. 최근에 대한정신장애인가족협회, 경기정신장애인가족연합과 같은 가족옹호단체, 한국정신장애연대(KAMI), 정신장애와 인권 파도손, 한국조현병회복협회(심지회)와 같은 온·오프라인 당사자옹호단체, 마인드포스트와 같은 언론단체 등이 활발한 소비자 옹호활동을 펼치고 있다. 한동안 소비자 옹호활동의 정체기를 겪어온 국내 상황에서 반가운 일이지 않을 수 없다. 이러한 소비자들의 옹호활동이 보다 탄력을 받을 수 있도록 현장에서 이들과 협력하고 상호 지지적 입장에서 상생할 수 있는 역할을 실천가들이 수행해야 할 것이다.

가족에게 제공해야 할 정보와 교육의 콘텐츠는 시행규칙 제30조에서 고용, 재활, 교육, 복지서비스, 진로, 직업, 사회참여활동 등을 언급하고 있다. 이 모든 것들은 정신질환자의 회복(recovery)과 자립(Independence Living)을 지원하는 데 필요한 것이다. 특히, 회복(Recovery)은 증상과 기능의 회복과 같이 단선적인 결과로 전문가에 의해 절대적이고 객관적으로 평가되는 "임상적 회복"만을 의미하지 않는다. 정신질환을 겪고 있는 당사자의 삶, 그 자체의 회복을 말하며 결과가 아닌 과정으로서 회복을 말한다. 그것은 당사자에 의한 정의이며 그 개인의 독특한 과정을 말한다. 즉, 회복은 개인의 태도, 가치, 감정, 목표, 기술 그리고 역할을 변화시키는 과정이며, 증상이나 장애가 지속됨에도 불구하고 삶의 목적이 달성될 수 있다는 희망을 가지고 만족스럽고 공헌하는 삶을 사는 방식이라고 Anthony(1993)가 정의하였다. 이렇듯 가족과 전문가가 소비자 입장에서 "전인적 회복"을 이해한다는 것은 당사자를 이해하고 이들에게 효과적인 원조를 제공하여 보다 나은 삶을 추구하도록 하는 데 매우 중요하다.

한편, 1990년대 후반부터 미국과 일본으로부터 자립생활(Independence Living)의 철학과 이념이 국내에 소개되었고, 현재 20여년의 역사를 거쳐 복지학계, 실천현장, 장애운동의 영역이나 정책영역에서 빼놓을 수 없는 화두가 되고 있는 것이 자립생활 패러다임이다. 최근 진행되고 있는 장애인 등급제폐지, 탈시설화, 커뮤니티케어, 맞춤형 복지 등은 장애인 자립생활을 실현하기 위한 정책적 전환으로서 맥락을 같이 한다(백은령 · 최복천, 2020). 따라서 정보제공과 교육의 실제 콘텐츠로서 회복과 자립, 그 자체를 다루는 것은 당사자와 가족에게 회복과 자립을 지향할 수 있는 동기와 의욕을 부여하고 나아가 각자 삶의 의미를 찾을 수 있도록 이끌어 줄 것이다.

Ⅲ. 향후 과제

1. 복지서비스와 제2차 정신건강복지기본계획

정신건강복지법 제7조에 보건복지부장관은 관계행정기관의 장과 협의하여 5년마다 정신건강증진 및 정신질환자 복지서비스 지원에 관한 국가의 기본계획을 수립하도록 되어있다. 제1차 기본계획(2016~2020) 이후에 최근 제2차 기본계획(2021~2025)이 발표되었는데, 여기서 향후 정부의 정책의도를 파악해 보고 현장에서 준비해야할 과제들을 가늠해 보고자 한다.

지금까지 논의한 정신건강복지법 제4장 복지서비스 제공과 관련하여 세부적으로 기본계획을 들여다보면, 제33조 고용 및 직업재활 지원과 제37조 지역사회 거주, 치료, 재활 등 통합지원에 대한 내용이 주를 이루고 있다. 그러나 제35조 평생교육지원, 제36조 문화, 예술, 여가, 체육활동 등 지원, 제38조 가족에 대한 정보제공과 교육은 거의 언급되지 않고 있다. 이는 법에서 제시한 복지서비스 제공에 대한 정부의 실현 의지가 많지 않음을 의미하며, 따라서 복지서비스의 상당부분은 기존의 사회복지제도와 지역사회정신건강서비스 전달체계에서 감당하여야 할 것으로 예측된다.

기존 사회복지제도는 정신질환자에 대한 문턱을 가지고 있고, 기존 지역사회정신건강서비스체계의 빈약함은 정신질환자의 복지서비스 욕구에 부응할 수 없다는 비판이 많다. 이에 기존 장애인복지관의 모델을 빌려 '정신장애인복지관'을 설립하자는 의견이 서울시에서 제안되었다. 즉 정신장애인복지관에서 정신건강복지법 제4장의 복지서비스 제공을 주기능으로 하고, 사업 내용들은 주간재활사업, 취업지원사업, 교육문화지원사업, 가족지원사업, 전환지원사업 등의 역할을 해야 함을 제시하였다(박재우, 2020).

제2차 정신건강복지기본계획: 복지서비스 관련 요약

1) 지역사회 기반 재활 프로그램 및 인프라 개선

- 정신질환자의 중증도·수요를 기반으로 정신재활시설의 유형·기준을 표준화하고, 자립체험 주책 등 신규 유형도 도입
- 정신건강복지센터와 정신재활시설간 정책 대상, 서비스 등 역할분담을 명확히 하고, 지역 내 환자 지원을 위한 정보연계 체계 마련
- 지역별 정신질환자 분포 등을 고려하여 수요-공급 현황을 분석하고, 정신재활시설 유형별 연차별 확충 계획 수립('25년까지 누적 200개 정신재활시설 추가확충)
- 정신재활시설의 원활한 확충을 위한 국가·지자체 협력강화 등 다각적 노력을 병행추진

2) 지역사회 내 자립지원

- 독립생활이 곤란한 고령의 만성 정신질환자를 중심으로 정신요양시설 입소를 위선 지원하고, 정신요양시설 기능개편 방안 연구를 통해 안정적 주거공간으로써 정신요양시설 활용 방안 마련

- 비의료적 장기입원·입소자에 대한 실태조사를 실시하고, 지자체와 협력하여 시도단위로 연차별 거주공간 확충계획 수립
- 정신질환자로 등록된 정신장애인에 대해 장애인복지시설 기반의 주거편의, 상담 등을 제한하는 장애인복지법 개정 검토
- 회복한 정신질환자를 대상으로 정신건강복지센터, 정신재활시설 등을 활용한 일자리 제공
- 정신질환자의 고용창출 및 직업재활 지원을 위해 직업재활시설 유형 세분화 등 정신건강복지법 시행규칙 개정 추진
- 중앙정부와 지자체 재정지원 일자리 사업 중 정신장애인 참여 현황을 정기적 조사
- 사회적 농업 등 정신질환의 증상 완화 및 치료에 도움이 되는 재활과 고용 결합형 일자리 모델 지속 발굴
- 정신질환자와 가족을 대상으로 고용, 주거, 돌봄, 교육 등 다양한 복지수요에 대한 정례적 실태조사 추진
- 정신질환자에 대한 지역사회 통합돌봄 선도사업을 복지수요 대응에 집중하고, 정신질환자 지원을 단계적으로 확대
- 장애인 활동지원 서비스 등 정신장애인의 돌봄 서비스의 이용이 낮은 원인을 분석하고 활성화 방안 강구
- 정신장애인에 대한 특화된 복지서비스 제공을 위한 정신장애인 복지서비스 모형 개발 및 시범사업 추진
- 자력으로 후견인 선임이 어려운 정신질환자에 대한 공공후견인을 선임할 수 있는 법률상 근거마련
- 폐쇄병동과 정신요양시설에 장기입원 중인 무연고 정신질환자의 실태조사를 실시하고 관할 정신건강복지센터 등록지원
- 가정폭력 피해자, 위기가정으로 가족 및 친인척의 도움을 받을 수 없는 정신질환자의 공공지원 프로그램 개발

3) 정신질환자 권익신장 및 인권강화

- 정신질환자의 고용, 교육훈련, 각종 서비스 이용 등에 차별이 없도록 법령·제도 등에 대한 실태조사를 시행하고 개선방안 마련
- 민간분야에서 정신질환자에 대한 불합리한 차별 현황에 대해서도 모니터링 시스템을 구축하고, 차별해소를 적극권고
- 정신질환자의 인권을 보호하고 사회적 차별을 해소하기 위한 정신질환자 권익옹호기관 육성 추진
- 정신질환자 지원을 위해 회복된 정신질환자·당사자 가족을 동료·가족 지원가로 양성하고 정신질환자 권익옹호 활동에의 참여 보장
- 당사자 단체가 직접 기획·운영하는 수요자 관점의 경험 공유 플랫폼 프로그램을 적극 발굴·지원 추진

2. 복지서비스와 정신건강사회복지사의 과제

정신질환자와 그 가족의 복지서비스 욕구에 가장 효과적으로 부응할 수 있는 주체는 다름 아닌 정신건강사회복지사이다. 향후 정신질환자의 복지서비스의 활성화를 위한 정신건강사회복지사의 역할에 대한 제안은 다음과 같다.

첫째, 정신건강복지법과 현장의 괴리는 제4장 복지서비스 제공에서 재현될 우려가 생긴다. 이에 대한 대책을 강구하는 것은 정신건강사회복지사의 책무임을 상기하여야 한다. 우선, 법이 실현될 수 있도록 하위 법령과 시행규칙을 정비하고, 관련 지침과 안내서, 연차별 기본계획이 세부적으로 수립될 수 있도록 적극적인 정책활동을 펼쳐야 한다.

둘째, 복지서비스 개발자로서 선두적 역할을 하여야 한다. 정신건강문제해결을 위한 연구가 정신의료 및 보건모델에 입각한 연구에 치우쳐 있음을 자각하고, 복지서비스 개발을 위한 연구의 비중을 높일 수 있도록 관련부서를 설득함과 동시에, 역량 있는 연구인력을 양성하고 관련업무에 진출할 수 있도록 하여야 한다.

셋째, 정신질환자를 위한 고용창출 및 직업재활 지원을 위한 다양한 정책활동과 직접서비스 제공에 매진하여야 한다. 실제적인 직업재활 지원을 수행할 수 있는 정신재활시설을 운영하여 성과를 만들고 이를 통해 지역별로 정신재활시설을 확대할 수 있도록 하여야 한다. 또한 2022년 4월부터 정신건강전문요원으로 작업치료사가 추가되는 바, 재활의 현장에서 직업재활 서비스에 대한 전문성과 경쟁력을 확보할 수 있어야 할 것이다.

넷째, 정신질환자의 평생교육은 진행되어야 할 과제가 광범위한 만큼, 실제적인 지원의 방향성 정립을 위한 기초연구에서부터 시작하여 관련된 교육기관과의 협력관계 구축을 진행해야 한다. 또한 평생교육을 통한 재활, 회복, 자립의 성과를 도출해 낼 수 있는 시범사업도 진행해 보는 것이 필요하다.

다섯째, 문화, 예술, 여가, 체육활동에 대한 지원은 기존의 치료 및 재활의 수단을 넘어 문화적 기본권으로의 인식전환을 주도하는 것이 필요하다. 정신적 고통이 있기 때문에 이로부터 소외되어 왔던 것에서, 정신적 고통이 있기 때문에 보다 더 풍요로운 문화적 기본권을 누릴 수 있어야 한다.

끝으로, 정신건강복지법과 커뮤니티케어의 정책에 힘입어 소비자 옹호활동의 물결까지 드세게 몰아치는 힘을 발휘할 수 있도록, 정신건강사회복지사는 정신질환자와 가족의 입장에 위치해야 할 것이다. 그러한 입장의 힘은 결국 정신질환자의 시설화, 지역사회

단절이라는 장벽을 허물어 내는 데 작용될 것이다.

참고문헌

강원도정신건강복지센터 (2018). 단기직업재활프로그램 함께 손 job go 매뉴얼.

권재현·이정복·윤미경 (2020). 일반 평생교육과 장애인 평생교육 통합체제구축의 정책변화과정 영향요인 분석. 평생교육학연구, 26(2), 103-134.

김도현 (2009). 장애학 함께 읽기. 그린비.

민성길 외 (2007). 최신정신의학. 일조각.

박경수, 이용표, 장혜경, 노수희 (2012). 장기재원 정신장애인의 당사자 관점에서의 탈원화 실태조사. 서울특별시.

박재우 (2020). 지역사회지원체계 강화를 위한 토론회. e마인드포스(http://www.mindpost.or.kr).

박종익, 장흥석, 이진석, 이명수 (2008). 장기입원의 구조적 원인과 지속요인. 국가인권위원회.

보건복지부 (2019). 2020년도 보건복지부 연구개발(R&D) 예산 보도자료.

백수현 (2020). 조현병 환자의 집단 가족교육에 대한 고찰 및 국내상황에 적용 가능한 프로그램 제언. J Korean Neuropsychiatr Assoc, 59(3), 215-227.

백은령, 최복천 (2020). 자립생활 20년, 회고와 전망: 당양성과 연대의 관점에서. 한국장애인복지학회 · 한국장애학회 연합 추계 학술대회 자료집, 인사말.

송승연 (2020). 정신장애인 주거서비스 이용에 영향을 미치는 요인 연구. 정신건강과 사회복지, 48(2), 33-62.

신혜경, 심주철, 공보금, 강제욱, 문정준, 김현정, 김정민, 강은찬, 정도운 (2013). 조현병 단기 가족교육 프로그램이 가족 부담과 환자에 대한 감정에 미치는 효과. Korean J Schizophr Res, 16(2), 62-68.

심경순 (2016). 정신장애인을 대상으로 한 인문학적 문화예술교육프로그램에 참여한 정신보건전문가의 경험. 한국사회복지질적연구, 10(2), 223-248.

오수경, 구보경 (2019). 장애인 문화여가활동 현황 연구. 예술교육연구, 17(4), 1-17.

오유라, 이승연, 박슬기, 김서윤, 김나영, 조성준 (2018). 정신장애인 주거서비스 욕구조사. 정신보건, 8, 62-69.

이미정 (2016). 정신장애 평생교육 지원방안에 관한 토론문. 한국정신건강사회복지학회 학술발표논문집, 11, 59-62.

전현주, 허유정, 고영훈, 이재헌 (2018). 만성정신질환자의 자립 및 주거 서비스에 대한 요구도 조사. 정신신체의학, 26(2), 145-151.

정신건강R&D사업단 (2021). 정신건강문제해결연구 연구과제 지원현황, 홈페이지 (http://www.mhrnd.re.kr).

조창빈, 김두영 (2020). 장애유형별 평생교육 프로그램 이용 현황 및 요구. 평생학습사회, 16(2), 233-259

중앙정신건강복지사업지원단 (2019). 정신건강동향, 12.

중앙정신건강복지사업지원단 (2020). 정신건강동향, 16.

최인철 (2018). 굿라이프: 내 삶을 바꾸는 심리학의 지혜. 21세기북스.

한지연, 심경순 (2016). 지역사회 문화예술활동에 참여한 정신장애인의 역량강화에 관한 현상학적 연구. 정신보건과 사회사업, 44(3), 296-324.

황정우 (2020). 마음호수에 던진 회복의 물결. 지식과 감성.

황정우 (2011). 정신장애인의 행복감 영향요인 연구. 숭실대학교 박사학위논문.

Anthony, W. A. (1993). Recovery from mental illness: The guiding vision of the mental health services system in the 1990s. *Psychosocial Rehabilitation Journal, 16*(4), 11-23.

Garlan, E. L., Fredrickson, B., Kring, A. M., Johnson, D. P., Meyer, P. S., & Penn, D. L. (2010). Upward spirals of positive emotions counter downward spirals of negativity: Insights from the broaden-and-build theory and affective neuroscience on the treatment of emotion dysfunctions and deficits in psychopathology. *Clinical Psychology Review, 30,* 849-864.

Lefley, H. P. (1989). Family burden and family stigma in major mental illness, *Am Psychol, 44,* 556-560.

Vaillant, G. E. (2010). 행복의 조건. 이덕남 역. 프런티어.

PART 03

정신건강이론 및 실제 1

7장

임상심리학

김근향
(대구대학교)

최근 4차 산업혁명의 시대가 도래 하면서 인공지능을 비롯한 첨단 과학기술의 발전이 급속도로 이루어지고 있다. 첨단 과학기술의 시대를 이끌어가는 데에도 그로 인한 반대 급부를 해결하는 데에도 심리학은 중요한 역할을 하고 있다. 인지신경과학과 같은 영역이 전자라면 임상심리학은 바로 후자에 해당되는 심리학 영역이다. 임상심리학자인 저자가 직접 꺼내기에는 다소 부끄럽지만 '임상심리학은 심리학의 꽃이다'라는 심리학 영역에서의 클리셰는 임상심리학의 특징을 잘 드러낸다. 그만큼 임상심리학은 심리학의 다양한 기초 영역을 바탕으로 오랜 시간을 거쳐야만 말 그대로 '꽃'을 피울 수 있는 응용학문이며 그 결과물은 꽃처럼 아름답다. 왜냐하면 정신건강을 다루는 다른 영역들과 마찬가지로 임상심리학은 인간 심리와 행동의 비정상을 정상 또는 적응적인 수준으로 회복시키는 고귀한 작업이기 때문이다. 그럼에도 불구하고 대중은 물론 정신건강서비스 영역에서 함께 일하고 있는 사회복지사 또한 임상심리학과 임상심리사에 대한 이해가 부족하고 오해도 많아 안타깝다. 본 장을 통해 정신건강임상심리사와 동일한 정신건강전문요원이라는 자격 내의 다른 직역인 정신건강사회복지사들이 임상심리학과 임상심리사에 대한 이해를 높여 사회의 여러 분야에서 서로 좋은 협력자로서 상생할 수 있기를 기대한다.

Ⅰ. 임상심리학의 정의

한국임상심리학회에서는 임상심리학이란 '심리학의 한 분야로서 개인이나 집단이 겪는 심리적인 문제를 이해하고 평가하며 치료(예방 포함)하는 것에 초점을 두는 심리학의 한 분야'로 정의한다. 이와 관련된 보다 구체적인 내용은 한국임상심리학회 홈페이지(http://www.kcp.or.kr)에서 확인이 가능하니 관심 있는 분들은 해당 사이트를 통해 확인하기 바란다. 서양에서 수입된 많은 학문들이 미국을 모델로 하는 경우가 많은데 심리학 분야는 특히 미국의 학문체계를 따라가고 있는 것이 현실이다. 이해를 돕기 위해 미국심리학회의 12분과인 미국임상심리학회(www.apa.org/divi12)에서 최근 표방하고 있는 임상심리학에 대한 정의를 살펴보면 임상심리학에 대해 좀 더 구체적인 내용을 알 수 있다. 그 내용은 다음과 같다.

> '임상심리학 분야는 부적응과 장애와 불편감을 이해하고 완화시키며, 인간의 순응과 적응 및 개인적 발달을 증진시키기 위해서 과학의 이론과 실천을 통합한다. 임상심리학은 다양한 문화권과 모든 사회경제적 수준에서 전 생애에 걸쳐 인간 기능의 지적, 정서적, 생물학적, 심리적, 사회적, 행동적 측면들에 초점을 맞춘다.'

이와 같은 정의들이 임상심리학자들이 무슨 일을 하고 있는지에 대해 설명하고 있지만 여전히 임상심리학이 무엇인지에 대해서는 이해가 어려울 것이다. 게다가 독자들은 '임상심리사'라는 명칭과 '임상심리학자'라는 명칭에 대해서도 혼란을 느낄 수 있을 것이다. 먼저 이 부분에 대해 설명하면, 임상심리학자는 'Clinical Psychologist'라는 영문 명칭을 번역한 것으로서 엄격한 잣대로 볼 때, 임상심리학 영역에서 박사학위(Ph. D; Doctorate of Philosophy)를 받은 전문 학자를 지칭하는 것에 국한되지만 우리나라에서는 통상적으로 임상심리학을 전공하고 관련 영역에 종사하고 있는 자들을 통칭하는 용어로 사용된다. 임상 현장에서 실무를 담당하는 것을 강조하여 임상심리 분야를 직업군으로 분류할 경우에는 흔히 '임상심리사'라는 명칭을 사용한다. 하지만 임상심리사를 영문으로 번역할 경우, 해당되는 정확한 명칭이 없어 'Clinical Psychologist'라고 쓰는 경우가 많다. 결국 임상심리학자와 임상심리사는 우리말로는 이와 같이 다르게 표현되지만 영문으로는 동일하게 해석되는 점이 있다는 것을 염두에 두어야 할 것이다. 또한 임상심리학의 심리치료적 측면을 강조하여 정신건강 분야의 여러 치료사 즉, 미술치료사나 언어치료사, 놀이치료사 등과 같은 치료사들과 구별하기 위해 '심리치료사'라는 명칭을 사용하기도 하나, 이는 임상심리 영역 중 일부에 국한된 것이므로 이점을 고려하여 사용하여야 할 것이다.

먼저 임상심리학과 관련된 현행 자격에 대해 살펴봄으로써 어떤 과정을 거친 사람들이 어떤 수준의 자격을 취득할 수 있는지 또 그 자격들 간에는 어떤 차이가 있는지를 알아보겠다. 그 후에 다른 인접 전문가들과의 차이점과 유사점에 대해서 살펴보고 임상심리학자들의 주요업무를 구체적으로 논의함으로써 임상심리학에 대한 독자들의 이해를 돕고자 한다.

〈표 7-1〉 한국의 임상심리학 관련 자격제도

자격 명칭	자격 구분	시행기관	학력 조건
임상심리전문가	민간자격	한국심리학회 및 한국임상심리학회	석사 이상
정신건강임상심리사	국가전문자격 (약칭, 정신건강복지법)	보건복지부	1급: 석사 이상 2급: 학사 이상
임상심리사	국가기술자격 (국가자격기술법)	한국산업인력공단	1급: 석사 이상 2급: 학사 이상

출처: 신민섭 외(2019).

Ⅱ. 우리나라의 현행 임상심리학 관련 자격

1. 임상심리전문가

한국임상심리학회에서 주관하고 한국심리학회에서 최종 승인하여 발급하는 일종의 민간자격이다. 우리나라에서는 임상심리학 분야에서 가장 오래된 자격으로서 2021년 3월 기준으로 1,700여 명에 이른다. 역사에 비해 임상심리전문가의 숫자가 상대적으로 적은 것은 이 자격을 부여하는 한국임상심리학회가 해당 수련과정과 자격취득 등을 엄격하게 관리해 왔기 때문이다. 임상심리전문가 자격을 취득하기 위해서는 심리학과 대학원에서 임상심리학을 전공하거나 임상심리 수련에 필수적인 과목들을 이수하여 심리학 석사 또는 박사를 취득한 후에 병원 정신건강의학과 등의 수련기관에서 3년 이상 소정의 수련과정(이중 1년은 학회에서 정하는 필수수련기관에서의 수련이 반드시 포함되어야 함)을 거쳐 자격심사를 통과하여야 한다. 이러한 과정은 학부 졸업 후 대략 6년 이상의 긴 기간으로 의사들이 정신건강의학과 전문의를 취득하는 정도의 시간에 상응한다고 볼 수 있다. 임상심리전문가는 민간자격이지만 정신건강임상심리사 자격과 같은 관련 국가자격증이 생기기 전까지는 정신건강의학과에서 발급하는 진단서에 첨부하는 심리평가를 시행하고 보고서를 작성할 수 있는 유일한 공인 자격이었다. 임상심리전문가 자격은 현재도 여전히 질적인 면에서 대내외적으로 공신력이 있는 자격으로서 임상심리학 분야에서는 정신건강임상심리사 1급과는 별개로 석사들이 선망하는 자격이다. 현재 매년 100여 명의 임상심리전문가가 배출되고 있으며 배출된 임상심리전문가는 다양한 정신건강 서비스 현장에서 임상심리 관련 전문직으로 일하고 있다. 또한 대학의 임상심리학 전공교수는 지도학생들의 수련감독자가 되어야 하므로 임상심리전공 교수로 임용될 때에는 임상심리전문가 자격이 필수적으로 요구되고 있다.

2. 정신건강임상심리사

정신보건법(현, 정신건강증진 및 정신질환자 복지서비스 지원에 관한 법률)에 근거하여 만들어진 국가자격으로 정신건강전문요원의 여러 직역 중의 하나를 구성한다. 이 자격은 임상심리전문가 자격에 비해서는 비교적 근래에 만들어졌고 국가자격이라는 이점이 있지만 시행 초기에는 기존의 임상심리전문가 자격을 우선시하는 풍토로 관심이 적었고 임상심리전문가 자격에 부수적으로 정신건강임상심리사 자격을 취득하는 것이 선호되었다. 현재도 임상심리전문가 수련과 정신건강임상심리사 수련 과정을 동시에 운영하고 있는 경우가 많지만 정신건강임상심리사 수련과정 만을 운영하는 기관(정신요양기관, 사회복귀기관 등)도 존재한다. 정신건강전문요원 수련과정 중 1급 과정을 가장 많이 운영하는 직역이 임상심리 직역이며 학부 졸업만으로 지원이 가능한 2급 수련의 경우에도 석사 취득자들이 많고 그중 일부만 학부 졸업생으로 구성되고 있는 것이 현실이다.

관련 법령에 명시된 2급 수련자격은 학부 졸업이지만 실제 학부 졸업만으로도 진입이 어려운 영역이라고 할 수 있다. 또한 사회복지 관련 졸업자가 사회복지사 자격증을 취득하는 것과는 달리 심리학과를 졸업한 후에는 특정 자격증을 취득하는 것이 아니기 때문에 정신건강임상심리사 수련을 받기 위한 학부 졸업자와 석사 취득자들은 교과 중에 수련에 필요한 과목들을 이수해야 한다. 수련과정 이수 후 학습평가는 한국임상심리학회의 자격관리위원회에서 관할하고 있으며, 정신건강임상심리사의 권익 등과 관련된 활동은 한국임상심리학회의 직능단체 중 하나인 정신건강임상심리사협의회에서 맡고 있다.

3. 산업인력공단 임상심리사

산업인력공단에서 관리하는 국가기술자격으로 임상심리전문가와 정신건강임상심리사와 같은 전문적인 자격에 비해서는 취득이 용이한 자격이다. 임상심리사 2급의 응시자격은 임상심리와 관련하여 1년 이상 실습수련을 받은 자 또는 2년 이상 실무에 종사한 자로 대학졸업자 및 졸업 예정자이며, 1급 응시자격은 임상심리와 관련하여 2년 이상 실습수련을 받은 자 또는 4년 이상 실무에 종사한 자로서 심리학 분야에서 석사학위 이상의 학위를 취득한 자 및 취득 예정자와 2급 자격 취득 후 임상심리와 관련하여 5년 이상 실무에 종사한 자이다. 상기한 응시자격만 충족한다면 응시가 가능하지만, 실습수련에 대한 지침이 명확하지 않고 실제로 수련이 가능한 기관의 부족으로 응시가 쉽지 않으며 합격률 또한 낮은 편이다. 게다가 임상심리전문가나 정신건강임상심리사 수련과는 달리 수련의 질적 관리 등이 소홀할 가능성에 대해 계속 지적받고 있으며 산업인력공단의 다른 기술자격들에 비해 취득이 어려움에도 불구하고 취득 후에는 임상심리 영역에서 활동하고 있는 기존의 임상심리전문가나 정신건강임상심리사로 인해 임상심리 분야의 전문가로의 활동하는 데에는 제약이 크고 임상이라는 정신건강서비스 분야가 요구하는 전문성으로 인해 임상심리사 자격 취득자들이 현장에서 활동하기가 쉽지 않은 것이 현실이다. 이러한 점들로 인해 이 자격의 실효성이 적다는 지적도 심심치 않다. 하지만 임상심리 관련 전문인력이 부족한 수도권 이외의 지방들에서는 산업인력공단 임상심리사 자격자들의 진출이 이루어지고 있다. 또한 국가자격이기 때문에 임상심리 관련 업무의 수행이 필요한 공공기관에서 해당 업무를 수행할 인력을 채용할 때, 정신건강임상심리사와 함께 산업인력공단 임상심리사 자격을 지원요건으로 명시하는 경우가 많다는 점은 이점이 될 수 있을 것이다.

한편, 이 자격의 법적인 명칭이 '임상심리사'이기 때문에 임상심리학 분야에서 일하는 심리학자들을 통칭하는 임상심리사라는 명칭과 혼동이 될 수 있다. 이로 인해 임상심리전문가나 정신건강임상심리사는 자신들을 산업인력공단의 임상심리사 자격과 구분하기 위해 임상심리전문가나 정신건강임상심리사 또는 임상심리학자라는 말을 더 선호하는 경향이 있다.

Ⅲ. 임상심리학자의 역할

1. 인접 전문가와의 비교

1) 정신건강의학과 의사

정신건강의학과 의사는 의학적 전통에 뿌리를 둔 의사로서 이들이 학문적 뿌리를 비록 프로이트나 융 등의 비의학적 공헌에 두고 있다 하더라도 의료전문가로서의 권력과 지위를 소유한다. 정신건강의학과 의사는 의사라는 사실 때문에 정신건강전문가들의 위계서열에서 높은 지위를 차지해 왔고, 그들의 의견이나 주장들은 기본적으로 의학적 배경에 기초한다. 정신건강의학과 의사들은 정신의학적 진단과 치료뿐만 아니라 의학적 수련을 받기 때문에 약물을 처방하고 신체질병을 치료하며 신체검사를 할 수 있다. 미국의 경우에는 임상심리학자 등 정신건강 영역의 전문가들이 자신이 활동하는 주(State)의 법에 따라 제한적으로 약물처방이 가능하지만 우리나라에서는 약물 처방권은 의사에게만 있다. 임상심리학자들은 정신병리와 진단에 대한 지식을 습득하고 그와 관련된 임상수련을 받기 때문에 정신건강의학적 진단을 내릴 수는 있지만 의사와는 달리 심리학이라는 인문사회과학에 학문적 토대를 두고 있기 때문에 인간에 대한 기본적인 시각과 오리엔테이션이 의사와는 차이가 있다. 정신건강의학과가 개설되어 있는 대학병원 중에는 교수진(faculty)으로 포함되어 있는 임상심리전문가가 일부 존재하는데, 이들은 의과대학의 교수이지만 의학 전공자가 아닌 예외적인 부류로 분류되고 있다.

2) 정신건강의학과 사회복지사 또는 정신건강사회복지사

정신건강의학과에서 근무하는 정신건강사회복지사들의 전문적인 활동은 정신건강의학과 의사나 임상심리학자들의 활동과 유사하다. 미국의 경우에는 정신건강의학과에서 근무하는 많은 사회복지사들이 개인 또는 집단심리치료를 행하고 있으며 진단과정에도 기여한다. 과거에는 사회복지사들이 주로 환자의 어려움을 유발하는 사회적 압력이나 외적인 환경을 다루는 경향이 있었지만, 현재는 정신건강의학과 의사나 임상심리학자들과 업무의 경계가 희미해져 가고 있는 추세이다. 우리나라의 경우, 정신건강의학과에서 사회복지사들은 사회사업조사와 같은 개인력 조사와 정신교육, 가족상담, 지역사회와의 연계 등을 주로 담당하고 있다. 이에 비해 임상심리학자들은 주로 심리평가와 진단, 인지행동치료 등을 위주로 하는 경향이 있다. 정신건강의학과 의사와 임상심리학자, 정신간호사와 함께 사회복지사들은 정신건강의학과 영역에서 팀접근(Team Approach)으로 적극적인 활동을 하고 있다.

정신건강사회복지사들의 경우, 정신건강의학과와 같은 의료현장 외에도 정신건강복지센터를 비롯한 다양한 공공기관과 센터 등에서 사례관리 등 다양한 업무들을 수행하고 있다. 동일한 기관에 근무하는 임상심리사들은 사례관리보다는 심리평가와 심리치료 업무에 더 중점을 두는 경향이 있다.

3) 정신건강의학과 간호사 또는 정신건강간호사

정신건강의학과 간호사는 환자와 가까이 접촉하며 많은 시간을 보내므로 그들은 환자가 병원생활에 잘 적응하고 있는지에 대한 정보를 제공할 뿐만 아니라, 적절한 치료적 환경을 조성하는데 결정적이고도 민감한 역할을 담당하고 있다. 이들은 정신건강의학과 의사나 임상심리학자, 정신건강사회복지사와 긴밀하게 협력하면서 치료적인 권고를 실행에 옮긴다. 일부는 정신간호사 또는 정신건강간호사 자격을 취득하기도 한다.

4) 상담심리학자와 건강심리학자

임상심리학자의 활동은 상담심리학자의 활동과 중복된다. 전통적으로 상담심리학자들은 정상이나 중등도의 적응문제를 지닌 사람들을 대상으로 일한다. 그들의 임무는 집단상담이나 개인상담이다. 하지만 상담심리학자들은 비교적 가벼운 수준의 정신장애가 있거나 적응문제를 지닌 내담자들에게 서비스를 제공하는 것에 비하 임상심리학자들은 보다 심각한 수준의 정신장애를 지닌 사람, 즉 환자를 대상으로 하는 경우가 많으며 심리학적 장애에 대한 연구들을 더 많이 수행한다. 또한 미국의 경우도 그러하지만 국내에서도 임상심리학 분야 진입의 문턱이 상대적으로 상담심리학 분야에 비해 높은 편이다.

건강심리학 분야는 비교적 최근에 발전하기 시작했지만 급성장하고 있는 분야이다. 건강심리학은 정신건강을 지향하는 것 외에 기본적으로 신체의 건강에 영향을 끼칠 수 있는 심리적, 정신적 영역 예를 들어, 흡연, 비만, 수면 등과 같은 영역을 주로 다룬다. 건강심리학자들은 그와 같은 영역에 대한 연구나 실무를 통해서 건강의 증진과 유지에 공헌하는 사람들이다. 그들은 또한 신체질병의 예방과 치료에 관여한다. 최근에 생겨난 영역이므로 이 영역은 임상심리학, 상담심리학, 사회심리학 등을 포함하는 다양한 배경을 가지고 있다. 임상심리전문가 중에는 한국심리학회 공인 자격 중에 하나인 상담심리전문가 또는 건강심리전문가 자격을 동시에 취득한 경우가 종종 있는데 이 점은 상담심리학과 건강심리학이 임상심리학과 그 본류는 같다는 것을 보여주는 것이라 하겠다.

2. 활동 영역

다루는 문제들로 임상심리학을 정의하자면 끝이 없다. 선진국의 경우, 임상심리학자들이 다루는 문제의 수와 종류는 광범위한데 대략 심리치료, 진단 / 평가, 교육, 임상 슈퍼비전, 연구 / 저술, 자문, 행정 등으로 나눌 수 있다. 하지만 국내의 경우에는 다소 제한적이다. 그러나 최근에 임상심리학자들은 국가기관과 기업체와 학교 등 매우 다양한 영역으로 진출하는 등 그 영역이 점차 확대되고 있다. 여기에서는 문제의 종류나 활동 공간 등이 아닌 활동의 형태에 따라 내용을 분류하고 그에 대해 간략하게 살펴보겠다.

1) 진단 / 평가

평가는 관찰, 검사, 면담 등을 활용하여 중요한 질문에 대해 대답을 얻거나 어떤 문제가 해결될 수 있도록 정보를 수집하는 방법이다. 평가는 오랫동안 임상심리학자의 역할 중 중요한 부분으로 여겨져 왔고 주로 심리검사를 활용한 평가가 이루어져 왔다. 특히 환자나 내담자들의 내원 초기에 그들의 상태와 문제를 다양한 심리검사 도구와 면담을 통해 평가하고 해석하는 데 주력하였다. 심리검사 중에는 실시와 해석이 간단한 것도 있지만 심리검사 자체에 대한 지식뿐만 아니라 기초적인 심리학적 지식과 방법론에 대한 이해를 바탕으로 정신병리적 지식을 활용하고 실제 임상적 경험을 접목하여 주의 깊게 실시하고 그 결과를 해석해야 하는 경우가 많기 때문에 진단과 평가는 면밀하게 이루어져야 한다. 동시에 윤리적인 문제를 고려하여 비전문가에 의해서 평가가 시행되어 오용되지 않도록 해야 할 것이다.

2) 치료적 개입

정신건강의학과 영역에서 일하는 모든 전문가들은 다양한 형태의 치료와 개입을 시도한다. 치료자에 따라 선호하는 개입의 방법은 다르겠지만 임상심리학자들이 정신과에서 많이 시도하고 있는 것은 주로 인지행동치료이다. 하지만 인지행동치료가 임상심리학자들의 유일한 개입방법은 아니며 각자가 처한 상황이나 소속된 기관이 요구하는 것과 환자의 특성 등에 따라 다양한 치료적 개입을 시도하고 있다. 대체로 국내에서는 사회복지사들이 사회기술훈련이나 알코올 교육, 가족 교육과 같은 집단을 대상으로 한 개입을 많이 담당하고 있는 것에 비해 임상심리학자들은 특정 장애에 대한 개인 및 집단 심리치료를 담당하는 경우가 많다.

3) 임상 슈퍼비전

수련감독자의 경우에는 수련과정 중에 있는 자들의 심리평가와 치료에 대한 슈퍼비전에 할애하는 시간이 많을 것이다. 복잡한 치료와 평가 기법에 숙련되기 위해서는 단지 책을 읽는 것 이상의 무엇을 필요로 한다. 그것은 내담자들을 만나고, 그 사례를 경험이 더 많은 수련감독자와 토의하는 것을 포함하는데 개별적으로나 집단으로 슈퍼비전이 이루어진다.

4) 연구

임상심리학은 학문적인 연구의 전통에서 성장하였다. 임상수련 프로그램들이 처음 도입되었을 때, 과학자-임상가(scientist-practitioner) 모델이 채택됨으로써 임상심리학자들은 과학자인 동시에 임상가로 훈련되었다. 현재는 연구에 대한 그와 같은 전통적인 강조가 과거만큼 두드러지지는 않지만 임상심리학자들은 스스로를 연구자로서 개념화하는 경향이 있다. 이는 정신건강 영역에서의 연구가 임상심리학자들에 의해서만 수행된다는 뜻이 아니라 임상심리학이라는 학문적 특성과 수련모델의 지향으로 인해 임상심리학자들은 어떤 집단보다도 연구를 선호하고 연구를 수행하기에 적합한 사람들이라고 하겠다. 임상심리학자들에 의해 수행되는 연구에는 정신장애의 원인에 대한 탐색, 평가도구의 개발과 타당화, 치료기법들에 대한 평가, 심리학적 변인에 대한 규명 등이 포함된다.

5) 자문

자문은 다양한 장면에서 다양한 형태로 제공된다. 자문은 임상 사례에서부터 업무, 인사, 이윤 등의 문제까지 전 영역을 포괄한다. 자문은 개인들을 다룰 수도 있고 전체 조직을 다룰 수도 있다. 자문을 행하는 장면이나 자문의 특정한 목적을 막론하고 오늘날 자문은 임상심리학자들의 중요한 활동 영역이 되었다. 정신건강의학과 영역이 아닌 다른 영역으로 진출한 임상심리학자들 중에서는 임상심리학적 지식과 경험을 토대로 특정 영역을 다루는 자문기관을 운영하거나 전문 자문가로 활약하는 경우가 많으며 기업체나 공공기관(병무청, 교정기관 등)에서 해당 기관이나 부서가 필요로 하는 특정 목적을 위한 자문이나 평가, 개입 등의 업무를 담당하기도 한다.

Ⅳ. 임상심리학적 평가

1. 심리평가의 정의

정신건강 영역에서 일하는 인력 중에서도 심리학적 평가를 심리검사의 동의어로 생각하는 사람들이 많다. 하지만 심리학적 평가는 단순히 심리검사의 실시와 해석만을 의미하는 것이 아니다. 심리평가는 의뢰된 환자나 내담자의 주호소와 상태, 평가의 목적에 따라 심리검사들을 구성하여 검사를 시행하고 그 결과를 관찰된 행동과 면담을 통해 얻어진 여러 가지 정보들과 통합하여 해석하는 다면적인 과정이다. 심리평가 결과를 해석하고 보고서를 작성하는 것은 각 심리검사에 대한 기본지식과 실시방법에 대한 이해뿐만 아니라 정신병리에 대한 지식, 검사에 대한 방법론적 지식 그리고 임상경험을 통한 여러 가지 노하우 등이 요구되는 과정이다. 또한 심리평가는 초기 평가에 그치는 것이 아니라 다양한 시점에서 여러 가지 목적으로 이용될 수 있다. 심리평가의 대략적인 목적은 다음과 같다.

① 진단을 명료화하고 문제를 세분화한다.

② 증상과 문제의 심각도를 구체화한다.
③ 자아강도를 평가한다.
④ 인지기능을 측정한다.
⑤ 적절한 치료를 제시하고 치료효과를 평가한다.
⑥ 치료관계를 유도한다.
⑦ 개인의 정신역동을 이해한다. 등

심리평가의 과정은 대체로 다음과 같다.
① 의뢰된 문제를 분석한다.
② 적절한 평가절차와 시행할 심리검사를 결정한다.
③ 검사를 시행하고 채점한다.
④ 결과를 종합하여 치료자들에게 전달하고 치료에 적용한다.

이와 같이 실시된 심리평가 결과의 해석은 반드시 체계적인 수련과정을 거친 임상심리학 관련 자격자에 의해 이루어져야 한다. 검사에 따라 실시 및 해석자의 자격요건이 다르지만 일반적으로는 임상심리학을 비롯하여 심리학에 대한 전문적인 지식이 요구되기 때문에 자격이 있는 임상심리학자에 의해서 심리검사가 다루어지는 것은 중요하다.

심리검사를 구분하는 방법은 다양하다. 그 중에서 측정내용과 제작방법에 따라 투사(projective) 검사와 객관적(objective) 검사로 구분하는 것이 일반적이다. 이 두 가지 방식은 검사시행의 방법, 반응에 대한 채점방식을 일정한 표준절차에 따르는 소위, 표준화된 검사라는 점에서는 공통점이 있지만 구체적인 특성은 다음 <표 7-2>에 제시한 것처럼 서로 달라 상호보완적으로 사용될 경우 개인에 대해 보다 풍부한 정보들을 제공할 수 있다.

투사검사의 자극들은 대체로 모호하거나 지시가 불분명하다. 이와 같은 모호성에 투사검사의 가치가 숨어 있다. 검사 자극이 모호할수록 지각적 자극을 인지적으로 해석하는 과정에서 개인의 욕구와 관심 그리고 심리적 구조의 영향을 더 강하게 받는 경향이 있기 때문이다. 이와 같이 투사검사는 비 구조화된 검사과제를 제공하며 동시에 개인의 다양한 반응을 허용해 준다. 이런 특징들로 인해 투사검사는 비구조적 검사라고도 불리어진다. 한 마디로 투사검사에서는 검사 도구를 개인의 문제해결방식, 사고방식, 내재된 욕구, 불안 그리고 갈등 등을 투사하는 스크린으로 보는 것이라고 할 수 있다. 이에 비해 객관

〈표 7-2〉 투사검사와 객관적 검사의 비교

비교점	투사검사	객관적 검사
장점	반응의 독특성 방어의 어려움 반응의 풍부함 무의식적 내용 반영	검사실시의 간편성 검사의 신뢰도 및 타당도 평가의 용이성 객관성 증대
단점	상황적 요인의 영향력이 큼 신뢰도 부족 타당도 부족	사회적 바람직성이 작용할 가능성 특정 반응 경향성 내용의 제한성
검사의 예	Rorschach ink blot test 주제통각검사 그림검사 문자완성검사 등	MMPI 그 외, 성격질문지 지능검사 신경심리검사 등

적인 검사는 검사 과제가 구조화되어 있고 일정한 형식에 따라 반응하게 되어 있다. 따라서 개인의 독특성보다는 개인마다 공통적으로 지니고 있는 특성이나 차원을 기준으로 하여 개인들을 상대적으로 비교하게 된다.

2. 주요 심리검사의 특징

여기에서는 현재 우리나라 임상현장에서 가장 많이 사용되는 심리검사들의 간략한 특징과 간단한 해석방법에 대해 살펴 볼 것이다. 정신과 사회복지사들은 정신과 환자에 대한 사례회의 등에서 심리검사 결과들을 자주 접하여 다음에 제시되는 심리검사의 이름 정도는 익숙할 것이다. 사회복지사들이 각 검사에 대한 구체적인 정보를 일일이 습득할 필요는 없겠지만 주요하게 사용되는 검사들이 어떠한 목적으로 어떻게 시행되고 대략 어떻게 해석되는지를 안다면 환자에 대한 이해가 높아지고 이를 바탕으로 하여 임상심리학자들을 비롯한 치료자들과 보다 깊이 있고 활발한 의사소통이 가능할 것이다. 또한 지속적으로 정신과 영역에 종사할 사회복지사라면 심리검사에 대한 더 많은 정보들을 접하기 전에 되도록 심리검사를 받아볼 것을 권한다. 지능검사는 제외하고서라도 치료자로서 MMPI-2와 Rorschach 검사와 각종 간단한 설문지형의 성격검사는 환자의 자료를 접하기에 앞서 직접 경험해 보는 것이 개인적 성찰을 위해서 뿐만 아니라 환자들을 이해하고 다루는 데 큰 도움이 될 것이다.

(1) 웩슬러형 지능검사

전 세계적으로 널리 사용되는 대표적인 지능검사로서 1939년에 David Wechsler가 개발하였다. 현재 국내에는 유아용, 소아용, 성인용 웩슬러형 지능검사가 존재하는데 성인용인 Korean-Wechsler Adult Intelligence Scale-IV(K-WAIS-IV, 황순택 · 김지혜 · 박광배 · 최진영 · 홍상황, 2011)이 사용되고 있으며 최근 아동용은 Korean-Wechsler Intelligence Scale for Children-V(K-WISC-V, 곽금주 · 장승민, 2019)로 출시되었다.

지능의 정의는 다양하여 공통적으로 받아들여지는 정의는 없지만 오랜동안 사람들은 새로운 상황에서의 적응능력, 배우는 능력, 추상적 사고와 같은 3가지 중의 하나를 받아들여 왔다(Trull, 2005). 지능 측정은 정신연령을 신체연령으로 나눈 것에 곱하기 100을 함으로써 산출되는 비율 IQ로 시작되었다. 하지만 그와 같은 방식은 한 개인이 연령이 증가함에 따라 점차 지능이 감소하게 되는 문제점이 있었다. 이후 그 문제점을 해결하기 위해 절대적인 연령의 개념이 아닌 자신이 속한 연령대의 다른 사람들과의 상대적인 비교를 통해 IQ를 산출하는 편차 IQ 개념으로 바뀌게 되었다. 현대사회에서 지능에 대한 평가는 여러 가지 목적으로 사용되지만, 임상장면에서는 지적장애의 판정을 위해 그리고 심리적인 문제로 인한 지적 능력의 저하나 질적인 변화를 평가하기 위해서 사용된다. 특히 지적장애의 판정은 개인의 능력에 대한 평가를 넘어서서 장애인 등록, 장애수당과 장애인 연금의 수급 등과 같은 사회복지 혜택과 관련하여 공정하고 정확하게 이루어져야 한다. 이를 위해 임상심리학자들은 신뢰로운 지능검사를 개발하는 것뿐만 아니라 적절하게 시행하고 정확하게 해석하는 것 또한 중요하다고 하겠다.

여기에서는 K-WAIS-IV에 대해 간단히 제시하여 웩슬러형 지능검사에 대한 정보를 제공하고자 한다. K-WAIS-IV의 소검사와 그에 대한 설명은 표 3에 제시하였다. 언어성 지능과 동작성 지능, 전체 지능의 산출에 초점을 두었던 이전 버전과는 달리 현재는 4가지 요인, 즉 언어 이해, 지각 추론, 작업 기억, 처리 속도의 차원에서 지능을 파악함으로써 소검사 각각의 해석을 배제하는 추세이다. 따라서 한 개인의 지적 능력을 이해하기 위해서는 단순히 IQ 수치 위주의 해석이 아닌 각 요인의 상대성을 고려해야 할 것이며, 정확한 수치보다는 산출된 IQ 수치의 신뢰도를 감안하여 범위의 개념(예: 평균 범위, 평균상 범위 등)으로 이해해야 할 것이다.

〈표 7-3〉 K-WAIS-IV 소검사 명칭과 그에 대한 설명

지표	소검사	설 명
언어 이해	공통성	제시되는 두 개의 단어를 듣고 공통점을 말하는 과제
	어휘	사물의 이름을 말하거나 뜻을 이야기하는 과제
	상식	교육과 학습으로 축적된 지식을 맞히는 과제
	이해	사회적 상황이나 인간행동의 원리 등에 관한 질문에 답하는 과제
지각 추론	토막짜기	제한 시간 내에 제시된 그림을 보고 토막을 사용해서 똑같이 만드는 과제
	행렬추리	불완전한 행렬을 보고, 제시된 행렬의 빠진 부분을 찾아내는 과제
	퍼즐	제한 시간 내에 퍼즐 조각들을 맞추어서 퍼즐을 완성하는 과제
	무게비교	제한 시간 내에 균형이 맞지 않는 저울 그림을 보고 저울이 균형을 이루도록 하는 선택지를 찾는 과제
	빠진 곳 찾기	제한 시간 내에 빠져있는 중요한 부분을 찾아 내는 과제
작업 기억	숫자	검사자가 불러주는 숫자들을 순서대로 또는 반대 순서로 따라 말하는 과제
	산수	제한 시간 내에 산수 문제를 암산하는 과제
	순서화	불러준 숫자와 글자들을 특정 기준에 맞게 말하는 과제
처리 속도	동형찾기	제한 시간 내에 제시된 그림 중 특정 기호와 같은 것을 찾는 과제
	기호쓰기	제한 시간 내에 숫자와 매칭된 기호를 옮겨 쓰는 과제
	지우기	제한 시간 내에 제시된 그림 중 특정 모양만을 찾아 표시하는 과제

(2) MMPI / MMPI-2

MMPI(Minesota Multiphasic Personality Inventory)는 1943년 출간된 후 가장 뛰어난 자기 보고형 검사로 여겨지고 있다. 현재는 개정되고 재표준화된 MMPI-2가 국내에서도 사용되고 있다. MMPI-2는 13세 이상(초등학교 6학년)의 읽기능력을 지닌 사람은 실시가 가능하다고 하며 개별 또는 집단으로 시행할 수 있다. 컴퓨터 채점이 가능하고 청소년용인 MMPI-A이 있으며 국내에서는 383문항으로 이루어진 단축형도 존재한다. MMPI-2는 567문항이라는 많은 문항 수에도 불구하고 현재까지 축적된 방대한 연구결과에 근거하여 세밀한 해석이 가능하여 지금도 각광받고 있다. 문항에 대한 답변은 예, 아니요 둘 중의 하나로 답변해야 한다.

MMPI-2를 포함한 자기 보고형 검사에 잠재되어 있는 가장 큰 문제는 다양한 수검 태도와 반응세트를 통해 왜곡되기 쉽다는 것이다. 예를 들어, 어떤 수검자는 자신을 좋게 보이려고 할 수 있고 다른 사람은 도움이나 동정 또는 특정한 의무를 면제받기 위해 고의로 나쁘게 보일 수 있으며, 또 어떤 사람은 문항 내용과 상관없이 거의 모든 문항에 동의하는 반응을 나타낼 수 있다.이와 같은 꾀병, 다른 반응 세트나 수검 태도, 부주의나

오해를 탐지하기 위해서 MMPI-2는 다양한 타당도 척도들을 도입하였다는 점에서 다른 자기보고식 검사들과 차별적 가치를 지닌다. 개인의 MMPI-2 프로파일을 해석하기에 앞서 그와 같은 타당도 척도를 통해 얻어진 정보의 MMPI-2 결과의 신뢰성을 확인한 후 그 정도를 감안하여 구체적인 내용에 대한 해석이 이루어진다.

〈표 7-4〉 MMPI-2 임상척도의 명칭과 그 내용

척도 번호	척도 명칭 (약자, 원어)	척도 내용
1	건강염려증 (Hs, Hypochondriasis)	신체 기능에 대한 과도한 관심.
2	우울증 (D, Depression)	비관주의, 무망감, 행동과 사고가 느려짐.
3	히스테리 (Hs, Hysteria)	갈등이나 책임을 피하려고 신체적, 정신적 문제를 무의식적으로 사용
4	반사회성 (Pd, Psychopathic deviate)	사회적 관습의 무시, 피상적 정서, 행동의 결과를 통해 배우지 못함.
5	남성성-여성성 (Mf, Masculinity-Femininity)	전통적 성 역할 간의 변별
6	편집증 (Pa, Paranoia)	비정상적 의심, 과대망상 또는 피해망상
7	강박증 (Pt, Psychathenia)	강박관념, 강박행동, 공포, 죄책감, 우유부단
8	정신분열병 (Sc, Schizophrenia)	기괴함, 이상한 사고와 행동, 철수, 환각, 망상
9	경조증 (Ma, Hypomania)	정서적 고조, 사고 비약, 과잉활동
0	사회적 내향성 (Si, Social introversion)	수줍음, 다른 사람에 대한 무관심, 불안전감

MMPI-2 척도의 점수가 높을수록 해당 척도의 특징을 많이 지닌 것이며 임상척도의 경우에는 점수가 높을수록 해당 정신병리가 심각함을 나타낸다. MMPI-2의 원점수는 T점수라는 일종의 표준점수로 변환되는데 평균은 T점수 50이며, 표준편차는 T점수 10이기 때문에 평균을 기준으로 1 표준편차 이내에 해당되는 T점수 40-60은 평균 범위에 속한 것으로 볼 수 있다. 하지만 2 표준편차를 넘어서는 T점수 60 이상의 경우에는 중등도 이상의 상승으로 보며, T점수 65 이상일 경우에는 의미 있게 상승된 것으로 해석한다. 상대적으로 낮은 점수에 대한 해석을 뒷받침할 연구는 부족하여 낮은 점수는 조심스럽

게 해석되어야 한다. 10개의 임상척도의 명칭과 설명은 표 4에 요약되어 있다. 구체적인 해석까지는 아니더라도 각 임상척도의 명칭과 다루는 영역에 대해 대략적으로 알아두기 바란다. 10개의 임상척도와 재구성척도, 내용척도 및 보충척도들은 개별적으로 해석되고 또한 프로파일의 형태와 코드 타입(상승된 여러 척도 쌍)으로 다양하게 해석되고 있다.

MMPI는 경험적 준거 방식의 대표적인 심리검사로 임상심리학에 대한 문외한이나 임상심리학자가 아닌 인접 전문가들에게는 신비롭고 마술 같은 해석을 제공해 주는 것으로 느껴졌던 점이 있었지만 때로는 그와 같은 이유로 타당하지 못한 해석을 제공하기도 하였다. 이와 같은 해석방식을 지양하고 보다 이론 중심적인 체계적 해석을 위해 최근에는 MMPI-2-RF(Reconstructed Form)가 출시되어 국내에서도 사용되기 시작하였다.

(3) Rorschach 검사

Rorschach 검사와 이어 설명할 TAT, 그림검사 등은 투사검사로서 MMPI, 지능검사와 같은 객관적 검사와는 차별화되는 나름대로의 독특성을 가지고 임상장면에서 활용되고 있다. Rorschach 검사는 투사검사, 나아가 심리검사의 대명사라고 할 정도로 유명하고 인상적인 검사이다. 이 검사는 10장의 잉크반점으로 이루어져 있으며 각 카드의 잉크 반점은 비구성적이고 대칭적인 모양으로 되어 있다. 이 검사는 1921년 스위스의 한 정신병원에서 Herman Rorschach 스스로 '심리학적 실험'이라고 칭하며 환자들에게 잉크 반점을 보여준 것을 토대로 연구되면서 초창기에는 정신분열병을 진단하는데 상당히 유용한 도구가 될 수 있다고 주장되었다. 이후 이 검사는 무의식에 대한 통찰을 줄 수 있는지에 대한 다양한 논란을 일으키며 한편으로는 다양한 학자들에 의해 나름대로의 채점과 해석에 대한 체계와 그에 따른 방대한 연구들이 이루어지면서 현재까지 임상현장에서 널리 사용되고 있다.

현재 가장 많이 사용되고 있는 채점과 해석의 체계는 Exner의 종합체계(Comprehension System)이다. 종합체계에서는 Rorschach에서 보이는 개인의 반응과정은 일련의 문제해결과정이라고 보았고 반응 개수, 시간, 카드의 방향을 기본적으로 파악한 뒤, 수검자가 잉크 반점의 어디를 보았는지(반응 영역), 왜 그렇게 보았는지(결정인), 무엇으로 보았는지(내용), 많은 사람들이 보고하는 반응이었는지(평범반응), 자극을 얼마나 조직화하려고 하였는지(조직화 활동), 특이한 반응이 있었는지(특수점수) 등과 같은 요소들을 채점하여 구조적 요약을 완성한다. 그 결과를 토대로 수검자가 세계에 주의를 기울이고 대상에 지각하는 방식, 지각한 것에 대해 생각하는 방식, 스트레스 관리에 유용한 적응 자원, 정서를 다루고 표현하는 방식, 자기 자신과 다른 사람에 대한 관점과 관계를 맺는 방식과 같은 군집들을 계열적으로 탐색한다.

Rorschach 검사와 같은 투사검사 반응을 양화하여 채점한다는 것이 생소할 지도 모른다. 얼핏 보기에도 Rorschach 검사는 복잡하다. 실제로 Rorschach 검사를 시행하고 해석하는 과정은 복잡하고 까다롭다. 하지만 잘만 해석된다면 어떠한 검사보다도 한 개인을 이해하는 데 유용한 정보를 제공할 수 있다. 따라서 Rorschach 검사를 실시하고 반응을 정확하게 채점하며 그 결과를 해석하는 데에는 관련 지식의 습득뿐만 아니라 전문적인 훈련과정이 필수적이므로 Rorschach 검사는 주의 깊게 다루어져야 한다. 검사의 독특한 특성과 강렬한 인상으로 인해 Rorschach 카드는 한 번 접하게 되면 쉽게 잊혀지지가 않을 것이다. 그와 같은 이유로 Rorschach 카드는 일반인들에게 알려지게 될 경우, 후에 정작 자신에게 필요한 검사를 받을 때의 반응을 오염시킬 소지가 있어 Rorschach 카드 자체가 대중적으로 알려지지 않도록 하는 것이 중요하다. 그럼에도 불구하고 최근에는 인터넷과 같은 매체의 발달과 무분별한 정보의 공개, 윤리의식의 결여 등으로 인해 Rorschach 카드 10장이 인터넷 사이트에 공개되는 등의 일이 벌어져 관계자들 사이에서는 논란이 된 바 있다. 이와 같은 검사의 윤리문제는 비단 Rorschach 검사에 국한된 것은 아니므로 이 글을 접하고 있는 사회복지사들 또한 환자나 내담자의 권익을 보호하고 정신건강 서비스의 잠재 고객의 권리를 보장한다는 측면에서 이 점에 대해서는 주의를 기울이기를 바란다.

〈그림 7-1〉 Rorschach(왼쪽) 와 TAT(오른쪽) 자극과 유사한 그림 자극

(4) TAT

주제통각검사로 번역되는 Thematic Apperception Test, 즉 TAT는 1943년에 Murray에 의

해 만들어져 Rorschach, 그림검사와 함께 가장 많이 사용되고 있는 투사검사이다. 지각(perception)이 감각 인상에 근거한 인식이라면, 통각(apperception)은 지각에 더하여 의미가 부가되는 것으로서 지각에 대한 의미 있는 해석을 말한다. TAT는 피검자에게 그림자극에 대해 이야기를 만들어 내도록 하고 그 이야기를 토대로 피검자의 내적 심리를 추론하는 방식이다. 흑백으로 인쇄된 30장의 그림카드와 백지카드로 구성되는데 각 카드는 연령과 성별에 따라 선택적으로 활용이 가능하다. Rorschach 검사가 사고의 과정을 중시한다면, TAT는 사고의 내용, 즉 주제에 초점을 두고 있으며 사회적 장면이 연출된 카드를 보고 이야기를 만듦으로써 대인관계에 대한 욕구와 갈등에 대한 정보를 준다. 특히 그림카드의 주인공을 중심으로 한 분석을 통해 개인을 다각적이고 연속적(과거, 현재, 미래 등)으로 파악할 수 있다. 본 글에서는 앞서 Rorschach 검사에서 설명한 바와 같이 검사자극들을 노출할 수 없어 교육용으로 배포하고 있는 원 검사와 유사한 자극들을 제시하여 독자들의 이해를 돕고자 한다. Rorschach 및 TAT와 유사한 자극들은 그림 1에 제시하였다.

(5) 그림검사

그림검사에는 사람, 집, 나무 등의 그림을 그리게 하는 집-나무-사람 그림검사(House-Tree-Person Drawing Test), 인물화(Draw A Person Test), 가족 간의 역동에 대해 탐색할 수 있는 가족화 검사(Kinetic Family Test) 등이 있다. 그림검사는 임상현장에서 가장 손쉽게 활용할 수 있는 검사로서 간혹 지적 발달을 가늠하는 신경심리학적 평가도구가 될 수도 있지만 그보다는 투사검사의 일종으로 성격 및 정서에 대한 평가영역에서 더욱 중요한 위치를 차지한다고 볼 수 있다. 그림검사는 짧은 시간 내에 간단하게 실시할 수 있어 매우 경제적이며 Rorschach 검사와 같은 투사검사에 비하여 훨씬 덜 위협적이기 때문에 수검자가 비 방어적인 태도로 임할 뿐 아니라 연령이나 학력에 영향을 덜 받는다는 장점이 있다. 수검자가 그린 그림은 다양한 질문에 대한 구체적인 답변을 토대로 해석되는데 이때 질문에 대한 직접적인 답변과 그림의 특징뿐만 아니라 수검자의 다른 정보와 행동관찰 등을 함께 고려하여 해석한다. 대개 먼저 그린 성별, 선의 질이나 세부 영역에 대한 묘사 등과 같은 사항들이 해석의 포인트가 된다.

(6) 신경심리평가

임상현장에는 심리적인 원인으로 인해 기능적 손상을 보이는 환자들뿐 아니라 기질적인(organic) 손상으로 인해 신경과적인 문제를 보이는 환자들이 많다. 신경심리평가는 이러한 후천적 또는 선천적 뇌손상과 뇌기능 장애를 진단하는 데에 사용된다. 신경심리평가는 뇌영상학과 더불어 뇌의 기능을 밝히는데 광범위하게 이용되고 있다. 실제로 초기 치매 환자들과 같은 경우에는 뇌영상에서는 이상소견이 발견되지 않지만 신경심리검사에서는 기능저하가 시사되는 경우가 많다. Brain MRI와 같은 뇌영상이 뇌의 기질적인 병변을 알기위한 것이라면, 신경심리검사는 실제 기능을 평가하기 위한 것이다. 앞서 설명한 지능검사 또한 크게는 신경심리검사에 포함시킬 수 있다. 하지만 신경심리검사에서는 지능검사와 달리 보다 포괄적인 인지기능을 다루는데 지능검사에서도 다루었던 주의, 언어능력, 시공간 능력에 더하여 기억력과 전두엽 관리 또는 집행기능과 같은 고차적인 인지기능까지 평가가 가능하다.

신경심리평가의 목적은 크게 다음과 같이 요약할 수 있다(김재환 · 오상우 · 홍창희 · 김지혜 · 황순택 · 문혜신 · 정승아 · 이장한 · 정은경, 2006). 첫째, 환자의 행동변화를 초래하는 뇌손상이 있는지, 손상이 있다면 어떤 기능영역에서 드러나는지, 나아가 관련된 뇌병변의 위치가 어디인지 등을 판단하는 진단적 목적이다. 둘째, 환자의 치료계획에 도움을 주기 위해 환자가 지닌 병의 진행과정과 속도, 호전 또는 악화 여부 등을 평가하기 위한 것이다. 셋째, 연구 및 법적인 문제와 관련된 평가이다. 현재 국내에서 가장 많이 사용되는 신경심리검사 배터리로는 서울신경심리검사(Seoul Neuropsychological Screeing Battery: SNSB)와 한국판 치매평가검사(Korean-Dementia Rating Scale: K-DRS), CERAD-K(The Korean Version of The Consortium to Establish a Registry for Alzheimer's Disease) 등이 있으며, Rey-Kim 기억검사와 한국 웩슬러 기억력 검사 등의 기억력 검사와 Kims 전두엽-관리기능 검사, 한국판 보스톤 이름대기 검사 등이 존재한다.

Ⅴ. 임상심리학의 전망과 과제

임상심리학은 심리학 분야 내에서 대표적인 응용심리학으로서 발전을 거듭하여 미국을 비롯한 대다수 국가에서 가장 큰 심리학 영역으로 자리 잡고 있다. 우리나라에서도 임상심리학은 임상심리학회가 한국심리학회 회원 중 30% 이상을 자치하는 가장 회원 수가 많은 제1분과로서 인정받고 있다. 한국임상심리학회(2021년 2월 기준 회원 수 8,009명)

는 엄격한 질적 관리를 통해 임상심리전문가 자격자를 지속적으로 배출하고 있으며, 비교적 최근에 만들어진 국가자격인 정신건강건임상심리사 자격 또한 현실적 요구와 기대에 부응하면서도 합리적으로 개선될 수 있도록 학회와 협회 차원에서 관련 국가 부처의 실무자들과 접촉을 시도하여 의사소통을 하고 있는 중이다. 또한 국가기관을 비롯하여 다양한 영역에서 임상심리학 서비스에 대한 요구가 있어 임상심리학자들은 다양한 영역으로 진출하고 있다.

임상심리학 분야는 유망하다. 하지만 그와 같은 예상과 기대가 우리나라 정신건강 분야의 열악한 환경에서 일하는 임상심리학자들의 미래를 보장하지는 않는다. 이는 정신건강사회복지사의 경우도 유사하다고 생각되는 바, 정신건강서비스 영역에서 국민들의 요구에 부응함과 동시에 서비스 제공 당사자들의 처우 등을 사회구조적으로 개선하는 데 노력을 기울여야 할 것이다. 이와 같은 맥락에서 임상심리학자들 또한 정신건강 영역에서 정신병리를 진단하고 평가하는 데 머무르지 않고 인간이 궁극적으로 지향해야 할 정신건강에 대한 새로운 아이디어와 평가 및 치료에 대한 새로운 패러다임을 도입하는 과감한 노력을 기울이고 의료기관 밖으로 활동반경을 넓혀야 한다. 특히 COVID-19 팬데믹으로 인해 비대면이 일상화되어 가는 현 사회에서 기초 심리학 영역의 최신 지식에 뉴테크놀러지를 접목하여 유용하게 사용할 수 있는 심리검사의 개발과 디지털 심리치료의 도입에 선구적인 노력을 기울여야 할 것이다. 그 과정에서 동일한 영역에서 일하는 동반자로서 임상심리학자들과 사회복지사들은 상호 협력하고 도움을 줄 수 있는 긍정적인 관계를 유지함으로써 상생의 길을 찾아야 할 것이다.

참고문헌

곽금주, 장승민 (2019). **한국 웩슬러 아동지능검사(K-WISC-V)(5판)**. 학지사.

김재환, 오상우, 홍창희, 김지혜, 황순택, 문혜신, 정승아, 이장한, 정은경 (2006). **임상심리검사의 이해**. 학지사.

신민섭, 권석만, 민병배, 이용승, 박중규, 정승아, 김영아, 박기환, 송현주, 장은진, 조현주, 고영건, 송원영, 진주희, 이지영, 최기홍 (2019). **최신 임상심리학**. 사회평론아카데미.

황순택, 김지혜, 박광배, 최진영, 홍상황 (2011). **한국판 웩슬러 성인용 지능검사(K-WAIS-IV)(4판)**. 한국심리.

Trull, T. J. (2005). *Clinical Psychology*, 7th Edition. Wadsworth: Cengage learning.

8장 정신건강간호의 이해

박애란
(대한간호협회
정신간호사회)

Ⅰ. 정신건강간호 정의

정신건강간호의 이해에 앞서 국제보건기구(World Health Organization: WHO)는 건강이란 단지 허약하거나 질병이 없는 상태가 아닌, 인간이 신체적, 정신적, 사회적, 심리적 및 영적으로 완전히 안녕한 상태라고 정의한다. 이는 긍정적인 상태의 안녕을 강조하는 것으로서, 인간이 건강하다면 안녕 상태에 있을 때 일상생활에서 요구되는 책임과 기능을 효과적으로 완수하며, 자기 자신과 대인관계에 있어서 만족을 얻을 수 있게 된다. 더불어 정신건강은 신체적·심리적·사회적 측면에서 상호 심각한 갈등이 없이 고유의 기능을 발휘하여 최적의 정신적 기능을 성공적으로 수행함으로써 정신기능의 모든 하위 영역이 조화롭고 이상적인 상태를 이루어 사회집단과 현실적 적응을 잘하고 있는 것을 의미한다.

한편 정신건강과 연속선상에서 정신질환을 비정상이라 일컬으며, 미국정신의학회(American Psychiatric Association: APA)에서는 정신질환이란 현존하는 고난, 불능, 혹은 확연하게 증가된 죽음의 가능성, 통증, 무능, 현저한 자유의 상실 등과 관련하여 개인에게 임상적으로 유의하게 나타나는 행동적 및 심리적 증후군 또는 양상이라고 정의하고 있다. 정신질환은 대개 갑자기 발병하지 않고 정신기능의 모든 영역인 지능, 지각, 사고, 기억, 의식, 정동, 성격, 정신운동 등에서 병리학적인 현상을 장기간 지속적으로 진행시킴으로써 개인, 가족, 지역사회의 다양한 측면에서 부조화를 초래하게 한다. 이에 정신건강 사업 추진할 때도 정신병리 현상, 정신질환의 고유속성, 부조화의 다양한 측면을 반영한 포괄적으로 진행해야 한다. 그러므로 정신건강전문요원으로 타 영역인 정신건강간호의 이해는 필수적이라 할 수 있다.

정신건강 간호의 원리 및 정신건강간호학과 관련된 분야에서 일하는 간호사의 역할과 기능을 중점으로 정신건강 간호를 제시하고자 한다. 우선 간호에 대한 정의는 간호이론가들 마다 다르게 정의하며, 국내는 간호사를 대표하는 사단법인 대한간호협회가 제시한 "간호(Nursing)는 모든 개인, 가정, 지역사회를 대상으로 건강의 회복, 질병의 예방, 건강의 유지와 그 증진에 필요한 지식, 기력, 의지와 자원을 갖추도록 직접 도와주는 활동이다"로 정의한다(대한간호협회, 1942). 국외 중에서는 Verginia Henderson의 '환자 또는 건강한 사람의 경우에도 그 본인을 도와서 가능한 빨리 스스로 자신을 관리할 수 있도록 하는 것과 같은 방법으로 지원을 하는 것'이라고 한 정의가 가장 널리 받아들여지고 있다(대한간호학회, 1996).

현대 간호의 개념을 제시한 나이팅게일(Nightingale, 1839)은 간호학을 과학이고 예술이며 전문적인 직업으로 정의한 바 있다. 그 당시 정신건강간호의 개념을 구체적으로 제시하지 않았으나, 간호의 대상인 환자를 전인적 관점에서 환자의 신체와 영혼을 분리될 수 없으며 환자를 가족과 공동체의 일원으로 보는 관점의 출발이 정신건강간호의 그간이 되었다고 할 수 있다. 특히 대상자의 상호작용의 중요성에 대해 강조하는 측면에서 현대 정신건강간호의 개념은 1839년의 나이팅게일이 발표한 저서 「간호에 대한 소견」에 기초를 둔다고 볼 수 있다.

오늘날 간호사들은 병원뿐 아니라 지역사회를 비롯한 다양한 분야에서 활동하고 있다. 이에 따라 정신건강간호와 관련된 분야도 더욱더 다양해지고, 그 대상과 활동 범위도 확장되고 있다. 관련 분야와 활동범위에 따라 간호를 몇 가지로 분류해 볼 수 있다.

우선, 정신건강간호는 정신·병리적으로 질병 상태에 있는 환자만을 간호하는 정신질환간호 분야가 있고, 개인의 정신건강 유지증진을 위한 예방 및 재활이 목적인 정신건강간호가 있으며, 인간의 구조를 신체, 정신, 심리, 사회측면으로 볼 때, 특별이 정신, 심리, 사회측면의 정신건강간호를 수행하는 정신사회간호가 있다. 그 외에 집단의 역동성과 정신건강관계 또는 지역사회 정신현상에 관한 연구와 간호가 주요 과제인 지역사회정신건상간호가 있다. 이 모든 영역에서 정신건강간호의 대상자는 아동, 청소년, 성인, 노인, 집단, 여성 등이 된다. 또한 정신건강간호에서는 모든 간호 분야에서 적용되는 과학적 근거에 기초를 둔 인간행동의 새롭고 복잡한 이론을 응용하며 간호수행 시 자신을 치료적 자원으로 사용한다. 즉, 정신건강간호는 병적사고에 사로잡혀 고통을 당하는 사람이나 건강하게 정상적인 삶을 사는 데 지장이 있는 사람 등을 돕는 것이다. 그뿐만 아니라 정신질환을 예방하는 업무와 지역사회의 모든 사람과 가족의 정신건강을 최적의 상태로 증진시키는 기능도 한다.

정신건강간호사에게 기대되는 주요 역할을 환자 개개인과 치료적 관계를 맺으며 모든 환자에게 치료적 환경을 제공하는 것이다. 일상적인 병동계획, 침상정리, 식사계획에 이르기까지의 기본 간호가 요구된다. 또한 정신건강간호는 두 사람 사이의 인간관계 과정으로 그들 관계의 일차적인 목적은 환자로 하여금 환자가 기본적 욕구를 만족할 수 있도록 도와주고 만족을 얻기 위하여 효과적으로 행동하는 방법을 발견하도록 도와주는 것이다. 따라서 정신건강간호사는 인간행동의 원리를 이해하고, 간호학적 근거에서 간호중재가 이루어져야 하는지에 대한 이해가 필요하다.

현대에 들어서 정신건강간호는 대인관계과정의 하나라는 점이 강조되고 있으며, 대상자가 통합적인 기능을 발휘할 수 있는 행동을 유도하여 그 상태를 유지하도록 하는 것이다. 대상자는 개인, 가족, 집단, 조직, 지역사회 등이 될 수 있다. 미국간호협회의 '정신건강간호 및 정신건강 간호실무의 범위와 기준'에서 정신건강간호를 '인간행동에 대한 광범위한 이론들을 적용하는 전문적인 임상간호전문 영역'으로 정하고 있다(American Nurses Association, 2000). 또한 정신건강서비스센터는 정신건강간호와 정신건강간호학을 정신의학, 결혼·가족치료, 사회복지학, 상담·임상심리와 함께 공식적으로 5개의 주요 정신건강 분야로 인정하고 있다.

Ⅱ. 정신건강간호의 역사

1. 한국 정신건강간호의 역사

우리나라 정신건강간호는 서양의학이 들어오면서부터 시작되었다. 일제하에 총독부의원이 정신과 병동을 신설하여 처음으로 병원 내에서 정신과 환자를 간호하게 되었다. 당시의 간호는 환자의 안전관리와 보호위주의 간호가 주로 시행되었다. 폐쇄병동에서 치료하였고 흥분과 공격행위가 나타날 때는 억제대를 사용하였다. 1953년 항정신병약품의 개발로 환자의 증상이 가벼워지게 되었고 정신건강간호의 기능은 보호관리에서 점차 인슐린 혼수요법이나 전기충격치료 시 치료와 일반적인 신체간호, 환자관찰, 투약 등으로 변하였다.

1960년대 중반부터 인슐린 치료는 거의 사용하지 않았으며, 미국 정신의학의 영향으로 환경치료와 활동치료를 도입하여 정신간호사도 오락치료, 예술치료 등에서 치료자의 역할을 담당하게 되었다. 현재는 간호과정을 적용하여 환자의 문제를 사정·진단하고 간호계획을 수립하여 간호수행을 실행과 평가하는 과학적인 정신간호가 시행되고 있다. 1971년 한국정신간호학회가 시작되었고, 1992년부터 "정신간호학회지"가 발간되고 있다.

전문간호사제도는 13개 분야별 전문간호사의 한 분야로 1973년 의료법에 규정된 후 실제로 활성화되지 못하다가 정신보건법 제정을 앞두고 1990년 보건사회부의 '전문간호사 과정 등에 관한 고시'에서 이론 200시간, 실습 1,000시간의 1년 과정으로 1992년부터 1997년까지 용인정신병원과 이화여자대학교 의과대학부속동대문병원에서 교육을 진행하였다.

그 후 1995년 정신보건법이 제정되면서 이론 150시간, 실습 850시간의 정신보건간호사 수련과정이 새로 신설되어 정신보건전문요원 중 정신보건간호사 1·2급 국가 자격증을 취득하였다. 1997년까지 의료법에 따른 취득한 정신간호사 자격증은 정신보건법 시행령 부칙의 경과조치로 정신보건간호사 자격증도 동시에 취득하게 되었다(추후 본장 Ⅳ. 정신건강간호 분야 간호사의 역할 중 정신건강간호사 세부적으로 설명).

1996년 한국정신간호학회와 한국정신보건전문간호사회(현, (사)대한간호협회 정신건강간호사회)에 소속된 20여명의 정신보건간호사가 UNDP(United Nationals Development Program)로부터 지원을 받아 성북구 보건소를 중심으로 재가 만성정신질환자의 가정방문 및 주간치료프로그램을 실시하였고, 성북구 보건소는 물론 마포구 보건소, 성산사회복지관과 하나님의 교회에서 다양한 프로그램을 전개하여 환자 및 가족의 절대적인 호응을 받아 지역사회정신보건의 간호 모형을 구축하였다. 1999년에 이르러서는 전국 245개 보건소에 정신보건사업이 시작되었으며, 1명 이상의 정신보건사호사들이 이 일에 참여하게 되었다.

1995년 6월에 한국정신보건전문간호사회가 창설되었으며, 2004년에는 한국정신보건전문간호시회가 임상간호사회인 병원간호사 외의 정신보건간호분야와 통합하여 사단법인 대한간호협회 산하단체로서 정신간호사회가 탄생하였다.

의료법에 따른 정신전문간호사 제도는 2004년도에 정신전문간호사로 개칭되면서 정

〈표 8-1〉 한국 정신건강간호의 역사

연도	내용
1971	한국정신간호학회가 창설
1992	정신간호학회지 발간, 정신간호사 과정 시작(용인정신병원)
1995	정신보건법에 따른 정신보건간호사 과정 시작, 한국정신보건전문간호사회 창설
1996	UNDP 지원 〈재가 만성정신질환자의 재활을 위한 지역사회정신건강 사업〉, UNDP 프로젝트 ROK/96/004
2004	한국정신보건전문간호사회가 임상간호사회의 정신보건간호 분야와 통합 대한간호협회 대의원 총회에서 산하단체 가입 인준 보건복지가족부 대한간호협회 산하단체 인준 정관 승인 의료법에 따른 전문간호사제도 실시에 따라 정신전문간호사 자격 취득 시작 서울지회 창립(10월), 인천지회 창립(11월)
2006	첫 정신전문간호사 배출, 강원지회 창립(6월)
2007	사회복지법인 대한간호복지재단 하얀마음, 파란마음 사회복귀시설 설치신고(2월) 사회복귀시설 파란마음 고유번호(증) 발급(2/26), 하얀마음 고유번호(증) 발급(3/13)
2010	사회복지법인 대한간호복지재단 사회복귀시설 하얀마음, 파란마음 해지신고(2/1) 사회복귀시설 『하얀마음』,『파란마음』 사단법인 사람사랑 이관(2/1C
2011	사단법인 사람사랑 사회복귀시설『서울 우리집』설치 운영(8/25)
2013	중독정신간호사 1기 교육과정 1급 583명, 2급 74명 배출(12/21)
2014	중독정신간호사 2기 교육과정 1급 73명, 2급 12명 배출(7/5) 2014 나눔국민대상 인적부분 보건복지부장관상 수상(10/9)
2015	정신보건간호사 슈퍼바이저 교육과정 123명 배출(5/14) 중독정신간호사 3기 교육과정 1급 47명, 2급 21명 배출(10/24)
2016	중독정신간호사 4기 교육과정 1급 36명, 2급 12명 배출(11/12)
2017	정책연구「정신보건전문요원의 역량강화를 위한 프로그램 개발」3개년 연구 진행(9월)
2018	정신건강전문요원 보수교육 실시 위탁기관 선정(3월) 2018년 정신건강전문요원 개별과정 보수교육 실시(4월)
2019	사람사랑 자립생활주택부 설치 운영(8/1) 중독정신간호사 5기 교육과정 1급 13명, 2급 5명 배출(11/23) 중앙정신건강복지사업지원단 2019년 대학생 정신건강 서포터즈 영가인드 보건복지부상 수상(11/26)
2020	정신건강전문요원 보수교육 실시 위탁기관 선정(3/2) 2020년 정신건강전문요원 개별과정 보수교육 실시(10월) 2020년 온라인보수교육 〈변화하는 정신건강 환경과 통합적 정신간호 전략〉 제작(11월)

출처: 박현숙 외(2011). 실무중심의 정신건강간호학. p. 13; 대한간호협회 정신간호사회 홈페이지 (http://www.kpmhna.or.kr).

신과 분야에서 3년 이상 근무한 경력이 있는 간호사가 대학원에 입학하여 33학점이상을 이수한 후 정신전문간호사 시험에 합격하면 정신전문간호사 자격을 취득할 수 있도록 의료법이 개정되었다.

2010년 11월 의료법에 의해 정신전문간호사 자격증을 취득한 자는 정신보건법에 따라 정신보건 간호사 자격증을 동시에 취득하는 것으로 정신보건법 시행령이 개정되었다. 정신보건법이 개정된 이후 우리나라도 입원위주의 정신질환지 치료 및 관리에서 지역사회 정신보건의 개념으로 획기적인 변화가 시작되었다. 입원치료도 단기화 되었으며, 경기도와 서울을 중심으로 전국에 정신보건센터의 시범사업이 시작되었다.

2. 미국 정신간호의 역사

앞서 기술된 바와 같이 현대 정신간호의 개념은 1830년대 후반 나이팅게일로부터 시작되었다고 할 수 있다 이후 전문적 정신간호에 대한 요구는 도덕적 치료시대에 나타났던 인본주의 간호에서부터 인식되기 시작하였다. 매사추세츠 주의 Malean 정신병원의 병원장인 Edward Cowles 박사는 정신병원에 입원한 환자들은 간호를 받아야 한다고 주장하고 수련을 받은 간호사를 고용하고자 시도했다. 미국의 첫 번째 수련을 받은 정신간호사 Linda Richard를 격려해 정신간호사 양성을 위한 수련학교를 개원하도록 하였으며, 1882년 캑클닐 병원에 보스턴 시리병원 간호수련학교(Boston City Hospital Training School for Nurses)가 설립되었다. 이 당시 여성의 권리가 미약했기 때문에 여성을 교육한다는 것에 대한 사회적 저항이 있었으나, 남성간병인과 함께 여성 간병인들이 처음으로 간호수련학교를 통해 간호사로 배출되었다. 이 당시 교육의 내용 구성은 정신간호교육에 대한 부분은 중요시되지 않았으며, 본격적으로 정신교육 과정을 위한 정신간호교육 프로그램이 만들어진 것은 1913년 Jonns Hopkins Phipps Clinic의 Effie Taylor 간호사에 의해서였다. Taylor는 정신생물학적 오리엔테이션은 정신질환자에게만 적용되는 것이 아니라 모든 환자에게 기본이 되는 것이라고 주장하였고, 나이팅게일처럼 정신과 신체를 구분하지 않고 정신과 신체를 통합한 전체적인 시각을 갖는 것을 정신간호의 핵심이라고 하였다. 1914년 간호지도자이자 교육자였던 Mary Acelaide Nutting(1858~1948)은 정신간호가 과학적 연구를 근거로 하여야 한다는 점을 강조함으로써 정신간호를 과학의 개념으로 도약시키는 전기를 마련하였다(박현숙 외, 2011).

미국에서 여성들의 전문적 진출에 대한 사회의 관심과 호의적인 분위기로의 전환은 간호개념의 발달에 긍정적 영향을 미쳤다. 1900년대 초반 간호사는 의사와 병원 경영자들의 보조자 역할을 하였으나, 모성의 역할을 하는 사람으로 인식되었다. 이런 인식은 간호사들이 간호에 필요한 정보를 얻는데 제한점이 되었는데, 의과대학 학생들은 환자의 의무기록을 볼 수 있도록 허용된 반면 간호사에게는 허용하지 않는 사회적 분위기가 조성되기도 하였다.

정신간호사의 발전에 대한 저해요인이 많았음에도 불구하고 1920년 Harriet Bailey가 첫 번째 정신간호 교재인 ≪정신질환간호≫를 출판하였다.

1952년 Hildegardie Peplau가 ≪대인관계 간호이론(Interpersonal Relations in Nursing)≫이라는 책을 출판하여 대인관계 개념을 도입하여 정신간호실무를 소개하였고, 치료적 대인관계의 중요성을 설명하기 시작하였다. 페플라우는 간호사-환자 관계를 정신간호의 가장 핵심으로 의학과는 차별화되는 정신간호의 개념을 이끌어냈다는 점에서 매우 중요한 의의를 지닌다.

1967년 미국간호협회의 한 분과인 정신간호사회가 ≪정신간호 실무표준(Statement on Psychiatric Nursing Practice)≫을 출간하였고, 이후 3차례 이상 개정하였고, 지속적으로 정신간호사의 역할을 확대하고 실무역할과 기능을 설명해 오고 있다.

〈표 8-2〉 미국 정신간호의 역사

연도	역사적 내용
1982	Edwards Cowles가 맥클린 병원에 정신간호사 양성을 위한 수련학교를 설립
1913	Effie Taylor가 존스 홉킨스 필립스 병원에 정신간호사 수련을 위해 첫 번째 교육과정을 조직
1914	Mary Adelaide Nutting이 간호역할 발전에 대해 강조
1920	Harriet Bailey가 저술한 첫 번째 정신간호 교재인 「정신질환간호 Nusing Mental Disease」출간
1952	Hidegarde E. peplau가 〈간호에서 대인관계 Interpersonal Relation in Nursing〉출판
1954	Hidegarde E. peplau에 의해 Rurgers대학에서 첫 번째 정신 간호 석사과정 설립
1967	미국간호협회가 〈정신간호 실무표준〉 출판 미국간호사협회가 정신간호 일반간호사에게 자격인정
1994	임상정신간호실무 내용과 임상정신간호실무 표준을 발표
1996	정신간호 교육협의회가 구체적인 교육과정 내용과 수행능력에 대한 지침을 발표
2000	정신간호실무 범위와 표준 발표

출처: 박현숙 외(2011). 실무중심의 정신건강간호학. p. 10.

Ⅲ. 현대 정신건강간호 실무

1. 정신건강간호의 이론 및 모형

현대 정신건강간호는 실무기초로서 생물학·심리학 및 사회과학이론과 간호이론을 적용한다.

생물심리사회모형(Biopsychosocial Model)은 대표적 모형으로 정신건강간호의 이론과 실무를 설명할 때도 포괄적으로 적용하는 모형이다. 오늘날 대부분의 정신장애가 신경생물학적 변화에 근거하여 설명되고 있으므로 생물학적 영역(Biologic domain)에 기초하여 과학적 간호를 제공하는 것이 매우 중요시된다. 이 영역은 운동, 수면, 영양과 같이 환자의 신체기능에 초점을 둔 중재의 기초이론과 개념을 포함되며, 약물학적 요소를 이해하고 적용하기 위한 기초로서도 중요성이 크다.

심리적 영역(Psychological domain)은 개인의 정서·인지·행동에 영향을 주는 생각·감정·행동의 이론적 기초로서 비록 정신장애에 생물학적 요소가 있더라도, 이는 종종 심리적 증상과 신체변화로 표출되기 때문에 대부분의 정신건강간호 중재는 이 영역 내에서 형성된 지식에 근거를 둔다. 인지적 접근, 행동치료 및 환자교육은 모두 심리학 영역에서 나온 이론에 근거를 둔다. 정신건강간호 중재는 개인 간의 의사소통 기술사용에 근거를 두며, 간호사가 환자의 내적 감정과 행동 이해뿐만 아니라, 간호사의 자기 인식도 필요하다.

사회적 영역(Social domain)은 문화권 내에서 환자, 가족, 지역사회에 대한 사회적 영향력을 설명하는 것이다. 이 지식의 기초는 사회과학과 간호과학에서 비롯되며 이는 대상자와 주변 환경과의 관련성을 설명한다.

한편 정신장애에 대한 인식과 치료는 환자 주변 사회의 영향을 받을 수밖에 없다. 가족지지를 비롯한 가족 요인과 지역사회의 문화적 영향력에 대한 이해는 정신건강간호에 있어서도 매우 중요하게 다루어진다. 더불어 지역사회 정신건강간호 중 인간행동의 정상과 비정상을 구별하는 것은 쉬운 일이 아니다. 행동이나 감정이 격해지거나 일시적으로 분열이 되면 불안을 경험하고 이때 대처기전이 작동하는데 개인의 대처기전이 항상 적절한 것은 아니기 때문이다. 인간의 행동은 사회의 가치체계에 기초하여 정의될 수 있으므로 사회 규범에서 벗어난 행동은 질환으로 여겨질 수도 있다. 현대사회에서 정상적 행동이라면 일반적으로 개인이 일상에서 적절히 기능할 수 있고 그 생활양식이 합리적이며 만족을 느낄 수 있음을 말한다. 그러나 인간의 행동에 영향을 미치는 많은 변수가 있으므로 정상적인 행동에 대한 설명은 어렵지만 변화 연속선상에서 이해해야 한다. 그러므로 인간의 행동을 설명하는 이론적 모형에 근거를 두고 실무를 수행해야 한다. 모형은 인간행동에 대한 복합적인 지식체를 잘 조직화한 것으로 인간행동의 이유, 치료적 수행 전략, 그리고 대상자와 치료자의 역할을 제시해준다. 즉 모형은 자료의 조직화를 통해 실무 기능이 합리적일 수 있도록 하고 수행 효과를 평가 가능하게 하며 인간행동에 필요

〈표 8-3〉 정신건강간호를 위한 이론적 모형

모형	행동 일탈에 대한 견해	치료 과정	환자와 치료자의 역할
정신분석 모형	초기 아동기에 해결되지 않은 갈등이 근원이 되어 자아가 불안에 대해 부적절한 방어(증상)를 보이는 것	자유연상, 꿈 분석 전이 형성, 저항 해석 등	환자: 능동적 참여자 치료자: 음영자
대인관계 모형	대인관계에서 거부에 대한 두려움으로 불안을 보이는 것	교정적 대인관계 경험 심리적·모성적 돌봄 과정	환자: 적극적 참여자 치료자: 참여적 관찰자 * 환자와 치료자 간 파트너십이 중요
사회모형	사회적, 환경적 스트레스로 인해 생긴 불안과 이로 인한 행동장애	위기중재, 환경적 조작, 사회적 지지체계, 사용가능한 자원 탐색	환자: 소비자 치료자: 지역사회에 기반을 둔 전문가나 비전문가
실존모형	자신과 환경으로부터 소원해지는 것	진정한 자기를 배울 수 있는 의미 있는 경험에 참여	환자: 능동적 참여자 치료자: 안내자
의사소통 모형	왜곡된 의사소통	언어적·비언어적 의사소통의 분석과 피드백, 상호교류분석	환자: 변화의 책임자 치료자: 효과적 의사소통자
행동모형	불안 감소를 위한 바람직하지 않은 학습의 결과	훈련을 통한 생산적 행위의 강화, 숙제: 탈감작화, 이완요법, 자기주장 훈련 등	환자: 학습자 치료자: 교사
스트레스-적응 모형	만성적인 스트레스에 적응하는 과정에서 나타나는 비효율적 반응	문제중심대처, 선제적 대처, 정서중심적 대처, 이완법, 명상, 약물치료, 인지치료, 자조집단, 사회적 지지	환자: 자기관리 주체 치료자: 자기관리를 돕는 지지자, 교육자
지지치료 모형	생물·정신·사회적 요소의 결과로 인한 현재의 부적응적 대처	현실검증, 자긍심 증진, 사회적지지, 적응적 대처 반응 강화	환자: 동참자 치료자: 적극적 지지자
생물학적 모형	생물학적 질병과정으로 생리적, 유전적, 환경적, 사회적 요소의 결합	진단검사, 신체적 치료, 약물치료	환자: 수동적 참여자 치료자: 의사
간호모형	잠재적, 실제적 건강문제에 대한 개인의 부적응적 반응	간호과정(사정, 진단, 계획, 중재, 평가), 함께 참여하는 협동적 과정	환자: 능동적 참여자 치료자: 간호숙련가

출처: 김성재 외(2015). 정신건강총론(제7판). p. 135.

한 많은 연구를 용이하게 해주므로 유용하다.

정신건강간호는 정신건강간호의 목적, 인간행동 이해의 배경, 간호원리, 간호과정에 따라 정의 할 수 있다. 이에 정신건강 간호를 위한 이론적 모형을 전문가들이 많이 사용하는 정신분석모형, 대인관계모형, 사회모형, 실존모형, 의사소통모형, 행동모형, 스트레스-적응모형, 지지치료모형, 생물학적 모형, 그리고 간호모형들을 소개하고 각 모형에서 주장하는 행동 일탈에 대한 관점, 치료 과정, 환자와 치료자의 역할에 대한 견해를 아래 <표 8-3>으로 간략하게 요약한다.

2. 간호와 전문직 실무표준

1) 정신간호의 주요 관심영역

정신간호 실무는 의료법을 비롯한 법률 등에 제도적으로 통제되고, 간호표준에 따라 수행된다. 대한간호협회와 정신간호조직체들은 전문직 실무표준을 정하고 정신간호사가 수행하는 기술에 부합되는 구체저인 건강문제를 협의하고 있으며, 이를 뒷받침할 수 있는 독립적인 간호법 제정을 위해 노력하고 있다.

〈표 8-4〉 정신간호의 주요 관심사

- 환자의 실제적·잠재적 정신건강문제
- 최상의 건강과 안녕 유지 및 정신생물학적 질병 예방
- 정신적·정서적·신체적 장애와 관련된 자가간호 제한 또는 기능장애
- 중환자의 실제적·잠재적 정신건강문제
- 최상의 건강과 안녕 유지 및 정신생물학적 질병 예방
- 정신적·정서적·신체적 장애와 관련된 자가간호 제한 또는 기능장애
- 중요한 생물학적·정서적·인지체계의 기능장애
- 질병, 고통, 장애, 상실과 관련된 정서적 스트레스 혹은 위기
- 자아개념과 신체상 변화, 발달상의 문제점, 생애 과정 변화와 생의 말기 문제
- 불안, 분노, 무력감, 혼란, 공포, 슬픔, 외로움, 비탄 등의 정서와 관련된 문제
- 심리적인 변화를 일으키는 신체적 증상
- 생리적 기능 변화를 유발하는 심리적 증상
- 사고, 인지, 상징화, 의사소통, 의사결정능력의 변화
- 대인 관계의 어려움
- 환자가 자해나 타해를 할 위험이 있거나 심각한 장애를 나타내는 행동과 정신상태
- 정신·약물학적 중재와 다른 치료영역과 관련된 부작용, 독성 및 증상관리
- 개인, 가족 또는 지역사회의 심리적·정서적 안녕에 영향을 미치는 대인간 구조적, 사회문화적, 영적, 환경적 상황 또는 사건

출처: 박현숙 외(2011). 실무중심의 정신건강간호학. p. 111.

정신간호의 주요 관심영역은 정서적 스트레스와 위기, 자기개념의 변화, 발달상의 문제들, 심리적 변화와 이에 동반되는 신체적 증상, 정신장애가 있는 환자의 증상 자체와 관리를 포함한다.

2) 간호 표준(Standards of care)

간호표준은 간호과정을 중심으로 구성된다. 간호과정은 간호에 적용된 과학적 문제해결 방법으로 체계화 되었다. 간호과정의 단계는 사정, 진단, 계획, 수행 및 평가로 이루어진다. 이러한 간호과정을 이용한 간호실무의 사례를 살펴보는 것이 간호활동을 이해하는데 도움이 될 것이므로 사례를 바탕으로 간호과정 적용사례를 들어 소개하고자 한다.

(1) 간호사정

정신상태평가(mental status examination)를 이용하여 환자의 사고, 감정 및 전반적인 인지 가능에 대한 정보를 얻는다.

(2) 간호진단

급성기 병상을 예로 들면 주로 나타나는 환자의 문제들에 적용할 수 있는 간호진단으로 일반적인 것은 폭력 위험성, 사고과정 장애, 감각지각 장애, 언어적 의사소통 장애, 자가 간호결핍, 사회적 고립, 여가활동 부족, 비효과적 건강관리, 치료요법의 비효율적 이행 등이다. 간호진단을 기술한 예는 다음과 같다.

- 사고과정장애와 관련된 언어적 의사소통장애
- 환청과 관련된 감각지각 장애
- 부적절한 성적 유혹행위와 관련된 사회적 고립

(3) 간호 계획

급성기 입원치료 기간 동안 간호의 초점은 환자의 사고과정과 현실감을 안정시키고 안전을 확보하는 것이다. 급성기 대상자의 치료목표의 예는 다음과 같다.

- 자신이나 타인을 해치지 않는다.
- 현실감을 갖는다.
- 다른 사람과 상호작용한다.

- 사회적으로 수용되는 방식으로 안전하게 사고와 감정을 표현한다.
- 다룰 수 있는 정도의 불안수준을 유지한다.
- 치료적 활동에 참여한다.

한편, 지역사회에 재활 중인 대상자를 위한 간호 목표는 다음과 같은 것이 있을 수 있다.
- 약물복용과 추후관리 약속 등의 치료계획에 참여한다.
- 적절한 수면과 영양섭취를 유지한다.
- 자가 간호활동을 독립적으로 수행할 수 있다.
- 자신의 욕루를 충족하기 위해 다른 사람과 효율적으로 소통할 수 있다.
- 필요할 때 자신의 욕구를 해결하기 위해 도움을 구하거나 수용한다.

(4) 간호수행

간호수행 이해를 위해 일반적인 망상과 환각에 대한 간호중재를 소개하면 다음과 같다.

▸ 망상 대상자에 대한 간호중재
- 망상의 유발요인을 확인한다.
- 스트레스나 불안과 관련이 있을 수 있는 유발요인들을 확인한다.
- 사고장애의 증상들을 확인하기 위해서 언어행위를 관찰한다.
- 환자가 사고장애를 나타내고 있는지 관찰한다.
- 망상에서 벗어나도록 현실에 주의력을 두도록 이끈다.

▸ 환각에 대한 간호중재
- 신뢰할 수 있는 인간적인 관계를 확립한다.
- 환각의 지속시간, 환각의 강도 및 환각의 빈도를 사정한다.
- 증상에 초점을 두고 환자에게 일어나고 있는 일을 묘사하도록 요청한다.
- 대상자로부터 환각에 관한 질문을 받을 경우, 증상에 대한 중재로 관리한다.
- 지각의 차이에 대해서 환자와 논쟁하지 않는다.

(5) 평가

정신간호사는 대상자와 가족의 간호중재에 대한 평가를 하며, 목표를 달성하는지를 점검한다.

- 대상자의 정신적 증상이 사라졌는가?
- 증상이 있음에도 불구하고 일상생활이 가능한가?
- 대상자가 고립되어 지내기보다는 다른 사람들과 함께 시간을 보내는가?
- 지역사회 내에 대상자의 성공적인 삶을 도와줄 적절한 자원이 있는가?
- 대상자와 가족은 조현병에 대한 적절한 지식이 있는가?

〈표 8-5〉 간호의 표준(Standards of care)

표준1. 사정 : 정신간호사는 대상자의 건강자료를 수집한다.
표준2. 진단 : 정신간호사는 진단을 결정하기 위해 사정 자료를 분석한다.
표준3. 결과 확인 : 정신간호사는 대상자 개개인에 따라 예상되는 결과를 확인한다.
표준4. 계획 : 정신간호사는 대상자, 간호사, 가족 그리고 건강관리팀 간에 협상된 간호계획을 개발하고 기대되는 결과에 도달하도록 근거중심 중재 방안들을 처방한다.
표준5. 수행 : 정신간호사는 간호계획에서 수립한 중재방안들을 이행한다.
표준5a.상담 : 정신간호사는 대상자가 이전의 대처능력을 향상 회복하고, 정신건강을 증진하고 정신질환과 장애를 예방하도록 돕기 위해 상담한다.
표준5b. 정신간호사는 대상자와 다른 의료팀과 협력하면서 치료적 환경을 제공하고 구조화하고 유지한다.
표준5d. 정신생물학적 중재 : 정신간호사는 대상자의 건강을 회복하고 미래의 장애를 예방하기 위해 정신생물학적 중재의 지식을 이용하고 임상 기술들을 적용한다.
표준5e. 건강교육 : 정신간호사는 건강교육으로 만족하고 생산적인 건강한 삶의 형태를 갖도록 대상자를 돕는다.
표준5f. 사례관리 : 정신간호사는 포괄적인 건강서비스와 간호가 지속되도록 사례관리를 제공한다.
표준5g. 건강증진과 건강유지 : 정신간호사는 정신건강을 유지·증진하고 정신질환을 예방하기 위한 여러 가지 전략과 중재 방안을 사용한다.

전문 간호업무중재 : 아래의 중재들은 정신전문간호사에 의해서만 수행될 수 있다.
표준5h 정신치료 : 정신전문간호사는 대상자의 정신질환과 장애를 예방하고 치료하고 정신건강 상태와 기능을 증진하기 위해 개인, 집단, 가족 정신치료와 기타 치료적 방법들을 사용한다.
표준5i. 처방권과 치료 : 정신전문간호사는 정신질환의 증상을 치료하고 기능적인 건강상태를 증진시키기 위해서 주와 연방법의 규제에 따라 처방권을 갖고 치료한다.
표준5j. 자문 : 정신전문간호사는 다른 임상가들이 대상자에게 서비스를 제공하고 체계에 효과적인 변화를 제공하는 능력을 향상시킬 수 있게 자문을 해준다.
표준6. 평가 : 정신간호사는 기대되는 결과를 가져오기 위해 대상자의 경과를 평가한다.

출처: 이광자 외(2009). 핵심정신건강간호. p. 17.

우리의 간호체계는 보다 준거 틀을 갖춘 미국간호협회(ANA)가 전문직 간호업무의 방향으로 제시하는 업무를 평가하기 위한 틀로 제시하였다. 정신간호와 정신간호업무 진술(Statement on Psychiatric and Mental Health Nursing Practice)은 1967년에 처음 발간하여 1976년 개정됐고, 이후 지속적으로 재검토와 수정을 하고 있다. 2000년 개정된 정신간호 업무의 범위와 표준(Scope and Standards of Psychiatric–Mental Health Nursing Practice)은 간호의 표준(Standards of Care)과 전문직 업무수행 표준(Standards of Professional Performance)으로 구분하였다.

〈표 8-6〉 전문적 업무수행 표준(Standards of Professional Performance)

표준 1. 간호의 질 : 정신간호사는 간호의 질과 정신건강간호 업무의 효과성을 체계적으로 평가한다.
표준 2. 수행평가 : 정신간호사는 전문직 업무 표준과 관련법규, 규제들과 관련해서 정신간호 업무를 평가한다.
표준 3. 교육 : 정신간호사는 간호업무에 관한 새로운 지식을 습득하고 유지한다.
표준 4. 동료 간의 협력관계 : 정신건강간호사는 동료와 다른 건강관리 임상가들이 함께 전문직 발달을 하도록 기여하고 상호 작용한다.
표준 5. 윤리 : 대상자에 관한 정신간호사의 사정, 행동, 권고는 윤리적으로 결정되고 수행한다.
표준 6. 협력 : 정신간호사는 대상자와 의미 있는 타인 그리고 간호를 제공하는 건강관리자들과 함께 협력한다.
표준 7. 연구 : 정신간호사는 연구방법과 결과 사용을 통하여 간호와 정신건강에 기여한다.
표준 8. 자원 이용 : 정신간호사는 간호를 계획하고 수행하는 데 있어서 안전성과비용 효과성에 관련된 요소들을 고려한다.

출처: 이광자 외(2009). 핵심정신건강간호. p. 18.

Ⅳ. 정신건강간호 분야 간호사의 역할

정신건강간호 분야의 간호사는 정신간호사, 정신건강간호사, 정신전문간호사 및 중독정신간호사로 <표 8-7>과 같이 자격과 주요역할을 구분하고, 정신건강간호의 핵심요소는 <그림 8-1>과 같다.

〈표 8-7〉 정신간호사, 정신건강(보건)간호사, 정신전문간호사의 정의 및 역할

종류	정의	주요 역할
정신간호사 (General Nurses)	학사, 정문학사로서 간호사면허를 갖고 정신과기관에서 일하는 자	일반간호사 역할
정신건강간호사 (Certified Nurses)	의료법에 따른 간호사면허를 가진 자로서 보건복지부장관이 지정한 전문요원 수련기관에서 1년 이상 수련을 마친 자	• 정신건강전문요원의 공통업무 사회복귀시설운영, 정신질환자의 사회복귀촉진을 위한 생활훈련 및 작업훈련, 정신질환자와 그 가족에 대한 교육지도 및 상담, 법 제25조 제1항 규정에 의한 진단 및 보호신청, 정신질환 예방활동 및 정신보건에 관한 조사연구, 기다 정신질환자의 사회적응 및 직업재활을 위하여 보건복지부장관이 정하는 활동 • 정신건강간호사의 고유업무 정신질환자의 병혁에 대한 자료수집, 병세에 대한 판단분루 및 그에 따른 환자관리 활동, 정신질환자에 대한 간호
정신전문간호사 (Nurses Practitioner Clinical Specialist)	간호사면허를 소지하고 정신과 분야의 간호실무 3년 이상의 경력자로서 대학원(전문간호사과정) 또는 그 수준에 준한 전문간호사 교육과정을 이수하고 정신전문간호사 자격시험에 합격한 자	정신치료 등 1차 치료, 자문(환자 가족과 다른 분야 간호사의 자문), 교육(일반 간호사와 정신건강간호사의 교육 및 감독), 행정가, 상담가, 사례관리자, 중재자, 자문가, 프로그램개발자 및 연구자

출처: 김성재 외(2015). 정신건강총론(제7판). p. 26.

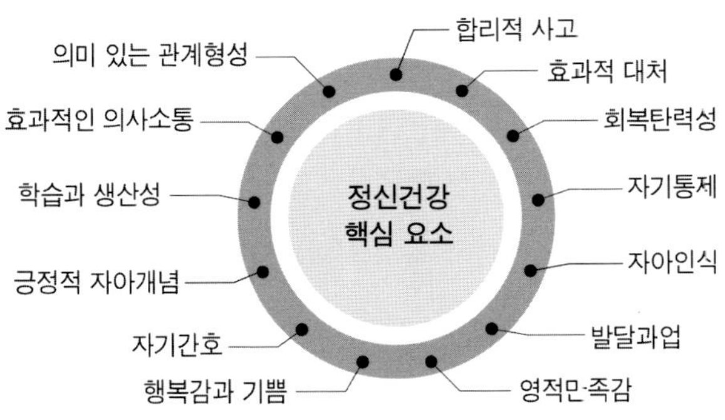

〈그림 8-1〉 정신건강간호의 핵심요소

출처: 대한간호협회 홈페이지(www.khna.or.kr) 의료법에 의한 전문 간호사제도 너 정신.

1. 정신간호사(General Nurse)

정신간호사는 넓은 의미에서 정신건강의학과에서 근무하는 일반간호사를 비롯하여 정신건강간호사 자격증을 가지고 근무하는 간호사까지 모두 포함한다고 할 수 있겠다. 그러나 좁은 의미에서 정신건강간호사와 구분하여 부르는 경우가 있으며, 이런 경우 내과, 외과, 혹은 소아·청소년과 등에서 돌보는 간호 대상자에 따른 구분으로 정신건강 문제를 가진 대상자들을 돌보는 간호사를 구분하여 지칭한다고 할 수 있겠다.

즉, 정신간호사는 일반간호사로서 대학과정에서 대상자의 정신·사회문화·영적인 건강문제를 이해하고 해결 할 수 있도록 돕는 데 필요한 지식과 기술 및 태도를 교육받고 정신과에 배치된 졸업간호사로 학사, 전문학사로서 간호사 면허를 갖고 정신의학관련 기관에서 일하는 간호사이다. 역할을 일반적인 신체 및 정신간호 중재를 수행한다.

2. 정신건강간호사(Certified Nurse)

정신건강간호사는 정신보건법, 정신건강증진 및 정신질환자 복지서비스 지원에 관한 법률(이하, 정신건강복지법)과 간호사 규약이라는 합법적인 범위 내에서 전문성을 인정받고 활동한다. 또한 과학적 근거기반의 인간행동이론을 정신건강 간호업무에 적용하는 전문화된 영역으로 정신질환(정신장애)의 예방, 치료, 재활 및 지역사회와 주민들의 정신건강을 최대한 증진시키도록 노력하고 있다.

정신건강간호사는 의료법의 간호사 면허를 취득 후 수련기관에서 1년간 일정 시간의 이론 강의(150시간)와 실습 경험(850시간)을 거쳐 보건복지부장관으로부터 자격증을 받게 되며, 정신건강사회복지사나 정신건강임상심리사와 마찬가지로 1, 2급으로 자격이 구분된다.

1급 정신건강간호사 자격은 몇 가지 조건과 과정을 거쳐야만 취득이 가능한데, 다음 3가지 경우를 통해 자격을 취득할 수 있다(대한간호협회 정신간호사회 홈페이지 http://www.kpmhna.or.kr). 첫째, 의료법에 따른 간호사 면허를 취득하고 고등교육법에 다른 대학원에서 간호학을 전공한 석사학위 이상 소지자로서, 보건복지부장관이 지정한 정신건강전문요원 수련기관에서 3년 이상 수련을 마친 자, 둘째, 2급 정신건강간호사 자격취득 후 정신건강시설, 보건소 또는 국가나 지방 자치단체로부터 지역사회 정신보건사업을 위탁받은 기관이나 단체에서 5년 이상 정신건강 분야의 임상실무 경험이 있는 자, 셋째, 2급 정신건강간호사 자격소지자로서 간호대학에서 5년 이상 정신건강간호 분야의 전임강사 이상의 직에 있거나 있었던 자(자격취득 이전의 경력을 포함)이다. 정신건강간호사 수련기관은 2018년 12월 기준 21개 기관에서 수련과정을 진행하고 있으며, 수련 현원은 290명이다(국립정신건강센터, 2010). 2018년 전체 정신건강전문요원 수련 정원 1,357명 중 수련현원은 900명(66%)이었고, 정신건강간호사는 수련정원 472명 중 수련현원 290명으로 61%의 현황을 나타냈다. 이는 1,997년 정신건강전문요원 수련제도 도입 후 2018년 12월 말 기준 배출된 정신건강간호사는 8,185명이었고, 전체 정신건강전문요원 15,703명 중 52.1%에 해당되었다.

정신건강복지법 시행령(제12조제2항 관련)에 규정된 정신건강간호사의 역할을 다음과 같다.

1) 공통업무

- 정신재활시설의 운영
- 정신질환자 등의 재활훈련, 생활훈련 및 작업훈련의 실시 및 지도
- 정신질환자 등과 그 가족의 권익보장을 위한 활동 지원
- 법 제44조제1항에 따른 진단 및 보호의 신청
- 정신질환자 등에 대한 개인별 지원계획의 수립 및 지원
- 정신질환 예방 및 정신건강복지에 관한 조사·연구
- 정신질환자 등의 사회적응 및 재활을 위한 활동
- 정신건강증진사업 등의 사업 수행 및 교육
- 그 밖에 제1호부터 제8호까지의 규정에 준하는 사항으로 보건복지부장관이 정하는 정신 건강증진 활동

2) 개별 업무

- 정신질환자등의 간호 필요성에 대한 관찰, 자료수집, 간호 활동
- 정신질환자등과 그 가족에 대한 건강증진을 위한 활동의 기획과 수행

3. 정신전문간호사(Nurse Practitional, Clinical Specialist)

국제간호회의(International Council for Nurses: ICN)에서는 전문간호사를 일반간호사보다 높은 수준의 교육을 받은 간호사로 특정 간호 분야에서 높은 수준의 전문성을 가지고 업무를 수행하는 간호사로 정의하고 있다. 우리나라 정부는 1989년 1월 의료법 제 56조 규정에 따라 제정된 전문간호사 과정에 관한 고시에 기반을 둔 분야별 간호사 범주를 시작으로 전문성 확보의 길을 터놓았다. 나라마다 형태나 양식이 다르긴 해도 대체로 정부 주관의 법과 제도가 제정되면서 체계를 구축하였다.

한편 우리나라는 국민의 정신건강 의료서비스에 대한 기대 수준이 높아지고, 변화하는 사회적인 요구로 정신전문간호사의 필요성이 재 대두되면서 2006년 정신전문간호사 국가시험이 시행되었다. 구체적으로 정신전문간호사는 1973년 보건, 마취, 정신분야의 '분야별 간호원'을 시작으로 2000년 의료법 개정에서 '분야별 간호사'를 '전문간호사'로 명칭을 변경하였고, 2003년에는 '전문간호사 과정 등에 관한 고시'에서 보건, 마취, 가정, 정신, 응급, 산업, 감염관리, 노인, 중환자, 호스피스의 10개 분야로 확대되었으며, 이후 아동과 임상분야 등의 추가되어 2020년 12월 말 기준 13개 분야이다. 이들 전문간호사는 전문간호 분야의 전문교육과정을 통해 특수한 지식과 기술을 습득한 후 법적으로 인정을 받고 상습실무를 수행하는 간호사이다.

최근 경력기준이 강화되어 간호사 면허를 소지하고 해당분야의 간호실무 3년 이상의 경력자로서 대학원(전문간호사 과정) 또는 그 수준에 준한 전문간호사 교육가정을 이수하고 전문간호사 자격시험에 합격한 자로 보건복지부장관이 인정한 간호사이다. 전문간호사의 자격갱신은 5년마다 갱신해야 하며 매년 간호사 보수교육을 받아야 한다. 보수교육 미 이수자는 자격시험에 재 응시해야 한다.

전문간호사는 임상간호뿐 아니라 전문간호 분야의 관련지식이 뛰어난 실무자로 간호대상자에게 안전하고 질적이며 효과적인 간호를 제공한다. 이를 위한 전문간호사의 구체적인 역할은 전문가적 간호실무 수행자, 교육자 및 상담자, 자문·협동·조정자, 연구자, 지도자, 변화촉진자, 윤리적 의사결정자, 일반간호사의 역할모델 등이다(한국간호과학회(www.kna.or.kr)및 한국정신간호학회 홈페이지(www.mhnursing.or.kr).

정신전문간호사들이 배출되기까지 어떤 내용을 학습하고 실습을 거치는 지를 이해하는 것은 이들과의 파트너쉽을 형성하는 데 기초자료가 될 것이다. 정신전문간호사 교육

과정에서 다루고 있는 교과목은 교육기관마다 다소간의 차이는 있을 수 있으나 한국간호과학회 및 한국정신간호학회 홈페이지 내 제시하고 있는 전반적인 교과목과 내용은 <표 8-8>과 같다.

〈표 8-8〉 정신전문간호사 교과목별 개요 및 교육내용

교과목명	개요
간호이론	간호이론의 역사적 발달. 이론의 구조, 분석, 평가 기준을 설명하고 임상 현장과 연구에 활용할 이론을 기술, 분석, 평가할 수 있는 능력을 갖는다.
간호연구	간호학 분야의 지식체계를 발전시키는 데 필요한 다양한 연구방법에 대해 이해하고 임상현장에 적용할 수 있는 자기주도적 연구수행 능력을 개발한다.
전문간호사의 역할 및 정책	전문간호사의 역할 및 업무 관련 국가정책을 이해하며, 전문간호사 제도의 최신경향과 문제점을 분석, 평가, 토론하는 능력을 갖는다.
상급건강사정	대상자의 단계별 건강사정을 정확하게 수행하기 위한 지식과 진단적 도구와 장비를 사용하는 기술을 함양한다.
약리학	대상자 간호와 관련된 약물의 약리장용을 확인하고 임상현장에 적용할 수 있는 지식을 습득한다.
병태생리학	우리나라에서 이환율이 높은 질병의 발생기전과 증상, 진행경과, 합병증에 대해 초점을 두어 환자간호에 적용할 수 있는 간호중재에 방법을 토론한다.
상급 정신건강간호세미나	정신건강 영역의 쟁점들을 찾아내어 이와 관련된 이론과 다양한 연구결과들을 조사, 분석함으로써 정신건강간호학이 나아가야 할 방향의 구체적인 방안들을 모색한다.
가족 정신건강간호	가족체계의 개념, 가족구조와 기능, 가족의 생활주기, 가족치료모형 등의 이해를 통해 복잡하고 다양한 정신과적 문제를 지닌 역기능적 가족에게 효율적인 간호중재를 제공해 줄 수 있는 전문간호사로서의 자질을 습득한다.
지역사회 정신건강간호	지역사회정신보건, 정신사회재활, 정신건강교육, 가정방문간호, 사례관리, 정신보건 관련법에 관한 지식을 습득하여 지역사회에 있는 정신장애자를 간호하고 관리한다.
개인·집단 정신건강간호 및 실습	정신건강간호현장에서 적용할 수 있는 정신건강간호중재 이론과 기법을 연구하고, 각 대상자에게 적용한 개인, 집단 간호사례를 분석함으로써 활용할 수 있는 전문적인 정신건강간호중재기법을 습득한다.
정신전문간호 실습 Ⅰ (정신건강사정 및 진단)	개인·가족·집단의 정신건강문제를 능숙하게 사정하고 진단을 내리기 위해 정신건강사정, 정신병리, 심리검사, 정신진다분류 및 간호진단에 관한 지식과 기술을 실제 임상에서 적용하여 정신건강사정 및 진단을 능숙하게 한다.
정신전문간호 실습 Ⅱ(정신건강간호중재)	정신의료기관과 가정에 있는 정신질환자와 가족의 사례관리를 통해 환자의 요구를 사정하여 간호과정을 적용하며 창의적 간호중재 프로그램을 수행하고 타 기관으로의 의뢰 등 전체적인 과정을 감독하는 체계적인 사례관리자로서의 역할을 수행하는 데 필요한 지식과 기술을 습득한다.
정신전문간호 실습 Ⅲ (지역사회정신건강간호)	지역사회정신건강의 개념과 배경을 이해한 후 다양한 지역사회환경에서 대상자의 건강문제를 건강사정기술을 활용하여 확인하고 상급간호실무 및 정신전문간호사의 역할을 경험한다.

출처: 한국간호과학회(www.kan.or.kr) 및 한국정신간호학회 홈페이지(www.mhnursing.or.kr) 내 정신전문간호사 교육과정.

4. 중독정신간호사

중독정신간호사는 물질 및 행위중독을 포함한 중독분야에서 전문적인 간호를 제공하는 간호사로 정신간호사회에서 주관하는 일정 시간 이상의 전문교육과정을 이수하고 자격시험을 통과하여야 한다.

중독정신간호사 1급 자격은 대한간호협회 정신간호사회 자격관리위원회에서 정한 교육신청자격기준을 충족한 후 이론교육(60시간)과 실습-사례발표과정(20시간)을 수료하고 자격시험에 합격하여야 취득할 수 있다. 2급 자격 취득은 중독분야 실무경험이 3년 이상인 간호사로서 이론교육(60시간)과 중독관련기관 실습(40시간)을 한 후 자격시험에 합격하여야한다(대한간호협회 정신간호사회 홈페이지(www.kpmhna.or.kr). 중독정신간호사의 구체적 자격과 기준은 <표 8-9>와 같다.

〈표 8-9〉 중독정신간호사의 자격과 기준

자격	기준
공통	* 대한간호협회 정신간호사회 회원으로 기가입되어야 함을 원칙으로 함. * "회원"은 대한간호협회 및 정신간호사회 연회비를 낸 정회원을 뜻함. * 자격심사 서류 접수 마감일까지 정회원으로 가입되어 있어야 함. 회원으로 가입 확인 시 최종 접수자로 인정.
1급	1. 정신건강간호사 1급 소지자 2. 정신건강간호사 2급 소지자로서 중독분야*실무경험이 5년 이상인 자 3. 현재 간호학 전임교수로서 중독분야*실무경험이 3년 이상인 자 4. 간호학 석사학위자로서 중독분야*실무경험(시간강사 포함) 5년 이상인 자 5. 간호사면허 소지자로서 중독분야*실무경험이 10년 이상인 자 6. 현재 간호학 전임교수로서 중독관련 논문 3편 이상인 자 7. 간호학에서 중독관련 주제로 박사학위를 취득한 자 * 중독분야는 본회가 정해준 중독관련 기관을 의미함
2급	1. 간호사면허 소지자로서 중독분야*실무경험(상담, 간호 등)이 3년 이상인 자 * 중독분야는 본회가 정해준 중독관련 기관을 의미함

참고문헌

김성재 외 (2015). 정신건강총론(제7판). 수문사.

김수지 외 (2010). 원리 및 실무중심의 정시간호학. 수문사.

김수지 외 (1998). 재가 만성정신질환자의 재활을 위한 지역사회정신건강 사업, UNDP 지원(프로젝트 ROK/96/004) 최종보고서. 이화여자대학교 간호과학연구소.

김은자 외 (2016). 최신 지역사회 정신건강간호학. 퍼시픽북스.

민성길 외 (2015). 최신정신의학(제6판). 일조각.

보건복지부, 국립정신건강센터 (2018). 18 정신건강전문요원 실태조사 보고서.

안영미 외 (2016). 정신건강간호학(8판). 학지사.

이광자 외 (2001). 정신과 의료진의 소진과 대처전략. 용인정신의학, 8(1), 25-43.

이광자 외 (2016). 정신건강간호총론(제6판). 수문사.

한국간호과학회 (1996). 간호학대사전. 한국사전연구사.

홍진표 외 (2010). 정신질환자의 건강증진을 위한 4대 지침안 개발. 건강증진연구사업 보고서. 울산대학교.

Boyd, M. A (2011). 실무중심의 정신건강간호학. 박현숙 외 공역. 현문사.

Shives, L. R (2009). 핵심정신건강간호. 이광자 외 공역. 군자출판사.

http://www.kpmhna.or.kr

http://www.khna.or.kr

http://www.kna.or.kr

http://www.mhnursing.or.kr

9장 정신질환 및 약물치료

장창현
(느티나무
의료사협의원)

Ⅰ. 서론

정신질환의 진단 및 통계 편람 제5판(Diagnostic and Statistical Manual of Mental Disorders, 5th edition, DSM-5)에 따르면 정신질환(mental disorder)은 정신기능의 기초를 이루는 심리학적, 생물학적, 혹은 발달 과정에서의 기능 이상을 반영하는 개인의 인지, 정서 조절, 또는 행동에서 임상적으로 유의미한 장애라는 특징을 가진 증후군이다. 정신질환은 대개 사회적, 직업적, 혹은 다른 중요한 활동에서의 심신장애 또는 유의미한 정신적 고통과 관련되어 있다. 정신질환의 진단은 정신과의사 및 여타 정신건강전문가 합의를 바탕으로 한 징후와 증상 군집의 임상 관찰을 기반으로 한다.

정신의학은 복잡한 정신 현상을 오랜 시간에 걸쳐 확립된 현상학적 진단 기준에 따라 여러 범주로 분류해 왔다. 이러한 분류의 궁극적인 목적은 치료와 예방을 위한 노력을 향상하기 위해서다. 풀어서 말하자면 정신과적 진단의 구분을 통해 가장 효과적인 치료법을 적용하고, 정신건강전문가 간 소통에 있어서 공통이 언어를 사용하게 하며, 각각의 정신질환의 원인을 탐색을 돕기 위함이다. 대표적인 정신질환 분류에는 두 가지가 있다. 하나는 미국정신의학회(American Psychiatric Association: APA)에서 편찬한 정신질환의 진단 및 통계 편람(Diagnostic and Statistical Manual of Mental Disorders: DSM)이고, 다른 하나는 세계보건기구(World Health Organization: WHO)에서 펴낸 국제질병분류(International Classification of Diseases: ICD)이다.

DSM은 1952년 DSM-I을 시작으로, 10년 내외의 주기로 DSM-II, DSM-III, DSM-IV, DSM-IV-TR(text revision), DSM-5(DSM-5부터는 아라비아 숫자로 표기함)로의 개정작업이 이루어졌다. DSM-5는 2013년에 발표되었다. ICD는 1893년 ICD-1을 시작으로 수년마다 새 버전이 나왔다. 1967년 나온 ICD-6부터는 WHO가 관여를 시작했으며, ICD-10은 1992년에 발간되고, ICD-11은 비교적 최근인 2018년에 공표되었다. 우리나라에서는 ICD-10을 기반으로 한 한국표준질병사인분류를 사용하고 있으며, 국민건강보험 적용을 위해 모든 정신과 진료 시에는 정신과의사를 통해 'ICD-10, 정신 및 행태장애 분류(Classification of Mental and Behavioural Disorders)'의 진단기준을 적용한다. DSM-5의 모든 정신과 질병 분류는 'ICD-10, 정신 및 행태장애 분류'에 대응된다.

우리나라의 정신의학계는 DSM을 기준으로 하여 교육, 수련 및 진료가 이루어진다. 그렇기 때문에 DSM의 최신 버전인 DSM-5를 토대로 한 정신질환의 이해가 정신보건사회복지사 현장실무에 기본적으로 필요할 것이다. DSM-5는 다음과 같은 기본 특징을 갖는다. 우선 DSM-5는 원인에 따른 질병 분류가 아니다. 각 정신질환의 정의는 임상 양상에 대한 묘사 혹은 서술을 기반으로 한다. 둘째, 그렇더라도 진단의 애매함을 보완하기 위해 구체적인 진단 기준(diagnostic criteria)를 제시한다. 셋째, DSM-5는 나이, 문화, 성별 특성, 유병률, 위험도, 질병 경과, 합병증, 감별진단 등 각 진단의 역학 정보를 체계적으로 제공하고자 한다.

DSM-5는 진단 편람(manual)이지 교과서(textbook)가 아니다. 그렇기에 각 질병의 원인, 치료법, 논쟁의 지점이 제시되진 않는다. 하지만 정신질환자의 회복을 돕기 위해서는 정신재활 영역에서 통용되는 정신질환의 병인론에 대해 알아야 할 필요가 있다. 그 중 하나는 스트레스-취약성 모델(stress-vulnerability model)이다. 유전적, 생물학적 타고남으로 인해 어떤 사람들은 스트레스에 취약할 수 있으며, 그 사람이 감당할 수 있는 범위 이상의 스트레스가 지속될 경우 마음의 병이 생길 수 있다는 것이다. 강둑과 강물의 비유를 통해 스트레스와 취약성에 대한 이해를 도울 수 있다. 강둑을 스트레스를 견디는 능력으로, 강물을 누군가의 내면에 쌓인 스트레스의 정도로 생각해 본다면 쉽다. 낮은 강둑에 홍수가 닥치면 강물의 높이가 조금만 높아져도 범람할 수 있다. 강둑의 높이가 높다면 감당할 수 있는 강물의 높이가 더 높아질 수 있을 것이다. 한편 강둑의 높이가 높더라도 감당할 수 없는 폭우가 닥친다면 또한 재난으로 이어질 수 있다.

이를 달리 말하면 강둑의 높낮이에 따라 그리고 내리는 비의 양에 따라 다르겠지만 누구나 마음의 병을 앓을 수 있다고도 할 수 있다. 삶의 고난은 누구나 경험할 수 있는 것이기 때문이다. 각 개인의 역량, 관계적·사회적 지지는 강둑의 높이를 높일 수 있다. 달리 말해 스스로 마음의 근력을 키우는 것도 중요하고, 주변 사람들과의 적절한 소통과 공감을 통해 힘을 얻는 것도 필요하다. 또한 치료자와의 정신치료와 정신과 약물치료와 같은 적절한 정신건강서비스의 이용 또한 강둑을 단단하게 할 수 있을 것이다. 여기서 '적절한'이라는 표현이 치료의 핵심이 될 수 있다. 왜냐하면 모든 치료는 효과와 부작용을 동시에 가질 수 있기 때문이다. 그렇기에 정신질환을 가진 당사자는 치료자와의 효율적인 소통을 통해 치료를 '적절하게' 만들어 갈 수 있어야 한다. 당사자를 조력할 정신보건사회복지사가 정신질환과 약물치료를 비롯한 정신과 치료에 대한 대략적인 이해를 갖는다면 정신보건전문요원으로서의 기본 역량을 갖추는 것이라 할 수 있다. 본 장에서는 정신질환과 정신과 약물치료에 대한 개괄을 다루고자 한다.

Ⅱ. 정신질환 분류

DSM-5는 22개의 주요 정신질환의 분류를 제시한다. 세부 진단은 150개가 넘는다. 이 모든 질환에 대해 본 장에서 모두 다루기는 어렵다. 여기에서는 정신보건복지 분야에서 필수적으로 알아야 할 10개의 주요 정신질환에 대해 순차적으로 다루어 보겠다.

1. 신경발달장애(Neurodevelopmental Disorders)

신경발달장애는 보통 유아기, 아동기 또는 청소년기에 처음 진단된다.

1) 지적장애(Intellectual Disability)

지적장애는 유의한 정도의 평균 이하의 지능 및 일상 적응 기능의 손상을 보인다. 적응 기능이란 의사소통, 자기 관리 및 대인관계 기술 같은 영역에서 한 개인이 나이에 적합한 생활 요구를 얼마나 효과적으로 달성하는지를 나타낸다. DSM-5에서 지적장애는 전반적인 기능에 따라 경도(mild), 중등도(moderate), 고도(severe), 최고도(profound)로 분류한다. DSM-IV에서는 지능지수(intelligence quotient: IQ)에 따라 경도(50-55에서 70), 중등도(35-40에서 50-55), 고도(20-25에서 35-40), 최고도(20-25 미만)로 분류되었다. 지적장애의 변이로 전반적 발달지연(global developmental delay)가 있다. 5세 이하의 아동에서 임상적인 심각도 수준을 확실하게 평가할 수 없을 때 사용을 위한 것이다. 경계선 지적 기능(borderline intellectual functioning)은 DSM-5에서는 경도 지적장애와 명백하게 구분되지는 않는다. DSM-IV에서는 지능지수 71에서 84의 범위에 있을 때를 말한다. DSM-5에서는 임상적 주의의 초점이 될 수 있는 기타 상태로 분류되지만 별 다른 진단기준은 없다.

2) 자폐스펙트럼장애(Autism Spectrum Disorder)

자폐스펙트럼장애의 필수적인 특징은 의사소통 및 사회적 상호작용의 지속되는 손상, 제한적이고 반복적인 양식의 행동, 관심 분야 또는 활동이다. 자폐스펙트럼장애는 심각도에 따라 3단계로 나뉜다. 1단계는 사회적 의사소통의 결함이 있어서 지원이 필요한 수준을 말한다. 이는 DSM-IV의 아스퍼거 장애와 유사하다. 2단계는 사회적 의사소통 기술의 뚜렷한 결함을 가지고, 지원을 해도 그 손상이 보상되기 쉽지 않다. 3단계는 의사소통에 심각한 결함이 있고, 융통성 없는 행동, 변화에 대처하는 데 극심한 어려움을 가진다.

3) 주의력결핍 과잉행동장애(Attention-Deficit/Hyperactivity Disorder: ADHD)

ADHD는 기능 또는 발달을 저해하는 지속되는 양상의 부주의, 과잉행동, 충동성을 특징으로 한다. 보통 아동기에 시작되며 개인의 기능에 심각한 손상을 가져온다. 장애의 발현은 2가지 이상의 환경에서 나타나야 한다.

4) 틱장애(Tic Disorder)

틱은 갑작스럽고 빠르며 반복적이고 비율동적인 동작이나 음성증상을 말한다. 틱장애는 상동증적 운동 틱 또는 음성 틱이 특징이다. 증상이 지속된 기간, 추정 병인, 임상 양상에 따라 투렛장애, 지속성 운동 또는 음성 틱장애, 잠정적 틱장애, 달리 명시된 틱장애, 명시되지 않은 틱장애로 세분할 수 있다. 투렛장애는 운동 틱과 음성 틱이 복합적으로 나타나며, 증상의 악화와 완화의 경과를 보이며 1년 이상 지속될 때 진단할 수 있다.

2. 조현병 스펙트럼 및 기타 정신병적 장애

조현병 스펙트럼 및 기타 정신병적 장애(Schizophrenia Spectrum and Other Psychotic Disorders)에는 조현병(schizophrenia), 망상장애(delusional disorder), 조현정동장애(schizoaffective disorder), 단기 정신병적 장애(brief psychotic disorder) 등이 있다. 이들 질환은 망상, 환각, 와해된 사고(언어), 극도로 와해된 또는 비정상적 운동 행동(긴장증 포함), 음성 증상의 다섯 증상 중 하나 이상이 있는 경우로 규정된다.

1) 조현병(Schizophrenia)

조현병은 두드러진 환청 또는 망상이 있는 만성적인 정신질환을 말한다. 최소 6개월 이상 정신 증상을 보인다. 조현병은 대개 3단계의 질병 과정을 보인다. 전구기는 활발한 정신병적 단계가 시작되기 전 기능 악화의 단계다. 활성기는 망상, 환각, 와해된 언어, 극도로 와해된 행동, 또는 무감동, 무의욕, 무논리 같은 음성증상이 1달 이상 나타나는 시기를 말한다. 잔류기는 활성기에 뒤이어 경험하게 된다. 이때도 전구기 때와 마찬가지로 기능의 손상과 감정, 인지, 의사소통의 이상이 나타날 수 있다.

2) 망상장애(Delusional Disorder)

망상장애는 1개월 이상의 지속되는 망상을 특징으로 한다. 색정형, 과대형, 질투형, 피해형, 신체형, 혼합형, 명시되지 않는 유형 등 여러 아형이 있을 수 있다. 조현병과의 차이는 망상이 실제 생활에서 일어날 수 있는 외도, 미행, 질병 경험 등 괴이하지 않은 믿음의 형태로 나타난다는 것이다.

3) 단기 정신병적 장애(Brief Psychotic Disorder)

단기 정신병적 장애는 망상, 환청, 와해된 언어, 극도로 와해된 행동, 또는 긴장증 행동이 하루 이상 한 달 미만으로 나타나는 것이다. 외부로부터의 생애 스트레스가 선행할 수 있으며, 정신증상의 삽화 이후에는 당사자의 원래 기능 수준으로 회복한다.

4) 조현정동장애(Schizoaffective Disorder)

조현정동장애는 조현병의 활성기 증상과 조현병 증상이 없는 시기 동안의 조증 또는 우울증 증상이 모두 나타나는 정신질환을 말한다. 음성증상과 병식의 결함은 조현병보다 덜 심한 편이지만, 기분증상의 지속으로 주요우울장애나 양극성장애의 삽화로 발전할 위험이 큰 편이다.

3. 양극성 및 관련 장애(Bipolar and Related Disorders)

양극성장애는 우울증과 들뜸 사이의 심한 감정기복(mood swings) 그리고 관해와 재발을 특징으로 한다. 이 군에 속하는 정신질환에는 제I형 양극성장애, 제II형 양극성장애, 순환성장애 등이 있다.

1) 제I형 양극성장애(Bipolar I Disorder)

제I형 양극성장애는 최소 1회의 조증 삽화(manic episode)를 경험하면 진단할 수 있다. 조증 삽화의 핵심 양상은 비정상적으로 들뜨거나, 의기양양하거나, 과민한 기분, 그리고 활동과 에너지의 증가가 적어도 일주일 동안 거의 매일 경험하는 것이다. 수면 욕구의 감소, 말수의 많음, 사고의 비약, 목표 지향 활동의 증가, 힘든 결과를 초래할 가능성이 높은 활동에 몰두 등도 나타날 수 있다. 강도와 관해 정도에 따라 경도, 중등도, 고도, 정신병적 양상 동반, 부분 관해 상태, 완전 관해 상태 등으로 나눌 수 있다. 12개월 내에 최소 4번 이상의 삽화를 경험하는 급속 순환성 동반(rapid cycling)인지도 살펴보아야 한다.

2) 제II형 양극성장애(Bipolar II Disorder)

제II형 양극성장애는 경조증(hypomanic)과 주요우울삽화(major depressive episode)를 경험하면 진단할 수 있다. 경조증 삽화는 조증삽화와 진단 기분이 거의 같으나 최소 기간이 4일로 짧고 사회적, 직업적 기능의 현저한 손상을 일으키거나 입원이 필요할 정도로 심각하지 않다는 것이 조증 삽화와의 차이이다.

3) 순환성장애(Cyclothymic Disorder)

순환장장애는 경증의 만성 기분장애로 수차례의 우울 및 경조증삽화가 최소 2년에 걸쳐 여러 번 경험되는 것을 말한다.

4. 우울장애(Depressive Disorder)

우울장애는 주요우울장애, 지속성 우울장애(기분저하증), 월경전불쾌감장애 등을 포함하는 정신질환이다. 공통 양상은 슬픔, 공허함, 과민한 기분이고, 개인의 기능 수행 능력에 영향을 주는 신체·인지 변화가 동반될 수 있다. 기간, 시점, 또는 추정되는 원인에 따라 진단이 나뉜다.

1) 주요우울장애(Major Depressive Disorder)

주요우울장애의 핵심 증상은 적어도 2주 동안의 우울 기분 또는 거의 모든 활동에 있어서 흥미나 즐거움의 상실이다. 또한 다음 증상 가운데 최소한 4개의 부가 증상이 있어야 한다. 식욕, 체중, 수면, 정신운동 활동의 변화, 감소된 에너지, 무가치감 또는 죄책감, 생각·집중·결정의 어려움, 반복되는 죽음에 대한 생각 또는 자살 사고 또는 자살 계획 및 시도.

2) 지속성 우울장애 또는 기분저하증(Persistent Depressive Disorder or Dysthymia)

기분저하증은 최소 2년 이상 지속되는 경도의 만성 우울증이다. 이 기간 동안 개인은 대부분의 날 동안 우울감을 경험하고, 최소 주요우울삽화의 2개 이상의 증상을 경험할 수 있다.

3) 월경전불쾌감장애(Premenstrual Dysphoric Disorder)

월경전불쾌감장애는 생리 1주 전부터 발생하는 과민함, 감정적 불안정성, 두통, 불안 또는 우울감을 말한다. 생리 주기가 끝나면 이러한 증상들은 누그러진다.

5. 불안장애(Anxiety Disorders)

불안장애 범주에는 극도의 공포, 불안 및 관련된 행동 장애의 특징을 지닌 질환들이 포함된다. 불안장애에 포함되는 질환들은 공포, 불안 혹은 회피 행동을 일으키는 대상이나 상황, 그리고 이와 관련된 인지적 관념에 따라 서로 구분된다. 불안장애는 불안의 정도가 과도하거나 발달상의 적정한 시기를 넘어서 지속된다는 점에서 발달 과정 중에 경험하는 정상 공포나 불안과는 다르다. 또한 오래 지속되는 점에서(대부분 6개월 이상) 스트레스에 의해 유발되는 일시적인 공포나 불안과도 다르다.

1) 공황장애(Panic Disorder)

공황발작은 극심한 공포나 고통이 갑자기 발생하여 수분 이내에 정점에 이르며 신체·인지 증상을 동반한다. 공황발작에서 경험될 수 있는 신체 증상은 심계항진, 숨참, 어지러움, 떨림, 멍함 혹은 쓰러질 것 같은 느낌, 땀, 구역감 등이다.

공황장애가 있는 사람들은 예상치 못한 공황발작을 반복적으로 경험하고, 공황발작을 겪는 것에 대해 계속해서 미리 걱정하거나, 공황발작 때문에 부적응 행동을 보인다. 예를 들어, 운동을 하지 않으려 하거나 친숙하지 않은 곳에 가는 것을 회피할 수도 있다.

공황발작 자체는 정신질환이 아니며 공황장애 외에도 다른 불안장애나 다른 정신질환(예: 우울장애, 외상 후 스트레스장애, 물질사용장애) 그리고 몇몇 의학적 상태에서도 나타날 수 있다.

2) 광장공포증(Agoraphobia)

광장공포증은 공황장애에 흔히 동반된다. 물론 공황발작이 없는 경우에도 광장공포증이 있을 수 있다. 광장공포증 환자는 공황발작 또는 공황유사증상 또는 공황발작이 있을 때 벗어나기 힘든 상황 자체를 피하려 한다. 광장공포증이 있는 사람들은 다음 상황 중 2가지 이상의 경우에 대해 두려워하거나 불안하게 여긴다. 예로는 대중교통을 이용하는 것, 열린 공간에 있는 것, 밀폐된 공간에 있는 것, 줄을 서거나 군중 속에 있는 것, 다른 상황에서 집 밖에 혼자 있는 것 등이 있다.

3) 특정공포증(Specific Phobia)

특정공포증을 지닌 사람들은 주위의 대상이나 상황을 회피하거나 두려워하거나 불안하게 여긴다. 이 질환에서는 다른 불안장애에서와 달리 특정한 인지 왜곡은 보이지 않는다. 공포, 불안, 회피는 대부분 위험 상황에서 즉각적으로 발생하며, 그 정도는 실제 처한 위험에 비해 지나치고 지속적이다. 동물형, 자연환경형, 혈액-주사-손상형, 상황형 등 여러 종류의 특정 공포증이 있다.

4) 사회불안장애 또는 사회공포증(Social Anxiety Disorder or Social Phobia)

사회불안장애가 있는 사람들은 자신이 주목받고 평가받는 사회적 관계나 상황을 회피하거나, 두려워하거나, 불안하게 여긴다. 친밀하지 않은 사람들과의 모임이나, 다른 사람들이 보는 앞에서 먹거나 마셔야 하는 상황, 다른 사람들 앞에서 무슨 일인가를 수행해야 하는 상황들이 여기에 포함된다. 이들은 다른 사람에게 나쁘게 평가되거나, 당황하거나, 모욕당하거나, 거부당하거나 혹은 자신이 다른 이들을 공격할지도 모른다는 생각을 갖고 있다.

5) 범불안장애(Generalized Anxiety Disorder)

범불안장애를 앓고 있는 경우 직장이나 학교에서의 업무를 포함해서 다양한 영역에서 조절하기 힘들고 지속적이며 지나친 불안, 걱정이 있다. 이에 더해서 안절부절못하거나 낭떠러지 끝에 서 있는 느낌, 쉽게 피곤해짐, 집중이 힘들거나 머릿속이 하얗게 되는 것, 과민성, 근육의 긴장, 수면 교란과 같은 신체 증상들을 경험한다.

6. 강박 및 관련 장애(Obsessive-Compulsive and Related Disorders)

이 분류에 속한 질환들은 강박사고(반복적인 생각) 또는 강박행동(반복되는 행동)을 가진다.

1) 강박장애(Obsessive–Compulsive Disorder: OCD)

강박장애는 강박사고 그리고/또는 강박행동으로 특징지어진다. 강박사고는 침투되는 느낌의 반복되면서 지속적인 생각, 충동 또는 심상으로 정의된다. 강박행동은 강박사고에 의해 또는 완고하게 따르는 규칙에 따라 일어나는 자동적인 반복 행동 또는 심리 내적인 행위를 뜻한다. 대부분의 강박행동은 강박사고와 관련된 불안을 낮추기 위해 이루어진다.

2) 신체이형장애(Body Dysmorphic Disorder)

신체이형장애는 외모에 대한 염려로 인해 일어나는, 관찰되지 않거나 거의 남들은 못 알아차릴 정도의 하나 또는 그 이상의 신체 외모 결함에 대한 과도한 집착, 또는 반복되는 행동들(예: 거울보기, 과도한 외모 치장, 피부 뜯기, 또는 안심시키기의 탐색)이나 심리 내적인 행위(예: 타인과 자신의 외모 비교) 등으로 특징지어진다.

3) 수집광(Hoarding Disorder)

수집광은 그들의 실제 가치와는 상관없이 소지품을 버리기 힘들어하고, 강한 소유욕 때문에 소지품을 버리거나 떼어 내는 데 지속되는 어려움을 보이는 것이 특징이다. 수집광의 증상은 많은 수의 소지품 축적으로 이어져 실제 삶의 공간들을 혼잡하고 어수선하게 하여 위태로워질 수도 있다.

7. 외상 및 스트레스 관련 장애(Trauma-and Stressor-Related Disorder)

이 범주에는 외상성 또는 스트레스성 사건에 대한 노출이 명백하게 기재되어 있는 정신질환들이 포함된다.

1) 외상 후 스트레스장애(Posttraumatic Stress Disorder: PTSD)

외상 후 스트레스장애는 한 개인이 실제적 위험에 처하거나 삶에 대한 위협을 경험한 후에 일어날 수 있다. 또한 누군가에게 일어나는 폭력 혹은 치명적 사건을 목격한 후에도 일어날 수 있다. 증상은 대개 외상 후 첫 3개월 내에 시작하는데, 어떤 경우에는 수개월에서 수년 정도 이후에 발생할 수도 있다. 외상 후 스트레스장애가 있는 경우 한 개인이 외상적 사건에 대한 공포를 경험하고 그것이 재경험될 수 있다. 회피와 과각성 증상이 있을 수도 있다. 증상은 최소 한 달 이상 지속되고 기능의 장애로 경험될 수 있다.

2) 급성 스트레스장애(Acute Stress Disorder)

급성 스트레스장애는 한 가지 또는 그 이상의 외상 사건에의 노출 이후 3일에서 1개월까지 지속되는 증상의 발현을 주요 특성으로 한다. 여기서 말하는 외상 사건은 PTSD의 경우와 동일하다. 증상이 한 달 이상 지속될 경우 급성 스트레스장애 진단은 PTSD로 바뀐다.

3) 적응장애(Adjustment Disorders)

적응장애는 인식 가능한 생애 스트레스에 대한 부적응적 반응으로 감정 또는 행동 증상이 존재하는 정신질환을 말한다. 명시자로는 우울 기분 동반, 불안 동반, 품행 장애 동반 등이 있으며 주요우울장애나 외상 후 스트레스장애 같은 다른 정신질환의 진단기준을 충족하지 못할 때 고려되어야 한다.

8. 급식 및 섭식장애(Feeding and Eating Disorders)

급식 및 섭식장애는 섭식 행동에 있어서의 두드러진 장해를 보인다.

1) 신경성식욕부진(Anorexia Nervosa)

신경성식욕부진은 체중감소와 음식 섭취를 거부하는 것을 특징으로 한다. 식욕은 대게 정상이다. 섭식 거부가 이어지면 영양실조, 무월경 등의 신체적 어려움으로 이어질 수 있으며 내과적 응급 상태가 될 수도 있다.

2) 신경성폭식증(Bulimia Nervosa)

신경성 폭식증은 반복적이고 빈번한 폭식을 보인다. 구토 증상은 있을 수도 있고 없을 수도 있다.

3) 폭식장애(Binge Eating Disorder)

폭식장애는 신경성폭식증의 변이라고 할 수 있다. 때때로 1주일에 한 번 가량 폭식한다.

9. 물질관련 및 중독 장애(Substance-Related and Addictive Disorders)

물질관련장애는 10가지 서로 다른 종류의 약물로 유발된다. 알코올, 카페인, 대마, 환각제, 흡입제, 아편계, 진정제, 수면제 또는 항불안제, 자극제, 담배 그리고 기타 물질로 나눠진다. 모든 약물은 공통적으로 과량 복용할 때 행동과 기억 생성을 강화하는 뇌 보상체계를 직접 활성화한다. 물질관련장애는 물질유발장애와 물질사용장애의 두 그룹으로 나뉜다.

1) 물질유발장애(Substance-Induced Disorders)

물질유발장애에는 중독, 금단, 그리고 기타 물질/약물치료로 유발된 정신질환(정신병적 장애, 양극성 및 관련 장애, 우울장애, 수면장애, 성기능부전, 강박 및 관련 장애, 신경인지장애)이 있다.

2) 물질사용장애(Substance Use Disorders)

물질사용장애의 필수적인 특징은 중요한 물질 관련 문제들이 있음에도 불구하고 개인이 지속적으로 물질을 사용하고 있음을 나타내는 인지, 행동, 생리 증상군이다.

3) 알코올관련장애(Alcohol-Related Disorders)

알코올관련장애는 과도한 알코올 사용으로 인해 유발되는 장해다. 여기에는 내성 및 금단 발생과 더불어 반복되는 알코올 사용을 특징으로 하는 알코올사용장애(alcohol use disorder), 과도한 술 취함 상태를 말하는 알코올중독(alcohol intoxication), 심하면 섬망증상까지 발생할 수 있는 알코올금단(alcohol withdrawal)이 포함된다.

4) 기타 알코올 유발장애(Other Alcohol-Induced Disorders)

이 질환군에는 알코올로 유발된 정신병적 장애, 양극성 및 관련 장애, 우울장애, 수면장애, 성기능부전, 강박 및 관련 장애, 신경인지장애를 포함한다. 알코올로 유발된 신경인지장애 중에서 기억상실과 작화증이 동반된 유형인, 알코올로 유발된 지속성 기억상실장애의 경우를 제외하고는 모든 알코올 유발 증상은 심각도와 관계없이 상대적으로 빨리 회복되고 급성 중독이나 금단이 끝난 후 1개월 이상 증상이 남는 경우가 드물다.

5) 도박장애(Gambling Disorder)

도박장애는 비물질관련장애에 속한다. 도박장애의 필수적인 특징은 개인, 가족, 그리고 직업적 장애를 유발하는 지속되고 반복되는 부적응적 도박 행동이다.

10. 신경인지장애(Neurocognitive Disorders)

신경인지장애 범주는 인지 기능 손상을 주된 임상적 특징으로 하는 장애군을 망라한다. 이는 발달상의 장애가 아닌 후천적 장애다. 뇌의 구조와 기능의 변화로 학습, 지남력, 판단력, 기억력, 기타 지적 기능의 이상을 보이는 것을 특징으로 한다. 신경인지장애는 인지 손상이 출생 또는 생애 매우 이른 시기부터 존재하는 것이 아니라, 이미 획득한 기능 수준으로부터의 감퇴를 의미한다.

1) 섬망(Delirium)

섬망은 다양한 원인으로 인해 단기간 발생하는 인지의 혼란을 특징으로 한다. 그 원인으로는 물질 중독 혹은 금단, 약물, 일반 의학적 상태, 수면 박탈 등이 있다.

2) 경도 신경인지장애(Mild Neurocognitive Disorder)

경도 신경인지장애에서는 경미한 인지 기능의 저하를 보인다. 이는 정상 노화 과정에서의 인지 변화와는 구분되어야 한다.

3) 주요 신경인지장애(Major Neurocognitive Disorder)

주요 신경인지장애는 치매로 불렸던 증상군이다. 기억력, 판단력, 지남력, 인지능력에 있어 심각한 손상을 특징으로 한다. 주요 신경인지장애에는 13개의 아형이 있다. 대개 65세 이상에서 점진적인 인지기능 저하의 형태로 나타나는 알츠하이머 치매, 뇌경색 혹은 뇌출혈이 원인이 되어 계단식으로 진행하는 인지 저하를 보이는 혈관성 치매가 대표적이다.

Ⅲ. DSM-5의 정신질환 분류에 대한 비판

한편 ≪비판정신의학≫에서는 DSM-5에 대한 비판의 목소리를 제기한다. 책임감 있게 DSM-5를 활용하려면, 연구자나 임상가는 환자의 진단, 진단 구조를 평가하는 기술적 이슈를 염두에 두어야 한다고 말한다. 진단편람을 편찬할 때 영향력을 가진 이해 관계자가 있을 수도 있고, 특정 진단의 사용이 어떤 집단에는 불이익으로 작용할 수도 있다는 더 넓은 사회·정치적 고려가 있어야 한다. 진단에 대한 전반적인 고려를 위해 ≪비판정신의학≫에서는 생태학적 접근이라는 대안적인 방법을 제시한다. 여기에서는 5단계의 비판단위를 제시한다. 첫 번째는 거시단위비판이다. 이는 진단의 경험적, 개념적 상태는 인식론적인 관점에 따라 다를 수 있다는 시각을 말한다. 두 번째는 외부단위비판이다. 이는 현대의 신자유주의 체계로 인한 개인이 경험하는 사회경제적 고난도 각 개인의 마음에 영향을 미칠 수 있다는 관점이다. 세 번째는 중간단위비판이다. 여기에서는 정신과 약물을 생산하는 제약회사 또한 정신과의 진단과 치료에 지대한 영향을 가질 수 있다는 시선이다. 미시단위비판은 진단편람의 개정과정에서도 기술적 결함이 있을 수 있다는 지적이다. 마지막으로 개인단위비판은 정신과적인 진단 자체가 각 개인에게 낙인으로 작용하고 진단받은 이들이 사회로부터 배제되는 악영향을 경험할 수도 있다고 말한다. DSM-5를 사람들에게 이롭도록 잘 활용하고자 한다면 정신질환을 진단받는 개인을 둘러싼 환경뿐만 아니라 사회에 대한 고려도 있어야 하고, 진단체계에 영향을 미칠 수 있는 요인들도 다양하게 있고, 진단체계 자체가 완벽하지 않을 수 있다는 넓은 안목 또한 필요하다.

Ⅳ. 정신과 약물치료의 기본 원칙

정신약물학의 진보는 정신과 치료의 한계를 확장시켰다. 뇌기능에 대한 이해가 넓혀지면서 더 효과적이고, 독성이 덜하며, 부작용이 적고, 좀 더 치료 표적이 구체적인 약물이 나오게 되었다. 치료에 대한 옵션이 방대하게 늘어났기 때문에 약물을 처방하는 정신과 의사는 약의 잠재적 부작용, 약물 상호작용, 부작용 발생 시의 대처법에 대해 알아야 한다. 신약의 경우에는 개발 당시 인지되지 못한 부작용이 발생할 수도 있다. 그렇기 때문에 최신 연구 결과를 지속하여 살펴야 한다. 약물 부작용은 치료 충실도를 떨어뜨릴 수 있기 때문에 부작용 대처에 대해서도 충분한 이해가 필요하다. 부작용에 대한 대처법에는 약물 용량 줄이기, 다른 약물로 전환하기, 부작용 완화에 도움 되는 약물 추가 처방 등의 방법이 있을 것이다.

1. 정신과 약물의 분류

정신과 영역에서 사용되는 약물의 분류는 주요 임상 적용에 따라 항우울제(antidepressants), 항정신병약물(antipsychotics), 기분안정제(mood stabilizers), 항불안제(anxiolytics), 수면유도제(hypnotics), 인지기능개선제(cognitive enhancers), 신경자극제(stimulants), 항갈망제(anticravings) 등이 있다. 하지만 많은 경우 정신과 약은 분류에 따라서만 쓰이지 않고, 여러 가지 적응증을 가진다. 예를 들면 선택적세로토닌재흡수억제제(selective serotonin reuptake inhibitors: SSRIs)는 항우울효과도 가지지만 항불안 효과도 가진다. 또한 항정신병약물 중 세로토닌도파민길항제(serotonin–dopamin antagonists: SDAs)는 기분안정제로 사용되기도 한다. 이렇게 정신과 약물은 주요 임상 적응증 이외에 다른 정신질환에도 범용적으로 사용되는 경우가 많다. 약에 대한 단편적인 이해는 '환자의 오해'를 불러일으킬 수 있기 때문에 치료 현장에서 처방을 담당하는 의사의 설명이 필요하다.

1) 항우울제(antidepressants)

정신과 약물 중에서 의존성이 가장 적으면서 마음의 균형을 조절하는 데에 가장 효과적인 약이다. 기본적으로는 우울증 치료제로 사용되며 불안장애, 외상 후스트레스장애, 식이장애, 강박장애, 불면 증상에도 도움이 된다. 세로토닌, 노르에피네프린, 도파민 등 신경전달물질의 균형을 갖게 해주어 효과를 발휘한다. 소위 1세대 항우울제로 알려진 삼환계 항우울제(tricyclic antidepressants)로는 amitriptyline, imipramine 등이 있으나 입 마름, 변비, 졸림, 요배출곤란 등의 부작용이 큰 편이고 심장 독성의 부작용 염려도 있다. 그렇기 때문에 2세대 항우울제인 SSRIs나 세로토닌도파민재흡수억제제(serotonin norepinephrine reuptake inhibitors: SNRIs), 도파민노르에피네프린재흡수억제제(norepinephrine dopamine reuptake inhibitors: NDRIs) 등이 주로 사용된다. SSRIs에는 에스시탈로프람(escitalopram), 플루옥세틴(fluoxetine), 설트랄린(sertraline) 등이 있으며, SNRIs에는 벤라팍신(venlafaxine), 둘록세틴

(duloxetine) 등이 있다. NDRIs에는 부프로피온(bupropion)이 있다. 항우울제는 비교적 안전한 약이긴 하나 다양한 계통 부작용 있을 수 있으므로 효과와 부작용을 견주어 사용되어야 한다. 대표적인 항우울제의 부작용은 두통, 소화 불편감이다.

2) 항정신병약물(antipsychotics)

항정신병약물은 대표적 정신과 약물. 조현병의 주 치료제이다. 공격성, 의심, 망상, 불면증 등에 효과를 갖기도 하며, 일부 약은 우울증, 양극성 장애에도 효과가 있다. 1세대(정형) 항정신병 약물에는 할로페리돌(haloperidol), 클로르프로마진(chlorpromazine) 등이 있고, 2세대(비정형) 항정신병 약물에는 리스페리돈(risperidone), 팔리페리돈(paliperidone), 올란자핀(olanzapine), 퀴티아핀(quetiapine), 아리피프라졸(aripiprazole) 등이 있다. 1세대 항정신병약물에 비해 2세대 항정신병약물은 항콜린성 부작용과 추체외로 부작용이 적고 무기력, 사회적 고립 등 음성증상에도 도움이 된다는 장점을 갖는다(아래 표 참조). 하여 현재 임상에서는 2세대 비정형 항정신병약물의 사용률이 더 높다. 하지만 2세대 항정신병약물은 체중증가, 식욕증가 당뇨병 발생과 같은 대사장애의 가능성이 있기에 체중, 체질량지수(body mass index: BMI), 혈당 및 콜레스테롤 수치 등 대사 지표를 확인하며 사용해야 한다. 특히 올란자핀은 대사 부작용 발생 가능성이 상당히 커 사용에 주의를 요한다. 클로자핀(clozapine)은 다른 항정신병약물보다 망상, 환청에 치료 효과가 높은 것으로 알려져 있으나 백혈구감소증, 무과립구혈증과 같은 면역 관련 심한 부작용 발생 가능성이 있으므로 혈액 검사를 지속적으로 해가며 주의 깊게 사용되어야 한다.

	1세대 항정신병 약물	2세대 항정신병 약물
예시	할로페리돌, 클로르프로마진 등	리스페리돈, 팔리페리돈, 올란자핀, 퀴티아핀, 아리피프라졸, 아미설프라이드, 지프라시돈 등
주 작용 수용체	도파민	도파민, 세로토닌
효과	양성증상(환청, 망상, 와해된 사고) 조절에 효과적	양성증상 뿐만 아니라 음성증상(무기력, 사회적 고립) 호전에도 기여
부작용	항콜린성 부작용(입안 건조, 시야 흔탁, 변비, 배뇨곤란 등), 추체외로증상(안절부절못함, 급성 근긴장증, 서동증, 지연성 운동장애 등)	항콜린성 부작용과 추체외로 부작용은 적으나, 대사장애(체중증가, 식욕증가, 당뇨병) 발생률은 높을 수 있음
기타 사용	발달장애, 자폐성 장애	기분장애, 불안장애, 강박장애, 발달장애, 자폐성 장애 등에도 사용됨

3) 기분안정제(mood stabilizers)

기분안정제는 주로 양극성장애(조울증) 치료에 사용된다. 또한 감정기복, 자극예민성을 줄이는 데에도 효과를 갖는다. 기분안정제의 예로는 조증 치료에 활용되는 리튬(lithium), 발프로에이트(valproate), 양극성장애 우울에 사용되는 라모트리진(lamotrigine) 등이 있다. 기분안정제는 혈중 농도가 특히 중요한 약물이며 부작용에 주의해야 한다. 리튬은 운동실조, 구음장애 등의 부작용을 갖고, 발프로에이트는 체중증가, 소화기능장애 등이 발생할 수 있으며, 라모트리진은 피부발진 시 바로 중단해야 한다.

4) 항불안제(anxiolytics)

항불안제는 불안을 낮추는 약물로 1950, 60년대에 처음 개발된 벤조디아제핀 계열 약물이 대표적이다. 항불안제는 불안을 급속도로 낮추고 진정시키는 효과가 있다. 하지만 주지할 점은 불안장애에서 먼저 추천되는 치료제가 SSRIs 계열의 항우울제라는 것이다. 항불안제는 불안에 있어서 필요시 약으로 사용뿐만 아니라 불면증 등에도 일시적으로 사용될 수 있다. 하지만 어디까지나 보조적인 사용이 되는 것이 좋다. 왜냐하면 항불안제는 의존성이 있을 수 있기 때문이다. 그래서 항불안제는 계획성 있게 사용되어야 하고, 1달 이상 처방 될 경우에는 환자와 효과와 부작용에 대해 상의해야 한다. 또한 매달 처방 필요성을 재평가 하여야 한다. 졸림, 기억력 및 인지기능의 저하, 낙상 등의 부작용이 있을 수 있다는 것은 처방에 신중을 기해야 하는 또 다른 이유가 된다. 벤조디아제핀 계열 약에는 로라제팜(lorazepam), 브로마제팜(bromazepam), 알프라졸람(alprazolam), 디아제팜(diazepam), 트리아졸람(triazolam), 에티졸람(etizolam), 클로르디아제폭시드(chlordiazepoxide) 등의 성분들이 있다.

5) 수면유도제(hypnotics)

수면유도제는 시작된 지 한 달 미만의 일차성 수면장애에 주로 활용된다. 졸피뎀(zolpidem), 에스조피클론(eszopiclone) 등이 있다. 기존에 수면유도제로 사용된 항불안제의 단점인 의존성을 줄인 약이긴 하지만 이 역시 부작용과 의존성이 있을 수 있다. 보고되는 부작용에는 몽유병, 야간폭식, 낙상, 낮시간 졸림 등이 있다. 그렇기에 이 또한 항불안제처럼 계획성을 갖고 사용되어야 한다.

6) 인지기능개선제(cognitive enhancers)

인지기능개선제는 알츠하이머형치매, 혈관성 치매 등에서 인지기능의 저하를 막거나 인지기능 저하의 속도를 늦추기 위해 사용되는 약이다. 인지기능개선제는 콜린성 신경(cholinergic neuron)의 파괴와 중추신경계의 콜린성 신경전달에 중요한 아세틸콜린을 분해하는 효소인 콜린에스테라제(cholinesterase)의 활성을 억제하는 약물로 도네페질(donepezil), 리바스티그민(rivastigmine), 갈란타민(galantamine) 등이 사용되고 있다. 이 외에도 중추신경계의 주요 흥분성 신경전달물질인 글루타메이트(glutamate)가 작용하는 수용체 중 NMDANMDA(N-methyl-D-aspartate receptor) 수용체에 부분 효현제로 작용하는 메만틴(memantine)이 치료에 활용된다.

7) 정신자극제(stimulants)

정신자극제는 주의력결핍과잉행동장애(Attention Deficit / Hyperactivity Disorder: ADHD), 기면증 치료제로 활용되며 치료 저항성 우울증의 보조 치료제로도 사용된다. 정신자극제라는 명칭은 이 약물들이 뇌의 활동 혹은 각성수준을 올리는 기능을 갖기 때문이다. 대표적인 정신자극제인 메틸페니데이트(methylphenidate)는 속방형, 서방형 제제가 개발되어 사용되고 있다. 메틸페니데이트는 미국 마약단속국(Drug Enforcement Agency: DEA)에서 높은 남용 위험을 가진 스케줄 2(Schedule II) 약물로 분류되기도 한다. 의존성과 남용위험성을 주의해야 하며 지속적으로 적어도 6개월의 한 번은 약물 적정성 평가를 하는 것이 옳다. 비정신자극제 계열 ADHD 치료제로는 아토목세틴(atomoxetine)이 활용된다. 아토목세틴은 남용 가능성이 없으며, ADHD와 틱 장애(tic disorder)가 함께 있는 경우에 치료제로 선택될 수 있다.

8) 항갈망제(anticravings)

항갈망제는 알코올사용장애, 물질사용장애 등 중독질환의 약물치료제로 주로 사용되며, 인터넷중독, 도박장애, 성중독 등 행위중독 치료의 보조제로도 활용된다. 아캄프로세이트(acamprosate)는 NMDA 수용체를 통해 의존성 물질에 대한 갈망과 금단 치료에 도움이 된다고 알려져 있다. 신장을 통해 배출되므로 신장질환이 있는 경우 사용에 주의해야 한다. 날트렉손(naltrexone)은 오피오이드(opioid) 수용체를 차단하는 효과를 통해 의존물질에 의한 쾌감과 갈망을 줄인다. 복용량이 아캄프로세이트보다 적어 순응도에 있어 장점을 지닌다. 날트렉손은 간으로 대사되기 때문에 알코올성 간질환 등으로 간 기능의 손상이 심한 경우에는 사용에 주의가 필요하다.

2. 약리 작용

환자의 유전적, 환경적 요소는 정신과 약물의 효과와 부작용에 영향을 미칠 수 있다. 어떤 환자에겐 효과적인 약이 어떤 환자에겐 그렇지 않을 수 있다. 같은 계열의 약물에서도 분자 구조, 신경전달물질 체계와의 상호작용 종류, 약물 역동학, 활성 대사물, 단백질 결합 등에 미묘한 차이가 있을 수 있다. 이러한 차이가 환자의 생화학적 특성, 부작용에 대한 내성(tolerance), 위험-이익 비율(risk-benefit ratio)과 결합하여 약물 반응 다양성의 이유가 될 수 있다. 또한 약의 효과를 확신 있게 예측하기 어려울 수 있다. 하지만 약물 각각의 일반적 특성에 대한 올바른 이해는 성공적인 치료로 이어질 수 있다. 약의 임상 효과는 약동학(pharmacokinetics)과 약역학(pharmacodynamics)을 토대로 이해될 수 있다. 약동학은 약이 몸에 들어오면 약이 어떤 영향을 받는지에 대한 것이고, 약역학은 약 복용 후 몸이 어떠한 반응을 보이는가에 대한 것이다. 이제는 약동학과 약역학을 넘어서 환자 각각의 유전적 특성에 따라 약의 효과와 부작용 경험이 달라질 수 있다는 약유전학(pharmacogenetics)에 대한 연구가 주목을 받고 있다.

3. 약물의 선택

미국 식약처(U.S. Food and Drug Administration: FDA)는 각각의 적응증(indication)이 되는 질병에 대한 약물의 효과는 카테고리별로 같다고 하지만, 약물마다 환자에 따른 약물학적 차이, 효능과 부작용의 차이가 있다. 또한 약물의 효능과 부작용은 부분적으로만 예측이 가능하다. 더 좋은 약, 더 나쁜 약이 따로 있다기보다는 어떤 환자 소집단(subgroup, 예를 들면 소아, 암 환자, 임산부 등 생물학적 특성에 따른 환자 집단 분류)에 더 적합한 약과 그렇지 않은 약이 있는 것이다. 약물 선택은 각각의 사례를 기반에 두어야 하며(case-by-case basis) 의학지식 및 의사와 환자의 효율적 소통을 기반에 두어야 한다. 그리고 적절한 약을 선택하기 위해서는 약의 특성, 질환의 특성에 대해 잘 아는 것이 중요하다.

4. 약물 작용의 기전

약물 기전에 대한 이해는 현재의 의학으로는 많은 부분이 아직 밝혀지지 않았다. 표준이 되는 설명은 신경연접부위(synapse)에서 신경전달물질(neurotransmitter)의 농도의 변화다. 신경전달물질의 예로는 도파민(dopamine), 세로토닌(serotonin), 노르에피네프린(norepinephrine), 히스타민(histamine), 가바(γ-aminobutyric acid: GABA), 아세틸콜린(acetylcholine) 등이 있다. 신경전달물질 수용체(receptor)에 대한 효현제(agonist), 길항제(antagonist)의 영향으로 신경전달물질 재흡수, 분비, 억제가 조절된다.

5. 부작용

효과가 없는 약이 없듯이 부작용이 없는 약도 없다. 하지만 모든 가능한 부작용에 대해 백과사전적인 지식을 갖는 건 어렵다. 그럼에도 불구하고 정신과 약을 처방하는 의사는 약의 흔한 부작용(common adverse effect)과 심각한 부작용(serious adverse effect)은 알아야 한다. 흔한 부작용의 대표적 예는 두통, 어지러움, 소화불편감 등이다. 모든 약이 모든 사람에게 효과 있는 것이 아니듯이, 모든 사람에게 나타나는 부작용은 없다. 또한 현재 가지고 있는 환자의 다른 질병이나 복용중인 약물이 고려되어야 한다. 약의 약리적인 특성으로 나타날 수 있는 부작용도 있고 그렇지 않은 부작용도 있다. 약에서 예상되는 부작용이 나타나는 경우에는 부작용을 피할 수 있다. 또한 시간이 지나면 사라지는 부작용도 있고 나타나는 부작용도 있다. 예를 들면 SSRIs의 경우 성기능저하의 부작용을 일으킬 수 있음이 고려되어야 한다. 그리고 구역, 소화불편감 같은 부작용은 SSRIs 사용 초기에 있을 수 있지만 약 사용 2, 3주가 지난 후에는 사라질 수 있다. SSRIs 사용 초기에는 체중이 줄어들 수 있으나 중장기 사용 시에는 체중이 오히려 늘어날 수 있다.

약의 부작용은 복용하는 환자의 삶의 질에 영향을 미칠 수 있고 약물 순응도에도 영향을 줄 수 있다. 게다가 환자에게 해악을 미칠 잠재성도 있다. 그렇기 때문에 약의 부작용은 신중하게 관찰되어야하고 약물 사용의 해악보다 이익이 더 큰 지를 살펴야 한다. 항우울제의 자살 위험성은 소아, 청소년, 24세 미만의 성인의 경우 높아질 수 있다는 연구결과로 인해 이슈가 된 바 있다. 이로 인해 2004년에는 미국 FDA에서 최고 수준의 부작용 경고인 블랙박스 경고문을 약 포장에 부착하게 된다 하지만 2006년의 대규모 연구를 통해 약 사용 6개월 후의 자살 위험성이 약 사용 1달 전에 비해 훨씬 크다는 것이 밝혀졌다. 이러한 분분한 연구결과를 종합하면 신중한 관찰 하에 항우울제를 사용하고, 항우울제를 사용 중에 우울감이 호전되지 않고 마음이 동요된다면 진료실에서 정신과의사와 다시 상의하는 것이 추천된다.

최근 개발된 약물의 부작용에는 다음과 같은 것들이 있다; 졸림(일부 항정신병약물, 일부 항우울제), 소화불량(일부 항우울제 복용 초기), 이상운동증(일부 항정신병약물, 일부 항우울제), 성기능장애(일부 항우울제), 체중증가(일부 항정신병약물, 일부 항우울제), 체중감소(일부 항우울제 복용 초기), 혈당변화(일부 항정신병약물, 일부 항우울제), 인지기능장애(항불안제), 피부 발진(모든 약물, 특히 일부 기분안정제), 수면유도제인 졸피뎀, 할시온의 경우 몽유병, 폭식, 공격성 표출 등의 부작용이 있을 수 있다고 미국 FDA에서 2007년 보고한 바 있다. 부작용은 앞서도 밝혔듯이 환자의 삶의 질에 영향을 줄 수 있고, 모든 약은 효과와 부작용을 비교하여 사용해야 한다.

부작용 관련하여 약물 과량복용(overdose)도 중요한 주제다. 대부분의 최근 개발된 항우울제는 넓은 안전 용량 범위를 지닌다. 하지만 이런 약제들도 때로는 심각한 내과적 합병증이 생길 수 있기에 임상가는 환자들이 자살의 수단으로 약물을 사용할 수 있음을 반드시 인지하고 있어야 한다. 이러한 위험이 감지되는 경우에는 소량의 약을 단기간 처방하는 것이 하나의 방법이 될 수 있고, 가족이나 동거인에게 약을 복용 시에 매번 건네주길 부탁하는 것이 도움이 된다.

6. 환자 관련 요인

약의 효과, 부작용에 대한 민감성이 환자의 약 복용과 치료에 영향을 미칠 수 있다.

마음에 대한 약 중에 만병통치약(one-size-fits-all model)은 없다. 치료에 영향을 미치는 환자 관련 요인들에는 진단, 과거에 경험한 약물에 대한 반응, 유전적 요인, 생활 방식, 신체 건강의 상태, 공존하는 다른 질환 여부, 약물에 대한 환자의 태도 등이 있다.

7. 고지된 동의(informed consent)와 환자 교육(patient education)

약물을 잘 복용하기 위해서는 환자 의사 간 신뢰 구축이 중요하고, 환자에게 약 복용의 적절한 동기를 부여해야 한다. 의사는 환자에게 치료 옵션의 종류와 발생 가능한 부작용, 각각의 치료의 이점에 대해 설명해야 한다. 특정 약이 추천된다면 추천 되는 이유에 대해서도 안내를 해야 한다. 왜냐하면 환자 또한 왜 자신이 이 약을 처방 받는지에 대해 알아야 약을 잘 복용할 것이기 때문이다. 단단한 치료 동맹(strong therapeutic alliance)은 약물치료에 도움이 된다. 치료 동맹과 환자 교육에 대한 연구에 의하면 오히려 잠재적으로 발생 가능한 부작용에 대해 설명을 들은 경우에 약물 순응도가 더 좋다. 그리고 약을 처방할 때는 약물의 정신역동적 의미, 가족· 환경적 영향, 정신사회적 스트레스 요인, 정신사회적 지지요인도 파악되어야 한다. 약물을 처방하는 이유, 약물의 이득과 잠재적 위험 또한 반드시 설명되어야 한다. 환자가 이에 대해 모르고 있다면 물어볼 수 있게 정신보건사회복지사가 조력하는 것도 도움이 될 수 있다.

8. 치료 기간

"언제까지 약을 먹어야 하나요?"는 임상에서 볼 수 있는 흔한 질문이다. 이에 대한 딱 떨어지는 답은 없다. 하지만 초발 우울증의 예를 들면, 효과가 나타나는 데까지 2~3주 걸리고(초기 치료), 충분한 효과를 경험하기까지 2~3달이 걸리며(지속 치료), 재발을 막기 위해서는 최소 6개월가량(유지 치료)이 필요하다. 일단 무엇보다 약에 대한 반응이 있는지를 살펴보는 것이 중요함을 알려줘야 하고, 동시에 모든 약은 부작용 발생의 가능성이 있음을 설명해야 한다. 교과서적으로는 재발성 우울증, 양극성장애, 조현병의 경우 5년 이상의 약물치료 기간이 필요하다고 한다.

9. 치료 결과

치료 결과를 설명하는 데에 있어서는 반응(response)과 관해(remission)라는 개념을 알아야 한다. 반응은 (우울) 척도상 50% 이상의 점수가 감소하는 경우를 말한다. 달리 말하면 증상이 절반 정도 감소하는 상태이다. 관해는 (우울) 척도상 절단기준(cut-off) 지점 아래로 점수가 내려가는 것을 일컫는다. 임상적으로는 두드러진 정신증상이 없는 경우를 의미한다.

치료 실패(treatment failure)가 의심되면 다음을 살펴봐야 한다. 진단이 올바른지, 질병의 증상인지 혹은 약의 부작용인지, 적절한 시간 길이 동안 적절한 용량의 약이 투여 되었는지, 기존에 복용 중인 다른 약물의 영향은 없는지, 환자가 약을 지시대로 복용했는지 등. 여기서 적절한 시간 길이는 대략 6개월 내외의 기간을, 적절한 용량이란 부작용이 없는 한 용량 범위 안에서의 충분용량이라 생각하면 될 것이다.

금단 증상(withdrawal)에 대해서도 주의해야 한다. 금단 증상은 약을 갑자기 끊었을 때 나타날 수 있는 불편감이다. 금단 증상도 부작용으로 간주되어야 한다. 특히 항불안제, 수면유도제의 경우는 발생할 확률이 높다. 그렇기에 약을 끊을 경우 담당 의사와 상의하여 서서히 끊어야 한다. 그렇지 않을 경우 수 시간에서 수 일 동안 불안감, 불면증, 가슴 두근거림, 짜증과 같은 부작용이 경험될 수 있다. 비교적 안전한 약으로 알려진 항우울제의 경우에도 금단이 있을 수 있으므로 약을 끊을 때 점진적으로 감량하는 것이 중요하다.

10. 함께하는의사결정 모델(Shared Decision Making Model)

함께하는의사결정 모델이란 당사자의 회복을 위해 중요한 자기결정(self-determination) 능력을 임상현장에서 적용하는 것을 말한다. 함께하는의사결정은 치료 약물을 선택할 때 실제 정신건강의학과 의사와 당사자 혹은 환자가 직접 만나서 당사자에게 적합한 치료 약물을 함께 선택하고 증상을 조절하는 능력을 당사자 스스로도 갖추는 것을 목표로 한다. 함께하는 의사결정 과정은 당사자와 치료진이 만나서, 질병과 치료에 대한 치료진의 전문성과 당사자의 주관적 경험에 대한 전문성을 갖고, 이에 대한 정보를 서로 주고받아 최선의 치료 약물을 선택하도록 이끌어낸다. 환자는 더 나은 회복을 위해 자신의 병과 치료에 대한 지식이 필요하다. 자신의 진단명이 무엇인지, 복용하는 약의 이름과 효과·부작용이 무엇인지, 약을 복용하며 경험하는 불편감은 무엇인지 등에 대해 알아야 한다. 또한 치료를 통해 어떤 도움을 받고 있는지, 약물치료에 기대하는 부분은 무엇인지, 궁극적인 삶의 목표는 무엇인지에 대한 대화도 치료 현장에서 나눌 수 있다면 회복의 과정은 더욱 내실을 가질 것이다.

V. 맺음말

정신질환의 진단은 현상학적 분류에 따른 것이다. 가장 효과적인 치료법을 적용하고, 정신건강전문가 간 소통을 원활히 하며, 아직 제대로 밝혀지지 않은 각각의 정신질환의 원인을 탐색을 돕기 위한 수단이다. 전반적인 정신질환에 대해서 파악한다면 정신질환을 가진 당사자들을 도울 다양한 전략을 익히는 토대가 된다. 이런 수단으로서의 측면을 잘 고려하고 당사자를 도움에 있어서 정신과 진단 자체에 편협하게 갇히지 않을 필요가 있다. 정신과 진단을 둘러싼 여러 차원에서의 비판도 있다는 사실을 인식할 때 정신질환 진단을 좀 더 균형 있게 이용할 수 있고, 정신질환이 낙인과 배제의 수단으로 작용하는 걸 경계할 수 있다.

정신약물학의 발달로 우리는 정신질환을 효과적으로 도울 정신과 약물이라는 수단을 갖게 되었다. 약의 전반적인 분류에 대해서 파악한다면 좀 더 효율적으로 정신질환 당사자를 도울 수 있을 것이다. 모든 약은 효과와 부작용이 있을 수 있다는 명제가 약물 활용에 있어서 가장 중요하다. 그렇기에 효과와 부작용을 견주어 사용해야 하고 약물의 효과와 부작용 경험에 대해 환자·당사자와 소통하는 것이 중요하다. 그리고 각 약물의 분류 밖에서도 약이 활용될 수 있다는 점도 정신보건전문가라면 알고 있어야 하고 치료를 받는 당사자에게 설명할 수 있어야 한다. 정신과 치료에 있어 함께하는의사결정 활용은 당사자의 목소리에 대한 치료자의 귀 기울임에서 출발한다. 함께하는의사결정은 치료효과를 높이고 치료 탈락률을 낮추는 데도 의미가 있다. 정신과 진단과 치료에 대한 균형 잡힌 시선은 우리가 당사자를 좀 더 잘 도울 수 있는 정신보건전문가로 거듭나는 데 분명 도움이 될 것이다.

참고문헌

패밀리링크 교육자용교재, 제4과 함께하는 의사결정(Shared Decision Making).
http://www.familylink.or.kr/bbs/board.php?bo_table=textbook2&wr_id=5

한국정신보건사회복지사협회 (2016). 정신보건사회복지의 이해와 적용. 예일기획.

American Psychiatric Association (2013). 정신질환의 진단 및 통계편람(5판). 권준수, 김재진, 남궁기, 박원명, 신민섭, 유범희, 윤진상, 이상익, 이승환, 이영식, 이헌정, 임효덕 공역. 학지사.

Patrick, C. (2016). *Principle and practice of psychiatric rehabilitation: an empirical approach.* New York: The Guilford Press.

Sadock, B. (2015). *Kaplan and Sadock's synopsis of psychiatry,* 11th edition. Philadelphia: Wolters Kluwer.

Steingard, S. (2019). **비판정신의학**. 장창현 역. 건강미디어협동조합.

World Health Organization (1992). **국제질병분류** 10판(ICD-10), 정신 및 행태장애 분류. 이부영 역. 일조각.

10장

응급 위기관리

고진선
(우리동네
마음건강연구소)

Ⅰ. 서론

지역사회 정신건강 현장에서 응급상황이라고 하는 것은 임상현장의 실천가가 응급상황에 대한 중요한 결정사항을 무엇으로 판단하는지에 따라 다양한 의미의 과정으로 해석될 수 있다. 어떤 사람은 신체적인 손상에 초점을 두어서 판단하기도 하고, 충동성에 대한 부분을 중심으로 판단하기도 하며, 스스로 정상적 판단을 하지 못하는 일련의 상태를 중심으로 판단하기도 한다. 하지만 응급상황에 이르기 전까지의 과정을 되돌아서 살펴보면, 다양한 위기(危機)를 직·간접적으로 경험하고 매 순간 무엇인가를 선택하게 되는 경험들을 이야기한다. 즉, 우리가 위기상황에서 선택하고 결정한 판단의 결과로 인해 위기가 더욱 가중되기도 하고 감소되는 계기를 마련하기도 한다.

이렇듯 응급상황에 이르는 과정 안에 위기(危機)라는 것은 '위험'과 '기회'라는 의미로 우리 곁을 늘 지켜왔다. 다양한 임상현장에서 정신건강 서비스를 제공하는 정신건강전문요원들은 위기(危機)라는 것이 시간적으로 만성이 아니고 급성이며 시간 제한적이라는 것을 알고 있을 것이다. 위기(危機)상황으로 인해 파괴적인 행동변화가 나타날 수 있으며, 지속될 경우 무능감과 무력감을 초래할 수도 있다. 또한 삶의 다양한 형태로 체험되고 해소되기도 하며, 위기(危機)에 대한 지각은 개인마다 다르게 나타날 수 있음을 인지해야 한다. 즉 동일한 상황임에도 불구하고 A가 위기(危機)를 느꼈지만 B는 위기(危機)라고 느끼지 못할 가능성도 크다는 것이다. 마지막으로 위기(危機)는 항상 부정적인 촉발 요인이나 결과와 관련되는 것은 아니며 스트레스와 마찬가지로 위기를 어떻게 받아들이고 대처하는 가에 따라 개인적 성장을 촉진할 수도 있다(한국정신보건사회복지학회, 2001).

정신건강분야의 임상실천에서는 위기·응급상황에 대한 중요한 결정을 위해 다음의 몇가지 사항을 필수적으로 고려하여 위험수준을 평가하는 과정이 필요하다.

- 내담자가 자기 스스로 해롭게 하는 현상이 나타나고 있는가?
- 내담자가 타인에게 해를 끼치는 현상이 나타나고 있는가?
- 자기 스스로 보호할 수 없는 상태라고 판단되는가?
- 심리적 외상이나 트라우마적 경험으로 고통받고 있는가?
- 정신건강 임상실천가가 내담자를 법적으로 보호해야 하는 행위들이 실행하고 있는가?

다만, 지역사회 임상실천 현장에서는 응급·위기관리의 내담자를 바라보는 관점이 상이하여 대응과 조치에 대한 해석이 차이가 발생하는 경우들이 종종 발생하기도 한다. 임상실천 현장에서 가장 중요한 것은 응급·위기관리 진행 시 절차적 정당성의 확보와 위기관리 차원에서의 내담자의 인권의 보장, 이차적 피해의 예방이다.

Ⅱ. 이론적 배경

1. 위기의 이해

1) 위기의 정의

임상현장에서는 다양한 이슈에 따라 변화가 지속적으로 이루어지는 과정이 반복되고 있다. 내담자들은 자신에게 가장 적합하고 용이하게 사용되어 왔던 대처기제(coping mechanism)를 사용함으로써 해결할 수 없는 문제에 직면하고 있다. 그 결과 긴장과 불안(tension and anxiety)은 높아지고 해결책을 강구하는 능력이 저하된다. 이러한 과정을 통해 인간은 무능감을 갖게 되고 심각하게 정신적으로 혼란상태에 빠져 스스로 아무런 문제를 해결할 수 없다고 생각하게 되는 상태에 빠지게 된다(Aguilera & Messick, 1978; 박종삼, 1991에서 재인용).

지역사회 현장에서는 위험(危險, Risk), 위기(危機, crisis), 응급(應急, Emergency)이라는 단어가 혼용되어 사용되고 있으나, <표 10-1>과 같이 정리하여 구분해 볼 수 있다.

〈표 10-1〉 위기-위험-응급의 다양한 정의

용어	정의
위험 (Risk)	일반적으로 손실을 발생시킬 가능성이 있는 것으로 또 그 손실의 발생이 불확실한 것을 말함(사회복지학사전).
	어떤 목적에 영향을 줄 수 있는 일이 발생할 가능성. 결과와 발생가능성으로 측정한다(Aus/NZ Standard).
	행동이나 사건이 긍정적 기회가 될지 부정적 위협이 될지 결과가 불확실한 상황. 이것은 발생가능성과 결과의 결합이며, 지각된 중요성도 포함한다(UK Government Handling Risk Report).
위기 (crisis)	어떤 상태의 안정에 부정적으로 영향을 주는 정세의 급격한 변화(두산백과)
	어떤 일이 극적으로 (보통 부정적인 방향으로) 변화하는 결정적인 순간 혹은 전환점(Websterís New World Dictionary)
	어떤 집단의 위기는 다음의 세 가지 조건이 결합될 때 나타난다. (1) 조직의 가치를 포함한, 어떤 종류의 위협, (2) 예상치 못한 사건의 갑작스러운 발생, 그리고 (3) 집단적으로 대응할 필요성, 그렇지 않으면 결과는 더욱 부정적으로 보일 수 있다(Quarantelli, 1998).
	위기는 대처 또는 기능적인 능력이 심각하게 훼손되어 개인의 안정성에 영향을 미침으로써 겪는 스트레스에 대한 주관적 반응이다(Roberts, 2005: 13).
응급 (Emergency)	급한 대로 우선 처리함. 또는 급한 정황에 대처함(국어사전).
	질병, 분만, 각종 사고 및 재해로 인한 부상이나 그 밖의 위급한 상태로 인하여 즉시 필요한 응급처치를 받지 아니하면 생명을 보존할 수 없거나 심신에 중대한 위해가 발생할 가능성이 있는 상황을 말함.

<표 10-1>에 따르면, '위기'는 어떤 상태의 안정에 부정적으로 영향을 주는 정세의 급격한 변화라고 표현할 수 있으며, '위험'은 일반적으로 손실을 발생시킬 가능성이 있는 것으로 또 그 손실의 발생이 불확실한 것을 말한다. '응급'은 생명을 보존할 수 없거나 심신에 중대한 위해가 발생할 가능성이 있는 상황을 이야기하며, 급한 정황에 대처하는 것이라고 표현하고 있다.

임상현장에서 혼용되어서 사용되는 용어들은 실무에 적용하게 될 경우 각자가 생각하는 의미로 이해하고 해석할 수 있기에 보다 정확한 의미를 전달하기 위해서는 용어선택

의 중요함을 인식하고 사용하는 것이 필요하다.

위기는 단일의 사건 혹은 일련의 연속된 사건들이 개인의 삶속에서 일어날 때 성장할 수 있고, 그것은 위험한 사항이다. 그러나 위기는 그 상황 자체가 아니라는 점에 주목하는 것이 중요하다. 오히려, 위기는 상황에 대한 개인의 지각과 대응(person's perception of and response to the situation)이다(Parad, 1971: 197; Roberts, 2005: 13).

임상실천현장에서의 위기관리서비스를 제공하는 사람들은 위기에 처한 내담자의 특징을 다음과 같은 일반적 합의가 있다.

- 의미 있고 위협이 되는 것으로서 직면한 사건에 대한 지각
- 기존의 대처방법으로 스트레스를 유발하는 사건들의 영향을 줄이거나 수정할 수 없는 것이 표출
- 공포, 긴장, 그리고(또는) 혼란에 대한 경험
- 높은 수준의 주관적 불쾌감의 표출
- 활성화된 위기 또는 불균형의 상태가 진행

앞서 설명된 '위기(危機, crisis)'라는 용어는 위기개입자들에게 적용되며, 특히 심각한 위기를 경험하고 있는 사람들에게 적용된다. 이러한 사람들은 개인의 위험한 사건의 경험에 따라 도움을 바라기도 하고, 취약한 상태로 위기대응을 하거나 실패하고 외부의 도움을 요청하기도 한다.

2) 위기의 유형

모든 사람들은 인생을 살아가면서 다양한 형태의 위기를 경험하게 된다. 이러한 위기는 유형에 따라 위기의 수준에 영향을 미치기도 하는데, Brammer(1985)는 위기의 유형을 <표 10-2> 와 같이 크게 네 가지로 구분하였다.

〈표 10-2〉 위기의 유형

유형	설명(예)
발달적 위기	발달적 위기는 인간이 성장하고 발달해 나가는 가운데 발생하는 사건으로, 이 사건으로 인하여 비정상적인 반응을 일으키는 극적인 변화나 전환이 일어날 수 있음. 예: 결혼, 자녀 출생, 대학 졸업, 취업, 은퇴 등
상황적 위기	상황적 위기는 사람이 예견하거나 통제할 수 없는 드물고도 극히 이례적인 사건이 발생할 때 나타난다. 상황적 위기는 예견할 수 없고, 누구에게나 일어날 수 있으며, 갑작스럽고, 충격적이며, 강렬하고, 때로는 파괴적이라는 점에서 다른 위기와 차이가 있음. 예: 직업상실, 갑작스러운 질병, 죽음, 장애
실존적 위기	실존적 위기는 목적이나 책임감, 독립성, 자유, 책임 이행과 같은 중요한 인간적 이슈에 동반되는 갈등과 불안을 포함함. 예: 직장 내에서의 자신의 가치 저하, 가족 내에서의 역할 문제, 삶의 의미 찾지 못함
환경적 위기	환경적 위기는 개인이나 집단에 자연이나 인간이 일으킨 재해가 갑자기 덮쳤을 때 발생함. 예: 태풍, 지진, 화산폭발, 산불, 전염병, 기름유출, 쿠데타, 전쟁대공황

2. 정신과적 응급상황의 이해

1) 정신과적 응급의 정의

정신건강 임상서비스 현장에서 응급(應急, Emergency)이라는 용어들을 많이 사용하고 있지만 해당 용어는 보통 정신과적 응급상황(Psychiatric Emergency)을 언급하는 경우들이 많다. 하지만 정신과적 응급상황 또는 정신응급이라고 하는 용어에 대해 미국정신의학회(The American Psychiatric Association)에서는 '사고, 행동, 기분 그리고 사회적 관계의 급성 장애로서 즉각적인 개입이 요구되는 상황'으로 정의하고 있다(Williams et al., 2000). 또한 Col S Sudaranan et al.은 정신과적 응급상황을 행동, 사고, 그리고 기분의 급성 장애로 본인 혹은 주변 환경의 타인에게 해를 미치는 상황으로서, 일반적인 응급상황과 달리 정신응급의 정의에는 개인의 신체뿐만 아니라 사회적 위해의 위험성을 고려해야 하는 점이 다르다고 설명하였다(Sudaranan et al., 2004).

즉 정신과적 응급상황이란 병리학적 진단명이 아니라 다양한 정신질환이 악화되거나 급성으로 발현하여 자해 및 타해의 위협이 있어서 응급적인 조치가 바르게 요구되는 상황을 말한다고 할 수 있다.

2) 행정체계에 따른 정신과적 응급(Psychiatric Emergency)

현재 법률적으로는 정신과적인 응급 또는 정신응급이라는 용어가 구체적으로 기술되어 있는 경우는 없다. 하지만 정신건강증진 및 정신질환자 복지서비스 지원에 관한 법률(약칭: 정신건강복지법)에 보건복지부령으로 정하는 기준에 해당되는 위험에 대해서 명문화 한 사항은 찾아볼 수 있었다. [정신건강복지법 제43조제2항], [정신건강복지법 시행규칙 제43조 제2항]에 따르면, 보건복지부령으로 정하는 기준에 해당하는 위험"이란 다음 각 호의 어느 하나에 해당하는 경우를 말한다. 이 경우 해당 위험 기준을 판단하는 때에는 정신질환자의 질병, 증세, 증상, 기왕력, 행위의 성격 또는 건강이나 안전에 미치는 영향 등을 종합적으로 고려하여야 한다.

(1) 본인 또는 타인의 건강 또는 안전에 중대하거나 직접적인 위해를 가하는 경우
(2) 본인 또는 타인의 건강 또는 안전에 중대하거나 직접적인 위해를 가할 개연성이 높다고 인정되는 경우
(3) 본인 또는 타인의 건강 또는 안전에 상습적인 위해를 가하는 경우
(4) 본인의 건강이나 안전에 중대하거나 급박한 위험이 있는 경우
(5) 본인의 건강이나 안전에 중대하거나 급박한 위험의 개연성이 높다고 인정되는 경우로 정의하고 있다.

또한 정신과적 응급상황에 해당되는 내담자들의 주요 정신질환 분류를 보건복지부[1]에서는 다음과 같이 분류하고 있다.

1. 정신질환
 - 정신병(psychosis): 조현병(schizophrenia), 급성정신병(acute psychosis)
 - 기분장애(mood disorder): 주요우울증(major depression), 양극성장애(bipolar disorder)
2. 자살시도(suicide attempt)
3. 알코올사용장애, 약물 남용 등의 물질 관련 장애(substance related disorder)

출처: Larkin et al.(2005).

이외에도 경찰관직무집행법 제 4조 1항에서는 응급구호가 필요하다고 믿을만한 상당한 이유가 있는 사람을 발견하였을 때에는 보건의료기관이나 공공구호기관에 긴급구호를 요청하거나 경찰관서에 보호하는 적절한 조치를 할 수 있다고 표현하면서 정신과적

1) 보건복지부(2020) 응급개입팀 운영지침에 따르면, 정신과적 응급상황에 해당되는 정신질환 분류를 크게 3가지로 정리해 두고 있다.

응급상황 시 경찰관의 역할에 대한 내용과 대응에 대한 언급을 하고 있다. 해당 법률을 정리해 놓은 <표 10-3>에 따르면 정신착란을 일으키거나 술에 취하여 자신 또는 다른 사람의 생명·신체·재산에 위해를 끼칠 우려가 있는 사람, 자살을 시도하는 사람을 경찰에서는 정신과적 응급상황으로 해석하고 있다고 판단해 볼 수 있다.

〈표 10-3〉 경찰관 직무집행법의 구호대상자

법률	내 용
경찰관 직무집행법	제4조(보호조치 등) ① 경찰관은 수상한 행동이나 그 밖의 주위 사정을 합리적으로 판단해 볼 때 다음 각 호의 어느 하나에 해당하는 것이 명백하고 응급구호가 필요하다고 믿을 만한 상당한 이유가 있는 사람(이하 "구호대상자"라 한다)을 발견하였을 때에는 보건의료기관이나 공공구호기관에 긴급구호를 요청하거나 경찰관서에 보호하는 등 적절한 조치를 할 수 있다. 1. 정신착란을 일으키거나 술에 취하여 자신 또는 다른 사람의 생명·신체·재산에 위해를 끼칠 우려가 있는 사람 2. 자살을 시도하는 사람

〈표 10-4〉 응급의료에 관한 법률에 따른 응급증상 및 이에 준하는 증상

법률	내 용
응급의료에 관한 법률	1. 응급증상 가. 신경학적 응급증상: 급성의식장애, 급성신경학적 이상, 구토·의식장애 등의 증상이 있는 두부 손상 나. 심혈관계 응급증상: 심폐소생술이 필요한 증상, 급성호흡곤란, 심장질환으로 인한 급성 흉통, 심계항진, 박동이상 및 쇼크 다. 중독 및 대사장애: 심한 탈수, 약물·알코올 또는 기타 물질의 과다복용이나 중독, 급성 대사장애(간부전·신부전·당뇨병 등) 라. 외과적 응급증상: 개복술을 요하는 급성복증(급성복막염·장폐색증·급성췌장염 등 중한 경우에 한함), 광범위한 화상(외부신체 표면적의 18% 이상), 관통상, 개방성·다발성 골절 또는 대퇴부 척추의 골절, 사지를 절단할 우려가 있는 혈관 손상, 전신마취하에 응급수술을 요하는 증상, 다발성 외상 마. 출혈: 계속되는 각혈, 지혈이 안 되는 출혈, 급성 위장관 출혈 바. 안과적 응급증상: 화학물질에 의한 눈의 손상, 급성 시력 손실 사. 알러지: 얼굴 부종을 동반한 알러지 반응 아. 소아과적 응급증상: 소아경련성 장애 자. 정신과적 응급증상: 자신 또는 다른 사람을 해할 우려가 있는 정신장애 2. 응급증상에 준하는 증상 가. 신경학적 응급증상: 의식장애, 현훈 나. 심혈관계 응급증상: 호흡곤란, 과호흡 다. 외과적 응급증상: 화상, 급성복증을 포함한 배의 전반적인 이상증상, 골절·외상 또는 탈골, 그 밖에 응급수술을 요하는 증상, 배뇨장애 라. 출혈: 혈관손상 마. 소아과적 응급증상: 소아 경련, 38℃ 이상인 소아 고열(공휴일·야간 등 의료서비스가 제공되기 어려운 때에 8세 이하의 소아에게 나타나는 증상을 말한다) 바. 산부인과적 응급증상: 분만 또는 성폭력으로 인하여 산부인과적 검사 또는 처치가 필요한 증상 사. 이물에 의한 응급증상: 귀·눈·코·항문 등에 이물이 들어가 제거술이 필요한 환자

3. 실천현장의 위기관리

1) 위기관리

위기관리는 즉각적인 정신건강서비스를 제공하는 과정에서 내담자 또는 가족의 생명 혹은 돌이킬 수 없는 정도의 후유증을 경험할 수 있기에 필수적으로 교육받는 것이 필요하다. 또한 정신과적 응급상황에 대한 대응과 대처를 위해서는 정신건강전문요원들이 위기에 대한 구체적 사정을 할 수 있도록 준비가 요구되어지고 있다. 또한 정신과적 응급상황에 대한 대응과 대처가 개인의 역량과 전문성에 기반한 접근에서 조직과 기관차원의 체계적인 시스템 즉 위기관리 시스템의 구축과 대응의 과정으로 변화해가고 있는 추세이다. 이러한 변화과정은 응급상황에 대한 체계적 대응을 위해 기관과 조직차원의 개입전략을 수립하고 실행하는 것에도 용이하게 활용될 수 있다.

위기관리를 진행하기 위해서 정신건강전문요원들은 다음과 같은 내용의 정보를 확인하거나 제공하여야 한다.

(1) 위기사정과 기록

- 위기상태에 대한 명확한 기술(위기와 관련된 사건 or 상황에 대한 기술)
- 개입을 위해 취한 활동
- 정신건강상의 내담자의 주요한 증상과 행동
- 정신병적 과거력 또는 중요한 의료적 사항
- 현재 상황에서의 내담자의 주요 관찰된 행동
- 위기사정을 통한 기록

(2) 위기개입 과정과 절차

- 안전보장: 내담자와 상담자의 안전을 보장하는 것이 가장 최우선 되어야 함
- 체계적 대응: 위기발생으로 인해 다양한 상황이 발생할 수 있기에 조직 내 전달체계를 통한 명확한 보고가 필요함
- 의뢰과정: 급성으로 발생되는 정서문제, 행동문제 또는 심리적 혼란을 가진 개인에 대한 의뢰과정은 구체적으로 명시되어야 하며, 내담자가 스스로 도움을 요청하는 경우에도 정신건강전문요원은 해당사항을 공식적으로 기록으로 남겨두어야 함

- 위기개입과 의사소통: 정신건강전문요원은 위기관리를 통해 내담자를 위기이전의 상황으로 회복시키는 노력을 지속하는 것과 더불어 직접 서비스를 제공하는 팀원과 슈퍼바이저, 관리직군 간의 의사소통은 정신과적 응급상황에 대한 대응과 대처를 위해 중요한 키포인트이다.
- 슈퍼비전 체계 구축: 내담자에 대한 안정적인 위기관리를 진행하기 위해서는 안정적이고 지속적인 슈퍼비전 체계가 마련되어야 하며, 정신과적 응급상황에 대응하기 위해서는 위기상황에 대처하고 대응하는 인력에 대한 24시간 상설화된 슈퍼비전 체계와 시스템이 구축되어야 안정적 서비스를 제공하는 데 더욱 용이할 수 있다.
- 기록: 위기상태와 사건을 기록하고, 위기상황에 대한 팀원들의 반응, 의뢰, 전문가의 지시내용, 위기상정, 정신건강 서비스에 대한 것을 프함한다.
- 재검토: 위기관리 이후에 임상적, 행정적 절차에 대한 재검토를 통해 보다 안정적인 위기관리 서비스를 제공할 수 있다.

(3) 위기개입과 단기적 개입활동의 비교

일반적으로 실천현장에서 위기개입은 사례관리와 비교하여 주된 문제를 파악하고 대응하는 과정에 신속한 평가가 이루어지는가? 시간이 제한적인가? 위기이전의 회복을 돕는 것에 초점을 두는 것인가? 아니면 만성적이고 복합적인 문제에 대한 전인적 개입을 고려하는가? 등으로 비교해서 살펴보기도 한다.

결국 이러한 비교들은 위기상황에 신속하게 개입하도록 하거나 예상치 못했던 위기상황을 신속하게 해결함으로써 계획하고 있는 서비스의 제긍이 체계적으로 진행될 수 있도록 돕는 역할을 의미한다. 최근에는 정신응급상황에 대한 개입의 방식이 위기개입의 방식으로 체계화되어 운영되는 곳이 많기에 위기개입과 사례관리에 대한 이해와 차이를 경험하는 정신건강전문요원들이 많아지고 있다.

앞서 이야기한 것과 같이 위기개입과 사례관리에 대한 비교에 대해서는 위험성과 긴급성의 관점에서 이해도가 많이 높아지고 있는 것이 사실이지만, 단기치료와 위기개입을 혼동하는 경우들이 발생하여 <표 10-5>에서 위기개입과 단기치료를 비교하여 정리하였다.

〈표 10-5〉 위기개입과 단기치료의 비교

구분	위기개입	단기치료
개입의 초점	외상적 사건으로 인한 정서, 행동 인지적 왜곡을 인식하고 위기이전의 상황으로 회복하도록 돕는 활동	지속적인 정서적 문제의 재조정하는 활동
목표	평형상태의 회복(위기이전의 상황으로 회복에 초점)	항상성과 평형상태의 회복
기간	4주~8주	12주~24주
개입이론	위기이론, 스트레스 이론	행동치료, 인지치료, 체계이론 등

<표 10-5>에서 나타난 것과 같이 위기개입과 단기치료의 목표는 유사할 수 있으나 모델의 기반이 되는 이론과 초점은 차이가 있다. 또한 위기개입이 외상적 사건에 대한 일시적 왜곡이나 불균형 상태의 회복에 있다면 단기치료는 외상과 직접적으로 관련이 없는 지속적 정서문제에 대한 개입에 초점을 두고 있다고 할 수 있다.

Ⅲ. 적용 사례

1. 응급 위기관리의 단계

응급 위기관리의 단계는 개별화된 위기개입의 관점과 대응으로 살펴볼 수 있으나 여기에서는 위기개입의 단계는 매우 다양한 관점으로 볼 수 있겠으나, 여기에서는 보건복지부(2020)의 '응급개입팀 운영지침(안)'을 참조하였으며, 지역사회의 응급위기관리의 내용을 수정·보완하여 구상하였다.

1) 위기사례 및 정신과적 응급(Psychiatric Emergency)상황 발생

위기사례와 정신과적 응급상황이 발생되면, 개인뿐만 아니라 다양한 기관을 통해 의뢰된다. 특히 위기상황에서는 내담자가 스스로 감정조절이 안되고 문제해결을 못하는 상황이므로 정신건강전문요원은 전문가로써 내담자와 안정적인 치료적 관계형을 위한 관심과 노력을 지속하여야 한다.

• 본인
• 가족 및 친척
• 친구 및 선후배
• 경찰 및 소방구급대
• 지역사회 내 복지 및 공공 서비스 기관
• 행정기관(시 · 군 · 구청, 주민자치센터, 보건소)

2) 평가

위기사례와 정신과적 응급상황이 발생되면, 단시간 내에 많은 정보를 신속하게 수집해야하기 때문에 고도의 전문성이 요구되어진다. 또한 정확한 판단을 통해 적정서비스를 신속하게 제공할 수 있도록 노력하여야 한다. 또한 확보된 정보에 대한 정확한 기록을 통해 추후 발생할 수 있는 만일의 사태에 대비하고, 재점검을 실시할 수 있어야 한다.

• 정신건강전문요원은 응급상황이 발생하여 현장에 출동하여 내담자와 상담을 진행하는 과정에 자신을 소개하여 내담자를 안심시키고 내담자의 관점에서 위기상황을 이해하려고 노력해야 한다.
• 만약 면담이 불가능하여 신속한 응급개입이 이뤄져야 할 상황이 발생할 경우에도 최대한 대면 평가를 통해 내담자의 현재의 상황을 확인하여야 한다.
• 면담이 가능한 내담자인 경우 안정을 유지할 수 있는 조용한 장소로 이동하여 평가할 수 있도록 한다.
• 내담자를 평가하는 과정 안에 반드시 신체적 어려움이 있는지 파악한다.
• 정신과적인 치료 경험과 증상에 대한 현재 상황을 파악한다.
• 필요하다면 주치의 또는 사례관리자와 통화하여 객관적인 정보를 파악하도록 한다.
• 개입계획은 구체적으로 세운다.
• 정신과적 응급상황에 따라 자살에 대한 위험성이 의심될 경우에는 자살에 대해 구체적으로 질문[자살 사고(계획), 과거 자살 시도 경험, 자살 도구에 대해 확인, 충동성 등]을 통해 자살의 위험성에 대한 파악을 구체화한다.
• 평가를 진행한 후 내담자를 혼자 방치하지 않도록 하며, 가족이나 다른 지지체계를 통해 안전을 유지시킬 수 있도록 노력하여야 한다.

3) 개입

개입에 있어서의 중요한 점은 전문성을 바탕으로 보다 면밀한 판단이다. 특히 위기상황에서의 문제는 매우 복잡하기 때문에 정신과적 문제를 파악하는 것뿐만 아니라 사회경제적 그리고 법적으로 필요한 지식을 갖추고 있어야 한다.

개입 분류를 진행함에 있어서 과거에는 CTRS를 활용하고 적정서비스와 조치에 따라 분류하였으나 최근에는 저작권의 문제 등을 이유로 사용하지 않는 경우들이 발생하고 있다. 개입을 위한 적정서비스 분류를 위해 저작권의 문제가 명확하게 확인되지 않은 CTRS를 사용하기보다 한국형 정신과적 위기분류 평정척도(CRI)[2]를 활용하는 것을 활용하는 것이 문제 발생의 소지가 적을 것으로 판단된다.

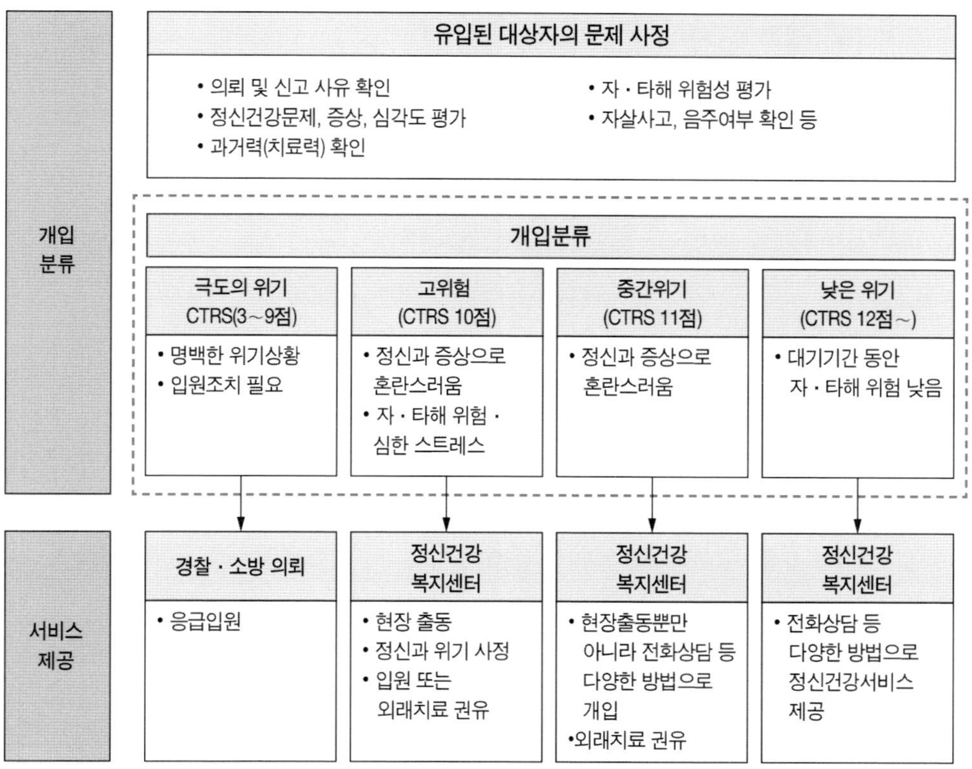

〈그림 10-1〉 보건복지부 응급개입팀 업무 프로세스

---

2) the Korean Crisis Rating Instrument for Psychiatric intervention(CRI)는 조근호, 윤해주, 장미, 손주영, 남윤영, 김민혁, 홍후림, 김신경, 천영서, 황태연(2020). 정신과적 위기개입을 위한 한국형 위기분류 평정 척도 개발. 국립정신거강센터. 2020에서 개발된 것으로 주 저자인 조근호 교수에게 한국정신건강사회복지사협회 수련생 교재 응급위기관리 분야에서 해당 척도에 대한 소개하는 것에 동의하여 게재함.

정신과적 위기 분류 평정척도(CRI)

연령		성별	남 여	실시일	

※ 각 문항은 평가자가 종합적으로 고려하여 판단

	자타해위험	1	0
1	현재 자타해 폭력위험(기물파손, 욕설, 고함 등 명백한 폭력 위협)	있다	없다
2	최근 1년 내 자살시도	있다	없다
3	자타해 폭력 강도 혹은 치명도(경증상해수준 이상 또는 전치 2주 이상)	높다	낮다
4	고의성 혹은 계획성 수준(자타해 의지, 사전준비, 일정조율, 도구확인 등)	높다	낮다
5	최근 1년 내 자타해 위험으로 인한 경찰개입 여부	있다	없다
6	최근 일주일 내 폭력	있다	없다
7	과거 범죄 이혁(폭행, 성폭력, 방화, 타살 등)	있다	없다
8	과거 또는 현재 환청(또는 약물, 알코올, 마약 등)에 의한 공격성 여부	있다	없다
	정신상태	**1**	**0**
1	현재 정신증 증상을 보입니까?	그렇다	아니다
2	현재 기분장애 증상을 보입니까?	그렇다	아니다
3	현재 조증(경조증) 증상을 보입니까?	그렇다	아니다
4	정신과 진단을 받거나 과거 입원한 적이 있습니까?	있다	없다
5	일코올/흥분제/환각제/흡입제/대마초/마약 등의 물질관련 문제가 있습니까?	있다	없다
6	정신건강문제에 대한 자각 또는 통찰력에 문제가 있습니까?	있다	없다
	기능수준	**1**	**0**
1	의사소통(언어기능/상호소통)의 손상	있다	없다
2	주의나 자각 손상(부주의, 주의산만, 물건을 잘 잃어버림, 잘 넘어지거나 부딪힘, 깜박함 등)	있다	없다
3	기억능혁 손상(심한 건망증 포함)	있다	없다
4	일상적인 의사결정 손상(무엇을 먹을지, 무슨 옷을 입을지, 어떤 생일선물을 사줄지 등)	있다	없다
5	인지적 기능의 급격한 변화 여부	있다	없다
6	일상 자조능략 상실(약물관리 포함 의식주 관련)	있다	없다
7	가정/대인관계.업무 적응력 손상	있다	없다
	지지체계	**1**	**0**
1	실제 도움과 지지를 제공하는 가족, 친구, 기타의 존재가 있습니까?	없다	있다
2	현재 도움을 주지는 않으나 제공가능한 가족, 친구, 기타의 존재가 있습니까?	없다	있다

〈그림 10-2〉 한국형 정신과적 위기분류 척도(CRI)

(1) 지역사회 현장 출동 시 개입 요령(보건복지부, 2020)

- 현장출동이 필요한 지역에 응급개입팀이 설치되어 있는 경우에는 해당 지역에서 출동할 수 있도록 조치

- 위기 상황에서는 어떠한 상황이 발생할지 예측이 어려우므로 적극적인 대응이 필요
  - 대상자의 인권을 존중하고, 인권을 침범하지 않는 범위 내에서 조치
- 현장출동이 불가한 경우, 현장 대응인력(소방관, 경찰관 등)에 유선 지원 제공

〈현장출동이 불가한 경우의 예〉

다른 사례로 이미 출동하여 응급개입 중으로 추가 출동이 어려운 경우
지역 여건상 출동거리가 멀어 응급출동이 어려운 경우
유선상으로 정신건강상담 및 응급개입을 지원하는 경우 등

(2) 출동 현장의 안전 확보(보건복지부, 2020)

- 반드시 2인이 함께 현장 출동 및 대응
- 응급상황 시 경찰, 소방대원이 도착해 있는지 확인하고 도착하면 공동 대응
  - 현장출동 시 대상자 자극을 최소화하여 출동직원의 안전 확보
  - 기관 단독으로 응급출동하지 않으며, 반드시 경찰이 동행
  - 출동한 현장이 안전하지 않다고 느끼면 바로 현장을 떠날 것
  - 안전이 확보될 때까지 경찰과 함께 현장에 있으며, 현장 철수 시 경찰과 논의 후 응급개입팀도 함께 철수
  - 필요 시 경찰과 협의 후 지구대(파출소)로 동행 및 보호조치

〈경찰의 동행 및 보호조치가 필요한 경우의 예〉

- 과도한 흥분 상태로 심리적 안정을 취한 후 상담을 진행해야 하는 경우
- 현장에서 응급입원이나 격리조치 할 필요성이 없는 정신질환자 중 보호자 보호가 필요한 경우 등

  - 상담 시작 전, 대상자 주위에 있는 위험 물건들 치우기 등 안전한 상담환경 확보
  - 자·타해의 위험이 있거나 실제로 자해를 한 경우라면 정신과 입원을 권유하고, 필요 시 응급입원도 고려
  - 대상자의 정신의료기관 이송을 동행하는 경우 대상자와의 동승은 하지 않으며 가능한 별도 이동수단으로 따로 이동

- 대상자 정보 파악
  - 가능한 정확하고 많은 정보를 확보하며, 대상자의 정신과 증상과 과거력, 위기 요인을 파악
  - 대상자의 신체질환도 함께 평가
  - 고위험 대상자의 현재 위기분류척도 결과, 대응방안 등 응급개입에 필요한 정보를 경찰, 소방대원과 공유

▶ 응급출동 시 전화상담의 운영

- 현장출동 중 1회선 착신하여 유선 응급대응 가능
  - 상황에 따라 전화상담이 어려운 경우 1393 이용을 권유하고, 출동 복귀 후 상담이 가능함을 안내

※ 타 법에 의해 응급지원 서비스를 받을 수 있는 경우에는 타 법에 의해 이용할 수 있는 기관 연계를 우선으로 고려하여 지원하여야 함

- 「아동복지법」에 의한 '아동학대 피해자' → 아동보호전문기관
- 「성폭력범죄의 처벌 등에 관한 특례법」에 의한 '성폭력 피해자' → 해바라기센터 등

4) 사후관리

응급상황이 종결되더라도 유사한 상황이 발생하면 또 다시 위기상황 or 응급상황이 다시 발생할 가능성이 매우 높으므로 사전적 대응이 무엇보다 중요하다. 응급 위기관리 상황이 종결되었다고 하더라도 지속적으로 위기 상황 수준을 점검하고, 필요시에는 다양한 자원을 활용하여 지속적인 관리를 이어 나갈 수 있다.

- 평가 시 이루어진 개입계획이 적절히 이루어지고 있는지 점검한다.
- 만성이 아닌 급성의 경우는 4~8주가 고비이므로, 최소 8주간의 위기관리를 유지한다.
- 종결 후 수개월이 되는 시점에서 대상자 모니터링을 실시하여 재개입 여부를 결정해야 한다.
- 만약 응급상황 발생으로 인한 입원을 할 경우 재원관리를 통해 대상자의 증상의 호전에 대해 살피고 대상자가 입원과정에 대한 부당함을 호소할 경우 정신건강복지법에서 보장하는 지원절차를 통해 지원해야 한다.

2. 응급 위기관리 대응

1) 위기상담 기술

정신과적 응급상황 또는 위기개입의 과정에서 상담은 필수적으로 활용되는 도구로써 정신건강전문요원들이 갖춰야할 기본이다. 다만 일반적인 상담과 자살 및 정신과적 응급상황에 대처하는 상담기술은 차이를 보이고 있다. 박태수와 고기홍(2007)은 상담사는 내담자에게 자신의 안전이 최우선임을 전달할 필요가 있으며, 내담자를 안심시키기 위해서는 구체적인 제안을 하거나 좀 더 단호해질 필요가 있다고 언급하였고, Heaton(2006)은 내담자의 감정을 이해하고 반영해주되, 강함 감정에 초점을 두기보다는 거리를 둘 수 있게 돕는 것이 바람직하다다고 하였다.

특히, 정신건강전문요원 중에서도 자살과 관련된 위기상담을 진행하는 과정에 내담자의 자살관련 경험을 듣고서 극도로 긴장하고 무서워하며, 내담자의 자살관련 행동에 경계심이 늘어나고 안전을 확보하려는 행동을 취하는 모습을 보이는 경우도 많이 볼 수 있다. 또한 임상 현장에서 구체적이고 체계적인 위기상담과 위기개입의 과정에 대한 교육을 받지 않으면, 두렵고 압도적인 감정 때문에 무엇을 어떻게 대처해야하는지에 대한 막막함을 경험하기도 한다. 그렇기 때문에 응급 위기관리를 진행하는 정신건강전문요원들은 체계적인 위기관리 과정에 대한 이해도를 높여야 하며, 효과적인 상담을 위한 조작적 정의도 고려해야 될 것이다.

자살위기상담에 대한 개입 효과를 측정하기 위해서는 첫째, 누구의 관점에서 도움이 되었는지에 대한 정의가 필요하며, 둘째, 측정하는 단위를 어떻게 할 것인지에 대한 고민도 필요하다. 상담의 효과를 측정하는 단위에는 몇 초 정도, 수분 이내, 수신 이내, 수일 이내에서부터 몇 달 수십 년까지 다양하다(Orlinsku et al., 1994) 수 시간 이내에서는 효과가 있을 수 있지만 수년으로 측정했을 때에는 개입의 효과가 없을 수도 있다. 이에 자살위기상담과 위기개입을 진행하는 과정 안에서 효과를 측정하기 위한 구조화된 시스템 즉 위기관리 시스템을 갖춰놓아 안정적인 지원이 마련되는 것이 필요하다. 마지막으로 위기상담을 위한 처치들을 어떻게 조작적으로 정의할 것인지에 대한 고민을 해야 한다. 기관에 따라 타 기관에 연계가 위기상담의 결과이자 목표일 수 있는 기관이 있으며, 내담자의 자살 및 응급상황에 대한 위험성을 감소시키는 것이 목표일 수 있는 기관이 있기에 정신건강전문요원은 소속된 기관이 어디까지의 한계성을 가지고 접근하는지에 대한 파악을 하고 있는 것이 중요하다.

그럼에도 불구하고 위기개입에 있어서의 상담기술은 학자마다 다른 의견을 가질 수 있다. Dixon과 France(1990)은 위기개입을 6단계로 보았는데, ① 신속한 신뢰관계형성 및 문제 파악, ② 대안 마련하기, ③ 개입계획 세우기 ④ 의뢰하기, ⑤ 종결 ⑥ 사후관리이다(한국정신보건사회사업학회, 2001에서 재인용). 한국자살예방협회(2008)는 사정, 계획, 개입, 평가 등으로 나누기도 하였으나, 여기에서는 James와 Glliland의 위기개입에 있어서의 6단계 내용을 참조하였는데, 3단계 '지지하기'의 경우 상담의 전반에 걸쳐 지속적으로 제공해야하는 기술로 별도의 단계로 보는 것이 적절하지 않다고 판단하여, 5단계로 재구성하였다(한국정신건강사회복지사협회, 2016에서 재인용).

〈표 10-6〉 위기개입상담 기술

구분	내용
경청하기	**1단계. 문제정의하기** 대상자의 관점에서 문제를 검토하고 정의하라. : 개방형 질문, 경청·지지·공감, 비밀한계 설정, 정신건강상태 파악
	2단계. 안전 확보하기 신체적, 심리적 안전에 대한 위협의 치명성, 중요성, 심각성을 평가하라. : 위험성 평가, 위험 수단 제거
활동하기	**3단계. 대안탐색** 현실적인 대안을 발견하게 하라. : 오류 인식하기, 지지체계 탐색, 과거성공경험
	4단계. 계획세우기 단기간(8주 내외)에 실천할 수 있는 계획을 수립할 수 있도록 도와라. : 우선순위 정하기, 책임감 부여
	5단계. 참여유도하기 계획을 요약해보고, 참여에 동의를 구하라. : 정서상태 확인, 계획점검, 대처기술 제공, 서약하기

앞서 살펴본 위기개입 상담 기술은 내담자의 현재 어려움에 대한 이야기를 듣고 위험성을 탐색하는 경청의 과정과 내담자와 함께 대안을 탐색하고 계획을 세우고 참여를 유도하는 활동하기의 과정으로 나눠서 살펴볼 수 있다. 위기상담을 진행하는 과정에 단계라는 표현을 쓰기도 했지만 해당 단계를 반드시 지켜야 다음 단계로 넘어갈 수 있는 형태는 아니다. 다만, 상담의 흐름상 경청의 과정이 없이 활동하기의 과정을 이룬다는 것도 유기적인 흐름에 적합하지 않기에 흐름에 적합하게 상담을 이루면 될 것이다. 또한 상담과정에 가장 중요한 핵심사항을 놓치고 다음의 주제로 이어서 상담을 진행했다면, 필요

한 경우 재질문을 통해 상담에서의 핵심사항을 파악해두는 것이 필요하다(예를 들어 안전확보하기 등 위험성 평가를 누락했다면, 위험성 평가는 응급 위기관리에서 중요한 사항이기에 반드시 재확인이 필요한 사항이다).

2) 응급 위기관리를 위한 응급입원

응급위기관리를 진행하는 과정에서 내담자가 안정화되거나 위험성이 감소되는 경우에는 안정적인 위기관리시스템에 유입하여 정신과적 응급상황에 대한 대응과 대처를 실시할 수 있다. 하지만 자타해 위험이 확연하고 상황이 급박한 경우에는 정신건강복지법 제50조에 해당하는 응급입원을 고려해 볼 수 있다.[3)]

※ 정신건강복지법 제 50조 응급입원

① 정신질환자로 추정되는 사람으로서 자신의 건강 또는 안전이나 다른 사람에게 해를 끼칠 위험이 큰 사람을 발견한 사람은 그 상황이 매우 급박하여 제41조부터 제44조까지의 규정에 따른 입원등을 시킬 시간적 여유가 없을 때에는 의사와 경찰관의 동의를 받아 정신의료기관에 그 사람에 대한 응급입원을 의뢰할 수 있다.

② 제1항에 따라 입원을 의뢰할 때에는 이에 동의한 경찰관 또는 구급대원은 정신의료기관까지 그 사람을 호송한다.

③ 정신의료기관의 장은 제1항에 따라 응급입원이 의뢰된 사람을 3일(공휴일은 제외한다) 이내의 기간 동안 응급입원을 시킬 수 있다.

④ 제3항에 따라 응급입원을 시킨 정신의료기관의 장은 지체 없이 정신건강의학과전문의에게 그 응급입원한 사람의 증상을 진단하게 하여야 한다.

⑤ 정신의료기관의 장은 제4항에 따른 정신건강의학과전문의의 진단 결과 그 사람이 자신의 건강 또는 안전이나 다른 사람에게 해를 끼칠 위험이 있는 정신질환자로서 계속하여 입원할 필요가 있다고 인정된 경우에는 제41조부터 제44조까지의 규정에 따라 입원을 할 수 있도록 필요한 조치를 하고, 계속하여 입원할 필요가 없다고 인정된 경우에는 즉시 퇴원시켜야 한다.

⑥ 정신의료기관의 장은 제3항에 따른 응급입원을 시켰을 때에는 그 사람의 보호의무자 또는 보호를 하고 있는 사람에게 입원이 필요한 사유·기간 및 장소를 지체 없이 서면으로 통지하여야 한다.

---

3) 본 장에서는 응급위기관리의 과정으로 정신건강복지법에서 언급하는 다양한 입원의 형태(자의입원, 보호입원, 보호의무자에 의한 입원, 행정입원, 응급입원) 중 응급입원에 대해서만 다루도록 하겠다.

■ 정신건강증진 및 정신질환자 복지서비스 지원에 관한 법률 시행규칙 [별지 제18호서식]

<table>
<tr><td colspan="4">응급입원 의뢰서
※ 해당되는 [ ]에 √표시를 하시기 바라며, 진하게 칠해진 부분은 작성하지 않습니다.</td></tr>
<tr><td>접수번호</td><td>접수일</td><td>접수기관</td><td>처리기간 즉시</td></tr>
<tr><td rowspan="2">신청인</td><td>성명</td><td colspan="2">전화번호</td></tr>
<tr><td colspan="3">주소</td></tr>
<tr><td rowspan="5">피신청인</td><td>성명</td><td>생년월일
(남, 여)</td><td>전화번호</td></tr>
<tr><td colspan="3">주소</td></tr>
<tr><td colspan="3">현재 소재지</td></tr>
<tr><td>증상 및 행동의 개요</td><td></td><td></td></tr>
<tr><td colspan="3">※ 해당 사항은 파악할 수 있는 경우만 적습니다.</td></tr>
<tr><td rowspan="2">보호의무자
또는
보호자</td><td>성명</td><td>환자와의 관계</td><td>전화번호</td></tr>
<tr><td colspan="3">※ 해당사항은 파악할 수 있는 경우만 적습니다.</td></tr>
<tr><td rowspan="2">응급입원
동의 의사</td><td colspan="2">면허번호:</td><td>위 응급입원 의뢰에 동의합니다.</td></tr>
<tr><td colspan="2">소속기관:</td><td>성명: (서명 또는 인)</td></tr>
<tr><td rowspan="2">응급입원
동의 경찰관</td><td colspan="2">직위:</td><td>위 응급입원 의뢰에 동의합니다.</td></tr>
<tr><td colspan="2">소속:</td><td>성명: (서명 또는 인)</td></tr>
<tr><td colspan="4">「정신건강증진 및 정신질환자 복지서비스 지원에 관한 법률」 제50조제1항 및 같은 법 시행규칙 제39조제1항에 따라 위와 같이 입원을 의뢰합니다.
년 월 일
신청인: (서명 또는 인)
정신의료기관의 장 귀하</td></tr>
</table>

백상지(80g/㎡) 또는 중질지(80g/㎡)

〈그림 10-3〉 응급입원 의뢰서(정신건강복지법 제50조)

- 응급입원을 진행하는 과정에서는 절차적 정당성을 확보하고 진행할 수 있어야 한다.
- 경찰 및 소방 등 공공 시스템의 협조를 얻어서 응급입원을 진행해야하며, 그중 경찰의 협조는 반드시 필요한 사항임을 잊지 말아야 한다.
- 의료기관에서 무연고자 등에 대해 진료비가 없다고 진료를 거부하는 경우, 「응급 의료법」 위한에 해당되는 사항임을 인지하고 적절하게 조치하여야 한다.
- 응급입원은 경찰과 의사의 동의가 이루어진 상황에서 결정되는 것이므로 경찰과 함께 정신의료기관 방문하였다고 해서 입원이 결정되는 것은 아님을 기억해야 한다.
- 응급입원이 진행되는 과정에서는 <그림 10-3>의 응급입원 의뢰서를 작성하게 되고 면담이 끝난 의사는 응급입원 동의의사란에 기록하고 입원의 절차가 진행되게 된다.
- 응급입원이 결정된 때에도 정신건강전문요원은 내담자에게 입원에 대한 사항을 설명하고 퇴원계획을 함께 세울 수 있도록 안내를 해주는 것이 내담자의 안정을 위해 도움이 될 수 있다. 다만 응급입원 시 정신과적 응급상황이 긴박한 경우에는 의료기관 내 사회사업실 또는 재원관리를 통해 상황에 대한 설명을 해줄 수 있다.
- 입원이 결정된 이후에는 정신의료기관의 사회사업실 또는 관내 정신건강복지센터(자살예방센터)와 협력하여 퇴원이후의 개입에 대한 계획도 수립을 해야 지역사회와 연결된 응급위기관리 체계가 함께 가동될 수 있다.

Ⅳ. 현황 및 과제

1. 다양한 대안이 없는 응급 위기관리 시스템

현재 기준에서 정신과적 응급상황으로 인해 자해 및 타해의 위협이 심각해지는 경우에는 응급입원 말고는 별다른 대안의 과정이 없는 것이 지금 대한민국의 정신건강복지시스템의 한계로 작용하고 있다. 즉, 긴박함과 시급함이 요구되는 응급입원의 과정까지 진행되기에 앞서 내담자 스스로 회복을 위한 동료상담을 진행하거나 체계적인 지원프로그램 등을 수행할 수 있는 기관의 한계가 발생하고 있다. 이러한 한계는 선택의 한계를 양산하기도 한다.

즉, '응급위기관리 상황 = 입원'이라는 조건을 형성하게 하여 내담자들이 입원에 대한 거부감을 느낄 수 있도록 하고 있다. 또한 응급위기관리의 과정 안에 신체적인 손상이 발생된 내담자의 경우에는 정신의료기관에 입원하기 어려운 현실적 한계들이 존재하고 있기에 의료기관의 체계적인 변화와 대응도 요구되고 있다.

미국의 경우 응급의료 안에 정신의료 담당 기능을 갖추고 있으며, 뉴욕에서는 정신응급 병상의 수를 확보하여 응급상황에 대처할 수 있는 노력을 지속하기도 한다. 또한 정신응급환자를 72시간 모니터링 할 수 있는 방이 있거나 정신응급을 담당하는 건물이 별도로 존재하기도 한다. 여기에 견주어 보면 대한민국의 정신의료기관 또는 응급의료기관은 정신응급상황에 대한 차별화된 접근을 시도하기에는 아직 부족한 부분이 많은 것이 사실이다. 민간 의료기관들의 기능개선과 변화가 어려움이 크다면 대도시 중심의 국공립병원과 시립병원들이 기능개선을 통해 신체적인 문제와 정신건강의 응급상황을 포괄하는 지원을 받을 수 있도록 개편과 보완이 시급한 실정이다.

2. 절차적 정당성과 인권보호

정신과적 증상의 활성기에 발생하는 위기상황의 개입은 위험성이 높고 신속한 개입이 요구되기 때문에 개입과정상의 오류 및 인권상의 문제를 범할 수 있다. 따라서 정신건강복지법에서 제시하고 있는 기준에 근거하여 개입해야 하며, 강제입원과 같은 조치를 취해야 할 경우 적법한 절차를 준수해야 한다. 또한 개입의 모든 과정은 전문성에 근거한 기록 및 보존을 통해 개입에 대한 평가 받을 수 있어야 한다(서울시자살예방센터, 2011).

또한 지역사회정신건강전문요원은 정신건강복지법상의 적용, 특히 법적입원 등에 있어서 위법성을 제거하기 위한 자문가의 역할뿐만 아니라 감시자의 역할을 할 수 있어야 한다. 이를 위해서는 법의 적용에 대한 충분한 지식을 갖추어야한다(한국정신건강사회복지사협회, 2016에서 재인용).

3. 전문적인 위기대응 훈련 체계 강화 필요

지역사회 내에서 발생하는 다양한 위기상황은 정신건강전문요원을 더욱 필요로 한다. 지역사회에서의 정신건강전문요원의 필요성은 전문성과 긴밀하게 연관이 될 수밖에 없다. 하지만 현재 정신건강전문요원들의 경우 응급 및 위기관리를 위한 체계적인 교육이 부족한 상황이며, 관련된 교육의 기회도 충분히 제공되지 못하고 있는 것이 현실이다. 이러한 문제를 해결하기 위해서는 국가 및 지방자치단체에서 전문성 확대를 위한 지원을 강화하는 방법과 직능단체 등의 전문기관에서 전문가들의 역량을 강화할 수 있는 지식의 경험과 확대를 위한 자리들을 만들어서 보급하고 훈련하는 것이 필요하다. 또한 정신건강전문요원의 경우에 필수적으로 이수해야 되는 법적교육에 의무시간을 부여하는 것을 고려해 볼 수 있다. 더불어 다양한 위기 및 응급상황에 개입을 하는 과정 안에서 발생하는 정신건강전문요원의 트라우마와 소진에 대한 대응과 개입 전략들에 대한 지원들도 함께 이루어져야 할 것이다.

4. 법적 근거에 따른 권한 마련 필요

다양한 위기상황과 응급상황에 대처하는 정신건강전문요원은 정신건강복지법에서 언급하는 진단 및 보호신청서를 작성하는 것 이외에 사실상 법적인 권한이 별도로 마련되어 있지 않다. 그렇기 때문에 응급상황에 놓은 내담자와 해당 가족들을 면담하거나 응급개입을 진행하는데 한계가 발생하는 경우들이 비일비재로 발생하고 있다. 이에 응급 및 위기관리를 위해 정신건강전문요원에게 법적 권한과 책임을 부여하도록 법을 개정하는 과정도 필요할 것이다.

5. 국가 및 지방자치 단체의 전문가 양성을 위한 시스템

정신건강전문요원 중 정신건강사회복지사는 정신건강 수련기관을 통해 임상 서비스에 대한 체계적 교육과 훈련을 받게 된다. 하지만 최근 정신건강사회복지사들의 수련시간 이외에 할애되는 시간에 대해서는 최저 비용을 지급하고 훈련하는 것이 적합하다는 이야기들이 많이 한다. 하지만 정신건강 수련기관이 국가 및 지자체의 지원을 받는 경우에는 정신건강 수련사회복지사를 위해 별도의 예산이나 장비 등을 마련하기가 쉽지 않은 것이 현실이다. 이에 국가 및 지방자치 단체는 해당 지역에서 양성되는 정신건강전문요원의 확대 및 강화를 위해 수련기관을 지정하게 될 경우 수련을 위한 다양한 지원체계를 통해 전문가를 양성하고 확대할 수 있도록 시스템을 개편할 필요가 있다.

V. 관련 척도

정신과적 위기분류 평정 척도(CRI)[4]의 활용

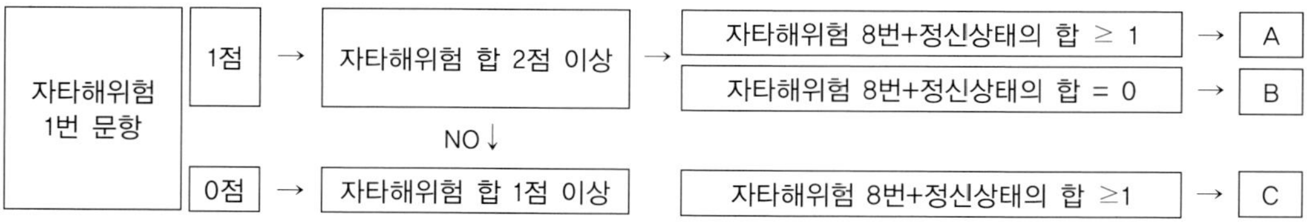

척도명	the Korean Crisis Rating Instrument for Psychiatric Intervention (CRI)
출처	조근호, 윤해주, 장미, 손주영, 남윤영, 김민혁, 송후림, 김신겸, 천영서, 황태연(2020). 정신과적 위기 개입을 위한 한국형 위기 분류 평정 척도 개발, 국립정신건강센터.
대상	전연령
측정내용	정신과적 위기
총문항수	24문항

채점

*자타해위험 1번 현재 자타해 폭력위협에 대한 수준별 점수

점수	1점		0점
수준	매우 높다	높다	보통이다
내용	-신체적 손상 및 상해를 야기하기 위한 의도적 행위가 있음	-기물파손 -욕설, 고함, 명백한 폭력 위협 -신체접촉은 없으나 위협적 자세	-폭력적 사고단계: 폭력행사에 대한 사전 예획, 진술, 예고

*자타해위험 3번 자타해 폭력강도 혹은 치명도에 대한 수준별 점수

점수	1점			0점
수준	매우 높다	높다	보통이다	낮다
내용	-치명적 상해	-중증 상해 수준	-경증 상해 수준	-전치 2주 미만

*자타해위험 4번 고의성 혹은 계획성에 대한 수준별 점수
-심리요소: 목표실현에 대한 의지, 결심의 정도
-준비성: 사전조사/일정 조율/ 연습이나 행동의 구체화 정도

점수	1점		0점
수준	매우 높다	높다	보통이다
내용	-자타해 의지가 매우 확고 -치밀하고 구체적인 사전 준비 -실패에 대비	-자타해 의지가 매우 확고 -사전분비 과정이 피밀하지 않으나 목표행동 성공 가능	-자타해 의지는 있으나, 행동으로 구체화하지 않음

4) the Korean Crisis Rating Instrument for Psychiatric intervention(CRI).

<table>
<tr>
<td></td>
<td>
*지능수준 점수의 기준
<table>
<tr><th>점수</th><th colspan="2">1점</th><th>0점</th></tr>
<tr><th>수준</th><td>매우 높다</td><td>높다</td><td>보통이다</td></tr>
<tr><th>내용</th><td>-기능 문제가 심하여 전문적인 도움과 치료가 병행되지 않으면 해당 기능을 유지하거나 작동시키기 어려움</td><td>-기능문제가 분명히 있고, 일상생활하는데 도움이 있어야 가능
-직업, 전문기술이 필요한 활동은 거의 되지 않음</td><td>-기능에 문제가 있지만 일상생활하는 데 큰 지장이 없음
-주변의 도움이 있다면 직업활동도 가능</td></tr>
</table>
</td>
</tr>
<tr>
<td>결과해석
*우측의 해석은 절대적 기준이 아니며 평가자의 종합적 판단이 가장 중요함</td>
<td>
자타해위험 1번 문항
1점 → 자타해위험 합 2점 이상 → 자타해위험 8번+정신상태의 합 ≥ 1 → A
1점 → 자타해위험 합 2점 이상 → 자타해위험 8번+정신상태의 합 = 0 → B
NO ↓
0점 → 자타해위험 합 1점 이상 → 자타해위험 8번+정신상태의 합 ≥1 → C
정신건강전문요원, 경찰, 119구급대원 공조하여 정신과 응급입원 필요
단순 폭력상황 → 경찰에 인계
과거 자살/자해 사건으로 점수가 부여된 경우 → 정신과 외래치료 권유 및 전문기관 안내
응급상황보다는 고위험군에 대한 평가로 정신상태, 기능수준, 지지체계 결과 고려하여 판단
</td>
</tr>
</table>

참고문헌

강현주, 김선민, 고진선, 백형의, 이은진 (2019). **사회복지상담교육 매뉴얼Ⅰ**. 한국보건복지인력개발원.

국립정신건강센터 (2020). 2020년 정신건강 검진도구 및 사용에 대한 매뉴얼.

김계현 (2000). **상담심리학 연구: 주제론과 방법론**. 학지사.

백형의, 이은진, 고진선, 신윤재, 이주용 (2020). 자살예방 상담전화 운영체계 개선에 관한 연구. 보건복지부.

변시영 (2017). 내담자 자살관련 사건을 경험한 기업상담자의 극복과정에 대한 근거이론 접근. 한양대학교 박사학위논문.

보건복지부 (2020). 응급개입팀 운영지침(안).

서울시자살예방센터 (2011). 자살 및 정신질환 위기관리 프로토콜.

양옥경 (2006). **지역사회 정신건강**. 나남출판.

원근희, 김정은, 김준원, 최태영, 이종훈 (2018). 위기상담전화에서의 상담 유지요인에 대한 연구. **생명치료정신의학**, 24(2), 105-114

중앙자살예방센터 (2021). 2021년 자살 위기지원 서비스 매뉴얼.

한국보건사회연구원 (2019). 정신건강복지기본계획(2021~2025) 수립연구.

한국정신건강사회복지사협회 (2016). **정신보건사회복지의 이해와 적용**. 예일기획.

Brammer, L. M. (1985). *The Helping Relationship: Process and Skills* (3rd ed). Upper Saddle River, Nj: Prentice Hall.

Caplan, G. (1964). *Principle of preventive psychiatry.* New York: Basic House

Carkhuff, R., & Berenson, B. (1977). *Beyond Counselling and Therapy.* New York: Thomson Learning.

Gilliland, B. E., & James, R. K. (1988). *Crisis intervention strategies.* Belmont, CA, US: Thomson Brooks.

James, R. K., & Gilliland, B. E. (2008). 위기개입. 나눔의집.

Quarantelli, E. L. (ed.) (1998). *What is a disaster?: perspectives on the question.* London: Routledge.

11장

치료적 의사소통

이지현
(강남세브란스
병원)

Ⅰ. 서론

'치료적 의사소통(therapeutic communication)'은 사회복지 및 정신건강사회복지 영역에서는 사실 생소한 표현이다. 이는 간호 영역 또는 정신간호 영역에서 대상자와의 의사소통 능력을 간호사의 핵심 역량이자 간호교육의 필수요소로 여기며 발전되어 온 개념으로 파악된다(김은정 외, 2019). 정신건강 전문가들은 환자 또는 클라이언트와의 의사소통을 흔히 '정신과적 면담(psychiatric interview)' 혹은 '임상적 면담(clinical interview)'으로 지칭해 왔으며, '치료적 의사소통'이라는 용어를 실제 사용하는 것은 주로 간호 영역이다.

정신건강 분야에서 '치료적 의사소통'은 정신간호 중재를 위한 대표적인 방법 중 하나로 사용되어 왔으나, 2018년 개정된 정신건강전문요원 수련과정 이론교육 공통과목으로 지정되면서 정신건강전문요원 전체 직역으로 사용범위가 확대되었다. 현재까지도 널리 사용되고 있지는 않지만, 직역을 막론하고 치료적 목적에 부합하여 치료적 과정 내에서 임상가와 환자 또는 클라이언트 간에 이루어지는 모든 의사소통을 일컫는 용어로 사용되어도 타당할 것이다.

정신건강 전문가들은 주요 직무에 있어 학문적 배경에 따라 각기 다른 용어를 사용하곤 한다. 정신건강의학과 전문의는 진단, 임상적 면담, 정신치료 등의 용어를 주로 사용하며, 정신건강전문요원 중 임상심리 직역에서는 심리평가, 심리치료, 심리교육 등의 용어를, 간호 직역에서는 정신간호, 정신간호 중재 등의 용어를 주로 사용한다. 사회복지 직역에서는 심리사회적 사정, 개입, 면담, 치료, 훈련, 서비스 등 목적 및 접근 방법에 따라 다양한 용어를 사용한다. 직종별, 직역별 직무는 일부 공통되거나 중첩되기도 하지만 용어상에서만 차이가 있는 것이 아니라 각기 고유한 기능과 역할로 구분된다. 반면에 환자 또는 클라이언트와의 의사소통을 기반으로 치료적 관계를 형성하고 치료적 목적에 부합하도록 이루어지는 전문적 과정이라는 점은 공통적이다.

전문적 의사소통을 기반으로 하지 않고는 정신건강 전문가로서 기능하는 것이 불가능하다고 해도 과언이 아닐 정도로 환자 또는 클라이언트와의 의사소통은 중요하다. 클라이언트와의 의사소통이 중요한 분야는 일반 상담이나 교육 분야를 포함하여 다양하다. 일반 상담이나 교육 분야도 정신건강 문제가 포함되지 않을 수 없다. 그러나 정신건강 전문가로부터 정신과적 치료나 개입이 필요한 환자나 클라이언트를 대상으로 이루어지는 의사소통 또는 면담은 정신과적 진단 또는 증상, 인간의 심리 및 정신역동에 대한 심층적 이해가 바탕이 되어야 한다는 점에서 타 분야의 의사소통과는 구별된다. 정신과적 전문 지식이 치료 및 개입 과정에서 구현되는 것이 바로 치료적 의사소통이자 정신과적 면담이라 할 수 있다.

본 장에서는 '치료적 의사소통'에 대하여 간호 영역에서 개념화한 내용을 포함하되, 정신건강전문요원에게 요구되는 의사소통으로 확장하고자 한다. 특히, 정신건강사회복지사가 환자 또는 클라이언트와 치료적 관계를 형성하고, 치료적 목적으로 사정에서부터 개입 및 사후관리에 이르기까지의 전 과정에서 이루어지는 모든 의사소통을 포괄하고자 한다. 정신건강사회복지를 실천하는 기관의 형태와 운영 비경에 따라 클라이언트에 대한 관점과 개입 및 의사소통 방식에는 다소 차이가 있게 마련이나 여기서 이를 모두 아우르기는 어려울 것이다. 따라서 클라이언트의 정신과적 진단 및 증상적 특성을 고려한 보다 치료적 관점에서의 의사소통에 중점을 두고자 한다.

Ⅱ. 이론적 배경

1. 치료적 의사소통

1) 치료적 의사소통의 개념

치료적 의사소통은 임상가와 클라이언트 사이에서 일어나는 목표지향적이고 초점적인 대화이며(Severtsen, 1990), 클라이언트의 자기 가치(self-worth)를 높이거나 심리적 고통을 경감하도록 고안된 의사소통이다(임숙빈, 2009). 치료적 의사소통은 임상적 면담, 상담 등에서 활용되는 특수한 의사소통 방식으로 전문적인 훈련을 받은 임상가가 어려움을 겪는 클라이언트의 욕구에 초점을 맞추고 클라이언트와의 상호작용을 통해 문제해결과 삶의 질 향상을 돕는 과정이라 할 수 있다.

치료적 의사소통은 대화 형식으로 이루어지고 대화 참여자들이 적극적으로 참여해야만 하는 상보적인 과정이다. 이것은 흡사 공놀이처럼 공에 집중하고 서로 주의를 기울이며 능동적으로 참여할 때 효과적으로 이루어질 수 있다. 공을 받을 사람은 잘 받을 수 있는 위치에 서야 하고, 공을 받은 사람은 전달자에게 공을 되던지게 되는데 이때, 받는 사람이 쉽게 공을 받을 수 있도록 정확하게 주의를 기울여 던지는 것이 중요하다(국립정신건강센터, 2018). 치료적 의사소통의 상호작용에서 임상가는 전달자(sender)도 되고 수용자(receiver)도 된다. 수용자로서의 임상가는 클라이언트의 의사소통을 정확히 파악해야 하고 반응해야 한다. 이를 위해서는 개방적으로 메시지를 받을 수 있는 자세를 취하고 주의를 기울여야 한다. 또한 메시지를 받으면 가장 적절한 반응을 선택하여 메시지를 주어야 한다(Arnold et al., 2019). 임상가는 직접 주도하지는 않더라도 치료적 의사소통 과정이 잘 이어지도록 단서나 정보 등 메시지를 효과적으로 받고 적절히 반응하는 기술이 능숙해야 한다. 치료적 의사소통을 가능하게 하는 중요한 도구가 임상가 자신이므로 임상가는 자신의 가치를 새롭게 인식하고, 감정을 탐색 및 해석하며, 관계를 맺고 적절히 의사소통하는 역할의 모델이 될 수 있어야 한다(임숙빈, 2009).

2) 치료적 의사소통의 목적

치료적 의사소통은 규칙과 범위의 경계가 정해져 있으며, 서술적(descriptive)이고 비판단적으로 이루어지는 의사소통이라는 특징을 갖는다. 클라이언트의 문제를 직접 해결해 주는 것을 목적으로 하기보다는 문제의 해결을 위하여 클라이언트 중심의 개별화된 전략을 취하는 목표지향적 의사소통이라는 점이 중요하다(국립정신건강센터, 2018).

치료적 의사소통을 통하여 클라이언트는 자신에 대한 새로운 정보를 탐색하는 기회를 가질 뿐 아니라 문제의 우선순위를 재평가하는데 중요한 요인들을 검토하게 되며, 문제를 해결하는 새로운 가능성을 발견하고, 의미를 발견할 수 있는 인간관계를 경험하게 된다.

치료적 의사소통의 목적은 클라이언트가 생각, 느낌, 행동을 자유롭게 표현할 수 있도록 하며, 건강한 성장을 증진하도록 의미 있는 방법으로 삶의 경험을 나누게 하는 것이다. 치료적 의사소통은 반복되는 문제와 그 문제와 관계되는 특별한 사람들, 이들과의 관계에서 클라이언트의 역할과 문제의 특수성을 이해하도록 돕는다. 이러한 과정을 통하여 클라이언트가 자신의 문제 영역을 인식하도록 하고, 임상가는 클라이언트의 문제해결 과정을 도울 수 있다(국립정신건강센터, 2018).

중앙자살예방센터에서는 치료적 의사소통을 대상자의 욕구를 탐구하여 문제를 해결하고 대인관계를 형성할 수 있도록 돕는 것이라 정의하면서 자살 예방을 위하여 친구가 답을 찾을 수 있도록 도와주는 방법으로 소개한 바 있다(중앙자살예방센터, 2020). 이는 치료적 의사소통의 목적은 직접 문제를 해결해 주는 것이 아니라 클라이언트가 스스로 답을 찾을 수 있도록 안내하는 것임을 강조하는 것으로 볼 수 있다.

2. 치료적 관계

1) 치료적 관계의 개념

치료적 의사소통은 치료적 관계(therapeutic relationships)를 형성하는 것으로 시작된다. 치료적 관계란 치료 과정에서 클라이언트와 임상가가 맺는 신뢰하고 협력적인 관계로 치료적 동맹(therapeutic alliance)이라고도 한다. Green 등(1991)은 치료적 접근에 무관하게 임상가의 관계 형성 기술과 치료적 동맹의 강도는 클라이언트의 치료 성과를 예측하는 가장 강력한 변인이라고 하였고, ≪설득과 치유≫의 작가이자 정신치료 비교 연구의 아버지인 Frank(1991)는 효과적인 정신치료에서 가장 중요한 요소는 치료적 동맹이라고 하였다(Carlat, 2005; 이광자, 2020).

치료적 동맹이 생기면 클라이언트는 임상가를 동맹군으로 받아들여 임상가와의 약속을 잊지 않고 새로운 시도를 위한 의지를 갖게 되며, 치료의 힘든 과정을 견뎌낼 수 있게 된다(송후림 외, 2019). 클라이언트는 치료적 관계를 통하여 과거에는 처리할 수 없었던 경험을 치료라는 우호적인 장면에서 노출시킴으로써 과거에 경험했던 정신적 외상(trauma)을 교정해 나간다. 긍정적인 치료적 동맹은 전체 치료 과정을 거치면서 서서히 형성되나 처음 몇 회기에서 그 기초가 만들어진다. 라포(rapport)의 형성은 치료적 동맹을 구축하기 위한 필수 조건이다. 따라서 임상가는 클라이언트를 만나는 첫 순간부터 라포를 형성하고 협력적인 분위기를 만들기 위해 적극적으로 노력해야 한다(국립정신건강센터, 2018).

2) 치료적 관계의 목적

일반적으로 치료적 관계는 클라이언트의 성장을 목적으로 한다. 구체적으로는 (1) 클라이언트의 자기인식, 자기수용, 진정한 자기 존중 및 자존감의 향상, (2) 명확한 자아정체감과 자기 통합 수준의 증진, (3) 친밀감 형성 및 상호 교류, 대인관계 능력의 증진, (4) 자아기능의 향상, 욕구 충족 및 현실적 목표 성취 능력의 증진 등을 목적으로 한다(국립정신건강센터, 2018; 김선아 외, 2020). 이와 같이 치료적 관계는 클라이언트의 증상을 경감시키고 문제를 해결하는 것을 넘어서서 클라이언트의 최적의 성장을 돕는 것을 궁극적 목적으로 하고 있다.

3) 치료적 관계의 핵심 조건

효과적인 치료적 관계를 수립하기 위해서는 다음과 같은 핵심 조건들이 충족되어야 한다(국립정신건강센터, 2018).

(1) 공감(empathy)

공감은 클라이언트의 눈으로 세상을 보고 그렇게 이해한 바를 클라이언트에게 전달할 수 있는 능력이다. 공감이 이루어지면 클라이언트는 임상가가 자신의 이야기를 진심으로 듣고 있음을 느끼며, 자신과 정서적으로 함께 있다고 느끼게 된다. 공감은 클라이언트로 하여금 임상가를 신뢰하고, 자신에 대한 성찰과 자기 노출을 하도록 한다(김선아 외, 2020).

(2) 신뢰(trust)

신뢰는 임상가가 윤리적으로 행동하고, 효과적인 치료를 하는 데 필요한 전문 지식과 기술을 가지고 있으며, 클라이언트를 존중(respect)하며 도움을 주고자 노력한다는 믿음을 주는 것이다. 임상가의 수용적이고 비판단적이며 무조건적인 존중은 신뢰의 바탕이 된다.

(3) 돌봄(care)

돌봄은 클라이언트가 임상가가 자신과 자신의 삶에 관심을 기울이고 있다고 느끼는 것을 말한다. 돌봄은 임상가가 제공하는 정서적 따뜻함(warmth), 침착함, 클라이언트의 힘을 북돋는 치료적 활동 등을 통해 전달된다.

(4) 진실성(genuineness)

진실성은 임상가의 자기 이해, 솔직한 인정, 가장하지 않는 것을 바탕으로 한다. 진실성 있는 임상가는 클라이언트에게 모호하지 않고 분명하고 정확하며, 정직하면서도 민감한 메시지를 보낸다. 임상가의 진실성이 일관되게 유지되면 클라이언트도 그것을 거울삼아 솔직한 생각과 느낌을 자유로이 표현할 수 있으며, 자신의 경험에 대해서도 진실하게 접촉해 나갈 수 있게 된다(김선아 외, 2020).

(5) 설득(persuasion)

설득은 클라이언트로 하여금 합리적이고 성장 촉진적인 모험을 하도록 격려(encouragement)하는 과정이다. 설득은 괴로운 감정과 경험을 공개하고 직면(confrontation)하도록 하고, 사려 깊은 결정과 건강한 선택을 하도록 하며, 목표를 향하여 나아가도록 격려하고 촉구한다.

(6) 희망(hope)

희망은 클라이언트로 하여금 치료가 무언가 좋은 것을 제공할 것이며, 치료의 과정이 끝나면 이전보다 한결 더 잘 살 것이라는 믿음을 갖는 것이다. 치료에 대한 낙관적인 믿음은 치료 동기를 강화할 뿐만 아니라 치료 효과를 향상시키는 요인이 된다.

3. 정신과적 면담

1) 정신과적 면담의 구조

정신과적 면담은 정신건강 전문가가 클라이언트의 고충을 이해하는 데 있어 가장 중요한 도구이다. 면담을 통해 클라이언트를 충분히 이해하고 나면 진단과 치료에 대한 개입 계획을 수립할 수 있게 된다(송후림 외, 2019).

정신과적 면담은 진단을 위한 면담 그리고 치료 및 개입을 위한 면담을 모두 포함한다. 정신건강 전문가는 진단적 면담이 아니더라도 일반적으로 클라이언트의 진단을 고려하면서 임상적 면담을 진행한다. 예컨대, 정신건강사회복지사가 진단명을 확인하고 면담을 하는 경우는 진단 및 진단과 관련된 증상을 면밀하게 파악하고 고려하면서 사정 및 개입을 진행한다. 진단이 내려지지 않은 경우에도 마찬가지로 진단을 고려하게 되는데 면담을 통하여 병력을 청취하고 클라이언트가 가진 병리적 요소가 무엇인지, 어떠한 영향을 받고 있는지 등을 파악하면서 진단 또는 문제 사정을 위한 가설을 설정하고, 치료적 전략을 수립하여 개입하게 된다. 진단을 고려한다는 것은 클라이언트를 병리적 관점에서 바라본다는 것이 아니라 클라이언트의 질병 상태와 고통을 더욱 정확히 이해하고, 이를 해결하기 위한 올바른 방향을 설정하기 위한 것이다.

정신과적 면담은 치료적 관계 형성, 증상 또는 문제와 관련된 다양한 임상적 정보의 수집, 정신상태를 비롯한 기능 수준의 평가, 문제에 대한 가설의 설정 및 진단, 치료 목표 및 개입 전략과 계획의 수립, 구체적 치료적 개입 과정으로 진행된다. 임상적 정보에는 클라이언트의 인구 사회학적 기본 정보, 주 호소 문제, 병전 성격, 현병력 및 과거력, 정신상태검사(mental status examination), 개인력, 가족력 등이 포함된다.

정신건강사회복지사의 정신과적 면담은 '심리사회적 사정 및 개입(psychosocial assessment and intervention)'에 이르는 과정을 통하여 진행되며, 개입방법과 내용은 클라이언트별 목표와 계획에 따라 다양하게 진행된다.

2) 정신과적 면담에서의 질문

정신과적 면담에서는 다양한 유형의 질문들을 사용한다. 질문을 적절하고 효과적으로 할 수 있는 기법을 습득하는 데는 장기간의 시간이 소요된다. 경험이 많은 임상가일수록 질문을 많이 하지 않고, 질문을 던질 적절한 타이밍과 질문에 사용할 단어를 잘 선택한다. 효과적인 질문은 클라이언트에게 이야기할 시간을 더 많이 줄 수 있다. 다음은 면담에서 가장 흔하게 사용되는 질문의 유형들이다(송후림 외, 2019).

(1) 개방형 질문(open-ended questions)

"어떤 불편한 점 때문에 오셨습니까?"와 같은 개방형 질문은 많은 정보를 얻기에 유리하다. 클라이언트에게 가장 중요한 것을 이야기할 수 있는 기회를 제공하고, 자발적으로 자신의 문제를 보고할 수 있도록 한다. 마음속에 무엇이 있는지 투사되기도 하고, 자세한 정보를 이야기하는 방향으로 흘러가도록 유도한다. 방해받지 않고 스스로를 표현할 수 있게 하여 라포를 형성하는 데 도움이 된다. 반면, 장황한 대답을 이끌어 낼 수 있고, 면담의 목적과 맞지 않는 정보를 얻게 될 수도 있다. 개방형 질문에 대답하다가 중간에 다른 질문을 받게 되면 불만스러워할 수도 있다.

(2) 다향형 질문(multiple choice questions)

"잠이 드는 것이 어려우신가요? 잠을 유지하는 것이 어려우신가요? 잠에서 일찍 깨시나요? 주무시는 데 다른 문제는 없으세요?"와 같이 다향형 질문은 찾는 정보의 형태 또는 범위를 지정함으로써 클라이언트의 반응을 일부 구조화시킨다. 면담으로 직접 들어갈 수 있는 기회를 얻게 되고, 클라이언트로부터 면담 주제에 맞는 정보를 제공받기에 용이하다. 반면, 클라이언트가 질문을 기억해서 대답하는 데 혼란스러움을 느낄 수 있고, 나중에 들은 질문에 치우쳐 대답할 수 있다.

(3) 초점형 질문(focused questions)

"당신의 기분은 하루 동안에 어떻게 변하십니까?"와 같은 초점형 질문은 특정 정보를 묻는 동시에 폐쇄형 질문보다 더 자세한 답변을 얻을 수 있다. 개방형 질문에 비해 응답의 폭을 좁힐 수 있으며, 개방형 질문에 이어 추가적인 질문으로 활용되기도 한다. 임상가가 중요하다고 생각하는 정보를 많이 얻을 수 있는 이점이 있는 반면, 어떤 클라이언트는 의사 표현을 충분히 하지 못했다고 느낄 수 있는 단점이 있다.

(4) 폐쇄형 질문(closed-ended questions)

폐쇄형 질문은 예 혹은 아니요 식의 답변만으로 충분한 경우에 사용한다. 주제와 관련된 간결한 답변을 유도할 수 있고, 개방형 질문을 통해 획득되지 않은 정보에 접근하기에 용이하다. 면담을 빠르게 진행할 수 있는 장점이 있다. 반면, 면담의 자연스러운 흐름을 방해할 수 있고, 클라이언트가 심문받는 것처럼 느낄 수 있다.

(5) 이중 질문(double questions)

이중 질문은 하나의 질문 안에 두 가지 질문이 동시에 제기되는 질문이다. 질문 안에 담긴 두 가지 내용이 밀접하게 연관되어 있을 경우에는 직접적 질문과 비슷하게 작용하고 면담 진행에 도움을 줄 수 있으나 잘못 구성된 이중 질문은 애매모호한 대답을 듣게 되거나 어떤 질문에 대한 답인지가 불분명해질 수 있다. 클라이언트가 질문을 명료하게 받아들이지 못할 경우 답변의 신뢰성이 떨어진다.

(6) 유도 질문(leading questions)

사전에 생각하고 있던 방향으로 클라이언트의 답변을 유도하는 질문이다. 객관적인 정보를 얻어내는 좋은 방법이라고는 볼 수 없으나, 앞서 수집한 정보를 요약하거나 특정한 결론으로 이끌어가는 데 유용하다. 소크라테스식 대화법이라 불리는 기술로 부적응적인 생각과 행동의 결과를 평가하기 위하여 인지치료에서 흔히 사용된다. 클라이언트가 객관적이고 방어적이지 않게 문제를 바라볼 수 있도록 잘 살피면서 질문해야 한다.

3) 정신과적 면담에서의 개입

질문 외에 면담의 흐름을 촉진하는 방법들이 있다. 클라이언트의 내면에 관심을 기울이는 정도에 따라 반응이 매우 다양해지므로 임상가는 감정을 이끌어 낼 수 있는 기법들을 알고 사용할 수 있어야 한다. 다음은 주로 정신치료에 사용되는 기법들이자(송후림 등, 2019) 정신건강 전문가에 의하여 정신건강 현장에서 흔히 사용되는 기법들이다.

(1) 명료화(clarification)

명료화는 클라이언트가 주제에 대하여 보다 명확하게 이해하고 설명하도록 이끌기 위해 사용한다. 클라이언트의 대답을 명확히 이해하기 위해서는 많은 정보가 필요하나 클라이언트가 산만해지거나 정확하게 생각하지 않는 경우 답변에 영향을 미친다. 집중력과 기억력의 문제도 정신과적 질환에 동반되어 두드러질 수 있다. 장황하고 모호하고 불완전한 답변 시 초점을 명확히 한 폐쇄형 질문을 통해 내용을 구체화(specification)하고, 클라이언트가 나열하는 단편적인 사건들 속에서 전체적인 양상을 파악해 내는 일반화(generalization) 기법을 사용한다. 임상가의 단정적인 진술에 클라이언트가 반박하도록 할 때는 역설적 의도를 가지고 유도 질문을 하기도 한다.

(2) 직면(confrontation)

면담을 방해하는 클라이언트의 저항(resistance)에 주의를 기울이는 것이 필요하다. 방어기제는 정신적으로 고통스러운 상황에서 자신을 보호하는 무의식적인 기전이다. 클라이언트는 임상가가 지적한 행동, 직면시킨 부분을 깨닫기도 하고 깨닫지 못할 수도 있다. 직면은 새로운 정보를 얻을 수 있는 수단이 되기도 한다. "식욕에 대해 물을 때마다 당신은 말을 돌리고 있습니다. 당신을 돕기 위해서는 음식을 어떻게 섭취하고 있는지를 알아야만 합니다."와 같이 직면을 하게 하면, 클라이언트는 클라이언트의 저항을 새롭게 인식할 수도 있고, 저항하며 숨기던 정보를 이야기하기도 한다.

(3) 반영(reflection)

반영은 클라이언트의 말을 공감적으로 반복하거나 의미를 다른 말로 표현해 주는 것이다. 반영은 클라이언트의 이야기를 단순히 그대로 다시 이야기해 주는 것도 아니고, 임상가의 의견이나 분석을 말하는 것도 아니다. 임상가가 클라이언트의 이야기를 어떻게 이해했는지를 공감적으로 전달하는 것이다. 반영은 긍정적인 치료적 관계 형성에 상당히 도움이 되며, 클라이언트가 더 자세히 이야기하도록 한다.

(4) 촉진(facilitating)

촉진은 더 많은 정보를 제공할 수 있도록 격려(encouragement)하는 것이다. "계속 말씀해 보세요."라고 하면서 발언 기회를 제공하거나 지지하는 것은 대화의 흐름을 촉진한다. 클라이언트의 반응을 침묵으로 기다려 주거나, 클라이언트의 반응이나 내용을 해석해 주는 것도 촉진을 높일 수 있다.

(5) 해석(interpretation)

해석은 클라이언트의 행동과 내적인 생각, 감정 사이에 불일치가 있을 때 이를 설명하기 위해 임상가가 세운 가설(hypothesis)을 일컫는다. 면담에서 해석은 클라이언트의 병식의 정도를 평가하고, 평가에 대한 저항을 극복하는 수단이 되며, 생각과 감정을 공유할 수 있도록 촉진하는 등 다양한 기능을 가진다. 해석은 종종 명료화와 직면을 수반하게 된다. 해석은 가설이지만 클라이언트가 이해할 수 있는 것이어야 한다. 해석은 치료적 동맹을 쌓아나가는 과정 속에서 적절한 시점에 제공되어야 한다. 시점이 부적절하거나 해석이 미숙하거나 부정확할 경우 클라이언트는 분노를 느끼게 되고 면담이 지속되기 어렵다.

(6) 재진술(paraphrasing), 요약(summarizing)

클라이언트로부터 들은 것을 다시 설명하고 임상가가 확실히 이해했는지를 확인하기 위한 방법이다. "당신이 이야기한 것을 제가 다시 말해 보겠습니다. 혹시 놓치거나 틀린 부분이 있다면 알려주세요. 당신은 남들 앞에 서는 것을 두려워하고 있어요. 그런 두려움 때문에 졸업식에 가지 않게 되었지요?"와 같이 질문으로 이어질 수도 있다. 클라이언트에게 자신이 한 말의 요점을 정리해 보도록 하기도 한다. 대답이 모호하고 장황하거나 연상의 이완(loosening of association), 사고비약(flight of ideas)을 보일 때 유용하다.

(7) 탐사(probing)

탐사는 클라이언트의 표현을 이해하기 위해 더 많은 정보를 얻는 것이다. 예를 들어, 망상이 있는 클라이언트에게 어떻게 해서 그 생각이 진짜라고 믿게 되었는지를 묻는 것과 같이 탐사 자극을 주어 질문한다. 클라이언트가 자신의 경험에 대해 아무런 근거 없이 어떤 의미를 부여하는 경우 그 이유를 밝히고 망상이나 관계사고(idea of reference)의 내용을 탐색하는 데 유용하다.

(8) 침묵(silence)

침묵은 유용한 촉진 기법으로서 클라이언트와 라포를 증진시키기에 효과적일 때가 있다. 침묵은 클라이언트로 하여금 말을 하도록 독려하고, 알고 싶은 것들을 알 수 있게 된다. 그러나 15~20초가 넘도록 침묵하는 것은 권장하지 않으며, 정신증적 증상이나 문제가 심각한 클라이언트에게는 피하는 것이 좋다.

(9) 인정(validation)

인정은 "당신과 같은 상황에 처했다면 누구라도 화가 났을 겁니다."와 같이 주어진 상황에서 클라이언트가 느끼게 된 감정이 합당하고 이해가 가능한 것이라고 이야기해 주는 것을 말한다. 인정을 받은 클라이언트는 수용되는 느낌을 받게 되고, 임상가로부터 부정적 평가에 대한 두려움으로부터 벗어나 더 많은 이야기를 꺼내 놓을 수 있다. 긍정적인 치료적 관계 형성에도 도움이 된다.

Ⅲ. 치료적 의사소통의 실제

1. 치료적 관계의 형성

1) 라포 형성을 위한 지침

Carlat(2005)은 치료적 관계에서 라포를 형성하는 것은 그야말로 예술(art)이라고 하였다. 그래서 가르치기 어렵다고 하면서 라포 형성 능력을 증가시키기 위한 비법을 아래와 같이 제시하고 있다(이광자, 2020). 임상에서 널리 알려진 내용이나 소홀하지 않도록 주의를 기울여야 할 것이다.

(1) 자기 자신이 되기

좋은 임상가가 되기 위해서는 자신의 개성과 스타일에 맞는 방법을 찾는 것이 중요하다. 자신만의 스타일을 찾지 못하면 결국 다른 사람들을 모방하게 될 것이며, 임상을 즐기지 못하고 종국에는 지치게 될 것이다.

임상가는 자신이 임상적 도구임을 명심해야 한다. 따라서 임상가에게 요구되는 인간적 특성과 전문적 자질을 갖추는 것을 기본으로 하되, 자신의 특성이 전문가적 자질과 융합하여 자연스러우면서도 고유한 임상적 특성으로 연마되어야 할 것이다. 이것은 임상적 경험이 쌓여가는 동안 지속해서 이루어져야 할 부분이다.

(2) 따뜻하고, 예의 바르고, 정서적으로 민감하기

치료적 관계를 형성하는 특별한 면담기술은 없다. 여러 연구에서는 기본적으로 따뜻하고, 예의 바르며, 정서적으로 민감하게 행동하는 것은 특별히 어떤 기술들을 더 사용하는지와 무관하게 치료적 관계 형성에 효과적인 것으로 나타났다(Cox et al., 1981a, 1981b, 1988).

클라이언트의 고통스러운 감정에 대해서 수용하며 이해하고 있다는 것을 전달하되, 부자연스럽고 성의 없이 들리지 않도록 감정 이입적인 진술을 너무 과용하지 않도록 주의해야 한다. 감정에 대해서는 "기분이 어땠습니까?"와 같은 직접적인 진술이 효과적이다. 클라이언트의 감정에 반영하는 진술 또한 효과적이지만 남용해서 사용하지 말아야 한다. 분노, 수동성, 의존성을 보이는 클라이언트의 경우 즉시 호감이 가지 않을 수 있고, 역전이가 일어날 수도 있다. 이러한 특성을 정신병리학적 표현으로 이해한다면, 클라이언트를 이해하고 공감하는 마음을 일깨우는 데 도움이 된다.

(3) 낯선 분위기를 적극적으로 완화하기

임상가는 클라이언트가 가장 깊고 상당히 부끄러운 비밀을 아주 낯선 자신에게 모두 드러내기를 바란다. 그러나 정신과적 면담은 클라이언트에게 낯설고 불안을 증폭시키는 경험이라는 사실을 잊지 말아야 한다.

낯설음을 빠르게 완화하는 가장 좋은 방법은 자연스럽게 행동하는 것이다. 자연스럽게 인사하고 자신을 소개하는 것이 좋다. 클라이언트의 이름과 클라이언트가 원하는 호칭을 불러줌으로써 친근감을 증가시킬 수 있다. 클라이언트는 종종 임상가를 조용하고, 비밀스럽고, 작은 움직임까지 유심히 관찰하고 세밀히 파악한다는 선입견을 가지므로 면담 초기에 날씨나 교통상황 등 일상적인 이야기 등으로 가볍게 시작하는 것은 클라이언트를 편안하게 한다. 그러나 불안정한 감정이나 감정적 고통이 분명하게 드러나거나 피해망상과 같은 정신증적 증상을 보이는 클라이언트에게는 적절하지 않다.

어떤 클라이언트는 임상가에게 자신의 힘든 이야기를 쏟아내기를 원한다. 반면, 어떤 클라이언트는 낯선 사람에게 민감한 이야기를 하는 것을 어려워한다. 이런 경우, 클라이언트가 이야기하고자 하는 것부터 혹은 인구 사회학적 정보를 파악하는 것으로 면담을 시작하는 것이 좋다. 클라이언트를 증상이나 문제를 가진 대상이 아니라 한 인간으로서 이해하고자 하는 태도가 도움이 된다.

클라이언트가 면담의 목적을 이해하고 있는지를 파악하는 것도 중요하다. 면담 초기에 이를 묻는 것으로 시작하기도 한다. 면담의 목적, 예상되는 면담 시간, 어떤 것들을 질문할 것인지, 어떤 식으로 진행되는지 등 면담의 구조와 내용을 이해하면 클라이언트의 낯설음과 불안이 감소될 것이다.

클라이언트의 투사(projection)를 다루어 주는 것도 낯선 분위기를 변화시킨다. 클라이언트는 보통 부정적인 자아상을 임상가에게 투사하며 자신을 판단하거나 비판할 것이라고 생각하기도 한다. Havens(1986)는 클라이언트에게 안전감을 증가시키기 위하여 "낯선 사람에게 이야기한다는 것이 쉽지 않을 수 있습니다. 제가 어떻게 생각할지 누가 알겠습니까? 하지만 저는 당신을 이해하고 돕기 위해서 여기에 있다는 것을 알아주셨으면 좋겠습니다."와 같은 역투사적 문장(counterprojective statements)을 사용할 것을 추천하였다. 피해망상을 보이는 클라이언트의 경우에도 면담 초기에 불신을 다룸으로써 이후 면담에서 협조하도록 이끌 수 있다.

(4) 클라이언트가 먼저 이야기할 기회를 제공하기

면담 시작 시에 클라이언트가 먼저 자신의 걱정거리를 말할 기회를 제공하는 경우가 23%에 그친다는 연구가 있다(Beckman et al., 1984). 이에 구체적인 질문을 하기 전에 클라이언트가 5분 정도 마음대로 말할 수 있는 자유를 줄 것을 권고하기도 한다(Morrison, 1995). 이때, 클라이언트는 임상가를 '잘 경청하는 임상가'로 여겨 라포 형성에 도움이 되며, 임상가에게는 클라이언트를 힘들게 하는 문제들을 잘 이해할 수 있는 가능성이 높아진다.

임상가는 클라이언트에 맞게 자신만의 첫 질문을 하게 된다. "무엇 때문에 오셨습니까?", "어떤 문제들이 힘들게 합니까?", "제가 어떻게 도와드리면 좋겠습니까?" 등 개방형의 첫 질문을 하여 클라이언트의 이야기를 이끌어 낸다. 그러나 클라이언트에 따라 융통성을 가져야 한다. 클라이언트가 모호하고 지리멸렬하게 이야기하는 경우 즉시 질문을 해야 하며, 매우 분명하고 조리 있게 이야기하는 클라이언트에게는 10분이나 20분가량의 시간을 주면 임상가가 알아야 할 정보들을 거의 다 이야기하기도 한다.

(5) 유능함을 보여주어 신뢰를 확보하기

특히 초보 임상가에게 까다로운 부분이다. 처음에는 소속 자체만으로 유능하다는 믿음이 부여되나 이후에는 클라이언트로 하여금 신뢰를 획득해야 한다. 역량을 계속해서 쌓아가야 할 부분이지만 임상가의 자신에 대한 인식이 중요하다. 우선 기관에 소속되어 임상을 담당하게 된 것으로 기본적으로 유능한 것이며, 클라이언트에 비하여 정신과적 질환이나 증상에 대한 이해를 훨씬 더 많이 하고 있기에 이를 활용하여 질문하고 적절한 피드백을 제공하는 것을 통하여 유능함을 보여줄 수 있음을 인식하고, 스스로 자신감 있는 태도를 취하는 것이 도움이 된다.

2) 공감을 구현하는 면담 과정

Robinson(2005)은 고통스럽거나 놀라게 되는 클라이언트의 감정 상태에 대해 친근하고 조심스럽게 접근하는 것은 치료적으로 가치 있는 일인 동시에 클라이언트로 하여금 이해받는 느낌을 갖게 하고 치료를 받아들이게 하는 데 도움이 된다고 하였다. 그리고 다음의 면담 과정을 제시하면서 모든 과정 속에서 공감을 구현할 수 있다고 하였다(송후림 외, 2019).

여기에는 앞서 제시한 라포 형성 능력 강화를 위한 비법이 반영되어 있고, 언어적·비언어적 치료적 의사소통이 포함되어 있다. 정신과적 면담에 있어서 기초적인 내용이지만 초보 임상가에게는 면담의 시작부터 진행되는 전 과정에서 실제 활용할 수 있는 지침이 될 것이다.

(1) 면담에 대해 미리 설명한다.

① 임상가의 이름, 부서와 지위를 말하고, 참관을 하는 사람이 있을 경우 그 역할에 대해 설명한다. 면담에 소요될 예상 시간을 알려준다.
② 면담에 대해서 기대하는 점에 대해 물어본다.
③ 면담의 목적과 어떤 것들을 물어볼지에 대해 대략적으로 설명한다.
④ 일회성의 면담인지, 후속 면담이 필요할 것인지에 대해 미리 알려준다.
⑤ 음료나 휴식 시간 등을 필요로 하는지 물어본다.
⑥ 이후 클라이언트가 편안한 상태인지를 확인해보고, 면담을 진행해도 될지 물어본다. 면담을 녹음할 경우 동의를 미리 구해야 한다.

(2) 자연스럽게 면담에 들어간다.

① 관계를 증진시키기 위해 우선 일반적인 질문들을 몇 가지 물어본다. 이름, 나이, 직

업과 같은 신원에 관한 요소, 찾아오는 데 어려움은 없었는지 등 가급적 일반적이고 자연스러운 것들을 물어본다.

② 면담을 시작할 때 클라이언트가 말하고 싶은 것을 선택할 수 있도록 한다.

(3) 정보가 흘러나오도록 촉진한다.

① 계속 눈을 맞추면서 대화한다.

② 고개를 끄덕이고, 관심이 있다는 것을 표현한다.

③ “아~”, “계속 말씀해 보세요.”와 같은 문구를 사용한다.

④ 임상가의 의자를 앞쪽으로 기울인다.

⑤ 클라이언트의 말을 적는 데는 신경을 덜 쓰도록 한다.

⑥ 클라이언트가 말하는 것에 동요하지 않고 중립적으로 받아들인다는 것을 느끼게 해준다.

(4) 클라이언트의 감정과 연결한다.

① 감정이 드러나면 이를 알아차리고 즉시 반응을 보인다.

② 표정이나 자세 등 비언어적인 단서를 알아차린다.

③ 클라이언트에게 감정을 표현하고 고통에 대해 말할 수 있도록 직접적으로 요청한다.

(5) 전문가임을 보여준다.

① 클라이언트의 어려움에 대해 잘 이해하고 있음을 확실하게 드러낸다.

② 조절 능력을 발휘한다. 혼란스러운 상태의 클라이언트는 구조화된 면담에 더 호의적으로 반응할 수 있다.

③ 클라이언트가 이야기하는 문제들에 대해 숙달되어 있다는 것을 전달한다.

④ 전체적으로 병력을 청취한 다음에는 클라이언트에게 해당되는 증상이나 상태에 대한 지식을 제공해 준다. 클라이언트는 임상가에게 배려심을 느끼고 동시에 임상가의 능력에 대해 신뢰감을 갖게 될 것이다.

⑤ 질병에 대한 관점과 미래에 대한 희망을 가질 수 있도록 한다. 이 모든 노력은 클라이언트를 돕기 위한 것이고, 대부분의 클라이언트는 적어도 어느 정도 반응을 보일 것이다.

2. 상황에 따른 치료적 의사소통

1) 자발적인 클라이언트와의 면담

자발적인 클라이언트와의 면담은 비자발적인 경우에 비해 수월하게 여겨질 수 있으나, 면담 시간이 지나치게 길어지거나 치료적 목적에 부합하지 않고 클라이언트에게 유익하지 않은 면담 과정으로 흘러갈 수 있는 가능성이 있어 주의해야 한다.

(1) 개방형 질문(open-ended questions)

자발적인 클라이언트에게는 주제에 대해 좀 더 자유롭고 상세하게 이야기할 수 있도록 개방형 질문을 적극적으로 사용한다. 개방형 질문은 면담 초기에 매우 중요한데, 자발적인 클라이언트에게는 개방형 질문을 통해 클라이언트가 말하고자 하는 것을 더 많이 얻어낼 수 있다. 자발적인 클라이언트에게 비개방형 질문을 많이 사용하는 경우 클라이언트는 답답해하거나 충분한 면담이 이루어지지 않았다고 느낄 수 있어 주의가 필요하다. 그러나 면담이 목적에 맞게 진행되도록 비개방형 질문들도 적시에 사용되어야 한다.

(2) 명료화(clarification), 탐사(probing), 요약(summarizing)

자발적인 클라이언트는 임상가의 질문이나 주제를 정확하게 이해하지 못한 채 자신이 하고자 하는 이야기로 치우치거나, 클라이언트가 쏟아내는 이야기 중 일부를 임상가가 명확하게 이해하지 못한 채 면담이 전개되는 경우가 발생할 수 있다. 임상가는 명료화를 통해 클라이언트의 이야기를 구체화, 일반화하거나 탐사, 요약 등을 통해 정확하게 이해하고 확인하는 것이 중요하다.

(3) 초점화(focusing)

초점화는 임상가가 원하는 방향으로 면담을 이끌어 가는 방법이다. 자발적인 클라이언트와의 면담에서 임상가는 면담 목적에 부합하고 클라이언트에게 의미 있는 이야기들로 면담이 이어지도록 초점화에 주의를 기울이는 것이 중요하다. 초점화를 위한 다양한 방법들이 있다.

클라이언트가 이야기를 지속(continuation)하도록 할 때는 몸을 클라이언트 쪽으로 돌리거나 고개를 끄덕이며 경청하고 있음을 전달하거나, "계속 말씀하세요. 더 듣고 싶습니다."와 같은 말로 촉진(facilitating)한다. 클라이언트의 이야기 중 자세히 듣고 싶은 부분이 있을 때는 그 부분을 반복(echoing)해 준다. 클라이언트가 이야기하는 내용에 대한 감정을 이끌어내기 위해서는 공감(empathy)하면서 감정이 어땠는지 질문하거나 듣고 싶다고 이야기한다. 주제에서 벗어난 이야기를 하거나 이야기가 산만하거나 부적절할 때, 타인의 문제를 언급할 때는 본래의 주제로 돌아가 이야기하도록 지시 또는 방향 바꾸기(redirecting)를 사용한다. 필요한 주제를 다루기 위해 주제의 전환(transition)을 유도하는 것도 필요하다. "이야기하고 싶어 하는 것에 대해 잘 알겠습니다만, 조금 뒤에 이야기해 보는 것이 어떨까요? 저는 당신의 가족에 대해 물어보고 싶습니다."와 같이 미루기(temporizing)를 할 수 있다. 앞서 이야기하던 주제를 언급하며 좀 더 이야기하도록 다시 연결하기(reconnecting)를 통해 본래의 주제로 돌아갈 수 있다(송후림 외, 2019).

2) 저항을 보이는 클라이언트와의 면담

저항은 의식적, 무의식적 수준 모두에서 일어나지만, 면담 상황에서 임상가가 접하고 다루는 저항은 주로 클라이언트가 어떤 주제를 피하려고 의식적, 의도적으로 노력하는 것을 지칭한다. 자기방어적 태도나 불안감이 방출되지 못하면 저항으로 이어질 수 있다.

저항은 다음의 두 가지 양상으로 나타난다. 하나는 "저는 그 일에 대해서는 말하고 싶지 않아요."라며 직접적인 거부를 하는 경우이고, 다른 하나는 질문에 답하지 않고 다른 이야기를 하거나 임상가의 관심을 다른 곳으로 돌리려 애쓰는 행동을 보이는 것이다.

클라이언트가 저항을 보일 때, 그 이유가 무엇인지를 찾는 것이 중요하다. 클라이언트에게 더 중요한 문제가 있어서 그 이야기를 하고 싶거나, 클라이언트가 아직 이 문제를 다룰 준비가 되어 있지 않거나, 임상가를 신뢰할 수 없을 때 저항이 발생하곤 한다(국립정신건강센터, 2018).

그리고 다음과 같은 상황은 클라이언트로 하여금 저항하도록 자극하기도 한다. 임상가가 클라이언트의 감정에 대해서 지나치게 빨리 다루려고 한다든지 너무 깊숙이 탐색하려고 할 때, 클라이언트에 대한 존중이 결핍되었을 때, 임상가가 치료적인 역할 모델이 되지 못할 때 등이 해당된다. 또한 질병으로 인해 생길 수 있는 이차적인 이득이 저항의 원인이 되기도 한다. 질병의 결과로 클라이언트에게 유리한 환경이나 대인관계, 상황적인 변화가 일어나는 경우 클라이언트는 치료적 과정이 진전되지 못하도록 저항 행동을 할 수 있다(김선아 외, 2020).

저항은 임상가를 어렵게 하기도 하는데, 이때 임상가에게 가장 기본적으로 중요한 것은 경청이다. 경청을 하면서 클라이언트가 자신의 저항을 인식하도록 돕는 것이 필요하다(김선아 외, 2020). 이 외에 저항을 다루는 전략에는 다음과 같은 것들이 있다(국립정신건강센터, 2018).

(1) 수용(acceptance)

수용은 클라이언트의 심정을 이해하고 받아들이며, 클라이언트와 클라이언트의 한계를 존중하는 것이다. 클라이언트가 있는 그대로 수용되는 느낌을 받을 때 클라이언트의 저항이 철회되기도 한다.

(2) 직면(confrontation)

클라이언트가 저항의 단서를 보일 때 클라이언트가 저항하고 있음을 인식시키고, 클라이언트가 고집스럽게 면담을 거부할 때 저항이 도움이 되지 않는다는 점을 인식시킨다.

(3) 다른 방향에서 접근(shifting)

클라이언트가 문제를 탐색하기 쉬운 관점으로 다른 방향에서 접근하기도 한다. 도박중독으로 가정파탄에 이른 클라이언트가 이를 언급하기를 꺼려할 때 “게임을 하면서 즐거움도 많았다고 하셨는데, 어떤 점이 좋으셨나요?”라고 질문하며 대답할 수 있는 측면에서부터 주제에 접근할 수 있다.

(4) 과장(exaggeration)

불안하고 강박적이거나 지나치게 양심적인 클라이언트에게는 과장을 사용한다. 예를 들면, 클라이언트의 행동이나 생각을 일부러 심한 범죄와 과장되게 비교함으로써 클라이언트의 걱정과 불안을 덜어줄 수 있다.

3) 방어를 보이는 클라이언트와의 면담

클라이언트는 자신도 인식하지 못한 채 어떤 주제에 대해 접근하기를 회피하는 여러 가지 방어 행동을 하기도 한다. 치료적 관계 형성이나 과거력 등을 수집하는 데 방해가 되지 않는 한 방어를 집중적으로 다루지 않는 것이 좋을 수 있다.

방어는 클라이언트가 자기 확신이 부족한 경우 또는 임상가에 대한 치료적 관계에서 신뢰가 부족한 경우에 나타날 수 있다. 감정을 억제하거나 우회적으로 표현하기도 하고, 임상가의 언급에 대해 부정하거나 수정하기도 한다.

방어는 말이 지나치게 장황하거나 수다스러운 형태로 나타나기도 한다. 이때 클라이언트가 이야기하고자 하는 내용과 정서적 맥락의 핵심을 분경히 파악하고, 면담에서 다루어야 할 것이 많음을 주지시키며, 간단히 대답했을 때 격려하는 반응이 도움이 된다.

클라이언트가 접근하기를 회피하는 주제에 대하여 언급하지 않기 위하여 이야기하기 쉬운 주제에 대해 주도적으로 이야기하는 것도 방어일 수 있다. 방어를 적절히 다루면서 본래의 주제로 돌아오도록 개입한다.

반대로 방어는 침묵이 지나치게 지속되는 형태로 나타나기도 한다. 침묵이 일어나면 침묵하는 이유를 파악해야 한다. 침묵의 이유는 반응을 두려워하거나 의심하고 있을 때, 현재 발언된 내용에 대하여 양가감정을 숨기고자 할 때, 임상가를 벌하고 싶은데 억제하고 있을 때, 현재의 주제에 대한 감정을 어떻게 표현해야 할지 모를 때, 현재의 주제로부터 속히 벗어나고 싶을 때 일어날 수 있다(Hinkely et al., 1951; Sklare, 1983). 임상가는 침묵의 이유에 따라 상이하게 반응하고 접근해야 한다. 침묵이 특별한 의미가 없다고 판단되면 다음 질문을 하면서 침묵이 종결되도록 한다.

방어를 다루는 방법에는 다음과 같은 것들이 있다(국립정신건강센터, 2018).

(1) 굳이 다룰 필요가 없는 방어는 그냥 두고 무시(bypassing)한다.

(2) 정서적 지지를 통해 클라이언트를 안심(reassurance)시킨다.

(3) 주의를 다른 곳으로 전환(distraction)한다.

(4) 클라이언트가 방어기제를 쓰고 있음을 직면(confrontation)시킨다.

(5) 클라이언트의 방어적인 행동과 숨겨진 의도가 무엇인지를 해석(interpretation)한다. 해석은 시기, 관점, 해석의 범위와 수준을 고려하여 공감적인 방식으로 해야 한다.

4) 아동, 청소년 클라이언트와의 면담

아동의 행동과 주 호소 문제는 발달적인 맥락에서 해석되어야 하므로 임상가는 아동의 발달 단계에 따른 인지, 행동, 정서적 특성을 이해하고 있어야 한다. 부모와의 상호작용 관찰, 놀이 상황 관찰을 통해 유용한 정보를 얻을 수 있다.

임상가는 새로운 상황과 환경에서 아동이 불안을 느끼는지 민감하게 살펴보아야 한다.

아동은 마음의 준비를 충분히 했더라도 면담에 대해 공포를 느끼고 부정적인 반응을 보일 수 있다. 나이가 어린 아동일수록 놀이나 그리기, 게임, 인형극 같은 비언어적인 매체를 통한 접근이 요구된다. 어떤 매체를 선택할 것인지에 관해서도 아동의 발달 수준을 고려하고 임상가의 선호도, 임상적 경험 등에 따라 정한다. 개방형 질문을 주로 하고, 폐쇄형 질문이나 유도질문은 하지 않도록 주의한다. 공감적 표현으로 호의적인 분위기를 강화시키며, 문제에 대한 직접적인 진술을 통해 임상가의 배려를 전한다. 아동이 감정과 느낌을 표현한 뒤 임상가의 애정 어린 반응들이 나타나면 아동은 용기를 내어 계속해서 감정을 나타낼 수 있다. 아동에게 특정한 문제가 있음을 알게 되면, 아동 앞에서 문제를 진술해야 한다. 문제에 대해 이해하고 있음을 전달하면서 면담을 이어간다. 임상가는 아동의 의사소통 방식에 주의를 기울여야 한다. 언어적 행동과 비언어적 행동 사이의 불일치에 주목하고, 비전형적인 비언어적 의사소통에 대하여 주의를 기울여야 한다. 아동의 억압된 감정이 표현될 때 그러한 정서를 불러일으키게 된 아동의 감정이나 기억에 대하여 질문하고, 아동이 이야기를 중단하거나 사고 내용에 예상치 않은 변화가 발생했을 때 임상가는 중단이나 변화에 대해 질문해야 한다(조수철 외, 2010).

청소년은 대개 자발적이지 않으며, 임상가에 대한 불신을 표현하는 경우가 많다. 청소년은 자신의 내적인 감정에 대해 이야기하는 것을 어려워한다. 자신이 약해 보이는 것을 원하지 않기 때문이거나 감정을 표현하는 언어가 발달되어 있지 않기 때문이기도 하다. 감정에 대해서 물어보면 질문마다 잘 모르겠다고 답변하는 '잘 모르겠어요 증후군'을 보이기도 한다. 잘 모르면 잘 모른다고, 말하기 싫으면 말하기 싫다고 말해도 괜찮다고 반응하는 것이 좋다. 청소년에게는 사적인 정보를 많이 노출하지 않으면서 취미와 같은 자신에 대한 이야기를 하게 만드는 전략이 유용하다. 호기심과 존중을 보이면서 유머를 동원하는 것도 도움이 된다(이광자, 2020). 청소년의 눈높이에 맞는 단어나 표현을 사용하면 라포 형성이 용이할 수 있다.

청소년은 각기 다른 상황에서 보이는 기능에 차이가 있을 수 있어 유의해야 한다. 예컨대, 면담 상황에서는 임상가에게 자신의 생각과 감정을 잘 표현하거나 문제가 없는 듯이 보일 수 있으나 학교에서나 또래 관계에서는 부적절하고 현저하게 부적응적으로 기능하는 경우도 있다.

임상가는 청소년에게 낯선 사람이 될 수 있으므로 자신의 역할에 대해 명확히 한다. 청소년이 불신감을 느끼고 있다고 여겨지면, 낯설고 믿기 어려워하고 있음을 알고 있다고 언급해 주면서 불신감에 대해서 수용적인 반응을 보여준다. 청소년으로 인해 임상가가 불편감을 느낀다면, 이러한 상황을 이야기하고 도움을 청하는 것이 좋다. 청소년은 도움이 되는 정보를 종종 가지고 있다. 임상가는 가능한 빨리 청소년의 관점에서 보는 태도를 보이며, 공감할 수 있도록 기회를 찾아야 한다. 청소년들은 무력감에 사로잡혀 마지못해 오는 경우가 많기 때문에 임상가가 즉각적인 도움을 주고자 노력하거나, 자신감을 가지고 도와줄 수 있음을 보여주는 것이 도움이 된다. 청소년과 역할을 바꾸어 보는 것도 좋다. 임상가가 된 청소년은 자신의 문제를 알게 되고 도움이 되는 방식을 찾을 수 있다. 청소년의 적응적인 행동에 대해서는 지지하며 인정하고 칭찬해 주어 이를 촉진하도록 한다(조수철 외, 2010).

3. 진단적 특성에 따른 치료적 의사소통

치료적 의사소통에서 진단을 고려하지 않을 수 없다. 진단과 관련하여 클라이언트는 다양한 증상을 보이고, 증상으로 인하여 심리적 고통을 겪고 있으며, 이것은 대개 면담 상황에서 임상가에게 고스란히 드러난다. 클라이언트의 증상으로 인한 고통을 경감시키는 것은 어쩌면 치료적 의사소통의 일차적인 목표가 된다. 당장 클라이언트에게 필요한 것이다. 증상의 원인을 분석하여 근본적인 해결을 돕고, 클라이언트의 강점을 강화하고 자원을 활용하며 적응을 돕는 것은 다음 단계의 목표가 될 것이다. 따라서 면담 상황에서 임상가는 클라이언트의 진단적 특성에 대한 이해를 바탕으로 클라이언트의 증상과 관련된 고통에 민감하게 반응하여야 하며, 증상을 경감시킬 수 있는 방향으로 소통해야 한다. 더 나아가 진단 이면에 내재되어 있는 클라이언트의 정신역동에 대한 이해를 바탕으로 임상적으로 적절하고 치료적으로 유익한 소통을 할 수 있어야 한다.

Mackinnon 등은 일찍이 1971년에 주요 임상 증후군(major clinical syndromes)의 정신병리와 정신역동을 설명하고, 면담 상황에서 클라이언트의 정신병리와 정신역동이 어떻게 나타나는지 그리고 임상가는 어떻게 다루고 반응해야 하는지에 대하여 매우 심층적으로 저술한 바 있으며, DSM-5를 반영하여 2016년 3판이 출간되었다. 국내에서도 3번째 번역본이 출간되었는데, 이전 버전과 달리 정신과 의사 대신 '임상가'라는 용어를 사용하면서 정신건강 전문가들이 실제 정신치료적 면담기법을 사용하고 있음을 언급하고 있다. 방대하고도 심층적인 내용을 모두 담을 수는 없으나, 본 문헌(박성근 외, 2017)을 바탕으로 주요 임상 증후군을 가진 클라이언트와의 면담 중 핵심적인 내용들을 발췌하여 살펴보고자 한다.

1) 정신증 클라이언트와의 면담

정신증적(psychotic) 증상으로 혼란스러워하는 클라이언트를 접하면 임상가는 상당한 불안을 느끼게 되며 클라이언트도 이를 어느 정도 감지하게 된다. 임상가는 클라이언트의 와해되고 고양된 기분 등에 대해 공감적으로 반응하며, 클라이언트의 외부 자아(external ego)로 기능해야 한다. 정신증 클라이언트는 편집증적(paranoid)이거나 비협조적이기도 하며, 거절에 민감하여 고립(isolation)과 철회(withdrawal)를 사용하여 자신을 보호하려고 하므로 감정적 라포(emotional rapport)의 형성이 쉽지 않을 수 있다. 임상가는 일반적 면담에서 대개 중립적인 입장을 취하고 클라이언트의 요구를 직접 충족시켜 주지 않으나, 정신증적 클라이언트에게는 클라이언트를 이해한다는 것을 적극적으로 전달해 주고, 클라이언트의 요청을 충족시킬 필요가 있다. 클라이언트의 어려움을 단순히 알아주는 것만으로는 클라이언트는 거절당했다고 느낄 수 있다.

가장 두드러진 임상 양상인 급성 불안 증상을 보이는 클라이언트에게는 심리적 지지를 제공해 주면서 불안을 수용해 주는 사람인 외부 자아 기능을 해야 한다. 현실검증력(reality testing)이 손상되어 있는 클라이언트에게 임상가는 차분하고 신중하며 공감적인 태도로 클라이언트의 내적 혼돈감을 완화시켜 줄 수 있다. 급성 초조 상태가 진정되고 나면 유발사건에 대해 탐색하기 시작한다. 증상을 촉발시킨 정신내적 혹은 정황상의 요인들을 살펴보고 다루어 주어야 한다. 망상에는 클라이언트의 핵심적 소망과 관심사가 포함되어 있기 때문에 클라이언트를 이해할 수 있는 통로가 된다. 망상의 비합리성에 대하여 클라이언트와 논쟁을 벌일 것이 아니라 그 내용이 클라이언트에게 갖는 의미에 대해 궁금증을 가져야 한다. 망상 내용에 대해 탐색하는 동안, 임상가는 망상이 현실이라는 듯이 세부 사항에 대해 질문을 하게 된다. 이때 클라이언트의 망상 내용에 관심을 보이는 것이 망상을 믿는다는 뜻으로 전달되지 않도록 하는 것이 중요하다. 사고의 와해는 타인과의 의사소통을 방어적으로 회피하는 수단으로 사용되기도 한다. 클라이언트의 와해된 이야기가 이해가 안 될 때, 이해하는 것처럼 숨기면서 끝나기를 기다리기보다 "~님의 이야기를 이해하기가 어렵네요."와 같이 솔직히 말해 주는 것이 좋다. 면담 시 개방형 질문에 모호하게 대답하는 경우, 구조화된 질문으로 구체적 내용을 파악하는 것이 필요하다. 환청과 망상에 대해서도 여부만 파악하는 것이 아니라 구체적인 내용과 무엇 때문에 그런 경험을 하게 되었다고 생각하는지, 그에 대한 확신의 정도에 대해서 질문해야 한다.

임상가는 면담 과정에서 클라이언트가 자신의 문제를 정리하고 주제에 초점을 맞추도록 적극적으로 도와주어야 한다. 클라이언트는 외부환경적인 문제로부터 시작하여 점차 심리 내적인 문제로 초점을 옮겨가며 이야기하게 된다. 최근 스트레스에 대해서도 재해석을 하게 된다. 임상가는 클라이언트의 정서적 단서를 좇아 클라이언트의 감정을 표현해 주어 클라이언트가 자신의 감정 표현을 극대화할 수 있도록 적극적으로 도움을 줄 수 있다. 클라이언트에게 일상생활의 어려움들은 현실에서 물러나 자신만의 세상 속으로 들어가게끔 만들 수 있기 때문에 일상의 사소한 것들에 대해서도 자세히 질문하고 다루어 주는 것이 좋다.

클라이언트 가족에게는 좌절, 분노, 죄책감 등에 공감적인 지지를 제공하는 것이 중요하며, 클라이언트와 가족이 병식을 갖도록 도우며, 일상생활 내 작은 기능의 변화에 대한 칭찬을 놓치지 않도록 개입하는 것이 필요하다.

정신증 클라이언트에게는 지지적이고, 지속적이며, 감정적으로 일관되고, 개별화된 개입을 하는 것이 중요하다. 정신역동과 정신장애로 인한 자존감의 심각한 손상을 다루어 주는 것이 치료적으로 중요하다.

2) 우울증 클라이언트와의 면담

우울증 클라이언트와의 면담에서는 임상가의 적극적인 참여가 요구된다. 클라이언트는 돌봄을 받기를 원하고 있다. 임상가가 면담을 주도하고 클라이언트의 의존 욕구를 충족시켜 주는 것이 도움이 된다. 우울증 클라이언트는 면담에 의지를 보이거나 동참하지 못하고 수동적인 관찰자가 되기 쉬우며, 면담 중 의사 표현 방식이 면담을 힘들게 하기도 하며, 치료결과에 비관적이기도 하여 임상가를 어렵게 하기도 한다. 심한 우울증 클라이언트는 면담에 혼자 오지 않고 보호자와 함께 와서 보호자가 대신 이야기하는 경우가 많다. 이것은 클라이언트의 무력한 역할을 강화시키기 때문에 클라이언트가 직접 또는 보호자 없이 클라이언트와 면담하도록 조정해야 한다.

우울증 클라이언트는 어느 의자에 앉아야 할지를 물어보는 등 의존적인 태도가 드러나기도 하는데 이때 현실적으로 반응해 주는 것이 좋으며, 행동의 깊은 의미를 해석해 주면 거부와 거절로 받아들일 수 있다. 심한 우울증 클라이언트는 자발성이 없고 허공이나 바닥을 응시하곤 한다. '어떻게 왔는지'와 같은 일반적인 질문보다는 "기운이 없고 우울해 보이는군요."와 같은 말로 면담을 시작하는 것이 좋다. 클라이언트는 비언어적 표현으로 이미 자신의 문제를 이야기한 것으로 이해해야 한다.

클라이언트는 대답하는 데 오랜 시간이 걸리며, 짧고 반복적으로 대답하곤 한다. 클라이언트의 이야기는 주로 호소나 자책이며, "내가 왜 이런 고통을 받아야 하죠?"라고 반문하거나, "그게 무슨 소용이죠?"라며 도움이 안 될 것 같다는 부정적 반응을 보이기도 한다. 임상가는 "얼마나 괴로우신지 알 것 같아요. 제가 좀 더 많이 알 수 있다면 도움이 되어드릴 수 있을 것 같은데요.", "그 일이 어떻게 시작된 거죠?"와 같이 계속해서 공감과 관심을 보이면서 구체적인 질문으로 면담을 이어가야 한다.

임상가는 진지하고 관심 있는 태도로 클라이언트의 기분을 지지해 주어야 한다. 명랑하거나 힘이 넘치거나 속도가 빠르거나 미소를 띠는 등의 모습은 클라이언트에게 공감받지 못하는 느낌을 주게 된다. 면담자는 클라이언트의 상태에 맞추어 전체 면담을 천천히, 클라이언트가 대답할 수 있는 충분한 시간을 주면서 진행하여야 한다.

우울하다고 하기보다 "예전의 기분을 더 이상 느낄 수 없어요."라고 표현하는 경한 우울증 클라이언트나 가면 우울증 클라이언트에게는 현재의 기분에 대해 먼저 이야기하도록 하고, 예전에는 어땠는지 질문한다. 철회(withdrawal)되어 있는 클라이언트가 단답만 할 경우에 계속 질문하면 클라이언트와의 장벽이 커질 수 있으므로, "말씀하시기가 힘드신가 봐요."와 같이 클라이언트의 주의를 끌어 클라이언트가 대답하려는 노력을 하도록 촉구할 수 있다. 질문의 반복으로 침묵이 길어지면 우울증 클라이언트는 무관심, 불만, 좌절로 받아들일 수 있어 주의해야 한다.

클라이언트가 눈물을 흘리는 경우 임상가는 기다려 주어야 한다. 클라이언트에게 티슈를 건네기도 하며, "많이 힘드신가 봐요.", "무엇 때문에 괴로우신 건가요?"와 같이 이야기하면서 클라이언트가 자신의 감정을 받아들이도록 격려해 주어야 한다. 우는 것을 감추려고 하는 클라이언트에게도 감정의 표현을 허락해 주거나 표현하는 것이 적절한 것임을 알려주는 것이 좋다. 우는 시간이 너무 짧거나 길지 않게 적절한 시간을 보내고 면담을 재개하는 것이 필요하다.

우울증 클라이언트는 신체적 증상을 심각한 질병으로 생각하거나 지나치게 걱정하거나 집착하기도 하며, 반대로 호소를 하지 않는 경우가 많다. 임상가는 클라이언트의 수면, 식욕, 성욕의 변화나 신체적 증상에 대하여 질문해 주고, 신체적인 증상이 심리적인 문제와 관련되어 있음을 인식시키고 관련하여 조언을 제공해 주면 클라이언트를 안심시키는 데 도움이 된다.

자살에 대한 논의는 클라이언트의 우울증의 심각성과 위험성을 평가함에 있어서 매우 중요하며, 치료계획 수립에 클라이언트의 참여를 독려하는 데 필수적이다. 임상가는 클라이언트가 자살하고픈 바람의 의미에 대해 통찰을 갖도록 하고, 자살행동으로 표현될 수도 있는 감정을 면담시간에 표현하도록 노력해야 한다. 이를 통해 클라이언트의 통제력이 보다 효율적으로 작용할 수 있게 된다. 또한 임상가가 클라이언트의 자살에 대하여 걱정하고 반응하는 자체가 클라이언트에게 치료적일 수 있다.

임상가는 클라이언트가 얼마나 심각하게 자살을 고려하고 있는가, 클라이언트가 생각하고 있는 계획은 무엇인가, 어느 단계의 행동까지 취했는가, 자살생각에 대한 클라이언트의 태도는 어떠한가를 알아보아야 한다. 또한 클라이언트에게 자살은 어떠한 의미인지를 탐색해 보아야 한다. 도피수단이며, 통제력을 잃을 경우에는 실행할 수도 있는 위험성에 대해 명확히 해야 한다. 자살을 심각한 주제이지만 이상한 주제는 아닌 것으로 다루어 줄 때 클라이언트의 불안이나 수치심이 경감될 수 있다.

우울증 클라이언트에게는 보통 지지적 접근을 한다. 우울증의 치료 목표는 죄책감을 포함한 괴로운 감정과 불안 등의 고통을 경감시켜 주고 희망을 북돋아 주며, 자해로부터 보호하며, 유발요인을 해소하고 재발을 방지하는 것이다. 임상가는 희망을 자극하고 강화하여 잠재된 동기의식을 찾아내도록 돕고, 자기 파괴적인 행동에 대해 탐색하고 지적해 주며 현실적인 결정을 미루게 하거나, 이미 충분히 고통받고 있으며 좀 더 나은 삶을 누릴 권리가 있음을 강조하여 죄책감이 경감되도록 돕는다. 우울증 클라이언트에게 지나친 지지는 자신이 가치 없는 존재라 여기는 클라이언트를 불안하고 불편하게 만들어 더욱 철회하게 할 수도 있어 주의가 필요하다. 우울증의 재발 가능성을 줄이고, 우울증적 정신병리를 교정하기 위해 탐색적 접근을 하기도 한다. 명료화나 해석의 방법으로 정신역동적 요소를 찾아내어 통찰을 돕기도 한다.

3) 공포증 클라이언트와의 면담

공포증 클라이언트는 고통을 경감받기 위해 찾아오기 때문에 면담 초반에 공손하고 열성적인 태도로 이야기를 잘하나, 면담 후반부에는 침묵과 저항이 일어나기도 한다. 면담자가 자신의 방어에 협조해 줄 때 즉, 특정 주제를 추궁하지 않고 불안을 회피하도록 보호해 줄 때 우호적인 태도를 보인다. 면담 초반에 면담자가 도움을 줄 수 있는지, 가망이 있는지 등을 질문하고 안심 받고 싶어 한다. 이때 도움이 될지 걱정하고 있음을 해석해 주고, 많은 것을 이야기할수록 문제해결에 도움이 될 수 있다고 하며 안심시켜 주고, 클라이언트에게 적극적 참여와 책임을 부과하는 것이 필요하다.

클라이언트의 첫 증상과 이후 증상의 발생 및 변화에 대해 상세히 이야기하도록 하는 과정을 통해 증상의 심리적인 의미를 클라이언트가 인식할 수 있도록 한다. 클라이언트에게 자신의 불안이나 공포 증상을 실제보다 과도하게 인식하고 있고, 회피하고 있으며, 반복되는 회피로 인해 불안이 지속 또는 증가 되고 있음을 이해하도록 교육한다. 클라이언트가 불안을 어떻게 인식하고 있는지를 파악하고 불안에 대한 이해를 적절히 하도록 하는 것이 필요하다. 다른 사람들도 불안이나 공포를 경험한다는 것을 주지시키고, 다만 클라이언트가 불안 자극을 강도에 비해 지나치게 크게 인식하거나, 불안 상황이 자신에게만 일어나는 특수한 것으로 경험하고 있음을 알려주는 것은 불안을 감소시킨다. 불안과 관련된 자동적 사고를 교정하고, 회피 행동을 감소시키는 인지행동치료가 효과적이며, 보다 근원적인 정신역동적 정신치료와 약물치료 모두 효과적이다.

4) 강박증 클라이언트와의 면담

강박증 클라이언트는 복종과 반항 사이에 갈등하며 끊임없이 자신에게 '내가 옳은가? 아니면 그른가?'라는 질문을 던진다. 이 과정에서 두려움과 분노의 감정이 교차하게 된다. 강박증 클라이언트의 정확함, 양심적임, 꼼꼼함, 질서 정연함, 확실함 등은 권위에 대한 두려움에서 기인한 것들로 볼 수 있다. 강박증 클라이언트는 지속적으로 감정적 통제를 추구하다 보니 감정적으로 쉽게 격리(emotional isolation)되어 버린다. 자기 자신과 자신에게 따뜻함을 바라는 사람들에게 감정적으로 냉정하게 대한다. 면담 초기에 수치심을 주지 않는 지지적인 방법으로 이러한 문제점들을 클라이언트가 인식하도록 해 주고, 클라이언트에게 따뜻함과 관심 어린 감정이 있음을 인식할 수 있도록 대하고 말하는 것이 중요하다.

강박증 클라이언트는 임상가와의 역할을 역전시키려 하기도 한다. "오늘 어떠셨어요?"라고 먼저 물으며 면담을 시작하고, 주도적인 태도로 다른 질문들을 계속하기도 한다. 이때 "오히려 저를 면담하려 하시네요. 면담이 필요하다는 것을 받아들이기 어려우신가 봅니다."와 같이 보편적인 언급으로 공감적으로 반응하는 것이 좋다.

강박증 클라이언트는 임상가와의 시선을 피하거나 임상가의 말과 질문을 반복함으로써 접촉을 피하려 하기도 한다. 부정(denial)을 사용하여 자기 자신에 대해 표현할 때 "제가 그런 식으로 느낀 건 아니에요."와 같이 부정적인 말을 하기도 하며, 관련 없는 세부 사항에 대한 이야기로 면담시간을 허비하기도 한다. 면담목록을 기록해 와서 계획대로 또는 순서대로 이야기하거나, 침묵에 잘 견디는 등 방어를 보이기도 한다. '어떻게 생각하세요?'라는 질문은 고립(isolation), 지성화(intellectualization)를 유발하므로 사용에 주의해야 한다.

면담에서의 주요 문제는 클라이언트와의 진정한 감정적 접촉을 성립시키는 것이다. 임상가가 관심을 갖고 개입하며 '몰입'하게 되면 접촉이 이루어진다. 임상가가 불안해지거나 화가 나게 되면 클라이언트의 이차적 방어가 작동하고, 임상가가 지루해 하거나 무관심하게 되면 접촉은 거의 없게 된다. 임상가는 강박증 클라이언트가 어떻게 어려움에 처하게 되었는지, 어떠한 어려움을 가지고 있는지를 정확하게 이해하고 존중해 주어 클라이언트가 심판이나 비난받는다고 느끼지 않도록 해야 한다.

감정적 격리, 경직성, 임상가를 비롯하여 세상과 힘겨루기를 하려는 경향 등으로 인해 강박증 클라이언트와의 면담은 상당한 도전이다. 클라이언트의 핵심 내적 갈등과 고통을 공감적으로 알아줌으로써 클라이언트가 자유로워질 수 있게 도울 수 있다. 일반적으로 강박사고와 강박행동에 대한 치료는 인지행동치료(CBT)를 시행한다.

5) 정신신체장애 클라이언트와의 면담

정신신체장애(psychosomatic) 클라이언트는 정신건강의학과에 오는 것을 불편해한다. 보통 내과, 가정의학과, 한의원 등을 전전하다가 만성화되거나 심각해진 후 의뢰되어 오는 경우가 많다. 신체적으로 정상소견이라는 말을 믿지 않고 의사 쇼핑(doctor shopping)을 하기도 한다.

정신신체장애 클라이언트는 정신과적 면담은 필요 없다고 생각하며, 임상가를 자신을 도와주는 사람이 아니라 미친 사람 취급하는 사람으로 생각하고, 심리적 요인을 찾으려고 하면 피하거나 화를 내는 등 저항을 보이기도 한다. 임상가는 의학적 상태에 대한 사전정보와 진료기록들을 자세히 살펴보면서, 클라이언트에게 맞는 특정 질문을 하면서 의학적 접근으로 면담을 시작하는 것이 좋다. 증상이 무엇인지, 언제 시작되었는지, 얼마나 심한지, 어떤 불편함이 있는지 등의 병력에 관심을 보여주어야 한다. 면담이 진행되면 점차 증상이 시작되었을 당시 상황에 대해 상세히 질문하는 것이 필요하다. 그러나 당시 어떤 사건이 있었냐는 식의 질문은 심리적인 원인을 추정한다고 느끼게 하여 저항을 보이게 하므로 주의해야 한다.

임상가는 클라이언트의 생활에 대해 질문하면서, 심리사회적 스트레스 요인을 찾는데 초점을 맞추는 것이 필요하다. 일상적인 하루 일과나 증상이 언제 나타나거나 심해지는지, 어떤 상황이 클라이언트를 예민하게 만드는지 등을 질문하고 면담하다 보면 클라이언트는 증상이 심할 때 예민해진다는 정도는 인정하기도 한다. 임상가의 기본적인 태도는 모든 정보들에 대해 존중해 주면서 조심스레 의문을 가져보는 것이다. 클라이언트의 경험에 계속해서 확실한 관심을 보여주면서 심리적인 문제를 파악해 가야 한다.

클라이언트도 자신의 문제에 호기심을 갖도록 하는 것이 필요하다. 클라이언트의 경험이나 고통을 공감하지 않고 행동조절에만 초점을 맞추면 클라이언트는 떠나가게 된다. 면담이 마무리될 즈음 클라이언트에게 임상가가 파악한 것을 설명해 주는 것이 좋다. 가급적 클라이언트가 했던 이야기와 거의 비슷하게 재정리해주면 심리적 구조화가 이루어질 수 있다.

6) 성격장애 클라이언트와의 면담

성격장애 클라이언트에게는 중립적이고 공감적인 태도가 특히 중요하다. 역전이가 일어나는 경우가 많으므로 주의해야 한다. 클라이언트의 행동에 대한 원인을 다루기보다는 행동 자체에 초점을 두는 것이 좋다. 행동의 원인이 일반적인 인과관계나 합리성에서 크게 벗어나는 경우가 많기 때문이다. 클라이언트의 불평을 들어주기보다 클라이언트의 역할이나 대처방안에 대해 논의하는 것이 좋다. 불평이 지속되거나 대처방안에 관심을 기울이지 않는 경우가 흔하다. 임상가는 클라이언트와 협력자 관계를 유지하면서 협상을 하지 말아야 하고, 클라이언트가 치료에 대한 환상을 갖지 않도록 하며, 선의라도 거짓말을 하지 않아야 한다. 임상가의 취지를 이해하지 못한 채 어떤 식으로 이해되거나 받아들여질지 예측하기 어려우며, 생각지 못한 방향으로 활용되기도 한다. 클라이언트에게 분노를 표현하거나 무조건 감싸지 않도록 해야 한다. 꾸짖거나 처벌하는 방법도 사용하지 않아야 한다. 클라이언트로 하여금 자신의 행동에 책임지도록 하고, 위험한 행동을 하지 않도록 처음부터 제한을 두는 것이 좋다.

(1) 편집성 클라이언트와의 면담

자신의 의지에 반하여 면담에 오게 된 클라이언트는 거부하는 형태로 분노를 표현하기도 한다. 이때 원치 않는데 온 것인지, 오면서 기분이 어땠는지 등을 질문하며 첫 라포를 수립할 수 있다. 편집성 클라이언트는 임상가의 행동과 주변을 주의 깊게 관찰한다. 편집증적 응시는 임상가를 불편하게 만들어 시선을 피하게 되기도 하나, 임상가가 면담 내내 자신을 주의 깊게 바라봐 줄 때, 자신에게 세심한 주의를 기울이고 있으며 자신을 두려워하고 있지 않다는 생각에 안심하게 된다.

강박적 클라이언트처럼 감정적 접촉을 수립하는 것이 힘들며, 접촉이 수립된 후에는 임상가에게 말하지 못하게 일방적으로 장황하게 말하는 방식으로 진행을 방해하기도 한다. 임상가는 "지금 당장 알아보아야 할 것이 있습니다. 그 문제들을 어떤 식으로 도와야 하는지요?"라고 질문하며, 장황한 이야기를 중단시키고 클라이언트에게 지배, 통제되지 않음을 보여준다.

편집성 클라이언트는 종종 클라이언트라는 역할을 받아들이지 않으려 한다. 클라이언트라는 사실을 강요하면 자존심을 위협하고, 내버려 두면 정신병리를 더욱 드러내게 된다. 클라이언트의 불신과 적개심을 다루어 주는 것이 면담의 핵심이 된다. 클라이언트의 적개심 이면에는 신뢰하는 친밀한 관계에 대한 소망과 두려움이 공존하고 있다. 임상가는 클라이언트를 도우려 한다거나 클라이언트 편이라는 말로 안심시키려 해서는 안 된다. 임상가를 즉시 믿을 이유가 없다는 클라이언트의 생각에 동의해 주고, 클라이언트의 고통에 대해 인간적인 연민을 표현해 주는 것이 좋다.

임상가는 망상을 초기에 직면하게 하지 않는 것이 좋으며, 망상에 동의하지도 반박하지도 말아야 한다. 클라이언트는 임상가의 관심을 무언의 동의로 받아들이기도 한다. 일시적으로 클라이언트의 신뢰를 얻기 위해 기만적인 언급을 하면 안 된다. 클라이언트가 망상을 믿는지 직접 질문하는 경우에는 "나는 클라이언트의 말대로 경험하고 느끼고 있다고 생각합니다. 그러나 당신의 추측은 좀 더 알아봐야 할 문제인 것 같습니다."라고 대답할 수 있다. 망상이 그럴듯하게 보이는 경우, 망상과 현실을 구별하려고 하는 것은 잘못이다. 정확히 짚어내는 것은 중요하지 않고, 가능하지도 않다. 임상가는 망상의 내용 중 일부 사실일 수 있는 요소들을 사용하여 라포를 수립하거나, 클라이언트가 망상에 집착하고 있는 것이 건설적이고 효과적인 삶을 방해하고 있음을 지적해 주어야 한다.

치료계획을 세우는 데 있어 클라이언트가 적극적으로 참여하는 역할이 중요하다. 클라이언트는 수동적이고 순응하도록 할 때, 따르지 않고 분노한다. 망상보다는 과민성, 불면증, 집중력 저하 등에 대한 도움은 기꺼이 받아들인다. 살해 위험에 대한 평가는 자살 위험 평가와 유사하게 구체적으로 질문하고 다루어야 하며, 희생자가 될 수 있는 대상과 관련 기관에 반드시 고지해야 한다.

(2) 반사회성 클라이언트와의 면담

반사회성 클라이언트의 첫인상은 매력적이고 비위를 잘 맞추며, 피상적이나마 협조적이지만 회피적이고 정직하지 못하다. 클라이언트는 첫 면담에서 먼저 질문을 던지며 주도권을 잡으려 하거나, 임상가가 속일만한 사람인지 은밀하게 조사하기 시작한다. 반사회성 클라이언트는 구체적인 목표를 추구하며 이에 대한 도움을 구하기도 한다. 내적 고통을 겪고 있더라도 이에 대한 도움을 청하기보다 감형을 받거나, 책임에 대한 면제를 바라거나, 가족과의 싸움에서 자기편을 들어 달라는 등 외부 세상과 싸우는 데에 대한 도움을 구한다.

반사회성 클라이언트는 자신의 행동에 대해 다른 의미가 있음을 합리화하려 하고, 직면시키면 시무룩해져서 상처받은 역할을 하며 죄책감이나 동정에 호소하기도 하며, 일단 받아들이고 재협상하려는 책략을 사용하기도 한다. 임상가는 클라이언트가 가진 목적에 반응하거나 충족시키지 않도록 주의해야 한다.

(3) 경계성 클라이언트와의 면담

경계성 클라이언트는 감정에 휘말리지 않은 상태에서는 면담자에게 상당한 동정을 받을 수도 있다. 첫 면담에서는 자신의 감정을 잘 조절하다가 이후에 정서 폭발의 상태를 보이며, 임상가를 향한 강한 적개심과 요구를 보이기도 한다. 임상가는 심리적으로 심하게 공격받은 기분을 느끼기도 한다.

경계성 클라이언트는 타인의 반응을 바탕으로 정체성을 찾으려 하므로 타인으로부터 감정적 반응을 끊임없이 갈망하게 된다. 구조화된 면담에서는 더 건강해 보이며, 비구조화된 면담에서는 와해되고 혼란스러워 보이기도 한다.

경계성 클라이언트는 거절을 두려워하며 임상가의 집중이 조금이라도 흐트러지는 것에 민감하다. 임상가가 하품을 하거나 시계를 보는 것에 화를 내며 반응하고, 임상가의 완전한 관심을 잃은 것을 버림받은 것으로 느낀다. 정상적으로 면담이 끝나는 것에 대해 거절과 유기로 여기고, 더 해 달라고 요구하기도 한다. 임상가는 경계성 클라이언트의 상처받은 마음과 고통을 공감적으로 알아주되 클라이언트의 생각에는 동의하지 않는 방법이 가장 적절하고 치료적이다.

클라이언트는 임상가를 이상화하여 자신의 인생에서는 없던 모든 것을 이해해 주고 좋은 점만 있는 사람이라는 역할을 맡게 한다. 면담이 진행됨에 따라 임상가가 공감해 주지 않거나 요구를 들어주거나 허락해 주지 않게 되면, 임상가를 평가절하하고 비난하기도 한다. 임상가는 클라이언트의 충동적이고 자기 파괴적인 행동의 의미를 파악하여 비난하지 않으면서 직면시키고, 건강한 자아와 동맹을 맺도록 해야 한다.

클라이언트의 감정 기복으로 인해 임상가에게 상당한 객관성, 동정심, 인내심이 요구된다. 면담 초반에 일관되고 공감적이며 지지적인 태도를 유지해 주는 것은 클라이언트의 자기감을 보다 안정적이게 해주고, 타인에 대한 내적 시각을 통합하며 자기 파괴적인 행동을 줄여줌으로써 해석의 길을 열어주게 된다.

(4) 연극성 클라이언트와의 면담

연극성 클라이언트는 남녀 모두 우울증과 전반적 불안감을 주로 호소하며, 남성 클라이언트는 신체적 증상을 가장 크게 호소하기도 한다. 초보 임상가들은 연극성 클라이언트가 임상가에게 좋은 반응을 불러일으키려 하고 순응적이며 열정적이기 때문에 가장 면담하기 쉬운 클라이언트로 여기기 쉬우나 경험이 많은 임상가들은 가장 힘든 클라이언트 중 하나임을 알게 된다.

연극성 클라이언트는 면담 시작부터 감정적 라포를 수립하며 임상가에게 몰두하고 있다는 강한 인상을 남기지만 수반되는 감정은 거의 없다. 클라이언트는 칭찬을 하거나, "시간을 내주셔서 정말 감사합니다.", "드디어 제가 마음 놓고 이야기할 수 있는 사람을 만나게 되어 얼마나 다행인 줄 몰라요."와 같은 언급으로 면담자를 기쁘게 하거나 아부하려고 한다. 이것에 반응하기보다 문제가 무엇인지 질문하며 면담의 초점을 옮기는 것이 좋다.

연극성 클라이언트는 자신의 괴로움을 말할 수 있는 게다가 연극적으로 이야기할 수 있는 기회가 주어지면 크게 안도감을 느낀다. 임상가가 질문을 하기도 전에 먼저 시작을 하기도 한다. 생생하고, 선명한 언어로 과장되고 최상급의 표현을 하면서 드라마가 전개되듯이 기술한다.

연극성 클라이언트는 이성의 면담자를 선호하며 동성의 면담자에 대해 실망하는 경우가 많다. 그러나 "여자 선생님일 줄 몰랐어요." 정도로 이야기하고 실망감을 표현하지는 않는다. 임상가는 면담 동안 많은 이야기를 들었지만 면담이 끝난 후 과거력이나 개인력 등에 대해 알아낸 것이 거의 없으며, 현병력 중 일부를 생생하게 듣는 동안 중립성을 상실해 버렸음을 깨닫기도 한다. 연극성 클라이언트는 자신의 고통을 다른 사람들의 행동 탓으로 돌리며 자신의 잘못에 대한 책임은 부인하고, 자신의 행동에 대해서는 명확하게 이야기하지 않고 내버려 두기도 한다. 이때 각 상황에서 자신은 무엇이라고 말했고, 어떻게 행동했는지 등 단순한 질문을 던져 파악하는 것이 좋다.

연극성 클라이언트는 자신의 이야기를 할 때 모순된 이야기를 하거나 과장되는 경우가 있다. 자신이 경험한 감정에 대해서는 자세히 표현하지만, 문제에 대해서는 일반화시키고 구체적 어려움에 대해서는 피상적으로 이야기한다. "어떤 점에서~", "예를 들면~" 등 구체적 답변을 요청하는 질문을 하는 것이 좋다.

클라이언트가 외로움, 불안, 우울 등을 경험하고 있음을 잊지 말아야 한다. 임상가가 클라이언트를 보살펴주고 도와줄 수 있다는 느낌을 받도록 하고, 어느 정도 의존성을 충족시켜주는 것이 필요하다. 클라이언트에게 조종당할까 봐 공감해 주는 것을 놓치지 않도록 해야 한다. 면담이 진행될수록 클라이언트는 진정한 감정 반응을 하고, 자신의 인생을 꾸려나갈 수 있는 능력을 발달시키게 될 것이다.

(5) 자기애성 클라이언트와의 면담

자기애성 클라이언트는 전문가의 도움을 구하는 것이 자신의 과대성을 위협하는 것이기 때문에 꺼리게 된다. 자기애성 클라이언트와의 초기 면담에서 임상가는 공감적인 태도로 과대한 자기(grandiose self)의 요구를 적절히 인정해 주는 것이 좋다. 클라이언트의 타인에 대한 요구가 비현실적이라는 점을 초기에 이야기해 주는 것은 좋지 않다.

임상가는 무심결에 클라이언트를 무시하거나 내심 클라이언트를 비난하는 등 클라이언트의 자기애적 손상을 주지 않도록 주의해야 한다. 클라이언트는 임상가의 관심이 조금이라도 약해지는 것에 매우 예민하며 임상가의 작은 실수에도 화를 낸다. 임상가는 클라이언트에게 의미 있는 독립된 인간으로 존재하지 않는 것 같은 느낌을 참아내야 하며, 자기애성 클라이언트의 고독하고 공허한 정신세계를 이해하도록 노력해야 한다.

Ⅳ. 현황 및 과제

정신건강 전문가는 정신과적 진단 및 면담 과정에서 환자 또는 클라이언트와 치료적 목적에 부합하는 방향과 방식으로 치료적 의사소통을 하게 된다. 효과적인 치료적 의사소통과 면담기법의 사용은 라포 형성을 시작으로 클라이언트와의 치료적 관계를 맺도록 하는 것은 물론 클라이언트에게 도움이 되는 치료 및 다양한 개입을 가능하게 한다.

여기서는 정신과적 임상 현장에서 직종을 막론하고 오래전부터 중요시되고 사용하도록 권고되는 내용을 중심으로 소개하였다. 이에 정신의료 현장에서 진단 및 정신치료 등에 사용되는 내용이 주를 이루고 있기도 하다. 실제 사회복지 및 정신건강사회복지 실천 영역에서는 개념은 유사하나 여기서 소개한 것과는 다른 용어로 명명하기도 하는 등 다소 차이가 있을 것이며, 여기에서 언급하지 않았으나 중요하게 다루어지는 내용과 면담기법들도 있다는 점을 유념해야 할 것이다. 더불어 클라이언트의 진단적 특성을 소개하는 부분에서는 다소 단정적인 표현으로 기술되고, 임상가의 역할과 면담기법을 기술하는 부분에서는 다소 당위적인 표현들이 많이 사용된 것에 주의가 필요하다. 분명한 이해를 돕기 위한 것으로 이해하고, 자칫 클라이언트에 대한 편견을 가지거나, 임상가의 역할에 대한 강박적 부담으로 이어지지 않도록 당부하고자 한다.

이제까지 살펴본 내용이 임상을 실천하는 현장에서 그 현장에 적합한 치료적 의사소통을 해 나가는 데 바탕이 되기를 바란다. 또한 앞서 언급한 바와 같이 자신만의 고유한 방식의 치료적 의사소통으로 발달되고 정교화되어야 할 것이다. 임상가가 클라이언트와의 관계에서 지치지 않고, 임상가 자신에게도 성공적인 경험이 축적되어 가며, 전문가로서 발전하는 것은 매우 중요하다. 그러나 무엇보다 중요한 것은 치료적 의사소통은 클라이언트를 위한, 클라이언트에게 실제로 도움이 되는 유익한 것이어야 한다는 점이다. 유능한 임상가라면 치료적 의사소통이 이루어지는 것 자체만으로도 클라이언트에게 도움이 될 것이지만 말이다.

참고문헌

국립정신건강센터 정신건강전문요원 운영위원회 (2018). 치료적 의사소통. 2018 정신건강전문요원 수련공통교육과정 교육자료.

김선아, 임숙빈, 김성재, 현명선, 신성희, 김석선 외 (2020). 정신간호총론(제8판). 수문사.

김은정, 정경인, 이예슬 (2019). 동영상 기반의 치료적 의사소통 교육 콘텐츠 개발. 의료커뮤니케이션, 14(1), 35-41.

임숙빈 (2009). 간호사-대상자의 치료적 의사소통: 능동적 경청과 피드백. 의료커뮤니케이션, 4(1), 43-48.

조수철, 신민섭, 김붕년, 김재원 (2010). 아동·청소년 임상 면담. 학지사.

중앙자살예방센터 (2020). 친구가 답을 찾을 수 있도록 도와주는 치료적 의사소통 방법. http://www.spckorea.or.kr/sub.php?id=prev&mode=view&menukey=7&idx=7&page=3&menukey=7.

Arnold, E., & Boggs, K.U. (2019). *Interpersonal Relationships E-Book: Professional Communication Skills for Nurses,* 8th ed. Elsevier Health Sciences.

Beckman, H. B., & Franckel, R. M. (1984). The effect of physician behavior on the collection of data. *Annals of Internal Medicine, 101,* 692–696.

Carlat, D. J. (2005). *The psychiatric interview: a practical guide* [electronic resource], 2nd ed. Philadelphia: Lippincott Williams & Wilkins.

Carlat, D. J. (2005). 정신과 환자와의 면담(2판). 이광자 역. 군자출판사.

Cox, A., Holbrook, D., & Rutter, M. (1981). Psychiatric interviewing techniques. VI. Experimental study: Eliciting feelings. *British Journal of Psychiatry, 139,* 144–152.

Cox, A., Hopkinson, K., & Rutter, M. (1981). Psychiatric interviewing techniques. II. Naturalistic study: Eliciting factual information. *British Journal of Psychiatry, 138,* 283–291.

Cox, A., Rutter, M., & Holbrook, D., (1988). Psychiatric interviewing techniques. A second experimental study: Eliciting feelings. *British Journal of Psychiatry, 152,* 64–72.

Frank, J. D., & Frank, J. B. (1991). *Persuasion and Healing: A Comparative study of psychotherapy*, 3rd ed. Baltimore: The Johns Hopkins University Press.

Green, R.-J., & Herget M. (1991). Outcomes of systemic/strategic team consultation: III. The importance of therapist warmth and active structuring. *Family Process, 30,* 321-336.

Havens, L. (1986). *Making Contact.* Cambridge, MA: Harvard University Press.

Hinkley, R., & Herman, L. (1951). *Group treatment in psychotherapy.* Minneapolis: University of Minnesota Press.

Mackinnon, R. A., Michels, M., & Buckley, P. J. (2016). 임상 실제에서의 정신과 면담. 박성근, 정인과 공역. 하나의학사.

Morrison, J. (1995). *The First Interview.* New York: The Guilford Press.

Robinson, D. J. (2005). 쉽게 설명한 정신과 면담법. 송후림, 김성철 공역. 황소걸음아카데미.

Severtsen, B. M. (1990). Therapeutic communication demystified. *Journal of Nursing Education, 29*(4), 190-192.

Sklare, G. (1983). Silence breakers in group counseling. *The Journal for Specialists in Group Work, 8*(4), 194-197.

12장

중독질환의 이해와 개입

백형의
(을지대학교)

Ⅰ. 서론

우리 사회의 다양한 중독문제는 지속적으로 증가하고 있으며 이는 한 개인의 문제를 넘어 가족과 사회 전체에 부정적인 영향을 미치는 대표적인 정신건강 문제로 볼 수 있다. 중독의 문제를 야기할 수 있는 물질 또는 행위에 있어서, 언제부터 그것이 시작되었는지는 확실하지 않지만 인류의 역사와 그 시작을 함께 해 온 것으로 알려져 있다. 그리고 인류의 문명이 발달해 갈수록 더 자극적이고 큰 만족감을 주는 중독의 원인이 우리 주의에 점점 더 흔해져 가고 있는 것이 현실이다.

중독이라는 영어 단어 'addiction'은 '~에 사로잡히다' 혹은 '~의 노예가 되다'라는 뜻을 지닌 라틴어 'addicene'에서 유래되었다. 중독에 대한 개념은 2000년 이후 계속 확대되는 추세이다. 초기에 '중독'이라는 용어는 개인이나 사회적으로 부적절하고 파괴적인 결과를 초래하는 만성적이고 조절 불가능한 성이나 도박 행동과 관련되어 사용되었다. 산업혁명이 일어나고 도시화가 급격하게 진행되면서 시민들이 장시간의 단조로운 노동이나 대인관계 또는 사회로부터의 소외의 고통을 손쉽게 잊기 위한 약물로 아편이나 알코올을 널리 사용하게 되었고 그 부작용이 심각해졌다. 따라서 시민들의 약물 사용이 사회문제로 등장하면서 물질중독이 중독의 전면을 차지하게 되었다. 최근에는 도박, 인터넷, 성, 섭식 등의 행동과 관련된 '행위중독' 개념이 중요하게 다시 등장하고 있다. 중독은 크게 물질중독과 비물질 혹은 행위중독으로 대별되며 DSM-5에서는 '물질관련 및 중독장애(Substance-Related Disorder and Addictive Disorders)'라고 공식 명칭을 사용한다.

물질중독과 행위중독의 특징은 자꾸 사용하고 싶은 충동과 갈망을 느끼고, 사용할 때마다 양을 늘리지 않으면 효과가 없으며(내성), 사용을 중지하면 온몸에 견디기 힘든 이상 증상이 나타나며(금단), 각종 문제를 발생시킨다는 점이다. 물질중독과 행위중독은 공통된 뇌 회로가 관여하며, 유사한 일련의 단계(해당 행위를 하기 전에 신체적 및 정서적 각성이 유발되고, 행위 중에는 쾌락이나 안심을 느끼며, 행위 후에는 각성이 급격하게 감소하고 후회, 자책감이 옴)를 거친다. 최근 연구 결과, 뇌 속에는 '보상회로(쾌락회로)'가 존재하는데 중독물질이나 행위는 쾌락회로를 인위적으로 조작하여 자연스러운 즐거움을 느끼지 못하게 하고 점차 중독행위를 반복하는 특징을 가지는 것으로 알려졌다.

본 장에서는 먼저 중독 모델과 중독의 특징에 대하여 살펴보고, 물질중독(알코올, 약물)과 행위중독 중에서는 도박중독을 중심으로 대표적인 증상 및 개입방법 등을 다루고자 한다.

Ⅱ. 이론적 배경

1. 중독 모델

1) 의료 모델(질병모델)

의료 모델은 중독을 평생 동안 지속되는 생물학적, 환경적 요인의 상호작용을 통해 발생하는 질병으로 보는 관점이다. 전통적인 의료 모델은 개인에게 불편함이나 기능의 저하를 초래하는 비정상적 상태로 정의되나, 중독의 경우에는 도파민 보상회로의 이상이라고 하는 뇌의 이상이 포함된다. 의료 모델에서 중독의 원인은 단순히 개인의 의지에 따른 나쁜 습관이 아니라, 생물학적·유전학적으로 병에 걸리기 쉬운 취약성을 가지고 있는 사람이 약물을 사용하거나 도박을 함으로써 발생한다고 본다. 따라서 치료 또한 개인의 의지나 선택보다는 전적으로 의사 등 전문가에게 의지하여야 하며, 평생 동안 중독행위를 멈추는 것만이 회복에 이르는 방법으로 제시된다. 이와 같은 의료 모델은 중독자에게 도덕적 낙인감을 주지 않지만 중독자를 질병을 가진 환자로 규정하여 치료의 주도권을 전문가의 주관에 맡긴다는 점, 개인의 의지를 강조한다는 점이 특징이다.

2) 도덕 모델

도덕 모델은 중독과 관련하여 가장 오래된 모델로, 중독자는 도덕적으로 나약하기 때문에 중독문제를 가진다고 보는 것이다. 즉, 인간적 품성의 결여나 개인의 부도덕적 선택에 의하여 발생한 중독은 처벌을 받아야 하는 일종의 범죄행위이며, 개인이 자신의 이러한 선택과 행동에 대하여 책임을 져야 한다는 관점이다. 이 모델에서의 재발은 중독행위를 중단하겠다는 스스로의 약속을 파기하는 것이며, 도덕적 신념의 결여와 유혹에 대한 저항력의 결핍, 통제력 상실로 설명된다.

3) 심리·성격모델

이 모델에 의하면 중독에 쉽게 빠지는 성향을 가지는 중독 성격이 있고, 이러한 기질이 유전될 수 있다는 것이다. 중독 성격의 특징은 낮은 자존감, 충동 조절의 어려움, 스트레스 대처 능력의 부재, 자기중심적이며 주변을 조정하는 경향 등을 의미한다. 이러한 인격은 영아로부터 인격이 성숙되는 과정 중 특정 시기, 즉 구강기에 심리적 발달이 고착되어 형성된다고 본다. 그리고 이러한 성격적 미숙함이 개인을 중독에 빠지게 만든다는 것이다. 치료는 개인의 성격을 보다 적응적인 것으로 바꾸는 일종의 성격의 재구조화 과정이 필수이며 특히 정신치료적 측면의 접근이 기본적인 저변의 갈등을 풀고, 중독자를 좀 더 성숙한 기능 단계로 끌어 올리는 데 매우 효과적이라고 본다. 또한 중독자를 단지 개인뿐 아니라 그가 속한 가족 전체로 바라보고 개입해야 한다는 관점에서 가족치료의 중요성을 강조한다.

4) 사회적 학습모델

사회적 학습모델은 도덕 및 의료모델의 대안으로, 중독을 행동상의 문제로 보고 과도하게 학습된 비적응적 학습 패턴이라고 규정한다. 이 모델에서 중독은 인간의 심리적 결함이나 뇌의 취약성과 같은 심리적·신체적 결함과 이상에서 오는 것이 아니라, 잘못된 학습과정 혹은 조건화 경험에 의하여 발생하는 나쁜 습관 같은 것이라고 여겨진다. 개인의 특정한 습관을 변화시키려면 그 개인의 책임과 활동적 참여가 중요하며, 개인이 새로운 대처기술과 인지적 전략을 습득하면 과거에 문제가 된 습관은 자신이 통제하고 관리할 수 있다고 본다.

다양한 인지행동기법, 교육, 지역사회 자원의 동원을 통한 환경개선 등 현재 사용되고 있는 정신사회재활기법 등이 이 모델에 근거하여 제시된 것이다.

5) 공중보건모델

공중보건모델에서는 중독을 세 가지 관점에서 본다. 첫 번째는 대리매개체로 중독 물질이나 행위 그 자체를 의미하며, 두 번째는 주체 요인으로서 가족력과 같은 개인의 문제, 세 번째 요인은 환경이다. 즉, 알코올이나 약물과 같은 매개체 자체가 특정한 파괴적 잠재력을 가지고 있고, 가족력과 같은 개인적인 차이점이 민감한 영향을 미치며, 환경요인이 중독에 미치는 영향이 크다는 것이다. 위의 다른 모델들과 달리 공중보건모델은 세 가지 요인의 중요성을 모두 고려한다.

2. 중독의 특징

1) 조절장애

중독은 조절장애로 인하여 생활에 문제가 생기는 질병이다. 조절장애란 정해진 시간에 정해진 양이나 정해진 빈도로 중독문제를 조절하려고 했으나 그 시도가 실패하는 것을 의미한다. 생활 문제는 직업 및 학업 대인관계, 경제생활 신체 및 심리 건강 유지에 문제가 발생하는 것이다.

2) 만성 뇌질환

만성병의 특징은 효과적인 치료법은 있지만 완치되지 않는 병으로, 관리를 하면 정상인으로 살 수 있다. 지속적인 치료가 필요하며 치료를 받지 않으면 악화된다. 중독 또한 재발과 회복을 반복하며 점점 악화되는 진행성, 만성질병이다. 다만 신체 기관을 손상시켜 다양한 합병증과 후유증을 유발하는 일반적인 만성병과 달리 중독은 대부분 본인이 만성병에 걸린 환자라고 인정을 하지 않고 재발했을 때는 주변으로부터 도덕적인 비판을 받는다는 것이다. 뇌에 생긴 질병의 특징은 생각, 감정, 판단, 감각, 운동, 생명 유지 활동, 항상성 유지 등 뇌가 담당하는 모든 기능에 영향을 주어 손상을 일으킬 수 있다는 것이다. 또한 뇌의 기능 손상은 눈에 보이는 것이 아니기 때문에 자신에게 병이 생기고 문제가 생겼다는 사실을 알아차리기가 매우 어렵다. 따라서 주변에서 중독문제를 알아차리고 도움을 주는 사람이 반드시 필요하다.

3) 삶의 레퍼토리가 좁아지는 병

인생은 다양한 삶의 레퍼토리로 구성되어 있다. 다양한 취미 활동을 통해 여가 생활을 즐기고 직업 활동을 하고, 다양한 사람들과 관계를 맺고 연애를 하고 경제활동을 하고, 가족을 이루고 돌보는 등 다양한 삶의 레퍼토리를 구성한다. 하지만 그 삶의 레퍼토리가 점차 중독행위를 반복하고 중독과 관련된 문제들을 해결하는 것으로 점점 좁아지는 특징을 가진다.

4) 집착과 상실의 병

중독으로 진행되는 과정에서 중요한 현상이 집착이다. 집착이란 보거나 소유하거나 경험하지 못하면 안절부절, 불안을 경험하고 상대방이 수단이 되고 내 자신이 목적이 되는 이기적인 행동이다. 중독으로 인한 쾌락과 즐거움(긍정적 강화, liking)은 반복해서 시간이 지날수록 후회, 불안, 불쾌감, 두려움 같은 부정적 감정들을 경험하게 되고 이러한 부정적 경험들을 잊거나 피하기 위해서 다시 중독행위를 반복(부정적 강화, wanting)하게 되는 경우가 많아진다. 중독에 집착하는 과정에서 소중한 것들을 잃어버린다.

5) 중독의 원인은 복합적이다

중독은 한 가지 원인으로 발생하는 병이 아니라 복합적인 질병이다. 보상회로에서의 만족하는 능력(도파민 수용체 밀도), 전두엽 기능, 주의 집중력의 취약성, 중독의 가족력, 급하고 충동적인 타고난 기질 등을 가진 대상자가 중독에 대한 접근성이 높은 사회 문화적 환경, 가족의 약물 사용에 대한 인식, 허술한 중독 약물관련 법, 규제, 정책, 정서적인 외상, 또래 집단의 압력, 경제적 상황으로 약물을 접하거나 도박을 하게 되는 상황이 되면 뇌를 변화시키고 중독에 이르게 되는 것이다.

따라서 치료의 과정에서 중독의 원인을 아는 것이 크게 중요하지는 않다. 중독에 빠진 원인을 알았다고 해서 그것이 단주나 단약, 단도박에 결정적인 역할을 하는 것은 아니다. 치료는 바꿀 수 없는 과거의 경험을 아는 것 보다, 지금 여기에서의 본인의 실천적 노력이 훨씬 중요하기 때문이다. 중독은 한 가지 원인으로 발생하는 병이 아니기 때문에 교정 불가능한 요인은 받아들이고 교정 가능한 요인은 바꾸려고 노력하는 것이 치료이자 회복의 과정이다.

교정 불가능한 원인	교정 가능한 원인
약물의 강력한 힘	접근성
유전적 취약성	개인의 신념
가족력, 성별	약물에 대한 태도
사회적 인식	보상회로의 취약성
과거	미래

3. 중독의 심리적 단계

인간은 자신의 안정과 자존심에 위협을 받을 때 심리적 적응장치인 방어기제가 작동한다. 중독자의 경우 자신의 안정을 유지하고, 자신의 욕구를 충족시키게 되며, 괴로운 불안에 견디기 위해 중독 문제를 아예 부정하거나, 축소시키거나, 다른 탓으로 돌리는 방어기제 동원한다. 대표적인 것이 "자기기만"이다. 자기기만은 스스로를 속인다는 뜻으로, 자신의 신조나 양심에서 벗어나는 일을 무의식중에 행하거나 의식하면서도 강행하는 경우를 이르는 말이다. 따라서 심한 중독증을 경험한 사람들은 온갖 교묘한 요령과 방법을 동원하는 자기기만과의 정신적인 싸움을 하게 되는데 일반적으로 다음과 같은 중독의 심리적 단계를 밟는다.

1) 부정(부인)/ 억압

- 부정(부인): 특정한 일이나 생각, 느낌을 있는 그대로 받아들이는 것이 고통스럽기 때문에 인정하지 않으려 하는 것
- 억압: 증상이 심해지면 중독자는 진실을 외면한 상태를 유지하기 위하여 심리적 에너지를 쏟음. 문제가 있다는 점은 약간씩 인식하지만 의식하지 않으려고 함.

- 중독이 주는 죄책감, 수치감 때문에 무의식적으로 작용하는 방어기제로 대개 무의식 수준에서 작용하기 때문에 자신은 그 심각성을 깨닫지 못하고 좋아하던 중독행동을 계속 사용할 수 있도록 해줌.
- 자기성찰이나 다른 사람의 지적을 통하여 부정심리를 자각해야 함. 그렇게 함으로써 스스로 부정 심리를 타파할 수 있도록 하는 것이 가장 중요한 일이 됨.

2) 합리화

- 어떤 행동 속에 숨어 있는 실제적인 원인 대신에, 스스로 용납할 수 있는 '그럴듯한' 이유, 즉 가장 경우에 맞고 합리적이며 마음 편안한 이유를 대는 방어기제
- 부정과 억압이 실패하면 중독 행동을 정당화하려 함.

3) 은닉 / 극소화

- 어느 지점에 이르면, 진실을 회피하는 것이 불가능해짐. 중독자는 자신에게 정말로 문제가 있다는 것을 너무나 잘 알고 있음. 그렇다고 부정, 억압, 합리화를 그만두는 것은 아니며 단지 진실을 숨기는 데 실패할 뿐임.
- 점차 다른 사람들에게 그것을 숨기는 것이 더 중요해짐. 중독행위는 더 은밀해져서, 중독자는 숨기고 의식적으로 거짓말을 함.
- 자존감 저하, 우울감, 죄의식, 자기비하가 자리 잡게 됨.
- 극소화는 자신과 관련된 문제를 최소화 하려고 하고 자신은 그 정도로 심각한 문제를 가지고 있지 않다고 생각하려는 태도를 의미함.
- 다른 사람을 속이는 데는 효과적일 수 있으나, 내면에서는 정직성의 결핍과 부적절함을 더 심하게 느낌.

4) 투사

- 자기가 받아들이기 힘든 사실이나 느낌, 욕구 등을 자기 것으로 인정하지 않고 그것을 다른 사람 때문이라고 남에게 전가시키는 것.
- 스스로 책임이라고 인정하면 마음이 너무 괴롭기 때문에 자기감정을 남에게 뒤집어 씌움으로써 자신은 마음 편하게 눈가림하고 있게 되는 것.

5) 지연전략

- 중독자는 중독행위를 그만 두기로 결심하는 순간이 옴. 하지만 중독에 대항하는 공격이 임박했음을 감지하면 마음은 교활하고 독창적인 전략을 내세움. 창조적이고 영리할수록 이 과정은 더 필사적이 됨.
- 마음은 아마도 그런 일들을 서둘러 실천하는 것이 현명하지 않다고 제안할 것임
  예) '결심을 결심하기': 수년 동안 실제로 아무것도 실천하지 않도록 효과적으로 방해함. 이상적인 때까지 미룸.
- 마음은 그만두는 과정을 복잡하게 만드는데 천재이며 이에 지연전략은 좀 더 교묘해짐
- 중독자가 이런 속임수들을 극복하고 진정으로 그만 두겠다고 결심하는 순간에 이르면, 중독 행동을 포기한 이후 의 상황에 대한 극심한 공포감이 엄습하기도 함. 그것은 또 다른 마음의 속임수, 또 다른 지연전략이 됨.

6) "어쩔 수가 없어"

- 반복적으로 결심하고 실패하면 결국 우울증 그리고 일종의 패배 시인에 이름. 실패는 중독이 계속되도록 조장함. 패배에 대한 수동적인 반응으로 중독자는 수치심과 후회, 죄책감에 시달림.
- 중독자는 중독에 항복을 하게 되나 이러한 부정적인 태도 역시 중독을 지속시키기 위한 전략임.

7) "그 정도는 다룰 수 있어"

- 일시적이나마 중독 행위를 끊을 수 있다면, 이제 최고의 속임수가 시작됨. 오래가지 않아 이 자연스러운 기쁨은 교만으로 바뀜. 하루 만에 혹은 한 주나 몇 달 내에, 한번 하고 싶다는 충동이 일어나면서 타락은 시작됨.
- 다시 시작하려는 의식적인 욕구가 아니라 단순한 일회성 욕구인 것처럼 다가옴.
- 심지어 실패한 이후에도, 어떻게든 스스로 통제할 수 있다고 계속 믿을 수 있음.
- 자신이 전혀 그것을 통제하지 못한다는 것이 다시 한 번 고통스럽게 확연해질 때 까지 속임수는 계속됨.
- "내가 할 수 있어"가 나타나는 곳 어디에서든 추락이 이어짐.

8) 좌절

- 자긍심의 정점에 도달한 이후에 비참하게 몰락함. 일단 그것을 인식하고 나면, 죄책감과 후회, 수치심이 그 이전에 자긍심이 차지했던 만큼에 비례하는 쓰라림으로 찾아오고 자존감이 사라지며 자살을 생각하게 됨.
- 필사적으로 출구를 찾는 과정에서, 실행 불가능한 비현실적인 계획을 꾸미게 됨.

4. 물질 사용장애

1) 알코올중독

(1) 알코올중독의 증상 및 문제

① 신체적 증상 및 문제

- 금단 증상: 오랫동안 과음 후 갑자기 술을 끊었을 때 나타나는 증상으로 손 떨림, 식은땀, 긴장, 쫓기는 기분, 환청, 환시, 발작 등
- 내성: 음주 후 기대하는 효과를 위해 다시 술을 마심.
- 소화 기관의 장애: 식사를 거의 하지 않음. 위염, 위궤양 등 위장 장애
- 간 기관의 장애: 간염, 지방간, 간경화 등
- 심장 기관의 장애: 심근경색증 등
- 혈액 기관의 장애: 출혈(위, 식도, 항문 등)
- 신경계의 장애: 기억상실증상, 알코올성 다발신경염－걷기 힘들고, 신경 말단의 무감각 또는 통증, 운동과 행동의 장애, 혼란, 졸도, 의심이 많다, 의처증, 피해적인 망상 등

② 심리적 증상 및 문제

- 자기중심적, 낮은 자신감, 자기 증오심으로 나타나는 자만심, 매우 예민함, 심한 자기연민, 좌절을 견디지 못함, 원한과 분노에 잘 빠짐, 두려움이나 심한 공포감에 사로잡힘, 부정적, 현실을 받아들이는 능력이 없음 등

③ 알코올중독의 행동 증상

- 음주 조절능력 및 자제력 상실, 술을 감추거나 몰래 마심, 가족・직업・사회생활에

폐해가 생김, 도덕적 황폐화, 성격의 변화가 생김, 음주 후 행동에 대해 죄책감, 수치감을 가지게 됨 등

④ 음주 관련 사회적 문제

- 가족의 파괴와 자녀에게 문제 발생, 직장문제(직업 상실), 경제적 어려움(신용불량, 노숙자 등), 각종 범죄(성폭력, 가정폭력, 사회적 범죄 등)에 가해자나 피해자로 연루됨. 음주운전, 전체적인 의료비 및 사회적 비용의 증가 등

(2) 알코올중독의 진행단계

① 정상인의 음주

- 정상인에게는 알코올을 제어하는 기능이 있음. 정상인은 자기 정량 이상의 술을 마시기가 매우 어려움.
- 안주 없이 소주를 먹거나 또 혼자 소주를 마시는 것이 매우 힘듦.
- 소위 필름이 끊긴다는 현상이 거의 있을 수 없음.

② 중독 전 단계

- 사회적 음주 단계로 음주 자체가 목적은 아님. 음주는 긴장완화나 스트레스 해소를 가져오는 것과 연관되어 있음.
- 알코올중독 기질이 있는 사람은 이 기간 동안 "해소를 위한 음주"의 빈도가 더욱 잦아지는 경향이 있음.
- 알코올에 대한 내성이 발달하여, 그 결과 스트레스나 긴장해소에 예전만큼의 효과를 보려면 점차 음주량을 증가시켜야 함.

③ 중독 초기: 전구단계

- 술이 좋다는 것을 가슴까지 느끼고 술이 필요해서 마시는 단계
- 행복한 의존 단계: 기분변화를 위해 술을 적극적으로 사용, 음주에 몰입, 집착하여 음주가 일상적인 일과
- 이때부터는 상황에 따라 술의 양이 매우 달라짐.
- 술을 마신 다음날 거북한 것이 당연한데 가끔은 아무렇지 않기도 함. 사람들은 그것

이 자신에 몸이 좋아져서 그런 줄 알지만 그것은 위험천만한 발상임. 몸이 서서히 술로부터 자신을 포기하기 시작했다는 것임.

- 가끔씩 필름이 끊어지는 경험을 함.
- 가끔씩 느끼는 후회, 죄책감이 증가하며 남몰래 음주하는 행동이 많아지고, 비슷한 습관으로 음주하는 동료들이 아니면 음주사실에 관해 대화를 나누는 것을 피함.

④ 중독 중기: 위기단계

- 술이 술을 마시는 단계로, 모든 생활은 음주를 중심으로 돌아가게 됨.
- 술의 양이 얼마가 되었든 먹을 수 있고, 구토도 거의 하지 않음. 한번 술을 마시면 아침이고 저녁이고 계속해서 마심. 술을 먹은 다음날 바로 술을 먹을 수 있거나 먹고 싶은 사람은 무조건 이에 속함.
- 매사 인간관계는 술로 연결되어 있음. 술을 먹기 위해 화낼 일을 만들고 웃을 일을 만듦.
- 일차적 표시는 음주에 대한 조절능력의 상실임. 일단 마시기 시작하면 음주량을 스스로 조절할 수 없기에 적당량을 마시고 사회생활을 하는 것이 어려움. 거의 항상 자기가 계획한 것보다 훨씬 많이 마시게 되고 끝장을 보게 됨.
- 이 이상 마시면 생명이 위태롭다, 면직된다, 이혼을 당한다 따위의 문책을 들어도 그만 둘 수 없음.
- 조절력 상실, 음주로 인한 고통 경험 → 재음주 → 생활 전반이 왜곡되기 시작함. 가정불화, 사회적 압력 불안, 우울, 분노, 저항감 → 방어적 행동(부정, 합리화, 투사) → 악순환
- 이때부터는 종종 필름이 끊어지기 시작함.
- 우울증이 드디어 시작되고 이와 동반하여 무기력함과 알 수 없는 소외감 그리고 불안감이 시작됨.

⑤ 중독 말기: 만성화단계

- 이 시기는 오히려 폭주를 하지 않는 경우가 더 많음. 아침, 점심, 저녁으로 꾸준히 먹게 됨.
- 음식물은 거의 먹지 않음. 술 외엔 물조차 소화가 안 되고 더부룩함. 술만 먹으면 밥

을 먹지 못하고 또 술이 깨서도 밥은 거의 먹지 못함. 또한 겨우 먹는다 해도 금세 토하거나 하루 종일 더부룩하고 소화가 안 됨.

- 술기운만 떨어지면 우울증과, 마치 누군가 죽이러 올 것 같은 불안감에 시달림. 가끔 헛것이 보이기도 함.
- 완전한 알코올중독 단계로 술이 인생의 전부가 됨.
- 술을 1~2일 끊으면 금단증상이 나타나 금주가 불가능하고, 기분을 좋게 만들기 위해 술을 마시는 것이 아니고 괴로운 상태를 보통의 상태로 만들기 위해 그때뿐인 줄 알면서도 술을 마심.
- 기억을 잃을 정도로 마심. 일단 마시기 시작하면 며칠이고 식사도 잊고 계속 마시며, 몸이 알코올을 더 이상 받지 못하게 되면 겨우 음주를 멈춤.
- 술이 깼을 때의 초조감, 손떨림, 불면, 식은땀 등의 증상을 진정시키거나 미리 예방하기 위해서 마심.
- 혼자 또는 사회적으로 열등한 사람들과 음주를 지속하며, 사고의 손상이 진행되며 합리화의 소멸, 도덕적 황폐화가 나타남.
- 소위 알코올중독자들이 말하는 "갈 때까지 갔다(hits bottom)"는 경우에 해당됨.

(3) 알코올중독과 가족

① 알코올중독 가족의 문제점

- 실업, 경제적 파탄으로 인한 재정상의 어려움.
- 자녀의 건전한 정서발달과 자아 성장에의 어려움.
- 자녀의 성인모델에 대한 안정된 행동의 동일시 결여
- 가족갈등, 욕설, 폭행, 구타, 가족원의 가출, 사고로 인한 죽음, 자살, 정신적 문제
- 부부간의 성적 문제, 별거, 이혼, 배우자의 신경 정신적 문제 등의 부부갈등

  → 가족병으로서의 알코올중독

② 알코올중독자 가족을 위한 지침

- 문제를 더 이상 부정하지 말자.
- 알코올중독에 대해 배우자.
- 환자의 감정에 휩싸이지 말자.

- 자녀들에게 관심을 기울이자.
- 집안에서 일어나는 일들을 숨기지 말자.
- 환자에게 그들이 저지른 실수나 행동에 책임감을 갖게 한다.
- 알코올중독은 치료될 수 있는 병임을 알려준다.
- 환자의 음주로 인하여 일어난 일에 대하여 환자에게 알려준다.
- 부인의 고통에 대해 알려준다.
- 자기 자신을 비난하지 말자.
- 환자가 스스로 선택하게 한다.
- 지나친 관심을 갖지 말자.

③ 알코올중독 자녀의 특징

- 가족영웅
- 희생양
- 귀염둥이
- 잃어버린 아이

④ 가족환경 속에서의 역기능

- 말하지 마라.
- 믿지 마라.
- 느끼지 마라.

⑤ 성인아이(adult children)

- 미국의 알코올 중독자 가정에서 자라난 성인아이라는 용어에서 시작됨.
- 역기능 가정에서 성장하여 성인이지만 아이의 발달 단계에서 더 나아가지 못한 사람
- 성인아이는 성인의 문제를 나이에 맞지 않게 조숙하게 다루어야 하는 아이이며 해소되지 아니한 어린 시절의 문제를 아직 처리하고 있는 성인
- 성인아이의 특징
  - 정신적 특징: 혼돈, 이분법적 사고
  - 정서적 특징: 두려움, 죄의식과 수치심, 우울증

- 관계적 특징: 불신감, 위기 성향, 동반 의존성

2) 마약류 중독

(1) 현황

마약류 사용자는 국내·외적으로 가파르게 증가하고 있으며, 2016년 전 세계 성인인구(15세~64세)의 5.8%인 약 2억 7,500만 명이 적어도 한 번 이상 마약류를 투약한 경험이 있는 것으로 추정되었고, 이 중 3,100만 명이 약물사용 문제를 겪고 있는 것으로 파악되고 있다(UNODC, 2018; 대검찰청, 2018).

국내 마약류사범은 IMF 경제위기 당시인 1999년~2002년 4년 연속 1만 명을 상회하였으나, 2003년~2006년 4년간 7,000명 선으로 감소하였고, 2009년 다시 1만 명을 상회하다 2011년~2014년 4년간 1만 명 선 이하로 억제되었다. 하지만 2015년 이후로는 계속 1만 명 이상 적발되고 있으며 계속 증가하는 추세이다. 기존 마약 전과가 있는 마약류사범뿐만 아니라 마약을 접한 경험이 없던 일반인도 인터넷·SNS를 이용하여 국내외 마약류 공급자로부터 비교적 쉽게 마약을 구매할 수 있는 환경이 조성된 것이 주요 원인으로 보인다.

(2) 마약의 종류

마약은 크게 중추신경 흥분제와 억제제로 나뉘며<표 12-1>, 종류별 특성과 작용은 <표 12-2>와 같다.

〈표 12-1〉 마약의 종류 및 의존성

구분	종류	약리학적 분류	중독성 (육체적 의존)	습관성 (정신적 의존)
환각제	대마 LSD	중추신경 흥분제/억제제	X	O
흥분제(각성제)	코카인 필로폰	중추신경 흥분제	O	O
억제제 (진정제, 수면제)	아편계	중추신경 억제제	O	O
흡입제(본드, 가스)	톨루엔, 아세톤, 신나	중추신경 억제제	O	O
알코올		중추신경 억제제	O	O

① 억제제: 아편 알칼로이드계(Alkaloid)

가. 천연 마약

아편 알칼로이드계 마약으로는 아편, 모르핀, 헤로인 등이 있으며, 모두 앵속(양귀비꽃)으로 만든다. 아편은 양귀비꽃이 지고 난 후에 생긴 열매에 상처를 내어 흘러나온 액즙을 말려서 굳힌 것으로 생아편이라고도 한다. 검은 빛에 특유한 냄새가 있으며 맛이 쓰다. 아편을 원료로 하여 제조되는 마약은 아편가루(의약용 아편), 모르핀(염산 모르핀), 코데인, 헤로인 등이 있다. 이 아편제의 기본적인 효과는 통증을 유의하게 감소시키고 마취제로 쓰인다.

나. 합성마약

모르핀과 유사효과를 내는 강력한 진통제 개발의 필요성에 따라 화학적으로 합성된 마약으로 천연마약과 같은 강한 의존성을 갖지는 않으나 내성과 의존성 등 금단증상을 유발한다. 화학분자 구조의 유사성에 따라 페치딘, 메사돈, 모르피난, 아미노부텐, 벤조모르판 등으로 분류하고 있으며 현재 73종이 알려져 있으나 페치딘과 메사돈이 주로 남용되고 있다.

다. 임상 양상

• 급성 및 만성 증상

중추신경계에서 아편에 대한 직접적인 효과는 오심과 구토, 통증의 감소, 그리고 진정작용 등이다. 또한 장기적인 남용은 신경계의 손상을 초래하기도 한다. 또한 오염된 주사바늘의 사용으로 중추신경계의 농양과 에이즈의 전파가 초래될 수 있으며 B형 간염으로 인한 간 기능 손상의 결과를 가져올 수 있다. 단기적인 아편제제의 투여는 테스토스테론의 감소를 초래하며, 이로 인해 대부분의 아편 중독자에서 성욕의 감소를 나타내게 한다. 이외에 갑상선 자극 호르몬의 분비 감소, 성장호르몬의 증가, 변비 식욕부진을 나타나게 한다. 또한 호흡이 억제될 수 있고 말초혈관의 확장에 의한 것으로 보이는 기립성 저혈압이라는 문제가 생길 가능성이 있다. 과량의 아편 제제를 자살시도 등과 같이 의도적으로 사용하면 정맥 내 과량 주사 투입 후에 얕은 호흡과 서맥, 체온 저하, 외부자극에 대한 반응의 전반적 결여 등의 증상을 포함할 수 있다. 이러한 내과적 응급상황을 빨리 치료하지 않으면, 증상이 악화되어 청색증이 생기고, 호흡 저하와 심폐정지에 의한 사망까지도 초래하게 된다.

• 금단증상

급성 금단 증후군의 발병시기와 강도 및 기간은 약물의 반감기, 용량, 만성적인 투여 기간 등의 다양한 요인에 영향을 받는다. 금단 증상은 약물의 급성효과와 반대의 현상으로, 오심과 설사, 기침, 눈물흘림, 콧물흘림, 심한 땀, 근육경축, 경도의 체온 및 호흡율과 혈압의 상승 등을 포함하며 증상이 산재성 신체 통증, 불면과 하품이 함께 발생한다. 모르핀 또는 헤로인 같은 반감기가 짧은 약물은 최종 투여 후 8시간 내지 16시간 안에 전형적인 증상이 나타나고, 최고의 금단증상은 약물중단 후 36시간 내지 72시간 안에 나타나며, 급성 증후군은 5일 내지 8일 안에 사라진다.

② 자극제(Stimulants)

가. 메스암페타민

우리나라에서는 메스암페타민을 히로뽕 또는 필로폰이라 하며 대부분 정맥주사에 의해 남용된다. 메스암페타민을 정맥으로 주사하거나 흡연하면 몇 분 동안 지속되는 아주 즐거운 상태 혹은 강한 쾌락("rush" 또는 "flush")을 경험하게 되는 반면, 경구 또는 코 점막 흡수에 의해서는 오랫동안 지속되는 기분이 좋은 안락감을 느낀다. 메스암페타민은 말초신경에 직접 작용하고 간접적으로 부신피질 호르몬의 방출을 증가시킨다. 따라서 혈압상승, 심장 박동 수 및 심박출량 증가와 같은 작용을 하며 주로 감정상승을 수반하는 강한 중추신경 흥분작용과 함께 각성효과를 나타낸다.

• 임상 양상(급성 및 만성증상)

소량이라도 보통 3개월 정도 지속적으로 남용하면 만성적인 정신병 증세가 나타나 이러한 증상을 만성 중독 증세라 한다. 암페타민을 만성적으로 사용하다가 중단할 경우 피로, 우울, 불면, 악몽 등의 금단증상이 생길 수 있으며 심할 경우 여러 가지 뇌손상, 정신병 등이 올 수 있다. 보통의 금단증상은 2~4일째 가장 심하며 우울, 과민증, 약물에 대한 갈망들은 수개월간 지속된다.

나. 코카 알카로이드계

코카 알칼로이드계 마약은 코카 속에 함유되어 있는 코카인류가 마취 작용을 지니고 있다. 코카인은 코카 잎에서 분리되었다. 의료용으로 사용되는 염산코카인은 무색 또는 백색의 결정성 가루이며 냄새는 없고 맛이 쓰며 혀를 마비시킨다. 물에 잘 녹으며 빙초산 또는 에탄올에 잘 녹고 중추신경계통을 자극한다. 안과질환의 치료, 구강 및 인후 등의 점막을 마비시킬 때 사용한다. 0.5g의 복용으로 사망할 정도로 독성이 강하다.

• 임상 양상

코카인은 주로 흡입으로 사용하지만, 정맥주사에 의해서도 사용된다. 흡입에 의해서 투입된 경우 3분 내지 5분에 기분의 변화가 나타나기 시작하고 10분 내지 20분에 최고의 효과에 도달한다. 흡입된 후 1시간 이상 효과가 지속되는 경우는 거의 없다. 코카인은 짧은 기간 동안, 용량에 따른 기분의 상승효과가 있고 고용량일 경우는 치명적인 고열과 고혈압을 초래할 수 있다. 코카인은 반감기가 1시간 정도이며 대부분 소변으로 배설된다. 만성적인 사용자에서 만족감의 시간이 매우 짧은 것은 급성 혹은 만성의 내성이 생겼기 때문이다. 따라서 만성적인 사용자는 빈번하게(한 시간에 두세 번) 약물을 자가 투여하는 것으로 보고되고 있다. 알코올은 코카인의 고양 효과와 이 효과가 감소하면서 나타나는 불쾌감을 조절하기 위해 동시에 사용하기도 한다. 코카인은 호흡장애, 심장부정맥, 경련에 의해 사망하기도 한다. 코카인 중독환자에 있어서 뇌혈류 장애와 HIV, 치매 등의 소견이 관찰되며 폐의 이상과 간의 괴사도 보고되고 있다. 코카인 사용자들이 성욕의 증가를 예상하여 사용하지만 만성으로 사용하면 심각한 성욕의 감소와 생식기의 이상을 초래한다. 발기불능, 여성형 유방 등이 남성 환자에서 보이고 약을 끊어도 상당 기간 동안 남아 있는 경우가 많다. 여성의 경우는 생리주기의 변화와 무월경, 불임 등을 보고하고 있다. 또한 임신 중 약물에 노출되었을 경우 선천성 기형이나 심혈관계, 뇌혈관계 이상을 초래할 수 있다. 만성적인 코카인 사용자들 사이에서 알코올성 환각증과 유사한 편집증적인 사고, 환청, 환시를 보인다고 보고되어 왔다. 금단 증상으로 정신적인 흥분 상태나 자율신경계 항진 등이 나타날 수 있다. 코카인 중독후의 심각한 우울증은 금단 증상과 동반해서 나타나는 것으로 생각되고 있다.

③ 환각제: 대마(Cannabis, Marihuana)

대마는 일년생 식물로서 옛날부터 섬유제조용으로 중국, 인도, 북부 아프리카, 중남미 등 세계 각처에서 재배되었으며, 우리나라에서도 삼베의 원료로 재배되어 우리 생활과 밀접한 관계가 있었다. 대마사용 시 주로 "high"(고조의 상태)라고 표현되는 증상은 황홀감, 이완감, 기분 좋음, 졸음, 사회성의 증가, 친근감, 웃음, 시각적, 청각적 지각의 변화, 시공간적 인식의 변화, 단기간의 기억력 소실, 운동신경의 감소, 공포와 공황심리 및 불쾌감, 환각, 섬광 등이 있다. 자제력이 감소하며 크기, 거리, 시간에 대한 개념이 없어진다. 드물게 환각작용이 나타나거나 심장박동수가 증가한다.

• 임상양상

대마는 사고, 집중, 그리고 지각 및 정신운동기능의 장애를 동반한다. 정신증적 혹은 신경증적 장애를 가진 사람이 복용 시는 심한 정서의 장애를 보일 수 있다. 신체적인 효과로는 빈맥 및 혈압변화 등의 심혈관계 증상, 충혈이 동반된 동공산대, 발한, 오심, 구토, 설사, 흥분, 식욕부진, 그리고 수면장애 등을 포함한다. 과량의 양을 사용하였을 경우에는 착란, 망상, 환각과 일시적 정서둔마, 지남력 장애, 이인증과 편집증 등이 흔히 나타난다. 그 심한 정신적인 상태가 몇 시간에서 며칠 동안 계속된다고 한다. 그러므로 중독정신병(toxic psychosis)은 대마와 관련된 과량의 약물과 관련이 있다고 보고하고 있다.

④ 흡입제(Inhalants)

흡입제는 각 휘발성 물질을 말하며 중추 신경 억제제로 인체에는 유해한 화학성분으로 구성되어 있어서 본래 사용 목적 이외의 용도로 사용할 경우 인체에 치명적인 해를 입히게 된다. 청소년들은 이러한 물질을 코나 입을 통해서 흡입함으로서 환각상태에서 비행과 사고를 저지르고 있다. 남용되는 유기용제에는 각종 공업용 접착제(본드), 신나, 부탄가스, 가솔린, 라이터기름, 스프레이 페인트, 헤어스프레이, 아교, 드라이클리닝 용매, 아세톤, 나프탈렌 옥산, 벤젠, 클로로포름(수술시의 마취제), 에어로졸 스프레이, 질산아밀, 아산화질소(마취제) 등 여러 가지 종류가 있다.

• 임상 양상

– 급성 및 만성증상: 흡입제를 흡입하면 그 증상은 즉각적이며 다른 유형의 약물에 비

해 보다 빠른 쾌감 효과를 갖는다. 일반적으로 흡입을 중단한 후 5분부터 45분까지 지속된다. 흡입제의 영향은 한 번에 흡입한 양에 따라 내성, 빈도, 다른 약물사용, 개개인의 속성에 따라 다르게 나타난다. 즉 나이, 성별, 체중, 건강상태, 성격, 과거경험과 활동 등이나 흡입하는 장소, 다른 사람과 함께 하였는가의 여부, 즉 환경에 따라 다르게 나타나지만 일반적으로 짧은 시간에 흡입제를 빠르게 호흡하거나 심호흡하면 방향감각 상실, 자아통제 상실, 무의식, 발작, 근육조절력 감소, 억압된 반응, 코피, 핏줄선 눈, 불쾌한 호흡, 며칠 동안 두통과 숙취가 나타나게 된다. 본드나 가스는 휘발성 물질이기 때문에 뇌에 직접적인 손상을 주며 환각을 즐긴다는 것은 바로 뇌 조직이 녹아서 흘러내리는 현상으로 볼 수 있다. 따라서 학생의 경우 기억력 감퇴로 인한 학습능력 저하, 정서적 불안, 판단장애 등이 올 수 있다. 또한 골수조직에 영향을 미쳐서 피를 제대로 생산하지 못해 적혈구, 백혈구의 새로운 세포생성에 결핍현상 발생으로 재생불량성빈혈이나 백혈병 등이 생길 수 있다. 또한 콩팥 기능의 손상으로 인해 콩팥에 만성 염증을 일으켜 각종 면역계통 질병의 원인이 되게 하기도 한다. 이러한 조직 손상 외에도 청소년들을 공격적이거나 포악하게 만들며 인격을 황폐화시킨다.

〈표 12-2〉 마약류의 구체적인 분류

<table>
<tr><th>구분</th><th colspan="2">종류</th><th>특성</th><th>작용</th><th>주산지</th></tr>
<tr><td rowspan="4">천연마약</td><td rowspan="4">아편계</td><td>양귀비</td><td>• 키 1~1.5m 식물
• 백색, 적색, 자색 꽃</td><td></td><td rowspan="2">황금삼각지대(미얀마, 태국, 라오스)
황금초생달지역(이란, 파키스탄, 아프간) 중심 온대, 아열대 등 거의 세계전역</td></tr>
<tr><td>아편</td><td>• 설익은 꽃봉오리에 생채기를 내어 우유 빛 즙을 담아두면 암갈색 타르화(생아편)
• 응고하면 딱딱한 왁스형
• 달콤하고 톡 쏘는 향, 건초향</td><td>• 고통완화, 졸린 듯한 상태에서 편안, 황홀
• 의존성, 내성, 변비, 얼굴창백, 신경질적, 식욕 성욕상실, 구토, 동공수축, 호흡장애</td></tr>
<tr><td>모르핀</td><td>• 아편으로 모르핀 제조(10:1), 무취, 쓴맛
• 백색, 갈색, 커피색분말, 캡슐, 주사약</td><td>• 의약용으로 사용
• 진통강력, 도취, 수면
• 아편보다 강한 중독성, 호흡억제, 구토, 발한, 변비</td><td></td></tr>
<tr><td>헤로인</td><td>• 모르핀 양 1/2로 동일효과
• 백색, 황백색, 회색, 연갈색 설탕형태 미세결정
• 무취, 쓴맛, 모르핀에 무수초산을 가한 제조로 밀조품은 강한 식초냄새</td><td>• 쾌감 쇄도 후 졸음, 도취
• 모르핀보다 강한 중독성, 변비, 동공수축, 호흡감소, 무감각, 내분비계통 퇴화, 자아통제불능</td><td>황금삼각지대, 황금초생달지역, 중미(멕시코, 콜롬비아)</td></tr>
</table>

		코데인	• 모르핀으로부터 분리 • 주사, 캡슐, 정제	• 의약용으로 사용 • 진통, 진해 특효	
	코카계	코카인	• 코카엽에서 추출 • 솜털 같은 백색결정분말 • 코 흡입, 주사, 구강투여	• 효과 신속 일시적, 대뇌흥분, 동공확장, 심박증가 • 심장장애, 호흡곤란, 경련, 공격적, 과대망상, 정신착란	남미(콜롬비아, 볼리비아, 페루)
	코카계	크랙	• 코카인에 베이킹소다, 물 넣고 가열하여 제조 • 작은 돌과 같은 결정체 • 워터파이프로 흡연	• 효과 신속 강렬, 황홀 • 코카인보다 중독위험 심각, 투약 간편, 저렴 • 부작용 코카인 유사	
합성마약	페티딘계		• 아편계 중독치료 • 내성, 의존성	• 진통, 진정 • 졸립고 멍청, 호흡감소, 경련, 내성, 의존성	
합성마약	메타돈계		• 모르핀 대용, 24시간 지속, 주사, 정제, 캡슐	• 아편계 중독치료 • 내성, 의존성	
향정신성의약품	환각제	LSD	• 무색, 무미, 무취 결정분말 • 투명액, 정제, 각설탕, 캡슐형, 이쑤시개 · 아스피린 · 종이 · 사탕 · 빵 등에 흡착 • 소량(1회 0.1mg)으로 6~12시간 환각상태	• 환각, 자기모습 제3자 입장관찰, 음악의색 · 맛 · 감상, 광범위한 감정체험, 감지 · 판단력 감소, 자기통제력 상실 • 동공확대, 홍조, 체온저하, 발한, 현기증, 혈압상승, 재발성 환각질환	북미, 유럽, 동남아
향정신성의약품	환각제	MDMA (엑스터시)	• 암페타민류 합성마약 • 로고각인정제, 캡슐	• 도취, 식욕상실 • 변비, 혼수, 자아통제 불능	유럽, 미국
향정신성의약품	환각제	메스칼린	• 멕시코 선인장 페이오트(Peyote)에서 추출 • 분말, 캡슐, 용액	• 환상, 환각	
향정신성의약품	각성제	암페타민류	• 원료: 염산에페드린 • 백색, 회색, 황색 분말 또는 크리스탈 덩어리 • 약간의 신맛, 물에 잘 녹음 • 주사, 코흡입, 술이나 음료에 타서 남용	• 기관지확장, 혈압상승, 심박증가, 동공확대, 혈당증가, 근력증가 • 황홀, 공복감상실, 상쾌, 자신감, 식욕억제, 피로억제, 정신적의존성, 내성 • 불안, 흥분, 환각, 망상, 불면, 정신착란, 플래시백	중국, 필리핀, 대만, 홍콩, 태국, 미국(히로뽕), 유럽(암페타민)
향정신성의약품	각성제	YABA	• 암페타민류 25% 함유 • 작은 정제(1알: 0.2g)	• 도취, 흥분, 환각, 공격성 • 우울증, 정신착란, 공포	태국, 미얀마
향정신성의약품	억제제	진정 수면제	• 바르비탈제제 등 • 알코올과 남용 시 치명적	• 생리기능 억제, 불안, 긴장, 불면치료 • 의존성, 내성, 호흡곤란, 심기능저하, 동작·사고둔화, 기억력 장애	
향정신성의약품	억제제	신경 안정제	• 알코올과 남용 시 치명적	• 불안, 긴장완화 • 의존성, 내성, 운동실조,	

			착란, 졸림	
대마류	대마초	• 연녹색, 황색, 갈색 잎 • THC(Tetra Hydro Canabinol)성분이 도취·환각유발	• 흥분과 억제 두 가지 작용, 초조, 풍족, 이완, 꿈꾸는 느낌, 공복감, 단것 먹고 싶은 느낌, 감각 미묘 변화 • 공중에 뜨는 느낌, 빠른 감정 변화, 변비, 환각, 심박증가, 공포, 불안, 사고 및 기억단절, 집중력 상실, 자아상실감, 영상왜곡, flashback(중단 후 환각재현)	온대, 열대(아시아, 아프리카, 미주)
	대마수지 (해시시)	• 대마초 300kg로 해시시 1kg 제조 • 갈색, 흑색의 수지 • THC 2~10% 함유		
	대마오일 (해시시오일)	• 해시시 3~6kg로 해시시오일 1kg 제조 • 암록색, 적색의 기름형태 • THC 10~30% 함유		
기타	흡입제	– 흡입제는 인체에 유해한 화학 성분으로 구성되어 있어 본래 목적 이외의 용도로 사용할 경우 인체에 치명적인 해를 입히게 됨. – 본드로 사용되는 아교, 페인트 시너, 메니큐어 제거제, 드라이클리닝 용매, 톨루엔, 가솔린, 아세톤, 벤젠 등 – 우리나라에서는 과거 본드, 부탄가스 등의 사용이 사회적 문제를 유발함. – 중추신경을 억제, 금단 증상은 약하지만 내성이 잘 생김. – 흡입제를 코나 입을 통해 들이마실 경우 폐를 통해 흡수되며 약 5분 이내에 약리적 반응을 유발함. 일반적으로 효과는 즉각적으로 나타나며 빠른 쾌감 효과. – 다행감, 흥분, 붕 뜬 느낌, 착란, 공포, 신체의 왜곡된 느낌 등을 유발할 수 있음. – 단기간에 다량을 흡입할 경우 방향감각의 상실, 자아통제 상실, 무의식, 발작, 근육 조절 능력 감소, 불쾌한 호흡, 수일간의 두통과 숙취 – 본드나 가스는 회복되는 기간이 길거나 정신이 되돌아오지 않는 경우가 많으며 다른 약물에서 볼 수 없는 대뇌 파괴 현상이 있어 매우 위험. 특히 뇌의 직접적인 손상으로 기억력 감퇴, 학습 능력 저하, 정서적 불안, 판단 장애 등이 나타날 수 있음. – 또한 골수 조직에 영향을 주어 재생불량성 빈혈이나 백혈병과 같은 영구적 손상을 초래 할 수 있음. 기타 콩팥기능의 손상과 면역 기능의 손상을 보일 수도 있음. – 공격적이거나 포악한 성격으로 만들어 인격의 황폐화를 유발할 수 있음.		
	카페인	– 음료로 널리 사용되는 약물. 일반적으로 한 잔의 커피에는 100~150mg, 차에는 30~100mg, 청량음료에는 25~50mg, 진통제나 감기약에는 25~100mg, 초콜렛 바 하나에 약 5mg – 카페인은 전세계적으로 일상생활의 널리 사용되고 있어 이의 부작용이 간과되고 있으나 남용 시 다양한 부작용을 초래할 수 있음. – 카페인 50~100mg 섭취 시 각성 상태가 증가, 머리가 맑아지는 느낌, 다행감, 언어나 동작 수행 개선. 일부에서는 소량의 카페인에 의해 안절부절 못함, 과민, 흥분, 불면증 – 카페인의 반감기는 약 2~6시간 정도, 사람에 따라 차이는 있으나 12시간 정도면 모두 몸에서 배출 – 카페인을 500mg 이상 섭취할 경우 중독증상이 나타날 수 있음. 불안, 불면, 불안정, 과민성, 근육 경축, 메슥거림, 소화기 장애, 불면증 – 개인 차 있으나 하루 1,000mg 이상의 카페인을 섭취할 경우 사고와 언어의 혼동, 부정맥, 흥분, 근육 연축 등이 나타나며 사람에 따라서는 이명이 나타날 수 있음. – 또한 카페인은 위장 운동을 자극하여 위궤양을 악화시킬 수 있음. 10g 이상 복용 시 간질 경련과 호흡 부전으로 사망에 이를 수도 있음. – 금단 증상은 카페인 복용 후 19~24시간 내에 나타남. 주로 두통, 졸림, 피곤, 불안, 메슥거림, 구토, 하품 등. 만성적으로 대량의 카페인을 사용한 경우 우울감, 과민 반응 등을 보일 수 있음.		

5. 행위중독 장애: 도박중독

1) 도박중독의 정의

도박중독이란 도박으로 인해 본인과 가족, 재정적, 법적, 사회적 문제가 발생함에도 불구하고 통제력을 상실하여 도박행위를 조절하지 못하고 지속적으로 하는 것을 말한다. 도박문제와 관련한 용어는 문제도박, 습관성 도박, 강박적 도박, 위험성도박, 병적 도박, 도박중독 등 관점에 따라 다양하게 명명하고 있다.

도박행위에서 치료적 개입이 필요한 상태는 병적도박으로 정신질환의 진단 및 통계편람(DSM)에서 진단하고 있다. 도박중독은 DSM-Ⅲ부터 충동조절장애로 분류하기 시작했으며, DSM-Ⅲ-R에서 내성, 금단, 도박에 대한 집착 등을 추가하였다. DSM-Ⅳ에서는 병적도박으로 분류하였으며, DSM-5에서는 물질관련 및 중독장애(Substance-Related and Addictive Disorder) 중 비물질관련장애(Non-Substance-Related Disorders)인 도박장애(Gambling Disorder)로 진단하고 있다.

〈표 12-3〉 도박장애 진단기준(DSM-5)

A. 지속적이고 반복적인 문제적 도박 행동이 임상적으로 현저한 손상이나 고통을 일으키고 지난 12개월 동안 다음의 항목 중 4개(또는 그 이상)가 나타난다.
1. 원하는 흥분을 얻기 위해 액수를 늘리면서 도박하려는 욕구
2. 도박을 줄이거나 중지시키려고 시도할 때 안절부절못하거나 과민해짐
3. 도박을 조절하거나 줄이거나 중지시키려는 노력이 반복적으로 실패함
4. 종종 도박에 집착함(예: 과거의 도박 경험을 되새기고, 다음 도박의 승산을 예견해 보거나 계획하고, 도박으로 돈을 벌 수 있는 방법을 생각)
5. 괴로움(예: 무기력감, 죄책감, 불안감, 우울감)을 느낄 때 도박함
6. 도박으로 돈을 잃은 후, 흔히 만회하기 위해 다음날 다시 도박함(손실을 쫓아감)
7. 도박에 관여된 정도를 숨기기 위해 거짓말을 함
8. 도박으로 인해 중요한 관계, 일자리, 교육적, 직업적 기회를 상실하거나 위험에 빠뜨림
9. 도박으로 야기된 절망적인 경제 상태에서 벗어나기 위한 돈 조달을 남에게 의존함
B. 도박 행동이 조증 삽화로 더 잘 설명되지 않는다.
* 현재의 심각도: 경도(4~5개 진단기준 만족), 중증도(6~7개 진단기준 만족), 고도(8~9개 진단기준 만족)

출처: APA(2015). DSM-5.

2) 도박의 종류

도박은 우리 주변에서 흔히 즐기는 화투, 로또부터 시작해서 카지노, 인터넷도박까지 그 종류는 매우 다양하다. 사행산업의 확대와 함께 온라인 및 모바일기술 발달로 도박은 급속히 확산되고 있다. 사행산업이란 인간의 사행심을 이용하여 이익을 추구하거나 관련된 물적 재화나 서비스를 생산하는 산업(사행산업통합감독위원회, 2015: 7)을 말하며, 현재 카지노업, 경마, 경륜·경정, 복권, 체육진흥투표권, 소싸움경기로 규정하고 있다(사행산업통합감독위원회법 제2조 제1호). 1922년 경마를 시작으로 1947년 복권, 1994년 경륜, 2000년 카지노(강원랜드), 2001년 체육진흥투표권(스포츠 토토), 2002년 경정, 2011년 소싸움 경기까지 확대되었다. 최근에는 인터넷 및 스마트폰으로 수시로 사용가능한 온라인 스포츠 토토와 같은 온라인 도박 이용자가 빠르게 증가하고 있다.

3) 도박중독자의 특징

(1) 행동적 특징

도박중독자의 일반적인 행동특성은 다음과 같다. 먼저 드박하는데 많은 시간을 보냄으로서 가족과 친구와 함께 시간을 보내거나 혹은 취미생활에 필요한 시간이 부족하게 된다. 점차 더 많은 액수의 돈을 걸고 점차 더 빈번하게 베팅을 하고 동일한 수준의 흥분을 위해서 더 많은 액수의 베팅이 필요하다. 잃은 돈을 추적하고 돈을 잃은 후 그 돈을 복구하기 위해 바로 도박에 참가하면서 점차적으로 부채가 증가한다. 금전에 관해 비밀스럽거나 방어적이 되고 가족이나 친구로부터 돈을 빌리며 자신의 행등에 대한 설명을 거부하거나 거짓말을 한다. 도박행위를 절제하겠다고 약속하지만 지키지 않는다. 대박을 꿈꾸며 대박만이 유일한 문제해결의 수단이라 믿고 돈을 딴것에 대해 자랑하거나 돈을 잃은 것에 대해서도 떠벌린다.

(2) 심리적 특징

충동성은 도박중독자에게 가장 자주 보고되는 심리적 특성이다. 높은 수준의 충동성은 계획하고 조직화하며 결과를 예측할 수 있는 능력이 부족하거나 결여되게 만들고, 도박에 깊이 빠질수록 미성숙하게 더욱 충동적으로 변화된다. 충동성은 즉각적인 만족을 추구하는 자극 추구성향을 가지게 되어 자극적인 도박행위에 지속적으로 관여할 가능성이 높다.

도박중독자들은 도박을 접할수록 실패경험이 증가하고, 욕구좌절에 대한 인내력과 자기조절 능력이 낮아지면서 더욱 도박에 빠지는 악순환이 반복된다. 도박행위를 중단하기 위한 시도를 하지만 자기조절능력의 저하로 인해 더욱 그 생각을 증가시키게 된다. 또한 감정의 기복을 심하게 경험하면서 도박에서 느낄 수 있는 스릴을 그리워하거나 성질을 부리거나 내향적이 되거나 우울 또는 불안해하는 경향이 있다. 그러한 가운데 감정이 가라앉거나 고조되는 정서가 나타난다.

(3) 인지적 특징

도박중독자의 인지적 특징은 인지왜곡이다. 비합리적 생각과 신념은 도박을 하는데 영향을 주고 도박에 몰입하고 중독되는 과정에 영향을 준다. 주사위를 던질 때 나오는 숫자는 의지와 상관없이 확률에 의해 결정되지만 도박중독자들은 무선성의 개념을 간과한 채 다른 시행의 결과의 영향을 받는 것으로 이해한다(무선성의 오류). 또한 돈을 잃으면 운이 나쁘거나 재수가 없다고 생각하고, 이길 경우 자신의 능력을 과대평가하는 경향이 있다(통제력의 착각). 과거의 승리만을 기억하고 있기 때문에 반복적으로 도박을 하게 된다(회상의 편파성). 미신적인 생각과 관련하여 좋은 꿈을 꾸었을 때 복권을 사는 행동과 같이 이러한 상황이나 행동, 생각이 승패에 영향을 미친다고 집착할 수 있다(미신적 사고). 승패의 결정이 아슬아슬하게 근소한 차이로 판가름 날 때 조금만 잘하면 승리할 수 있었다는 생각, 거의 이길 뻔 했는데 라는 틀로 재구조화된다(해석적 편향). 동전 던지기에서 연속해서 뒷면이 나왔다면 다음에는 앞면이 나올 것이라고 믿는 과거에 패배한 사건들은 미래에는 덜 발생할 것이라는 믿음을 가지고 있다(도박자의 오류).

(4) 환경적 특징

도박중독자의 가족특성 중 일부는 부모의 도박행위를 자주 목격하면서 성장하여 성인아이의 특징이 드러나기도 한다. 도박중독자는 도박에 집착하기 때문에 가족 간의 깊은 관계를 맺기 어렵고 경제적 어려움으로 심각한 문제가 발생한다. 도박중독에서 채무와 관련된 경제적 문제는 다른 중독과 구별되는 동시에 가족의 안정을 깨뜨리는 심각한 문제이다. 가족들은 배신감, 우울함 분노 등의 어려움에 처하며 결과적으로 별거, 이혼 등의 가정 파괴의 문제가 발생하거나 자살시도 등의 악화될 수 있다.

도박에 집중하면서 일에 대한 능력과 의욕이 저하되고 직장 내 생산성이 떨어진다. 공금을 횡령하여 도박할 자금으로 쓰는 경우도 있고 그로 인해 퇴사를 비롯하여 불법적 문제에 당면하게 된다. 공금횡령, 절도, 문서위조, 재물범죄 및 사기, 채권자의 고발로 인해 민, 형사상 처벌을 받게 되기도 한다.

4) 도박중독의 단계(Custer의 모형)

(1) 따는 단계(Winning phase)

도박을 하는 첫날 또는 초기에 많은 금액을 따고, 그 이후로도 한동안은 따거나 잃어도 많은 금액은 잃지 않는 체험 때문에 계속 빠져든다. 이 단계에서는 딸 때 경험한 황홀감이 기억으로 남게 되어 돈을 잃는 단계에서도 자신은 언젠가는 다시 돈을 크게 딸 수 있다는 왜곡된 생각을 계속 갖게 된다. 일부 남자들과 대부분의 여자들은 이렇게 크게 따는 일이 보통 없지만, 도박을 하면서 어떤 문제로부터 도피하는 경험을 하게 된다.

(2) 잃는 단계(Progressive-loss phase)

잃는 단계에서는 도박의 횟수나 내기 금액이 자꾸만 증가되고, 주로 혼자서 도박을 하러 다닌다. 이 단계에서는 따는 단계에서 크게 땄던 것만 생각하고, 잃은 것은 단지 운이 없어서 그런 것뿐이고 다시 크게 딸 수 있다는 잘못된 생각만 쫒다가 결국 병적 수준으로 빠져들게 된다. 더러 스스로 그만두려고 시도해보지만 본전을 만회하려는 생각으로 자제하지 못하고, 주변사람들에게 거짓말을 하며 도박 사실을 숨기게 된다. 또한 본인이 갖고 있는 모든 돈을 탕진하는 상황에서 더 이상 도박을 하지 않는다는 조건으로 주변 사람들의 경제적 도움을 받기도 한다.

(3) 절박한 단계(Desperate phase)

도박을 하면서 돈을 잃고 본전을 만회하려는 시도가 반복되면서 갖고 있던 돈이 다 떨어져서 돈을 빌려서 도박을 하고, 공금을 유용하거나 부도수표 남발, 카드 사기, 심지어는 남의 돈을 훔쳐서까지 도박을 하게 된다. 또한 이러한 불법적인 일들로 인한 직업상실, 이혼, 자살 생각, 체포 등을 경험하기도 한다.

(4) 절망단계(Hopeless Phase)

결국 마지막에는 더 이상 도박할 돈을 구할 수 없어 도박을 못하게 되는 바닥을 치는 경험을 하게 되지만, 돈이 없어서 억지로 도박을 못하게 될 때에는 심한 금단증상을 체험하게 되고, 경제적으로나 신체 및 정서적으로 모두 황폐해진 상태가 되어버린다. 이 때 몇몇 도박자들은 가족들이 도움으로 치료기관을 찾기도 하며, 우울증, 자살사고, 스트레스성 신체질환을 경험하기도 한다. 대개 이렇게 될 때까지 15년이 걸리나, 1~2년 만에 그렇게 되는 경우도 있다.

Ⅲ. 중독치료

1. 중독치료의 원칙

미국 국립약물남용연구소(NIDA)는 효과적인 중독치료 원칙을 다음과 같이 정리하고 있다.

- 중독은 뇌의 기능과 행동에 영향을 주는 복합적인 질환이지만, 치료가 가능한 질환이다.
- 모든 사람에게 적절한 단일의 치료법은 없다.
- 치료서비스 이용은 항상 즉시성이 있어야 한다.
- 효율적인 치료는 대상자의 물질 사용이나 중독 행동에만 초점을 둘 것이 아니라, 그의 다면적인 욕구에 집중해야 한다.
- 충분한 기간과 지속적 치료와 개입이 중요하다.
- 개인, 집단, 가족을 대상으로 하는 행동치료는 중독 치료의 가장 보편적인 형태이다.
- 행동치료와 상담치료가 조화를 이룰 때 약물치료도 대부분의 내담자에게 기본적인 요소로 제공되어야 한다.
- 개인에 대한 치료 및 개입 계획은 그의 욕구가 변화되는 것에 따라서 항상 변화되어야 한다.
- 이중진단 환자는 통합된 방식으로 두 장애를 함께 치료해야 한다.
- 치료는 자발적으로 임해야 효과적이다.
- 치료 중에도 재발여부를 계속 모니터링해야 한다.
- 중독자들을 대상으로 하는 치료계획은 반드시 간염이나 AIDS, 결핵과 같은 만성적, 중증 질환을 예방하는 전략을 포함하고 또 다른 필요한 치료에 연계되도록 해야 한다.

2. 치료적 개입

1) 동기강화상담

동기강화상담(MI)은 Bill Miller에 의해 중독 분야에 도입된 증거 기반의 실천 개입이다. 이것은 그 자체로 포괄적인 치료가 아니라 변화를 둘러싼 양가감정을 해결하기 위한 사람 중심의 통합적인 면접 기술이다. 비교적 간략하며(1–4세션 또는 15분 이하의 간단한 형식으로 테스트하는 경우가 많음), 식이요법, 운동, 심혈관 질환 관리, 도박 및 HIV 위험 행동(Rollnick, Miller, & Butler, 2008), 그 외 CBT 등의 치료 방법을 브완할 수 있다(Rollnick, Miller, & Butler, 2013). 동기강화상담은 치료 유지율을 높이고 재발률을 감소시키며, 긍정적인 변화를 촉진한다. 동기강화상담의 결과는 다른 특정한 치료의 결과와 유사하지만 대개 더 짧은 시간에 긍정적인 결과를 얻는다. 동기강화상담은 자신의 내적 동기부여와 변화에 대한 노력을 강화하는 협력적 대화의 한 형태로, 그것은 본질적으로 변화에 대한 일반적인 양가감정의 문제를 변화대화에 특히 주의를 기울이는 단기적인 사람 중심의 상담 스타일이라고 하였다. 스스로의 변화 이유를 도출하고 탐구함으로써 자신이 특정 목표에 대해 동기부여하고 움직임을 강화하기 위한 것이다. 이를 위해 수용과 공감의 분위기 속에서 상담하는 것이 중요하다.

2) 인지행동치료(Cognobehavior therapy)

중독은 당뇨나 암, 심장병과 같은 하나의 질병으로서 만성적이고 진행적이며 치명적인 가족병임을 인식시키는 것이다. 또한 중독자 스스로 자신은 술에 대해 무력하고 자신의 의지력만으로 치료는 불가능하며 성격적인 변화와 행동의 변화를 수정할 때만이 치료가 가능하다는 사실을 깨닫게 해주는 것을 목적으로 실시한다. 인지행동에 기반을 둔 다양한 접근법을 다음과 같이 활용할 수 있다.

(1) 비합리적 사고에 반박하기

인지적 재구조화(비합리적 사고를 반박하기)는 우리의 행동과 감정이 우리의 무의식 또는 자동적 사고의 결과라는 생각에 바탕을 두고 있다. 결국 우리의 생각은 우리 자신과 타인, 그리고 세계에 대해 깊이 간직하고 있는 신념과 관련이 있으며, '스키마(핵심 믿음)'

라고도 불린다. 비합리적 자동적 사고를 경험하는 것은 일반인에게 매우 흔한 일이지만, 불안, 우울증, 트라우마 및 기타 심리적 어려움을 겪는 사람들은 이러한 비합리적 자동적 사고를 더욱 격렬하고 자주 경험할 수 있다(Williams & Garland, 2002). 이러한 비합리적 자동적 사고가 자주 일어나 거의 기본적 반응이 될 때, 그것들은 비합리적 사고방식으로 간주 될 수 있다.

인지적 재구조화는 비합리적 사고를 변화시키면 내담자의 감정과 행동을 변화시킬 수 있다는 전제하에 이루어지는 CBT 기법이다. 그것은 중독자에게 부정적인 감정과 비합리적 행동을 야기하는 자동적 사고와 그 근본적인 핵심 믿음을 확인하고 반박하는 것을 포함한다. 자동적 사고가 인지적 재구조화 훈련을 통해 반박되고 논의되면서 부정적인 감정과 비합리적 행동이 감소한다.

(2) 문제 해결적 접근

문제에 직면하고 성공적으로 다루는 것은 삶의 한 부분이다. 내담자가 중독문제를 변화하려고 할 때 변화를 지연시키거나 위협할 수 있는 문제에 부딪히는 일은 빈번하게 발생한다. 따라서 중독자가 적절한 문제 해결 능력을 갖도록 하는 것은 치료의 중요한 측면이며 재발 위험을 감소시킨다. 문제 해결 기술을 가르치는 것은 더 나은 치료 결과와 관련이 있다. 중독문제를 가진 많은 사람들은 문제 해결 능력이 떨어지지만 그동안 어떻게 해결해 왔는지 물어보는 것이 필요하다. 내담자에게 문제 해결 기술을 가르칠 때 다양한 기법이 도움이 된다. 구두 교육, 적혀진 정보, 리허설 등이 모두 유용할 수 있다. 문제 해결하기의 목표는 중독자가 다음을 수행할 수 있도록 지원하는 것이다(Jarvis et al., 2005: 95).

- 문제가 존재함을 인식
- 문제에 대한 잠재적인 해결책 형성
- 가장 효과적인 대안 선택 및 실행 방법 계획
- 이 대안을 실행하고 접근 방식이 얼마나 효과적이었는지 평가

(3) 목표 설정

목표설정은 CBT에서 온 기술이다. 중독자와 상담자는 상호 동의한 결과를 얻기 위해 계획 설정을 위한 사정 과정에서 얻어진 정보를 사용하는 것을 수반한다.

- 치료 계획에 대한 지침 제공

- 상담에 대한 중독자의 기대치를 명확히 함.
- 상담에서 달성할 수 있는 것과 달성할 수 없는 것을 명확히 설정
- 특정 치료 기법과 전략을 선택하고 사용에 대한 근거를 제공
- 달성도를 시간 경과에 따라 측정하여 중독자가 성공을 경험할 수 있도록 지원
- 상담자의 이론적 성향에 관계없이 상담이 내담자 중심적이고 지시적인 상태를 유지하도록 보장

〈SMART 목표들〉

- 구체성(specific) – 명백, 모호하지 않음. 구체적인 목표를 설정하는 것은 모호성을 제거하기 때문에 더 나은 목표 달성과 관련이 있다. 가능한 경우, 목표 달성에 필요한 날짜, 시간 및 자원을 알아보라.
- 측정가능성(measurable) – 시간적 혹은 양적으로 측정 가능한 것은 내담자가 그들의 절차를 검토하고 목표를 달성했는지 알 수 있는데 도움을 준다.
- 성취가능성(achievable) – 현실적으로 성취할 수 있다.
- 현실적(realistic) – 다른 약속들과 함께 달성될 수 있다.
- 시간제한적(time-limited) – 구체적인 시간적 틀 내에서 달성될 수 있다.

(4) 재발 예방과 관리

중독의 재발과 관련된 몇 가지 요인을 고려하는 것은 중요하다. 문헌에 따르면 다음과 같다(Miller, Westerberg, Harris, & Tonigan, 1996).

- 중독자에게 비합리적 지원 시스템을 가지고 있을 때 재발할 가능성이 더 높음.
- 중독자가 목표를 달성하지 못할 것이라고 생각하는 경우 재발할 가능성이 더 높음.
- 복잡한 심리적인 문제를 가진 내담자의 공존하는 정신건강 상태나 외상이 다루어지지 않는 등의 근본적인 심리적인 문제가 재발할 가능성을 높임.
- 인지적 손상을 보유한 내담자가 재발할 가능성이 더 높음.
- 젊은 층의 재발 가능성이 매우 높음.
- 재발은 변화 후의 삶의 질에 따라 결정됨.
- 질병 모델 신념을 가진 내담자들은 재발할 가능성이 더 높임.

〈재발 방지의 단계〉
- 재발에 대한 근거와 이론적 분석을 제시함
- 약속을 강화
- 고위험 상황 파악
- 대처 방법을 개발
- 내담자가 잘못에 대해 책임질 수 있도록 유도
- 회복과 관련된 사회적 지원을 확인
- 개인의 강점과 이전의 성공에 초점을 맞추기
- 자가 효능감은 치료 후의 약물 사용 감소에 대한 예측 변수

〈재발 관리 전략〉
- 수치심, 실패, 자책감에 대한 부정적인 감정을 탐구하고 인정하기
- 내담자에게 변화에 대한 의사 결정의 측면에서 실수가 의미하는 것이 무엇인지 살피기, 실수가 재발로 이어진다는 것에 대한 어떤 믿음에도 반박하고 실수를 정상화
- 파멸을 초래한 일련의 사건을 자세히 살펴보기
- 내담자가 다음에 무엇을 다르게 할 수 있는지 살펴보기
- 내담자가 변화에 대한 약속을 갱신할 수 있도록 지원

(5) 명상(알아차림)

알아차림은 의식의 한 형태로, 의도적으로 현재에 관심을 기울이고, 판단하지 않는 데서 생겨나는 것이다. 그것은 보통 호흡 명상처럼 생각보다는 신체적 감각이나 오감에 초점을 맞춘다. 생각이 개입할 때는 그들의 암시에 반응하거나 바꾸려 하지 않고 이를 관찰하고 받아들여야 한다. 인지적 탈융합은 이것을 한 단계 더 나아가 내담자가 그들의 생각으로부터 거리를 두도록 돕는 전략을 포함한다. 이것은 내담자가 생각과 감정에 덜 반응하게 될 수 있도록 도울 수 있다. CBT의 인지에 반박하는 접근 방식과는 대조적으로, 알아차림은 생각들에 얽매이거나 도전하지 않고 단순히 생각을 인정하는 것이다. 내담자와 함께 알아차림 전략이 그들에게 어느 정도 도움이 될 수 있는지 탐색하는 것이 중요하다. 어떤 내담자들은 문제 있는 생각에 도전하는 것이 더 유용하다고 생각하는 반면, 또 다른 내담자들은 명상적인 접근법이 그들에게 적합하다고 생각한다.

3) 집단치료(group work)

집단치료는 중독분야에서 공통적이고 유용한 치료 접근법이다. 집단치료는 다음과 같은 많은 이점을 얻을 수 있으며, 효과가 높다.

- 또래(동료) 지원 제공
- 영감 제공
- 동기 부여 강화
- 고립감 및 부적절감 감소
- 역할 모델 제공: 유사한 문제를 극복한 사람
- 내담자의 사회 기술을 연습할 수 있는 기회 제공
- 단일 치료 전문가가 동시에 여러 내담자를 도울 수 있도록 허용

4) 자조 모임(Self-help 및 A.A/N.A/G.A)

중독분야의 실무자는 중독문제를 가진 내담자에게 자조모임을 소개해 주고 참여할 수 있도록 격려하는 과정이 필요하다. 모든 중독자가 자조모임을 통해서 회복되는 것은 아니며 또한 절대적이라고 할 수는 없지만, 자조모임이 중독자의 회복과정에 도움이 된다는 것이 많은 문헌에서 입증되고 있다.

중독치료는 치료자가 해주는 것이 아닌, 중독자 자신 스스로 병임을 받아들고 자신의 질병을 스스로 치료를 선택할 수 있다는 생각과 혼자서는 중독을 치료할 수 없고 같은 문제를 가진 다른 중독자의 도움을 받아야 됨을 알게 되는 것이다. 이러한 목적에서 중독자 스스로가 모든 치료의 '주인 의식(ownership)'을 갖도록 하는 것이 중요하다. 또한 중독자들은 보통 강화된 권력 욕구를 갖고 있으나 그 대상이 중독이 아닌 보다 건강한 대상(자조모임에 참석하며 협심자 메시지 전달을 하면서 leader role을 경험 등)을 찾도록 하여 해방감, 성취감 등을 맛볼 수 있도록 도와줄 수 있다. 이 밖에도 자조모임을 통해 영적 접근인 12단계를 배우고 삶에 실천하는 연습을 해 나가는 과정이 회복을 위해 매우 중요한 요소가 된다.

5) 가족 교육 및 치료

중독은 가족 체계로부터 치료 과정에 들어와서 다시 가족 체계로 돌아가는 가족병이

므로 가족의 질적인 기능 향상을 치료의 목표로 하고 있다. 중독은 중독자뿐 아니라 가족 내 다른 구성원에게 피해를 끼치며 서로 간에 문제를 일으키는 질병, 즉 공동 의존(Co-dependency)되어 생활하고 있는 가족을 치료 과정에 포함시키는 것이 중요하다. 가족에게 중독에 대한 교육과 함께 가족들이 해야 할 일, 올바른 대처방법은 무엇인지 인식시키는 것이 중요하다. 또한 가족 자조모임이나 가족치료 등을 권하는 것도 필요하다.

6) 중독 사례관리

중독자들에게 서비스를 제공하는 모든 전문가들은 사례관리에 전문화 되어 있고 특히 지식과 기술 그리고 좀 더 전문적인 치료 서비스를 제공하기 위해 준비하는 태도를 가지고 있어야 한다. 효과적인 실천의 기본 전제 조건에는 신속한 공감대를 형성할 수 있는 능력, 유동적 사례관리 관계에서 적절한 경계를 유지하는 방법에 대한 인식과 내담자에 대하여 판단하지 않으려는 의지, 중독과 관련된 학문적 기반이 포함된다. 이런 기반은, 중독을 이해하고 치료에 대한 지식, 실제 사례에 적용할 수 있는 전문적인 준비성을 가지고 있는 것을 의미하며 사례관리자의 역량과 특정 태도를 포함한다.

- 중독과 관련된 다른 문제와 중독의 이론과 모델의 다양성 이해
- 치료, 회복, 재발 방지 및 중독, 기타 문제에 지속적인 관리 모델의 철학, 관행, 정책 및 결과를 설명할 수 있는 능력
- 치료 및 회복과정에서 가족, 사회적 관계 및 공동체 시스템의 중요성 인식
- 다양한 문화를 이해하고 문화적으로 다양한 집단과 관련된 요구를 임상 실습에 통합함.
- 중독치료에 대한 학문 간 접근법의 가치 이해

사례관리자가 중독의 치료 연속성에서 내담자에게 최적의 서비스를 제공하기 위해서는 복잡한 기술들을 완전히 익혀야 하고 광대한 범위의 지식을 가져야 한다. 또한 중독 사례관리자는 관계 부처 간의 협상, 기능 및 지지와 같은 관련된 능력을 가지고 있어야 한다.

참고문헌

조근호 외 17인 (2011). 중독재활총론. 학지사.

박상규 외 4인 (2017). 중독의 이해와 상담실제. 학지사.

한국마약퇴치운동본부 (2021). 마약류 사용자 개별회복지원서비스 표준안.

한국정신보건사회복지사협회 (2013). 정신보건전문요원 수련교재. 양서원.

한국정신보건사회복지사협회 (2016). 정신보건사회복지의 이해와 적용. 예일기획.

May, G. (2005). 중독과 은혜. 이지영 역. IVP.

13장

재난의 이해와 개입

현진희
(대구대학교)

Ⅰ. 서론

재난은 갑작스럽게 발생하여 개인의 삶의 터전을 파괴하고 정신건강 및 삶의 질에 부정적인 영향을 미친다. 보통 개개인의 역량만으로 재난의 영향으로부터 회복하기 힘든 경우가 많다. 따라서 평상시에 재난을 대비하는 것이 중요하지만 평상시에 재난대비에 우선순위를 두고 준비하는 것은 쉽지 않다. 그러나 2020년 코로나19 바이러스감염증의 발생은 전 세계의 모든 인구집단의 삶의 질에 부정적인 영향을 미치며, 현재 그 어느 때보다 재난의 영향과 이로부터의 회복에 관심이 쏠리고 있다. 정신건강전문가는 무엇보다 재난의 영향으로 인한 정신건강문제와 이에 대한 여러 수준의 근거기반 개입방안들을 알아야 하며, 단계별 개입에 대한 교육과 훈련이 필요하다. 또한 재난 발생 초기의 강도높은 개입과 장기적인 회복과정에서 정신건강전문가의 소진과 이차외상스트레스를 예방하고 관리하는 것은 전문가의 기본적인 자질로서 인식될 정도로 중요한 시기이다.

전통적인 정신건강 훈련과정에서 재난 또는 트라우마의 영향과 그 개입방안에 대해서는 우리나라에서 그동안 관심을 많이 받지 못해온 것이 사실이다. 그러나 이제 정신건강 문제에서 트라우마의 전 생애에 걸친 영향이나 갑작스런 재난으로부터 회복과 관련된 근거기반실천방안들에 대한 지식, 기술, 가치는 정신건강전문가가 반드시 갖추어야하는 전문성이라는 인식은 확립되고 있다고 하겠다. 본 장에서는 이러한 재난이 정신건강에 미치는 영향과 근거기반 개입방안에 대해 살펴봄으로써 정신건강전문가가 갖추어야할 역량을 강화하고자 한다. 트라우마의 전 생애에 걸친 영향과 그 개입방안에 대한 부분은 본 주제에 할애된 지면의 한계상 충분히 언급하지 못하였으므로, 트라우마의 영향과 트라우마기반실천(Trauma-Informed Approach)에 대해서는 다른 기회에 반드시 학습하길 추천한다.

Ⅱ. 이론적 배경

1. 재난의 이해

1) 재난의 정의

재난은 개인의 안녕을 위협하고 삶의 터전을 파괴하여 개인과 사회에 막대한 물적·인적 손실을 야기하는 위험한 상황이다. 유엔국제재해경감기구(United Nations International Strategy for Disaster Reduction: UNISDR)에서는 재난의 의미를 '갑작스럽게 발생하여 지역 사회의 기본 조직과 정상 기능을 와해시키는 큰 규모의 사건으로 외부의 도움 없이는 극복할 수 없는 상태'라고 정의하였다.

세계보건기구(World Health Organization: WHO)에서도 '심각한 파괴로 인하여 피해 지역은 생태학적으로나 사회심리학적으로 자신의 대처 능력을 초과한 상태'라고 정의하였다. 우리나라에서는 2004년도에 제정된 「재난 및 안전관리기본법」에서 재난의 법률적 정의를 '국민의 생명·신체·재산과 국가에 피해를 주거나 줄 수 있는 것'이라 제시하고 있다.

이상의 내용을 종합해볼 때, 재난은 갑작스럽게 발생하며, 생명과 생활 터전에 심각한 물적 손실을 가져다주는 것으로, 외부의 도움 없이는 극복하기 어려운 상황이다.

2) 재난의 유형

재난은 일반적으로 자연에서 일어나는 자연재난과 인간에 의하여 야기되는 인위적 재난인 사회적 재난으로 구분한다. 과거의 재난은 단순하게 홍수, 지진과 같은 대규모의 천재지변을 지칭하는 것이었으나 현대사회에서는 대규모의 인위적 사고가 자연재난보다 더 큰 피해를 가져오면서 재난이란 자연재난과 인위적 사고를 포괄하는 개념으로 사용된다. 보편적으로 인위적 재난이 더 많은 정신건강 후유증상을 더 오랜 기간 동반한다(재난정신건강위원회, 2015). 우리나라는 자연재난과 사회적 재난으로 분류하고 있다.

① 자연재난: 날씨(태풍, 허리케인, 토네이도, 사이클론, 홍수, 호우, 대설, 풍랑, 해일, 강풍, 가뭄 등), 지질학적(눈사태, 산사태), 지형학적(지진, 화산폭발 등), 생물학적(황열, 콜레라, 뇌수막염, 벌레에 의한 병충해 등)

② 사회적 재난: 화재, 붕괴, 폭발, 교통사고, 화생방 사고, 환경오염 사고, 감염병, 가축 전염병의 확산, 테러 등(감염병, 가축 전염병 등은 국제기구에서는 자연재난으로 구분)

2. 재난의 영향

1) 재난 후 반응단계

Myers와 Wee(2005)는 일반적인 재난반응을 6단계(재난 이전 단계-영향단계-영웅단계-허니문단계-환멸단계-회복단계)로 분류하고 있다.

재난 이전 단계는 공포와 불확실성이 특징이며 공동체가 경험하는 구체적인 반응은 재난의 종류에 따라 달라진다. 경고의 유무에 따라 취약성과 보안 부족, 미래에 대한 두려움, 예상치 못한 비극, 그리고 통제력을 상실하거나 자신과 가족을 보호할 수 있는 능력을 상실하거나 경고에 주의를 기울이지 못한 것에 대한 죄책감이나 자책감 유발하기도 한다. 이 단계는 테러 공격과 같이 몇 시간 또는 심지어 몇 분 정도로 짧거나 허리케인 시즌과 같이 몇 달간 이어질 수도 있다.

영향단계에서는 일련의 강렬한 감정적 반응이 특징이며 이전 단계와 마찬가지로 구체적인 대응은 재해의 종류에 따라 달라진다. 재난에 대한 반응은 충격에서부터 명백한 공황 상태에 이르기까지 다양할 수 있으며 초기 혼란과 불신은 전형적인 자기 보호와 가족 보호에 초점을 맞춘다. 영향단계는 보통 6단계 중 가장 짧다.

영웅단계는 활동량이 많고 생산성이 낮은 것이 특징으로 이 단계에서 이타적인 느낌이 들며, 많은 공동체 구성원들이 아드레날린으로 인한 구조 행동을 보이며 이 과정에서는 위험 평가가 손상될 수 있으며 빠르게 지나간다.

허니문단계는 감정의 급격한 변화가 특징이며 재난 원조를 쉽게 받을 수 있다. 공동체 결합이 일어나고 모든 것이 빨리 정상으로 돌아올 것이라는 낙관론이 존재한다. 그 결과,

통신사와 조직이 영향을 받는 사람과 그룹과의 관계를 구축하고, 이해 관계자들과의 관계를 구축할 수 있는 수많은 기회를 얻을 수 있다. 허니문단계는 보통 몇 주밖에 지속되지 않는다.

환멸단계는 허니문단계와 극명한 대조를 이룬다. 환멸 단계 동안, 지역사회와 개인들은 재난 원조의 한계를 깨달으며 필요와 지원의 괴리가 커지면 버림받은 기분으로 이어진다. 특히 더 큰 커뮤니티가 평상시처럼 업무에 복귀하고 개인과 커뮤니티가 지원을 받아들일 준비가 되면서 서비스에 대한 수요가 증가할 수 있다. 환멸단계는 몇 달에서 몇 년 동안 지속되기도 하며 기념일이나 하나 이상의 촉발요인에 의해 연장되기도 한다.

회복단계는 전반적인 회복의 느낌이 특징으로 개인과 공동체는 자신의 삶을 재건하기 시작하고, 사람들은 손실에 대해 계속 슬퍼하면서 새로운 일상에 적응한다. 종종 재난 발생 기념일을 전후해 시작되며 그 이후 한동안 지속되기도 하며 대규모 재난의 경우, 몇 년 동안 지속될 수 있다.

〈그림 13-1〉 재난 후 반응단계

출처: Myers & Wee(2005).

2) 재난의 영향

(1) 재난 후 일반적인 스트레스 반응

재난 생존자는 생명을 위협하는 수준의 외상을 직·간접적으로 경험한 사람이다. 재난 직후와 그 이후까지 다양한 심리적, 행동적 반응을 보일 수 있다. 심각한 스트레스 사건을 마주하면 생존자는 신체적, 인지적, 정서적, 행동적, 영적인 차원에서 다양한 변화를 경험하게 된다. 이러한 급성 스트레스 반응은 상황의 심각성에 따라 달라지며, 개인의 특성이나 사회문화적 배경에 따라서도 달라진다. 성격 특성이나 과거 정신 병력 등의 요인이 있을 때 스트레스 반응이 더 심해지고 경과도 악화될 수 있다.

① 정서적 반응

대체로 재난 직후에는 재난이 현실이 아닌 것처럼 비현실감을 느끼고 이를 부인 하거나, 정서적 쇼크 상태에서 무반응을 보일 수 있다. 시간이 지남에 따라 다양하고 복잡한 감정을 경험하게 되는데, 괴롭고, 억울하고 화나거나 죄책감을 느끼고, 끔찍하고 불행하게 느끼게 된다. 이런 감정이 너무 압도적이어서 무력감을 느끼거나, 극단적이고 예측불가능한 자신의 상태를 보면서 자신이 미치지 않을까 두려워하고 사람들로부터 멀어지기도 한다.

② 신체적 반응

사람의 신체는 위협을 직면하게 되었을 때 이에 맞서 싸우거나 도주하여 상황에 대응할 수 있도록 신체적 에너지를 방출하는 방향으로 급격한 변화를 일으킨다. 이때 자율신경계가 각성되어 아드레날린이 방출되고, 심장 박동 수가 빨라지며, 혈압이 올라가고, 숨이 빨라지며, 땀을 흘리는 반응이 나타난다. 또는, 입술이 떨리고, 위가 뒤틀리며, 속이 메스껍거나 오한 반응이 나타나기도 한다.

③ 인지적 반응

시각이 좁아지고 생각이 협소해진다. 논리적으로 생각하기 힘들며, 집중이 어렵고 머릿속으로 온갖 생각이 지나가게 된다. 또한 다른 사람들과 의사소통이 어려우며 기억력이 저하된다. 심한 경우 사람, 시간, 장소에 대한 지남력이 손상될 수 있다. 또한 세상에 대해 가지고 있었던 믿음이 손상되어, 삶의 일관성이나 의미를 믿을 수 없게 된다. 자신이 당한 일에 자책하거나, 혹은 외부로 분노를 터트리는 경우도 있다.

④ 행동적 반응

인지적으로 협소해지면서 행동도 경직된다. 융통성이 적어짐에 따라 분노 반응이 나타나고 주변에 대한 의심으로 발전하기도 한다. 문제 상황에 대해 비난할 대상이나 희생양을 찾기도 한다. 행동이 경직되면서 의사소통이 잘 안 되고 외부로부터 철수되기도 한다.

⑤ 영적 반응

어떤 사람은 사건에서 영적인 의미를 찾으려고 노력하기도 하고, 또 다른 사람은 왜 이런 일이 일어났는지 원망하며 신앙에서 멀어지기도 한다. 사람에 따라 삶에 대한 새로운 의미를 발견하기도 하고, 또는 미래에 대한 희망을 잃어버리기도 한다.

〈표 13-1〉 재난 충격 이후 나타날 수 있는 다양한 반응

정서적 반응	신체적 반응	인지적 반응	행동 반응	영적 반응
• 불안 • 우울 • 불안정한 정서 • 예민, 짜증 • 죄책감, 수치심 • 무감각 • 좌절에 대한 내성 부족 • 자아도취, 지나친 자신감 • 재난경험자들에 대한 동일시	• 불면, 악몽 • 통증(두통, 복통, 근·골격계 등) • 식욕변화, 소화불량 • 감기, 감염 등 면역력 저하 • 만성 피로 • 눈가, 입가의 근육 떨림 • 생리주기의 변화 • 체중 변화 • 탈모	• 기억력 감소 • 사고의 속도와 이해 저하 • 우선순위, 의사결정의 어려움 • 반복된 외상사건 기억 • 새로운 생각에 대한 저항 • 경직된 사고	• 외상 사건을 연상시키는 상황 회피 • 대인관계의 위축 • 활동 감소 • 알코올, 약물 사용 증가 • 잦은 지각, 업무 회피 • 분노폭발, 잦은 다툼	• 자신감 상실 • 의미상실, 회의 • 소외감 • 가치관의 변화

출처: Pines, A. M. (1993).

재난은 모든 사람에게 외상적 경험을 하게 하는 충격적 사건이며, 재난 후 나타나는 스트레스 반응은 누구에게나 나타날 수 있는 '비정상적 상황'에 대한 '정상적 반응'이다. 재난은 평소 극복할 수 있는 능력을 압도할 만큼 강한 충격을 주는 외상사건이 될 수 있고, 이는 스스로 통제 가능한 일상적 스트레스와는 다르다. 따라서 재난경험자가 보이는 반응은 비정상적 사건에 대한 정상적인 반응임을 알려주는 것이 필요하다.

(2) 재난의 단계별 심리사회적반응

① 급성기(사고 후 3~7일내)

재난이 발생한 직후 3일에서 7일 이내 기간으로 신체적 도움이 가장 필요한 시기이다. 우선 생존자의 상황을 파악해야 하며 안전감을 회복하고 물질적 요구 사항을 파악해야 한다. 생존자 중 망연자실한 상태로 판단력이나 현실감이 급성 스트레스 반응으로 나타날 수 있다. 이와 같은 반응은 대부분의 경우 외상에 따른 일상적인 반응일 수 있으며 모든 생존자가 경험하는 현상은 아니다.

② 아급성기(사고 후 1~3개월 이내)

재난 발생 이후 급성기 기간을 지나면서 물리적 요구 사항이 적절히 충족되는 상황에서 재난에 따른 정서적 그리고 심리적 반응이 나타날 수 있다. 따라서 재난 발생 이후 아급성기에서의 재난 대응의 목표는 정서적 어려움을 반영하는 증상들을 신속히 파악하고 단기적 개입을 제공하여 증상의 완화를 도모하고 증상이 악화되는 것을 방지하는 것이다. 이 시기에 보다 전문적인 개입이 필요할 경우 관련 정신건강전문가에게 의뢰하여 회복을 증진시킨다. 아급성기에 나타나는 정서적 어려움은 다음과 같다.

가. 불안, 공포 반응

- 외상사건을 실감하게 되면 불안, 공포 반응이 나타나는데, 이는 투쟁-도피반응에서 일어나는 정상적인 생물학적 반응이다. 재난 발생에 따른 두려움과 더불어 재난이 다시 발생할 가능성에 대한 불안감이 상승할 수 있다.
- 특정 재난 장면을 재경험하거나 악몽을 꾸기도 한다. 이에 재난 상황을 연상시키는 관련 자극을 가급적 피하고자 할 수 있다. 사소한 자극에도 지나치게 놀라고 예민한 상태로 주변 사람에게 갑자기 화를 내는 일이 잦아질 수 있다.

나. 애도 반응과 우울

- 외상 후 스트레스 장애 증상과 함께 애도반응이 나타나는 시기이다.
- 재난 발생 후 생존자는 가족이나 친구의 죽음, 사고로 인한 신체 손상, 재산의 손실뿐 아니라 향후 성취와 관련된 계획상의 차질 등 상실감에 따른 반응으로 우울과 애도 반응이 나타날 수 있다. 우울한 기분과 식욕 상실, 수면 장애 등이 나타날 수 있다.
- 미래에 대한 비관적인 사고가 커지고 대인 관계나 이전에 중요하게 여기던 여러 활동에서 흥미를 상실할 수 있다. 간혹 심한 감정 기복을 호소하는 경우도 있다.

다. 죄책감

- 생존자는 자신이 살아남은 것에 대한 실존적인 죄책감과 함께 자신이 사건 현장에서 취하거나 취하지 않았던 행동에 대해 죄책감을 느낄 수 있다. 특히, '내가 이렇게 했다면 상황이 달라졌을 거야'라는 식의 과대 해석이 나타날 수 있으며 대부분의 경우 이와 같은 생각은 왜곡된 자책이다. 간혹 자신의 행동이 다른 사람에게 알려지면 비

난받을지도 모른다는 두려움 때문에 죄책감을 계속 숨기는 경우가 있을 수 있다.

라. 불신과 고립감

- 재난 생존자는 자신의 통제 능력이나 타인, 세상에 대한 지속적이고 비일반적인 부정적 믿음을 가지기도 한다.
- 주변인이 보이는 공감과 동정에 대해 거부감을 느끼기 쉬우며, 생존자들만의 집단을 형성하여 분노나 집단행동을 보이면서 통제감을 얻고자 할 수 있다. 또한 누구에게도 자신의 외상 사건에 대해 털어 놓을 수 없다고 느끼면서 고립감과 소외감을 느낄 수 있다.
- 이 시기에 신체적 외상이 회복되면서 사회로 복귀하기 시작하는데 생존자들에 대한 단순한 호기심이나 동정적인 태도에 더욱 고립감을 느끼며 적응에 어려움을 겪을 수 있다. 또한 이 시기에 언론 취재 등으로 두려움이 생길 수 있다.

마. 인지 능력의 변화

- 두부 외상이나 해리 양상으로 인해 재난 사건에 대허 일부, 혹은 전체를 기억하지 못할 수 있다. 이외에도 전반적인 기억력의 저하를 호소하는 경우가 흔하다. 또한 집중력이 떨어져 사소한 일에도 업무상의 어려움을 느낄 수 있다.

사. 신체 증상

- 재난 중 발생한 부상, 기존 신체 질환의 악화 등이 원인이 되거나 스트레스에 대한 반응으로 여러 신체 증상이 나타날 수 있다. 피로감, 두통, 위장관 증상, 불면증, 면역력 저하, 식욕 저하, 근골격계 증상 등이 흔하게 나타난다.
- 신체 증상이 동반되면 심리적 반응에 악영향을 미치고 활동이 위축되어 사회적 기능의 회복도 지연될 수 있다. 따라서 재난 초기부터 신체 증상이 동반되는지 조사하여 적극적인 치료적 개입이 필요하다.

아. 물질 사용/남용

- 술은 괴로운 기억, 불안은 물론 신체적 아픔을 일시적이나마 없애주는 수단이 되기도 한다. 따라서 재난 이후 술과 같은 물질에 대한 의존성이 발생하거나 강해질 수

있으며 이는 물질 남용이나 의존성을 유발하고 대인 관계에서의 문제를 야기할 수 있다.

③ 만성기(3개월 이후)

가. 심리적 어려움

- 초조, 불안, 쉽게 화를 내는 증상이 지속될 수 있으며 죄책감, 우울 증상 등이 더욱 심해질 수 있다. 재난 발생 이전의 일상으로 돌아갈 수 없을 것이라는 절망감이 커지고 특히 신체적 후유증이 있는 경우 절망감과 관련하여 자살을 시도할 수 있다.
- 기념일 반응이 나타날 수 있어 재난이 발생한 시간대나 날짜, 요일 등 사건을 상기시키는 시점에서 생존자들은 다양한 심리적 반응과 강한 비탄 반응을 경험할 수 있다.

나. 사회환경적 문제

- 생존자의 부적응이 지속되면서 주변 사람들의 이해나 공감의 정도가 감소할 수 있다. 결과적으로 고립감과 불신감이 심해지고 다시 주변의 부정적인 반응을 불러일으키는 악순환이 시작될 수 있다.
- 가족 내 역동이 변화하여 부부간의 관계 혹은 자녀와의 관계에서 갈등을 경험할 수 있다. 또한 법적 문제가 관련되었을 경우 이로 인해 이차 스트레스를 호소하기도 한다. 이 시기에 약물/물질 의존 문제가 본격적으로 나타날 수 있다.

3) 재난피해의 범위

일반적으로 재난은 외상사건으로써 삶의 손실과 신체적 손상, 심리적 증상과 같이 삶의 전 영역에 영향을 미치는 것으로 알려져 있다(Peek & Milleti, 2002). 재난의 심리적 외상의 피해 범위는 다음과 같이 구분할 수 있다. 1차 피해자는 재난의 직접적인 피해를 입은 사람들을 의미하며 1차 피해자들의 친인척과 친구들은 2차 피해자, 구조요원과 재난 관리자들은 3차 피해자이다. 그 외에도 재난이 발생한 지역사회 주민들 역시 심리적 외상을 경험할 수 있으므로 4차 피해자로 분류되며 사고 외 지역의 주민들 역시 대중매체 등을 통해 재난에 관한 심리적 스트레스를 겪을 수 있다는 점에서 5차 피해자로 분류된다.

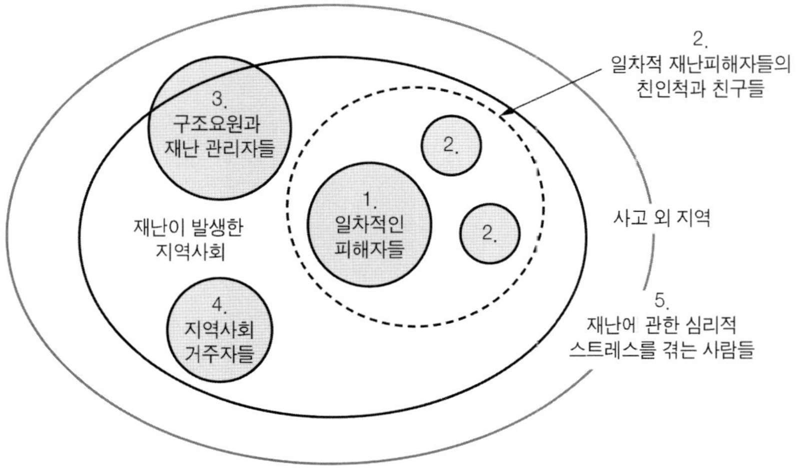

〈그림 13-2〉 심리적 외상의 피해 범위

출처: Taylor & Frazer(1981).

3. 재난과 정신건강

1) 재난과 정신건강문제의 관련성

재난은 모든 사람에게 외상적 경험을 하게 하는 충격적 사건이며, 평생 동안 재난에 노출될 가능성이 남성은 19% 이상, 여성은 15% 이상이다(Kessler et al.,1995). 재난 생존자 중 PTSD는 68%, 우울증은 36%, 불안장애는 20% 등의 순(Norris et al., 2002)이며, 대부분의 사람들은 6~12개월 이내에서 가벼운 정도의 스트레스 반응에서 완전하게 회복하지만(Greca et al., 1996), 재난 희생자의 39%는 손상이 심각해지고(Norris et al., 2002), 6개월 후부터 자연 회복률은 낮아지는 경향이 있다. 외상 경험 군에게서 주요우울장애, 불안장애, 물질남용 등 여러 정신질환이 나타날 수 있으나 이 중 특히 외상 후 스트레스 장애는 기능상의 장애가 크고, 만성적으로 진행되며, 외상과 직접적인 연관이 깊어 재난 정신건강 지원의 주된 목표가 된다.

재난 이후에 사람들은 많은 어려움에 처한다. 정신건강문제는 초기 개입이 매우 중요하다. 재난 이후의 정신과적 진단과 치료에 거부감을 가지는 경우가 많지만, 모든 현상은 구체적으로 명명되어야 정확한 개입과 평가가 가능하다. 재난은 물질적·신체적 피해 뿐만 아니라 정신적인 후유증을 남길 수 있다. 재난 후 피해자들의 정신건강에 대한 관심은 재난 피해를 최소화하는 데 반드시 고려되어야 하는 사항이다.

2) 주요 정신건강문제

같은 장소에서 동일한 재난을 경험하여도 개인의 반응은 다양하게 나타난다. 또한 상실의 정도(가족, 친척, 지인의 사망이나 재산손실 등)나 개인이 처한 상황에 따라 충격으로부터 회복하는 속도도 다르게 나타난다. 다음은 재난경험자들에게 주로 발생하는 정신건강문제들이다.

(1) 외상 후 스트레스 장애(PTSD)

재난의 충격으로 인해 나타날 수 있는 가장 대표적인 정신건강 문제는 '외상 후 스트레스 장애'이며, 외상 후 스트레스 장애는 재난을 경험한 사람 중 10~20%에서 나타날 수 있으며, 치료를 하지 않는 경우 저절로 회복되는 경향이 낮아 초기에 치료를 받는 것이 중요하다. 50% 이상의 성인이 3개월 이내에 회복하지만 수개월에서 수년 또는 수십 년 동안 증상이 지속되기도 하고, 여성이 남성에 비해 2배 높은 것으로 나타난다.

PTSD 환자의 80%가 다른 정신질환의 진단기준을 충족시키며(Brady et al., 2000), 우울, 불안, 신체화, 물질남용, 해리성장애가 가장 일반적(Halpern & Tramontin, 2007)이다. 또한 재난 후 PTSD가 나타난 사람 중 36%가 우울, 20%가 불안장애, 23%가 물질남용문제(Foa et al., 2006)를 가진 것으로 나타난다. 참전군인, 자연재난 생존자의 PTSD 발생률이 3~58%, 정신건강사회복지사의 23.8%가 PTSD 고위험군(현진희 · 김희국, 2019), 소방공무원의 5.6%가 PTSD 위험군(소방청, 2019)이었다.

(2) 우울장애

재난 경험 후 외상 후 스트레스 장애, 물질장애와 더불어 가장 많이 발생하는 질환 중 하나는 우울장애이다. 재난을 더 직접적으로 더 심하게 겪을수록 심한 우울 증상을 보인다. 또한 재난 지역과 가까운 사람, 이주를 경험한 사람들이 더 많은 우울증을 보였으며 자녀가 죽은 경우와 같이 심각한 상실을 경험한 경우에는 거의 두 배까지 심각한 우울장애를 보일 수 있다. 재난 후 PTSD와 가장 높은 공존율을 보이며, PTSD와 우울증의 공존율은 10~60%(Halpern & Tramontin, 2007)로 나타난다. 코로나19 발생 후 국민의 17.5%가 우울 위험군(한국트라우마스트레스학회, 2020년 3월 조사)으로 나타났다. 구제역 가축 살처분을 담당한 공무원의 우울은 시간이 경과하면서 지속 또는 증가하는 경향(현진희 · 김희국, 2018)이 나타나는 등 트라우마 사건으로 인한 어려움에 대한 지원을 받지 못할 경우 우울 증상은 심각해질 수 있다. 또한 트라우마 사건에 빈번하게 노출되는 전문가들에게 우울의 문제는 자주 관찰된다. 우리나라 아동보호전문기관 상담원 중 우울 위험군이 67.9%(현진희, 2018), 소방공무원 중 우울 위험군이 4.6%(소방청, 2019) 등으로 나타났다.

재난 이후 우울장애의 발병 위험이 높은 경우는 과거에 우울장애를 앓은 경우, 재난 상황에 반복적으로 노출된 경우, 그 외에도 나이가 어린 경우, 낮은 수입, 낮은 교육, 여성, 미혼이나 별거, 사별, 이혼을 한 경우에도 우울장애의 발생률이 높은 것으로 보인다. 하지만 가장 중요한 인자는 역시 재난의 심각성으로 심각한 재난을 경험했거나, 가까운 곳에서 경험한 경우, 가까운 사람이 사망하거나, 신체적인 외상을 입을 경우에도 위험성이 증가하며, 재난 이후에도 거주지를 잃거나 원치 않게 새로운 곳으로 이주한 경우, 재산과 직업을 잃은 경우에도 우울증 발병률이 높은 것으로 알려져 있다.

(3) 물질사용장애

재난 이후 생긴 불면, 불안, 우울증상 등에서 벗어나고자 알코올이나 담배와 같은 습관성 물질 사용이 증가하는 경향이 있다. 재난 당시의 나이가 어린 경우, 정서적 지지 자원이 부족한 경우 등도 물질 사용 장애 발병의 취약성을 증가시킬 수 있다. 물론 재난 이후에 물질 사용 장애가 폭발적으로 증가하지는 않지만, 여러 경험을 보면, 알코올 사용 장애 위주로 다소 늘어나는 것으로 추정된다.

약물이나 알코올이 트라우마 증상을 중재하기 위해 빈번하게 사용(Lisak & Miller, 2003)되는 경향이 있으며, 1995년 오클라호마시티 폭탄테러 후 응급서비스 제공자 집단에서 물질남용이 증가(Tassey, 2005)했다고 한다. PTSD 가진 군인에 비해 전투 관련 PTSD를 가진 군인에서 알코올의존 발병률이 높게 나타나며(Karlovic, 2004), 외상 후 스트레스 장애를 가진 남성의 51.9%, 여성의 27.9%가 알코올 남용의 진단기준을 충족(Kessler et al., 1995)시키는 것으로 나타났다. 구제역 가축의 살처분을 담당한 공무원의 음주량, 음주빈도 증가(Karlovic, 2004)하였으며, 클라이언트 자살을 경험한 정신건강사회복지사의 음주빈도, 폭음빈도도 증가(현진희 · 김희국, 2019)하였다.

PTSD 환자에게 니코틴, 알코올 및 각종 습관성 약물의 남용과 의존은 흔하게 나타나며 PTSD 증상을 감소시키고자 알코올이나 다른 습관성 약물을 사용하는 경우가 있다. 일부에서는 습관성 약물이 증가하면서 PTSD 증상이 악화되기도 하기 때문에 PTSD 환자에게서 약물 남용, 알코올 남용이 없는지 확인하는 것이 필요하다.

(4) 수면장애

수면장애란 건강한 수면을 취하지 못하거나 충분한 수면을 취하고 있으면서도 낮 동안에 각성을 유지하지 못하는 상태 또는 수면 리듬이 흐트러져 있어서 잠자거나 깨어 있을 때 어려움을 겪는 상태를 포함하는 매우 폭넓은 개념이다. 크게 불면증, 기면증, 하지불안증후군, 코골이와 수면무호흡증으로 나눌 수 있다. 이중 불면증은 트라우마 후에 가장 흔히 나타난다.

재난 시 경험하는 가장 흔한 증상으로 재난 후 수개월 내의 많은 연구는 수면장애가 매우 흔한 증상이라고 보고하고 있다. 또한 아주 오랫동안 지속되기 때문에, 심지어 10년~40년 이상 지난 후에도 수면장애는 지속될 수 있다. 특히 트라우마 경험 자체가 수면장애를 증가시키며, PTSD가 있는 경우 더 많이 나타난다. 수면장애가 재난 정신건강에 특히 중요한 이유는 수면장애는 낮 동안의 피로, 집중력과 기억력 장애, 짜증 등을 동반하므로 수면장애의 치료는 삶의 질과 관련이 있기 때문이다. 또한 트라우마 후 나타난 수면 문제는 PTSD 발병의 소지를 높이며 성공적으로 치료한 PTSD에서도 끝까지 남아 있는 증상이 수면장애인 경우가 많다.

(5) 자살

외상적 사건은 개인의 자살위험을 증가시키며, PTSD 환자의 20%가 자살시도를 한다. PTSD 평가 시 자살평가가 필요하며, 자살 생각, 계획, 시도에 대해 질문하고 확인하는 과정이 필요하다. 한국트라우마스트레스학회의 코로나19 국민 정신건강실태조사(2020) 자살생각의 경우 3월 조사 결과 9.7%에서 9월 조사 결과 13.8%로 큰 폭으로 증가하였다. 이러한 결과는 2018년 성인 자살생각률 4.7%(보건복지부 중앙자살예방센터, 2020)에 비해 매우 높은 수준이었다. 재난 후 자살의 위험도에 대해 평가하는 것은 매우 중요하며, PFA 실시 시에도 자살위험의 평가는 반드시 포함된다.

Ⅲ. 실제

1. 재난 후 정신건강문제에 대한 개입단계

재난 후 정신건강문제에 대한 개입은 다음의 그림에서와 같이 3단계로 제시할 수 있다. 먼저 1단계는 재난에 노출된 전 국민 또는 주민들이 그 대상으로 보편적 개입단계이다. 재난에 노출됨으로써 경험하는 스트레스반응을 정상화하고 효과적인 스트레스 대처 방안들을 교육하는 것이 핵심이며, 재난경험자들에게 적극적으로 찾아가는 서비스를 주로 하고 공중보건 메시지를 적시에 잘 전달하는 것이 매우 중요하다. 1단계 보편적 개입에서는 심리적 응급처치(Psychological First Aid: PFA) 방법을 적극 활용하여 전 주민들에 대한 서비스를 제공해야한다. 무엇보다 재난으로 인해 경험하는 현재의 반응들이 '비정상적 사건에 대한 정상적 반응임'을 알 수 있도록 해야 한다. 또한 고위험군 및 도움이 필요한 취약계층을 스크리닝하는 역할이 중요하다.

2단계는 표적개입단계이다. 1단계에서 PFA를 통해 선별된 특수한 욕구가 있는 대상들에게 단기 조기개입을 제공한다. 재난의 영향으로 인해 일시적인 적응의 어려움이나 정신건강의 문제를 경험하는 경우가 된다. 주로 인지행동치료를 활용한 다양한 단기개입들이 2단계 표적개입에서 활용된다. 단기 트라우마 초점 인지행동치료(Trauma-focused CBT), 마음건강회복기술훈련(SPR), 아동 및 청소년을 위한 학교 기반 인지행동치료 등이 그 대표적인 예이다.

3단계는 집중개입단계이다. 재난의 발생 이전부터 경험하고 있거나 혹은 재난 이후에 발생한 집중적인 치료가 필요한 정신건강문제에 대해 치료가 누락되지 않도록 집중적인 개입이 이루어지는 단계이다. 트라우마 초점 인지행동치료(Trauma-Focused CBT) 등 근거기반 트라우마치료들이 적용된다. 재난 이후 경험하는 정신건강문제는 보통 정상적인 스트레스반응으로 간주하고 대처방안을 제공하는 것이 핵심이며, 실질적인 정신과적인 치료가 필요한 대상은 본 3단계의 매우 일부 인구집단인 것을 알 수 있다. 재난이후 경험하는 다양한 정신건강문제를 섣불리 병리화해서는 안되며, 건강한 대처방식들을 전달하고 적극적으로 지원하면 대부분은 회복탄력성을 발휘하게 된다.

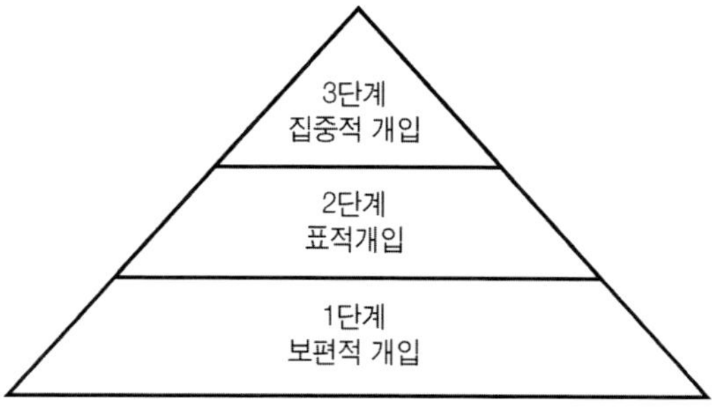

〈그림 13-3〉 재난 후 정신건강개입을 위한 3단계 공중보건모델

출처: Committee on Post-Disaster Recovery of a Community's Public Health, Medical, and Social Services, Board on Health Sciences Policy(2015).

2. 재난 및 외상사건 발생 시 제공되는 다양한 심리적 개입방법들

위의 재난 정신건강 개입단계 모델에서 제시된 개입방법들은 문제의 심각성과 특성에 따라 제공이 될 수 있는데, 그 대표적인 근거기반개입방법들은 다음과 같다. 정신건강전문가로서 단계적인 훈련과 교육, 실제 현장에서의 적용을 통하여 각각의 개입방법들을 습득하는 것을 궁극적인 목표로 삼을 수 있어야 한다. 본 장에서는 각 개입방법들의 개요를 소개하고자 한다.

- 심리적 응급처치(Psychological First Aid: PFA)
- 마음건강회복기술훈련(Skills for Psychological Recovery: SPR)
- 문제관리 플러스(Problem Management Plus: PM+)
- 위기상황 스트레스 관리방법(Critical Incident Stress Management: CISM)
- 외상 초점 인지행동치료(Trauma-Focused Cognitive Behavioral Therapy: TF-CBT)
- 인지처리치료(Cognitive Processing Therapy: CPT)
- 지속노출치료(Prolonged Exposure Therapy: PE)
- 안구운동 민감 소실 및 재처리요법(Eye Movement Desensitization and Reprocessing: EMDR)
- 마음챙김(Mindfulness)

1) 심리적 응급처치(Psychological First Aid; PFA)

미국국립아동외상스트레스 네트워크(the National Child Traumatic Stress Network: NCTSN)와 국립 PTSD센터(NCPTSD)는 재난 또는 대량 학살 사건 등에 직접 영향을 받은 긴급상황/재난 대응 요원들을 위해 심리적 개입을 제공 받을 수 있도록 심리적 응급처치(Psychological First Aid: PFA)를 개발하였다. PFA는 '재난이나 생명을 위협하는 사고나 테러 같은 외상사건이 발생한 직후, 급성 스트레스 반응이나 기능장애를 경험하고 있는 사람들로 하여금 적응적으로 대처하고 문제를 해결 할 수 있도록 돕기 위한 심리적 개입방법'이다. PFA는 재난이나 위기상황에서 심리적 지원을 위한 지역사회의 대표적인 위기개입 방법으로, 외상 사건 후 몇 시간 혹은 며칠 내에 즉각적이고 우선적으로 제공된다.

PFA는 심리치료를 제공하는 것이 아니며 전문가가 아니어도 수행할 수 있도록 매뉴얼화된 방법이다. PFA는 외상사건 생존자들의 요구에 기초하여 융통성 있게 수행되어야 함을 강조하면서, 다음과 같은 여덟 개의 핵심활동과 목표로 구성되어 있다.

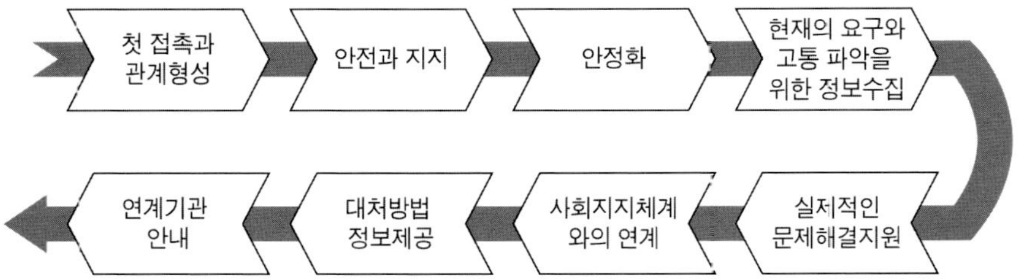

〈그림 13-4〉 PFA의 핵심활동

출처: 정신건강기술개발사업단 재난정신건강지원을 위한 교육프로그램 개발 및 인력양성팀(2018). 재난정신건강지원인력 양성을 위한 심리적 응급처치.

첫 접촉과 관계형성	• 자기소개 및 비밀보장 안내 • 당장 필요한 기본적 욕구 파악
안전과 지지	• 물리적으로 안전한 공간 확보 • 전문기관 연계 필요성 확인 (자·타해, 중독, 학대·방임 등)
안정화	• 해리·과각성 및 심리적 어려움 확인 • 안정화 기법(복식호흡, 근육이완, 나비포옹 등) 교육
현재의 요구와 고통파악을 위한 정보수집	• 외상이 재경험되지 않도록 주의 디브리핑 금지)
실제적인 문제해결지원	• 가장 시급 한 과제 파악하고 행동계획을 수립 • 가급적 재난 경험자가 스스로 해결할 수 있도록 지원

사회적 지지체계와의 연계	• 심리적, 사회적 지지체계 연결 (가족, 친구 등) • 다른 재난 경험자 혹은 지원단체 연결
대처방법 정보제공	• 스트레스 반응과 관련한 정보 제공 • 건강한 대처방법 교육
연계기관 안내	• 재난 경험자의 현 상황에 필요한 기관 안내

이상에서 살펴본 바와 같이 PFA는 재난경험자들의 신체적·정서적 안전을 강화하고 교육과 사회적 지지 및 대처기술을 제공하며, 정보 및 이용 가능한 서비스를 연계해 주는 것을 목적으로 한다.

2) 마음건강회복기술훈련(Skills for Psychological Recovery: SPR)

마음건강회복기술훈련(Skills for Psychological Recovery: SPR)은 미국 국립외상 후스트레스 센터와 국가아동외상성스트레스네트워크(the National Child Traumatic Stress Network: NCTSN) 등이 주도하여 재난 상황에서 심리적 안정과 정신건강의 회복을 위한 체계적인 프로그램으로 개발되었다. SPR은 자기효능감을 증진하고 회복을 촉진하기 위한 기술훈련 개입방법이다.

SPR은 재난 후 회복을 촉진하고, 기능을 지지하고, 더 상황을 나쁘게 할 수 있는 행동을 예방하는 것이 목적이며, 재난 생존자가 재난 후 경험하는 스트레스, 다양한 고통과 어려움을 극복하고 관리하는데 필요한 기술을 습득하게 하는 데 초점이 있다. SPR은 정신건강문제에 대한 치료적 개입이 아니라 재난 후 다양한 상황에 도움이 되는 기술을 습득하게 하는 것이다(문제해결기술, 긍정적 활동을 계획하기, 반응관리, 긍정적 사고, 건강한 사회적 관계를 형성하기 등).

SPR은 재난의 회복기, 재난 상황에서 생존자의 안전, 안정, 그리고 기타 필수적인 즉각적 도움이 충족되었을 때, 지역사회가 재건 될 무렵에 재난 생존자에게 심리적 지원을 제공하기 위해 고안된 프로그램으로 재난 초기 PFA 서비스가 제공 된 후 적용 될 수 있다.

SPR의 기본목표는 다음과 같다.

① 재난생존자의 정신건강을 보호한다.

② 생존자가 자신에게 필요한 것들과 걱정하고 있는 것을 표현하고 해결할 수 있는 능력을 높여준다.

③ 아동, 청소년, 성인, 가족의 회복을 증진시킬 수 있는 기술을 알려준다.

④ 재난 후 마음회복 과정에서 적응적인 행동을 찾아내고 지지하면서 부적응적인 행동을 예방한다.

정보수집과 우선순위 매기기 후 활용되는 SPR의 핵심기술은 다음의 5가지 기술이다.

① 문제해결기술 증진하기: 문제와 목표를 정의하고 이를 해결하기 위한 다양한 방법을 구상한 후 각각의 방법을 평가하고 그 중 가장 드움이 될 수 있는 해결 방법을 시도한다.

② 긍정적 활동 촉진하기: 긍정적이고 즐거운 활동을 파악하고 이에 참여하여 기분과 일상 기능을 개선한다.

③ 반응 다루기: 불편감을 유발하는 상황에 따른 신체적 그리고 정서적 반응에 대처하고 이와 같은 감정을 감소시킨다.

④ 유용한 사고 촉진하기: 마음을 불편하게 하는 생각을 파악하고 더 적응적인 것으로 이에 반격한다.

⑤ 건강한 사회적 관계 재건하기: 긍정적인 관계와 지역사회 지지를 재구축한다.

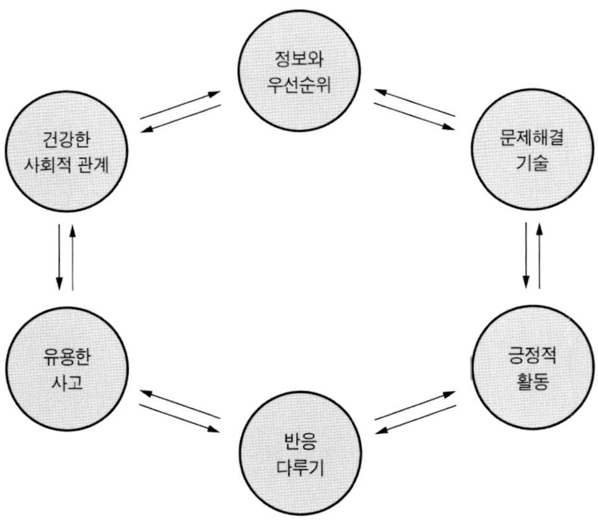

〈그림 13-5〉 마음건강 회복을 위한 핵심기술

출처: NCTSN(2010). Skills for Psychological Recovery Field Operations Guide.

3) 문제관리 플러스(Problem Management Plus: PM+)

PM+(Problem Management Plus) 프로그램은 역경을 겪은 성인을 위한 단기 심리적 개입이며, 내담자가 원할 경우, 친구 및 가족과 함께 참여할 수 있으나, 기본적으로 개인 상담의 형태이다. 문제관리(Problem Management)에 행동적 전략을 추가하여(+), 심리적인 문제와 현실적인 문제 모두를 다루는 것을 목표로 한다. 재난, 외상적 상황에 노출 후 distress로 인해 손상된 개인이 외상으로부터 회복하기 위해 그들이 경험하는 우울, 불안, PTSD 증상을 감소시키는데 초점을 둔 단기 심리적 개입이다.

내담자가 우려되는 점으로 꼽은 문제를 경감시키는데 그 목적이 있으며, 개입 기간이 짧기 때문에 역경 후 겪을 수 있는 모든 어려움을 다루지는 않는다. 재난 생존자가 문제해결, 스트레스관리, 행동화, 사회적 지지에 접근할 수 있는 능력을 향상시키고자하는 것이다. WHO가 재난, 폭력, 전쟁지역 등 지역주민들을 위해 5회기로 개발하였다.

PM+의 전략들은 다음과 같다.

스트레스 관리	내담자가 불안과 스트레스를 관리할 수 있도록 간단한 스트레스 관리 전략을 습득시킴
문제 관리	내담자가 실업, 가족 갈등 등 현실적인 문제를 경험하고 있을 때 문제를 해결할 수 있는 전략을 세울 수 있도록 도움
시작하기, 계속하기	사교 활동, 업무 수행 등 내담자의 활동 수준을 향상시키기 위한 전략
사회적 지지 강화	친구, 가족, 직장 동료 등 내담자의 사회적 지지를 강화해 줌으로써 내담자의 안녕감을 향상시킴

4) 위기상황 스트레스 관리방법(Critical Incident Stress Management: CISM)

Jeffy T. Mitchell에 의해 개발된 응급서비스 요원들을 위한 다양한 요소의 위기 개입 프로그램이다. 목적은 미래에 개인의 부정적인 반응을 최소화 또는 예방하기 위하여 필요한 도구, 지식, 이해를 제공하는 것이며, 외상 후 스트레스의 발생률을 낮추기 위해 제안되었다. 목표는 급성스트레스 반응의 감소, 개인의 트라우마 사건의 처리과정을 촉진시킴, 개인의 대처 자원 동원, 사회적 지지 동원, 전문가의 업무로의 복귀를 촉진시킴, 미해결된 스트레스로 인한 이직, 병가, 보상금 등의 경제적 손실에 대한 긍정적 영향과 업무의 사기 증진이다.

(1) 기본적 CISM 개입방법 10가지

- 예방 교육
- 현장에서의 지지
- 진정시키기(Defusing)
- 보고(Debriefing)
- 복원(Demobilization)
- 개인 상담
- 중요한 타인 지지
- 특수 보고
- 비공식적 토론
- 사후관리

① 복원(Demobilization)

- 빠른 정보와 휴식 시간
- 전문요원이 100명 이상 요구되는 거대한 사건에서 서비스를 제공하기 위해 파견되었을 때, 빠른 정보와 휴식 기간을 적용하는 것
- 도움이 필요한 개인들을 충격적 사건 후 일찍 확인하기 위하여 스크리닝할 수 있는 이차적 기능이 있음
- 목적: 충격적 경험의 세계로부터 현실 세계로 전환하는 시간을 제공

② 진정시키기(Defusing)

- 보고(debriefing)의 단축 버전
- 보통 20~40분
- 사건이 종결되고 전문요원들이 현장작업에서 떠날 때 제공되는 집단 과정
- 처음 8시간 이내에 실행
- 목적: 공식적 debriefing을 제공할 필요성을 감소시키거나 여전히 debriefing이 필요하다면 CISD를 강화시키기 위하여 제공

③ 중요한 사건 스트레스 보고(Critical Incident Stress Debriefing: CISD)

- 외상 사건 혹은 연속적인 외상 사건에 관한 만남 혹은 토론하는 집단
- 보고(debriefing)와 진정(defusing) 과정은 위기 개입 이론과 교육적 개입 이론에 기초
- 외상 사건의 심리적 영향을 완화시키기 위해 디자인됨.
- 외상 후 증후군의 추가적 발전을 예방하고, 전문적인 정신건강 사후관리를 요구하는 개인에 대한 조기 확인 방법으로 서비스를 제공
- 전체적으로 비정상적인 사건에 대한 정상적인 반응들을 경험하는 일반적인 사람들에게 정상적인 회복 과정을 촉진시키는 것.

(2) 적용 시 제한점

CISM은 재난 현장에 투입되는 구조대원이나 경찰 등 2차 재난의 피해자를 줄이기 위해 제작된 응급구조대원과 재난 현장 활동가의 실행 매뉴얼이다. 대규모 위기 상황에서 현장 인력이 겪는 정신적 스트레스를 현장에서 응급처리를 통해 감소시키기 위해 고안되었으며, 특정 적합한 대상자가 아니거나, 비전문가에 의해 시행되는 경우 악화시킬 수 있는 가능성에 대해 주의해야 한다. 디브리핑이 도움이 되는 집단으로는 소방관, 경찰, 간호사 등 초기 대응자들을 포함한 응급 위기개입 전문가들에게 추천되며, 일차적 희생자나 외상생존자에게 사용하지 말아야 하고, 만성적 외상을 갖고 있는 사람이나 만성적 스트레스원이 있는 상황에 처한 사람들에게는 추천되지 않는다.

(3) CISD의 팀 구성

- 최소 2명의 인원
- 4~6명의 참여자에 대해 1명의 CISD 진행자
- 최소한 지식이 있는 정신건강전문가와 동료 촉진자
- 성직자(너무나 종교적이지 않도록 주의해야 함)
- 주제에 진심으로 관심이 있는 사람들
- 사망하건 살아남았건 피해자를 동일시하지 않는 사람
- 그들의 상황에서 함께 일하고 생각할 수 있는 사람들

(4) CISD의 대상 집단

- 사건에 영향을 받는 대부분은 debriefing의 주요 대상
- 직접적으로 관련된 이들은 그다음 대상 집단
- 감독 지위의 직원들
- 간접적인 장면에 관련된 사람들
- 관련되지 않지만 영향받은 사람들

(5) Debriefing은

- 또래 집단 기반
- 임상가에 의한 진행
- 외상적 사건에 대한 집단 토론

(6) Debriefing이 이루어지는 방의 배치

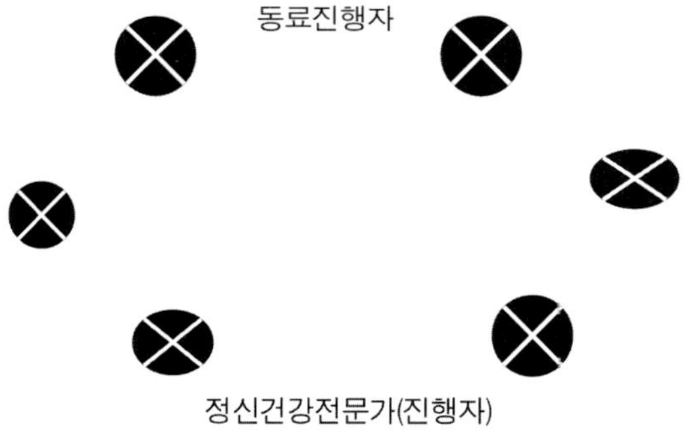

(7) Debriefing의 단계

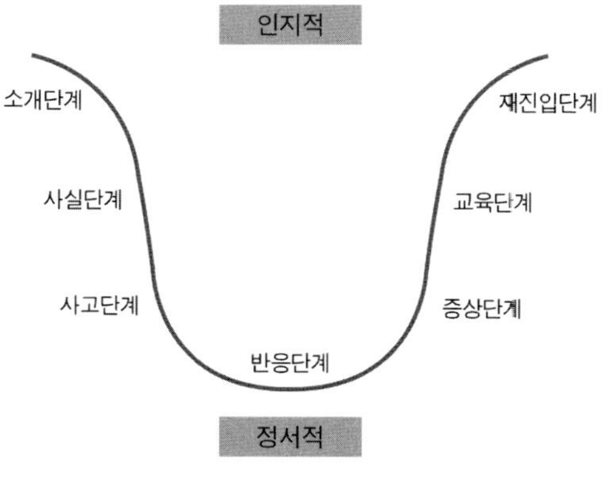

① Introduction Phase: 소개단계
② Fact Phase: 사실단계
③ Thought Phase: 사고단계
④ Reaction Phase: 반응단계
⑤ Symptom Phase: 증상단계
⑥ Teaching Phase: 교육단계
⑦ Re-Entry Phase: 재진입단계

5) 외상 초점 인지행동치료(Trauma-focused Cognitive Therapy: TF-CBT)

외상 초점 인지행동치료(Trauma-focused Cognitive Therapy: TF-CBT)는 아동과 청소년 PTSD 환자들과 가해자가 아닌 그들의 부모 또는 보호자들을 위한 치료법이다. 처음에는 성 학대 피해 아동을 위한 치료로 개발되었으나 점차 다양한 외상경험을 겪은 환자들에게도 확대 적용되었다.

(1) 중요요소

- TF-CBT의 가장 큰 목표는 아동과 청소년 환자에게서 PTSD 증상을 감소시키는 것이며, 부모의 역할과 발달단계에 따른 환자의 감정조절 및 적응능력이라는 두 가지 고려사항하에서 인지 행동적 기법을 사용한다.
- 치료의 5가지 중요한 요소

① 정신의학적 교육
② 인지적 처리
③ 점진적 노출
④ 대처기술
⑤ 보호자 참여

(2) 치료과정

TF-CBT의 치료과정은 다음의 8가지 모듈을 따른다.

① 정신의학적 교육(Psychoeducation)
② 스트레스 관리(Stress management)
③ 감정 표현과 조절(Affect expression and modulation)
④ 인지적 대처(Cognitive coping)
⑤ 외상경험에 대해 이야기하기(Creating the trauma narrative)
⑥ 인지적 처리(Cognitive processing)
⑦ 행동 조절 훈련(Behavior management training)
⑧ 부모 참여 회기(Parent-Child Session)

출처: TF-CBT: Trauma-focused cognitive therapy. National Child Traumatic Stress Network(2012).

① 정신의학적 교육(Psychoeducation)

- 외상의 종류, 외상이 일어나는 이유, 외상의 충격적 효과와 외상에 대한 아동의 일반적인 반응을 교육
- 환자의 문제를 자연스러운 반응으로 이해하며 치료에 동의할수 있도록 이끔

② 스트레스 관리(Stress management)

- 호흡법과 이완요법, 생각 멈추기 방법 등을 교육하며 나이와 발달단계에 따라 다양한 접근 방식을 사용함

③ 감정 표현과 조절(Affect expression and modulation)

- 역할놀이, 게임, 그림 등의 다양한 방법을 통하여 편안한 분위기에서 자신의 감정을 정확히 파악하도록 돕고 적절하게 표현하는 방법을 교육

④ 인지적 대처(Cognitive coping)

- 정확한 인지와 부정확하고 도움이 되지 않는 인지의 차이를 이해하도록 하고 생각, 감정, 행동의 삼각관계를 파악하도록 하며 잘못되고 도움이 되지 않는 인지를 교정하여 기분이나 행동이 달라지도록 시도함.

⑤ 외상경험에 대해 이야기하기(Creating the trauma narrative)

- 점진적 노출치료의 하나로, 가장 중요한 치료 단계중 하나임. 환자와 보호자가 가장

힘들어하는 과정.

- 외상경험에 대해 말 또는 글로 표현하도록 하여 회피 반응을 줄이고 그들의 반응을 조절 할 수 있도록 하며 환자와 보호자가 이것에 대해 대화하도록 도움.

⑥ 인지적 처리(Cognitive processing)

- 부적절하거나 도움이 되지 않는 생각이나 인지를 가지고 있으면 인지적 처리 과정을 통하여 교정하도록 함.
- 부적절한 인지에는 수치심, 낙인, 부적절한 책임감, 타인에 대한 불신, 신체적, 개인적 안전에 대한 잘못된 인식 등이 있음.

⑦ 행동 조절 훈련(Behavior management training)

- 보호자에게 환자의 공격적이고 비순응적인 태도를 어떻게 다루어야 하는지 교육함.
- 안 좋은 훈육 방법은 줄이도록 교육하고 칭찬, 타임아웃, 조건부 약속 등의 방법을 올바르게 사용할 수 있도록 교육함.

⑧ 부모 참여 회기(Parent-Child Session)

- 부모참여회기는 필요하다면 치료 중 어느 때라도 이루어질 수 있으나 시행 전 환자와 보호자 모두 어느 정도 준비가 되었는지 평가하는 것이 필요하다. 부모가 환자의 외상경험에 대해 이야기할 때 적절하게 반응 할 수 있도록 돕고, 건강한 대화를 증진하도록 함.

6) 인지처리치료(Cognitive Processing Therapy: CPT)

(1) 인지처리치료

클라이언트가 외상사건 이후 손상된 자기 자신 및 타인, 세상에 대한 믿음을 바로잡는데 초점을 두며 12회기로 구성되어 있다. PTSD 치료에 효과가 입증된 단기 근거기반 치료(short term evidence based treatment)이며, 인지행동치료의 형태를 띠고 있는 치료 프로토콜이다. 인지적 접근을 주로 하며 외상 사건을 글로 쓰는 과정을 포함시키는 것은 선택적이고, 개인치료 또는 집단치료 형태로 제공된다.

(2) 회복에 초점을 두는 CPT

심각한 외상을 경험한 사람 대부분이 PTSD 관련 증상을 나타내는 것은 당연한 것이며, 대부분은 자연적인 회복과정을 거친다. PTSD를 외상에서 회복하는 과정의 지연/ 실패로 이해한다. 트라우마를 경험한 개인이 영구적인 장애를 가지게 된다는 시각이 아닌 회복이 가능함을 강조한다. 트라우마를 경험한 사람이 이후 문제에 봉착했을 때 어떻게 스스로가 자신의 치료자가 될 수 있는지를 가르친다.

① CPT 치료의 강조점

- 회피(avoidance)에 대한 도전
- 외상사건 이후에 따르는 보편적인 부정적인 감정(natural emotions)의 소실
- 외상사건에 대한 해석을 수정함으로써 스스로 만들어내는 부정적 감정(manufactured emotions)을 변화시킴
- 외상사건과 관련된 지나친 해석을 하지 않는 것을 학습

② CPT 치료의 목표

- 자연적인 감정(natural emotions)을 프로세스함.
- 외상 기억에서 발전시킨 의미의 내용(content of the meaning)을 확인함.
- 조절(accommodation): 외상 사건이 발생했음을 수용하고 이 경험을 자신의 인생에 성공적으로 통합시킬 방법을 찾는 것(예: "내게 그런 일이 일어났지만 나는 여전히 좋은 사람이다"). 조절은 균형 잡인 사고를 의미함.

③ 치료의 단계

- Assessment
- 트라우마, PTSD, 사고, 감정에 대한 교육
- 트라우마의 처리(processing)
- 인지에 도전하기
- 트라우마 관련 주제: 안전, 힘과 통제, 신뢰, 자아존중감, 친밀감

7) 지속노출치료(Prolonged Exposure Therapy: PE)

(1) 치료과정

지속노출치료(Prolonged Exposure Therapy: PE)의 핵심요소는 노출치료이며 치료기법은 크게 실제노출(invivo exposure)과 상상노출(imaginal exposure)로 구분된다. 외상기억과 이 기억에 연관된 상황들에 직면하도록 도움으로써 외상사건을 감정적으로 프로세싱 하도록 한다. 외상 기억과 관련된 상황이나 활동이 실제 외상과 다른 것이라는 것을 학습하도록 한다. 시간이 지나면서 처음에 느꼈던 불안이나 정서적 고통이 경감되고 이러한 불안들을 감내할 수 있는 능력이 생겨나면서 궁극적으로 PTSD로부터 벗어나 새로운 삶을 찾도록 돕는다. 전형적인 PE는 주 1회 90분, 총 8-15회기로 이루어진다.

① 1회기

1회기에서는 치료과정에 대한 소개와 함께 상상노출에서 다룰 외상적 기억을 정한다. 외상과 PTSD에 대한 전반적인 심리교육을 실시하며, 호흡훈련 등 불안조절훈련을 소개하고 숙제로 매일 호흡훈련을 연습하도록 한다.

② 2회기

2회기에서는 외상에 대한 반응에 대해 좀 더 상세히 기술하고 어떤 영향을 미치는지에 대해 깊은 토의가 이루어진다. 실제노출에 대해 설명하고, 실제 회피해 왔던 상황, 장소에 대해 회피 정도에 따라 순서를 정하여 위계를 정한다. 실제 상황 노출 기법을 통해 이러한 상황들에 직면하도록 하는 것을 숙제로 정해 주고 불안이 느껴질 때 마다 1회기에 배웠던 호흡훈련을 지속으로 사용하도록 격려한다.

③ 3회기

3회기에서는 상상노출의 이론적 배경에 대해 설명하고 실제 상상노출을 시행한다. 외상기억을 시각화하여 재경험 하게 되고 치료자와 논의를 통해 그 외상에 대한생각과 감정을 정리하는 '노출 후 처리(post-exposure processing)' 시간을 가진다. 숙제는 호흡훈련과 실제 노출에 더하여 상상노출 과정을 녹음한 것을 매일 듣도록 하는 것이다.

④ 4회기 이후

4회기이후로는 다음과 같은 과정으로 진행된다. 환자의 숙제를 검토하고 나서 3회기와 마찬가지로 상상노출과 정리시간을 갖는다. 마지막에 다시 숙제를 부과한다. 마지막회기에서는 그동안의 치료 과정을 검토하고 그동안 배운 것에 대해 평가 및 정리를 하고, 재발방지와 추수치료 등에 대해 논의하며 치료회기를 종료한다.

8) 안구운동 민감 소실 및 재처리요법(Eye Movement Desensitization and Reprocessing: EMDR)

뇌의 기억망은 지각, 태도, 행동의 바탕으로 정보처리계는 문제를 적응적 해결 쪽으로 처리한다. 크고 작은 외상 등의 고통스러운 사건은 정신병리의 기본바탕으로, 적응적 정보처리계가 제대로 작동하지 않아 외상적 기억이 적응적으로 기억망에 통합되지 않고 비기능적으로 저장된다. 처리되지 않은 외상적 기억은 뇌 변연계 수준에 저장된 상태로 머무른다. EMDR은 이러한 정보처리계를 자극하여 외상적 기억이 정상적 기억망에 적응적으로 통합될 수 있도록 돕는 역할을 한다.

① 치료과정

〈표 13-2〉 EMDR의 표준프로토콜

1. 환자 과거력 및 치료계획
2. 준비
3. 평가
4. 탈감각 및 재처리
5. 긍정적 인지 주입
6. 신체검색
7. 종결
8. 재평가

EMDR의 표준프로토콜 진행과정을 살펴보면 다음과 같다.

8단계 중 1, 2단계는 첫 회기에만 시행하며 회기의 재평가인 8단계는 매 회기 시작할 때마다 시행한다. 1단계에서는 과거 환자를 힘들게 했던 기억, 사건 등 특정한 외상상황에 대한 과거력을 조사하고 이에 대한 주관적 불편감을 점수로 나타내도록 한다.

준비단계에서는 EMDR의 이론, 진행과정, 치료 후 변화 등을 포함한 교육과 외상 기억의 재경험 시 대처기술로 이완기법, 스트레스 감소전략 등을 교육한다.

평가단계는 치료를 위한 표적 기억을 선택하여 연관된 부정적인 믿음과 긍정적인 믿음 수준을 확인하고, 기억과 관련한 부정적인 감정과 불편감을 평가한다.

탈감각 및 재처리 단계는 표적 기억의 반응과 힘들었던 감정들이 해소되는 모든 반응들을 포함하며, 주관적 불편정도(Subjective Unit of Disturbance: SUDs, 10점척도)가 0-2점으로 감소 될 때까지 반복적으로 안구운동을 지속한다.

긍정적 인지 주입단계는 환자의 부정적 인지를 긍정적 인지로 대체하고 강화하는데, 인지타당도 점수(Validity of Cognition: VoC, 7점척도)가 7점에 이를 때까지 양측성 자극을 시행한다.

신체검색단계에서는 긍정적 인지주입이 완료된 후 표적 기억을 떠올렸을때 신체에 남아 있는 신체감각적인 불편감이 있는지를 확인하는데, 신체적으로 불편감이 전혀 느껴지지 않아야 완전히 치료되었다고 할 수 있다.

종결단계는 표적기억의 주관적 불편감 0점과 인지타당도점수 7점 목표가 달성되었는지 확인한다.

재평가 단계는 회기가 시작 될 때마다 이전 회기의 긍정적 결과들이 잘 유지되는지 확인하고 치료가 필요한 새로운 영역이 있는지 확인한 후 추가적으로 밝혀진 외상 기억에 대한 처리를 계획한다.

9) 마음챙김(Mindfulness)

마음챙김은 지금 현재에 일어나는 일에 집중을 하되 비판단적으로 알아차리는 것을 의미한다. 주의를 선택적으로 집중하여 생각, 사고, 감정 감각, 물체 등의 대상을 이용하여 이에 주의를 집중하도록 함으로써 마음이 떠돌아다니지 않도록 붙잡아 두며, 알아차리기를 통해 매순간의 경험 중에 마음 안에 떠오르는 생각과 감정을 판단하지 않고 있는 그대로 알아차리려는 시도를 하게 한다. 감정과 생각을 비판단적인 방식으로 관찰함으로써 생각과 감정에 자동적으로 반응하지 않는다.

마음챙김에 기반한 개입은 다음과 같다.

- 마음챙김 기반 스트레스 완화(Mindfulness Based Stress Reduction: MBSR)
- 마음챙김 기반 인지치료(Mindfulness Based Cognitive Therapy: MBCT)
- 변증법적 행동치료(Dialectical Behavior Therapy: DBT)

• 수용전념치료(Acceptance and Commitment Therapy: ACT)

마음챙김에 기반한 개입은 원치 않는 통증, 불안, 우울 등의 신체적·심리적 증상을 해소하려는데 공통된 목적이 있다.

(1) 마음챙김기반스트레스완화(Mindfulness Based Stress Reduction: MBSR)

특히 부정적인 생각과 감정을 보다 효과적으로 다루고 다르게 관계를 맺을 수 있도록 돕는다.

일반인이 참가하는 프로그램으로, 대표적인 기법으로는 신체검색(Body scan)과 주의집중 호흡이 있다. 신체검색을 하는 동안 머리끝부터 발끝까지 옮겨가며 의식적으로 주의를 기울인다. 주의를 기울이는 동안 신체부위에서 느껴지는 감각이나 느낌이 있다면 판단을 자제하고 있는 그대로 관찰해 보도록 한다. 주의집중호흡에서 자신의 호흡에 집중하는 동안 자연스럽게 떠오르는 생각을 비판단적으로 알아차리는 연습을 하게 한다.

(2) 마음챙김 기반 인지치료(Mindfulness Based Cognitive Therapy: MBCT)

CBT에 마음챙김을 적용시킨 기법이며, MBCT에서 중요한 점은 스스로가 사건을 인지하고 이해하는 방식을 잘 관찰하는 것이다. 경험하는 사건에 대해서 어떻게 느끼고 어떤 반응을 하게 되는지 결정하는 요소라는 점에서 스스로가 가진 방식을 관찰하는 것은 중요하다.

(3) 변증법적 행동치료(Dialectical Behavior Therapy: DBT)

자살시도와 같은 위험한 행동을 감소시키는 것을 주요 목표로 한다. 감정적으로 격앙되게 하는 자극에 대해 무조건적인 회피나 비효율적인 반응을 하는 것을 지양하고 자해나 자살 충동 시의 감정과 같이 격렬한 감정을 다루는 방법을 훈련한다. 부정적인 생각이나 감정을 바꾸거나 피하려 하지 않고 있는 그대로 알아차릴 수 있도록 돕는다.

(4) 수용전념치료(Acceptance and Commitment Therapy: ACT)

원치 않는 생각과 감정을 피하지 않고 수용할 수 있도록 돕는다. 사람들의 인지하는 방식은 그것이 유발되는 특정한 맥락에서 비로소 중요해진다는 개념으로, 맥락을 바꿀 수 있다면 특정한 인지하는 방식의 중요성도 바뀔 수 있다는 생각에서 시작되었다. 스스로의 신체감각, 생각과 감정을 관찰하는 관찰적인 자기를 보다 잘 이해할 수 있도록 훈련한다.

Ⅳ. 현황 및 과제

1. 재난업무 종사자의 정신건강

1) 재난업무 종사자의 정신건강문제

재난업무 종사자에는 수색 및 구조대원, 수송 및 복구인력, 소방관, 경찰관, 의료인 및 구급대원, 정신건강 및 사회서비스 요원, 자원봉사자 등 다양한 직종이 포함된다.

이들은 직무특성상 재난 관련 외상적 경험 노출, 업무상 스트레스 및 위험성이 높다. 재난 업무 종사자는 PTSD뿐만 아니라 우울, 불안, 알코올 등 물질남용과 같은 다양한 정신과적 질환이 발생 할 수 있다. 특히 지속적으로 외상적 경험에 노출되는 작업 환경의 특성상 이차외상스트레스, 공감피로, 소진, 역전이와 같은 문제를 보이기 쉽다.

2) 재난업무 종사자의 정신건강에 영향을 미치는 요인

(1) 직업, 직무 및 외상노출의 특성

재난 업무 종사자들은 외상노출 정도가 일반인보다 높을 뿐만 아니라, 사건 현장에 도착하여 1차 피해자를 도와주어야 하는 책임과 함께 자신도 외상 노출의 피해자이며 위험상황에 처하게 되는 특성을 가지고 있다.

(2) 사망자나 생존자와 동일시

재난업무 종사자는 사망자를 자신, 친구 혹은 가족과 동일시하는 경우가 있는데, 특히 친구나 가족과 동일시했을 때 PTSD, 침습적 증상, 회피적 증상, 전반적 증상의 위험이 높아 질수 있다. 생존자 및 유가족과의 상호작용의 정도와 유형이 영향을 줄 수 있고, 특히 강력하고 친밀한 개입 시 근육긴장, 피로, 수면장애 등의 문제가 발생할 수 있다.

(3) 외상 주변 반응

외상 주변 반응(Peritraumatic reactions)이란 외상 노출 시 및 직후 심리적·생물학적 반응으로서 특히 해리 현상이 PTSD의 가장 강한 예측 인자로 꼽히고 있다. 노출 당시 공황반응을 심하게 경험할 수 있으며 이러한 반응이 지속되면 공포 조건화가 촉발되어 외상기억이 과잉으로 저장되어 과각성 증상의 지속이 초래되는데, 이러한 과각성의 지속은 만성 PTSD의 예측인자인 것으로 알려져 있다.

(4) 개인적 생활사건 및 특성

재난 업무 종사자의 부정적 생활사건은 재난과 무관하다 하더라도 정신건강 회복에 방해가 되는 것으로 알려져 있다. 또한 종사자의 특성도 영향을 주는데 긍정적 특징으로는 유연성, 적응력, 기술적 전문성, 풍부한 작업경험이 있고 부정적 특징으로는 구조 작업을 직무보다는 사회운동으로 보는 관점, 수행 가능성에 비해 비현실적 기대 등이 있다.

(5) 훈련과 경험

스트레스 상황에 대한 적합한 준비 훈련은 사건의 충격을 줄 일 수 있고 외상 관련 스트레스 증상에 보호 인자로 작용하는 것으로 알려져 있다. 비슷한 직무에 경험이 많아 익숙한 상황은 불확실성을 감소시켜주고 조절력을 증대시키고 스트레스 상황에 효율적으로 대처함으로써 긍정적 요인이 될 수 있다. 그러나 오랜 경험으로 인해 외상 노출이 많은 경우 오히려 이전 경험의 잔존 증상이 재난 반응에 더 취약하게 만들어 더 많은 PTSD 증상을 초래할 수도 있다. 따라서 경험의 정도는 상황이나 중재인자에 따라 보호 요인 혹은 취약 요인으로 작용할 수 있다.

(6) 조직상의 직무스트레스 및 정신건강 지원

심한 외상 노출이 아니더라도 재난 현장에서 긴 작업시간, 출동한 여러 기관 간에 협조 문제, 직원 간 갈등 등은 종사자에게 스트레스와 피로를 초래 할 수 있다. 일상 직무스트레스가 복합적으로 작용하게 되면 정신건강 문제나 PTSD의 위험성이 증가한다. 정신건강 지원을 위하여 현장에서는 스트레스 극복을 위해 상급자에게 도움을 받을 수 있어야 한다.

3) 재난업무 종사자의 정신건강 관리

(1) 기관 및 조직의 역할

조직에서는 직원이 필요한 경우 휴식을 취하게 하고 스트레스를 상담 할 수 있는 인력을 지원 하는 등 유연한 지도력이 필요하다. 스트레스 징후 및 건강한 대처방법에 대한 교육과 현장에서 적용 가능한 불안 관리 방법을 학습하고 다양한 상황을 다루기 위한 훈련과 연습 등 재난 작업에 대한 준비가 필요하다. 재난 출동 후 복귀 대원은 정신건강 선별검사를 시행해 필요시 조기 개입하여 예방 및 경과에 도움을 줄 수 있다.

(2) 종사자의 자기관리

종사자의 자기관리로는 업무량 관리, 균형적 생활습관, 스트레스 감소기법, 자기인식이 중요하다. 업무 관련 스트레스의 합병증을 예방하고 감소시키기 위해서는 자기돌봄이 중요하며 자신의 감정과 타인의 감정이 본인에게 미치는 영향을 아는 자기 인식과 자리 관리가 핵심이다.

(3) 예방 및 개입 서비스

재난업무 종사자의 정신건강 문제에 대한 장기적인 연구와 직업 유지율, 정신질환 이환 등에 대한 추적 조사가 필요하며 정신질환에 대한 낙인감과 직무수행 능력의 불리한 판정에 대한 우려는 정신건강 문제의 평가와 치료 서비스 이용에 장애물로 작용할 수 있기 때문에 이에 관한 대책이 필요하다.

2. 이차외상스트레스의 예방

1) 이차외상스트레스의 이해

이차외상스트레스는 치료자, 실무자들이 직업적으로 외상 생존자들의 외상경험에 간접적으로 노출되고 공감적으로 참여하게 되면서 외상 경험자가 느끼는 것과 아주 유사한 형태의 외상 후 증상을 경험하게 되는 것을 의미한다. 이차외상스트레스는 트라우마를 경험한 클라이언트와의 공감적 관계(empathic engagement)에서 기인하는 전문가의 내적 경험의 변화이다. 이차외상스트레스란 생존자와 지속적으로 대면하고 깊은 상호작용을 이어가면서 생존자의 외상과 관련된 증상이 모방되어 나타나다. 이차외상스트레스는 외상 사건에 간접적으로 노출되었다는 점만 차이가 있을 뿐 PTSD와 유사한 증상을 보인다. 반복적인 충격적 영상이 떠오르는 침습(intrusion), 외상 피해를 연상시키는 것으로부터의 회피(avoidance), 만성적 긴장감으로 인한 각성(arousal) 등의 세 가지 증상이 이차외상스트레스를 구성하는 주요 개념이다.

이차외상은 트라우마 생존자들과 일하는 전문가들이 지닌 "직업상의 위험(occupational hazard)"이다. 조직은 직원들이 자신이 수행하는 업무의 잠재적인 부정적인 영향과 대처방법에 대하여 교육받을 수 있도록 "훈련을 할 의무"에 대한 윤리적 책임이 있다(Munroe, 1995).

2) 이차외상스트레스와 유사한 개념들

(1) 대리외상(Vicarious trauma)

트우마를 겪은 클라이언트와 공감적 교류로 인한 치료 전문가의 내적 경험의 변화를 의미한다. 트라우마 증상보다는 타인의 외상성 이야기에 노출이 누적됨으로써 발생하는 드러나지 않는 인식적 변화에 더 중점을 두는 이론적 용어이다. 주요 증상은 신뢰, 안전, 통제, 존중(esteem), 친밀감 등의 측면에서 전문가의 인지적 기준 체계에 장애(disturbance)가 발생하는 것이다.

(2) 공감피로(Compassion fatigue)

이차외상스트레스(STS)를 기술함에 있어 낙인의 성격이 더 낮은 방식으로 Figley가 제안한 용어이며 서로 대체가능하게 사용되어 왔다.

(3) 소진(Burnout)

감정적 탈진, 비인격화, 개인적 성취감 저하 등을 특징으로 한다. 업무와 관련되기도 하지만 일반적인 직업 스트레스로 인해 발생하며, 구체적으로 트라우마에 대한 간접 노출의 영향을 기술하기 위해 사용되는 용어는 아니다.

(4) 공감만족(Compassion satisfaction)

트라우마 관련 전문가로서 만족할 수 있는 성과에서 발생하는 긍정적 감정을 의미한다. 동료와의 긍정적 관계, 자신의 일이 클라이언트와 사회에 의미 있는 기여를 가져온다는 신념 등이 특징이다.

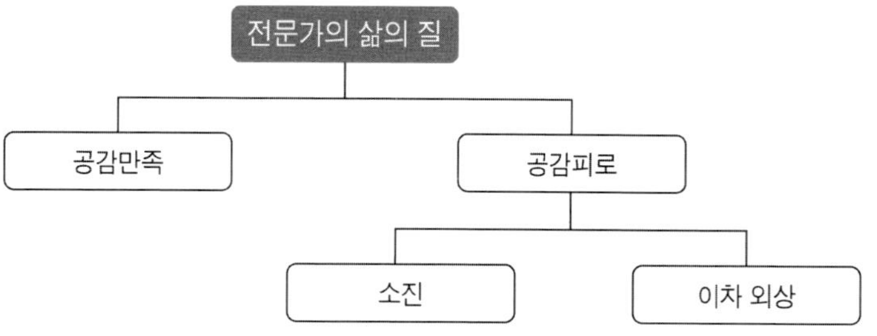

〈그림 13-6〉 직무상 외상에 노출되는 전문직의 Occupational Hazards

출처: Stamm(2010).

3) 이차외상스트레스의 원인

(1) 상황적 요인

- 업무의 특징
- 클라이언트의 특징
- 트라우마에 누적되는 노출
- 조직적 맥락
- 사회적, 문화적 맥락

(2) 개인적 요인

- 개인 과거력
- 성격과 방어 스타일
- 대처 스타일
- 현재 삶의 맥락
- 훈련과 전문가적 경력
- 슈퍼비전
- 개인적 치료

4) 이차외상스트레스의 증상

(1) 일반적 변화

• 나 자신을 위한 시간 또는 에너지가 없음
• 사랑하는 사람들과의 결별
• 사회적 철회
• 폭력에 대한 과도한 민감성
• 염세주의
• 일반화된 절망과 희망 없음
• 악몽

(2) 특징적 변화

• 세계관의 손상
• 정체감, 세계관, 영성에의 변화
• 감소된 자기능력
• 손상된 자아 자원
• 손상된 심리학적 욕구와 인지적 도식
• 감각적 경험에의 변화

5) 이차외상스트레스 대처방안

(1) 전문가/조직적 차원의 대처방안

① 질적인 슈퍼비전
• 신뢰하고 상호 존중하는 관계 발전시키기
• 개방성을 표현하기
• 트라우마 업무의 부정적인 영향을 인정하기, 이차외상을 심각하게 받아들이기
• 융통성 있고 접근성 있는 슈퍼비전
• 책임성, 교육, 임상적 지도, 업무와 관련된 정서적 반응에 대한 반응들에 대한 균형

② 동료지지

• 효율적인 의사소통기술 교육하기
• 신뢰하는 상호적인 관계 권장하기
• 건강한 갈등해결방식 따르기
• 협력과 팀워크 강조하기
• 급여의 인상과 융통성 있는 수당 옹호하기

③ 기관 내부의 분배된 권력/목소리

• 다양성에 대한 존중: 모든 목소리에 대한 경청
• 모든 수준의 모든 직원의 참여를 권장하고 직원 간에 의견을 나누고 자기 자신을 표현할 기회를 창조
• 합의로 이끄는 의사결정과정을 발전시키기

④ 업무는 직장에 두고 떠나기(Leaving work at work)

"하루 업무를 마칠 때, 트라우마 전문가에게 권장하는 의식"

- 주변 경치를 감상하며 걸어서 또는 자전거를 타고 귀가하기
- 막히는 도로 운전하며 귀가하기보다는, 버스나 지하철을 타고 흥미 있고 이완되는 소설책 읽으며 귀가하기
- 집에 도착하는 즉시 출근 시 입었던 복장은 바로 갈아입기
- 사무실을 떠나기 전 또는 집에 도착하자마자, 5-10분간 가만히 있거나 명상하기 (업무와 트라우마 관련 내용들, 업무 관련 스트레스들로부터 나의 모드를 바꾸기 위하여)
- 뛰거나 운동하러 가기
- 귀가하자마자 자녀와 놀거나 애완동물과 즐거운 시간보내기
- 근무시간 끝날 무렵에는 업무와 관련된 서류작업이나 도표 등은 치워버리고, 사무실은 잠궈버리기(상징적으로 업무 및 트라우마와 관련된 이미지 또는 주간 또는 야간에 남아있는 기억들에 대한 나의 관심사를 치워버리기 위하여)
- 주말이 시작되기 전 업무가 끝날 무렵 사무실에 있는 화분에 물주기(당신 자신에게 자신의 인생과 업무 밖에서의 개인적 성장을 위한 인생과 성장에 대한 은유로서)

⑤ 전문가의 레질리언스 향상을 위한 체크리스트

• 직장에서 업무를 떠날 때 당신에게 도움이 되는 것이 있는가?

- 당신은 업무와 가정 간의 어떠한 이동(transition)을 용납하는가?
- 당신은 하루의 업무를 마치며 수행하는 어떤 의식을 가지고 있는가? 그렇지 않다면, 다음 주 동안 어떤 의식을 시도함으로써 자신을 돌아보고 어떤 영향을 미치는지 살펴보자. 그 의식이 도움이 안 되거나 의도한 영향력이 없다면, 바꿔라.
- 당신의 친구나 동료들 중 당신에게 권할만한 어떤 의식이 있다면 확인해보자. 당신 자신에게 효과가 있는 의식을 발견할 때까지 지속적으로 실험해보자.

3. 소진관리 및 자기관리

1) 소진관리

소진이란 개인의 정신적 에너지가 모두 사용되어 탈진에 이르는 것을 말한다. 정서적 요구가 장기적으로 지속되면 신체적으로도 소진되며, 무력함과 절망의 감정, 환멸, 부정적 자아개념 등을 경험하게 될 수 있다. 또한 일과 사람 및 인생에 관한 부정적인 태도를 나타내게 될 수도 있다. 궁극적으로는 환경을 다룰 수 있는 능력이 심각하게 저해되지만 이러한 변화는 주로 느리게 나타나기 때문에 감지하기 쉽지 않을 수 있으며, 결과적으로 개인의 삶 전체가 위기에 빠질 수 있다.

소진이 되기 쉬운 사람들은 어떻게 일해야 하는지에 대해 비합리적인 믿음을 지니는 경우가 많다. 이러한 믿음은 상황을 왜곡해서 받아들이게 하며, 특히 환경적 압박과 압력이 가중되는 재난 업무의 특성 상 그 영향력이 더욱 크다. 다음의 목록을 살펴보고 자신에게 해당하는 것이 있는지 알아본다. 만일 아래의 내용 중 자신에게 해당되는 내용이 있다면, 이러한 비합리적 믿음을 현실적으로 수정할 수 있도록 노력해야 할 것이다.

① 내 직업은 내 인생이다.

② 나는 전능해야 하며 모든 것을 알아야 하고 모두를 도울 수 있어야 한다.

③ 일을 수행하고 자기 가치를 유지하기 위해 함께 일하는 모든 사람에게 호감을 느끼게 하고 인정받아야 한다.

④ 다른 사람들은 고집이 세고 같이 일하기 힘들며 내 일의 가치를 이해하지 못하고 내게 더 지지를 보내야 한다.

⑤ 어떤 부정적인 피드백도 내가 일하는 것에 문제가 있음을 의미한다.

⑥ 타인의 과거 실수와 실패로 인해 일이 제대로 돌아가지 않을 것이다.

⑦ 내가 원하는 방향으로 일이 진행되어야만 한다.

⑧ 나는 전지전능하고 오류가 없어야 한다.

2) 자기 관리 및 스트레스 대처

(1) 자기관리계획 수립의 이점

자신의 계획에 구조적 전략을 통합하고 이런 변화를 지지함에 있어 다른 전문가나 조직의 지지를 모색하는 것은 필수적이다. 효과적인 자기관리 없이 자신의 전문적 직무를 효과적으로 실행하는 것은 어렵거나 불가능할 수 있으며, 일부 전문가에 대해서는 자신의 업무를 계속 수행할 능력을 유지하는 것도 어렵거나 불가능할 수 있다. 자기관리를 개인별 노력으로 설정하기보다는, 개인과 자신이 근무하는 조직, 자신이 소속된 지역사회의 집합적 관심사(concern)로 파악하는 것이 도움이 될 수 있다

(2) 자기관리 계획의 구성요소

자기관리의 5가지 주요 항목은 ① 신체적 자기관리, ② 심리적 자기관리, ③ 감정적 자기관리, ④ 정신적 자기관리, ⑤ 업무현장(workplace) 또는 전문적 자기관리의 영역에서 골고루 최소한 1가지 이상씩의 자기관리 전략을 수립할 것을 권장한다.

참고문헌

재난정신건강위원회 (2015). 재난과 정신건강. 학지사.

정신건강기술개발 사업단 (2017). 재난대응을 위한 현장인력 재난심리지원 교육매뉴얼.

정신건강기술개발사업단 재난정신건강지원을 위한 교육프로그램 개발 및 인력양성팀 (2018). 재난정신건강지원인력 양성을 위한 심리적 응급처치.

정신건강기술개발사업단. 문제관리 플러스 교육 매뉴얼.

정신건강기술개발사업단. 재난정신건강지원 인력양성을 위한 마음건강회복 기술훈련.

현진희 (2017). 아동보호전문기관 상담원의 이차외상스트레스, 스트레스 대처방식이 우울에 미치는 영향과 스트레스 대처방식의 조절효과. 정신보건과사회사업, 45(1), 229-254.

현진희, 김희국 (2018). Mental Health of Government Officials Participating in Foot and Mouth Disease Prevention Work. Crisisonomy, 14(4), 151-163.

현진희, 김희국. (2019). 클라이언트 자살이 정신건강사회복지사에게 미치는 영향. 한국사회복지교육, 48, 145-168.

Brady, K. T., Killeen, T. K., Brewerton, T., & Lucerini, S. (2000). Comorbidity of psychiatric disorders and posttraumatic stress disorder. *Journal of Clinical Psychiatry, 61,* 22–32.

Committee on Post-Disaster Recovery of a Community's Public Health, Medical, and Social Services, Board on Health Sciences Policy (2015). Healthy, Resilient, and Sustainable Communities After Disasters: Strategies, Opportunities, and Planning for Recovery.

Foa, E. B., Stein, D. J., & McFarlane, A. C. (2006). Symptomatology and psychopathology of mental health problems after disaster. *Journal of Clinical Psychiatry, 67,* Supplement 2, 15–25.

Halpern, J., & Tramontin, M. (2018). **재난정신건강: 이론과 실제**. 권호인 외 공역. 피앤씨미디어.

Kessler, R. C., Sonnega, A., Bromet, E., Hughes, M., & Nelson, C. B. (1995). Posttraumatic Stress Disorder in the National Comorbidity Survey. *Arch Gen Psychiatry, 52*(12): 1048-1060.

Myers, D., & Wee, D. (2005). *Disaster Mental Health Services.* Routledge.

Norris, F. H., Friedman, M. J., Watson, P. J., Byrne, C. M., Diaz, E., & Kaniasty, K. (2002). 60,000 Disaster Victims Speak: Part I. An Empirical Review of the Empirical Literature, 1981–2001. *Psychiatry: Interpersonal and Biological Processes, 65*(3), 240-260.

Pines, A. M. (1993). *Burnout: An Existential Perspective.* Taylor & Francis.

Taylor, A. J. W., & Frazer, A. G. (1981). Psychological sequelae of operation overdue following the DC10 aircrash in Antarctica. Department of Psychology, Victoria University of Wellington.

La Greca, A. M., Silverman, W. K., Vernberg, E. M., & Prinstein, M. J. (1996). Symptoms of posttraumatic stress in children after Hurricane Andrew: A prospective study. *Journal of Consulting and Clinical Psychology, 64*(4), 712–723.

National Child Traumatic Stress Network (2012). TF-CBT: Trauma-focused cognitive therapy.

NCTSN (2010). Skills for Psychological Recovery Field Operations Guide.

Resick, P. A. (2016). *Cognitive Processing Therapy for PTSD: A Comprehensive Manual.* London: The Guilford Press.

Stamm, B. H. (2010). The concise ProQOL manual, 2nd Ed. Pocatello, ID: ProQOL.org. Available at: http://www.proqol.org/uploads/ProQOL_Concise_2ndEd_12-2010.pdf

Tran, K., Moulton, K., Santesso, N., & Rabb, D. (2016). Cognitive Processing Therapy for Post-Traumatic Stress Disorder: A Systematic Review and Meta-Analysis [Internet]. *CADTH Health Technology Assessment, 141.* Ottawa (ON): Canadian Agency for Drugs and Technologies in Health.

https://nct.go.kr/

http://www.traumainfo.org

14장

생애주기별 정신건강의 이해

권자영
(세명대학교)

Ⅰ. 인간의 발달과 정신건강

1. 개요

이번 장에서는 정신건강의 생애주기적 관점을 가지고 출생부터 죽음에 이르기까지 인간의 발달단계에 따라 어떤 발달특성과 함께 생애주기별 정신건강이슈가 발생할 수 있는지 살펴보고자 한다. 이를 통해 정신건강사회복지사는 클라이언트의 생애주기 특성을 고려한 사정과 평가 그리고 개입계획수립 및 서비스를 진행하는 데 그 목적이 있다.

Havinghust(1972)는 인간은 생애주기별 발달단계를 거치며 해당 단계별 특정 발달과제의 성취를 강조하였다. 정신건강 역시 이러한 인간의 발달단계에서 주요 발달과제를 성취하지 못하거나 만족스럽지 않을 경우, 건강한 발달과 성장에 지장을 초래하고, 해당 발달단계에 원만하게 적응하지 못하거나 다양한 정신건강문제가 발생할 수 있음을 이해해야 한다.

정신건강에 대한 생애주기적 관점은 크게 두 가지 의미를 담고 있다. 첫째, 정신건강의 종단적 발달과정에 대한 의미이다. 인간은 생애기간 내내 지속적인 발달과 성장을 지속해 가는데 정신건강 역시 그 시기에 적합한 발달과정이 진행되어야 한다는 점이다. 또한 각 발달단계에 따른 생애과업이 원만하게 성취되느냐의 여부가 정신건강과 밀접한 관련이 있음을 이해해야 한다. 이러한 생애주기적 관점은 전 단계의 정신건강이 그 다음 단계의 발달과정에도 영향을 미치게 되는 종적인 관점으로 보아야 한다. 둘째, 인간의 발달단계마다 주요한 정신건강문제가 있음을 이해해야 한다. 특정 생애주기에 해당하는 정신건강문제를 이해하고 접근하는데 횡단적 관점을 가지고 있어야 한다. 생애주기에 따라 특히 의미 있는 사회환경과 대인관계가 정신건강과 밀접한 관련이 있음을 주목해야 한다. 부모를 비롯한 양육자의 특성과 양육태도 및 부모자녀 관계, 결혼생활과 부부관계, 가정환경뿐 아니라 학교생활, 친구관계, 교사, 직장, 동료 등 그 시기에 중요한 관계를 맺고 상호영향을 주고받는 주요 사회환경와 체계, 그리고 빈곤이나 문화와 같은 사회적, 경제적, 문화적 환경이 정신건강에 미치는 영향을 파악해야 한다. 따라서 정신건강문제의 해결 역시 그 생애주기에서 중요한 영향을 미치는 사회환경체계에 대한 접근과 개입이 포함되어야 한다.

본 장에서는 먼저 인간발달단계 즉 생애주기에 대한 이해를 가지고 각 생애주기별 발달특성과 주요 정신건강 이슈에 대해서 살펴보고자 한다.

2. 인간발달의 특성

인간은 수정의 순간부터 출생을 거쳐 죽음에 이르기까지 신체적, 인지적, 정서적, 사회적 측면의 끊임없는 변화와 연속적인 인간발달과정을 밟는다. 이러한 인간발달은 양적, 질적 변화과정이 있으며 전 생애에 걸쳐 진행된다(Woolfclk, 1990; Papalia & Olds, 1995).

양적인 변화는 신장, 체중, 어휘력 등에서 나타나는 변화와 같이 크기 또는 양적 변화를 의미하며, 질적인 변화는 지능의 본질이나 심리작용에서의 변화와 같이 본질, 구조 또는 조직상의 변화를 의미한다. 즉, 발달의 개념은 양적 증대인 성장과 함께 질적 변화인 성숙을 포함하며 증가나 향상과 같은 긍정적인 변화뿐 아니라 감소와 쇠퇴하는 부정적인 변화도 포함한다(김태련·장휘숙, 1994). 이러한 인간발달의 양적·질적 변화는 상호영향을 주며 발달하게 된다(권오균 외, 2011).

전 생애관점에서 발달특성은 다음과 같다(Santrock, 2008; 이순민, 2014에서 재인용).

- 발달은 전 생애에 걸쳐 일어난다.
- 발달은 다차원적·다방향적으로 일어난다.
- 발달은 유연성이 있어서 발달적 변화가능성이 있다.

- 발달은 다학제적으로 연구된다.
- 발달은 역사적, 경제적, 사회적, 문화적 환경 등 발달이 이루어지는 환경의 다양한 맥락 내에서 이루어진다.
- 발달에는 성장, 유지, 상실조절의 세 과정이 포함된다. 임신부터 청소년기까지는 다양한 성장발달이 중점적으로 이루어지지만 성인기에는 이러한 발달의 유지, 노년기에는 여러 가지 기능 및 능력의 상실과 조정에 초점을 둔다.
- 발달은 생물학적·사회문화적·개인적 요인 간의 상호작용을 통해 다면적으로 이루어진다.

3. 생애주기관점으로 본 인간 발달단계

발달단계의 구분이나 연령 기준은 이론이나 학자마다 다양하게 제시하고 있지만 대부분 태아기, 영유아기, 아동기, 청소년기와 성인기, 중년기, 노년기로 구분하는 것이 통상적이다.

주요 발달이론과 학자들이 주장한 생애주기별 발달단계의 특징을 <표 14-1>에서 제시하였으며, 이를 참고로 인간의 발달시기를 연령에 따라 구분하여 발달 변화과정을 서술하고 발달시기별로 정신건강에 어떠한 영향을 미치는지 태아기에서부터 노년기에 이르기까지 살펴보고자 한다.

〈표 14-1〉 발달의 개념 및 단계별 발달과업

<table>
<tr><th>학자
이론</th><th colspan="2">프로이드(Freud)
정신성적 발달</th><th colspan="2">에릭슨(Erickson)
심리사회적 발달</th><th colspan="2">피아제(Piaget)
인지발달</th><th colspan="2">설리반(Sullivan)
대상관계 발달</th></tr>
<tr><td></td><td>발달단계</td><td>발달과업</td><td>발달단계</td><td>발달과업</td><td>발달단계</td><td>발달과업</td><td>발달단계</td><td>발달과업</td></tr>
<tr><td>영유
아기</td><td>구강기
(생후
18개월)</td><td>타인신뢰,
자신감</td><td>유아기
(생후 1년)</td><td>기본적
신뢰감
형성</td><td rowspan="2">감각
운동기
(0–2세)</td><td rowspan="2">대상
영속성</td><td>유아기
(출생–1세)</td><td>신뢰감
형성</td></tr>
<tr><td rowspan="3">아
동
기</td><td>항문기
(18개월
–3세)</td><td>자주적
판단,
자존심</td><td>초기아동기
(1–3세)</td><td>자율성
형성</td><td>초기아동기
(1–3세)</td><td>자율성
형성</td></tr>
<tr><td>남근기
(3–6세)</td><td>성 주체성
확립</td><td>후기아동기
(3–5세)</td><td>주도성
성취</td><td>전조작기
(2–7세)</td><td>보존개념,
물활론적
사고</td><td>후기아동기
(3–5세)</td><td>주도성
형성</td></tr>
<tr><td>잠복기
(6–12세)</td><td>적응력
향상</td><td>학령기
(6–11세)</td><td>근면성
성취</td><td>구체적
조작기
(7–12세)</td><td>비교·분류
개념 형성</td><td>학령기
(6–11세)</td><td>근면성</td></tr>
</table>

청소년기	생식기(12-18세)	주체성 확립	청소년기(11-20세)	정체성 확립	형식적 조작기(12세 이후)	상징적·추상적 사고	청소년기(12-20세)	자아 정체감
성인기			청년기(21-40세)	친밀성 확립			성인 초기(20-24세)	친밀감
			중년기(40-65세)	생산성			성인기(25-65세)	생산성
노년기			노년기(65세 이상)	통합성			노년기(65세 이상)	통합

Ⅱ. 생애주기별 정신건강

1. 태아기 정신건강

태아기는 난자와 정자가 결합해 하나의 수정란이 형성된 순간부터 태아가 출산하기까지의 약 40주(280일)를 의미하며 태아기는 배포기, 배아기, 태내기 3단계로 구분한다(강경미, 2016). 임신 시 임산부의 신체적 건강과 정신적 건강은 태아에게 지대한 영향을 미치게 된다. 즉 태내에서 성장하는 동안에 부모로부터 어떠한 영향을 받았는지, 모체의 영양상태를 비롯하여 정신적 스트레스 등 정서상태는 태아의 건강을 위해 매우 중요하다. 그래서 임신기간 동안 태교의 중요성을 강조한다.

태아기를 포함한 영유아기는 발달의 초기단계로 이 시기의 발달은 성인기까지 연장될 수 있다는 점에서 인간 발달단계에서 가장 중요한 시기이다. 이 시기에 형성되는 신체적 구조의 기능은 한 개인의 신체와 행동발달의 기초가 된다. 또한, 출생 전 태아의 발달상태는 출생 후 성장과정에 큰 영향을 주기 때문에(손재석 외, 2015) 태내에서부터 건강하고 안정적으로 성장하는 것은 이후 발달단계와 정신건강의 발달을 위해 중요하다.

1) 태아기의 발달특성

(1) 배포기(germinal period: 수정~2주)

배포기는 수정이 된 후 수정체가 자궁벽에 착상할 때까지의 2주간의 시기이다. 수정체가 자궁벽에 착상하고 세포분열을 거듭한다. 수정체가 자궁벽에 착상이 되면 엄마 몸과의 밀착된 의존관계가 시작된다(최덕경 외, 2014).

(2) 배아기(embryonic period: 임신 2주~8주)

배아기는 신체 주요기관들이 형성되는 3주부터 심장이 뛰기 시작하는 8주에 해당한다. 이 기간에 중요한 신체기관과 신경계가 형성된다. 즉, 수정 후 28일이면 뇌가 만들어지고 대뇌에서 신경세포의 분화가 시작된다. 이와 더불어 심장, 간, 척추가 분화되며 신경계, 비뇨기계, 피부와 뼈, 폐, 상·하지가 형성되며 눈과 귀의 흔적이 나타난다. 심장 박동이 생기고, 성인에게서 발견할 수 있는 모든 신체부위가 형성된다. 배아기 동안에 각 기관이 급속하게 형성되는 만큼 바람직하지 못한 환경의 영향에 가장 민감하게 반응한다. 따라서 엄마의 질병, 영양결핍, 약물복용 등은 배아기 발달에 치명적인 영향을 주어 자연유산이나 발달장애 등 태아에게 부정적인 영향을 미칠 수 있다(전석균, 2014; 최덕경 외, 2014).

(3) 태아기(fetus period: 8주~출생)

태아기는 수정 후 약 8주부터 출산까지의 시기이다. 이 기간은 배아기에 형성된 각 기관의 구조가 더욱 정교화되며 성숙해지는 시기이다. 근육발달도 급격히 이루어지며 중추신경계도 이 기간에 빨리 발달한다(최덕경 외, 2014). 이 기간에는 생식기관의 분화와 더불어 초보적인 내부·외부 신체기관들의 정교화가 나타나 외형적으로 완전한 인간의 모습을 갖추게 된다(권오균 외, 2011). 태아기의 가장 중요한 발달은 신경체계의 발달과 신장 및 체중의 발달이다(강경미, 2016).

2) 태아기의 정신건강

태아기 동안 태아의 모든 발달은 모체에 의해 영향을 받는다. 태아는 엄마의 자궁 안에서 끊임없이 성장, 발육해 나가기 때문에 태아기에 어머니가 신체적, 정신적 부정적인 영향을 받을 경우 태아의 발달에 직접적인 영향을 미칠 수 있다. 임산부가 강한 스트레스를 받게 되면 신경 호르몬이 과잉분비되어 이것이 태아의 뇌와 신경계에 영향을 미치게 되며(최덕경 외, 2014), 실제로 태중 10개월 동안의 자궁 내 환경에 따라 성품의 많은 부분이 형성된다고 알려져 있다(이소현, 2003; 최덕경 외, 2014에서 재인용).

이 시기의 임산부는 복용하는 약물에 주의를 기울여야 하며 특히 신경안정제, 항생제, 환각제 계열의 약물은 태아에게 치명적인 영향을 미칠 수 있다. 또한 일상생활에서 쉽게 복용할 수 있는 카페인, 아스피린, 감기약 등의 약물도 임신기간에는 전문가와 상의해서 주의해서 복용해야 한다. 임산부의 음주나 흡연은 태아에게 부정적인 영향을 미치는데 특히 술을 많이 마시면 태아는 안면기형, 체중미달, 중추신경계의 장애를 초래하는 태아 알코올 증후군의 가능성이 높아지고, 상습 흡연을 하는 경우에는 조산이나 저체중아를 낳을 확률이 높아진다(전석균, 2014).

임신기간 산모의 정서적 안정은 곧 아기의 정서적 안정과 직결된다. 임신기에는 심신이 민감해지기 때문에 주위 사람들의 따뜻한 관심과 지원이 필요하다. 특히 임산부에게 정서장애가 있거나 불안이 심하거나 임신 중에 큰 충격을 받았거나 심한 좌절을 겪거나 원치 않은 임신을 한 경우에는 자연유산, 조산이나 난산의 위험성도 높아지므로 특히 주의와 적극적인 보호와 개입이 필요하다.

임산부의 정서 중에서 중요하게 고려해야 할 정신건강문제로는 임신 중과 출산 후에 나타나는 우울증이 있다. 출산 후 85%에 달하는 여성들이 일시적으로 우울감을 경험하는데 대부분은 일상적 생활에 장애를 초래할 정도로 심각하지 않다. 하지만 산모의 10~20%는 산후우울증으로 이행되는데(국가건강정보포탈) 임신기 우울증 및 산후우울증은 출산 후 자녀의 양육에도 부정적인 영향을 미치고 경우에 따라서는 치명적인 결과를 초래하게 되므로 가볍게 여기지 말고 자세히 모니터링되어야 한다. 임신기간 중 환경적 요인으로 가족환경은 매우 중요하며 부부간의 불화, 가족갈등, 경제적 위기, 가족의 죽음 등과 같은 심각한 스트레스는 태아의 정신건강발달에 영향을 미칠 수 있다.

2. 영·유아기 정신건강

출생 후부터 만 6세까지를 영유아기라고 한다. 생애 초기에 해당하는 영유아기 양육환경에서 이루어지는 개인의 경험이 개인의 성장발달과 인생전반에 막대한 영향을 미친다(대구광역정신건강증진센터, 2014). 특히 영유아기 주 양육자와의 애착은 정신건강 및 성격발달과 밀접한 관련이 있다(손재석 외, 2015). 따라서 영유아기 정신 건강을 이해하는 것은 매우 어린 아동과 그 가족의 정신건강 문제를 예방하고 치료하는 열쇠가 된다.

국내 연구들이 영유아의 정신건강문제를 점차 높게 보고하면서(보건복지부, 2012; 신의진 외, 2009) 최근 영유아기 정신건강의 중요성은 더욱 강조되고 있는데 영유아기를 비롯한 아동기 장애를 추정해보면 일반 아동인구에서 적게는 14%에서 많게는 22%에 이르며,

진단을 내릴 정도로 심한 형태의 문제는 전체 아동의 약 8~10%를 차지한다. 또한 이러한 장애가 영유아기에 그치는 것이 아니라 평생 지속될 수 있으며, 진단이 내려질 정도의 심한 장애가 아니라고 하더라도 영유아기의 문제가 이후의 성장과정과 가정생활, 직업, 사회적응에 지속적으로 부정적인 영향을 미칠 수 있기 때문에 조기발견 및 적극적인 치료 및 개입이 중요하다(최덕경 외, 2014).

1) 영아기 발달 특성과 정신건강

영아기는 출생 이후부터 만 2세까지의 시기이다. 영아기는 사람의 일생에서 신체적 성장이 가장 빠른 속도로 이루어지는 시기이며 특히 출생 후 첫 1년간은 신체와 뇌의 성장이 급속도로 이루어지고 신경과 근육조직이 성장함에 따라 운동기능이 발달하면서 능동적으로 세상을 탐색하고 주도적으로 활동하게 된다(대구광역정신건강증진센터, 2014). 이 시기에 성취해야 하는 발달과제는 일생의 기초 과업으로 매우 중요하다. 출생 초기의 운동능력이나 행동 특성이 아동 후기나 성인기의 언어, 시각, 운동, 인지 및 대인관계의 전반적인 발달에 기초가 되기 때문이다.

생후 1년 동안의 영아는 부모 혹은 주요 양육자와의 관계를 통해 자신을 인식하고 자신과 주변환경, 사회에 대한 의존을 통해 안정감을 형성하게 되는데, 이때 주요 양육자와의 애착형성이 원만하지 않고, 적절한 보살핌을 받지 못하게 되면 기본적 신뢰감과 안전감을 형성하기 어렵게 된다. 이 시기에 부모의 부적절한 양육이나 극단적으로는 방임이나 학대, 부모의 정신건강문제, 빈곤이나 취약한 주거환경 등 다양한 가족 및 사회환경적 요인들이 영유아기 정신건강에 영향을 미치게 된다.

(1) 신체적 발달

신생아의 평균 신장은 50~52cm 정도, 체중은 3.2~3.4kg 정도이며, 신체비율이 성인의 1/3 정도이다. 개인에 따라 차이가 있긴 하지만 만 2세가 되면 신장은 약 1.5배, 체중은 약 3배 정도로 급격한 신체적 성장을 하며 운동발달이 진행된다. 즉, 신체, 뼈, 근육, 신경계의 성숙의 결과로 엎드린 상태에서 머리 들어올리기(2개월), 혼자서 앉기(6개월), 붙잡고 서기(7개월), 붙잡고 걷기(9개월), 혼자서 서기(11개월), 혼자서 걷기(12개월), 손잡고 계단 오르내리기(16개월), 혼자서 계단을 오르내리거나 달리기(24개월) 순으로 신체적으로 발달한다(나동석 외, 2009). 영아기에는 신체적 성장과 발달이 매우 빠르게 이루어지기 때문에 적절한 양육환경을 제공하고 충분한 영양을 섭취하여 건강을 유지하는 것이 중요하다.

(2) 심리·정서적 발달

이 시기에 영아는 자신을 돌보는 사람과 애착을 형성하며 이는 일생 동안의 정서적 안정성과 사회성에 중요한 기초가 된다. 따라서 이 시기의 심리·정서적 발달은 양육자와의 애착관계 형성 정도에 따라서 많은 영향을 받는다.

정서발달은 출생 시 미분화 상태에서 성숙과 학습경험을 통해서 점차 분화되어 간다. 신생아는 몇 가지 제한된 정서만을 표현하며, 생후 3개월경 쾌감·블쾌감이 나타나고 5개월에는 불쾌감에서 분노와 혐오가 분화되며 7개월에는 공포가 분화되고, 10~12개월에는 쾌감에서 애정과 기쁨이 분화되며 만 2세경에는 성인에게서 볼 수 있는 감정이 거의 모두 분화되어 발전한다(정옥분, 2011).

인지발달은 감각운동기로서 출생 후~1개월 사이에 환경자극에 대한 자동적인 반응으로 반사기능을 하다가 4~8개월이 되면 최초로 환경 내의 사물이나 사태에 관심을 가지기 시작하고, 자신의 행동의 결과를 인지하여 의도적으로 행동수정이 가능해진다. 12~18개월에는 사물을 탐색하고 속성을 파악하여 새로운 도식을 형성하고 18~24개월이 되면 눈앞에 없는 사물이 여전히 전재한다는 사실에 대해 지각하는 대상영속성의 개념이 발달한다(강경미, 2016; 전석균, 2014).

(3) 사회성 발달

사회성 발달에 영향을 미치는 중요한 요인은 역시 주양육자인 부모와의 애착관계로 애착은 영아와 부모 사이에 형성되는 친밀한 정서적 유대감으로서 아버지와는 놀이를 통해, 어머니와는 지속적인 상호작용을 통해 형성된다. 영아의 낯가림은 6~8개월부터 시작되다가 돌 전후에 최고조에 달한다. 분리불안은 돌 전후에 시작하여 20~24개월이 되면 없어진다. 이 시기에 애착관계 형성이나 대상영속성에 문제가 생기면, 분리불안의 문제가 발생하여 사회적 발달이 저해된다. 특히 영아기의 언어발달은 인지발달과 사회성 발달과 밀접한 관련이 있으며, 영아의 상징적 사고의 범위를 확대시키는 데에 매우 중요하다(전석균, 2014).

안정된 애착관계가 형성되면 영아는 환경을 능동적으로 탐색하며, 낯선 사람과도 상호작용을 할 수 있게 되며, 기본적인 신뢰감이 형성된다. 그러나 이 시기에 모성결핍이나 애착관계에 어려움이 있을 경우 성장 후 성인이 되어서도 타인과의 공감대 형성이나 친밀한 인간관계와 신뢰 있는 상호관계 형성에 어려움을 경험할 가능성이 높다(나동석 외, 2009).

(4) 영아기 정신건강

영아기 발달과업의 주요내용은 수면과, 식사, 배변 등의 기본생활습관 자조기능의 획득이다(강경미, 2016). 이 시기의 정신건강에서 가장 중요한 것은 주 양육자와의 애착관계 형성이다. 애착이란 부모 또는 자신을 돌보는 양육자에게 느끼는 강한 감정적 유대관계이다. 생애초기에 이루어지는 영아의 사회적 관계는 주로 가족 특히 엄마와의 사이에 형성되며 영아는 자신의 욕구를 해결해 주고 편안한 보살핌과 돌봄을 통해 엄마에게 정서적 친밀감을 느끼게 되며 기본적인 신뢰감을 형성한다. 현대사회로 들어서면서 가족구조가 핵가족으로 변화하고 여성의 사회활동이 증가하면서 안정된 애착형성에 대한 우려도 있지만 실제로 애착형성에는 양육 시간보다는 양육의 질이 더 중요하다는 사실이 밝혀지고 있다(이태연, 2017).

이러한 애착이 원만하게 형성되지 못하면 정서적인 문제나 신체 발달의 지연이 나타날 수 있다. 또한 분리불안이 표출되거나 부모와 접촉을 회피하는 경우도 있다. 따라서 영아기의 정신건강을 위하여 부모교육, 양육자와의 애착증진 프로그램, 아동양육 교육프로그램 등이 필요하다. 또한 조기선별 검사 등을 통해 영아기 정신건강문제의 예방과 조기 진단 및 치료가 이루어져야 한다.

영아의 정신건강을 확보하기 위해서는 충분한 영양, 건강증진, 질병예방의 노력, 주요 양육자와의 충분한 신체접촉, 친밀한 상호작용, 재미있고 풍부한 자극과 놀이 등이 필요하며 보호자는 영아의 욕구에 적절하게 그리고 적극적으로 반응하며, 양육자로서의 민감성과 자신감, 효능감을 갖추어야 한다. 영아기에 발생할 수 있는 주요 정신건강문제로는 자폐범주형 장애, 지적장애 기타 반응성 애착장애 등이 있다.

2) 유아기 발달 특성

유아기는 만 2~6세까지로 일반적으로 학령 전기라고도 한다. 유아기가 되면 아기의 모습이 사라지고 아동의 모습이 나타나기 시작한다. 이 시기는 두뇌발달이 성인의 90%에 육박하게 진행되며(강경미, 2016), 유아들은 자기주장과 지배에 대한 욕구가 강하고 자아의식을 갖게 됨으로써 자율적이고 독립적인 존재가 되어간다. 유아기는 가장 초보적인 수준의 사회화 과정이 나타나는 시기로, 어린이집이나 유치원을 다니게 되면서 생활환경이 확대되고 또래집단과의 접촉을 통하여 본격적으로 사회적 기술을 습득하게 된다(나동석 외, 2009).

(1) 신체적 발달

유아기의 신체발달 역시 이후 여러 발달영역에서 기초가 된다는 점에서 매우 중요한 의미를 갖는다. 영아기에 비해 완만하지만 유아기에도 신장과 체중의 빠른 성장을 보인다. 신체발달은 유아의 외형은 물론 키나 몸무게의 많은 변화가 일어나는데 신장은 매년 7cm씩, 체중은 2kg 정도씩 증가한다. 신체적 발달은 만 2세부터는 둔화되기 시작하며, 운동능력이 정교화되어 달리기와 뛰기 등의 운동능력이 발달한다. 5~6세의 유아는 줄넘기, 평균대, 롤러스케이트나 두발 자전거를 탈 수 있을 정도로 운동능력이 발달한다(강미경, 2016).

(2) 인지발달

유아기는 인지발단단계의 전조작기에 해당하는 시기이다. 이 단계의 특징은 내재적으로 형성된 표상을 여러 형태로 표현하는 상징적 기능이 발달하는 것이다(강경미, 2016). 이에 따라 소꿉놀이, 병원놀이, 학교놀이 등의 가상놀이가 활발해진다. 이러한 추상능력의 발달로 인하여 모방이나 상징놀이, 언어기술이 습득된다(나동석 외, 2009). 또한 이 시기는 언어를 사용하기 시작하고, 언어능력이 발달하며, 유아는 자신의 관점과 사고가 옳다고 보는 자기중심적 관점을 갖는다. '자기중심성'으로 인해 유아는 사물을 자신의 입장에서 보기 때문에 타인의 관점을 이해하지 못한다. 또한 비논리적 사고와 직관적 사고에 의해 판단하므로 보존개념을 획득하지 못한 상태이다. 상징놀이와 모든 사물에 생명이 있다고 사고하며 감정이 있다고 믿는 물활론적 사고를 가지고 있다(권오균 외, 2011). 여러 사물과 현상들을 그 속성의 유사성에 따라 분류하여 이들의 공통적인 범주를 찾아내는 분류개념은 아동의 일상의 적응능력에 대단히 중요한 지적 능력이다(송명자, 1995; 권오균 외, 2011).

(3) 정서발달

유아기 초기에는 자신의 내부 상태에 따라 감정상태가 결정되어 오다가 점차 성장하면서 정서가 분화되기 시작한다. 자기 주장적이고 반항적 행동을 통해 자율성이 발달되기 시작하면서 사랑, 분노, 공포, 좌절감 등의 여러 가지 감정을 느끼고 이를 표현하고, 충동과 사회적 요구 간의 균형을 유지할 수 있는 방법을 습득하게 된다. 유아는 정서를 이해할 뿐만 아니라 자기 자신의 정서 표현을 조절하는 것도 발달하는데 5~6세가 되면 감정조절능력이 향상되어 칭얼대기보다는 기다리는 등 정서를 억제하고 반응을 조절하는 태도가 나타난다(강경미, 2016).

(4) 사회적 발달

가정에서의 훈육, 가정의 분위기, 부모의 양육태도, 형제관계 등은 유아기의 성격발달과 사회화에 영향을 미치며, 부모의 생활태도나 또래 및 교사와의 관계는 유아의 사회성 및 정서발달과 밀접한 관련이 있다(권오균 외, 2011).

유아기에는 부모 특히 엄마와의 관계에서 형성되는 특수하고 긍정적인 정서적 유대를 통해 사회적 애착이 형성되고, 돌보는 이의 일관성 있는 태도와 편안하고 적절한 반응을 통해 신뢰감을 형성하게 된다. 이 시기의 유아는 타인의 요구에 일치하려는 능력과 상황에 따라 행동을 수정하고, 타인의 지시를 받지 않고 사회적 요구에 순응하여 행동을 조절하거나 지연하는 바람직한 행동을 하는 자아통제감이 발달된다(나동석 외, 2009).

이 시기에는 성과 관련된 사회적 관계에 관심을 나타내고 동성의 친구들과 어울리면서 성에 따라 옷차림이나 놀이문화 등을 통해 성역할을 학습하게 된다. 5~6세경의 유아들은 어린이집이나 유치원 등을 다니게 되면서 가정을 떠나 처음으로 집단놀이에 접하며 협동과 상호작용의 쾌락을 경험하고 역할관계의 상호성을 학습하게 되어 어느 정도 자기중심성이 완화된다(나동석 외, 2009).

4) 유아기 정신건강

유아기에는 영아기와 마찬가지로 양육자와의 안정적이고 정서적인 관계가 정신건강에 지대한 영향을 미친다(권오균 외, 2011). 유아기 정신건강에 영향을 미치는 요인으로는 놀이를 통한 또래와의 원만한 관계형성, 어머니와의 정서적 유대감, 교사와의 정서적 유대감, 유아에 대한 긍정적이고 수용적인 태도가 있다(손재석 외, 2015).

이 시기 정신건강의 위험요인으로는 아동의 위험요소로 발달지연이나 신체질환 등의 취약요인, 유아의 타고난 기질 등이 있으며, 부모의 위험요인으로 낮은 양육의 질, 부모의 정신병리, 모성우울증, 모성약물중독, 부부간의 불화, 빈곤, 청소년 부모, 가정폭력 등이 해당한다. 따라서 위의 요인들에 대한 사정과 평가를 통해 정신건강고위험군을 선별하고, 적극적인 예방, 치료 노력이 필요하다.

유아기의 흔히 나타날 수 있는 정신건강문제로는 지적장애, 언어장애 등의 발달지연 및 자폐범주형 장애, 주의력결핍 및 과잉행동장애, 분리불안장애 등을 들 수 있으며 최근에는 스마트 기기 중독과 같은 위험성도 높아지고 있는 추세이다. 칭얼대는 아이를 달래는데 스마트폰만한 게 없다보니 대부분의 엄마들은 스마트폰이 영유아기 아이들에게 좋지 않다는 것을 알면서도 '어느 정도는 괜찮지 않을까?'라는 생각에 아이들의 손에 스마트폰을 쥐어주게 된다. 하지만 영유아기 아이들의 경우 스마트폰에 지속적으로 노출될 경우 좌뇌와 우뇌가 균형 있게 발달되지 못하고, 언어 발달이 늦어질 수 있어 스마트폰은 아이에게 치명적인 독이 될 수도 있다.

3. 아동기 정신건강

1) 아동기 발달 특성

아동기는 만 6~12세까지의 초등학교 생활을 하는 학령기에 있는 시기가 해당한다. 아동기는 인간의 신체적, 정서적, 사회적 발달에 가장 중요한 시기로 기본적인 성격과 이후 개인의 행동과 태도, 가치관의 기초가 이루어지는 시기이다. 이 시기는 신체적으로는 발달속도가 영유아기에 비해 완만하며, 뇌의 발달은 거의 성인에 가까워지며, 기능도 조직적으로 분화·발달하게 된다. 특히 이 시기가 대체로 학령기가 시작되는 시기이므로 이때부터 시작되는 학교생활은 지적발달 및 정서발달에 커다란 비중을 차지하게 되고(권오균 외, 2011), 학교라는 매우 중요한 환경에 진입하며 학업과 또래관계 등의 중요한 과제를 달성해야 하는 시기이다.

(1) 신체적 발달

신체적 성장과 발달이 비교적 원만하게 진행되는 시기로 초등학교 입학 당시에는 남아의 신체적 성숙이 빠르고, 11~12세경에는 여아의 신체적 성숙이 더 우세해진다. 운동기능의 발달은 유아기에 비해 속도나 정확성, 안정성, 역량 등이 더욱 정교해지며, 장난감을 이용한 놀이보다는 달리기, 던지기, 뛰기 등의 조직적인 단체놀이와 스포츠에 관심을 보인다(나동석 외, 2009).

(2) 인지발달

아동기의 인지발달은 구체적 조작기에 해당하며 직관적 사고에서 논리적 사고로, 중심화현상에서 탈중심화, 비가역적 사고에서 가역적 사고로 발달하게 된다(강경미, 2016). 아동기 전기에는 부모로부터 습득한 가치가 자신의 사고에 통합되는 과정을 통해 사회적 규칙이 내면화되고, 후기에는 다양한 사고를 통하여 행동을 대상에게 수행할 수 있게 되면서 보존기술, 유목화 기술, 조합기술 및 기초적인 연산이 가능해진다. 이러한 개념이 습득되면서 인간관계에 대한 추론이 가능해지고 물리적 세계의 규칙과 대상 간의 관계를 지배하는 원리에 대한 통찰력을 갖게 되고, 자기중심적인 사고에서 타인의 입장을 고려할 수 있을 만큼 인식이 성숙된다(나동석 외, 2009).

(3) 정서발달

Hurlock(1978)은 아동기 정서의 특징으로 정서의 경과시간이 짧고 강하게 폭발하며, 변하기 쉬워서 방금 웃다가도 울거나 화를 내기도 하며, 정서의 표현도 상황에 따라 다르게 표현하는 동시에 자주 나타난다고 설명하였다. 이시기의 아동은 정서적으로 자신을 통제하고 자기의 사회적 역할을 인식하며 또래와 잘 어울리는 방법을 배워야 하는데, 부모의 강력한 영향에서 벗어나 친구들과의 놀이나 친구들로부터 인정받는 것에 민감해지며, 학교 수업과정에서 지적 성취도는 아동의 자아 성장에 막대한 영향을 준다. 이때 아동은 자신의 한계를 인식하고 성인의 요구에 적절히 반응하고 자신의 행동을 통제함으로써, 일상생활에서 부딪치는 다양한 사회적 상황에 나름대로 적절하고도 효율적인 적응방법을 익힐 수 있다. 그러나 실패를 거듭하거나 가정이나 사회에서 부정적인 피드백을 자주 받게 되면 아동은 부적절감이나 열등감을 갖게 된다(최덕경 외, 2014).

(4) 사회적 발달

아동기 전기에 성역할에 대한 인식이 생기고 전체적인 자아개념에 자신의 성을 연관시키게 된다. 이 시기에는 아직 학습을 통해 갖게 된 기준에 입각해서 판단하게 되기 때문에 객인적인 사고나 가치관의 차이를 고려할 만큼 융통성은 없다. 또한 자신에 대해 자기가 갖고 있는 이미지, 즉 스스로에 대한 평가가 자아개념이 되며, 이는 주로 친구들과의 놀이를 통해 형성하게 된다. 아동기 후기에는 사회적 관계가 가족에서 이웃과 학교로 확대되면서 학교나 이웃의 또래 친구들과의 횡적인 대인관계 속에서 집단생활의 규범을 준수하고, 상호 협력하면서 자신의 욕구를 통제할 수 있는 기본적인 사회적 기술과 태도를 습득하게 된다(나동석 외, 2009).

2) 아동기 정신건강

최근 우리 사회는 지나친 교육 열풍과 경쟁 위주의 교육환경, 급속한 디지털 사회로의 전환, 이혼 및 재혼가정, 다문화 가정, 한부모 가정 등의 증가 등 전통적인 가족구조 변화의 영향으로 정신건강 문제를 보이는 아동의 수가 증가하고 있다. 건강보험심사평가원 자료에 의하면(2018) 우울증으로 병원 치료를 받은 19세 이하 아동은 2017년 3만 907명에서 4만 3,739명으로 1년 새 1만 2,800명(42%) 늘었다. 19세 이하 불안장애 환자도 2017년 1만 9,709명에서 2018년 2만 3,311명으로 급증했다. WHO에 따르면 아동-청소년의 20%가 정신질환을 가지고 있고, 성인정신질환자의 약 50%가 만 14세 이전에 문제가 발생한다는 보고(英, Mental Health Taskforce, 2016)를 감안할 때 아동기 정신건강문제를 조기에 발견하고 적극적으로 개입한다면 성인기까지 진행되는 정신질환 문제를 최소화하고 정신건강문제로 인한 사회적 비용을 감소시키는 데 효과적일 수 있다.

아동기의 정신건강문제는 문제행동을 통해서 발견하게 되는 경우가 많다. 아동기 역시 전반적인 발달이 급속하게 이루어지는 시기로 단순히 문제행동자체에 주목하여 평가하기보다는 문제행동을 아동기의 발달과제와 정상적인 발달범주와 함께 고려하는 것이 필요하다. 또한 아동의 정신건강문제를 평가할 때 정신건강사회복지사는 아동의 문제행동을 정신병리적 증상으로만 파악하기보다는 취약성으로 바라보고 아동의 생물학적, 심리적, 사회적 발달을 고려하는 것이 중요하다(오영림 외, 2012). 특히 이 시기에 교우관계나 학습에 대한 실패의 경험이 정신건강에 매우 큰 영향을 줄 수 있다.

아동기 정신건강에 영향을 미치는 요인은 복합적이다. 첫째, 생물학적 요인으로 유전, 뇌손상, 질병이나 아동의 타고난 기질과 같은 요인이 영향을 준다. 둘째, 불안정한 가족구조, 가정폭력, 만성적인 가정불화, 아동학대 및 잘못된 양육과 같은 가정적 요인은 아동의 정신건강에 심각한 영향을 미친다. 또한 부모의 정신건강은 아동의 정신건강과 관련성이 높다. 아동학대를 경험한 아동일수록 문제행동양상이 높으며(권자영, 1991), 두통, 복통과 같은 다양한 정신신체증상이나 우울, 불안, 공포, 자살사고 등이 높고, 등교거부나 성적저하, 공격적 행동양상이 나타나게 된다(문선화, 1995). 셋째, 빈곤이나 부적절한 주거환경, 영양결핍, 학교와 같은 주요환경에서 발생하는 만성적인 스트레스 상황 등은 아동에게 정신적, 정서적 문제를 유발하는 요인이 된다(전석균, 2014). 아동의 정신건강은 아동이 속한 가구의 소득 수준, 가구 형태 등에 따라서도 차이를 보이는데 특히 수급 가구 아동, 소득 수준이 낮은 가구의 아동, 한부모·조손 가구 아동이 스트레스 인지율이 높았고 문제적 게임 이용군 비율도 높게 나타났다(전진아, 2017). 따라서 취약한 사회경제적 특성을 가진 아동의 정신건강 증진을 위해서 적극적인 개입과 예방노력이 필요하다.

이 시기에 자주 발생하는 정신건강의 문제는 분리불안과 학교 공포증, 우울증과 강박증, 틱장애, 품행장애, 주의력 결핍과 과잉행동장애, 학습장애 등이 있다. 이러한 정신건강 문제가 발생하게 되면 학업성취도가 저하되고, 학교생활에서의 부적응, 또래관계의 어려움 등을 경험하게 되며 행동 조절에도 어려움을 겪게 되어 문제행동이 발생하기도 한다.

4. 청소년기 정신건강

1) 청소년기 발달 특성

청소년, 미성년자, 소년 등 다양한 용어로 불리는 청소년에 대한 연령 규정은 법령이나 규범에 따라 다양하다. 아동복지법에서는 아동을 18세 미만의 자로 규정하며, 청소년기본법은 9세 이상 24세 이하, 청소년 보호법에서는 19세 미만, 민법에서는 만 20세 미만, 기타 공연법과 음란·비디오물 및 게임물에 관한 법률과 근로기준법에서는 만 18세 미만의 자를 청소년으로 규정하고 있다. 한편 소년법에서는 19세 미만의 자를 소년으로 규정하고, 범죄를 저지를 자가 19세 미만인 경우 소년법에 따라 상대적으로 관대하게 처벌하도록 규정하고 있으며, 형법 제9조에 따라 만 14세 미만인 자를 '형사미성년자'라고 하여 처벌하지 않는다.

청소년기는 아동에서 성인으로 성장해가는 과도기적인 시기로, 정신적으로나 신체적으로 불안정과 불균형이 심하다. 청소년기에는 신체적 성숙이 급격하게 이루어지며, 부모로부터의 심리적인 독립이 이루어지는 시기로 자아정체감의 혼란과 형성의 시기이다. 이 시기는 정서적 변화가 급격하여 '제2의 반항기'로 불리며 사회적으로는 '주변인'에 머물러 있는 발달양상을 보인다.

(1) 신체적 발달

성인에 가까운 신체가 형성되며, 2차 성징이 발달하고 성적 성숙이 이루어지는 시기로 급격한 신체 발달과 아울러 근육 및 신경계의 발달에 따라 운동능력의 발달도 현저하게 나타난다. 청소년기의 운동능력과 성적 발달, 신체적 발달에 따라 자신감을 갖기도 하고, 발달이 지연될 경우 긴장감, 열등감과 같은 부정적 정서를 경험하기도 한다. 또한 타인과 비교해서 부족하다고 느끼고, 타인 앞에서 위축되는 느낌이 강화되어 열등감에 사로잡히기도 한다. 외모지향적인 사회분위기에 따라 섭식장애 등의 어려움이 빈발하기도 한다.

(2) 인지적 발달

인지적으로는 형식적 조작의 사고를 하게 되어 가능한 모든 대안을 통해 문제를 해결할 수 있고 구체적 사물에 의존하지 않고 가설적 사고를 할 수 있으며 자신에 대해 깊은 추리와 탐색을 하게 된다(권오균 외, 2011).

(3) 정서적 발달

정서적으로는 '질풍노도기'로 표현하며, 부모에게서 심리적으로 독립하기를 원하고 자율성을 추구하는 '심리적 이유기'라고도 한다. 청소년기는 인간의 발달과정 중 가장 혼돈과 혼란을 경험하는 시기로 기분의 변화가 심하여 우울이나 불안감, 절망감을 보이기 쉽기 때문에 이러한 양상이 청소년기의 특성인지 정신건강상의 문제인지 감별하기가 쉽지 않다.

(4) 사회적 발달

청소년기는 가정과 가정 밖에서 경험과 가치관, 도덕관, 인생관들이 갈등과 방황, 통합의 과정을 거쳐 고유의 주체의식과 자아정체감이 확립되는 중요한 시기이다. 청소년기에는 부모나 가족으로부터 독립되어 친구나 자기 자신에게 의존하는 경향이 높아지며, 부모의 통제를 받지 않으려 하고, 부모의 지시를 논리적으로 비판하거나 반항하며 부모의 보호로부터 벗어나 자신의 판단에 의해 독립적으로 행동하려는 성향을 지닌다. 또한 호르몬 분비의 변화를 통해 이성에 대한 관심을 갖게 된다(나동석 외, 2009).

2) 청소년기 정신건강

청소년기의 정신건강 문제는 아동기를 비롯한 그 이전발달단계에서 이미 시작되는 경우가 매우 흔하다. 지적장애, 자폐증 등과 같은 발달장애유형의 장애들은 청소년기가 되어 새로운 문제행동이나 양상으로 나타날 수 있으며, 불안이나 우울 등의 정신건강문제 역시 시작은 아동기에 했더라도 청소년기에는 더 복잡한 형태가 되어 나타날 수도 있다.

청소년기는 인간의 발달과정 중 가장 혼돈과 혼란을 경험하는 시기로 기분의 변화가 심하여 우울이나 불안감, 절망감을 보이기도 하고 부모에 대한 압박감, 기성세대에 대한 분노, 적대감정, 자살에 대한 공상을 하기도 한다. 이 시기의 발달과제인 자아정체감 형성, 자율성 확립, 친숙한 또래관계 형성 등의 발달과업을 적절히 수행하지 못할 경우, 역기능적인 가정(특히 학대적인)에서 도피와 학교의 부적응으로 인해 충동적인 행동, 가출, 약물 오남용, 자해 및 자살의 문제가 빈번히 발생된다.

특히 우리나라 청소년의 정신건강문제는 매우 심각한 수준으로 국가인권위원회 실태조사(2017) 결과에 따르면 아동·청소년기 정신장애 최초 발병률이 전체의 약 42%에 달하고 있다. 우리나라의 청소년들은 과중한 학업 및 입시 경쟁 등 자신과 가족 및 사회로부터의 엄청나게 많은 요구와 직면하게 되는데 이로 인해 과도한 스트레스와 정서적으로 불안정해져 쉽게 과격하고 극단적인 행동양상을 보이기도 한다. 최근 급증하고 있는 자해나 자살문제의 경우 2018년 학생정서행동특성검사 결과에 의하면 자해 경험률은 중학생의 경우 전체의 9.7%, 고등학생은 6.4%로 나타나 매우 심각한 실정이다(전진아, 2020).

국민건강보험공단의 2016~2018년 10대 청소년 정신건강 질환 진료 현황에 따르면 우울증으로 진료를 받은 10대는 3만 7천233명으로 2016년보다 1만 4천695명(65.2%)이나 증가했다. 불안장애 진료 인원도 2016년 1만 4천126명에서 2018년 1만 8천220명으로 4천94명 늘어났다. 같은 기간 공황 장애, 심한 스트레스에 대한 반응 및 적응 장애, 수면 장애, 식이장애, 강박 장애 역시 모두 증가하는 추세로(2019.10.15. 연합뉴스) 청소년기 정신건강문제가 심각함을 알 수 있다. 2019년 청소년건강행태온라인조사에 따르면 청소년의 우울감 경험률[1])은 만 12세에서 18세 청소년 57,303명을 대상으로 조사한 결과 28.2%가 우울감을 경험한 것으로 보고하고 있다. 이 가운데 중3이 29.5%, 고3이 30.6%로 가장 높았으며, 성별로는 여학생이 34.6%로 22.2%의 남학생에 비해 상당히 높은 것으로 나타났다.

1) 우울감 경험률: 최근 1년 동안 연속적으로 2주 이상 일상생활에 지장이 있을 정도로 슬프거나 절망감 등을 느낌

청소년의 스트레스 인지율[2] 은 31.7%가 평소 일상생활 중에 스트레스를 "대단히 많이" 또는 "많이" 느낀다고 보고하고 있다. 이 중 여학생의 경우는 48.8%로 청소년의 절반정도가 평소 스트레스가 많다고 인지하고 있어서 청소년의 정신건강이 위험한 상태임을 알 수 있다. 한편 청소년의 자살생각률[3]은 전체의 13.1 %가 "있다"고 보고하고 있으며, 남학생은 9.4%. 여학생은 17.1%가 자살생각이 있다고 나타났다. 통계청의 2018년 사망원인통계(통계청, 2019)에 따르면, 10~19세 연령대의 사망원인 1위는 자살로 인구 10만 명당 5.8명의 10대가 자살로 사망하고 있는 것으로 나타났다. 그밖에 학교폭력, 인터넷 및 스마트사용중독과 같은 청소년 정신건강의 위험요소들도 만연하고 있어서 청소년의 정신건강을 위한 적극적인 예방, 치료, 지원 등 정신건강서비스가 시급하다.

국립정신건강센터 대국민 정신건강지식 및 태도조사(2019)에 의하면 만 15세에서 19세의 경우 전 연령대에서 청년기와 함께 "정신건강상태가 나쁘다"로 응답한 비율이 17.4%로 가장 높았으며, 실제 지난 1년간 정신건강문제를 경험률 역시 "있다"가 64.8%, "없다"가 35.2% 로 청소년의 2/3가 다양한 정신건강문제를 경험하고 있는 것을 알 수 있다. 청소년기의 특징적 정신건강 문제로 우울과 불안, 품행장애, 섭식장애, 약물남용과 인터넷중독, 자살 등이 있다(권오균 외, 2011).

5. 성인기 정신건강

1) 성인기 발달 특성

성인기는 생애주기에서 가장 긴 기간에 해당한다. 성인기는 청년기, 장년기를 포함하며 고등학교를 졸업하는 19세부터 65세까지를 의미한다. 이를 다시 성인 전기에 해당하는 19세부터 40대 초반까지와 40대 후반에서 중년기로 표현되는 60대 초반까지의 성인 후기로 나눌 수 있다. 성인기의 발달과업은 가족과 그 외의 사람들과 친밀감을 형성하여 대인관계를 확장하고 자신의 일을 잘 수행하는 것이다(강경미, 2016). 성인기의 친밀감은 결혼을 통해 가정을 꾸리고 자녀를 출산하여 부모로서 역할을 감당하게 하고, 직업생활에서 동료들과의 관계를 형성함으로써 확장되고 직업활동을 통해 성취감과 자신감, 생산성을 확보하게 된다.

---

2) 스트레스 인지율: 평소 일상생활 중에 스트레스를 "대단히 많이" 또는 "많이" 느끼는 분율.

3) 자살생각률: 최근 12개월 동안 심각하게 자살을 생각한 적이 있는 사람의 분율 .

(1) 신체적 발달

성인기 초기인 청년기에는 신체적 건강이 정점에 달하며, 전 생애에 있어 활기, 힘, 건강이 최고 수준을 유지하는 시기이며(나동석 외, 2009), 아동기나 성인후기에 비해 만성적 질병이 가장 적게 나타난다(Turk et al., 1984).

성인후기에는 신체적인 측면에서 쇠퇴가 나타나게 된다. 신진대사의 저하가 일어나며 체중이 늘고, 건강상의 문제가 발생하기 시작하며 질병에 취약해진다. 장년기에는 질병으로 인한 사망률이 높아지고, 당뇨병이나 고혈압 등의 성인병이 시작된다. 이 시기에는 규칙적인 운동과 음식물 섭취의 조절로 장년기에 일어나는 신체적 변화인 노화를 늦출 수 있다. 여성의 경우에는 폐경을 경험하게 되는데 이에 수반하여, 생리적 변화가 일어나는 기간을 '갱년기'라고 부른다. 이 갱년기 시기에는 불안, 우울, 자신감의 저하 및 성취감의 상실과 같은 정서적 문제들을 경험하게 된다.

(2) 인지적 발달

성인기의 인지발달은 청소년기와 같은 형식적 조작기에 해당하지만 청소년에 비해 문제해결능력이 뛰어나고 단편적인 정보를 통합하는 능력, 여러 측면을 동시에 고려하는 다요인적 사고가 가능하다(Keathing, 1990). 성인기의 인지기능은 단순히 양적인 지능지수가 아니라 다양한 생의 경험을 통해 얻은 자신의 사전지식과 지적능력을 실제상황에 적용하고 활용하는 능력으로 평가해야 한다(Schaie, 1990).

(3) 사회적 발달

성인기의 초기인 청년기에는 부모의 관리·감독하의 많은 부분에서 벗어나지만 다양한 인생의 실험을 하게 되며 대인관계, 교육, 직업 등에서 불확실성과 실패를 경험하기도 한다(Berk, 2009; 손재석 외, 2015에서 재인용). 성인기는 결혼, 자녀출산과 양육, 직업적 측면에서 많은 변화가 오는 시기이다. 결혼은 친밀감과 성숙한 사회적 관계를 성취하는 데 매우 중요한 요인이 되며, 대부분이 결혼으로 인한 긴장과 갈등을 예상치 못하기 때문에 결혼 초기의 몇 년간은 매우 힘든 기간을 보내기도 한다. 또한 자녀의 출산과 양육은 이 시기의 매우 중요한 사건으로 부부의 삶의 방식과 결혼생활을 전반적으로 변화시킨다. 또한 직업을 선택하고 유지함으로써 생활을 유지하고 자아실현의 기회가 된다(나동석 외, 2009).

한편 현대사회에서는 자녀 수가 감소하면서 상대적으로 자녀 양육기간이 축소되고 조기퇴직 등으로 인해 소속감과 사회적 역할 상실 등 성인기 후기에 중대한 위기를 경험하기도 한다. 이때 효율적인 시간활용을 통해 성인기 후기를 유용하게 보내고 앞으로 다가오는 노년기에 대비하여야 한다.

2) 성인기 정신건강

성인기의 정신건강문제는 생물학적 원인보다는 사회적인 원인이 더 많은 영향을 미친다고 할 수 있다(유수현, 2010). 성인기에는 결혼, 자녀의 출산과 양육에 따른 책임감과 부담감 등이 있고 직장생활에서 오는 대인관계와 업무상 스트레스 등이 정신건강을 위협할 수 있다. 이혼이나 실업, 건강의 악화로 인한 어려움을 겪을 수도 있다. 성인기에 직장 및 가정과 관련해서 정신건강에 관심을 가져야 할 문제들은 직업에서 발생하는 문제로 실직, 이로 인한 빈곤이나 가족갈등, 직업 스트레스 등이 있다. 가족과 관련된 문제로는 청소년기 자녀들과의 갈등이나 연로한 부모의 부양부담 등을 경험하게 된다. 가정적, 사회적 책임에 따르는 과로와 승진이나 실직의 두려움으로 인한 스트레스는 성인병의 주원인이 되며, 스트레스의 해소 수단으로 술이나 담배를 습관적으로 하게 되면서, 알코올 남용이나 의존과 같은 중독의 문제와 신체적 질병의 요인이 되기도 한다.

중년기 이후 발생되는 갱년기 증상은 신체적 기능 저하와 함께 기분이 우울해진다. 자식이 성장하여 부부 두 사람만이 남게 되면 심리적 공허감이나 소외감이 원인이 되어 자신의 존재가치가 떨어지고 스스로 무가치함을 갖기도 한다. 성인으로서 성숙된 성격이 형성되지 못했을 경우에는 결혼생활에서 뿐만 아니라 직업적·사회적 갈등과 실패로 인해 성격적인 위기를 가져 올 수 있다.

성인기의 정신장애는 다른 발달단계에서 나타나는 여러 가지 장애와 유사하나, 특히 조현병과 양극성 장애, 우울증, 다양한 성격장애의 발병으로 인한 사회적응상의 문제나 공황장애, 수면장애, 중독의 문제 등이 발생할 수 있다.

6. 노년기 정신건강

1) 노년기 발달 특성

노년기는 인생의 마지막 단계로 일반적으로 65세 이상을 일컫는데, 아직은 건강하고 활동이 가능한 노년기 전기(65~75세)와 신체적 능력이 약화되어 일상생활을 타인에게 의존해야 하는 노년기 후기(75세 이후)로 구분할 수 있다.

노령의 과정을 우리는 노화라고 한다. 노화는 노쇠를 수반하는 정상적인 신체 변화의 과정이며 개개인마다 다 상이하다. 노년기에는 신체적 노화와 다양한 심리적 변화 및 사회적 지위의 변화 등에 적응이 필요하다. 노년기에는 신체적 능력이 쇠퇴하고 노화와 만성질환으로 건강문제가 발생하고, 사회적 지위와 역할의 상실로 사회적 관계가 축소되고 사회경제적 지위가 하락되는 쇠퇴적인 발달이 주로 일어난다. 따라서 이 시기에는 저하된 신체적 변화에 적응하고, 역할을 재조정하고, 여가시간을 적절히 활용하고 죽음에 대한 대비 등의 발달과업을 수행하고, 노후생활에 적합한 환경을 조성하여야 한다(Havighurst, 1953; 나동석 외, 2009에서 재인용).

(1) 신체적 특성

노년기의 신체적 특징은 신체기능의 저하이다. 생물학적인 노화는 모든 인간에게 일어나는 보편적 현상으로 운동능력이 감소되고, 면역체계도 크게 약화되어 만성적인 질환을 가지고 생활하게 된다. 노화가 진행되면서 신체 내부의 모든 기능들이 약화되는데, 이러한 변화에 적응하는 것이 매우 중요하다(강경미, 2016). 또한 감각기관의 기능이 저하되어 시각이나 청각 등의 어려움이 발생하여 의사소통에 불편함이 발생한다. 미각과 후각도 서서히 쇠퇴한다. 한편 수면장애를 경험하는 경우도 많다. 생식기능이 상실되나, 성교나 성욕이 상실되는 것은 아니기 때문에 노년기에도 성적인 관심과 성적인 활동을 유지하기도 한다.

(2) 인지적 특성

노년기에는 인지능력이 서서히 쇠퇴하게 되지만 인지능력의 영역에 따라서 노년기에 더 발휘되는 인지능력도 있다. 즉 운동반응, 반응시간, 문제해결, 기억력, 정보처리과정에서 반응속도가 둔화되고, 기억이 감퇴되면서 자기중심적 사고가 강화되는 경향이 있으며, 환경변화에 즉각적으로 대처할 수 없게 되어 안전사고도 빈번히 발생되지만 인생경험을 통해서 발전하게 되는 삶의 지혜나 인내심, 통찰력 등을 오히려 노년기에 더 성숙해지는 인지적 특성이라고 할 수 있다.

(3) 심리사회적 특성

노년기에 퇴직, 은퇴, 특히 기존의 사회적 지지체계가 취약해지거나 상실되는 경험들을 하게 되는데 이러한 과정에서 경제적 어려움, 역할 상실이 일어나며 동시에 조부모의 역할, 퇴직자로서의 역할, 미망인으로의 역할 등 새로운 역할을 부여받기도 한다. 노년기는 그동안 중요시해왔던 사회적 지위와 역할의 상실뿐 아니라 퇴직, 배우자나 친구 등 사회관계망의 상실을 경험한다. 특히 일로부터의 은퇴로 인하여 사회적 지위의 상실, 정체감 혼란, 비생산적 여가시간, 경제적 무능력과 같은 부정적 요인이 부각될 수 있고 배우자와 친구나 동료들을 상실한 노인은 슬픔, 불면증, 식욕상실, 체중감소, 사회적, 개인적 활동에 대한 관심 상실, 자기비판, 불안, 우울, 분노, 비통, 죄의식 등을 경험하게 되고 심리적 충격과 함께 대인관계를 위축시킨다(전석균, 2014).

또한 노년기에는 자신의 지나온 삶에 대한 평가를 하게 되는 과정에서 자신의 성취한계를 깨닫고 자신에 대한 실망을 하게 되는 것이 불가피하게 되는데, 이를 어떻게 받아들이는가가 매우 중요하다. 자신이 성취한 것과 자신의 삶에 대한 실망감을 수용하면서 균형 있게 받아들이는 태도가 중요하다(나동석 외, 2009).

2) 노년기 정신건강

급속히 변화하는 현대사회의 특성, 가족구조의 변화 등은 가족의 돌봄기능 약화와 노년기 적응을 더 어렵게 만들었다. 더불어 현대사회에서는 노인의 삶의 지혜와 경륜에 대한 가치와 존중이 낮아져 소외와 고립감을 가져오고, 과학과 기술의 발달은 노인의 적응력을 약화시킨다. 한편 기대수명의 연장으로 고령화로 인한 만성질병, 소득 상실로 인한 경제적 어려움, 사회적 지지체계가 약화됨에도 불구하고 예전보다 긴 노년을 보내야 한다.

노년기의 중요한 심리적 발달과제는 '자아통합'을 이루는 것이다. 자아통합이란 자신의 과거와 현재의 인생을 만족스럽고 의미 있다고 생각하여 다가올 죽음을 인정하고 기다리는 태도를 말한다. 이러한 자아통합에 실패하면 '절망'하게 되는데, 이는 자신의 과거를 후회스럽게 생각하고 자기 앞에 놓여있는 죽음에 대해 불안하고 초조해하는 심리적 특성을 가진다. 특히 노년기에는 사회적 역할의 감소로 인해 심리적 위축감과 고독감을 느끼는 경우가 많은데, 이러한 요소는 노인성 질환이나 경제적 어려움과 더불어 노인의 정신건강을 위협한다(전석균, 2014).

노년기에는 퇴직으로 일을 상실하고 경제적으로 어려워짐에 따라 노년기의 삶에 많은 변화를 초래하게 된다. 따라서 노인들은 심리적 상실감과 심리적 위축감을 갖게 된다. 또한 노년기에는 배우자 또는 오랫동안 같이 생활을 하던 주위의 친지와 친구들의 죽음에 대한 실감과 현실적 상황을 접하게 되면서 정신건강의 위험을 초래하게 된다(나동석 외, 2009).

노년기에도 젊은 성인기에서 볼 수 있는 여러 정신장애, 즉 조현병, 양극성장애, 각종 우울증, 알코올 중독, 약물 중독 등 모두 나타나지만, 이들은 대개 젊었을 때 시작되었던 것이 그대로 지속되거나 혹은 재발되어 나타나는 것이고, 처음부터 새로 시작되는 일은 드물다. 노년기에 주로 나타나는 정신건강문제는 기질적 뇌증후군, 노년기 우울증, 신경인지장애 등이 있다.

Ⅲ. 생애주기별 정신건강정책방향: 제2차 정신건강복지기본계획(2021~2025)

2016년 2월 발표된 1차 정신건강 종합대책(2016~2020)은 정책과제로 '국민정신건강증진'을 제시하고, 핵심 전략으로는 생애주기별 정신건강 지원 체계 구축이 포함되었다. 생애주기별 특성을 고려한 정신건강 지원체계를 구축하고 이를 통해 일상생활에서 정신질환 대응체계를 마련하여 유병 가능성을 감소시키는데 다소 효과는 거두었다. 하지만 여전히 낮은 정신건강의 인지도와 정신질환에 대한 올바른 인식부족, 정신건강위협요인에 대한 대응이 충분하지 않다는 지적과 함께 국민의 낮은 행복지수와 삶의 만족도, 높은 자살률 등은 전 국민의 정신건강상황이 여전히 좋지 않음을 보여주고 있다.

이에 2021년 1월 발표된 2차 정신건강복지기본계획(보건복지부, 2021)에서는 '생애주기별 활동 특성과 연계한 정신건강위해요인 관리 강화'라는 전략을 제시하고 있다. 생애주기별 특성에 적합한 정신건강협력체계를 구축하고 이를 통해 대상자별 특성에 적합한 정신건강서비스를 제공하고 서비스 접근성을 향상시키겠다는 목적이다. 특히 이번 계획에는 영유아기부터 노년기까지의 생애주기별 정책과 함께 임신부, 감정노동자, 위기가구, 다문화가정, 탈북민, 다문화가정, 선원 등 정신건강 취약계층을 정신건강 위험으로부터 보호하기 위해 대상자별 맞춤형 심리지원 및 찾아가는 서비스를 강화하는 방향으로 정책을 수립하였으며, 실질적인 실행을 위해 범부처간 협력을 명시하고 있다.

이러한 생애주기별 정신건강정책의 방향은 기존의 전통적인 정신건강서비스 실천 현장에서 생애주기별, 대상자들이 있는 다양한 곳으로 실천현장이 확대되었음을 의미한다. 정책의 변화에 따라 정신건강사회복지사들 역시 전통적인 실천현장뿐 아니라 앞으로는 점차 정신건강을 위협받는 고위험군이 있는 다양한 현장에서 정신건강 사회복지서비스를 제공하도록 사회적 요구와 기대가 높아질 것이다. 이러한 변화된 환경과 새로운 역할에 효과적으로 대응하기 위해서는 무엇보다 정신건강사회복지사의 핵심역량으로 다양한 기관 및 타 전문가들과의 적극적인 협력과 개방적인 소통, 역할갈등을 다루는 역량(권자영 외, 2018)을 갖추는 노력이 필요할 것이다.

다음은 2차 정신건강복지기본계획(보건복지부, 2021)에서 제시하고 있는 생애주기별 활동특성과 연계한 정신건강위해요인관리강화에 대한 세부추진과제내용이다.

▶ 영 · 유아 정신건강

- 정신건강복지센터: 영 · 유아 교육기관 간 협력체계를 구축하여 보육 · 유치원 교사 연수 시 정신건강 심층 교육 제공, 교사 대상 영유아기 정신건강 지원을 위한 교육자료 개발 · 보급
- 정신건강복지센터에서 영 · 유아 부모 대상 양육 스트레스 관리, 부부간 문제와 양육상담 등 심리지원서비스 제공

▶ 아동 · 청소년

- 단위학교별 위(Wee) 클래스와 전문상담교사를 확대 배치하여 상담 제공과 함께 위기상황 시 즉각 개입
- 교내 학생정서 · 행동특성검사를 통해 관심군 학생을 탈굴하고 Wee센터, 병·의원, 정신건강복지센터 등 전문기관으로 연계 지속(교육부)
- 학교 밖 청소년지원센터에서 정서 · 행동 특성검사를 시행하고 정신건강복지센터와 연계하여 심층평가-상담추진(여가부)

▶ 청 · 장년

- 정신건강복지센터를 활용하여 대학교 학생상담센터, 사업장 · 기업체의 직장인 정신

건강 프로그램 등에 대한 기술지원과 지역서비스 연계

- 산업안전보건법에 따른 근로자 대상 안전보건교육에 정신건강 교육을 강화하여 사업장 내 정신건강 문제 조기 발견 지원(고용부)
- 미취업, 실업청년 대상 전국고용센터를 활용하여 심리안정이 필요한 대상에게 전문 심리상담 지원(고용부), 고위험군 정신건강복지센터 연계하여 조기개입 강화

▶ 노인

- 노인 대상 서비스 제공자, 노인일자리 참여자 대상으로 노인 정신건강 문제를 조기 발견·예방할 수 있도록 교육 강화
- 정신건강복지센터와 노인 대상 서비스 제공기관과 협력체계를 구축하여, 노인 정신건강 교육 제공 지원 및 노인대상 심리지원 확충(한국노인인력개발원, 독거노인종합지원센터, 치매안심센터, 노인복지관, 경로당 등)
- 고립, 우울, 고위험 취약노인 대상으로 정서지원을 위해 노인맞춤돌봄서비스 내 특화서비스 운영, 특화서비스를 통해 은둔, 우울 노인대상 상담, 위기개입 지원, 자조모임 등 우울감 완화 프로그램 제공

[기타]

▶ 감정노동자

- 감정노동 고위험 직종의 특성을 반영한 보호매뉴얼 등을 활용하여 사업장 대상 이행 여부 지속점검(고용노동부)
- 산업안전보건법 개정을 통해 치료 상담지원, 업무의 일시중단, 전환 등 사업주의 건강장해 예방조치적용범위 확대(고용노동부)

▶ 취약계층

- 위기가구 심리상담, 마을단위 출장상담소 운영, 주민센터 상담창구 개설 등 찾아가는 심리지원서비스

▶ 여성

- 난임·우울증 상담센터 지속 확충*을 통해 난임 여성 또는 산전·후 여성이 겪는 우

울증 사각지대를 최소화

• 보건소 기반 생애초기 건강관리 시범사업을 제도화하여 보건소 등록 임산부 대상 우울 선별검사 및 고위험군 지속 관리

▶ **이주민**

• 다문화 가족의 복잡하고 다양한 문제해결 및 정서적 안정을 위해 다문화 가족지원센터를 통해 사례관리제공(여성가족부)

▶ **선원**

• 해상, 선박 등 폐쇄된 환경에서 근무하는 선원을 대상으로 선원마음건강센터를 통해 검진, 상담서비스 제공

▶ **탈북민**

• 하나원–하나센터–정신건강복지센터–국립정신병원 연계를 통한 탈북민 대상 입체적 지원추진(통일부)

• 탈북민에 대한 정신건강문제 사전스크리닝, 상담제공, 맞춤형 지원프로그램 개발, 보급 추진

– 스트레스, 수면부족 등 생애주기별 정신건강위해요인과 위험도에 대한 과학적 근거와 관리방안 마련

참고문헌

강경미 (2016). **발달심리학**. 양서원.

국가인권위원회 (2017). 정신의료시설의 정신장애아동 인권증진을 위한 실태조사.

국립정신건강센터 (2019). 대국민 정신건강 지식 및 태도조사.

권오균, 김지현, 김정숙 (2011). **정신건강론**. 공동체.

권자영 (1991). 신체적 학대가 아동의 정서 및 행동에 미치는 영향에 관한 연구: 요보호아동을 중심으로. 이화여자대학교 사회사업학과 석사학위청구논문.

권자영, 문영주, 최은정, 하경희, 황정우 (2018). 정신건강사회복지사의 핵심역량에 관한 수련교육 욕구분석. **정신보건과 사회사업 46(1)**, 64-93.

김태련, 장휘숙 (1994). **발달심리학**. 박영사.

나동석, 서혜석, 이대식, 곽의향, 김미혜 (2009). **정신건강론**. 양서원.

대구광역정신건강증진센터 (2014). 영유아기정신건강가이드북 “몸도 튼튼 마음도튼튼”.

보건복지부 (2021). 2차 정신건강복지기본계획.

보건복지부(2012). 한국 영유아 정신건강 증진을 위한 실태조사 및 서비스 요구도조사.

보건복지부, 질병관리본부 (2019). 청소년 건강행태 온라인조사.

손재석, 황미영, 장경옥, 윤경원 (2015). **정신건강론**. 정민사.

신의진, 이경숙, 황유정, 박진아(2009). 부모와 교사가 보고한 유아 문제행동의 경향과 특성: 서울 지역을 중심으로. 한국아동학회 2009년 춘계학술대회.

연합뉴스 (2019. 10. 15.). ‘불안한 청소년 정신건강’ … 우울증 진료 10대 3만 7천여 명.

유수현, 천덕희, 이효순, 성준모, 이종하, 박귀서 (2014). **정신건강론(3판)**. 양서원.

이순민 (2014). **정신건강론**. 학지사.

이태연 (2017). **정신건강론**. 신정.

전석균 (2014). **정신건강론**. 공동체.

전진아 (2020). 아동의 정신건강 현황과 정책 과제. 보건복지포럼, 한국보건사회연구원.

전진아, 최지희 (2017). 생애주기별 정신건강 수준과 정신건강 지원 현황. 보건복지포럼, 한국보건사회연구원.

정옥분 (2011). **영유아 발달의 이해**. 학지사.

최덕경, 박연옥, 박주현, 전영록, 안우상, 박서춘, 장갑수 (2014). **정신건강론**. 창지사.

한국정신건강사회복지사협회 (2007). 영유아 정신보건 프로그램 및 진단, 치료모델. 춘계보수교육 자료집.

한국정신보건사회복지사협회 (2012). **정신보건사회복지의 이해와 실제**. 양서원.

Berk, L. E. (2009). **생애발달**. 이옥경, 박영신, 이현진, 김혜리, 정윤경, 김민희 공역. 시그마프레스.

Bowlby, J. (1973). Attachement and Separation. NewYork: Basic Books.

Havinghust, R. J. (1972). *Developmental Tasks and Education*(3rd, ed.) New York: David Mckay Co. Inc.

Hurlock, E. B. (1978). *Child Development*(6th ed.). New York1: McGraw-Hill. Inc.

Keathing, D. (1990). ‘Adolescent Thinking’ In S. Feldman and G.Elliott(Eds.), At the Thresho ld: The developing adolescent. Cambridge: Harvard University Press.

Papalia, D. E., & Olds, S. W. (1995). *Human development.* New York; McGrow Hill.

Roche, A. F., & Davilia, G. H. (1972). Late adolescent growth in stature. *Pediarics, 50,* 874-880.

Santrok, J. W. (2008). *Essencial of life-span development.* Boston: McGrow Hill.

Schaie, K. W. (1990). The optimization of cognitive functioning in old age: Predictions based on cohort-sequential and longitudinal data. In P. B. Baltes & M. M. Baltes (Eds.), *Successful aging: Perspectives from the behavioral sciences* (pp. 94-117). Cambridge University Press.

Woolfolk, A. (2003). **교육심리학**. 김아영 외 공역. 박학사.

국가정신건강포탈. http://www.mentalhealth.go.kr/portal/main/index.do

PART 04

정신건강이론 및 실제 2

15장 정신병리

16장 진단에 따른 정신과적 면담

17장 심리사회적 사정

18장 정신건강사회복지실천이론

15장

정신병리

이종국
(국립공주병원)

Ⅰ. 정신병리 총론

1. 정신이란

- 사람은 몸과 마음이 따로 존재하는 것이 아니고, '마음'이라는 형이상학적인 것이 따로 존재하는 것이 아니며, 마음이란 생물체의 기능의 총화를 가리키는 것이다.
- 즉, 생체의 내외에서 오는 자극에 대한 반응의 총체르서 정신을 이해
- 생리적·심리적·사회적인 자극에 대한 반응으로서 인간의 언동이 이루어진다.

2. 정신병리학이란

정신장애인이 일으키는 임상적 정신증세 또는 정신현상을 관찰하고 기술·분석하여 과학적 파악을 목적으로 하는 정신의학의 한 분야. 정신장애의 증상은 신체적 질환과는 달리 환자의 언행을 잘 관찰해야만 발견된다. 환자가 보이는 행동은 정신장애에 의한 것과, 환자 본래의 성격에 의한 것과, 정신장애에 대한 환자의 반응 등이 섞여 있는 것이다.

3. 정상과 비정상의 개념

세계보건기구(WHO)는 "건강은 단지 병이나 허약함이 없는 상태가 아니라, 완전한 신체적, 정신적, 사회적 안녕의 상태"라고 건강을 정의한다. 또 정신건강에 대해서는 "모든 개인이 자신의 가능성을 인식하고, 인생의 정상적인 스트레스에 대처하며, 생산적으로 일을 할 수 있고, 자신의 지역사회에 기여를 할 수 있는 상태"로 정의하고 있다.

일반적으로 정신적으로 건강하다는 의미는 ① 정신장애가 없고 행동에 뚜렷한 이상이 없이 안정되어 있고 유연한 적응 상태, ② 환경의 요구에 순응을 넘어서 올바른 사회 발전에 기여하는 방향으로의 적응이 가능한 상태, ③ 성격의 통합과 자신과 주변, 사회에 대한 인식이 가능한 상태라고 할 수 있다(대한신경정신의학회, 2017).

질병은 일정한 원인, 증상, 경과, 예후와 조직학적 소견을 보이는 병적 상태로 정의한다(대한신경정신의학회, 2017). 정신장애란 정신병이나 반응의 이상, 성격 이상 등 정신의 병적인 상태 모두를 아우르는 용어이다(대한신경정신의학회, 2017).

Offer와 Sabshin(1984)은 정상에 대해 다음과 같은 네 가지 개념을 제시하였다.

① Normality as Health: 이는 의학적인 정상의 개념으로, 건강해야 정상이라는 뜻이다.

② Normality as Utopia: 정신분석학적 개념으로, 성격의 요소들이 최상의 조화를 이루어서 갈등 없이 욕구의 충족을 맛보며 사는 사람이 정상이라고 할 수 있다.

③ Normality as Average: 통계학적인 개념으로, 사회적으로 특별하지 않고 보통사람들의 범주에 들어야 정상이다.

④ Normality as Process: 종적인 발달학적 과정을 중시한 정상의 개념으로, 변화하고 성장하는 사람이 정상이다.

4. 정신병리의 형태학적 분류

1) 정신병적 반응(psychotic reaction)

(1) 현실의 왜곡(distortion of reality testing)

① 사고: 과대망상, 피해망상, 허무망상

② 지각: 환청, 환시, 환촉, 환취(또는 환후), 환미

③ 정서: 심한 불안, 우울, 기분의 고양

④ 행동: 퇴행(regression)

(2) 자기세계의 구축(establishment of psychotic inner world)

① 가상의 세계(pseudo-community): 의처증, 의부증

② 신조어 현상(neologism): 조현병

③ 이해되지 않은 현실의 해석(pseudophilosophical attitude)

2) 신경증적 반응(neurotic reaction)

(1) 개인에 국한된 반응(self-limited reaction)

① 지나친 신체에 대한 관심 혹은 건강염려(somatic concern, hypochondriasis)

② 신체 왜곡반응(body dysmorphic reaction)

(2) 대인관계에서 나타나는 반응(interpersonal reaction)

① 망상적 사고(paranoid ideation, jealousy): 의처증, 의부증 등의 망상장애

② 극단적 행동화(acting out): 인격장애

③ 부적절한 혹은 부당한 분노(inappropriate, inadequate anger): 강박증

④ 지나친 의존심(clinging and pathologic dependency)

Ⅱ. 증상학(Symptomatology)

1. 기분과 정동의 장애(Disorders of Mood and Affect)

- 환자가 현재 느끼는 감정의 상태를 정동(affect)이라고 하고, 지속적인 감정상태를 기분(mood)이라고 한다.
- 주어진 상황에서 환자의 감정 상태가 적절하거나 혹은 환자의 사고의 내용과 감정의 상태가 일치하는 경우 적절하다(appropriate)고 하며, 일치하지 않을 경우 부적절하다(inappropriate)고 한다.

• 기분이 좋은 경우

① 다행감(euphoria): 도무지 즐거울 일도 없는데 그저 싱글벙글하는 마음의 상태. 경조증 혹은 조증 상태에서 볼 수 있다.

② 의기양양(elation): 기분이 우쭐해 있는 상태. 정상적으로도 나타날 수 있으나 그럴 일도 없는데 이런 상태면 병적이라고 본다.

• 기분이 안 좋은 경우

① 우울(depression): 정상적인 반응으로써의 우울부터 병적인 우울까지 있다. 가까운 사람이 죽은 경우 등 실제 슬픈 일이 있을 때 우울한 감정을 느끼는 것은 정상적인 반응이다. 우울해 할 일은 있으나 그 정도가 지나치거나, 우울해 할 일도 없는데 상당기간 지속적으로 우울한 기분을 느낄 때 병적인 우울로 본다. 이때 대개는 불면, 식욕부진 등의 증상과 소화불량, 기력의 쇠잔 등 신체증상을 동반하는 경우가 많다.

② 불쾌감(dysphoric): 불쾌한 기분

③ 과민(irritable): 작은 자극에도 민감하게 반응하여 쉽게 흥분되는 상태

• 불안(anxiety)

불안은 정상인도 흔히 경험하는 감정의 상태이다. 이유도 없이 아주 강하게 오랫동안 지속되는 경우 병적인 경우가 많다. 불안한 기분과 함께, 이것이 운동계통에도 영향을 미쳐 안절부절 못하게 되면 초조(agitation)라고 한다. 불안과 함께 극심한 자율신경계 증상(식은 땀, 심계항진 등)이 동반되면 공황(panic)이라고 한다. 특정 대상에 대하여서만 불안을 느낄 때 공포(phobia)라고 한다.

• 양가감정(ambivalence)

상반되는 감정이 동시에 존재할 때 양가감정(ambivalence)이라고 한다. 기분이 일정하게 유지되지 못하고 쉽게 바뀌는 경우 불안정(labile)하다고 한다. 감정을 표현하는 폭이 비정상적으로 좁을 경우 제한(restricted)되어 있다고 하고, 아예 감정이 없어서 전혀 표현이 안 되는 경우를 단조로운(flat) 혹은 둔마(blunted)라고 하며, 이런 상태를 무감동 상태(apathy)라고 한다.

2. 사고의 장애(Disorders of Thought)

사고(thought)란 생체 내외로부터 지각된 자극을 기억이나 상상을 동원하여 해석하고 판단하며, 다른 자극과 통합하여 그 의미를 유추하고 이를 통하여 새로운 개념을 유추해 내는 기능을 말한다. 이러한 과정은 언어로 표현된다. 대단히 복잡한 과정이고, 따라서 약간의 사고장애가 있을 때는 그 만큼 발견하기가 쉽지 않다.

1) 사고의 형태 및 진행(thought form and stream)의 장애

① 자폐적(autistic) 사고

자기 혼자에게만 의미가 있는 생각에 빠져 있을 때

② 강박관념(obsession)

한 가지 생각에만 계속 맴돌고 벗어나지 못하는 경우 본인도 필요 없는 것이라는 것을 알고 벗어나려고 해도 벗어나지 못하는 경우이다. 사고란, 하나의 관념에서 시작해서 연상을 통하여 어떤 개념을 형성하게 된다. 말로 표현할 때, 어느 한 아이디어에서 시작하여 적절한 연상과정을 거쳐 조리 있게 어떤 개념을 전달하는 것으로 표현되는 것이다.

예를 들어, 여름휴가 이야기가 나와서 작년 여름에 친구들과 강릉에 가서 해수욕을 했다는 것을 표현하고 싶다면, '나는 작년 여름휴가에는 친구들과 함께 버스를 타고 강릉을 가서 해수욕을 했다'라고 표현하게 될 것이다.

③ 우원증(Circumstantiality)

> 예) '나는 작년 여름휴가에 – 그런데 나는 여름휴가라는 것에 대해서 불만이 있는데 우리 회사는 휴가를 여름에는 3박 4일만 가라는 거야. 그래서 내가 지난번에 우리 과장에게 꼭 그럴 거 있냐고 물었지. 그 과장이라는 사람 말이야, 술을 어찌나 좋아하는지, 술을 한번 마시면 정신이 없도록 마셔요. 너 요새 나온 청하라는 술 알아? 그거 맛이 꽤 좋아. 여하튼, 친구들하고 강릉을 갔었다고. 해수욕도 하고 재미있었지.'

이 예에서와 같이, 엉뚱한 연상에 의하여 한참 다른 이야기를 하다가 다시 원래 자신이 목표로 한 이야기로 돌아오는 경우를 말한다. 조증, 강박증 환자에서 흔하고 조현병에서도 관찰된다.

④ 사고의 이탈, 빗나감(tangentiality)

위의 예에서 다른 이야기로 빠져서 결국 강릉 갔었다는 원래 할 이야기를 잊어버리고 다른 이야기만 하다가 마는 경우를 말한다. 마찬가지로 조증에서 흔하고 조현병에서도 관찰된다.

⑤ 사고의 비약(flight of idea)

연상의 과정이 대단히 빠르게 일어나는 것을 말한다. 그러다 보니 연상이 전체적인 논리성을 갖추지 못하고 단편적인 연결만 되는 경우가 많다. 조증에서 흔하게 나타난다.

- 지난여름 휴가에 뭐했니?
- 지난여름 휴가엔 단팥죽을 먹었지.

(환자는 보통 말하는 정도인 이 동안에 여름 - 덥지 - 시원한 아이스크림 - 겨울엔 따뜻한 단팥죽이라는 연상까지 된 것이다.)

⑥ 사고의 지연(retardation of thought)

사고의 비약과는 반대로 연상의 속도가 대단히 느려서 사고 진행이 느리거나 아예 연상이 제대로 안 되는 경우, 우울증이나 조현병에서 나타난다.

⑦ 사고의 막힘(thought blocking)

예) '나는 작년 여름 휴가에 친구들하고.
(한참 기다린 후) 중얼 중얼'

이 예에서와 같이 사고의 흐름이 갑자기 멈추는데, 사고의 막힘(blocking)이란 다음 말을 생각하기 위해서 말을 멈추는 것이 아니라 실제로 그 다음 생각이 없어져서 말을 멈추게 되는 것을 말한다. 다시 말을 하게 될 때는 전혀 관련이 없는 이야기를 하게 된다.

조현병에서 나타나고 다른 병에서는 거의 나타나지 않는다.

⑧ 연상의 이완(loosening of association)

연상은 전체적인 논리성을 유지하면서 이루어지는 것이 정상이다. 위의 예들과 같이 연상이 상황에 적합하지 않고 논리성을 상실하게 되면 연상의 이완이 있다고 한다. 즉,

사고장애의 기본이 되는 현상이라고 할 수 있다.

⑨ 보속성(perseveration)

예) '성함이 뭐죠?' '홍길동이요'
'나이는요?' '홍길동이요'
'나이 말이에요?' '홍길동이요'
'제가 뭐라고 물었죠?' '홍길동이요'

외부에서 어떤 자극이 들어오건 하나의 개념에서 벗어나지 못하고 계속 같은 말을 되풀이하는 경우를 말한다. 기질성 뇌증후군에서 나타난다.

⑩ 부적절성(irrelevance)

연상이 극도로 이완된 경우를 상상해 보자. '지난여름 휴가에 뭐했니?' 하는 질문에 자기 나름대로 남들은 도저히 이해할 수 없는 연상을 하여(대개는 자폐적 사고 autistic thinking를 하는 경우일 것이다) '수학 공부해야 돼'라고 대답을 한다면 irrelevant 하다고 한다. 우리말로 '동문서답'에 해당된다.

⑪ 지리멸렬(incoherence)

예) '지난여름에 –, 종로에 가면 –, 철수가 스키 타다가 –, 영화를 보다가 짜장면 엎질렀어'

연상이 극도로 이완된 상태다. 도무지 무슨 말인지 알아들을 수 없을 때이다. 더 심해지면 '여름, 소련, 바위, 바나나'와 같이 단어만 나열하게 된다(말비빔, word salad).

⑫ 신어 조작증(neologism)

- 청맘돈: 청량리에 있는 맘모스백화점에 상점을 내면 돈을 벌 수 있다는 의미에서 자신이 만든 단어.
- 예월: 하느님이 언젠가는 예수님을 믿는 사람들을 위해서 달에 만들 나라의 이름
- 파동수: 생체의 주파수와 일치하는 주파수를 만들 수 있는 자기를 함유한 물. 만병통치의 물이다.

이상과 같이 자기만이 아는 의미를 지닌 새로운 말을 만들어 내는 현상이다. 자폐적 사고(autistic thinking)의 결과인 경우가 많고 망상(delusion)과 관계있는 경우가 많다. 거의 조현병에서만 나타난다.

2) 사고 내용(thought content)의 장애

(1) 환자의 사고의 주제는 무엇인가

어느 한 주제에 집착해 있는가?(집착 관념, preoccupied idea), 지나친 의미를 부여하지는 않는가?(지배 관념, overvalued idea)

(2) 망상(delusion)

사실과는 다른 잘못된 생각(false belief)을 하는데, 그 사람의 교육정도나 주변 환경, 문화적 배경, 시대 상황, 인격 등을 고려해 볼 때 도저히 이해가 안 되는 생각이고, 논리적인 설명으로 교정이 안 될 때 '망상'을 가지고 있다고 한다.

망상은 그 내용에 따라 여러 가지로 구분할 수 있다.

① 관계사고 혹은 망상(idea of reference, 혹은 delusion of reference)

주위에서 일어나는 일들이 모두 자신과 관련이 있다고 생각하는 것. 길 가다가 사람들이 자기들끼리 이야기하는 것을 두고 '내 욕을 한다'고 생각하거나, 식당에서 사람들이 웃으면 '내가 밥 먹는 것이 이상해 보여서 웃었다'고 생각하는 것. '미국 대통령의 방한'이라는 뉴스를 들으면서 '나에게 전할 말이 있어서 오는 구나'라고 생각하는 것. 그 정도가 심해 행동에 영향을 미칠 정도라면 관계 망상(delusional level)이라고 하고 실제 행동에 미칠 정도가 아니라면 관계사고(idea)라고 한다. 조현병, 조증, 우울증, 기질성 뇌 증후군 등 정신병적인 상태에서 흔히 나타난다.

② 피해망상(persecutory delusion)

관계망상 다음으로 각종 정신병에서 흔하다. 막연히 누군가 자신을 괴롭힌다는 믿음을 가진 경우도 있고, 보다 구체적으로 '남이 나를 미행한다, 감시한다, 도청한다'는 생각을 하는 경우도 있다. 나아가 '어떤 조직이 있어서 나를 해치기 위하여 음모를 꾸미고 벽에 도청 장치를 설치했고, 가족도 모두 매수당했고 옆집 철이가 그 행동대장이다.' 라는 식으로 그럴 듯한 소설을 만드는 경우까지 있다. 막연한 느낌에서부터, 굳게 믿거나, 그 생각에 따라 행동하는 경우까지(음식에 독을 탔기 때문에 남이 한 밥은 절대 안 먹는다) 내용이나 정도는 다양하게 나타날 수 있다. 조현병에 흔하다.

③ 과대망상(grandiose delusion)

'나는 예수다', '나는 초능력을 가지고 있다'는 등 자신이 실제보다 위대한 사람이라고 믿는 망상. 조증상태에서 흔하고 조현병에서도 나타난다.

④ 우울성 망상(depressive delusion)

사실은 그렇지도 않은데, '나는 많은 죄를 지어서 도저히 구제받을 수 없다(죄책 망상, delusion of sin or guilt)'거나 '암에 걸려서 곧 죽는다', '우리 집안은 완전히 망했다'는 등의 생각을 가진 경우 우울증에서 흔하고 조현병에서도 나타난다.

⑤ 기타 망상

- 내 생각이 밖으로 빠져나간다. 그래서 말하지 않았는데도 남들이 내 생각을 다 알고 있다(사고 유출, thought leakage)
- 누군가 내 생각을 끄집어 간다(사고 박탈, thought deprivation)
- 내가 생각한 것이 TV에서 나온다(사고 전파, thought broadcasting)
- 누군가 생각을 내 머리 속으로 쑤셔 넣는다(사고 주입, thought insertion)
- 누군가 나를 조종하고 있다(조종 망상, delusion of being controlled)
- 뇌가 썩고 있다, 에이즈에 걸렸다, 얼굴이 변했다(신체 망상, somatic delusion)
- 유명한 연예인하고 내가 사랑하는 사이다(색정망상, erotomanic delusion)

이상은 주로 조현병에서 나타나는 망상 내용들이다.

3. 지각의 장애(Disorders of Perception)

지각이란, 감각기관으로 들어온 생체 내부 및 외부로부터 자극을 파악하고 그 의미를 해석하는 정신기능이다.

1) 착각(illusion)

실제로 자극이 있고 자극을 인지는 하지만 잘못 해석하는 경우를 말한다. 천장에 그려진 무늬를 보고 '박쥐가 붙어 있다'고 하는 경우. 뇌 자체의 손상이 있거나 심한 신체적 피로, 심리적 갈등이나 흥분상태 등에서 생길 수 있다.

2) 환각(hallucination)

실제로는 자극이 없는데도 불구하고 마치 자극이 있는 것처럼 지각하는 현상. 아무도 없는 방에서 자신의 이름을 부르거나 자신이 행동하는 것에 대해서 비평하는 이야기나 이래라 저래라 시키는 소리를 실제로 듣고 현실로 지각하는 경우를 환청(auditory hallucination)이라고 하며, 환각 중 가장 흔하게 나타나며, 주로 조현병이나 양극성장애에서 나타난다. 환시(visual hallucination)도 드물지 않게 나타나는데 이 경우는 뇌의 기질적 원인이 있는 경우가 많다.

그밖에 냄새 환각인 환후(olfactory hallucination), 미각 환각인 환미(gustatory hallucination), 접촉 환각인 환촉(tactile hallucination) 등 다른 환각도 있다.

임상적으로는 환자가 환청이 시키는 대로 행동하는 경우, 이는 대단히 위험한 상황이다. 뛰어내리라는 소리가 들리면 자신이 몇 층에 있는지 생각해 보지도 않고 뛰어 내리며, 목을 조르라는 소리가 들리면 옆에 있는 사람의 목을 무조건 조르게 된다. 이렇게 생생한(vivid) 환청을 경험하는 환자는 즉시 담당 의사와 상의하여 적절한 조치를 취해야 한다.

3) 그 외 지각의 장애들

① 비현실감(derealization): 자기를 둘러싸고 있는 현실이 비현실적이고 이상하게 변한 것처럼 느끼는 현상이다.

② 이인증(depersonalization): 자신의 존재의 감각이 비현실적으로 변한 것처럼 느끼는 현상으로 "내가 내가 아닌 것 같다. 내가 다른 사람이 된 것 같다."고 말한다.

③ 실인증(agnosia): 어떤 자극의 중요성을 파악하거나 또는 의미를 이해하는 능력을 상실한 상태를 말한다.

4. 의식의 장애(Disorders of Consciousness)

일반적으로 정신병이나 신경증적 상태 등에서는 의식수준은 정상이다. 의식이 명료하지 않은 경우는 우선 뇌의 기질적 이상을 의심해야 한다. 다만 급성의 정신병적 상태에서는 주의력 집중의 장애 등으로 인하여 환자가 혼란스러워(confused) 보일 수는 있고 심한 우울 상태나 조현병의 긴장형인 경우 혼미(stupor)할 수도 있다.

① 졸림(drowsiness): 졸리고 의식이 혼탁한 상태. 자극을 제대로 지각 못하고 반응도 제대로 못한다.
② 혼란(confusion): 현실과 헷갈리는 상태
③ 혼미(stupor): 의식의 장애가 극심하여 강력한 자극 시 일시적으로 반응할 수 있는 정도
④ 혼수(coma): 의식 기능이 지속적으로 완전히 없는 상태로 대뇌 기능 마비 상태
⑤ 섬망(delirium): 의식의 혼탁, 지남력 장애, 주의력 결핍, 불안 및 정서적 불안정, 지각 장애 등을 특징으로 하는 증후군

5. 지남력의 장애(Disorders of Orientation: Disorientation)

자신이 처해 있는 상황을 얼마나 정확하게 파악하고 있는가 하는 것이다. 주위 환경 중 특히 시간(time), 장소(place), 사람(person)을 구체적으로 인지하는지 알아본다.

6. 기억 장애(Disorders of Memory)

1) 기억 상실(amnesia)

기억 불능 상태로 특정 사물에 대해서만 또는 특정 시기의 일에 대해서만 기억 상실이 있을 수도 있고, 모든 일에 대해 광범위하게 나타날 수도 있다.

기억의 과정은 기록하고(registration), 저장했다가(retention). 필요시 재생하는(recall) 3단계로 이루어지는데 각 단계별로 이상이 생기면 기억 장애가 발생한다.

(1) 기억 등록의 이상

• 전향성 기억상실(anterograde amnesia): 사건 이후의 일을 기억하지 못하고 그 전의 일은

정확하게 기억하는 경우다. 예를 들면 술 마신 뒤 기억을 못 하는 black out

(2) 기억 유지의 이상

• 후향성(역행성) 기억상실(retrograde amnesia): 사건 이전의 일을 기억하지 못하는 경우다. 예를 들면 치매나 교통사고로 머리를 다친 환자의 기억 장애.

(3) 기억 회상의 이상

자신이 기억하고 있다는 것을 알면서도 잘 떠오르지 않는 경우로 대부분 불안이나 긴장상태에서 나타나며 사소한 힌트만으로도 쉽게 기억이 떠오르는 경우가 많다.

(4) 기억의 시간적 구분에 따른 기억 장애

① immediate recall: 새로운 정보를 기록하고 재생하는 과정. 숫자나 단어를 외우게 한 후, 즉시 혹은 수분 후에 확인해 봄으로써 알 수 있다.

② recent memory: 최근의 사실을 기억하는 능력. 하루 - 수일전의 사실을 물어서 확인해 볼 수 있다.

③ remote memory: 영구적인 사실을 기억하는 능력. 본적, 주소, 주민등록번호 등 한번 입력되면 평생 지속되는 내용들을 물어서 확인해 볼 수 있다.

2) 기억착오(paramnesia)

과거에 없었던 일을 있었던 것처럼 기억하거나 사실과 다르게 기억하는 것이다.

① 기시감(deja-vu): 과거에 경험하거나 본 일이 없는 사물을 대하고서 마치 전에 많이 경험해 본 것처럼 느끼는 현상이다.

② 미시감(jamais-vu): 전에 많이 경험하거나 본 일을 전혀 처음 대하는 것처럼 생소하게 느끼는 현상이다.

③ 작화증(confabulation): 구멍 난 기억을 메우기 위해 그럴 듯한 말을 하는 것으로, 거짓말과 다른 점은 그것이 의식적으로 하는 것이 아니라 자기도 모르게 그렇게 된다는 점이다.

7. 주의력/집중력 장애(Disorders of Attention / Concentration)

자신이 필요로 하는 대상에 지속적으로 집중하는 능력을 말한다. 뇌의 기질적 장애가 있는 경우 주의력/집중력에 장애가 있는 경우가 많다. 조증 상태에서는 주위의 사소한 자극에 모두 관심을 기울이기 때문에 주의력 산만(distractible)이 흔히 나타난다. 조현병에서도 자신만의 생각에 집착하는 경우, 외부의 자극에 반응하더라도 얼마 되지 않아 다시 자신만의 생각에 빠져들기 때문에 주의력에 손상이 있을 수 있다. 우울증의 경우도 뭔가에 집중하는 것이 귀찮고 힘들어서 주의력이 저하될 수 있다.

8. 지능(Intelligence)

지능지수가 90~110이면 보통이다. 지능이 발달이 안 되어 지능지수 70 이하이면 지적장애(mental retardation: MR)라고 한다. 일단 정상 지능에 도달했다가 어떤 이유로 지능이 90이하로 떨어지게 되면 치매(dementia)라고 한다.

일반적으로 뇌의 기질적 장애가 없는 정신장애의 경우, 지능은 정상이다. 그러나 정신장애의 상태에 따라 지능이 제대로 발휘되지 않을 수는 있다.

9. 행동의 장애(Disorders of Behavior)

① 과다행동(hyperactivity): 조증에서 흔하다.

② 정신운동지체(psychomotor retardation): 행동이 느려지고, 운동량이 적은 것. 우울증에서 특징적이고 조현병에서도 나타난다.

③ 상동증(stereotypy): 반복행동. 다른 사람이 봐서는 의미 없는 말이나 행동을 반복하는 것.

예) 환자가 병실 복도의 이쪽 끝에서 저쪽 끝까지 계속 똑같은 속도와 태도로 왕복하는 경우라든지, 의미 없이 계속 양말을 벗었다 신었다를 반복하는 경우가 이에 해당한다.

④ 매너리즘(mannerism): 습관적으로 하는 별 뜻 없는 반복행동

예) 상사에게 질책 받을 때마다 손목시계를 만지작거린다든지, 특별한 이유 없이 단추를 끼웠다 뺐다 하는 경우이다.

⑤ 함구증(mutism): 스스로는 물론, 물어도 대답을 안 하는 경우

⑥ 거부증(negativism): 상대방의 요구에 아무런 반응도 안하거나 반대로 하는 것

⑦ 정좌불능(akathisia): 항정신병약물의 부작용으로 흔히 나타나며 주관적으로 근육의 긴장을 느끼고 따라서 좌불안석하는 것

⑧ 강박행동(compulsion): 스스로 자신의 행동이 무의미하고 불필요함을 알면서도 그런 행동을 반복하지 않고는 견디지 못하는 병적 행동

예) 손에 더러운 것이 묻은 것 같아서 하루에도 수십 번씩 손을 씻어야 하거나, 잠그고 나온 문을 반복해서 확인해도 안심이 안되는 경우

⑨ 행동화(acting out): 무의식적 욕구나 충동, 환상 등이 행동으로 직접 표현되는 것

⑩ 반향행동 / 반향언어(echopraxia/ echolalia): 남의 말을 마치 메아리처럼 그대로 따라서 말하는 것을 반향언어, 남의 동작을 그대로 똑같이 흉내 내는 자동증을 반향행동이라고 함.

10. 말하기(speech)

① 언어압박(pressured speech): 말이 많고 빠르며 중단시키기 어려울 때이다.

② 언어빈곤(poverty of speech): 말의 양이 적고 언어가 단음절일 경우가 많다.

③ 비자발적 언어(nonspontaneous speech): 질문을 받아야만 말을 하고 스스로 말을 시작하지 않는 경우다.

④ 말더듬(stuttering): 자주 반복되는 소리나 음절로 인해 말하기의 유창함이 상당한 정도로 방해받는 것이다.

⑤ 운동실어증(motor aphasia): 이해는 할 수 있으나 겉으로 말을 하는 능력에 장애가 있는 것으로 이 경우 말하기는 불완전하고 어색하며 정확하지 않다.

⑥ 감각실어증(sensory aphasia): 단어의 뜻을 이해하는 능력이 기질적으로 상실된 경우로 말은 유창하게 하나 앞뒤가 맞지 않고 터무니없다.

11. 판단력(Judgement)

① 사회적 판단력(social judgement): 사회적 상황에서 현실감 있게 적절하게 판단할 수 있는 능력이 있는지 평가. 주로 병력 청취 과정에서 평가 가능

② 판단력 검사(test judgement): 검사를 통해 판단력이 있는지 평가. 예를 들면, "극장에

불이 나면 어떻게 합니까?"라고 질문했을 때 적절하게 대답하는지 평가

12. 병식(Insight)

1) 병식 장애(impaired insight)

① 완전한 부정(denial): 자신은 아무런 병이 없다고 주장
② 아프고 도움이 필요하다는 것을 약간 자각하지만 동시에 그것을 부정
③ 아프다는 것을 자각하지만 그 원인을 타인이나 외부의 탓으로 돌림.
④ 병이 환자 내부의 알려지지 않은 무엇 때문이라고 생각

2) 지적 병식(intellectual insight)

자신이 병이 있다는 것을 인정하면서도 그것이 미래의 경험을 변화시키는 데 적용시킬 수 없음.

3) 진정한 정서적 병식(true emotional insight)

환자들이 병을 인정하면서 자신의 내면적 동기와 느낌을 자각하고 그것들이 환자의 인격 또는 행동 변화에 영향을 미침.

Ⅲ. 정신상태 검사(Mental Status Examination)

1. 전반적 외모, 태도 및 행동

• 환자의 복장, 신체의 위생상태, 신분과 외모가 어울리는지
• 얼굴 표정
• 수족의 운동, 신체 부분의 운동, 자세의 이상, 상동증, 함구증, 강박적 행동 유무
• 주위에 관심이 있는지, 치료자에 대한 태도

2. 기분상태(mood and affect)

느낌의 변화는 정동장애의 판단기준이 된다. 우울, 상쾌, 다행감, 분노, 의심, 공포, 불안, 공황, 적개심, 평온, 행복, 슬픔 등 여러 가지 감정이 있고, 환자의 기분이 사고와 적합한지 또는 기분의 정도가 타당한지 등을 알아보아야 한다.

- 현재 기분은 어떻습니까?
- 요 근래 기분이 어떠하셨습니까?
- 본인도 모르게 짜증이 나지는 않았습니까?

3. 지각의 상태(perception)

착각과 환각에 대하여 알아본다.

- 귀에서 이상한 소리가 들린 적이 있습니까?
- 조용한 방에 계실 때 어떤 소리가 들린 적이 있습니까?
- 기도할 때 하나님의 음성을 들은 적이 있습니까?
- 헛것이 보인 적이 있습니까?

4. 사고의 상태 및 사고 내용

사고의 흐름과 내용을 알아본다.

① 사고의 흐름: 묻는 말에 적적하게 대답을 하는가, 논리적인가, 횡설수설한가?

② 사고의 내용

- 피해망상: 누가 자신을 감시하고 괴롭힌다고 생각한 적이 있습니까?
  자기 자신만 피해를 본다고 생각을 하십니까?
- 과대망상: 자신이 무엇이든지 할 수 있다고 생각하십니까?
  남들에게 없는 특별한 능력이 자신에게 있다고 생각하십니까?
- 신체망상: 자신의 몸 어디에 이상이 있다고 생각하십니까?
  요새 몸이 아프신 곳은 없습니까?

5. 의식 및 인지기능

① 의식상태(consciousness)

② 지남력(orientation)
- 오늘은 며칠입니까?
- 지금이 무슨 계절입니까?
- 여기는 어디라고 생각하십니까? 여기는 무엇을 하는 곳입니까?
- 저는 누구라고 생각하십니까?

③ 주의집중력(attention and concentration)
- 100-7=? -7=? -7=? -7=? -7=?
- 삼천리강산을 거꾸로 하면 어떻게 됩니까?

④ 지능과 지식(general information and intelligence)
- 현재 우리나라의 수도는?
- 지금 우리나라의 대통령이 누구입니까?
- 5×4 =?

⑤ 기억력(memory)
- 당신의 생년월일은 언제입니까?
- 당신의 주소는 어디입니까?
- 당신의 주민등록번호는 무엇입니까?
- 오늘 아침에 반찬은 무엇이었습니까?
- 시계, 배, 복숭아 이 세 가지를 암기하십시오. (5분 후에 다시 물어본다.)

⑥ 판단력(judgement)
- 극장에서 불이 나면 어떻게 하시겠습니까?
- 길에서 남의 주민등록증을 주었을 때 어떻게 하시겠습니까?

• 옷은 왜 빨아서 입습니까?

6. 병식(insight)

자신이 병을 가지고 있다는 것을 알고 있는지, 그 병이 어떤 성질의 병인지 알고 있는지, 그 병을 가지고 있다는 것이 무슨 의미인지 알고 있는지 등

• 당신은 당신의 병이 무엇이라고 생각하십니까?

〈표 15-1〉 정신병리 측정 도구

영역	진단	평가도구
증상 평가	치매	• 간이정신상태검사(Mini-Mental State Examination: MMSE) • 시계그리기 검사(Clock Drawing Test) • 신경정신행동검사(Neuropsychiatric Inventory: NPI) • 임상치매평가척도(Clinical Dementia Rating: CDR) • 전반적퇴화척도(Global Deterioration Scale: GDS)
	조현병	• 간편정신상태평정척도(Brief Psychiatric Rating Scale: BPRS) • 양성 및 음성증후군 척도(Positive and Negative Syndrome Scale: PANSS)
	우울증	• 해밀턴 우울증 평가척도(Hamilton Depression Rating Scale: HAM-D) • 몽고메리-아스버그 우울증상 평가척도(Montgommry-Asberg Depression Rating Scale: MADRS) • 주요우울증척도(Major Depression Inventory: MDI) • 벡 우울척도(Beck Depression Inventory: BDI) • Zung 자가평가 우울척도(Zung Self-Rating Depression Scale) • 노인우울척도(Geriatric Depression Scale: GDS)
	조증	• 영 조증 평가척도(Young Mania Rating Scale: YMRS)
	불안증	• 해밀턴 불안 척도(Hamilton Anxiety Rating Scale: HAM-A) • 공황장애정도 평가척도(Panic Disorder Severity Scale: PDSS) • 병원불안우울척도(Hospial Anxiety Depression Scale: HADS) • 벡 불안척도(Beck Anxiety Inventory: BAI) • Zung 자가평가 불안척도(Zung Self-Rating Anxiety Scale)
	강박증	• 예일-브라운 강박척도(Yale-Brown Obsessive Compulsive Scale: Y-BOCS)
	주의력결핍 과잉행동장애 (ADHD)	• 소아행동평가목록(Child Behavior Checklist: CBCL) • 코너스 부모용 평가척도(Conner's Parent Rating Scale) • 코너스 사용 평가척도(Conner's Teacher Rating Scale) • 성인 주의력결핍 과잉행동장애 자기보고척도(Adult ADHD Self-Report Scale: ASRS)
기능의 전반적 평가		• 전반적 임상 인상 척도(Clinical Global Impression-Severity: CGI-S) • 전반적 기능평가척도(Global Assessment of Functioning: GAF)

출처: 대한신경정신의학회(2017). 신경정신의학(3판). p. 114 표에서 일부 수정 인용.

〈표 15-2〉 Brief Psychiatric Rating Scale(BPRS)

성 명		평가일		총점		평가자	

* 이탤릭체로 된 10개 문항은 환자의 자기보고에 근거하여 채점하고 나머지는 관찰된 행동과 언어에 근거하여 평가하세요.
NA=평가 안 됨 0=없음 1=매우 강함 2=경함 3=중증도 4=약간 심함 5=심함 6=매우 심함

1. *Somatic concern** - 신체건강에 몰두, 신체 질환에 대한 공포, 건강 염려증	NA 0 1 2 3 4 5 6
2. *Anxiety**- 걱정, 공포, 현재와 미래에 대한 지나친 관심, 조마조마함	NA 0 1 2 3 4 5 6
3. Emotional withdrawal - 자발적인 상호관계의 결여, 고립, 타인들과의 관계 부족	NA 0 1 2 3 4 5 6
4. Conceptual Disorganization - 사고과정의 혼란, 지리멸렬, 와해, 붕괴	NA 0 1 2 3 4 5 6
5. *Guilt Feelings** - 자책, 수치감, 과거의 행동에 대한 후회	NA 0 1 2 3 4 5 6
6. Tension-초조감, 과도한 활성이 신체적 및 운동성으로 표현됨	NA 0 1 2 3 4 5 6
7. Mannerisms and Posturing - 특이하고 기이하며 부자연스러운 운동성 행동(틱은 배제)	NA 0 1 2 3 4 5 6
8. *Grandiosity** - 과장된 자만심, 오만, 특별한 힘이나 능력에 대한 확신	NA 0 1 2 3 4 5 6
9. *Depressive mood** - 슬픔, 비애, 낙담, 염세주의	NA 0 1 2 3 4 5 6
10. *Hostility** - 증오, 경멸, 호전성, 타인에 대한 멸시	NA 0 1 2 3 4 5 6
11. *Suspiciousness** - 불신, 타인들이 악의적이고 차별대우하려는 의도를 품고 있다는 믿음	NA 0 1 2 3 4 5 6
12. *Hallucinatory behavior** - 정상적인 외부자극에 상응하지 않는 지각	NA 0 1 2 3 4 5 6
13. Motor retardation - 느려지고 약해진 움직임 또는 말, 감소된 신체 톤	NA 0 1 2 3 4 5 6
14. Uncooperativeness - 저항, 경계, 권위에 대한 거부	NA 0 1 2 3 4 5 6
15. *Unusual thought content** - 특이하고 엉뚱하고 이상하고 기이한 사고내용	NA 0 1 2 3 4 5 6
16. Blunted Affect - 감소된 정서 톤, 느낌의 형태적 강도의 감소, 무미건조	NA 0 1 2 3 4 5 6
17. Exitement -고양된 정서 톤, 흥분, 증가된 반응성	NA 0 1 2 3 4 5 6
18. *Disorientation** - 혼란상태 또는 사람, 장소, 시간에 대한 적절한 조합의 결여	NA 0 1 2 3 4 5 6

〈BPRS 평가 지침〉

1. Somatic concern
- 현재의 신체건강에 대한 관심의 정도
- 현실적인 근거가 있건 없건 간에 신체건강에 문제가 있다고 환자가 받아들이는 정도를 평가하라.

2. Anxiety
- 현재나 미래에 대한 worry, fear 혹은 over-concern
- 환자 자신의 주관적 경험에 대한 verbal report에만 근거하서 평가하라.
- 신체적 사인이나 신경증적 방어기제로부터 평가하지 마라.

3. Emotional Withdrawal

- 면담자나 면담자의 상황에 관련을 맺는 것의 부족
- 환자가 면담 상황에서 다른 사람과의 정서적 접촉을 하지 못하는 정도로만 평가하라.

4. Conceptual Disorganization
- 사고 과정이 confused, disconnected 혹은 disorganized된 정도
- 환자가 말을 어느 정도 integration 해서 하는지에 근거해서 평가하라.
- 환자의 기능에 대한 환자의 주관적인 인상에 근거해서 평가하지 마라.

5. Guilt Feelings
- 과거의 행위에 대한 over-concern 혹은 후회
- 적절한 감정이 실린 말에서 볼 수 있는 것처럼 죄책감에 대한 자신의 주관적 경험에 근거해서 평가하라.
- 우울, 불안, 혹은 신경증적 방어기제로부터 죄책감을 추측하지는 마라.

6. Tension
- nervousness의 신체적 혹은 운동적 양상이나 고양된 activation level
- tension은 physical sign과 motor behavior에만 근거하여 평가해야 하며 절대로 환자가 보고하는 주관적 경험에 근거하여 평가해서는 안 된다.

7. Mannerisms and Posturing
- 일상적이지 않고 자연스럽지 못한 motor behavior, 즉 정상적인 사람들과 같이 있을 때 환자를 두드러지게 만드는 motor behavior
- movement의 abnormality만 평가하라. 단순히 항진된 motor activity는 평가하지 마라.

8. Grandiosity
- 과장된 self-opinion, 비상한 능력에 대한 확신.
- 자기 자신이나, 다른 사람과의 관계에 있어서의 자기 자신에 대한 환자 자신의 언급에만 근거해서 평가해야 하며 면담 상황에서의 환자의 행동에 근거해서 평가해서는 안 된다.

9. Depressive mood
- 의기소침한 기분이나 우울함
- 의기소침한 정도만을 평가하라. 일반적인 retardation이나 somatic complaint에 근거해서 추측한 우울에 근거하여 평가하지 마라.

10. Hostility
- 증오, 경멸, 호전성 등을 면담상황이외의 다른 사람에게 보이는 것
- 다른 사람에 대한 환자의 기분이나 행동을 말로 표현하는 것에 의해서만 평가하라. 신경증적 방어나 불안, 혹은 somatic complaint로부터 추측하지는 마라.
- 면담자에 대한 태도는 "uncooperativeness" 항목에서 평가하라.

11. Suspiciousness
- 지금 혹은 과거에 다른 사람들이 환자 자신에 대해서 악의적 혹은 차별적인 의도를 갖고 있다고 믿는 믿음.
- 환자가 하는 말에 근거해서 그것이 현재 상황에 관련되었든 과거 상황에 관련되었든 현재 환자가 가지고 있는 의심만을 평가하라.

12. Hallucinatory Behavior
- 합당한 정상적인 외부자극이 없는 perception
- 지난 마지막 1주 동안 발생했으며 정상적인 사람의 사고, 인식 과정과는 완전히 다르게 설명하는 경험들만을 평가하라.

13. Motor Retardation
- slowed movement로 나타나는 energy level의 감소.
- 환자에 대해 관찰한 행동에 근거해서만 평가하라. 환자자신이 주관적으로 표현하는 energy level에 근거해서 평가하지는 말아라.

14. Uncooperativeness
- 면담자에 협조하는 것에 대한 저항, 불만, 적대감, 준비가 부족한 것의 증거
- 면담자나 면담 상황에 대한 환자의 태도나 반응에 근거해서만 평가하라. 면담 상황 이외에서의 불만이나 비협조에 근거해서 평가하지는 말아라.

15. Unusual Thought Content
- 흔하지 않고, 이상하며 어색한 사고 내용
- 사고과정의 와해의 정도가 아니라 unusualness의 정도를 평가하라.

16. Blunted Affect: 감소된 정서적 톤, 정상적인 기분이나 involvement의 확실한 결핍
17. Exitement: 고조된 정서적 톤, agitation, 증가된 반응행동
18. Disorientation: 사람, 장소, 시간에 대한 혼동이나 적절한 연상의 결핍

〈표 15-3〉 Positive and Negative Syndrome Scale(PANSS)

총 30문항, 각 문항별로 7점 척도(1점 none, 7점 extreme) 최소 30점, 최대 210점

Positive Scale	General Psychopathology Scale
1. Delusions	1. Somatic concern
2. Conceptual disorganization	2. Anxiety
3. Hallucinations	3. Guilt feelings
4. Excitement	4. Tension
5. Grandiosity	5. Mannerisms and posturing
6. Suspiciousness/persecution	6. Depression
7. Hostility	7. Motor retardation
Negative Scale	8. Uncooperativeness
	9. Unusual thought content
1. Blunted affect	10. Disorientation
2. Emotional withdrawal	11. Poor attention
3. Poor rapport	12. Lack of judgment and insight
4. Passive/apathetic social withdrawal	13. Disturbance of volition
5. Difficulty in abstract thinking	14. Poor impulse control
6. Lack of spontaneity and flow of conversation	15. Preoccupation
7. Stereotyped thinking	16. Active social avoidance

〈표 15-4〉 Global Assessment of Functioning Scale (GAF)

성명 : 평가일 : 점수 : 평가자 :

심리적, 사회적 그리고 직업적 기능을 정신건강 - 질환의 가상의 연속선상에서 고려하십시오. 신체적 (또는 환경적) 제약에 따른 기능의 장애는 포함시키지 마십시오. (참고: 필요한 경우에는 중간 코드를 사용하시오. 예: 45, 68, 72)

[코드]

100 - 91 광범위한 활동에서 최상의 기능, 삶의 문제가 조정불능 상태로 되지 않을 것으로 보임, 여러 가지 긍정적인 특징들 때문에 많은 사람들이 찾음, 증상 없음

90 -81 없거나 최소한의 증상(예: 시험전의 가벼운 불안), 모든 영역에서 기능을 잘 함, 광범위한 활동에 관심을 가지고 참여함, 사회적으로 효율적, 일반적으로 삶에 만족, 매일 일어나는 일상적인 문제와 걱정에 그침(예: 가끔씩 가족들과 논쟁)

80 - 71 만약 증상이 있다면 일시적이고 심리사회적 스트레스에 대한 예측가능한 반응임(예: 가족들과 논쟁 후 집중하는 데 어려움을 느낌), 사회생활, 직업 또는 학업기능의 가벼운 장애에 그침(예: 학업성적이 일시적으로 떨어짐)

70 - 61 약간의 가벼운 증상(예: 우울한 기분과 가벼운 불면증) 또는 사회생활, 직업 또는 학업기능에 약간의 어려움이 있음(예: 가끔씩 무단결석을 함, 집안 물건을 훔침), 그러나 일반적으로 기능을 꽤 잘 하고 몇 개의 의미 있는 인간관계가 있음

60 - 51 중등도의 증상(예: 정동의 둔마와 말의 우원성, 간헐적인 공황발작) 또는 사회생활, 직업 또는 학업기능에 중등도의 어려움이 있음(예: 친구가 거의 없음, 직장 동료들과의 갈등)

50 - 41 심각한 증상(예: 자살사고, 심각한 강박적 행동, 빈번한 도둑질) 또는 사회생활, 직업 또는 학업기능에 어떤 장애가 있음(예: 친구가 전혀 없음, 직장을 유지하지 못함)

40 - 31 현실검증력이나 의사소통에 약간의 장애(예: 말이 한 번씩 비논리적이고, 모호하거나 동문서답을 함) 또는 직업 또는 학업, 가족관계, 판단력, 사고 또는 감정 등의 여러 영역에 중대한 장애가 있음(예: 우울한 사람은 친구들을 피하고 가족들을 돌보지 않고, 일을 할 수가 없음; 아이들은 더 어린아이들을 자주 때리고, 집에서 반항적이며 학교생활에 실패함)

30 - 21 행동이 망상이나 환청에 상당히 영향을 받음 또는 의사소통이나 판단력에 심각한 장애가 있음(예: 가끔씩 지리멸렬하고 전반적으로 부적절하게 행동하며, 자살에 몰입), 또는 거의 대부분의 영역에서 기능을 하지 못함(예: 하루 종일 누워서만 지냄, 무직, 집이 없고, 또는 친구가 없음)

20 - 11 자신이나 남을 해칠 위험이 약간 있음(예: 죽음이 명백히 예상되지 않는 자살시도, 자주 난폭해짐, 조증에 의한 흥분상태) 또는 최소한의 개인위생을 가끔씩 유지하지 못함(예: 대변을 칠함), 또는 의사소통의 전반적인 장애(예: 대부분 지리멸렬하거나 함구상태)

10 - 1 자신이나 남을 심하게 해칠 위험이 지속됨(예: 반복적으로 난폭해짐), 또는 최소한의 개인위생을 유지할 능력이 없는 상태가 지속됨 또는 죽음이 명백히 예상되는 심각한 자살행동

0 불충분한 정보

참고문헌

김도선 (2016). 정신병리론. 한국정신보건사회복지사협회(편), 정신보건사회복지의 이해와 적용. 예일기획.

김어수 (2012). 정신병리론. 한국정신보건사회복지사협회(편), 정신보건사회복지의 이론과 실제. 양서원.

김창윤 외 (2001). 정신장애 평가도구. 하나의학사.

대한신경정신의학회 (2017). 신경정신의학(개정 3판). 아이엠이즈컴퍼니.

민성길 (2015). 최신정신의학(6판). 일조각.

최원정 (2020). 정신병리 (2020년도 정신건강사회복지사 2급 자격을 위한 수련이론교육 교재(PPT), 한국정신건강사회복지사협회편.

Kay, S. (1987). The Positive and Negative Syndrome Scale(PANSS) for schizophrenia. *Schizophrenia Bulletin, 13,* 261-276.

Offer, D., & Sabshin, M. (1984). *Normality and the Life Cycle.* New York: Basic Books Inc.

WHO (2014). Mental health. http://www.who.int/features/factfiles/mental_health/en/

16장

진단에 따른 정신과적 면담

배정훈
(우리병원)

Ⅰ. 서론

임상적 면담(clinical interview)은 정신의학, 전문상담, 심리학, 사회복지학에서 정신건강 훈련의 가장 기본적인 구성 요소이고 기술이다. 내담자의 고충을 이해하는 데 있어 가장 중요한 도구가 바로 면담이기 때문이다. 면담을 통해 내담자를 충분히 이해하고 나면 비로소 진단과 치료에 대한 계획을 수립할 수 있게 된다. 정신건강 분야에서 평가는 그 대부분을 치료자의 면담과 관찰에 의거하게 되는데, 정신과적 진단을 내리는 데 있어서는 혈액 검사도, 조직 검사도, 뇌영상 검사도 확정적인 자료를 제공하지 못하기 때문이다.

McCready 등(1986)의 정의에 따르면, 면담이란 "특별하고 전문적인 목적을 위해 개인적 정보를 공개하도록 촉진하는 기술"이다. 면담의 기능은 임상적 정보를 수집하고 치료자-내담자 관계를 확립하고 라포를 발달시키며 해당될 수 있는 여러 진단들 가운데 가장 가능성이 높은 진단을 얻기 위해 가설을 설정하고 검증한다. 또 추가적으로 조사해야 할 부분들이 무엇인지를 결정하고 치료 계획을 수립하는 것이다.

면담은 단순하게 병력(history)을 청취하는 작업에 그치지 않는다. 그보다는 내담자가 가진 병리적 요소가 무엇인지 알아보고, 이것에 어떻게 영향을 받고 있는지를 이해하는 과정이라고 할 수 있다. 잘 구성된 면담은 단지 질문들을 던지는 것에서 더 나아가 내담자를 치료하는 데 도움이 되는 정보를 얻어낼 수 있다. 주의 깊게 병력 청취를 한다면 진단을 내리는 데 있어 내담자를 직접적으로 진찰하는 것보다도 훨씬 큰 도움이 될 수 있다.

Nurcombe 등(1982)에 따르면, 치료자는 내담자와의 면담을 통해 질병 분류(nosology)와 역동(dynamic) 두 가지 영역에 대해 완전히 이해하는 것이 요구된다. 이를 가리켜 공식화(formulation)라고 부른다. 질병 분류란 내담자가 고통 받고 있는 상태가 무엇인지 파악하는 것이다. 정신 역동이란 내담자가 갖고 있는 생물-심리-사회적인(bio-psycho-social) 측면을 도출해 내는 것을 말한다. 공식화는 내담자의 현재 상태를 발생시킨 성향은 어떤 것이고, 이 시점에서 어떤 촉발 요인이 이 장애를 초래하였으며, 장애가 현재와 같은 상태로 지속하게 만드는 요인은 무엇인지, 그리고 내담자가 가진 방어 요인들은 무엇인지에 대해서 파악하는 것이다. 질병 분류 혹은 진단적 공식화(diagnostic formulation)는 면담 초반에도 완료될 수 있지만, 역동적 공식화에는 보다 많은 시간이 소요된다. 면담에서 두 가지 주안점은 진단을 수립하고, 내담자의 심리사회적인 환경을 이해하는 것이다.

일반적으로 면담 초반에 얻은 한정된 자료를 가지고 가설(hypothesis)을 수립하게 된다. Gauron 등(1966)이 조사한 바에 따르면, 가장 효율성이 높은 정신건강의학과 전문의는 나이와 방문 이유, 이 두 가지 정보만 가지고도 가설을 수립할 수 있었다. 그리고 진단에 이르기까지 단지 8~14가지 정도의 정보들을 필요로 했다. 다음은 가설을 효율적으로 설정하기 위해 도움이 될 만한 것들이다.

- 의뢰서, 기존 진료 기록, 초진 기록 등 사전에 획득되어져 있는 주요한 단서들을 찾아본다.
- 정신장애의 증상(symptom)과 징후(sign)를 자료로 삼아 판단해 본다. 예를 들어 증상과 징후가 전형적인 범주에서 동떨어져 있는 것인지를 살펴보고, 만일 그렇다면 진단적 기준에는 부합하는지 등을 확인한다.
- 진단적 가설을 수립하기 전에 예비적으로 임상적 정보와 추정들을 결합해 본다. 이 작업은 단지 한 가지 증상이나 징후만 가지고도 가능하다.
- 더욱 많은 정보들을 수집해서 가설을 분석한다. 이때 정보와 가설 사이의 불일치와 비일관성, 간격, 상반성에 주목한다. 진단적 가설을 뒷받침하는 증거들과 부정하는 증거들을 저울질해 본다.
- 면담을 통해 획득한 정보들을 인지하고 평가해 본다. 새로운 정보가 있으면 기존의

진단적 가설을 수정할 수 있다. 현재의 진단을 보다 확실하게 하거나, 삭제하거나, 새로운 감별 진단을 추가할 수도 있다.

- 수정된 가설들을 길잡이로 삼아 더 많은 정보들을 찾아본다. 계통 문진(review of systems)을 통해 흔하지 않은 상태들에 대해서도 점검한다.
- 가장 유력한 진단에 부합할 가능성을 평가해 본다. 진단에 해당되는 증상이 많을수록, 가설을 부정하는 증거보다 뒷받침하는 증거가 많을수록 진단이 맞을 가능성이 높을 것이다. 감별 진단의 목록을 통해 그 다음에 해당될 진단들을 나열해 본다.
- 관련되어 있는 심리사회적 요인들을 이해하고 나서 면담을 완료해야 한다.
- 면담을 통해 획득한 진단과 생물-심리-사회적 요인들에 기반하여 종합적인 치료 계획을 수립한다.

Ⅱ. 임상면담의 기초

1. 임상적 면담의 목적

면담은 크게 두 가지 측면을 가지고 있다. 첫째는 평가(assessment)로 적절한 질문을 통해 정보를 얻고 이를 토대로 치료 계획 등을 설명하고 함께 토의하는 것이 포함된다. 다른 하나는 협력(helping)으로 긍정적인 치료 관계를 수립하고 유지하는 것이다. 긍정적인 치료 관계를 통해 내담자와 치료자는 목표를 정하고 일련의 과제를 수행하며 유대를 형성해 나간다.

임상적 면담에서 평가적 측면은 증상이나 행동의 변화, 과거사건, 개인력이나 과거 병력 등 사실을 조사하는 것과 내담자가 이들 각각에 부여하는 감정과 의미를 파악하는 것으로 나누어 볼 수 있다. 예를 들어 심한 불안을 호소하는 내담자를 감별진단하기 위해서는 증상이나 징후의 유무, 그 발생 시점 및 전개 양상, 치료에 대한 반응 등을 정확히 조사해야 한다. 한편으로 최근의 실직이 불안의 유발인자라고 추정되는 경우 단순히 실직하게 된 경위나 그로 인한 경제적인 곤란만이 아니라 실직과 그에 따른 삶의 변화에 대해 내담자가 느끼는 감정과 부여하는 의미가 증상 발현과 어떻게 이어지는지 알아보아야 하는데, 이와 같은 작업은 단순히 정보 수집에 그치지 않고 치료 관계의 수립과 연결된다. 따라서 이론적으로는 면담의 서로 다른 측면을 구분할 수 있으나 실제로는 서로 얽혀 있으므로, 모두를 통합해서 사실을 파악하고 내포된 감정과 의미를 이해하며 긍정적인 치료 관계를 수립하고 강화할 수 있어야 한다. 면담이 한 인간으로서의 내담자를 도외시한 채 질병에 대한 정보 교환만으로 끝나면 치료 관계의 수립도 개개인에 맞춘 통합적인 치료도 이루어질 수 없다.

면담 초기에 치료자는 내담자가 자유롭게 자신의 감정과 생각을 이야기하도록 하면서 적절한 순간에 공감(empathy)을 표시한다. 공감이란 상상 속에서 자신을 타인의 마음에 대입시켜 느끼는 것을 뜻하는데, 이를 통해 면담의 흐름이 촉진되고 신뢰가 쌓이면 자세한 내용을 직접적으로 질문한다. 망상에 대해 탐색할 때 그 종류나 심한 정도만을 조사하는 것으로 그치지 않고 그것의 의미가 무엇인지 궁금해 하고 그로 인해 힘든 점을 인정해 주면 내담자는 훨씬 더 이해 받는다고 느끼고 가치 있는 정보를 제공해 줄 수 있다.

임상적 면담의 목적을 요약하면 다음과 같다.

첫째, 치료자는 필요로 하는 모든 정보를 수집한다.

둘째, 내담자는 자신과 관련된 모든 정보를 얻고 이해한다.

셋째, 이를 통해 필요한 결정에 도달한다.

넷째, 긍정적인 치료 관계를 수립하고 유지한다.

다섯째, 내담자는 건강에 가장 도움이 되는 사고방식을 습득한다.

여섯째, 내담자의 증상이나 고통을 개선하며 긍정적인 치료적 변화를 이끌어내고 강화한다.

2. 치료자-내담자 관계의 특성

치료자와 내담자의 위치는 대등하지 않고 내담자들은 밝히기 두려운 내적 갈등 또는 떳떳하지 못하거나 수치스러운 모습을 드러내도록 요구 받거나 때로 침해 받는다고 느낄 수 있다. 따라서 증상과 관련된다고 생각하는 것들을 털어놓고 싶어 하면서도 동시에 낯선 사람에게 자신을 감추고 싶은 소망을 갖는다.

또한 내담자들은 다양한 선입견이나 기대를 가지고 면담을 시작하며 이에 따라 치료자나 상담에 대해 제각각의 관점을 갖는다. 예를 들어 스스로 진단내린 것이 사실이면 어떡할까 두려워하거나 이야기를 해도 아무런 도움을 받지 못할 것이라고 생각할 수 있다. 이와 같은 편견과 왜곡은 내담자의 솔직함이나 믿음 그리고 제공하는 정보의 양과 질 모두에 영향을 미친다.

치료자는 내담자가 솔직하거나 정확하게 진술하지 못하더라도 탓해서는 안 된다. 치료자는 이와 같은 내담자의 마음을 이해할 수 있도록 지식과 경험을 쌓아야 한다.

3. 치료자의 태도와 라포 형성

치료자는 항상 진실하고 따뜻한 마음을 가지고 유연하고 열린 태도로 내담자를 대해야 한다. 이는 단순히 무엇을 어떻게 해야 한다는 기술이 아니라 어떤 마음가짐으로 내담자와의 관계 맺음에 참여하는가를 뜻한다. 치료자는 관심을 가지고 주의를 기울여 내담자의 입장에서 공감하고 세심하게 배려하면서 내밀한 삶을 이해하고자 노력해야 한다. 내담자가 이런 치료자의 노력을 받아들여 마음이 통하고 어떤 일이라도 터놓고 말할 수 있다고 느끼는 상호관계를 라포(rapport)라고 할 수 있다. 라포의 문자 그대로의 의미는 "되돌려줌"으로 내담자와 조화로운 관계를 형성하는 것을 가리킨다. 라포는 치료자가 내담자를 존중하는 태도로 대하고, 그들의 문제에 관심을 가지며, 치료가 효과적이라는 것을 보여주는 것으로부터 형성된다. 이를 분석적 태도에 대입해도 무방한데, 이는 내담자의 문제를 이해하고 동시에 이를 개선하고자 하는 것, 다시 말해 내담자의 모든 부분에 있어서 지속적인 관심을 보이는 것을 의미한다. 라포의 형성은 치료자가 내담자의 증상을 감소시키고 삶의 질을 향상시키기 위해 함께 일하고 있다는 것을 이해하는 과정인 치료적 동맹(therapeutic alliance)을 구축하기 위한 필수 조건이다. 치료적 동맹이 생겨나면 내담자는 치료자와의 약속을 잊지 않고, 새로운 처방을 시도해 볼 의지를 가지고, 정신치료의 힘든 과정을 견뎌낼 수 있게 된다.

4. 보편성과 개별성

사람들은 대화할 때 눈을 맞추지 않으면 관심을 표시할 수 없지만 너무 빤히 쳐다보면 대개 불편하거나 불쾌하게 느낀다. 즉 모든 사람에게 보편적인 감정, 동기, 반응양식 등이 있다.

한편으로 사람마다 편하게 느끼는 대인관계 방식이 있고 습관적으로 사용하는 언어나 감정 반응양식 등이 있다. 면담에서 내담자가 이야기하고 행동하는 모습은 다른 상황에서도 반복되는 것일 수 있다. 이와 같이 반복되는 내담자 특유의 양상을 파악하는 것은 그 사람을 이해하는 것이고 올바른 면담을 진행해 나갈 수 있는 기반이 된다. 치료자가 개방적이고 편안하게 대하면 대부분의 내담자들은 덜 불안해하지만 어떤 내담자들은 이런 모습을 비전문적인 것으로 받아들이고 좀 더 공식적인 태도를 바라기도 한다.

따라서 인간이란 존재에 대한 이해를 바탕으로 내담자 특유의 반복되는 경험 방식을 이해할 수 있어야 한다.

5. 언어

언어는 면담의 기본 도구이다. 같은 단어를 사용하더라드 성별, 나이, 문화, 종교, 사회경제적 계층, 성장 지역뿐 아니라 개인 특유의 언어 습관에 따라 의미에 차이가 있을 수 있다. 비슷한 의미의 단어라도 함축된 의미에 따라 사람마다 선호하거나 기피하는 단어가 있을 수 있다. 이런 차이는 특히 성적인 문제 등 은밀한 주제를 이야기할 때나 은유, 직유, 비유 등을 사용할 때 두드러진다. 그러므로 내담자가 사용하는 단어나 관용적 표현의 의미를 정확히 이해해야 한다. 내담자가 정신병리학 용어 또는 진단명을 사용하더라도 그 의미를 오해하고 있을 수 있다. '우울하다'고 할 때 자세히 들어보면 우울한 기분만이 아니라 의미의 상실, 다양한 유형의 피로, 걱정이나 불안, 과민성, 분노 등을 가리키기도 한다. 그러므로 내담자가 전문 용어를 말할 때 어떤 의미로 사용하는지 분명히 해 두어야 한다. 치료자는 전문 용어의 사용을 피하고 쉽고 분명하게 말해야 한다. 언어장애, 청력저하 등이 있거나 사투리가 심하면 이해할 수 있을 때까지 서로 반복해서 질문해야 한다.

내담자들은 감정을 직접 표현하기도 하지만 퉁명스럽게 이야기하거나 화제를 바꾸거나 질문을 하는 등 면담의 흐름을 바꾸는 식으로 간접 표현하기도 한다. 한편으로는 치료자의 관심을 끌기 위해 과장된 표현을 하는 경우도 있고 감정을 숨기기 위해 사실만 자세히 이야기하기도 하며 불안하거나 불편한 주제를 가벼운 농담으로 피해갈 때도 있다. 내담자가 감정의 평형을 유지할 수 있도록 모른 체할 수도 있지만 갑자기 중요한 주제를 바꾸거나 농담으로 넘기려 할 때에는 자세히 탐색해 봐야 한다.

6. 비언어적 표현

비언어적 표현에는 눈맞춤이나 자세의 변화처럼 언어에 수반되지 않는 것과 표정이나 목소리 크기의 변화 또는 말이 끊기거나 머뭇거리는 모습 등 언어에 수반되는 것이 있다. 내담자의 감정은 옷차림새나 몸단장, 앉는 위치나 자세, 얼굴 표정과 몸짓, 목소리의 크기나 억양 등 비언어적으로 표현되는 비율이 언어적 표현보다 높다는 보고가 있다. 이들 비언어적 표현의 일부는 의도적일 수 있지만 많은 부분이 부지불식간에 자동적으로 일어난다. 이처럼 내담자가 인식하지 못하는 비언어적 표현은 내담자가 말하는 내용과 상반되거나 감추려고 하는 내용을 드러낼 수 있다.

치료자는 자신의 비언어적 표현에도 주의를 기울여야 한다. 내담자 또한 자신과 자신의 심리적 어려움에 대한 단서에 민감하여 치료자의 비언어적 반응에서 숨겨진 정보나 의미를 포착하려 애쓴다. 특히 첫 면담에서 내담자는 불안하고 치료자에 비해 상대적으로 약자라고 느끼기 때문에 더욱더 비언어적 단서를 찾는 데 집중한다. 한편으로 언어적 표현에 비해 비언어적 표현이 공감을 전달하는 데 더 큰 역할을 한다는 보고도 있다. 이런 면에서 치료자의 비언어적 표현은 라포와 신뢰 구축에 중요할 뿐 아니라 불안의 경감 등 비특이적인 치료 효과나 치료에 대한 기대로 이어질 수 있다는 점에서 매우 중요하다. 치료자는 자신의 언어적, 비언어적 표현이 불일치하지 않는지, 내담자에 맞추어 대응하고 있는지 항상 살펴보아야 한다.

7. 문화와 사회적 요인

문화와 사회적 요인은 개인의 생활양식이나 주체성 형성에 중요하고 정신 증상 또는 질환의 발생과 경과에 영향을 주기 때문에 내담자의 배경이 되는 문화적 맥락을 이해해야 온전하게 면담할 수 있다. 마음을 여는 정도, 권위적인 사람에 대한 태도, 자기주장 능력, 성별에 따른 차이, 질병에 대한 관점 등에 내포된 문화적 차이는 모두 치료 관계 형성에 중요하다. 특히 문화에 따라 증상과 질병을 설명하는 모델이 다르다. 개인은 가족이나 친지 또는 대중매체를 통해 공유하는 지식체계에 근거해 나름대로의 질병관을 갖게 된다. 그리고 이를 토대로 치료법을 결정한다. 이에 비해 치료자가 흔히 갖는 질병관은 이런 사회문화적인 요인을 배제한 채 질병을 생리적, 기능적 범주로 제한하는 경향이 있다. 그러므로 치료자와 내담자는 질병이라는 또는 질병에 대해 같은 단어를 사용하지만 그 의미가 전혀 다를 수 있다.

Ⅲ. 임상면담의 실제

1. 면담 환경

면담 환경은 외부로부터 방해받지 않고 비밀이 보장되며 편안하고 안전하다는 느낌을 줄 수 있는 곳이 이상적이다. 가능하다면 휴대전화는 시작 전에 꺼놓는다. 치료자와 내담자 사이에는 책상이나 탁자 등 가구가 없는 것이 좋으나 기록을 위해 필요할 경우 비껴 앉도록 배치한다. 정면으로 마주 앉아 시선이 너무 직접적으로 마주치지 않도록 하는 편이 낫다. 의자는 비슷한 높이가 좋고 여러 개인 경우 치료자가 먼저 자리를 잡고 내담자에게 편한 자리를 고르도록 한다. 치료자의 자리와 얼마나 가까이 그리고 어떤 방향에 앉는지는 내담자의 성격이나 대인관계 양상 또는 증상에 대한 귀중한 단서가 된다.

하지만 모든 면담이 이상적인 환경에서 이루어질 수는 없다. 응급실이나 병실 같은 환경에서도 내담자의 안전에 유념하고 그의 생각과 감정을 경청한다면 라포를 형성하고 치료 관계를 수립해 나갈 수 있다.

2. 면담 시간

첫 면담은 보통 30분 내지 1시간 정도로 진행하되 내담자의 증상이나 신체 상태, 면담에 대한 동기나 협조 능력 등을 고려하여 신축성 있게 진행한다. 때로 포괄적인 정보 수집과 긍정적인 치료 관계 수립의 필요성이 상충할 수 있다. 첫 면담이라 하더라도 긍정적 치료 관계 수립이 우선된다. 시간이 넉넉하지 않다면 즉각적으로 내려야 할 임상적 결정에 필요한 쪽으로 정보 수집을 집중하는 것이 좋다.

면담이 끝날 무렵 중요한 이야기를 꺼내거나 "할 이야기가 있는데 시간이 없으니 다음에 하겠다."고 하는 내담자들이 있는데 이와 같은 행동은 중요한 의미를 갖는다. 치료자는 "다음 면담에서 그 이야기를 먼저 해보자."고 할 수도 있고 시간이 허락되면 이야기를 시작해보고 길어지면 "다음 시간에 이어서 하자."고 제안할 수도 있다. 면담이 끝날 무렵까지 울음을 멈추지 못하는 등 내담자의 감정이 격할 때에는 "면담을 마칠 때가 되었습니다."고 하여 추스를 시간을 주거나 꼭 필요하다고 판단되면 조금 더 연장한다.

치료자가 면담에 늦거나 불가피하게 내담자를 기다리게 했을 때에는 사과하도록 한다.

3. 면담의 구조

면담은 다음의 일반적인 원칙을 참조하고 면담의 목적, 내담자가 겪는 문제의 유형, 내담자가 의사소통하고 관계 맺는 방식을 고려하여 어떻게 진행해 나갈지를 결정한다. 면담은 자유스러운 방식부터 고도로 구조화된(structured) 방식까지 그 지시 정도에 차이가 있다. 자유스러운 면담은 분위기나 대화 내용이 사교적인 수준에 머물기 쉬워 치료 관계 수립을 저해할 수 있다.

반면에 구조화된 면담은 어떤 구성 항목들을 어떤 순서로 어떻게 질문할지 짜여 있는 대로 진행하는데 그 대표적인 예로 DSM-5 장애에 대한 구조화된 임상적 면담(Structured Clinical Interview for DSM-5)이 있다. 구조화된 면담은 특정 관심 영역을 빠트리지 않고 조사하며 임상경험이 부족해도 수집한 정보와 이를 토대로 한 진단의 신뢰도(reliability)가 높다는 장점이 있다. 반면에 그 바탕에는 내담자가 이성적이며 면담에 동기를 가지고 참여할 것이라는 전제가 깔려 있는데, 실제로는 그렇지 못한 경우가 많다. 또 구성 항목에 포함되지 않은 내용은 다루지 못하며 내담자의 반응에 따라 유연하게 면담을 진행할 수 없고 차례대로 항목을 질문하다 보면 취조를 하는 듯한 불쾌감을 줄 수 있다.

구조화가 적을수록 면담의 흐름이 좋고 보다 풍부한 정보를 얻을 수 있지만, 치료자는 면담 목적에 따라 표준적인 질문 내용과 순서, 반응 방식 등 나름대로의 면담 구조를 상정하고 내담자에 맞춰 융통성 있게 진행해야 한다.

면담 시작 단계에는 치료자가 면담을 주도하고 통제하기보다는 궁금해 하고 함께 노력한다는 느낌을 전달함으로써 내담자가 자발적인 정보제공자로서 자신에게 질문을 던지고 관찰할 수 있도록 한다. 즉 내담자 스스로 중요하다고 여기는 점을 편안하게 이야기할 수 있게 해준다. 치료자는 간간이 고개를 끄덕이거나 몸을 내담자 쪽으로 기울이는 등의 비언어적 표현, '음' 또는 '그렇군요.'등의 언어적 표현을 통해 주의를 기울이고 있음을 전한다. 치료자가 반응을 보이지 않으면 내담자는 자신의 마음을 털어놓기 불편해 할 수 있다. 때로 불분명하거나 세부적인 내용이 이해되지 않더라도 나중에 다시 탐색할 기회가 있음을 잊지 말고 내담자 이야기의 흐름을 따라가도록 한다. 치료자의 개입이 늘면 내담자가 하고 싶은 이야기보다는 치료자가 관심을 두는 방향으로 진행되기 쉽다. 하지만 내담자의 진술이 혼란스럽고 불분명한데도 모두 알아들은 척하는 것은 좋지 않다. "이해가 잘 안 되는군요.", "좀 더 이야기해 주시겠습니까?" 등의 언급을 하여 자세하게 진술하도록 한다.

4. 면담의 단계

1) 시작 단계

면담 시작 단계에는 주소(chief complaints) 또는 주문제(chief problems), 즉 내담자가 가장 도움을 받고자 하는 것 또는 상담에 오게 된 주된 문제가 무엇인지를 탐색한다. "어떤 어려움이나 문제가 있는지 말씀해 주시겠습니까?" 혹은 "상담에 어떻게 오게 되셨습니까?"와 같은 개방형 질문을 하여 내담자 스스로 선택한 순서에 따라 자신의 언어로 자신의 문제를 진술하도록 한다.

내담자에 따라서는 "무슨 말을 해야 하나요?"라며 시작하는 데 어려움을 보이기도 한다. 이럴 경우 "무엇이든 하고 싶은 이야기를 해보시지요."라고 할 수도 있고 잠시 기다려주면 내담자 스스로 이야기를 시작하기도 한다. "몹시 불안해 보이시네요."처럼 표정이나 태도 등을 통해 추정된 감정을 언급해 줌으로써 내담자가 감정, 연관된 생각이나 경험을 표현하도록 이끌어줄 수 있다. 다른 치료자로부터 소개받아 온 내담자의 경우 자신이 아는 바를 간략하게 들려준 후 내담자가 이어서 이야기하도록 할 수도 있다. 무엇인가 문제가 있다고는 느끼면서도 정확하게 표현하지 못하거나 병식(insight)이 없어서 문제가 없다고 부정하는 경우, 상담에 오기로 한 것이 내담자의 뜻이었는지 물어볼 수 있다. 그렇지 않다고 하면 결정한 사람이 누구인지, 그렇게 결정한 이유가 무엇이라고 생각하는지 물어본다. 내담자가 강요를 받거나 억지로 끌려왔다고 한다면 세부적인 사항을 질문하여 자세한 내용을 끌어내도록 한다.

내담자들은 증상이나 그로 인한 고통 때문에 면담을 하려는 동기나 지속할 수 있는 능력이 제한될 수 있다. 지지적인 태도로 대하면서 내담자들의 소통 능력을 촉진하되 때에 따라서는 면담 시간을 짧게 하는 것이 좋을 수도 있다. 인지기능의 저하, 사고 과정의 장해, 심한 불안 등으로 의사소통 능력이 떨어진 내담자에게는 좀 더 구조화되고 지시적인 질문이 필요할 수도 있고 가족 등 다른 사람으로부터 정보를 얻어야 할 때도 있다.

대다수의 정신 증상은 매우 주관적인 내적 경험이다. 내담자는 직설적으로 이야기하기도 하고 비유를 통해 에둘러 말하기도 한다. 예를 들어 우울해 보이는 내담자가 기분이 어떠냐는 질문에 '괜찮다.'고 하면서도 '가슴에 돌덩이가 들어앉아 숨쉬기가 괴로운데 원인을 찾지 못한다.'고 호소할 수 있다. 이 내담자가 우울한지를 결정할 때 치료자는 공감능력을 활용한다. 치료자는 스스로 우울, 슬픔, 불행을 느낄 수 있고 이런 느낌이 어떤 것인지를 알고 있다. 이를 기준으로 내담자가 말하는 것, 슬픈 표정, 기운 없이 늘어진 모습 등 관찰한 소견에 자신을 이입해 본다. 그 결과 우울, 슬픔, 불행을 느낄 수 있다면 이 내담자는 우울하다고 평가할 수 있다. 이처럼 정신병리를 측정할 때 치료자는 자신이 했던 감정적, 인지적 경험과 이를 평가하는 능력을 기준으로 내담자의 내적, 주관적 상태를 재구성한 후 이것이 맞는지 질문하고 반응을 관찰하여 내담자가 동의하는지를 확인해간다.

정신병리 평가를 정확히 하려면 다양한 증상과 징후, 각 정신질환의 특징적인 임상양상을 알고 있어야 한다. 그리고 호기심을 갖고 내담자의 이야기를 다각도로 유연하게 듣고 숨어 있는 증상을 찾을 수 있어야 한다. 예를 들어 우울, 집중력 저하, 만성 피로를 호소하는 내담자가 수면에 대해 물어봤을 때에는 "꿈을 꾸거나 깨지 않고 많이 잔다."고 하지만 가족력 청취 중 "코를 심하게 곯아 부인과 각방을 쓰고 있다."는 이야기를 꺼낸다면 우울증만이 아니라 수면무호흡증도 의심해 볼 수 있다.

내담자가 왜 이 시점에 상담에 왔는지를 알아봐야 한다. 오래 증상이 지속된 경우에는 정확한 경위를 찾기 어려울 때가 많지만 이를 통해 내담자가 자신과 자신의 문제를 어떻게 보고 있는지, 내담자나 내담자의 문제에 대한 가족들의 생각이나 태도는 어떤지 그리고 민간요법이나 한방치료 등 다른 치료법이 우선되었는지 등을 알 수 있다. 다른 치료자로부터 치료를 받았다면 어디서 어떤 치료를 받았는지 경과는 어떠했는지를 조사하되, 이전의 진단이나 치료에 대해 비방하는 태도를 보이면 치료에 대한 불신을 초래할 수 있으므로 조심해야 한다.

2) 본론 단계

면담 본론 단계에는 내담자가 상담에 오게 된 문제나 도움을 청하는 주요 사안을 중심으로 체계적으로 세부 사항을 질문하여 잠정적인 진단이나 정신역동을 수립한다. 정신상태검사(mental status examination)는 보통 중기 후반에 실시한다. 면담을 통해 증상과 징후가 상당 부분 드러나지만 세세하게 확인하지 못한 내용, 빠뜨리고 언급되지 않은 증상, 지남력이나 계산능력과 같은 인지기능 등을 이 시기에 조사한다. 진단 기준에 열거된 증상과 징후의 유무를 확인함으로써 진단에 도달할 수는 있을지 모르지만 생물학적, 정신적, 사회적, 환경적 요인이 내담자의 문제에 어떻게, 어느 정도 영향을 미치는지, 증상이 내담자의 삶에 어떤 영향을 주는지 알지 못한다면 내담자와 그들이 가진 질병을 제대로 이해할 수 없다. 그러므로 과거 병력, 가족력, 개인력을 청취해야 한다. 이를 토대로 변화를 끌어낼 수 있는 부분이 있는지 아니면 나아지기 어려운 질병을 받아들이도록 도와야할 것인지 등 치료의 초점을 결정하게 된다.

다양한 정보가 축적되면서 어떻게 면담의 방향을 잡아갈지는 치료자의 성격, 이론적 배경, 지식, 경험 등에 따라 달라질 수밖에 없지만 내담자 스스로 내놓은 주제의 내용과 순서, 면담할 때 묻어나오는 감정 등이 지표가 될 수 있다. 면담의 흐름을 잘 관찰하여 내담자의 태도에 변화가 있는지, 왜 특정 시점에서 어떤 주제나 단어를 꺼내는지, 어떤 행동을 하는지 또는 어떤 것으로 화제를 돌리는지 그리고 치료자 자신은 그때 어떤 감정을 느끼고 어떻게 반응하는지를 인식할 수 있어야 한다. 이를 통해 내담자가 관계 맺는 방식을 이해하고 숨어있는 의미를 찾아 면담을 저해하는 요소를 제거해야 한다. 치료자는 내담자의 내적 세계를 함께 경험하면서 동시에 그것을 명료화하고 분류할 수 있어야 한다.

3) 정리 단계

면담 정리 단계에 치료자는 내담자에 대해 파악한 것을 요약해서 들려주면서 자신의 느낌(예: “괜찮다고 하시지만 왠지 화가 나신 듯 보입니다.”)이나 생각(예: “말씀하시는 것을 듣다보니 부부 사이에 어려운 점이 있다는 생각이 들더군요.”)을 신중하게 언급하여 불분명한 것을 확인하거나 추가 질문을 할 수 있다. 이를 듣고 내담자는 오해가 있는 내용을 고쳐주거나 중요한 정보를 추가해 줄 수 있다.

내담자는 무엇이 문제이고 어떻게 하면 좋을지 알고 싶어 한다. 치료자는 내담자가 질문하는 바가 무엇이고 이유는 무엇인지를 분명히 인식할 수 있어야 한다. 첫 면담에서 내담자가 걱정하는 모든 문제에 분명한 답을 주기는 어렵지만 '다른 내담자들도 비슷한 걱정을 한다.'는 점을 알려 안심시켜 준 다음 가능한 설명을 해준다. 내담자의 질병에 대한 인식과 감정 반응, 치료에 대한 동기 등을 바탕으로 적절하게 질문에 답하고 진단을 알려주며 추가할 검사나 치료 방법을 추천하고 함께 결정해 나가는 과정은 질병 교육만이 아니라 치료 관계의 강화에도 도움이 된다. 이를 통해 내담자는 면담에서 무엇인가를 얻었다는 느낌을 받고 치료를 시작하게 된다.

내담자나 가족들은 흔히 진단이 무엇인지 궁금해 하지만 공식적인 진단명을 알려주는 것은 조심할 필요가 있다. 때로 내담자에 대한 정보가 축적되면서 진단이나 치료계획을 수정해야 할 때도 있고 내담자나 가족들이 단편적인 지식만을 가지고 잘못 판단할 위험도 있다. 내담자가 진술한 주요 증상들을 열거한 후 그것들이 한 가지 원인에서 파생되었음을 설명하고 '감정의 문제'라는 식으로 알려주는 것이 더 나을 수도 있다.

치료 방법을 선택할 때에는 내담자의 취약성이 무엇인지 그리고 치료를 통해 나아질 수 있는 면이 무엇이며 어느 정도 기대할 수 있는지 그리고 내담자의 희망과 부담 능력 등은 어떤지를 모두 고려해야만 한다. 치료자는 내담자의 건강을 위해 최선의 방법을 선택해야 하고 스스로 이를 신뢰할 수 있어야 하지만 동시에 내담자의 자율성을 존중해야 한다. "(이러이러한) 치료 방법이 있으나 (원인, 유발요인, 증상, 동원할 수 있는 자원 등등을) 고려할 때 이 방법이 도움이 되리라고 생각합니다."와 같이 권고하는 것이 좋다. 치료에 대한 권고 역시 완곡하게 시작하여 점진적으로 강도를 높이는 것이 좋다. 예를 들어 약물치료가 꼭 필요한 내담자에게 처음에는 "약물이 도움이 될 수 있으니 같이 상의해 보면 좋겠습니다."라고 권할 수 있다. 내담자가 동의하지 않으면 "지금 상태로서는 약물치료가 반드시 필요하니 심각하게 고려하셔야 합니다."라고 강하게 언급하는 것이 도움이 될 수도 있다. 내담자가 겉으로는 치료 방침에 동의하지만 실제로는 망설이거나 주저한다고 보이면 "그렇게 하겠다고는 하시지만 방금 결정한 치료에 대해 고심하고 계신 것 같네요."라고 이야기할 수 있다. 설사 이런 추측이 틀리더라도 내담자를 이해하려는 치료자의 노력을 전할 수 있다. 일반적으로 내담자와 상의하여 함께 치료계획을 수립하면 순응도가 높아진다.

내담자와 가족들은 치료기간이나 예후에 대한 질문도 자주 한다. 장기간의 치료가 필요하다고 판단될 때 내담자를 안심시키기 위해 기간을 줄여서 말하는 것은 좋지 않다. 반면에 곧이곧대로 이야기하면 실망하고 좌절할 수 있다. 마찬가지로 예후에 대해서도 조심스럽게 접근해야 한다. '함께 노력하면 나아질 수 있다.'며 지지하고 격려하며 안심시켜 주는 것이 중요하다.

면담을 시작할 때 워밍업이 필요하듯이 면담이 끝나갈 즈음에도 마무리 짓는 시간을 갖는 것이 좋다. 면담을 끝내기 전에 내담자에게 마지막으로 질문할 기회를 준다. 이를 통해 내담자가 염려하는 문제를 알 수 있고, 치료적 관계 형성에 도움이 되며, 진단에 중요한 정보를 얻을 수도 있다. 또한 내담자에게 많은 정보를 제공하고 협조하며 함께 노력해준 점을 칭찬하고 감사를 표하는 것이 좋다.

5. 경청

면담은 단순히 듣고 그 내용을 이해하는 것만이 아니라 단어의 선택이나 연상의 흐름, 말버릇, 어조나 억양의 변화, 비유 등에 주의를 기울이고 행동, 표정, 몸짓의 미묘한 변화를 놓치지 않고 관찰하는 것이다. 그리고 언어적, 비언어적 표현 사이에 차이가 있는지, 과거에 듣거나 관찰한 내용과 현재 내용에 차이가 있는지를 비교해 본다. 사람들은 흔히 이야기할 때 자기 검열을 하며 들을 때에는 제각각의 관점에서 이해한다. 때로 내담자의 말이나 행동에서 빠져있는 것에 중요한 의미가 숨겨져 있을 수 있다. 그러므로 감추어진 점이 무엇인지 추정할 수 있어야 한다. 이와 같은 내담자의 언어적, 비언어적 표현을 이해하고 소통하기 위해 치료자는 자신의 생각과 감정 등 내적 반응에 주의를 기울여 감지할 수 있어야 한다. 치료자는 내담자의 언어적, 비언어적 표현을 듣고 보고 비교하며 자신에게 떠오르는 생각과 느낌을 종합하고 해석하여 적절히 대처하면서 동시에 새로운 정보를 받아들이고 내담자에 대한 가설을 수정하거나 새로운 가설을 수립해 나가야 한다.

6. 면담 기술

치료자는 내담자를 대할 때 사려 깊고 능숙하되 인간적인 따뜻함과 자연스러움이 배어 나오도록 하며 내담자를 위해 최선을 다한다는 태도를 전할 수 있어야 한다. 정신건강에 어려움이 있는 내담자들은 지각, 감정, 사고, 행동 등 정신의 일부 또는 여러 기능에 장애가 있어 자신 또는 타인과의 소통에 어려움을 겪는 경우가 많다. 소통이 매우 어렵더라도 방해받지 않고 편안하게 자신을 드러낼 수 있도록 도와주고 극도로 기이한 증상이나 경험을 이야기하더라도 전문가로서 이해하고 공감하며 함께 대처해 나갈 수 있음을 내담자에게 전해야 한다. 내담자가 위협을 하거나 불쾌하게 행동하더라도 공격받거나 거절당한다는 느낌을 주지 않도록 한다.

이를 위해 치료자는 적절한 단어, 억양, 표정, 몸짓 등을 동원해 '당신은 이해받고 있다.'는 점을 표현할 수 있어야 한다. 집중력, 상상력, 유머 등을 활용한 유연한 면담 기술을 동원하여 내담자가 적극적인 정보제공자로서 동참하도록 이끌어야 한다. 유머는 치료자의 인간적 면모를 내보이고 치료 관계를 수립하는 데 큰 도움을 줄 수 있다. 반면에 치료자가 불안하거나 불쾌한 주제를 회피하거나 감추기 위해 유머를 사용할 경우 비웃는다는 인상을 주는 등 역효과를 낳을 수도 있다.

질문에 따라 내담자는 침범 당한다는 느낌을 받기도 한다. 이런 질문을 할 때에는 “매우 사적이라고 할 수 있는 내용을 여쭤보려 하는데 괜찮으실까요?”라고 방향을 예고하거나 “이런 것을 여쭤보면 대답하기 불편하시겠지만…” 등과 같이 내담자가 느낄 당혹감을 인정해주거나 “누구든 이런 질문을 받으면 불쾌할 수 있습니다만…” 등의 일반화하는 말을 앞세우는 것이 도움이 될 수 있다.

치료자는 내담자의 불안과 두려움을 포착하여 내담자가 안전하다는 느낌을 가지고 면담에 참여할 수 있도록 지지해 주어야 한다. 예를 들어 자신이 제대로 이야기하는지 불안해하는 내담자에게는 “말하기 쉽지 않을 텐데 잘하고 계십니다.”라고 격려해 줄 수 있다. 자신의 증상을 낯설고 두려워하는 내담자에게는 “비슷한 경험 때문에 오시는 분들이 많습니다.”라고 위로해 줄 수 있다. 해묵은 갈등으로 매우 괴로워하는 사람에게는 “많이 힘드셨을 텐데 최선을 다해 견뎌 오셨군요.”라며 인정해 주는 말이 도움이 되기도 한다. 그렇지만 내담자의 편을 들어주는 것은 피해야 한다. 정신치료 상황이 아니더라도 치료자는 중립성을 유지하고 내담자의 자율성과 개성을 존중함으로써 내담자 자신이 겪는 문제의 주체임을 인식시켜 그들 스스로가 성장하고 독립해 나갈 수 있도록 도와주어야 한다.

치료자는 내담자를 인간으로서 존중하고 진지하게 대하며 그가 드러내는 모든 것을 중요하게 여겨야 한다. 내담자의 생각이나 마음가짐이 치료자와 다르더라도 무시하거나 폄하해서는 안 된다. 선입견이나 비판, 때 이른 의견을 제시하면 내담자는 수치심이나 열등감을 느끼고 자존감이 낮아져 자유롭게 자신의 감정, 생각, 지각 등을 탐색하지 못하게 된다. 같은 질문이라도 '왜'라고 묻는 것보다 '어떻게'라고 묻는 것이 비난 받는다는 느낌을 줄일 수 있다. 예를 들어 직장에 적응하기 힘들어 하는 내담자에게 "왜 여러 번 직장을 옮기셨나요?"라고 묻기보다는 "어떻게 하다 여러 번 직장을 옮기게 되셨나요?"라고 하는 것이 나을 수 있다.

내담자를 충분히 파악하기 전에 섣부르게 위로나 충고를 하면 불신을 조장하고 면담 진행을 저해할 수 있다. 사는 재미가 없다고 하는 내담자에게 "남들이 부러워하는 직장에다 집안도 화목하니 금방 나아질 것입니다."라고 위로하거나, 상사와 갈등을 겪으면서 두통과 집중력 저하를 호소하는 내담자에게 "뇌에는 이상 없고 스트레스 때문이니 걱정할 필요가 없습니다."라고 문제를 축소하는 것을 예로 들 수 있다. 치료자가 시계를 자주 보거나 꼼지락거리거나 하품을 하거나 거리를 두는 듯한 태도 등의 비언어적 표현 역시 면담진행을 저해한다.

내담자가 자신의 단점만이 아니라 가지고 있는 자원이나 장점 등도 이야기하도록 관심을 보여야 한다. 과거 극복해낸 역경, 현재의 고충에 더한 대처, 내적 가치에 대한 태도, 가족과 친구의 지지, 직업적 성취, 취미와 신앙 등을 예로 들 수 있다.

7. 질문의 형식

질문은 일반적으로 비지시적(nondirective)으로 시작하여 지시적(directive)인 방향으로 진행한다. 비지시적인 소통은 폭넓고 개방적인 태도로 내담자가 진술하는 범위를 넘어서지 않는 것이다. "무엇 때문에 상담하러 오셨나요?", "어떤 어려움을 겪고 계신지요?" 등 자유롭게 답할 수 있는 형식인 개방형 질문(open-ended question)을 하면 내담자의 사고 과정과 내용, 감정을 폭넓게 들을 수 있다. 내담자의 말을 그대로 되풀이해서 말해주기, 좀 더 분명하게 고쳐서 말해주기, 요약해서 말해주기, 그리고 고개를 끄덕이거나 '음, 음' 등의 반응을 보여주거나 내담자가 슬픈 경험을 이야기하며 울 때 감정을 충분히 표현하도록 가만히 기다려주는 것 등이 소통을 촉진하는 데 도움이 된다. 개방형 질문의 단점은 내담자의 대답이 초점을 맞추지 못하고 산만해질 수 있다는 것이다. 따라서 면담 중반 이후 세부 사항을 알아보거나 체계별 문진(review of system)을 하는 데는 부적합하다.

이에 비해 지시적인 소통은 내담자가 이야기하는 내용이나 행동의 범위를 제한하는 것이다. 폐쇄형 질문(closed-ended question)은 '예, 아니요'로 답하거나 또는 짧은 답을 요구하는 형식으로 사실 여부를 확인하거나 구체적인 사실을 파악할 때 사용한다. 두 가지 이상을 한꺼번에 묻거나(예: "입맛은 좋고 잠을 잘 주무시나요?") 선택을 강요하는(예: "그런 것을 좋아합니까? 아니면 싫어합니까?") 형식의 폐쇄형 질문은 가급적 피해야 한다. 지시적인 소통에는 내담자가 같은 이야기를 반복하거나 지엽적인 이야기를 계속할 때 방향을 수정하거나 주제를 전환하는 것, 질문의 초점에서 벗어난 답을 할 때 같은 질문을 반복하는 것, 내담자의 말과 행동의 한계를 제한하는 것(예: "남은 시간 동안 다뤄야 할 것들이 있으니 이제 그 이야기는 그만 하도록 하지요.") 등도 포함된다.

반지시적인 형식의 질문에는 예를 들어주기(예: "예를 들어 직장에서의 어려운 일이나 경제적인 손실 같은 스트레스가 불면의 원인이 되기도 합니다. 혹시 이런 일이 최근에 있었을까요?"), 범위를 한정하는 질문(예: "직장에서 어떤 일 때문에 스트레스를 받으시나요?"), 직면시키기(예: "병이 없다고 하시지만 약을 끊을 때마다 입원을 하시는군요. 어떻게 생각할 수 있을까요?") 등이 있다. 수동적이거나 불안한 내담자는 치료자에게 순종하려 들 수 있는데, 이런 내담자에게 치료자의 암시에 동의하도록 유도하는 질문을 하면 잘못된 정보로 이어질 수 있다.

치료자는 이야기하기 어려워하거나 의심이 많은 내담자가 불안하게 느껴 움츠러들지 않을 만큼 거리를 두되 미세한 신호도 감지할 수 있을 만큼 가까이 다가가야 한다. 이렇게 너무 가깝지도 너무 멀지도 않은 거리는 내담자마다 다를 수밖에 없으므로 질문은 완곡하게 시작하여 점진적으로 단계를 높여 나가는 것이 좋다. 망상이 있는 내담자에게 "친구가 그런 이야기를 한다면 어떻게 생각할까요?", "사실이 아니라고 볼 수 있는 점도 있을 텐데요?", "(이러이러한 점은) 사실이 아니라고 의심해 볼 수 있을 것 같은데요?"와 같이 질문하여 망상에 대한 확신 정도를 파악할 수 있다. 자살의 위험을 평가할 때에는 "정말 힘드셨겠네요."처럼 공감을 전하고 "죽는 게 낫다고 생각하신 적이 있나요?", "어떻게 죽을까 상상해 보셨나요?", "구체적으로 계획을 세우신 적이 있나요?"와 같이 그 수위를 높여가며 질문한다.

8. 진단 목적의 면담

진단 목적의 면담은 병력 청취를 통해 증상과 징후를 찾아내고 그 발생 시기와 양상 및 이에 영향을 끼친 요인을 조사하여 추가 검사나 치료 계획을 수립하는 데 있다. 하지만 동시에 임상적 면담은 내담자가 어떤 사람인지를 파악하는 작업이기도 하다. 사람들은 누구나 자신의 경험을 해석하고 의미를 부여하며 삶에 대한 이야기를 엮어간다. 이와 같은 과정은 우리 내부에서 끊임없이 진행되며 각자가 성장한 배경의 산물로써 반복되는 행동 방식, 생활 습관, 자신과 세상에 대한 관점, 대인관계 등으로 드러난다. 따라서 개인력과 그 배경이 되는 가족관계, 사회문화적 가치체계 등에 대해 알아보아야 한다.

현대 정신의학은 생물-심리-사회적 요인이 인간의 행동과 정신질환에 관여한다고 본다. 그러므로 치료자는 정신의학의 바탕이 되는 생물학, 발달과 성격이론, 정신역동, 문화와 사회에 대한 지식, 정신병리, 개별 정신장애의 개념과 진단기준 등을 습득하고 있어야 한다. 이를 토대로 각각의 요인들에 대해 적절히 질문하고 내담자의 증상 발생이나 경과에 어떤 영향을 주는지 이해하며 그 상대적 중요도를 고려하여 치료에 활용할 수 있어야 한다.

진단 목적의 면담을 할 때 내담자는 치료자의 설명이나 충고보다는 질문하는 내용과 방식을 통해 전문가로서의 노련함을 판단하는 비율이 높다고 한다. 숙련된 치료자는 중요한 부분을 빠르게 인지하고 적절하게 탐색하는 질문을 함으로써 내담자에게 '내 문제를 잘 알고 나를 이해하고 도와주려 한다.'는 신뢰감을 주어 면담에 대한 협조를 이끌어내고 풍부하고 질 높은 정보를 얻을 수 있다.

9. 내담자 이외의 정보제공자와의 면담

동반한 정보제공자가 있을 경우 내담자와의 관계를 확인한다. 가족 등의 정보제공자는 따로 만나는 것이 원칙으로 내담자와의 면담이 끝난 후 내담자가 동의하는 경우에 한해 만난다. 정보제공자가 내담자와의 면담에 동석하기를 원할 경우 내담자에게 허용 여부를 물어보아야 한다. 동석하더라도 내담자와 먼저 이야기하고 면담의 주체가 되도록 하며 정보제공자가 지나치게 개입하지 않도록 제한하여 내담자로 하여금 치료자가 자신의 편에 서서 도와주려 한다는 믿음을 주어야 한다. 이들로부터 증상 발생 후의 변화, 현재의 생활 상황, 발달력을 포함한 과거력, 병전 성격 등에 대해 내담자와는 관점이 다른 정보를 얻을 수도 있다. 특히 내담자로부터 얻은 정보의 신뢰성이 의심스러울 경우 도움이 된다.

하지만 정고제공자의 보고 내용이 항상 객관적이고 신빙성이 있다고 볼 수는 없다. 예를 들어 정신병리를 평가할 때 아동청소년 내담자의 보고와 부모의 보고 사이에는 상당한 불일치가 있다는 연구들이 있다. 내재된 문제를 관찰하는 능력에는 한계가 있을 수밖에 없기 때문에 일반적으로 행동 양상 등의 표면화된 문제에 대한 정보가 감정과 같은 내재된 문제에 대한 정보보다는 일치도가 높다. 하지만 반항 행동, 공격성, 과잉행동/주의력 저하 등 표면화된 문제에 대한 평가도 그 일치도는 중등도 이하라고 보고된다. 내담자의 발병과 연관된 혼란, 두려움, 죄책감 등으로 냉정하게 판단하지 못할 수도 있고 내담자를 과보호하거나 회피하고 싶은 마음에서 정보를 왜곡하기도 하며 내담자와 이해가 상충되어 의도적으로 거짓말을 할 수도 있다.

10. 가족과의 면담

가족들이 치료에 개입하는 것에 대해 내담자가 양가적인 태도를 보일 때에는 그 장단점을 논의하여 선택할 수 있도록 도와준다. 가족에게 내담자의 비밀을 발설하여 명예를 떨어뜨리고 치료 관계나 가족 관계에 악영향을 주지 말아야 한다. 치료자는 가족에게 내담자의 동의 없이는 비밀을 알려줄 수 없지만 가족과 논의한 내용은 무엇이든 내담자에게 알려준다는 점을 교육시킨다. 다만 자살이나 폭력 등의 위험이 있을 때에는 비밀유지보다 내담자의 안전이 우선되기 때문에 사전 예방이 가능하도록 가족에게 통지하고 정보를 얻을 수 있어야 한다. 동시에 위험한 순간에 어떻게 대처할지 또는 이와 연관된 이차적 이득(secondary gain)을 어떻게 차단할지 등을 알려주어 가족들의 걱정, 불안, 두려움 등을 덜고 가족 구조가 왜곡되지 않도록 도와준다.

내담자의 질병은 가족 구성원에게 여러 가지 문제를 던진다. 특히 내담자가 심각한 정신질환을 앓고 있거나 입원이 필요한 경우 가족들은 충격, 두려움, 죄책감 등을 느끼고 불안정하고 혼란스러운 시기를 맞게 된다. 많은 가족들이 어떻게 대처해야 할지 모르고 때로는 사회적 낙인도 더해져 고립무원의 감정을 느끼기도 한다. 따라서 치료자는 이와 같은 감정 상태를 이해하고 가족들에게 결코 혼자가 아니며 치료될 수 있는 희망이 있음을 인식시키고 감정을 표출할 수 있도록 함으로써 안정을 되찾도록 도와야 한다.

가족들은 때로 내담자의 문제를 부정하면서 치료에 회의를 보이거나 반대로 치료에 대해 비현실적인 과도한 기대를 걸기도 한다. 따라서 치료자는 가족들이 내담자의 문제를 비롯해 정신질환에 대해 어느 정도 지식을 갖고 있는지 그리고 어떤 관점을 가지고 있는지 알아보아야 한다. 이를 토대로 가족에게 내담자의 상태나 치료계획 그리고 내담자를 돌보느라 감수해야 할 시간, 경제적 및 심적 부담 등과 이를 줄일 수 있는 제도의 활용 등을 적절하게 알려주어 긍정적인 관계를 맺어야 한다. 이를 통해 가족들은 치료의 조력자로서 악화의 초기 징후 등을 치료자에게 알려주고 약물 관리나 정신사회적 재활을 돕는 역할을 할 수 있다.

11. 치료자의 개인적 정보

치료자는 가능한 한 익명성(anonymity)을 유지하는 것이 원칙이다. 치료자–내담자 간에 경계를 설정할 때 가장 기본이 되는 전제는 면담의 초점이 내담자에게 있다는 점이다. 내담자가 치료자의 개인적인 면을 물어보면 그 이유를 살펴보고 답할지를 결정하는 것이 좋다. 젊은 치료자들은 흔히 "어려 보이는데 몇 살인가요?"라는 질문을 받는데, 이런 질문에 대응하는 한 가지 방법은 "제 나이가 궁금한 이유가 무엇입니까?"라고 답을 하고 내담자의 반응을 지켜보는 것이다. 내담자들은 젊은 치료자가 자신의 문제를 제대로 다룰 수 있을지 불안해 할 수도 있다. 또 나이가 많은 내담자들은 치료자를 자식이나 손자처럼 대하려 할 수 있고 비슷한 또래의 내담자는 형제나 친구 사이처럼 경쟁하려 들 수 있다. 내담자에 대해 잘 알지 못하는 첫 면담에서는 특히 조심해야 한다. 하지만 치료자로서의 자격이나 전문 분야, 치료에 영향을 줄 수 있는 치료자의 건강 문제나 휴가 계획 등 현실적인 사안은 면담의 흐름에 따라 알려줄 수 있다.

12. 치료자 자신의 보호

치료자는 내담자뿐 아니라 스스로도 보호할 수 있어야 한다. 치료자 스스로 존중받고 보호받아야 할 사람으로서의 역할 모범을 제시하는 것이 중요하다. 충동적이거나 공격적인 내담자뿐 아니라 반복해서 치료자의 사생활을 캐묻거나 성적으로 유혹하거나 자살 위협을 하는 행위 등을 방치해서는 안 된다. 치료자는 그런 행동이 치료를 저해한다는 점을 내담자에게 주지시키고 내담자가 스스로 이에 대한 통제를 하지 못한다고 판단되면 행동에 제한을 두어야 한다. 예를 들어 내담자가 치료자를 칭찬하고 호감을 표하면서 유혹하는 모습을 계속 보인다면 "저에 대한 말씀만 하시고 자신에 대한 이야기는 하지 않으시네요."라고 할 수 있다. 그럼에도 내담자가 치료자와 신체 접촉을 하려고 하면 "이런 행동을 계속 하시면 제가 치료자로서 도와드릴 수가 없습니다."라고 단호하게 말해야 한다.

13. 면담 중의 기록

치료자는 면담 중에 증상 목록, 과거의 치료나 중요한 사건 등과 그 날짜, 지속기간, 약물의 이름 등 자세히 기억하기 어려운 사항을 간략히 기록할 수 있다. 기록만 하느라 내담자와의 상호작용이 방해받지만 않는다면 라포 형성이 저해되지 않는다. 내담자의 언어적, 비언어적 표현을 놓치지 않을 정도라면 애매하거나 앞뒤가 맞지 않는 부분을 명료화하는 데 도움이 되고 똑같은 것을 되묻거나 잘못 기억하는 실수 등을 줄일 수 있어 오히려 라포를 향상시켜 주기도 한다. 내담자가 말하기 조심스러워하거나 혼란스러워하는 주제를 꺼내면 기록을 멈추고 좀 더 주의 깊게 듣는 모습을 보여줌으로써 면담을 촉진시킬 수도 있다.

임상적 면담에 거부감을 갖거나 의심이 많은 내담자들은 기록에 반대하거나 불안해할 수 있다. 이럴 경우 무엇을 걱정하는지 물어보고 누가 기록을 볼 수 있는지 솔직히 알려주며 비밀이 보장된다는 점을 설명하여 안심시켜 준다. 하지만 치료 관계에 장애가 된다고 판단되면 기록을 중단한다.

Ⅳ. 정신과 병력 조사

모든 정신건강 관련 분야에서 병력 조사는 진단과 치료의 기초가 된다. 병력 조사는 인적 사항, 현병력, 과거 병력, 가족력, 개인력, 병전 성격으로 구성된다. 하지만 이 순서대로 면담을 진행할 필요는 없다. 대개 주소부터 시작하여 면담을 진행해 나가는 것이 라포를 형성하는 데 도움이 된다. 병력에는 내담자의 가치관이나 종교관 등 아주 미묘한 부분까지 포함되므로 모든 점을 완벽하게 조사한다는 것은 불가능하다. 첫 면담에서는 주소를 중심으로 병력을 청취하되 탐색해야 할 다른 주제들이 있는지 주의를 기울이며 살핀다.

1. 인적 사항(preliminary identification)

인적 사항을 확인한다는 것은 내담자가 가진 고유의 사회적 구성에 대해 그림을 그려 볼 수 있게끔 내담자의 인구학적 자료를 알아내는 것이다. 증례를 발표할 때 흔히 인적 사항은 가장 먼저 언급된다. 인적 사항은 이름, 출생 연월일 또는 나이, 성별, 결혼 상태, 출생지, 거주지, 직업, 사회경제적 상태, 종교, 군 복무 등 내담자의 신원과 사회적 위치에 대한 기본 정보이다. 이밖에도 정보제공자, 정보의 신뢰도, 과거 입원 또는 질병 삽화의 횟수 등도 조사한다.

나이는 예후를 결정짓는 데 있어 가장 중요한 요소 중 하나다. 어린 연령의 내담자들은 병으로 인해 향후 학업을 중단하고 취업과 결혼에 어려움을 겪게 될 수도 있다. 보다 나이가 든 내담자들은 그보다 나을 수 있겠지만 병으로부터 완전히 회복되기 위해 필요한 가소성(plasticity)이 적다. 일반적으로 정신장애가 어린 연령에 발병할수록 예후가 낙관적이지 않은 편이다. 진단을 내릴 때 고려해야 하는 또 다른 요소는 그 장애의 전형적인 발병 연령이다. 만일 내담자의 나이가 일반적인 발병 연령대의 범위에서 벗어나 있다면, 다른 외적인 원인이 작용하고 있을 가능성을 고려해 보아야 한다.

성별 또한 정신장애의 병인과 치료를 고려할 때 중요한 요소이다. 생물학적 본성 때문일 수도 있고 심리사회적 영향 때문일 수도 있겠으나 대부분의 정신장애는 어느 한쪽의 성별에 치우쳐 발생하는 경향이 있다. 예를 들어 섭식장애나 신체화 장애 내담자들은 거의 항상 여자인 반면, 물질사용장애나 성도착증은 남자에게서 훨씬 흔하다.

2. 주소 또는 주문제(chief complaints or problems)

내담자가 도움 받길 원하는 것 또는 면담에 오게 된 주된 문제를 내담자의 말을 그대로 인용하여 한두 문장 이내로 기술한다. 심하게 와해되어 있거나 인지장애가 있는 내담자라도 그 반응을 그대로 적어두면 이해하는 데 도움이 된다. 이럴 경우 다른 정보제공자로부터 얻은 방문 경위를 간략하게 적어둔다.

3. 현병력(history of present illness)

현병력은 깔때기와 같은 모습으로 형상화될 수 있는데, 깔때기의 위쪽(초반부)에는 개방형 질문을, 아래쪽(후반부)에는 좀 더 집중적인 질문을 던지는 것이다. 현병력의 초반부에는 내담자에게 자유롭게 이야기할 수 있게끔 5분 정도의 시간을 주는 것이 좋은데 이런 방식은 내담자들이 가장 괴로운 점에 대해 말하는 데 도움이 되어 라포 형성을 촉진시킨다.

현재 질병 삽화의 증상 발생 이후의 전개 과정을 시간 경과에 따라 살펴본다. 먼저 주증상에 대해 상세히 알아본 후 포괄적인 검토로 넘어간다. 주증상이 언제 발생했는지, 지속적인지 또는 나타났다 사라졌다 하는지, 삽화적이라면 그 빈도와 지속 시간, 심한 정도, 최근에 변화가 있었는지, 특정 시간대나 활동과 연관되어 일어나는지, 악화시키는 요인이나 완화시키는 방법이 있는지, 증상 때문에 생긴 장애 정도나 일상생활에 미치는 영향, 변화에 대한 주변 사람들의 반응, 치료 받은 적이 있으면 그 효과와 부작용, 동반된 신체질환이나 약물 또는 물질 사용 여부 및 변화 등을 조사한다. 전구 증상(prodromal symptoms)의 유무 및 발생 시점과 지속 기간, 주 증상 이외의 다른 증상의 발생 시점, 종류와 심각도, 전개 양상 등도 알아본다.

내담자가 증상을 호소하는 단어를 그대로 적으면 내담자가 자신의 증상을 어떻게 보는지 이해하는 데 도움이 된다. 또한 여러 가지 증상을 나열하는 경우 어떤 증상이 가장 심하거나 괴로운지 물어보면 내담자가 자신의 문제를 어떻게 해석하는지, 일차적인 치료 목표를 어디에 두어야 할지 찾는 데 도움이 된다.

1) 발생시점(onset)

정신건강 관련 증상은 서서히 시작되어 발생 시점이 모호한 경우가 많다. 좀 더 정확한 시점을 찾기 위해 "어느 철이었나요?", 겨울이라고 하면 "해가 바뀌기 전인가요? 후인가요?", 바뀐 후라고 하면 "설 명절 전인가요, 후인가요?" 등으로 범위를 좁혀 나갈 수 있다. 이런 질문이 소용없으면 내담자의 발병 전 또는 평소 기능 수준에 대해 물어보고 언제부터 저하되기 시작했는지를 살펴 추정한다. 관해되지 않고 증상이 지속되는 만성 내담자는 어느 시점부터 현병력에 포함시킬지 결정하기 어려운 경우가 많다. 확실한 원칙은 없으나 비교적 안정된 상태가 유지되었던 최근 시기를 기준으로 악화 시점을 결정할 수 있다.

내담자가 여러 가지 증상을 호소하면 이들 증상이 발생한 선후 관계를 확인한다. 예를 들어 불안과 불면을 호소할 때 불안해서 잠을 못 자는 내담자도 있고 잠을 자지 못해 불안해지는 내담자도 있다.

2) 유발요인(precipitating factor) 또는 유발사건(precipitating event)

일부 정신질환은 저절로 발생하지만 더 흔하게는 질병의 원인이 되거나 발병을 촉진하거나 악화시키는 환경 요인 또는 스트레스가 존재한다. 직업, 가족, 대인관계, 신체질환, 법적 또는 경제적 문제 그리고 과거 특정 사건이 일어났던 날이 다가오는 것 등이 흔히 연관된다. 최근 생활환경에 변화가 있었거나 지속되던 문제가 악화되었는지 물어본다. 내담자가 이들 요인과 발병을 연결시키지 못하는 경우, 증상이 발생했던 시기에 대해 자세히 물어본다. 이 과정을 통해 내담자는 특정 요인과 증상 발생 사이의 시간적 연관성을 깨닫기도 한다. 내담자가 연관성을 인식하지 못하면 치료자 나름대로 추정되는 바가 있더라도 서둘러 말하지 않는 것이 좋다.

환경 요인은 발병을 유발한 급격한 사건일 수도 있고 점진적으로 취약성을 심화시킨 만성 요인일 수도 있는데, 특히 만성 요인은 치료 결과에 부정적인 영향을 미칠 수 있다. 치료 계획을 수립할 때에는 모든 환경 요인을 고려해야 하지만 내담자와 가족을 도와 개선 가능한 부분이 무엇인지를 우선 찾아본다.

3) 증상의 영향(impact of symptoms)

증상이 가족이나 배우자 또는 연인과의 관계, 그 밖의 대인관계 및 사회적 활동, 학업 또는 직업, 경제 상태, 취미 등에 미치는 영향을 조사한다. 이를 통해 증상이 얼마나 심한지를 알 수 있다. 또한 내담자와 가족들이 이러한 변화에 어떻게 적응했는지 살펴보아야 한다. 발병 이후 책임을 덜거나 가까운 사람들의 관심과 지지를 얻는 등 증상으로 인한 간접적인 이득, 즉 이차적 이득이 있는지도 알아본다.

4) 정신과적 체계별 문진(psychiatric review of systems)

내담자가 자발적으로 진술하지는 않았으나 현재 겪고 있는 증상을 체계적으로 질문한다. 정신질환은 흔히 신체 기능에 변화를 일으킨다. 많은 내담자들이 수면장애를 겪으므로 입면, 수면 중의 각성, 수면 시간, 꿈, 수면 주기 등의 변화를 살펴본다. 입맛과 체중, 소화기능과 배변습관, 기력이나 피로감, 성욕과 성기능, 기분의 일중변동 등도 검토한다.

4. 과거 병력

1) 정신과적 과거력(past psychiatric history)

과거에 앓았던 정신질환의 진단, 발병 시점, 주요 증상, 유병 기간, 기능장애의 정도 및 대처 방식, 치료의 종류, 치료받은 기관, 입원 여부와 그 시점 및 기간, 치료에 대한 동기와 병식, 순응도, 치료 약물의 이름과 용량, 효과와 부작용 및 시간에 따른 추이, 치료자에 대한 관점 등을 검토한다. 자해, 자살, 폭력이나 위험한 행동을 한 적이 있는지도 알아본다.

일반적으로 입원을 하는 경우는 대부분 병이 심할 때이다. 과거의 입원력은 미래의 치료 계획을 세우는 데 있어 매우 중요한 정보가 된다. 어떤 내담자들은 일일이 기억하지 못할 정도로 수없이 입원을 반복하기도 한다. 이런 경우에는 입원의 총 횟수, 첫 번째 입원의 날짜, 기간 및 입원 이유, 마지막 입원의 날짜, 기간 및 입원 이유, 재입원을 하게 되는 이유 혹은 패턴 등을 조사하는 것이 유용할 것이다.

2) 물질 사용력(substance use history)

합법적인 약물이든 불법적인 것이든 과거 사용한 적이 있거나 사용 중인 물질의 종류, 사용 시작 시점과 지속 기간, 사용 양식(지속적인지 삽화적인지, 혼자 하는지 혹은 다른 사람과 함께 하는지 등), 사용 이유(쾌락 추구, 또래 집단의 압력, 자가치료 등), 사용량, 투입 경로(경구, 흡입 또는 주사 등), 사용 환경(집, 학교 등), 스스로 생각하는 물질 사용의 이득과 문제성, 사용으로 인해 발생한 가족·학업/직업·사회적·경제적·법적 문제, 내성과 금단 증상 발생 여부, 현재 또는 과거 정신질환과의 연관성, 과거의 중단 시도 여부와 그 기간, 치료 여부 및 효과 등을 조사한다.

물질 사용 문제가 있는 내담자들은 흔히 이를 부정하거나 축소하는 경향을 보인다. 따라서 치료자는 비판하는 느낌을 주지 않도록 주의해야 한다. 단순히 "술을 드시나요?"라고 묻기보다는 "술을 얼마나 자주 드시나요?"라고 물어보는 것이 좋다. 그래도 부정하는 내담자에게는 "전혀 드시지 않나요? 아니면 많이 드시지 않는다는 뜻인가요?"라고 다시 질문해 볼 수 있다. 흔히 가족 등 다른 정보 제공자로부터의 정보 보완이 필요하다.

3) 신체질환의 과거력(past medical history)

과거 입원이나 수술을 해야 했던 주요 질환이나 외상 그리고 현재 앓고 있는 신체질환 및 그에 대한 치료를 조사한다. 신체질환, 독성 물질, 물질 사용 등과 같은 생물학적 요인은 중추신경계의 직접적인 변화를 초래하거나 통증, 기능장해, 사회적 낙인 등을 통해 간접적으로 정신질환의 발병에 관여할 수 있다. 예를 들어 유전적 취약성이 있는 사람의 대마초 사용은 정신질환의 유발 인자로 작용할 수 있다. 정신장애를 앓고 있는 내담자 중에는 진단 또는 치료받지 못한 신체질환을 가진 경우가 많다. 신체증상에 대한 체계별 문진을 진행하면서 두부외상, 두통, 경련, 의식의 변화나 소실, 시력 변화 등 신경학적 증상과 징후에 주의를 기울인다.

어린 시절 앓았던 질환에 대한 내담자와 가족의 대처 및 이를 통해 형성된 건강에 대한 관심이나 관점을 파악하고 성인기의 신체질환과 관련하여 퇴행의 정도, 치료 순응도, 치료자와의 관계 등을 알면 앞으로의 치료 반응을 예측하는 데 도움이 된다.

약물에 대해 조사할 때에는 처방전 없이 구입 가능한 약물, 건강보조식품, 한약 등도 포함시킨다. 최근 새로 사용하거나 용량 변경이 있었거나 중단한 약물이 있는지 확인한다.

5. 가족력(family history)

내담자를 중심으로 삼대를 포함하는 가계도 그리고 각 구성원의 나이, 정신질환, 신체질환, 사망 당시의 나이와 원인 등을 일목요연하게 정리한다. 많은 정신질환에는 가족적, 유전적 소인이 있으므로 부모, 형제, 자녀뿐 아니라 조부모나 사촌 등 생물학적 친족의 정신질환과 자살 유무를 확인한다.

가족은 내담자가 성장한 환경이므로 가풍, 부모의 사망이나 이혼 등 주요 사건, 형제간의 경쟁 등이 내담자의 발달 배경이 된다. 또한 가족은 인간의 삶을 구성하는 중요한 요소로써 내담자의 발병과 치료에 큰 영향을 미칠 수 있다. 각 구성원의 나이, 학력, 직업, 성격, 가족 내 역할, 내담자의 성장에 미친 영향과 현재의 관계·건강 상태, 가족의 가치관, 양육 방식, 권력 구조, 전반적인 분위기, 감정 표현을 비롯한 언어적 및 비언어적 의사소통 방식, 문제 및 갈등 해결 방식, 지지 정도, 경제력을 조사한다.

기혼자에게는 연애기간과 결혼 시점, 가치관과 의견이 일치하는 정도, 재산관리, 가사나 양육에 대한 태도 및 역할 분담, 시가 또는 처가와의 관계, 성생활 등 부부 간의 상호관계 및 변화 등을 알아본다. 이혼했거나 재혼한 경우 그 이유, 결혼 기간, 과거 배우자와의 관계, 양육권이나 친권 여부 등을 살펴본다. 친자녀와 의붓자녀의 수, 나이, 각각의 자녀와의 관계도 조사한다. 미혼자라면 연인이나 친구, 가족, 직장 동료 등과의 관계를 알아본다. 이를 통해 내담자의 삶을 좀 더 자세히 구성할 수 있고 한편으로 내담자의 성격 특성을 파악하는 데도 도움이 된다.

가족의 지지체계가 어떤지, 어떤 가족이 어떤 역할을 해주기를 희망하는지, 가족들이 치료에 참여할 때 어떤 장점이 있을지 그리고 우려하는 점은 없는지 내담자에게 물어본다. 내담자의 발병으로 인한 가족 구조와 역할의 변화를 살펴보고 가족 구성원 중 어떤 사람이 내담자의 삶과 치료에 가장 중요한지 파악한다.

내담자로부터 얻은 가족력은 내담자의 기억과 감정, 생각을 통과한 산물이다. 따라서 다른 정보제공자로부터 정보를 보충할 수 있으면 좋다. 이를 통해 드러나는 내담자와 가족들과의 시각 차이가 진단과 치료에 유용한 정보가 될 수 있다.

6. 개인력(personal history)

발달 과정을 시간 순서대로 추적하여 주요 사건, 그로부터 받은 영향, 대처했던 방식을 파악함으로써 현재의 내담자가 어떻게 만들어졌고 어떤 사람인지를 이해한다. 학업, 직업, 대인관계 등에 대한 정보는 내담자의 병전 기능 수준을 추정하는 자료가 되고 정신내적인 장점이나 취약성을 파악하는 데 도움이 된다. 신체적, 성적 또는 감정적인 학대는 자존감이나 관계 형성 능력에 심각한 영향을 주고 많은 정신질환과 연관된다. 대부분의 내담자들은 이를 드러내기 꺼려하므로 조심스럽게 그렇지만 분명하게 질문해야 한다.

한 사람의 삶을 기록하는 것은 방대한 작업일 수밖에 없으므로 첫 면담에서는 현병력을 통해 드러난 내용을 중심으로 살펴보는 것이 좋다.

1) 산전 및 주산기

내담자를 임신하고 출산했을 때 부모가 정식으로 결혼한 상태였는지, 부모의 사이나 가정 상황은 어땠는지, 부모 모두 임신을 원했고 딸과 아들 중 어느 쪽을 원했는지, 임신 중 어머니가 산전 관리를 잘 받았는지, 신체나 정신에 문제가 있었는지, 술이나 담배를 비롯한 물질 사용은 없었는지, 임신 몇 주에 출생했고 출산 방법은 무엇이었으며 문제는 없었는지 등을 알아본다.

2) 초기 아동기(출생~3세)

모유와 분유 중 무엇을 먹었는지, 수유에 어려움은 없었는지, 젖을 뗄 때 몇 살이었고 어려움은 없었는지, 수면습관은 어땠는지, 대소변 가리기는 언제 어떻게 했는지, 어머니가 주 양육자였는지, 어머니를 대신하거나 도와준 사람이 누구인지, 주 양육자와의 애착 형성은 어땠는지, 주 양육자가 자주 바뀌거나 떨어져 지낸 기간이 있는지, 그때 어떤 반응을 보였는지, 같이 살던 가족이 있었다면 누구이고 양육에 어떤 역할을 했는지, 형이나 누나가 있었다면 내담자의 출생에 어떻게 반응했는지, 동생이 있다면 출생 당시에 어떤 반응을 보였는지, 형제와의 관계는 어땠는지, 낯가림이나 분리불안은 심하지 않았는지, 부모의 사이는 어땠는지 등을 알아본다.

사회성 발달은 놀이활동을 통해 평가할 수 있다. 좋아하는 놀이나 장난감은 무엇이었는지, 붙임성이 있었는지, 수줍음이나 겁이 많았는지, 또래와 같이 놀 때 앞장을 섰는지 아니면 따라다니는 편이었는지, 혼자서도 놀았는지, 어떤 놀이를 했는지, 좋아하는 동화나 옛날이야기가 있었는지 알아본다. 유순했는지, 고집이 셌는지, 불안정하거나 활동이 과도하지 않았는지, 불안해하고 위축되지는 않았는지 등 성격 특성도 조사한다.

미소반응, 뒤집기, 앉기, 서기, 걸음마 등의 운동기능과 언어발달은 어땠는지, 손가락 빨기, 손톱 물어뜯기, 떼쓰기 등의 문제 행동은 없었는지 살펴본다. 열성 경련 등 경련 발작이 있었는지, 중병을 앓은 적이 있는지, 입원한 적이 있다면 그때의 나이와 기간, 반응은 어땠는지, 사고나 환경의 큰 변화가 있었다면 언제였고 반응은 어땠는지 알아본다.

3) 중기 아동기(3~11세)

이 시기에 아이는 집으로부터 어린이집, 유치원, 초등학교 등 점차 넓은 사회로 옮겨가게 된다. 따라서 어머니와 떨어질 때 그리고 새로운 환경을 접했을 때 어떤 반응을 보였는지, 교사나 또래와의 관계는 어땠는지 등을 통해 사회성 발달과 권위에 대한 태도를 짐작할 수 있다. 집중하고 좌절을 참을 줄 알았는지, 협력하고 규칙을 지킬 줄 알았는지, 운동능력은 어땠는지 등도 알아본다. 지적 발달은 언제 글자와 수나 셈법을 깨우쳤는지, 책 읽기를 좋아했는지, 어떤 책에 관심을 가졌는지, 좋아했던 과목은 무엇인지, 남들보다 뛰어나거나 뒤처졌던 과목은 무엇인지 등을 통해 알 수 있다.

이 시기에 훈육을 주도한 사람이 누구이고 내담자에게 중요한 인물은 누구였는지, 말더듬·불장난·야뇨증·야경증·강박적 자위 등이 있었는지, 이에 대해 부모는 어떻게 반응했는지, 치료를 받았는지, 그 효과는 어땠는지 등을 기록한다.

4) 후기 아동기(11세~청소년기)

이 시기에는 신체 발육이 빨라지면서 2차 성징이 나타나고 성에 대한 관심과 성적 충동이 높아진다. 초경 등 2차 성징이 나타났을 때의 나이와 자신 및 가족의 반응, 몽정·자위행위 및 그에 대한 생각, 성적 환상, 이성교제, 성적 행동 등을 알아본다.

이 시기는 또한 가족에 의존하던 아이로부터 자주적이고 독립적인 어른으로 탈바꿈해 나가는 과도기로써 의존과 독립 욕구 사이에서 갈등을 겪게 된다. 부모와의 관계는 어땠는지, 주된 관심사와 활동, 취미는 무엇이었는지, 교우 관계 및 친구들의 특성, 특정 또래 집단에 속했었다면 그 집단의 성격은 어땠는지, 흡연이나 음주, 기타 물질을 사용했는지, 교사와의 관계는 어땠는지, 이상화한 인물이나 좋아하는 연예인은 누구였는지, 가출이나 공격성 등 행동 문제가 있었는지 조사한다. 또한 학교생활과 방과 후 학습, 학업 성취도, 선호하는 과목 또는 잘하거나 부족했던 과목 등을 살펴본다.

이와 같은 변화와 적응 과정에서 느낀 스트레스, 자아상과 자존감은 어땠는지, 우울이나 자해, 자살사고 등이 있었는지 조사한다.

5) 성인기

(1) 학업 및 직업

최종 학력(학교, 전공 등)과 성적, 학업성취에 대한 동기 등을 알아본다. 현재의 직업과 선택 이유 및 그에 대한 느낌, 직장에서의 직위와 직책, 업무 수행 능력과 업무량, 보수, 대인관계와 갈등, 장기적인 목표와 계획, 현재의 정신질환으로 인한 영향 등을 알아보고 현재까지 했던 직업, 종사 기간, 이직 사유 등을 조사한다. 이를 통해 통제를 받는 상황에서 기능하고 동료들과 경쟁할 수 있는 능력을 추정할 수 있다.

(2) 현재 생활환경

내담자와 가족의 재산과 수입, 외부로부터의 지원 여부나 규모 및 그에 대한 느낌, 평균적인 지출 액수, 채무 여부, 발병으로 생긴 경제적 곤란 정도 등을 조사한다. 현재의 주거지, 주택의 형태, 크기 및 소유 여부, 방의 개수와 동거하는 가족의 수, 가족 간의 사생활 보호 정도, 살림과 자녀 양육 등 가사 전반의 분담 등을 알아본다.

(3) 대인관계 및 사회생활

동성 및 이성과 맺은 인간관계의 범위, 깊이와 지속기간, 교류 형태와 빈도, 가치관·관심·흥미·활동의 공유 여부, 마음을 터놓거나 의지할 수 있는 정도 등을 알아본다. 타인과 안정되고 만족스러운 관계를 맺고 유지할 수 있는지, 친밀감을 느끼고 표현하는 능력은 어느 정도인지, 건강하지 못하고 고통스러운 관계에 빠져들기를 반복하는지, 의미 있는 관계를 맺는 사람에게 비현실적인 기대를 걸지 않는지, 대인관계에서 주도적인지 아니면 수동적인지, 온순하거나 협력적이거나 약속을 잘 지키는지 또는 경쟁적이거나 자주 다투는지, 성숙하고 만족스러운 성적 관계를 영위하는지 등을 알아본다.

대인관계가 매우 적은 경우에는 그 이유를 탐색해 본다. 타인에 대한 불신, 친밀한 관계에 대한 무관심, 자기중심적이거나 남보다 위에 서려는 성향, 지나친 통제 욕구, 지나친 수줍음, 거절당하는 것에 대한 두려움 등 성격 문제가 있을 수 있다. 또한 만성 질환을 앓거나 고립된 채 성장해서 사회기술이 부족할 수도 있고 조현병, 우울증 등의 정신질환의 결과일 수도 있다.

(4) 성적 관심 및 성생활

이성 또는 동성과 교제한 횟수, 지속기간, 성생활의 빈도 및 만족도, 외도 여부 및 이에 대한 파트너의 인지 여부 및 반응 등을 알아본다.

(5) 군 복무

군 복무 기간, 자원입대 여부, 전반적인 적응 수준, 만기제대 여부 및 최종 계급, 포상과 징계, 정신건강의학과 치료 여부 등을 조사한다.

(6) 대처방식

변화와 스트레스에 대처하는 능력을 살펴본다. 급격한 변화에 적응할 수 있는지, 건강한 목표를 꾸준히 추구할 수 있는지, 역경을 어떻게 헤쳐 나가는지, 강한 감정을 어떻게 다루는지, 방어기제, 특히 감정적 어려움을 겪을 때 사용하는 방어기제가 무엇인지 등을 알아본다.

(7) 취미와 여가 생활

여가 시간에 무엇을 하는지, 취미는 정적인지 동적인지, 취미활동에 들이는 시간이나 돈은 어느 정도인지, 혼자 즐기는지 아니면 동호회에 속해 있는지, 동호회에 참여한다면 적극적으로 나서는 편인지, 영화나 책은 어떤 종류를 좋아하는지 등을 알아본다.

(8) 종교 및 가치관

종교와 가치 체계는 전직이나 이혼 등 삶에 중요한 변화가 있을 때 큰 역할을 한다. 믿고 있는 종교, 신앙심, 종교적인 활동의 정도, 교우들과의 관계, 신앙이 생활 전반에 미치는 영향, 내담자의 종교에 대한 가족의 태도나 이로 인한 갈등, 성장기의 종교적 배경과의 일치 또는 괴리 등을 알아본다. 지향하는 삶의 목표, 교육관, 학업이나 직업 등에 대한 계획, 가족이나 대인관계에서의 역할 설정, 도덕규범, 문화적 관심 등을 조사한다. 도덕관이 느슨하거나 경직되어 있는지도 살펴본다.

(9) 법적인 문제

범죄 등으로 인한 형사 입건 또는 재판 이력과 처벌 내용, 민사 또는 가사 소송 유무 및 그 이유, 현재 계류된 소송이 있다면 진행 정도, 대처방법, 판결에 대한 전망, 그로 인해 받는 정신적, 경제적 영향 등을 알아본다.

(10) 노년기의 변화

신체기능의 약화, 자식들의 결혼과 분가, 은퇴 등으로 경제적 능력, 시간 관리, 대인관계 등에 변화가 일어난다. 이에 따라 허탈감, 소외감, 외로움, 자식에 대한 의존심, 과거에 대한 후회, 세상에 대한 원망 등 다양한 감정을 경험할 수 있다. 일을 하지 않는 경우 하루를 어떻게 보내는지 알아본다.

7. 병전 성격(premorbid personality)

병전 성격은 정신질환의 위험인자로 작용하거나 경과와 예후에 영향을 미칠 수 있다. 성격은 변하지 않는 배경과 같으므로 병전 성격과 비교할 수 있어야 현재의 모습이 질병 특유의 증상인지 평소 모습이 과장된 것인지를 감별할 수 있다. 성격은 특징적인 반응과 행동 양식, 추구하는 가치와 목표를 통해 드러난다. 따라서 개인력을 통해 수집된 대인관계, 취미활동 등에 대한 정보와 치료자와의 상호작용 방식을 토대로 내담자의 평소 성격을 어느 정도 짐작할 수 있다. 이에 덧붙여 내담자가 자신을 어떤 사람이라 생각하고 여러 가지 상황에서 내면적으로 어떻게 느끼는지 좀 더 자세히 알아본다. "(발병 전) 자신의 성격이 어떻다고 할 수 있을까요?" 등의 질문을 한다.

명랑하다, 까다롭다, 고집이 세다 등 성격을 묘사하는 단어를 이용해 물어볼 수도 있다. 평소의 기분에 대해서도 알아본다. 안정적인지 변동이 많은지, 내적 요인과 외부 요인 중 어느 쪽의 영향을 더 받는지 등을 살펴본다. 공상하는 빈도와 시간은 어느 정도인지, 내용은 무엇이며 현실성이 있는 것인지 아니면 실현 가능성이 낮은 것인지 등도 알아본다. 식사나 수면 등 생활의 규칙성과 거기에 부여하는 의미 등도 살펴본다.

Ⅴ. 특수 상황에서의 면담

면담의 기법이나 구조 등을 포함한 일반적 양식은 면담의 특수 상황, 면담의 목적, 내담자의 성격과 상태 그리고 진단에 따라 달라진다. 그러나 내담자의 진단이나 상태에 따라 비교적 일관성 있는 양상이 관찰될 수 있기 때문에 그러한 몇 가지 유형을 소개한다.

1. 정신병적 증상이 의심되는 내담자

정신병적 증상이 동반된 내담자들은 겁을 먹고 있거나 방어적인 태도를 보이는 경우가 흔하다. 이들은 논리적이고 조리 있게 생각하는 데 어려움을 겪기도 하고, 면담 도중에 환각의 영향을 받아서 산만해 보일 수도 있다. 또한 치료자가 면담하려는 의도를 의심할 수도 있다. 이런 어려움을 고려하여 치료자는 정신병적 증상이 의심되는 경우 면담 능력에 맞춰서 면담방식을 유연하게 조정하여야 한다.

내담자들은 환각 경험을 진짜 경험과 구분하지 못하므로, "주위에 아무도 없는데 누군가 당신에게 이야기하는 것 같은 경험을 한 적이 있나요?"와 같이 일반적인 질문으로 시작하는 것이 좋다. 환각의 내용이나 명확한 정도, 환청이 들릴 때의 상황에 대해서 질문한다. 내담자에게 환청이 어떤 지시를 한 적이 있는지, 또 어떤 특정한 행동을 하라고 시킨 적이 있는지 물어보아야 한다. 만약 그런 적이 있다고 하면 그 명령이 어떤 성질의 것인지, 혹시 내담자 자신이나 다른 사람을 해치라고 한 적이 있는지를 확인해야 한다. "그 목소리가 당신 안에서 나오는 건 아닌가요? 누가 당신에게 말하고 있는 것 같나요?"와 같이 그 환청에 대한 내담자의 믿음을 살펴보는 것도 도움이 된다. 환시, 환후, 환촉 같은 다른 환각증상도 평가해야 하는데 이런 환각현상은 정신질환에서는 드물기 때문에 다른 내과적 질환이나 약물 부작용으로 생겼을 가능성에 대해서 고려해야 한다. 면담 중에도 내담자가 정신병적 체험을 할 수 있으므로 치료자는 그 신호를 잘 읽어내서 직접적으로 물어보는 것이 좋다.

망상이 의심되는 경우에는 환각이 의심되는 경우처럼 그 내용을 상세하게 평가해야 한다. 망상은 경한 증상부터 중한 증상까지 그 정도와 모양이 각양각색이어서 그 심한 정도, 고착성, 구성의 정밀성과 행동에 미치는 영향력 그리고 정상적 믿음으로부터의 이탈 정도를 모두 평가해야 한다. 대부분의 내담자들은 자신들의 생각이 무시되거나 비웃음을 산 적이 많기 때문에 그것에 대해 이야기하는 것을 꺼려한다. 그들은 치료자에게 직접적으로 자신들의 망상을 믿는지 물어볼 수도 있다.

망상을 보이는 내담자에게 바람직한 태도는 내담자가 그런 망상을 진실인 것으로 믿는다는 것을 이해하면서도 그런 믿음에 치료자는 동조하지 않음을 나타내 보이는 것이다. 특히 첫 면담에서 내담자의 망상이 사실인지 직접적으로 도전하는 것은 도움이 되지 않는다. 치료자가 내담자 자신을 존중하고 이해하며 또 내담자의 이야기를 들어준다고 내담자가 느끼게 되면, 그때부터 내담자는 망상과 자신의 경험에 대한 말을 편하게 하게 될 것이다. 예를 들어, "당신은 요즘 굉장히 무서운 일을 경험하고 계시군요. 당신이 겪은 것에 대해 더 많이 알고 싶습니다."와 같은 치료자의 접근은 내담자가 치료자를 신뢰하는 데 도움이 될 수 있다.

피해망상을 가진 내담자와는 적절한 거리를 유지하는 것이 중요하다. 지나치게 호의적으로 대하면 내담자의 의심을 더 증폭시킬 수도 있기 때문이다. 눈맞춤을 지속하면 이러한 내담자들에게 위협으로 느껴질 수도 있기 때문에 피하는 것이 좋다. 피해망상을 가진 내담자와는 얼굴을 마주보고 앉는 것보다 오히려 나란히 앉아서 내담자와 함께 "밖을 내다보는 것처럼"하는 것이 나을 수도 있다. 치료자는 치료자 자신이 피해망상 속에 포함될 수 있다는 점을 명심해야 한다. "저도 연관이 되어 있다고 걱정하고 계신가요?"와 같이 그런 두려움에 대해 직접적으로 물어보는 것이 좋다. 더불어 피해망상적인 사고와 연관된 특정한 대상이 있는지 물어봐야 한다. 다른 사람을 해치려는 생각에 대해 직접적으로 물어도 내담자들은 폭력 계획을 공개하지 않을 수도 있다. "어떻게든지 자기 자신을 보호해야 할 상황이라고 느끼나요? 그렇게 하기 위해 어떻게 할 생각인가요?"처럼 내담자가 두려움을 어떻게 견뎌내는지에 대한 계획을 들어보면 폭력위험에 대한 정보를 이끌어 낼 수 있다. 다른 사람에 대한 잠재적 폭력과 관련된 표현이 있다면 치료자는 추가적으로 위험의 정도에 대하여 평가해야 한다.

2. 우울하고 자살 가능성을 가진 내담자

우울한 내담자는 우울감, 정신운동 지연 혹은 절망감 같은 증상의 결과로 인한 인지기능의 문제를 가지고 있어 면담에 어려움이 있다. 그들은 의욕이 저하된 상태이기 때문에 자신의 상태를 자발적으로 설명하지 못할 수 있다. 희망이 없다는 느낌 때문에 면담에 적극적으로 참여하지 않을 수도 있다. 내담자의 증상이 심한 경우 치료자는 우울증과 연관되는 병력과 증상을 물을 때 개방형 질문보다는 직접적 질문이 더 좋다. 내담자는 특정 증세가 우울증과 연관이 된다는 사실을 모르는 경우가 많으므로 하나하나 질문하는 것이 좋다. 가령 불면증이나 여러 가지 신체 증상이 우울증과 관련이 있는 것을 모르기 때문에 치료자가 물어 보아야 한다.

우울증 내담자와의 면담에서 어려운 점 중 하나는 내담자의 절망감이다. 절망감을 가진 내담자는 자신의 문제는 개선의 여지가 없는 영구적인 것이며 희망이 전혀 없다고 믿는다. 이때 치료자는 섣불리 모든 것이 다 잘 될 것이라고 안심시키지 않도록 주의해야 한다. 치료자가 그런 식으로 안심시키려고 하면 내담자는 치료자가 내담자의 고통과 문제의 심각성을 모르고 있다는 증거로 해석하기 쉽다. 그래서 이런 경우에도 치료자는 내담자의 절망감을 이해하고 있고, 도와줄 수가 있으며, 내담자가 절망하는 상황도 이해가 된다고 설명해 준다. 그리고 치료자 자신은 내담자들을 도와 회복하는 하는 일에 열정적으로 종사하는 사람임을 분명히 하고 효과적인 약물치료 및 심리적 치료 수단을 모두 동원할 것이며 회복 기간이 좀 길어지는 경우에도 내담자를 그냥 내버려두지 않을 것임을 분명히 한다.

내담자가 정신건강 전문가의 상담을 찾아올 때는 이미 그 전에 자신이 시도해 본 모든 노력이 무위로 돌아갔고, 따라서 내담자는 절망한 상태에 있을 수 있다. 이때 치료자는 내담자의 우울증이 치료될 수 있으나 내담자가 앓고 있는 특정의 우울장애를 가장 효과적으로 치료하는 방법을 찾아내기까지는 해야 할 일과 시간이 좀 필요할지 모른다는 것을 솔직하게 말해 주면 내담자는 안심할 수 있을 것이다. 그러나 특정 치료가 꼭 효과가 있을 것이라고 약속하지는 않도록 해야 한다. 치료의 결과로 효과가 없을 때 그것은 내담자의 마지막 희망을 제거해 버리는 결과를 초래할 수도 있기 때문이다.

우울감을 보이는 모든 내담자에서 자살에 대한 과거력, 가족력 그리고 현재 자살생각, 계획, 의도 등을 포함한 자살 평가가 이루어져야 한다. 자살에 대해 생각하고 있더라도 어떤 내담자들은 실제로 시도나 사망은 원하지 않는다고 표현한다. 이러한 내담자의 경우 자살을 감행할 의도는 낮다. 삶을 끝내버리려는 결심을 표현하는 내담자들의 경우는 좀 더 위험하다. 정신병적 증상의 유무에 대해서도 평가해야 하는데, 죽고자 하는 의도와 무관하게 자해하도록 지시하는 환각을 경험하는 내담자들도 있기 때문이다.

내담자가 자살사고에 대해 보고할 경우, 구체적 계획이 있는지 물어봐야 한다. 계획이 얼마나 구체적인지, 계획을 실제로 실행할 방법이 있는지에 대해 질문해야 한다. 최근 자살 도구를 구입하였거나 중요한 소지품을 누군가에게 주는 행동을 하는 내담자는 매우 위험하다고 볼 수 있고, 특히 내담자가 그 계획에 차근차근 준비하고 있다면 이러한 질문들을 반드시 물어보아야 한다.

자살의 충동을 억누른 내담자라면, 그럴 수 있었던 요인은 무엇인지 묻는 것도 유용하다. "어떻게 자해하지 않을 수 있었나요?"라고 물었을 때, 내담자는 자살을 막아줄 수 있는 종교적 믿음이나, 자살이 가족에게 끼칠 영향에 대한 인식 등을 말해줄 것이다. 애완견을 두고 떠날 수 없었다는 내담자에게 키우던 개의 죽음 같은 사건이 일어나는 경우와 같이 예방 요인들에 변화가 있을 수 있으므로 치료를 진행하는 동안 이러한 정보들을 염두에 두는 것은 매우 중요하다.

임상적 면담에서 관계 형성이나 진단과 치료를 위한 정보 획득이 중요하다고 해도, 가장 우선시 되어야 할 것은 내담자의 안전이다. 내담자가 급박한 위험에 처한 것으로 보인다면 면담을 중단하고 입원치료를 고려하던지, 기타 내담자의 안전을 확보하기 위한 행동을 취해야 한다. 유서나 자살의 가족력 혹은 내담자에게 자살 시도의 전력이 있으면 다시 시도할 위험이 높다. 충동성이나 미래에 대한 심각한 무망감도 자살 위험성을 높인다. 만약에 당장의 자살 위험은 없어 보여도 우울증이 지속되는 동안 자살의 가능성이 있다고 생각할 때는 결정이 쉽지 않다. 치료자는 내담자에게 언제라도 자살 충동이 일어나면 반드시 치료자와 전화로라도 상의할 것을 약속해야 한다.

3. 공격적이고 초조하고 난폭해 보이는 내담자

초조하고 난폭해 보이는 내담자를 면담할 때 내담자와 치료자의 안전을 최우선적으로 고려해야 한다. 난폭한 내담자는 단독으로 면담하지 않도록 해야 한다. 적어도 다른 한 사람이 항시 같이 있어야 하고, 경우에 따라서는 안전요원이나 경찰관이 같이 있는 것이 좋다. 면담실의 문은 열어 두고 치료자가 문 쪽에 앉는 것이 좋다. 치료자는 단호하나 화내지 말고 내담자에게 분명히 말한다. 내담자는 어떤 감정을 느끼거나 어떤 말도 할 수 있지만 난폭한 행동은 할 수 없음을 명확히 해주어야 한다.

초조한 내담자가 자극을 받으면 난폭해질 수 있으므로 자극을 받지 않도록 주의해야 한다. 치료진들이 주먹을 쥐거나 뒷짐을 지는 태도를 취하지 않아야 한다. 치료자는 차분하고 신중하게 면담에 임해야 하며, 내담자의 불안을 감소시킬 목적으로 불필요한 제안을 하지 않는 것이 좋다. 예를 들어서 “면담을 잘 응해 주시면 바로 집으로 보내드리겠습니다.”는 내담자의 초조감을 악화시킬 수 있다.

4. 아동 및 청소년 내담자

아동의 평가를 위해서는 병력 청취 과정이 가장 중요하다. 여러 정보원으로부터 증상의 발현 양상, 유발 요인, 경과 등에 대한 자세한 정보를 수집해야 하는데, 기본적으로 아동의 성격과 적응능력 그리고 학교와 가족 등의 환경에 대한 평가를 실시하여야 한다.

6세 이전 아동은 부모와 함께 놀이실의 편안한 분위기 속에서 평가한다. 부모와 아이와의 관계, 아동의 운동발달 수준, 언어 의사소통 능력, 문제해결 능력, 사회성 정도 등 여러 분야에 대한 발달수준을 평가한다. 놀이는 아동의 내면세계를 평가하는 데 매우 중요하다. 놀이실은 아동이 자유롭게 놀 수 있는 공간이어야 하며, 인형모형과 인형의 집, 동물인형, 종이, 크레용, 블록, 장난감 자동차, 총을 갖추어야 한다.

학령기 아동들을 면담할 때는 부모와의 면담 전에 아이와 먼저 면담하는 것이 좋다. 우선 아이에게 왜 면담하러 오게 되었다고 생각하는지를 물어보아야 하고 면담에 온 것이 나쁜 행동으로 인한 벌로 비춰지지 않도록 해야 한다. 보통 45분 면담이 가능하고 예, 아니요 식의 폐쇄형 질문보다는 "하느님이 다 들어주신다면 3가지 소원이 무엇이냐?"라는 식의 개방형 질문이 좋다. 아동은 면담을 부모로부터 배척당하는 것으로 생각하여 치료자에게 협조하지 않거나 사실을 감추려고 할 수 있고 자신이 한 말에 대한 비밀을 지켜주기를 원한다.

청소년들은 치료자를 잘 믿지 않고 거친 태도로 치료자를 자극할 수 있다는 사실을 알아야 한다. 우선 그들의 입장에서 공감한다는 태도를 보여야 하며 청소년 문화나 청소년들의 말씨에 대한 이해도 꼭 필요하다. 사춘기는 격변의 시기로 정신병리도 그 시기 특유의 모습을 가지고 있다. 부모로부터 독립, 기존 가치관에 대한 도전, 학업성취, 열등감, 미래에 대한 기대, 친구관계, 이성문제 등이 중요한 질문대상이 된다. 자살 의도나 약물남용에 대해 구체적으로 직접 물어보도록 해야 한다. 청소년 역시 부모보다 먼저 면담하는 것이 좋고 청소년과의 비밀유지도 신경을 써야 한다.

5. 노인 내담자

노인과 성인 내담자들의 면담과 평가가 크게 다르지 않지만 몇 가지 주의해야 할 점들이 있다. 노인 내담자들은 인지기능이 떨어져 정보를 신뢰할 수 없는 경우가 종종 발생하는데 그런 경우 내담자를 잘 파악할 수 있는 가족들이나 간병인 등의 객관적인 정보가 필요하다. 또 인지기능 저하로 인해 판단력이 떨어지지 않는지에 대해서도 신중한 평가를 내려야 한다.

면담의 시작은 내담자와 단독으로 하는 것이 바람직하다. 이는 치료자-내담자 관계 형성에 도움이 되고 내담자에게 자신이 가장 중요한 사람이라는 느낌을 줄 수 있기 때문이다. 이어서 내담자의 동의를 구하고 가족이나 중요한 지인들과의 면담을 진행하는 것이 좋다. 이를 통해 내담자의 증상에 대해 질문하고 내담자가 제공한 정보를 검증해야 한다.

참고문헌

대한신경정신의학회 (2017). 신경정신과학(3판). 아이엠이즈컴퍼니.

홍강의 (2014). 소아정신의학: DSM-5에 준하여 새롭게 쓴. 학지사.

Gauron, E. F., & Dickinson, J. K. (1966). Diagnostic Decision-Making in Psychiatry I: Information Usage & II: Diagnostic Styles. *Archives of General Psychiatry, 14,* 225-237.

MacKinnon, R. A., & Michels, R., Buckley, P. J. (2012). 임상 실제에서의 정신과적 면담. 박성근, 정인과 공역. 하나의학사.

McCready, J. R., & Waring E. M. (1986). Interviewing Skills in Relation to Psychiatric Residency. *Canadian Journal of Psychiatry, 31,* 317-322.

Nurcombe, B., & Fitzhenry-Coor, I. (1982). How Do Psychiatrists Think? Clinical Reasoning in the Psychiatric Interview. *Australian & New Zealand Journal of Psychiatry, 16,* 13-24.

Robinson, D. J. (2005). 쉽게 설명한 정신과 면담법. 송후림, 김상철 공역. 황소걸음 아카데미.

Sims, A. (2003). 마음의 증상과 징후. 김용식, 김임렬, 정성훈 공역. 중앙문화사.

Sommers-Flanagan, J., & Sommers-Flanagan, R. (2017). 임상면담 기초와 적용. 조성근, 양재원, 김현수, 임숙희 공역. 학지사.

17장 심리사회적 사정

이근희
(국립정신건강센터)

Ⅰ. 서론

심리사회적 사정은 사회복지사가 클라이언트에 대한 개입을 위해 적절한 자료를 수집하여 종합적으로 분석하고 클라이언트가 처한 문제의 본질, 클라이언트와 주변인의 기능상의 강점과 약점, 문제해결의 동기, 문제에 기여하는 환경적 요인과 문제해결에 도움이 될 내적·외적자원에 대한 정보를 수집하는 과정이다(Hapworth, Rooney, & Harsen, 1997; 강상경 2006: 165에서 재인용). 수집된 정보를 통해 클라이언트의 욕구와 서비스에 대한 심리사회적, 환경적 측면에 대한 사정은 심리사회적 상황을 객관화하고 그에 따른 목표수립과 개입 계획을 위한 구조화된 도구로서 사회복지적 개입을 위한 길잡이가 된다.

그러므로 효과적인 개입을 위해서 사정 과정에서 객관적인 자료의 수집을 통해 클라이언트의 욕구와 상황을 통합적으로 파악하고 수집된 자료의 분석, 그에 적합한 장단기 목표 설정이 이루어지는 것이 중요하며, 이 과정을 통해 클라이언트에 대한 종합적인 이해와 효과적인 개입의 기반을 마련할 수 있다.

이와 같이 심리사회적 사정이 개입을 위한 유용한 과정이지만, 때때로 사회복지사들은 사정 과정에서 사정의 모든 항목을 왜 조사해야 하는지, 어떻게 개입에 실제 활용할 수 있을지, 시간적 여유도 없는 실천 현장에서 기관에서 주어진 심리사회적 서식에 따라 기계적으로 내용을 채워야 하는 상황에 놓이기도 한다. 이러한 모순의 해결방법으로 이에

승(2016: 272)은 사회복지사는 사정과정에서 클라이언트와 수직관계가 아닌 동료관계로 클라이언트의 강점과 선택에 초점을 두어 클라이언트의 욕구를 반영한 목표의 수립을 같이 하면서 클라이언트가 문제해결을 위한 자신감과 능동성을 갖고 참여하는 것을 강조하였다.

정신보건 영역에서 심리사회적 사정은 다양한 실천 현장, 다양한 정신과적 질환을 가진 클라이언트, 초기부터 만성화 까지 다양한 질병의 단계에 있는 클라이언트를 대상으로 실시되고 있다. 그러므로 다양한 실천 현장의 상황에 맞게, 대상자의 질병의 특성과 질환의 단계를 고려한 심리사회적 사정이 필요하다. 그러나 심리사회적 사정이 사회사업적 개입을 통해 클라이언트의 문제 해결이나 완화를 위한 과정이라는 본래의 목적을 지향하며 이뤄져야 할 것이다.

여기에서는 심리사회적 사정 이론의 전반적인 것을 살펴 본 후 현재 정신건강사회복지사 수련 과정에서 제시한 '심리사회적 사정 지침'을 기반으로 실제 적용 사례를 살펴보면서 정신건강사회복지사들이 다양한 현장에서 적절히 활용할 수 있도록 하는 것이 목표이다.

Ⅱ. 이론적 배경

1. 사정(Assessment)

1) 사정의 정의

사정의 사전적 의미는 '조사하거나 심사하여 결정'하는 것이다. 사정이란 적절한 자료를 수집하고, 분석하고, 종합하여 클라이언트의 문제를 둘러싼 환경적 요인과 자원 등의 중요한 영역에서 자료를 수집하여 하나의 공식으로 만들어 내는 과정이다(Hepworth & Larsen 1990; 한국정신보건사회사업학회, 2000에서 재인용).

사정(Assessment)은 클라이언트가 직면하고 있는 문제와 상황을 확인하고 이해하기 위하여 자료를 수집하고 분석함과 동시에 문제 해결을 위한 계획을 수립하는 과정이다. 사회복지사와 클라이언트가 파트너십을 형성하면서 클라이언트의 능력을 향상시키고, 참여를 유도해나가는 과정이다(이영호 외, 2006: 149).

문제가 무엇인지, 어떤 원인 때문인지 그리고 그 문제를 해결하거나 완화하기 위해 무엇이 변화되어야하는지에 대해 답하는 사회복지 실천의 핵심적인 단계이다(천덕희, 2012: 516).

2) 사정의 목적

사정의 목적은 클라이언트와 치료자가 개입을 위한 표적문제를 결정하고 개입목표를 설정할 수 있도록 돕는 것이다. 문제를 제시한 개인·가족·소집단·기관·지역사회를 보다 잘 이해하고 개별화하여 특수한 상황에 관련이 있는 요인을 발견하고 분석하는 것이다(한국정신보건사회사업학회, 2000: 82).

특히, 정신보건 영역에서 심리사회적 사정의 목적은 다양한 정신과적 문제를 지닌 클라이언트와 그 가족이 처한 심리사회적 상황을 이해하고 클라이언트의 다양한 체계에 관련된 요인을 분석하여, 가장 시급하고 우선시 되는 문제를 파악하기 위함이다. 확인된 문제 해결을 위해 수립한 개입 목표의 달성을 위해 사회복지실천 이론에 근거하여 상담, 교육, 치료, 집단활동, 가족개입, 자원동원 등 클라이언트의 문제를 완화하기 위한 개입계획을 수립하는 것이다. 또한 심리사회적 사정을 기반으로 한 사회복지적 개입계획 수립 및 개입 실천은 정신보건 영역에서 '사회복지' 전문직으로서 다학제 전문가들과 소통과 협력을 위한 도구로서도 중요하다.

3) 사정의 특성

사정은 자료를 수집하여 분석하고 종합하는 과정으로 개입과정 전체의 가장 핵심적인 부분이라 할 수 있다. 클라이언트에 대해 수집된 자료들을 연결하여 어떠한 욕구가 있는지, 무엇이 문제인지 판단하여 그에 대한 개입 계획을 수립하는 과정이다. 결국 사정을 통해 목표를 설정하여 개입하게 되므로 개입의 효과는 사정의 정확성에 달려있다고 볼 수 있다.

존슨(Johnson, 1989: 272-274)은 사정의 특성을 다음과 같이 10가지로 보았다(양옥경 외, 2006: 179에서 재인용).

(1) 사정은 계속적인 과정이다. 사정은 개입 과정 내내 새로운 정보가 발견되기도 하므로 항상 계속 되는 작업이다.
(2) 사정은 이중초점을 갖는다. 클라이언트와 그를 둘러싼 환경 그리고 클라이언트와 환경체계 간의 상호작용을 동시에 이해해야 하므로 이중초점을 갖는다.
(3) 사정은 클라이언트와 사회복지사의 상호과정이다.
(4) 사정에는 사고의 전개과정이 있다. 수집된 정보들을 이용하여 클라이언트의 상황을 이해하며, 전체적인 맥락 속에서 통합하여 사고하는 전개과정이 포함된다.
(5) 수평적, 수직적 탐색 모두가 중요하다.
(6) 클라이언트를 이해하는 데는 지식적 근거가 필요하다. 인간 행동의 이해와 인간의 다양성, 가족, 집단, 지역사회, 정책, 정신의학, 심리학 등에 대한 이해가 필요하다.
(7) 사정은 생활상황 속에서 욕구를 발견하고 문제를 정의하며 그 의미와 유형을 설명한다.
(8) 사정은 개별적이다. 사정은 각 클라이언트의 독특한 상황과 관련되어 있으므로 모두 다를 수밖에 없다.
(9) 판단이 중요하다. 사정에는 여러 가지 결정이 있어야 한다. 어떤 내용에 어떤 지식을 응용할 것인지, 어떤 부분을 고려할 것인지, 그것을 클라이언트와 어떻게 연결시킬 것인지, 어떻게 문제를 정의할지 결정하게 된다.
(10) 클라이언트를 완전히 이해하는 데는 항상 한계가 있다. 어떠한 사정도 완벽할 수는 없다. 어떠한 상황에 대한 완벽한 이해도 불가능하고 또한 바람직하지도 않다.

4) 정신보건 영역에서의 사정 분류 체계

사정시 고려해야 할 관점으로는 개인은 사회 환경과 상호작용한다는 것이다. 인간은 신체·심리·사회적 측면의 복합체이므로 사정 역시 신체적, 심리적, 사회적 측면에 대한 다각적인 사정이 요구 된다(De Jonge et al., 2001; 강상경, 2006: 168에서 재인용). 사회사업에 있어서 상호작용적, 환경적 문제의 중요성을 인식하고 사회적 기능에 주안점을 두는 분류체계가 필요하다. 이러한 환경속의 인간이라는 관점을 잘 반영한 것이 PIE(Person-In-Environment Manual) 체계라 할 수 있다.

사회복지의 일반적 분야에서 권장되고 있는 사정의 분류체계인 PIE는 미국사회복지사협회(National Association of Social Workers)에서 발전시킨 체계이다. PIE는 다른 분류 체계 특히 DSM-IV가 특별한 질병이나 장애의 치료를 강조하고 개인이 처한 강점보다는 문제에 초점을 두기 때문에 사회사업의 생태체계적 관점을 잘 반영한 PIE체계를 발전시켰다(Karls & Wandrei, 1993; 강상경, 2006: 165에서 재인용). PIE의 강점은 DSM-IV보다 클라이언트에 대한 낙인과 편견의 소지가 작고, 사회복지전문가들에 의해 개발되어 사회복지 자체의 분류 기준을 제시하여 클라이언트의 전반적인 문제들의 형태를 개념화하고 해석하는데 도움이 된다(강상경, 2006: 165).

PIE 분류체계는 성인클라이언트의 사회적 기능 문제를 분류하여 코드화 하였다. PIE 분류체계는 문제의 원인과 결과의 관계를 제공하는 것이 아니기 때문에 진단적 분류가 아니다. 임상사회복지 사정 분류 체계인 PIE는 클라이언트를 묘사하기 위한 4가지 요소로 구성되어 있다(이영호, 2006: 163).

Person-In-Environment Manual: National Association of Social Workers(1994)
요소 Ⅰ: 사회적 기능(역할)수행 문제, 유형, 정도, 지속기간, 대처능력
요소 Ⅱ: 환경문제, 정도, 지속기간
요소 Ⅲ: 정신건강 문제
요소 Ⅳ: 신체건강 문제

2. 사정의 종류

사정의 영역을 이해하기 위해서는 이와 관련된 이론들을 살펴보는 것이 도움이 된다. 여기서는 사정과 관련된 관점들로서 체계론적, 정신역동적, 행동적, 강점관점, 심리사회적 사정에 대해 간략히 살펴 볼 것이다. '관점'의 사전적 정의는 '사물이나 현상을 관찰할 때, 그 사람이 보고 생각하는 태도나 방향 또는 처지'이다. 어떠한 사정 이론을 선택하느냐에 따라 사정의 태도나 방향, 주안점이 달라질 것이다.

1) 체계론적 사정

일반체계이론의 관점에서 보면 신체, 심리, 사회적 존재로서 인간은 다양한 사회 환경 속에 속해 있으면서 사회 환경과 상호작용하는 존재이다. 인간은 사회적 존재이기 때문에 개인은 다양한 사회적 환경에 속해서 생활하면서 자기가 속한 환경으로부터 직·간접

적으로 영향을 받으면서 생활한다. 체계이론은 사정의 틀을 제공함과 동시에 개인, 사회환경, 국가 환경 차원 등 실천의 구체적인 형태를 제시하기도 한다(강상경, 2006: 170).

체계론적 사정(systems assessment)은 표준화된 자료의 수집과 클라이언트의 사회지지체계, 가족, 지역사회 및 관련된 사회영역에 대한 자료를 포함시킨다. 클라이언트의 환경체계를 사정하는 데는 일반적으로 세 가지의 구조화된 사정도구가 활용된다. 가족 체계적 접근에서 발달된 가계도(genogram)와 생태도(eco-map)이며 일반체계이론에 의에 개발된 사회네트워크 도표(social network diagram)이다(천덕희, 2012: 525).

2) 정신역동적 사정

정신역동 관점에서는 개인의 정신 안에서 타고난 요소들과 함께 환경적인 요소들은 발달의 모든 수준과 모든 정신 구조 안에서 작용한다고 본다. 개인의 정신 안에서 발생하는 목표 지향적 세력과 동기적 세력 사이의 상호 작용에 초점을 맞추며, 이러한 상호 작용이 정신 과정, 발달, 진보, 퇴행, 고착을 설명해 준다고 간주 한다.

정신역동적 사정은 유아기의 발달력, 이혼, 유기, 학업성취, 또래관계, 신체적 심리적 외상이나 치료, 입원, 신체적·성적 발달, 성경험, 성적 지향에 대한 부가적 정보를 필요로 한다. 보편적인 세 가지 사정도구는 Rorschach, MMPI, TAT검사이다. 이러한 검사는 인간의 잠재의식 속에 있는 사고 과정을 사정하는데 활용된다(천덕희, 2012: 525).

3) 행동적 사정

행동적 접근의 사정은 클라이언트에 대한 관찰 가능한 행동과 관련된 자료를 수집해 사정하는 것이다. 행동적 사정에는 셀 수 있고, 관찰 가능하고 측정될 수 있는 행동들이 일반적으로 포함 된다. 식사 횟수, 운동 횟수, 체중 증가나 감소, 수면, 흡연, 음주, 부적절한 성행위, 공격적 행동과 같은 구체적이고 특정한 행동들이다. 사정은 문제의 존재, 문제의 정도, 문제 기간과 횟수를 측정하는 것이다(천덕희, 2012: 526). 이러한 행동적 사정은 사회기술훈련 등에서 주로 사용될 수 있다.

4) 강점관점 사정

강점관점(strength perspective)은 모든 인간은 성장하고 변화할 능력을 가지고 있다고 본다. 클라이언트가 가진 능력과 강점을 확인하고 문제 자체에 대한 관심 보다는 해결점을 발견하고 강점을 강화시키는 데 초점이 있으며, 클라이언트를 독특한 존재로서 다양성을 인정하고 존중하여 클라이언트의 역량을 실현해 나가도록 돕고자 하는 것이다. Saleebey(1997)는 강점관점이 인간의 존엄성과 사회정의라고 하는 사회복지의 기본가치와 맥을 같이 하므로 사회복지의 전문적 가치를 실천하는 데 필수적이라고 보았다(이영호, 2006: 137). Saleebey(1997)는 강점관점의 주요개념으로 역량강화(empowerment), 멤버십(member-ship), 탄력성(resilience), 치유(healing), 대화와 협력(dialogue and collaboration) 그리고 불신의 제거(suspension of disbelief)를 강조하였다. 강점관점에서는 클라이언트가 가지고 있는 문제를 스스로 해결할 수 있는 능력이 있다고 본다.

5) 심리사회적 관점 사정

심리사회적(Psychosocial) 관점은 인간의 생리적, 심리적, 그리고 인간을 둘러싼 사회경제적인 상황을 포함한 포괄적인 관점을 갖는다. 심리사회적 사정 모델을 발달시킨 주요 인물은 Richmond의 사회적 진단에서 시작하여 Hollis가 모델로 구성하였다.

환경 속의 인간(person-in-environment)의 관점으로 인간은 심리적이고 신체적인 요소를 가지고 사회 환경적 요인과 상호작용한다는 관점인 생리심리사회적(Bio-psycho-social) 과정(전이, 대처기제, 방어기제, 자아기능, 정체성과 자아형성, 개별화 등)과 발달과업의 과정(스트레스, 대처와 적응, 인지발달)에 초점을 두고 한 개인의 삶에서 환경적, 신체적, 행동적, 심리적 그리고 사회적 인자들 간의 상호 관련성을 찾는 것이다(Watkins et al., 1997: 200; 천덕희, 2012: 526에서 재인용).

3. 사정의 도구

사정도구는 사회복지사가 클라이언트의 상태에 대해 해석하는 과정에서 객관적, 전문적 근거가 된다. 사회복지사는 수백 가지의 도구 사용이 가능하다(이예승, 2016: 277). 심리사회적 사정에서 환경 속의 개인의 관점을 강조하는 사정도구로는 가계도, 생태도, 사회적 관계망, 생활력표 등이 있다. 여기서는 현재 임상 현장에서 많이 활용하는 가계도와 생태도, 생활력표를 살펴보도록 하겠다.

1) 가계도(genogram)

가계도는 2-3대에 걸친 가족관계를 도표로 제시함으로써 현재 제시된 문제를 파악하는데 도움이 된다(Zastrow, 1995: 227). 가계도는 도식을 활용하여 가족성원이 한 세대에서 다음세대까지 생물학적, 법적 그리고 정서적으로 어떻게 관련되는지 도표화 한 것으로 세대 간에 반복되는 관계 유형에 대해 통찰력을 갖도록 하는데 유용한 도구이다(양옥경, 2006: 190). 가계도에는 가족원의 연령, 출생과 사망, 직업, 교육 수준, 가족의 병력, 형제순위, 이혼, 사별 등 사회 인구학적 특성과 주요 사건 등이 포함 된다(천덕희 외, 2012: 545).

정신과 환자인 클라이언트를 대상으로 하는 가계도 작성 시 가족 중에 정신과 병력으로 확인되거나 추정되는 가족원이 있다면 파악한다.

〈표 17-1〉 가계도 도식

의미	도식	
성별	남성- □	여성-○
위치	남성- 왼쪽	여성- 오른쪽
중심인물 (patient, client)	이중 표시 ▣, ◎, 혹은 ▣ ◎(선 모양으로 변경)	
사망한 사람	기호 속 × 표시(☒ ,⊗), 출생과 사망연도 기재(기호 위, 아래 상관없음)	
현재 나이	기호 안에 표시 9	
결혼	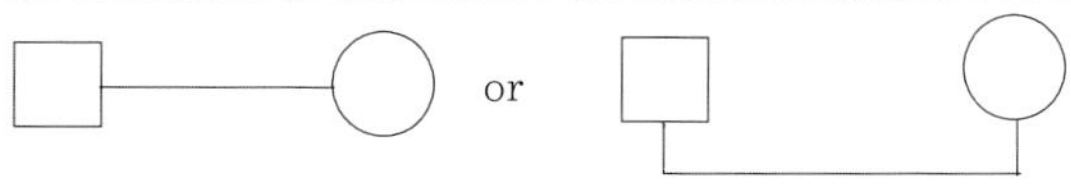	
동거	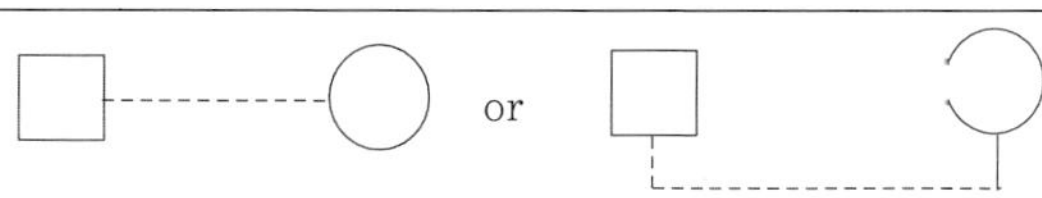	
별거	한 개의 사선(별거 연도 기재) ——/——	
이혼	두 개의 사선(이혼 연도 기재) ——//——	
쌍둥이& 유산 등	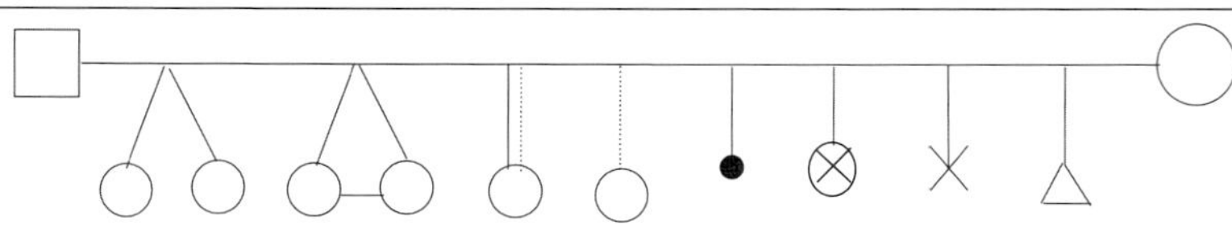 이란성쌍둥이 일란성쌍둥이 입양아 위탁아 유산 사산 인공유산 임신 (여아를 예를 들어 설명함)	
몇 차례의 결혼	결혼을 오래된 순으로 왼쪽에서 오른쪽으로 나열하는 것이 일반적	
	각각의 배우자가 여러 차례 결혼한 경우 - 현재의 관계를 중앙에 놓고 각 배우자의 이전 배우자를 좌우에 나누어 그림	

출처: McGoldrick, Gerson, & Petry(2011).

2) 생태도(eco-map)

생태도는 Ann Hartman(1978)에 의해 개발된 것으로서 개인 및 가족의 사회적 맥락과 개인 및 가족을 둘러싼 사회체계들과의 상호작용 상태를 하나의 그림으로 나타낼 수 있게 고안된 도구이다(엄명용 외, 2005: 113).

생태도를 통해 클라이언트를 둘러싼 주요 환경체계, 가족과 그들과의 관계, 주변 체계들과의 관계, 자원체계를 파악할 수 있다. 생태체계적 공간 내에서 가족구성원의 자원 또는 에너지의 유입, 유출 경향을 확인함으로써 환자를 둘러싼 환경의 객관적 이해를 할 수 있다.

생태도는 클라이언트 혹은 가족이 치료자와 함께 그리는 것이다(Zastrow, 1995: 226; 양옥경, 2006: 194에서 재인용).

생태도의 작성 방법은 클라이언트를 둘러싼 주변 체계(가족성원, 기타 상호작용하는 사람)들을 넣고 서로의 관계, 자원과 에너지의 흐름 등을 화살표로 표시한다. 자원간의 관계 선을 표시하고, 자원간의 물리적, 심리적 접촉 빈도 및 관계에 대한 설명을 간략히 기록한다.

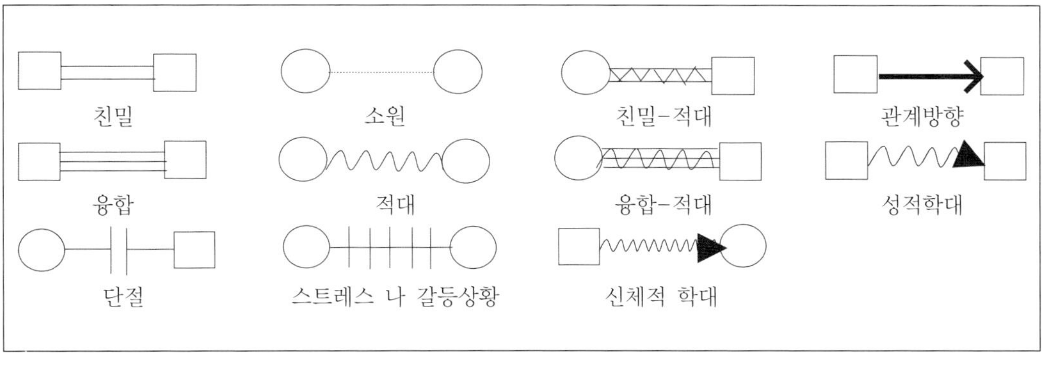

〈그림 17-1〉 상호작용 양상을 나타내는 기호 및 상징

출처: 천덕희(2012). p. 548.

3) 생활력 표(life history grid)

생활력 표는 클라이언트의 삶의 중요한 사건이나 문제를 시기별로 전개해 표로 나타내는 것이다. 사회복지사는 문제나 사건의 발생 시점을 묻고 후에 사회력조사를 작성할 때 이를 시기별로 연도별로 정리할 수 있다. 이것은 클라이언트나 가족이 겪고 있는 문제의 발생시점과 촉발 사건이나 시기 등을 파악할 수 있는 장점이 있으며, 사건 간에 보이는 양상이나 사건 간의 관계를 파악할 수 있다(엄명용 외, 2005: 121).

생활력 표는 클라이언트의 다양한 시기에 관련된 자료를 조직화하고 표현하는 방법으로 특히 아동과 청소년을 대상으로 하는 경우 유용하며 표를 통해 클라이언트의 현재 기능 수행에 영향을 미치는 발달 단계상 특정 시기의 성활경험을 이해하는 데 도움이 된다(Aanderson et al., 1980; 이예승, 2016: 279에서 재인용)

Ⅲ. 심리사회적 사정의 실제

여기서는 현재 정신보건실천 현장에서 많이 활용되는 강점사정과 심리사회적 사정을 살펴보겠다.

1. 강점사정 모델

1) 강점사정모델의 원리

강점이론의 철학기반은 클라이언트를 환자나 문제를 지닌 사람으로 보는 것이 아니라 강점을 지닌'소비자'로 본다는 것이다. 따라서 강점이론에서는 이들의 잠재력과 재능 등을 발견하고 인식할 것이 강조되며, 소비자(클라이언트) 스스로의 자기결정권을 중요시한다(Rapp, 1998). 문제를 다루지 않고 개인과 환경의 '강점을 강화'하는데 초점을 둔다.

강점이론에서는 기존의 실천들이 주로 정신장애인의 문제에 초점을 두고 다루었으나, 오히려 문제를 정의하고 해결하는데 초점을 둔 과정이 병리 지향적 관점과 전문가 중심의 실천을 낳았다고 비판한다. 그리하여 강점이론에서는 기존의 실천에서처럼 문제를 직접적으로 다루기보다는 문제는 최소화하여 다루거나 직접적으로 다루지 않고 철저하게 개인과 환경의 강점을 발견하고 인식하여 이를 강화할 것을 강조하고 있다(Rapp, 1998).

강점이론의 궁극적 목적은 문제해결 이상의'삶의 질'향상이다. 강점이론에서는 정신장애인을 위한 기존의 실천에서 문제해결을 목적으로 두고 이를 위해 노력해 왔으나, 정신장애인이 바람직한 상태를 이루기 위해서는 문제해결을 이루는 것 이상의 포괄적인 '삶의 질'을 이루었을 때라고 하고 있다. 즉, 강점이론에서 문제해결은 중간적인 목적은 될 수 있을 지라도 문제해결 자체가 궁극적인 목적이 될 수는 없다는 것이다(Rapp, 1998).

2) 강점사정의 방법

강점사정 모델은 문제해결 이상의 바람직한 상태인 삶의 질을 이루기 위한 주요 과정으로서 소비자의 적극적인 관여와 관계를 중심으로 하여 강점사정을 시행한다. 그리고 이러한 과정에서 인식된 소비자의 내적· 외적 강점을 강화하기 위한 계획과 개입을 하며, 소비자 중심의 모니터링 및 평가를 한다. 강점이론에 의한 개입의 예로는 일상생활 영역에서 지역사회 내 자원 획득 등이 있다(Rapp, 1998).

강점이론에서는 문제해결을 하는데 있어서 전문가가 아닌 소비자가 결정을 하도록 하고 있다. 또한 이를 위해 전문가에 의한 공식적 서비스 보다는 지역사회 내 자연적 자원 예컨대 비공식적 자원 등을 우선적으로 활용하도록 하고 있다(Rapp, 1998).

사정과 목표수립, 개입계획 과정에서 강점관점을 통해 클라이언트가 자신의 문제를 스스로 해결할 수 있고 그 능력 또한 자신이 살아 온 삶 속에서 찾을 수 있다는 신념이 바탕이 되어야 한다(이예승, 2016: 289).

강점사정의 방법은 클라이언트와 함께 '강점사정'을 시행하며 필요한 내용을 클라이언트가 선정한 바에 따라 기록한다. 주거, 재정, 직업, 교육, 사회적·영적 지지, 건강, 여가의 영역에서 '현재의 상태(현재 개인이 이용하고 있는 개인적 능력과 환경적 자원)', '바람과 열망(미래에 원하는 것)', '과거역사(그동안 대처해 왔던 많은 자원과 전략 중 특히 성공적인 경험 재탐색)'의 내용을 클라이언트와 함께 탐색한다. 사회복지사는 클라이언트와 강점사정을 통해 현재와 과거에 노력해 온 부분들을 최대한 끌어내어 지지와 격려를 한다. 필자는 정신재활시설에 근무하면서 8년여 기간 동안 강점사정을 실시하고 강점기반 사례관리를 실천해 왔다. 필자의 경험에서 강점사정의 장점은 클라이언트와 함께 대화를 통해 바라는 바를 확인하고 그것을 달성하기 위한 구체적인 목표를 함께 수립하면서 '사정'을 해야 한다는 '부담감'은 낮아지고 함께 수립한 목표가 더 수월하게 달성되는 경험을 하였다. 클라이언트가 주도적으로 참여한 사정은 달성 가능한 목표로 이어지고 항상 공유되고 함께 점검하면서 함께 성장해 나가는 과정이 되었다.

〈표 17-2〉 적용사례 강점사정의 예(S정신재활시설)

	현재 상태: 오늘 무슨 일이 있었는가?	미래에 원하는 모습: 내가 원하는 것은 무엇인가?	개인적 사회적 자원: 내가 과거에 무엇을 했는가?
생활 상태	-00구 아파트(방 3개, 거실, 화장실 있는 아파트 거주)에서 Ct's 母, 남동생과 함께 거주하고 있음. -"아침에 일찍 일어나는 것에 문제는 없고, 보통 9시에 일어나서 준비하고 기관으로 출근해요. 원래는 할 일이 없어 11시, 12시에 일어나거나 기상시간 불규칙 하였는데 현재 규칙적인 생활패턴 이어가고 있어요." -"자살생각은 하지 않는데 취업 스트레스로 인해 기분이 침체되는 때가 있어요." -위생관리 잘되고 있는 편임.	-대인관계를 잘하고 싶다. 요즘에 말도 많이 늘고 기관생활이 재미있다. -회원들과도 친하게 지내고 싶다. -결혼은 기회가 되면 하면 좋겠다. -내가 원하는 직장에 취업을 하고 싶다. 생활을 유지할 수 있는 보수(약 120만 원)를 받고 싶다.	-외로웠다. 사람들과 친하게 지내지 못하는 내가 답답했다. -우울했을 때가 있었지만 죽고 싶다는 생각을 해본 적은 없었으며 자살 시도력 없음. -ct는 30대 이후에도 취업하기 위해 여러 회사에 입사 지원서를 내고 준비하였으나 직장을 구하기 어려웠음. 이에 좌절하였지만 지속적으로 구직활동을 하며 노력하였음.
사회적 지지	-모가 회원의 전반적인 생활에 대해 관리하고 있음. 구직활동도 함께하는 등 회원에게 매우 지지적임. -남동생과 관계 좋은 편이나 남동생이 직장생활로 인해 대화 나눌 시간 거의 없음. -현재 만나고 있는 친구 없음. 친한 친구 한 명이 있었으나 4~5년 전 안산으로 이사 갔으며 최근 4개월 전 만난 이후로 교류 없었음. -현재 기관의 회원 두 명과 친하게 지내고 있음.	-모가 회원으로 인해 고생을 많이 하였고 취업도 하고 잘 지내서 모가 걱정을 안 하도록 하고 싶다. -현재 친한 회원 두 명과 친밀한 관계를 지속하고 싶으며 다른 회원들과도 친하게 지내고 싶다. -4년 전 안산에 이사간 친구를 4개월 전 만났었는데 다시 만나보고 싶다. -이전에 친했던 친구들에게 연락을 다시 하고 싶지는 않다. -가족들이 나를 믿어줬으면 좋겠다. -여자 회원 00씨와 잘 만나고 싶다. 돈을 모아서 결혼을 하고 싶다.	-부가 자녀 양육에 전혀 관심이 없어 모가 전적으로 자녀들 care 하였음. 회원 남동생, 여동생과 사이 원만하였음. -모가 회원 대학 진학 시 지원가능한 다학도 알아 와서 원서를 넣을 수 있도록 하는 등 지지적이었으나 회원은 모가 자신을 병원에 입원을 시키고, 약을 복용하라고 하는 부분으로 인해 모에게 불만이 있었음. -초, 중, 고등학교 시절 친구가 많았음. 회원 집으로 친구들이 많이 놀러왔었다고 함. -중학교 시절 특히 친했던 친구가 싸움을 잘했는데, 회원이 다른 친구에게 괴롭힘을 당하려고 하면 나서서 막아 주었다고 함. -대학교 시절 친한 친구 7명과 함께 시험기간 임에도 탁구를 치고 함께 몰려다녔음. 대인관계 원만하였음. -대학 졸업 후 친한 친구 부의 장례식장에서 조증 증상이 나타나 난동을 부린 일이 있었고, 그 후로 친구들과의 교류 끊어졌으나 이전 대인관계 시 대부분 원만한

			관계 유지하였던 부분이 긍정적으로 보임.
직업/교육	-현재 무선설비기사 1급 자격증 소지하고 있음. -현재 워드 1급 자격증을 따기 위해 필기시험 준비하고 있음.	-주유소에서 일하고 싶다. 주유소에서 해본 적이 있고, 할 수 있는 자신감이 있다. 그런데 전화해서 가면 나를 뽑지 않겠다고 한다. 나를 보니까 피하는 것 같다. -요즘 주유소는 최소 200만 원은 줄 것이다. -현재 참여 중인 외부작업장에서 잘한다고 하니까 기분이 좋다. 열심히 해서 한 달에 100만 원 정도의 돈을 벌고 싶다. -기관에서 취업 관련하여 도움을 주었으면 좋겠다. -워드 1급 자격증 따고 싶다.	-대학교 4학년 2학년 재학 중 00텔레콤에 조기 취업하였음. 8개월 간 근무하였으나 회사 재정 열악하여 월급을 받지 못하였고, 업무 미숙, 직장상사로 인해 스트레스 받아 우울하고 힘들었으며 결국 직장을 그만 두게 되었음. -20대 중반 엘리베이터를 조작하는 프로그램 관련한 회사에 근무하였으나 증상으로 인해 2주 만에 그만두게 되었음. -직장 생활 경험이 부족하였지만 힘든과정 속에서도 취업을 위해 이력서를 100군데 지원하는 등 지속적인 노력을 기울였음.
재정	-“어머니께 일주일마다 용돈 5만 원씩 받고 있어요.” -시계(50만 원 상당)사기 위해 저축하고 있었으나 동료 회원과 함께 당구치고, 떡볶이를 사먹는 등 여가활동으로 인해 돈을 모으고 있지 못하고 있음.	-정규직 취업을 하여 내 스스로 생활할 수 있도록 월 120만 원 정도 벌고 싶다. -나중에는 돈을 모아서 내 사업을 해 보고 싶다. -결혼을 위해서는 한 달에 200만 원씩을 벌어야 한다. 한 달에 100만 원씩 모으겠다. 00은행 자유적금통장을 만들었다. 돈이 생기면 바로 바로 저금할 것이다. -부모님과 사는 것이 싫다. 앞으로 독립하고 싶다.	-부모에게 용돈을 받아 생활하였으며 학창시절 재정적으로 어려움이 없었음. -조증 증상이 있을 시 시계, 이어폰 등을 필요 이상으로 구매하여 재정적인 낭비가 있었음. -24세 월급 100만 원 정도 되는 회사에 취업하였으나 회사 재정이 열악하여 월급 전액 받지는 못하였으나 노력 끝에 절반(400만 원 정도) 받았음.
건강	-조울증 약은 먹기 싫지만 건강한 생활을 하기 위해 꾸준히 먹고 있음. -1년전 급성 당뇨 진단 받아 현재 인슐린 주사로 치료하고 있음. -집에 있으면서 살이 많이 쪘으나 현재 특별히 운동을 하고 있지는 않음. 당뇨로 식이조절하고 있음. -취업이 되지 않고 집에서 생활할 시 하루에 담배를 한 갑 이상씩 피웠으나 당뇨로 인해 금연했었음. 현재 하루 평균 3개 정도 피우고 있음.	-현재처럼 규칙적인 생활을 유지 하고 싶다. -당뇨 신약이 개발되어 당뇨병이 완치되었으면 좋겠다. -약은 먹기 싫지만 생활을 유지하기 위해서는 일단 계속 먹어야 할 것 같다. -건강해지고 싶다. 건강해져야 결혼을 할 수 있다. 몇 달 전 등록했던 헬스를 다시 시도하겠다.	-대학교 전까지만 해도 병이 없이 건강했었음. -대학교에 합기도 동아리에 들어 2년 정도 배웠으며 태권 동아리 가입하였었음. -대학교 때 친구들과 탁구, 당구 등 함께 치며 활동적인 생활을 하며 건강에 특별한 이상 없었음.

여가/놀이	-음악 듣는 것이 취미임. -기관에서 회원들과 탁구를 치고 있음. -가끔 친구들과 당구를 치거나 저녁 식사를 함께 하고 있음.	-대인관계를 잘하고 싶고, 친구들을 많이 사귀고 싶다. -결혼을 해서 여러곳(킨텍스, 한강, 극장) 놀러가고 싶다. -여자 친구와 주말에는 패밀리레스토랑에서 외식을 하고 싶다. -주말에는 여자 친구와 영화도 보고, 데이트를 즐기고 싶다. -기관에서 회원들과 탁구, 당구 등 함께 여가생활 지속하고 싶음. -가족과 함께 시간을 보내고 싶음.	-어렸을 적 부는 가족에게 매우 무관심 하였고 모가 경제생활로 인해 여행을 거의 다니지 못 하였음. -20세 후반부터 운동을 하기 위해 올림픽공원에 하루에 1번씩 1시간 이상 산책을 다녀왔음. -발병 후 집에서 생활하며 대부분 시간 영화, 일본 드라마를 보며 자신이 좋아하는 여가생활을 찾고 즐겼음.

3) 강점사정에 기반 한 목표 수립

정신보건 현장의 다학제 접근에서 사회복지사들이 타전문가들과 차별화된 역할과 기능은 강점을 기반으로 한 실천과, 클라이언트의 환경에 대한 사정과 개입이다. 그러므로 사회복지사들은 강점실천을 위해 해결중심 접근처럼 구치적인 기술을 훈련받아 클라이언트의 강점을 찾는 노력이 필요하다(이예승, 2016: 289). 클라이언트가 자신의 삶에서 가장 원하는 것이 무엇인지 이야기를 나누고, 자신의 열망을 우선 순위화할 수 있도록 돕는다. 우선 순위화된 열망의 내용을 클라이언트와 함께 기록하며, 전반적 강점사정을 통해 느낀 점을 나누고 긍정적 강화와 코멘트를 한다. 클라이언트가 원하는 바를 목표로 수립한다. 예시는 <표 17-3>과 같다.

2. 심리사회적 사정(Psychosocial Assessment Model)

심리사회적 사정은 사회적, 환경적 측면에서 나타나는 클라이언트의 질병 또는 문제의 심리사회적인 원인 및 소인을 파악하여 문제와 강점 및 자원 그리고 한계까지를 진단하는 사회복지사의 개입을 형식화하기 위한 과정이다(천덕희, 2012: 532).

심리사회적 사정에서는 클라이언트의 과거력뿐만 아니라 현재 클라이언트를 둘러싼 환경적 측면(가족, 친구, 이웃, 지역사회 등의 탐색, 자원이용, 적응, 대처 등)을 파악함으로써 문제의 원인을 파악해 문제 해결을 위한 목표를 세우고 사회사업적 개입 계획을 수립

〈표 17-3〉 적용사례: 강점사정에 기반 한 목표 및 개입계획

클라이언트의 장기 목표: 사무직 취업해서 한 달에 200만 원 이상 벌기
1. 취업 위해 구직활동, 면접 연습하기
2. 기관 내 현장 훈련 도전하기.
3. 워드프로세서, 엑셀 등 컴퓨터 자격증 취득 통해 컴퓨터 활용 능력 향상시키기.

sw'er 개입 목표: 1. 취업을 위한 정보 제공 및 면접기술 훈련
2. 기관 내 현장훈련 연계하기
3. 컴퓨터 관련 자격증 취득할 수 있도록 정보 제공 및 개별 활동 계획 수립 돕기

확인된 문제	개입목표	개입계획
"빨리 정규직으로 안정적인 자리에 취업을 하고 싶어요." "사무직이나 서비스직 취업은 하고 싶은데 무엇부터 해야할지 모르겠어요." -취업에 대한 욕구가 매우 높으나 취업에 필요한 기술이 부족한 상태임.	1. 취업 훈련 통해 취업 기술 향상시키기 (취업 임시 훈련 통해 취업능력 향상시키기)	1. 취업 정보 제공하기 (취업사이트 및 장애인 고용과 관련된 정보를 제공하거나 함께 검색해 본다.) 2. 이력서 및 자기소개서 작성하기 (이력서 및 자기소개서 양식에 맞추어 자필로 작성한 후 워드로 작성한다.) 3. 면접 연습하기 (면접 질문 및 면접 태도를 연습해 본다.)
"취업을 해서 돈을 벌고 싶은데 준비를 해야 할 것 같아요." -취업에 대한 욕구가 매우 높으나 취업 시 이를 오랜 기간 동안 유지하지 못하는 부분 있어 직업재활 훈련 필요함.	2. 현장훈련 참여하기 (면접 연습 및 직업기술 훈련 제공하기)	1. 현장 훈련 연계 및 지원계획 수립 (현장훈련 지원 가능한 날짜 및 업무에 대한 정보를 제공하고 이를 위한 지원 계획을 수립한다.) 2. 면접 연습하기 (취업준비반 기초훈련 선발이 되기 위해 그룹 면접 실시하여 면접 기술을 익힌다.) 3. 취업준비반 훈련 유지 지지하기 (훈련 도중 힘든 점은 없는지 업무 시 스트레스를 어떻게 해소해야할지 정기적인 면담 진행하기)
"사무직에 취업하고 싶은데 지금 컴퓨터를 하는 것을 다 잊어버렸어요." "자격증이 있어야지 그래도 사무직 취업할 때 도움이 될 것 같아요." -사무직에 취업하기 위해 컴퓨터 문서작성 능숙해야 하나 현재 기술 부족한 상태임.	3. 컴퓨터 관련 자격증 취득할 수 있도록 정보 제공 및 개별 활동 계획 수립 돕기	1. 컴퓨터 프로그램(한글, 엑셀)참여하여 수업 진도에 따른 복습하도록 하기 2. 사무직 취직 위해 자격증 취득 독려하기 (워드 및 ITQ 등 컴퓨터 관련 자격증 정보 제공하고 동아리와 개별 활동 시간에 연습할 수 있도록 한다.) 3. 주간 소식지 작성을 통해 배운 내용을 실제로 활용해 볼 수 있도록 한다.

한다.

심리사회적 사정의 내용에는 인적사항, 의뢰에 대한 정보, 나타난 문제, 문제에 대한 병력, 이전의 상담경험, 가족배경, 개인력, 의료병력, 문화, 영성, 종교, 정신상태와 현재의 기능 수준, 정신상태 검사, 진단, 치료목표, 평가 계획 등이 포함된다(Cooper&Lesser, 2005; 천덕희, 2012: 533에서 재인용).

여기서는 2020년 정신건강사회복지사 수련지침서의 '심리사회적 사정' 내용을 기반으로 사정을 하면서 참고할 추가적인 부분과 실제 사례를 통해 이해를 높이고자 한다.

1) 정보수집(Information Gathering) 단계

사정에서 필요한 정보의 원천으로는 클라이언트의 구두 보고와 비언어적 행동, 가족의 보고, 주변인(친구, 이웃, 교사, 의사, 목사, 다른 사회기관 등), 심리검사 보고, 가정방문 등을 통해 정보를 얻을 수 있다(Zastrow, 1992; 이영호 외, 2006: 150에서 재인용).

일반적으로는 클라이언트와 주보호자(주로 가족)의 정보가 주요 원천이나 필요시 다양한 주변인(병원 주치의, 정신건강복지센터 사례관리자, 동료 등)으로부터 정보를 얻을 수 있다. 이때 클라이언트의 비밀보장과 관련한 윤리적인 부분과 상충되지 않도록 고려해야 한다.

(1) 인적사항(Identifying data)

나이 / 성별 / 주소 / 연락처 / 학력 / 종교 / 직업 / 병역 / 결혼상태 / 진단명 및 주치의 / 입원(등록, 의뢰)경로 / 정신과 치료 여부, 치료 시작 시기 / 약물복용의 자발성 / 기타 약물 및 불법적 약물 사용 여부 / 의료 보장 유형 / 장애등록 여부 / 경제 상태 / 주택 상황 / 생활비 부담자 / 치료비 부담자 / 정보제공자 / 정보의 신뢰도 등을 파악한다.

이러한 정보는 클라이언트의 현재의 자원을 파악하고 문제 해결에 더 요구되는 자원을 파악하는데 중요하다. 그러나 경제적 상황 등 매우 개인적인 부분도 있는 만큼 클라이언트가 저항감 없이 사정에 응할 수 있도록 초기 관계 형성과 필요성에 대한 이해가 선행되어야 한다.

(2) 의뢰과정 및 주 호소(chief complaint or need)

의뢰과정은 현재의 기관 / 병원에 입원 / 등록 / 외래치료 오게 된 과정과 아울러 사회복지사가 사례를 담당하게 되기까지의 과정 및 의뢰 목적을 기술한다. 현재의 입원/등록 과정과 이후 사회복지사에게 의뢰되기까지의 과정을 정확히 파악해야 사정의 방향, 개입을 위한 목표의 방향을 잡을 수 있다. 또한 의뢰자(보호자, 주치의, 외부 사례관리자 등)와 소통하면서 클라이언트에 대한 개입을 협력적으로 해나갈 수 있다.

〈표 17-4〉 적용사례

<table>
<tr><td>성 명</td><td>이OO</td><td>연 령</td><td>41세</td><td>성 별</td><td>남</td></tr>
<tr><td>현주소</td><td colspan="3">서울시 OO구 OO로</td><td>연락처</td><td>010-0000-0000</td></tr>
<tr><td>최종학력</td><td>고등학교 졸업</td><td>종 교</td><td>기독교</td><td>결혼상태</td><td>미혼</td></tr>
<tr><td>병 역</td><td>의가사 제대</td><td>직 업</td><td colspan="3">무직(이전 직업: 편의점 아르바이트 6개월, 택배 3개월)
2년 전 의료급여 1종이 된 후 직업생활 중단함</td></tr>
<tr><td rowspan="4">경제상황</td><td>월소득</td><td colspan="2">월 88만 원
(기초생활수급비 58만 원+
누나의 용돈 30만 원)</td><td>의료보장 형태</td><td>의료급여 1종</td></tr>
<tr><td>주거상황</td><td colspan="4">자가, 전세, 월세(보증금 300만 원 / 월 20만 원), 무상임대, 기타</td></tr>
<tr><td>주택형태</td><td colspan="4">아파트, 빌라, 다가구주택, 단독주택, 기타(임대아파트 13평)
1년 전 동주민센터에 신청통해 임대아파트 입주하게 됨</td></tr>
<tr><td colspan="2">주 수입원 및 치료비부담자</td><td colspan="3">본인, 누나</td></tr>
<tr><td rowspan="3">진단명</td><td rowspan="2">Schizoaffective disorder, manic type</td><td rowspan="3">복용약물
*자발적 외래치료 및 복약 중</td><td colspan="2">약물명</td><td>부작용</td></tr>
<tr><td colspan="2" rowspan="2">아빌리파이 15mg
리스페달 3mg
벤조트로핀 1.5mg</td><td rowspan="2">졸림</td></tr>
<tr><td>Dependence syndrome of alcohol</td></tr>
<tr><td>장애등록</td><td>없음</td><td>입원(등록)일</td><td>2021.3.3</td><td>사례개시일</td><td>2021.3.14</td></tr>
<tr><td>정보제공자</td><td colspan="3">본인, 누나, 정신건강복지센터 담당자
00동 주민센터 사회복지담당자, 환자의 주치의</td><td>정보제공자의 신뢰도</td><td>중상</td></tr>
</table>

〈적용사례〉

▶ 클라이언트의 주 호소

"우울감이 심하죠. 죽고 싶은 생각이 들 때도 있어요. 너무 무기력해서 뭘 할 수가 없었어요."
"자살하고 싶다는 생각이 없을 수는 없고, 그냥 미루는 거라고 생각해요."
"이미 몇 차례 재발했는데 또 이러니까 좌절감이 더 들죠. 다시 이렇게 되는 게 두려워요."
"제 나이가 있는데, 이제 남들과 비교했을 때, 뒤처졌다는 생각이 들어요."

▶ 보호자의 주 호소

"내가 조금 더 일찍 알았더라면 좋았을 텐데…."
"정신과 치료를 받아야 할지 말아야 할지 혼돈스러워요."

▶ 수련사회복지사가 본 문제

Pt 우울감으로 자살사고 및 자살시도 반복됨.
Pt 주변 상황에 대한 부정적인 인식 및 스트레스 대처 능력 낮음.
환부 정신과 치료에 대한 양가 감정, 입원치료에 대해 거부감 높음.

(3) 과거력 및 현병력(Past Psychiatric History and Present Illness)

클라이언트의 인생에 있어 현재 상황을 야기한 에피소드에 대한 포괄적이고 시간 순서적인 그림을 그려보는 것으로, '왜, 지금' 클라이언트가 증상을 나타내게 되었는지 이해하는 과정이다. 첫 정신과적 증상이 나타난 시기 및 당시의 전조 증상, 첫 정신과 치료 후 치료의 지속 여부, 관해기와 급성기와 외래 치료력, 입원력을 시간 순서적으로 파악하고 특히 이번에 외래 / 입원 / 등록하게 된 경위에 대해서 파악한다.

첫 발병 시기, 당시 증상과 문제들, 치료의 시작 시기와 경위, 치료경과, 약물복용과정, 약물관리상태 및 부작용, 치료효과 등을 기술하고, 재발이 있는 경우 재발 시기 및 횟수, 각 재발 당시 에피소드, 재발요인, 치료에 대한 클라이언트와 가족의 태도 및 반응 등을 구체적으로 파악한다. 가족 혹은 클라이언트를 둘러싼 사회적 환경 요인 중 현재 클라이언트의 증상이 재발하는 데 영향을 미치고 있거나, 증상이 유지되는 데 영향을 미치는 요인들(perpetuating factors)을 파악하는 것이 개입의 방향 수립에 도움이 될 것이다.

(4) 면접당시 클라이언트의 상태

클라이언트를 처음 면담할 당시 클라이언트의 전반적인 상태에 대해 정신상태검사(MSE)를 통해 확인한다. 정신상태검사는 아래의 내용을 반영하되, 클라이언트에게 특징적으로 나타나는 것만 기술한다. 정신상태 검사는 이 책의 '정신병리'장에서 구체적으로 다룰 것이므로 여기서는 정신상태 검사 항목을 체크할 수 있는 양식으로 이해를 돕고자 한다. 일반적으로 정신과병원의 경우 정신과 전문의가 정신상태 검사를 하고 사회복지사는 이것을 참고하여 심리사회적 사정을 하고 있다.

1) General Appearance

(1) 내소 시 상태: □도보, □Wheelchair, □기타

(2) 자발적 내소여부: □Yes, □No

(3) 외모: 체구, 신장, 옷차림새, 두발상태, 화장상태(여자)

(4) Personal hygiene(개인위생): □good, □poor

(5) Facial expression(표정): □bright(밝음), □blunted(무뚝뚝), □terse(긴장), □angry, □depressed

(6) Posture(자세): □comfortable(편한), □rigid, □slumped, □threatening(위협적인),
□defensive(방어적인)

(7) Eye contact: □Yes, □No

2) Behavior and activity

□normal, □rigid(완고한), □negativism(음성증상), □retarded(지체), □agitated, □hyperactive(활동적인), □twitching(경련), □tremor(진전), □stereotypic(상동증), □mannerism(매너리즘), □catalepsy(납굴증), □compulsive acts(강박행동)

3) Attitude to examiner

□cooperative(협조적), □attentive(경청), □playful(장난스럽다), □submissive(순종적), □indifferent(무관심, 냉담), □defensive(방어적), □evasive(회피), □hostile(적의 있는)

4) Speech

(1) Spontaneity(자발성): □ +, □ -

(2) Verbal productivity: □normal, □increased, □decreased, □aphasic(실어증)

(3) Speed: □normal, □rapid, □pressured(압박), □slow

(4) Pitch(음의고저): □normal, □high, □low,

(5) Tone: □normal, □loud(큰), □whispering(속삭이다), □monotonous(단조로운),

(6) Speech disturbance(문제): □none, □dysarthria(구음곤란), □stammering(말더듬), □mumbling(중얼거림) □slurring(분명하지 않게)

5) Mood and Affect

(1) Mood: 환자의 기술(ex: "기분이 좋다.")

□euphoric(정상), □elated(의기양양), □irritable(예민한), □angry(화), □depressed, □anxious, □despair(절망), □guilty(죄책감), □dysphoric(불쾌감)

(2) Affect: 겉으로 보이는 모습(ex: "기분이 좋아 보임.")

① □appropriate(적절한), □inappropriate(부적절한)

② depth(진지함): □deep(심도), □shallow(표면)

③ range(변화): □broad(폭 넓은 변화), □restricted(제한), □blunted(둔마), □flat(편평), □labile(불안정한, 깨지기 쉬운), □ambivalent(양가감정)

6) Perception

(1) Hallucination: □auditory, □visual, □tactile, □olfactory, □gustatory

(2) □illusion(착각)

(3) □Depersonalization(이인화)

(4) □Derealization(비현실감)

7) Thought

(1) Thought form & process

□coherent, □incoherent(지리멸렬), □word salad(말비빔), □clang association(음향현상), □neologism(신어조작증), □perseveration(보속증), □verbigeration(음송증), □logical(논리적), □illogical(비논리적), □circumstantiality(우원증), □tangentiality(사고이탈), □loosening of association, □flight of idea(사고비약), □retarded(사고지체), □blocking(사고차단)

(2) Thought content

① □Delusion: □del of reference(관계망상), □persecutory or paranoid del, □grandiose del(과대망상), □somatic del(신체망상),□del of guilt, □del of sin,

□nihilistic del(허무망상), □infidelity del(질투망상), □erotic del(애정망상),
□religious del(종교망상), □del of control(조정망상), thought insertion(사고주입),
□thought leakage(사고누출), □thought broadcast(사고전파), other:

② □Preoccupation, □Obsession(강박), □Ruminations, □Hypochondriasis(건강염려증), □Phobia(공포증)

③ □Autistic, □ambivalence(양가감정), □Magical(마술적)

④ □Suicidal or □homicidal ideation

8) Sensorium(감각) / Cognition(의식)

(1) Consciousness: □alert(깨어있는), □drowsy(졸리는), □confused(혼란),
□delirious(착란), □stuporous, □comatose(혼수)

(2) Orientation: □maintained, impairment in □time / □place / □person

(3) Memory: □intact, impairment in □remote(장기기억) / □recent(최근) / □immediate(가까운)

(4) Concentration & attention(주의집중): □intact, □impaired
comment: 100-7=93-7-86, 요일 거꾸로 말하기

(5) Calculation(계산): □intact, □impaired

(6) Abstraction thinking(추상적인 사고): □intact, □impaired
comment: 속감풀이 ex)소 잃고 외양간 고친다. ⇒
공통점/유사점 ex)사과, 배, 귤 /비행기, 기차 ⇒

(7) Common sense / Intelligence

① Common sense(상식): □intact, □impaired
comment: 우리나라 대통령은?⇒ / 5대도시는?

② Intelligence: □average(평균) □above average(상) □below average(하)

9) Judgment

(1) Social judgment: □ intact, □impaired

(2) Situational judgment(상황판단력): □intact, □impaired
comment: 주민등록증을 주우면?⇒
극장에 불이 나면?⇒

10) Insight

Grade: □Ⅰ 질병의 전적인 부정
□Ⅱ 병들었다는 상태라는 인식이 조금 있으며, 동시에 그렇지 않다고 생각함.(부정)
□Ⅲ 병들었음을 인정하나 그 원인이 기질적 요인이나 외적 요인 혹은 타인에게 있다고 봄.
□Ⅳ 병들었으나 그 원인이 환자 자신 속에 있는 무엇인가 알 수 없는 것 때문이라고 여김.
□Ⅴ 지적통찰: 자기가 병들었음을 인정하고 증상과 적응실패가 자신의 비합리적인 정서와 심리적 장애 때문임을 알지만 그러한 이해나 지식이 행동화 되지 않음.
□Ⅵ 진실된 감정적 통찰: 환자 자신과 자신의 일생에 중요한 인물들의 동기와 느낌을 잘 알고 그러한 앎이 행동으로 옮겨져서 행동에 근본적인 변화가 일어남.

11) reliability(신뢰) : □ 상 □ 중 □ 하

(5) 자살사고 및 시도에 대한 평가

사정단계에서 클라이언트의 자살사고 및 시도 여부를 파악하여 자살의 위험성이 있다면 사회복지사는 클라이언트의 자살을 막기 위해 모든 합법적인 노력을 기울여야 한다(한국정신건강사회복지학회, 2000: 100).

〈표 17-5〉 자살위험도 평가 지침

분류	고(高)위험	중(中)위험	저(低)위험
자살사고/자살시도	• 지속적 / 뚜렷한 자살사고 • 명확한 의도, 구체적 계획 • 높은 치명성	• 빈번한 사고 • 반복되는 자살 위험 • 낮은 치명성	• 막연한 자살사고 • 구체적 계획 없음 • 자살시도가 없었음
정신상태	• 심한 우울증 • 명령하는 환청, 죽음에 대한 망상 • 절망, 무가치함에 대한 몰입 • 심한 분노, 적개심	• 보통의 우울증 • 약간의 정신병적 증상 • 보통의 무망감 • 보통의 분노, 적개심	• 가벼운 우울증, 슬픔 • 정신과적 증상 없음 • 미래에 대한 희망 • 가벼운 분노, 적개심
물질장애	• 현재 물질중독, 남용, 의존	• 물질중독, 남용, 의존의 위험	• 가볍거나 아주 드물게 물질 사용
지지체계	• 도움에 대한 거절 • 지지적 관계 결핍/적대적인 관계	• 양가적 • 보통의 지지체계	• 도움을 수용함 • 치료적 협조 형성 • 좋은 관계와 지지체계

출처: 국립정신건강센터(2016). 정신과적 응급상황에서의 현장대응 안내 2.0.

자살위험성 평가에서는 자살 시도력(동기, 횟수, 방법, 치명성) 자살사고 및 빈도, 계획(방법, 시간, 장소 등), 물질장애를 동반하는지, 환자의 위기 상황 시 도움을 줄 수 있는 지지체계가 있는지 등을 파악 후 최종적으로 자살위험도에 관한 전반적인 평가를 한다. 자살 위험성이 있다면 이에 대한 위기개입 방안, 연계할 기관 등에 대한 것도 기술한다.

▶ 적용사례(자살 위험도 평가 후 위기 개입 계획 수립)

상기 Pt 초등학교 시절 따돌림, 환모 사망 등 스트레스 사건이 발생하는 경우 죽고 싶다는 자살사고가 심화되는 것으로 보이며, 1년 전 자살사고가 구체적인 자살계획으로 이어지는 경우가 있었음. 현재는 막연한 자살사고를 보이고 구체적인 계획은 없음. 1주 전 사회복지사와의 면담에서 '자살사고는 아예 없을 수 없고, 자살은 미루는 것뿐'이라고 보고하였고 이 부분은 담당주치의에게도 전달하였음. 이에 Pt의 자살사고 점검 및 감소를 위해 입원기간 동안 병동에서 지속적인 상담을 진행할 예정임. 상담 및 교육을 통해 환자가 퇴원 후 정신건강복지센터, 자살예방센터의 서비스 필요성을 갖도록 하여 퇴원 후 사례관리 연계를 통해 Pt의 자살사고에 대한 지속적인 모니터링을 할 계획임.

(6) 개인력(Personal History)

클라이언트가 출생 후 현재까지 발달 단계 마다 중요한 사건에 대해 클라이언트의 반응 및 대처 능력을 포함하여 정보를 수집한다. 개인력은 임신 중 환모의 상태 및 상황, 클라이언트의 유아기, 아동기, 청소년기, 성인기, 장년 및 노년기 등 발달 단계에 대한 전반적인 이해를 위한 것이다.

① 출생 전과 출생 직후(prenatal and perinatal): 0세~1세

출생 당시 가정상황, 경제적 상황, 계획된 임신 여부, 임신기간 중 부모의 관계, 어머니의 정서적 상태 및 알코올이나 약물 남용 여부, 출산 시 문제점, 출생 당시의 장애나 상해, 수유상태, 클라이언트의 출생에 대한 어머니를 비롯한 가족, 친척의 정서적 반응, 주 돌봄자의 양육 방식 등

② 학령전기(preschool): 1세~7세

배변훈련, 운동 및 언어발달, 수면패턴, 대상일관성(object constancy), 분리불안, 주돌봄자, 모성박탈 여부, 형제관계, 놀이 활동, 행동적 문제, 영유아기 성격, 사회성 학습을 위한 가정의 환경, 초기 영유아기에 대한 클라이언트의 기억

③ 학령기(primary school): 8세~13세

부모와의 분리불안 유무, 초기 학교 경험에 부여하는 의미, 또래집단 참여 및 역할, 대인관계, 인지적, 신체적 발달 정도, 학교에서의 적응 형태(자기주장 정도, 주도성, 수동성, 충동성, 주의집중력, 반사회적 행동 등), 학업성취 정도

④ 청소년기(middle school & high school): 14세~19세

형제와의 관계, 학교 적응력, 인지적, 행동적 발달, 정서적, 신체적 문제, 의사소통 수준, 학업성취 정도, 졸업 등의 여부, 성적 문제(sexual history), 친구의 수 및 친밀성, 또래집단, 대인관계 등 전반적인 사회기능 수준

⑤ 성인기(adulthood): 20세 이후

학력 및 학교생활, 직업력, 남자의 경우 병역 여부, 군대 생활의 적응 여부, 종교, 사회

적 활동, 경제적 상황, 법적 문제 여부, 직업 및 학업에 대한 기능, 의사소통 수준, 전반적인 사회기능 수준, 발병 전 사회적 기능, 대인관계 기능, 특별한 사건 등. 중장년의 경우 결혼 여부, 미혼인 경우 결혼에 대한 생각, 기혼의 경우 부부 및 확대 가족과의 관계 등. 50대 이상인 경우 주보호자 등 가족의 지지체계, 경제적인 주 원조자, 기타 신체적 질환의 동반 여부 등도 중요하다.

(7) 가족력(Family History)

클라이언트의 가족은 재활과 회복을 위한 가장 큰 지지체계이며 한편으로는 발병의 과정에 다양한 역동이 기여했을 수 있다. 발병과정, 치료과정에서 가장 중요하고 영향력 있는 환경은 가족이다. 그러므로 가족에 대한 정확한 사정을 위한 노력이 필요하다(이예승, 2016: 289). 가족의 정보를 얻는 것이 쉽지 않은 과정이나 환자의 상황을 통합적으로 파악하는데 가족력은 중요하다. 가족에 대한 사정을 위해 가계도나 생태도를 활용해 가족 구성원과 관계, 정신과적 가족력 등 전반적인 이해를 할 수 있다.

① 가계도

▶ **적용사례**

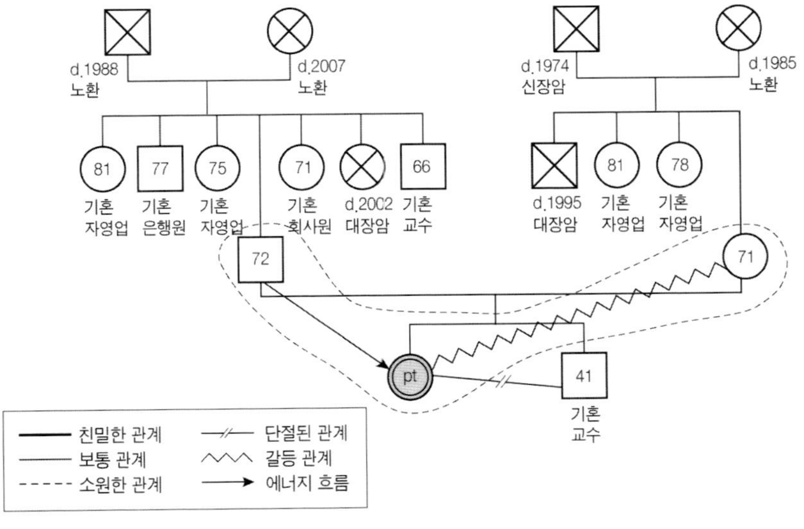

② 가족성원에 대한 기술

가족체계로서 기능하는 가족 성원의 성별, 연령, 직업, 성격 등을 기술 한다. 확대가족이거나 혹은 친척이 아닐지라도 가족체계의 일부로서 기능한다면 모두 포함시킨다.

③ 가족체계에 대한 기술

- 클라이언트와 가족의 관계 원가족(family of origin)과 만들어진 가족(family of procreation), 가족 간의 관계 및 역동
- 양육, 보호, 사회화의 제공, 감정, 친밀성, 역할 모델링, 가족의 사회적 역할 수행
- 물리적 환경, 경제적 환경, 가족의 구조와 발달, 의사소통방식, 문화적 배경, 이웃과 지역사회에 존재하는 사회망, 문화적 맥락, 가족의 사회 환경, 사회제도적 영향 요인 (정슬기 외, 2005: 113)
- 부부체계, 자녀체계, 부모-자녀체계의 특성, 각각 체계내의 관계, 체계 간의 관계(상호체계의 견고함, 영향 요인, 공유하는 감정, 상호작용 방식 등)

2) 심리사회적 사정(Assessment) 단계

심리사회적 사정에서 인간에 대한 이해는 환경 속의 인간 이라는 관점에서 이해되어야 한다(Richmond, 1917; 백은령 외, 2006: 144에서 재인용). 환경 속의 인간이라는 개념은 개인-환경 간의 상호작용 증진의 책임을 개인, 환경 모두에게 두는 것을 의미한다. 개인이 경험하는 문제는 개인 요소와 환경 요소가 상호작용적으로 나타난 결과로 보는 것이다 (엄명용 외, 2005).

(1) 심리사회적 환경적 문제

심리사회적 환경적 문제는 부정적 생활사건, 환경적 어려움이나 결함, 가족이나 다른 대인관계에서의 스트레스, 부적절한 사회적 지지나 개인자원, 기타 개인의 어려움이 발생할 수 있는 환경적 문제들이다(양옥경, 2006: 315). 일반적으로 다음의 문제 영역을 사정하며 클라이언트의 문제를 기술할 때는 측정 가능하며, 행동화된 문제로 기술한다.

아래의 영역에 대한 심리사회적 환경적 문제를 사정하지만, 보호와 통제를 필요로 하는 클라이언트인 아동학대 피해 아동, 가정폭력 피해자 및 가해자, 노인 학대, 자해 혹은 자살을 시도하는 클라이언트, 타인을 해치는 클라이언트 등은 특정 요소를 더 고려하여 사정을 해야 한다(엄명용 외, 2005: 133).

심리사회적 환경적 문제에는 편의 상 다음의 문제들이 동일범주로 분류되며 기록에는

세부 내용이 기록 된다(양옥경, 2006: 316).

문 제	내 용
일차적인 지지집단과의 문제	가족의 죽음, 가족 내의 건강문제, 별거, 이혼, 가족의 해체, 가출, 부모의 재혼, 성적 또는 신체적 학대, 과잉보호, 방임, 부적절한 규칙, 형제와의 불화, 형제의 출생
사회적 환경과 관련된 문제	친구의 죽음이나 상실, 부적절한 사회적 지지, 혼자 사는 것, 이민 문제, 차별, 생활-주기 전환에 대한 적응(퇴직)
교육적 문제	학업문제, 교사나 친구와의 불화, 부적절한 학교 환경, 퇴학, 자퇴,
직업적 문제	실직상태, 직업 상실의 위협, 과도한 업무 스케줄, 어려운 작업 상태, 직장불만, 직업불만, 직업변화, 상사나 동료와의 불화
주거의 문제	집이 없음, 부적절한 주거환경, 불안전한 이웃, 이웃이나 집주인과의 불화
경제적 문제	극심한 가난, 불충분한 수입, 불충분한 복지 지원
신체적 건강과 관련된 문제	신체적 질환, 부적절한 건강관리 서비스, 건강관리 기관과의 연결 필요, 부적절한 건강보험, 의료보장 연결 필요
법적 체제와 범죄와의 관계	구금, 투옥, 소송, 범죄의 피해
기타 심리사회적 문제들	재난에의 노출, 기타 적대적 상황, 가족 이외의 돌보는 사람과의 불화(상담자, 사회복지사, 의사), 사회서비스 기관을 이용하지 못함

출처: 양옥경(2006). 정신보건과 사회복지. p. 316.

〈우선순위 별 주요 문제〉

위의 영역별 문제들 중에서 문제의 중요성, 심각성, 개입의 필요성 및 시급성 등을 포괄적으로 고려하여 문제의 우선순위를 정하게 된다. 문제의 우선순위는 개입의 우선순위가 될 것이고 우선순위별 주요 문제를 기반으로 객관적인 목표와 구체적인 개입 계획을 세우기 위한 것이다.

▶ 적용사례

구 분	주요 문제
1순위	증상관리의 어려움 외래 지속적으로 유지하는 편이나, 약물 복용하지 않은 경우 있어 재발 반복됨.
2순위	경제적 어려움 D종교단체에서 기부금 명목으로 대출 요구하여 환자 부채 2000만원 있음.
3순위	자기주장의 어려움 D종교단체에 원치 않은 활동 참여 등 자신 주장 어려워하여 스트레스를 받음
4순위	보호자의 돌봄 부담 환자 가족 직장생활 및 학업으로 환자 care 어려움 호소

(2) 문제 해결을 위한 강점 및 약점(Strength and Weakness)

클라이언트와 가족, 기타 정보제공자를 통해 수집된 자료를 기반으로 클라이언트의 강점과 약점을 파악한다면 문제해결의 방향을 결정하는 데 도움이 될 것이다. 일반적으로 정신과 환자 대상의 사정에서는 약점에 초점이 맞춰질 수 있으나 그동안 대처해 온 클라이언트의 자원, 노력 등에 초점을 두는 노력이 중요하다(이예승, 2016: 273).

사회복지사의 사정은 약점과 병리적인 측면보다는 강점을 강조하고, 역기능적 측면보다는 긍정적이고 기능적인 유형을 확인해야 한다. 사회복지사 입장에서 가능성 여부, 바람직한 것을 결정하는 것이 아니라 클라이언트가 원하는 것, 할 수 있는 것에 초점을 두어야 한다. 사정을 하는 과정은 상호작용의 과정이고 이때 사회복지사가 갖는 관점과 태도는 그대로 클라이언트에게 전달되기 때문이다. 클라이언트의 강점에 기반 해야 성공적인 개입이 될 수 있을 것이다(한국정신보건사회복지학회, 2000: 95).

강점 및 약점은 클라이언트의 개인, 가족, 환경적 측면에서 찾을 수 있다. 클라이언트의 확인된 문제를 해결해 가는 과정에서 활용 가능한 자원 및 클라이언트의 강점을 확인한다. 강점(strength)은 클라이언트의 일상생활, 가족관계, 대인관계능력과 기술, 학교 적응력 및 직업기술능력 등의 측면에서 확인된 문제를 해결하는 데 활용할 수 있는 자원, 지지체계 등이 해당된다. 강점의 예로는 경제적인 지지체계, 인지기능, 학업 능력, 의사소통 능력, 치료의 자발성, 가족의지지 체계 등(이영호, 2006: 182)이 있다. 약점(weakness)은 현재 확인된 클라이언트의 문제를 해결하는 데 방해 혹은 장애가 되는 요소이다. 가족, 학교, 직장, 지역사회 내에 클라이언트의 문제 해결에 필요한 지지체계가 부족하거나 취약하면 이것도 약점이 될 수 있다. 대인관계의 어려움, 사회적 행동의 위축, 자신감의 낮음, 알코올 등의 남용으로 인한 문제들, 병식의 낮음, 치료의 비자발성, 낮은 가족의 지지체계, 빈곤한 사회적 자원 등이 해당된다(이영호, 2006: 182).

(3) 활용 가능한 자원 체계

사회복지사가 수집한 다차원적 정보를 효과적으로 정리하여 클라이언트를 둘러싼 다양한 자원을 한눈에 파악할 수 있는 도구로 생태도, 사회지지망, 생활력표, 생활주기표, 정신상태검사, 심리검사, 가계도, 소시오그램 등이 있다(엄명용, 2005: 113). 여기서는 생태도 작성 사례와 자원체계의 사례를 살펴 볼 것이다.

① 생태도(eco-map)

▶ **적용사례**

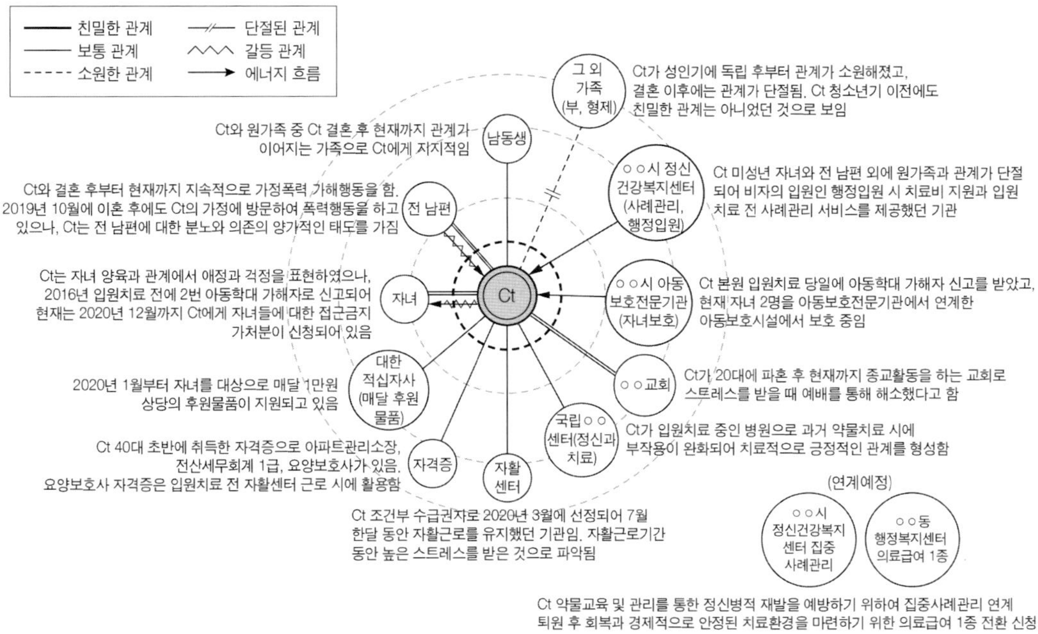

② 자원 체계

클라이언트의 상황을 정확히 이해하고 더 필요한 서비스 파악을 위해 공식적 자원과 비공식적 이용자원 체계를 파악한다. 자원의 종류는 공식적 자원(formal resource), 비공식적 자원(informal resource), 사회적 자원(societalresource), 사회지지망(social network) 등이 있다(이영호, 2006: 183). 공식적 자원에는 사회보장 서비스, 교육 및 보건체계(고용노동부, 정신건강복지센터, 직업재활기관, 여성인력개발원 등), 종교단체. 비영리단체 등이 있고, 비공식적 자원에는 가족, 친구, 친지 및 이웃 등이 포함 된다(엄명용, 2006: 117). 현재 갖고 있는 자원뿐만 아니라 더 필요한 자원도 파악하는 것이 필요하다.

(4) 이론 기반 사정(Theory-based Assessment)

클라이언트에 대한 수집된 정보를 바탕으로 문제 원인에 대한 사례 역동(Case dynamic)을 분석하는 과정이다. 문제가 발생하게 된 맥락을 이해하기 위해 선택한 이론의 관점과 주요 개념을 적용하여 문제의 발생 배경을 추론해 보는 과정이다.

이론기반 사정에 활용되는 이론으로는 정신역동, 심리사회, 생태체계, 임파워먼트, 클라이언트 중심, 인지행동 등 다양한 이론이 있다. 이론에 대한 자세한 내용은 이 책의

'정신건강실천이론'에서 다루고 있어 여기서는 생략한다. 이론기반 사정에서 주의할 점은 해당 이론과 클라이언트에 대한 문제 원인에 대한 분석 내용이 논리적으로 적합해야 한다.

▶ 적용사례 F / 18 / Depressive episode, unspecified / 대상관계 이론 적용

본 사례의 경우 부모와의 잘못된 관계에서 얻은 부정적인 자기상과 자아이미지를 갖고 성장하여 현재의 관계에도 반복되어 나타난다고 사료되어 대상관계이론으로 사정하고자 한다. 대상관계 이론에서는 우울증을 양육자와의 불안한 관계로 인해 손상된 정신적 표상에 의한 문제로 본다. 이러한 현상은 애착의 내적 작동 모델(internal working model)로 설명할 수 있다. 이는 양육자에 대한 정서 경험을 기초로 영아가 자기와 타인에 대해 형성한 정신적 표상을 뜻한다. 따라서 영아기에 형성된 부모에 대한 애착은 이후의 관계 형성에 지속적으로 영향을 준다고 볼 수 있다.

Pt의 경우 3세 때, 친모에게 버림받아 이후 성장과정에서 양육자의 일관성 있는 반응을 경험하지 못해 올바른 '자기 개념'을 구축하지 못하였으며 이로 인해 외부 세계에 대한 신뢰가 부족하다고 사료된다. 신경정신분석가 하인츠 코후트(Heinz Kohut)는 관계가 자기구조를 창조한다고 보았으며, 사람들은 타인을 통해 만족되어야 하는 자기중심적인 욕구를 가지고 있는데, 이때 개인의 욕구를 만족시키는 중요한 타인을 '자기대상(self object)'이라고 명명하였다. 초기 아동기에 양육자는 아동의 '자기대상(self object)'이 되며, 아동은 부모와의 상호작용을 통해 자기를 획득한다고 보고 있다. 하지만 Pt는 어린 시절부터 주 양육자와 분리되어 자신의 감정을 공감 받고 수용 받는 경험을 하지 못해 적절한 자기감(self-esteem)을 형성하지 못했을 것으로 보인다.

부모에 대한 적절한 애착을 형성하지 못한 Pt가 8세 때 입양된 이후 2년 만에 파양을 경험하여 또 한 번 주 양육자에게 거부, 냉담함을 경험함으로써 자신에 대해 사랑스럽지 못하고 무능력한 모습을 내재화하였을 것으로 사료된다. 이는 '제가 쓸모없는 사람으로 느껴져서 자해를 해요.'라고 보고한 Pt 모습에서 설명해 주고 있다. 또한 타인에 대한 불신과 냉담한 모습을 내재화 하여 학창시절 동안 친구가 전혀 없어 적절한 또래관계를 형성하지 못하였으며, 성인이 된 이후에도 시설에서 사람들과 관계를 맺지 못하는 등 부적응의 모습을 보인다.

이처럼 Pt는 주 양육자로부터 두 차례 버림받음으로 인한 상실감, 성장과정 중 반복적인 대인관계 실패, 15세경에 양 엄마가 자신을 버린 이유를 알게 됨으로써 느꼈던 좌절감으로 인해 어린 시절 양육자와의 관계에서 경험한 무력감이 재발한 것으로 보여진다. 따라서 부모와의 긍정적이지 못한 초기 경험이 이후의 관계에서 재현되고 반복되어 우울증이 발병되었다고 사료되어 대상관계 이론으로 사정하였다.

출처: OO병원 사회사업팀 심리사회적 사정 사례임. 개인정보보호를 위해 Ct의 성별, 나이 등은 수정하였으며 사정이 이뤄진 연도 등은 밝히지 않음.

(5) 이론 기반 개입(Theory-based Intervention)

클라이언트의 문제를 해결하기에 가장 효과적이라 판단된 이론과 그 이론의 실천 기법을 활용하여 해결방안의 설계도를 그려보는 과정이라 할 수 있다. 클라이언트의 주요 문제를 해결하기 위해 선택한 이론을 적용하여 클라이언트의 문제를 어떻게 해결하고자 하는지 개입 계획을 수립한다. 이 역시 선택한 이론의 다양한 개입기법을 활용하여 사례에 대한 개입계획이 적합하게 기술되어야 한다.

▶ 적용사례 M/ 32/ 조현병/ 해결중심모델 적용

해결중심단기치료는 내담자가 이미 자신의 문제를 해결할 수 있는 능력을 가지고 있다는 것을 기본 전제로 하여 문제의 원인보다는 해결책에 초점을 두고 인간의 장점, 강점, 과거의 성공 경험 등과 같은 내담자의 자원을 탐색하고 활용하는 모델임.

Pt는 취업에 대한 욕구가 높아 자발적으로 국비 지원을 받아 1년 전 컴퓨터 프로그램인 직업훈련과정에 참여했었으며, OO회사 아르바이트, 치킨 판매 등 다양한 아르바이트 경험이 있음. 이러한 강점을 바탕으로 약물 및 증상관리, 취업 등 환자가 해결하고자 하는 문제에 기반해 구체적인 서비스 제공과 정서적인 지지를 받을 수 있도록 개입하고자 함.

첫 번째로, 기적 질문을 활용하여 환자가 가장 원하는 바를 탐색함. 기적 질문을 활용하여 환자가 문제가 해결되었을 때 긍정적인 미래상을 그려볼 수 있도록 함으로써, 환자의 욕구를 보다 구체적으로 명료화함. 환자가 원하는 욕구를 실현시키기 위한 방법을 함께 탐색한 결과, 환자의 가장 큰 욕구는 '직업생활을 오랫동안 유지하는 것'이었음. 환자 피해 사고로 직업 생활, 친밀한 대인관계 형성이 어려웠다고 호소함에 따라 환자의 욕구를 실현시키기 위한 방법으로 증상관리를 위해 질환 및 약물 교육을 실시할 예정임.

두 번째로, 관계성 질문을 통해 환자의 평소 의사소통 방식에 대해 분석해볼 계획임. 환자의 또 다른 욕구는 '가족에게 좋은 동생, 누나, 딸이 되는 것'이라고 함. 이를 바탕으로 기능적인 의사소통 방식에 대해 알아보고, 실습할 예정임. 또한 스트레스 대처 능력을 강화하기 위해 스트레스 대처 훈련을 진행할 계획임.

세 번째로, 예외 질문을 통해 환자가 직업을 갖고, 유지할 수 있었던 경험에 대해 탐색할 예정임. 다른 직업보다 오랜 기간 유지한 경험을 탐색한 뒤, 오랜 기간 유지할 수 있었던 이유에 대해 논의해 볼 계획임. 또한 직업재활기관을 연계하여 환자의 취업 및 직업유지를 원조할 계획임.

출처: OO병원 사회사업팀 심리사회적 사정 사례 임. 개인정보 보호를 위해 Ct의 성별 나이 등은 수정하였으며 사정이 이뤄진 연도 등은 밝히지 않음.

(6) 개입 목표 및 계획(Intervention Goal and Plan)

효과적인 개입을 위해서는 목적과 목표가 명확해야 한다. 목적은 개입을 통해 얻고자 하는 장기적이고 궁극적인 결과이다(양옥경 외, 2006: 196). 목표는 장기목표와 단기목표로 나눌 수 있고 달성 여부를 측정 가능 하도록 구체적으로 세분화 시켜 실행이 가능하도록 해야 한다. 목표는 클라이언트의 욕구와 연결되어야 하고 바람직한 결과를 지향하고 긍정적인 용어로 기술해야 한다(Hepworth & lasen, 1993; 백은령 외, 2006: 326에서 재인용).

① 장·단기 목표

클라이언트가 원하는 목표, 정신보건사회복지사가 지향하는 목표를 절충하여 클라이언트와 합의된 목표를 수립한다. 목표는 측정 가능해야 하며 달성 시기에 따라 장·단기 목표로 나눠 수립할 수 있다. 단기 목표는 장기 목표를 달성하기 위한 과정으로 일관성 있게 수립되어야 한다.

② 개입 계획

장·단기 목표에 따른 구체적인 전략인 개입 계획을 수립한다. 클라이언트와 환경에 대한 사회복지사의 개입, 욕구 충족, 재활을 위한 여러 가지 인적, 물적 자원에 대한 지원 체계를 의미한다. 확인된 클라이언트의 문제를 어떻게, 어디까지 해결할 것인지에 대한 명확한 기준을 제시해야 하고, 개입 계획은 목표를 달성하기 위하여 어떠한 방법으로 무엇을 어떻게 실천할 것인가에 대해 구체화 하는 작업이다.

개입의 수준은 개인수준, 집단수준, 가족수준, 지역사회 수준으로 나눌 수 있다(양옥경 외, 2006: 207). 개입 계획에 있어 사회복지사의 역할은 가능케 하는 자, 중개자, 옹호자, 활동가, 중재자, 교육자, 조정자, 연구자, 촉진자, 대변자 등 다양한 역할이 있다(Zastrow, 1995: 18–20; 양옥경 외, 2006: 201–204에서 재인용).

개입 실행을 위한 사회복지사의 역할은 직접적 개입과 간접적 개입으로 나눌 수 있다(백은령 외, 2005: 337). 직접적 개입으로는 클라이언트의 사회적 기능 향상, 대인 관계의 향상, 의사소통 능력의 향상, 자원이용 능력의 향상, 질병관리 지식과 대처 능력의 향상, 위기 대처 능력 및 스트레스 관리 능력 향상 등이다. 간접적 개입으로는 서비스 조정, 환경에 대한 개입, 옹호활동 등이다. 개입계획 수립에서 중요한 것은 정신건강사회복지사도 다학제 전문직으로서 교육, 상담, 치료, 훈련 등의 역할을 수행해야 하며 단지 자원 중개자의 역할만으로 한정해서는 안 된다.

▶ 적용사례

문제	개입 목표	개입 계획
병식 부족으로 약물 자의 중단하는 경우 많아 재발 가능성 높음.	1. 질환 및 약물 교육을 통해 퇴원 후 스스로 약물을 복용하고, 외래를 유지할 수 있도록 함.	1. 기적 질문을 통해 Pt가 원하는 바를 탐색한다. 2. Pt가 원하는 것을 이루기 위한 방법을 논의한다. 3. 조현병과 현재 복용하고 있는 약물에 대해 교육하여 약물 복용의 필요성을 교육한다.
	2. 정신건강복지센터 연계를 통해 지속적인 약물 관리를 할 수 있도록 함.	1. 지역사회 재활기관 현황집을 바탕으로 정신건강복지센터를 안내한다. 2. 정신건강복지센터 연계를 통해 지속적인 사례관리를 받을 수 있도록 한다. 3. 환자 동의 후, 정신건강복지센터에 의뢰서를 발송한다.
스트레스 상황 발생 시, 타인을 때리고 욕설하거나 자살 협박하는 등 공격적인 표현으로 대처함.	3. 개별스트레스 관리 훈련을 통해 스트레스 대처 능력을 증진시킴.	1. 스트레스 척도를 통해 스트레스 정도를 파악 한다. 2. 스트레스 대처 방법(근육이완법/심상법/생각바꾸기/행동바꾸기 등) 훈련을 실시한다. 3. 스트레스 상황 시 활용할 수 있는 대처방법을 선택하여 실습한다.
	4. 올바른 의사소통 방법에 대해 교육함으로써 자기주장능력을 향상시킴.	1. 관계성 질문을 통해 Pt가 사용하고 있는 의사소통 방식을 분석 한다. 2. 의사소통의 유형(공격적, 소극적, 주장적)을 교육한다. 3. 기능적인 의사소통 유형인 주장적 의사소통과 나-전달법을 교육 하고 실습한다.
취업 욕구 높으나 증상으로 인해 직장생활 유지 어려움.	5. 직업재활기관의 사례관리 연계를 통해 직업 유지 기간을 늘릴 수 있도록 함.	1. 예외질문을 통해 직업을 유지했던 경험에 대해 탐색 한다. 2. 직업재활기관에 대한 정보를 제공함으로써 Pt가 기관을 이용할 수 있도록 한다. 3. Pt 이용 희망 시, 직업재활기관에 연계 한다.
	6. 여성인력개발원 서비스 연계를 통해 취업 교육을 받을 수 있도록 함.	1. 여성인력개발원 홈페이지를 함께 탐색하여 이용 가능한 프로그램을 탐색 한다. 2. 필요 시 이용할 수 있도록 여성인력개발원 정보(위치, 연락처) 활용법을 교육함.

Ⅳ. 현황 및 과제

심리사회적 사정은 다양한 정신보건 실천현장에서 다양한 정신과적 어려움과 욕구를 가진 클라이언트 대상으로 실시되고 있다. 심리사회적 사정의 틀 역시 의료기관, 정신건강복지센터, 정신재활시설, 직업재활시설 등의 특성에 맞게 유연하게 실시되고 있다. 대상 역시 아동, 성인, 노인 등의 특성을 고려하여 실시되고 있을 것이다.

수련 정신건강사회복지사를 위한 심리사회적 사정 양식의 경우 최근 10여 년 간 다양한 의견 수렴을 거치면서 더욱 구조화, 조직화되어 왔다. 이러한 양식이 클라이언트의 문제를 명확히 파악하는 기능은 탁월하지만(이예승, 2016: 289) 구조화된 양식으로 인해 서식의 각 항목을 채우는 과정으로 경직되게 사용될 수 도 있다.

심리사회적 사정을 하면서 경험하는 윤리적 딜레마는 과거의 병력, 개인력, 가족력을 물어보는 것에 클라이언트가 심리적 저항은 없는지, 자료 수집을 기반으로 한 심리사회적 사정이 실제 원조를 위한 과정으로 충분히 활용되는지에 대한 고민이다. 필자가 현장에서 만나 본 많은 정신과 환자는 여러 차례 입·퇴원을 반복하면서 많은 초기 면담이나 심리사회적 사정에 응하게 되면서(당하면서) 병력과 환자의 개인력을 치료진에게 밝혀 왔다.

이러한 과정이 클라이언트에 대한 정보 수집은 많이 하고 정작 클라이언트에게 실제적인 도움이 되지 않거나, 심리사회적 사정을 위한 인터뷰 과정에서 클라이언트와 가족에게 부정적 정서를 유발한다면 심리사회적 사정을 하는 본래의 목적을 달성하지 못하는 것이고 사회복지 윤리적으로도 문제라 할 수 있다. 이를 극복하기 위한 방안으로 이예승(2016)은 강점 기반 사정의 중요성을 강조하였다.

심리사회적 사정의 과정이 치료적 경험이 될지, 대상화의 경험이 될지는 우리 정신건강사회복지사가 늘 생각해야 할 부분이다. 심리사회적 사정을 하는 과정은 사회복지사와 클라이언트가 함께하는 과정으로, 상호 동의하는 목표를 수립하도록 노력해야 한다. 그러기 위해 사회복지사는 클라이언트의 이야기를 경청하며, 클라이언트가 자신의 관심, 욕구, 잠재력을 발견하고 명백히 하고, 분명히 말할 수 있도록 도와야 한다. 사회복지사 또한 클라이언트가 사정에 만족할 수 있도록 해결의 방향을 제시할 수 있어야 한다. 사정의 과정, 내용과 결과는 클라이언트에게 개방되고 공유되도록 노력해야 한다.

정보의 수집과정에서는 개입을 할 수 있는 영역을 넘어서는 과도한 정보의 수집이 되지 않도록 주의해야 한다. 개입에 필요한 만큼의 정보수집, 사정 과정에서도 치료적인 경험이 되도록 강점기반의 사정을 하고, 목표수립 역시 클라이언트와 협력의 과정이 되도록 노력해야 한다. 심리사회적 사정의 목적이 클라이언트의 문제를 상황적 맥락에서 이해하고, 클라이언트의 문제 해결/완화를 위한 목표를 수립하고, 실제적인 개입 계획을 위한 과정임을 잊지 말아야 할 것이다.

참고문헌

강상경 (2006). 심리사회적 사정. 한국사회복귀시설협회(편), 정신보건의 애해와 실천패러다임. EM 커뮤니티.

백은령, 김선아, 양숙미, 엄미선, 윤철수 (2006). 사회복지실천론. 대왕사.

양옥경 (2006). 정신보건과 사회복지. 나남출판사.

양옥경, 김정진, 서미경, 김미옥, 김소희 (2006). 사회사업실천론. 나남출판사.

엄명용, 노충래, 김용석 (2005). 사회복지 실천의 이해. 학지사.

이영호, 심경순, 김태준 (2006). 정신보건사회복지의 이해. 학지사.

이예승 (2016). 심리사회적사정. 한국정신보건사회복지사협회(편), 정신보건전문요원이론교육 교재.

천덕희 외 (2012). 심리사회적사정. 한국정신보건사회복지사협회(편), 정신보건전문요원 수련교재. 양서원.

한국정신보건사회복지사협회 (2020). 수련지침서.

한국정신보건사회사업학회 (2000). 정신보건전문요원 수련교재. 양서원.

Constable, R. (2008). 사례중심 가족치료와 사회복지실천. 이은진, 배진형, 김유진, 박영희 공역. 학지사.

Goldstein, E. G., & Noonan, M. (2005). 사회복지실천을 위한 통합적 단기개입. 이선혜, 정슬기, 서진환 공역. 학지사.

McGoldrick, M., Gerson, R., & Petry, S. (2011). 가계도-사정과 개입. 이영분, 김유숙, 정혜정, 최선령, 박정희 공역. 학지사.

Rapp, C. A. (1998). *The Strengths Model.* Case Management with People Suffering from Severe and Persistent Mental Illness, Oxford: England Oxford University Press.

Saleeby, D. (1996). The strengths perspective in social work practice: extension and cautions. *Social work, 41*(3), 296-305.

Zastrow, C. (1995). *The Practice of Social Work*(5TH ED.) Pacific Grove: Brooks/Cole.

18장

정신건강사회복지실천이론

최명민
(백석대학교)

Ⅰ. 정신건강사회복지실천에서 이론의 중요성

이론(theory)은 인간의 '앎'의 가장 체계적이고 조직적인 형태 중 하나로서 관심 주제를 이해하고 해석하도록 돕는 기능을 한다(Thompson, 2010). 이러한 개념에 따르면 정신건강사회복지사는 이론을 통해 정신건강과 관련된 여러 현상들을 체계적으로 이해하고 그에 대한 개입을 수행할 수 있음을 알 수 있다. 따라서 본 교재가 정신건강사회복지사를 양성하기 위한 수련교재라고 할 때, 여기서 다룰 '이론'의 중요성은 매우 크다고 하겠다. 정신건강전문가의 실천이 어떤 개인적인 감(感)이나 직관에만 의존하는 것이 아니라 과학적인 이해와 분석의 토대 위에서 이루어질 때 서비스의 질을 담보할 수 있기 때문이다. 역으로 이러한 이론은 실천으로 구현될 때에야 비로소 그 의미를 가지며 학문적으로도 지속적으로 발전해 갈 수 있다.

그렇다면 여기서 다룰 정신건강사회복지실천이론의 영역은 어디까지일까? 정신건강사회복지라는 것이 정신건강과 사회복지가 교차하는 지점에 형성된 영역이라고 할 수 있듯이 정신건강사회복지실천이론 역시 마찬가지라고 할 수 있다. 특히 사회복지실천이론은 초창기부터 정신의학, 심리학 등에서 발전되어 온 이론들을 적극적으로 수용해 왔기 때문에 사회복지실천론(social work theories)[1]에서 다뤘던 정신역동이론, 행동수정이론,

1) 여기서는 사회복지사자격증 교과목인 사회복지실천론을 의미하는 것이 아니라 사회복지 실천 이론 전반을 의미한다.

인지치료이론과 같은 대부분의 내용들은 그대로 정신건강사회복지실천이론에 해당된다고 할 수 있다. 그러나 그 기원을 정신의학이나 심리학에 두고 있지 않은 사회복지실천론(예: 생태체계이론, 해결중심모델)도 정신건강과 관련된 문제나 욕구를 갖고 있는 클라이언트를 상대로 적용할 수 있다면 이 역시 정신건강사회복지실천이론의 영역에 포함될 수 있을 것이다. 결론적으로 사회복지실천이론과 정신건강사회복지실천이론은 서로 다른 것이 아니라는 것이다. 다만 이러한 이론들을 정신건강영역의 특성에 맞게 적용하고 활용하는 문제가 있을 뿐이다.

그러므로 사회복지사 양성과정을 통해 다뤘던 실천이론들을 여기서 다시 그대로 다루는 것은 이미 학습한 내용의 복습에 그칠 가능성이 크다. 설혹 이론 이해에 미진한 점이 있다 해도 이는 기존의 교재나 학습내용을 살펴보면 해결될 부분이다. 따라서 정신건강사회복지실천이론을 다루는 이 장에서 수련생에게 더 도움이 되는 것은 각각의 이론들을 실제 정신건강현장에 어떻게 구체적으로 적용하느냐 하는 문제일 것이다.

이러한 맥락에서 이 장에서는 실천이론의 내용은 핵심만을 제시하고 그 이론들을 정신건강사회복지영역에서 어떻게 적용될 수 있는지에 보다 초점을 맞추고자 한다. 다시 말해 이 장에서는 각 이론의 내용을 상세히 전달하기보다는 그 이론의 적용성에 대한 가이드에 좀 더 비중을 둔다는 것이다. 단, 지면의 분량상 여기서는 주로 정신보건사회복지실천현장에서 자주 사용되는 몇몇 이론 및 모델들을 중심으로 서술하였다. 그러나 이것이 현장에 적용 가능한 이론의 전부는 아니며 여기 포함되지 않은 이론 및 모델 중에서도 얼마든지 유용하고 의미 있는 내용이 있을 수 있다는 점을 염두에 두어야 하겠다.[2)]

Ⅱ. 정신건사회복지실천 이론과 활용

1. 정신역동이론

정신역동이론은 인간의 내면을 과학적으로 분석하고 이해하고자 했던 선구자적 시도

2) 특히 임파워먼트 접근은 정신건강사회복지실천에서 매우 중요한 이론이라고 할 수 있으나 본 교재 후반부에 별도로 다루기 때문에 이 장에서는 다루지 않는다.

에 의해 발전되어 왔으며 프로이드적 정신분석과 그로부터 변형된 자아심리학, 대상관계 이론, 자기심리학, 심리사회모델 등을 포괄하는 개념으로 사용된다(Mcguire, 2002). 현재 정신역동이론이 사회복지사가 활용하는 주류이론은 아니지만 인간 이해에 대한 이론을 학습함에 있어서 가장 기초적인 작업이 정신역동이론에 대한 이해라고 할 수 있다. 정신역동이론은 이를 비판하면서 성립된 행동수정론이나 인지요법 등에도 상당한 영향을 주었기 때문이다.

1) 정신분석론

(1) 핵심내용

정신역동이론에서는 기본적으로 인간의 행동을 사고과정의 산물로 보는 '심리적 결정론'에 따라 이해한다. 즉, 행동은 스스로 의식하지 못 하더라도 인간 내면의 깊은 곳에 존재하면서 개인의 삶에 영향을 미치는 '무의식'에 상당히 영향을 받는다고 본다(Payne, 1997).

정신분석론의 성격이론에서는 인간은 욕구해결에 집중하는 원초아(id), 원초아를 통제하며 현실에 적응하고 타협의 기능 및 타인과 외부사물의 관계 다루는 자아(ego), 그리고 자아를 이끄는 도덕 원칙인 초자아(super-ego)가 존재하며 이들 간의 갈등은 불안(모든 정신적 문제의 근원)을 유발한다고 간주한다.

프로이드에 의하면 아동기 발달은 '구순기-항문기-남근기-오이디푸스기-잠복기-사춘기'순으로 일정한 단계를 거치게 되는데 이 과정에서 순조로운 발달 일어나지 않고 한 가지에 집착하게 되면 '고착'이 일어난다고 본다. 또한 이때 스트레스로 인해 이전 단계로 되돌아가는 것은 '퇴행'으로 규정한다.

정신역동을 지향하는 치료로는 통찰지향치료와 지지적 치료가 있다. 먼저 '통찰지향치료'는 전이를 통해 자아능력을 향상시키고 잠재된 갈등을 의식화하여 증상을 예방하고 치료하는 데에 초점을 두는 것으로 통찰력 획득을 통해 갈등이 규명되고 적절히 이해되면 더 이상의 행동에 어려움을 초래하지 않게 된다는 것이다. 이에 비해 '지지적 치료'는 통찰을 획득하기보다는 치료자의 적극적인 반영, 교육, 조언 통해 인간과 환경간의 갈등을 감소시키고 취약한 자아기능을 강화하는 데에 역점을 둔다. 또한 정신분석에서 사용하는 치료기법으로는 전이, 빈 스크린, 해석, 꿈의 분석, 억압의 표출, 자유연상 등이 있다(권진숙 외, 2017).

(2) 사정에 적용하기

일반적으로 인간의 무의식보다는 의식적 차원과 환경적 기제에 초점을 두어 온 사회복지실천에서 전통적인 정신역동이론이 빈번히 활용되는 것은 아니다. 그럼에도 불구하고 정신건강영역에서 클라이언트의 문제는 종종 성장기 발달과정에서 미해결된 문제가 무의식적으로 작동하거나, 또는 초자아와 원초아 간의 갈등에서 기인하는 것으로 이해하는 것이 가장 적절한 경우들이 있다. 따라서 다음과 같이 해석할 수 있거나 적용가능하다면 정신역동이론을 사정의 기반으로 활용할 수 있다.

- 프로이드가 제시한 발달단계 상의 이슈와 고착의 문제가 클라이언트에게서 발견될 경우
- 클라이언트의 문제를 과거, 특히 성장기에 경험한 사건이나 트라우마에서 비롯된 것으로 해석할 수 있는 경우
- 클라이언트의 심리적, 행동적 어려움이 초자아와 원초아, 그리고 자아 사이의 갈등으로 이해될 수 있는 경우

(3) 개입에 적용하기

정신분석적 접근은 자기 분석과 이해를 통해 보다 성장하고 성숙하고자 하는 의지와 인지적 역량을 갖고 있는 클라이언트에게 적용하기에 적합하다. 그러나 정신역동이론을 개입에 적용하기 위해서는 무의식을 다루는 정신분석에 대한 충분한 이해나 훈련이 필요하고 또 상당히 장기적이고 집중적인 개입이 필요하기 때문에 사회복지사에 의해 활발히 활용되는 접근법은 아니다. 특히 정신보건 수련생의 입장에서 자유연상이나 꿈의 분석 등을 활용하는 정신분석적 치료법을 활용하는 경우는 매우 드물다. 그러나 자아가 취약한 클라이언트를 대상으로 '지지적 치료' 차원에서 적극적인 반영, 교육, 조언 등의 접근을 활용할 수 있으며, 본격적인 정신분석적 차원이 아니라 하더라도 클라이언트의 저항에 대한 해석이나 직면 등의 기법은 필요 시 개입방법으로 활용할 수 있다.

2) 대상관계이론

(1) 핵심내용

대상관계이론은 정신역동이론에 포함되면서도 Freud가 제시한 것과 같은 본능적 충동에 지배되는 자기애적 유아의 개념 대신 온정, 음식, 즐거움 등을 제공하는 일차적 보호

제공자와 상호작용하며 관계를 형성하는 유아의 개념을 받아들인다. 그리고 이 보호제공자에 대한 이미지에서 비롯된 대상은 성장과정에서 개인의 경험으로 내재화되어 타인과의 관계에서 다시 나타나게 된다고 본다. 이처럼 대상관계이론에서는 초기 아동기 경험이 갖는 의미를 매우 중시한다(Honer, 1991; 최명민, 1999에서 재인용).

여기서 '대상'은 타인에 대한 경험과 기억뿐 아니라 자신의 과거 대인관계 경험을 반영하는 자아구조로서 내적 대상 모두를 일컬으며 이렇게 내재화된 대상은 각 개인의 마음속에서 끊임없이 무의식적으로 상호 반응하는 존재의 근원이라고 할 수 있다(Horner, 1991). 이처럼 대상관계이론에서는 유아기 애착 경험을 중시하기 때문에 그만큼 충분한 사랑, 일관성, 적절한 경계 등과 같은 적절한 부모의 역할이 강조된다.

(2) 사정에 적용하기

대상관계이론은 주로 아동이나 인생 초기 경험에 초점을 둔 이해와 접근에 유용하게 활용될 수 있다. 특히 애착관계에 문제를 보이는 아동 사례나 대인관계에 문제가 있는 경우에 적합한 이론이다. 대상관계이론에서는 클라이언트의 성격이나 자기 자신에 대해 갖고 있는 개념, 또는 대인관계의 패턴은 유아기 경험에 의해 많은 부분이 결정된다고 보기 때문에 이러한 부분에 문제가 있다면 이것이 초기 주 양육자와의 관계나 보살핌의 일관성 문제에서 비롯된 것이 아닌지를 분석하게 된다. 다시 말해 생애 초기 경험이 클라이언트가 자기 자신이나 외부 세계를 이해하는 방식을 형성한 것이 아닌지 점검하게 된다. 단, 이러한 초기 애착관계를 정신질환 발병원인으로 곧장 연결시키는 논리의 전개는 상당한 위험성을 내포하므로 보다 다양한 요소들을 고려할 수 있는 신중한 태도를 요한다.

(3) 개입에 적용하기

대상관계이론은 유아나 아동을 대상으로 한 놀이치료의 이론적 기반을 제공한다. 이외에도 인간의 발달과정에서 안정적이고 일관되며 따뜻한 상호작용이 가능한 환경을 제공하여야 하는 당위성을 제공해 준다. 성인의 경우에는 주로 인생 초반 양육자와의 관계에서 미해결된 이슈가 현재 맺고 있는 대인관계에 영향을 미치는 경우, 자기이해나 대인관계 분석을 위해 활용될 수 있다. 그러나 이 역시 정신분석과 같은 통찰적 접근을 요하기 때문에 사회복지사에 의한 치료적 개입이론으로 자주 사용되는 편은 아니다.

3) 자아심리학

(1) 핵심내용

정신역동이론이 발전되어 오면서 인간의 무의식으로 억압되었던 초기 경험에 초점을 두는 정신분석적 기법보다는 자아와 의식적 영역에 관심을 갖고 현재의 역기능이나 문제에 초점을 두는 자아 지향적 정신치료가 등장하게 되었다. 이를 자아심리학으로 통칭하며 여기에 속하는 대표적인 학자로는 Adler, Anna Freud, Erikson 등이 있다(Mcguire, 2002).

인간은 자신이 감당할 수 없는 생각에 적응해야 하는 상황에서 그 생각을 자신의 욕구에 맞게 왜곡하면서 불안을 감소시키게 되는데 이를 방어기제라고 한다. 방어기제의 목록은 학자들에 따라 조금씩 상이하지만 일반적으로 억압, 보상, 부정, 반동형성, 투사, 동일시, 분리, 승화, 합리화 등을 들 수 있다.

Freud도 인간의 발달단계를 제시하였지만 사회복지사들에게는 전 생애주기를 포괄하는 Erikson의 발달단계가 좀 더 많이 활용되고 있다. 여기서는 유아기의 신뢰 대 불신, 초기 아동기의 자율성 대 수치와 의심, 학령전기의 주도성 대 죄의식, 학령기의 근면성 대 열등감, 청소년기의 자아정체감 대 자아정체감 혼란, 청년기의 친밀 대 고립, 중년기의 생산성 대 침체, 인생후반인 노년기의 통합 대 절망이라는 인생주기별 과업을 제시하고 있다.

(2) 사정에 적용하기

자아심리학이 사정이론으로 활용되는 경우는 클라이언트가 주로 사용하는 방어기제나 발달단계별 과업 성취도에 대한 분석이 필요한 때이다. 우선 클라이언트가 당면한 상황에 대처하는 방식이 여러 가지 방어기제들 중 어떤 전형적인 방식에 부합되는 것으로 관찰될 경우, 방어기제를 작동하는 방식과 그것이 가져오는 기능적, 역기능적 측면을 살펴볼 수 있다. 또한 클라이언트의 발달력에서 에릭슨의 발달단계 중 각 단계 별로 주요 과업이 어떻게 충족되거나 또는 미진했는지를 중심으로 분석해 볼 수 있다.

(3) 개입에 적용하기

방어기제는 현실을 왜곡하고 이로 인해 그 사람이 하는 행동까지도 왜곡시키곤 하므로 치료적 개입에서는 일반적으로 방어하던 무의식적 사고나 충동을 점진적으로 이해하고 해결해 가도록 돕는다. 정신분석적 지향의 사회복지사는 방어기제를 변화시키거나 제거함으로써 정신적 에너지를 해방시켜 환자가 좀 더 효과적이며 직접적으로 현실을 다룰 수 있도록 돕는다(Mcguire, 2002). 그러나 이를 위해서는 무의식에 대한 주의 깊은 탐색과 적절한 해석을 요하기 때문에 일반적으로 사회복지사의 개입의 대상이 되지는 못 한다.

이에 비해 사정을 통해 에릭슨의 발달단계별 과업이 구명되는 사례가 있다면 사회복지사는 이를 성취하도록 돕는 심리사회적 접근을 수행할 수 있다. 예를 들어 정신장애로 인해 사회적 관계가 단절된 채 고립된 생활을 해온 30대 초반의 남성의 경우 친밀감 형성과 생산성이라는 생애주기 과업에 맞춰 대인관계 촉진과 지지체계 형성, 그리고 생산적인 활동을 위한 개입계획을 세울 수 있다.

2. 심리사회모델

1) 핵심내용

사회복지에서는 고전적인 정신역동 개입에서 중시하는 무의식의 영역보다는 의식 세계와 환경의 작용에 더 많은 관심을 기울여 왔다. 심리사희모델은 이러한 사회복지의 관점을 잘 반영하여 인간의 내면적 갈등뿐 아니라 그를 둘러싼 외부환경의 작용을 함께 고려하고 있다(엄명용 외, 2015).

'심리사회'에서 '심리'는 초기 아동기와 가족의 발달사, 정신적으로 억압된 이슈, 행동, 태도, 자아개념 등에 초점을 둔 개념이며 '사회'는 심리에 영향을 미치는 현재 환경체계, 경제적 요소, 구조적 요인 등을 의미한다. 일반적으로 사회복지실천에서 심리사회적이라고 하면 두 가지로 해석되는데 첫째는 인간행동이 심리적 사회적 영향의 결과라는 의미이고 둘째는 정신역동 지향의 사회복지실천을 의미한다(Payne, 1997).

그 핵심 개입기술로는 다음과 같은 것들이 있다(김혜란 외, 2006; 권진숙 외, 2017).

- 지지: 언어와 비언어적 요소 모두를 활용하여 클라이언트를 수용하고 문제해결에 대한 확신을 표현함으로써 불안을 감소시키는 기법이다.
- 직접적 영향: 안정적인 관계형성 후 조언이나 제안을 통해 가이드를 제공한다.
- 탐색 · 기술 · 환기: 클라이언트와 그 환경에 대한 사실을 진술하도록 하고 그 과정에서 관련된 분노, 상실감, 죄책감, 불안 등과 같은 감정을 이끌어냄으로써 카타르시스를 경험하도록 한다.
- 인간과 상황에 대한 고찰: 현재 자신이 처한 상황과 타인들과의 상호작용을 고찰하

도록 도움으로써 일상에서 경험하는 지각, 사고, 느낌을 더 잘 인식하도록 한다.

- 발달적 고찰: 원가족과 초기 발달상황 및 그것이 현재 사고, 행동, 감정에 미치는 영향을 고찰해 보도록 한다.
- 환경적 개입: 가족이나 학교, 직장 등 클라이언트에게 중요한 환경에 개입하여 외부 상황의 변화를 도모하는 것을 의미하지만 심리사회모델에서는 그 구체적 기법을 제시하지는 않는다.

2) 사정에 적용하기

심리사회적 모델은 주로 클라이언트의 개인력과 가족력을 중심으로 그 과정에서 클라이언트의 문제의 원인을 역동적으로 분석하는 데에 유용하다. 따라서 이러한 입장에서 사정을 수행하기 위해서는 상세한 개인력과 과거력 조사가 선행되어야 하며 이를 통해 양육방식, 가족 간의 상호작용, 사회적 관계 등을 파악해야 한다. 심리사회적 모델에서 중요한 한 축을 이루는 사회환경은 이론적으로는 고용과 경제, 각종 차별적인 구조나 조직 환경까지 포함한다고 하나 대부분 실제 사례에서는 이를 구조적 문제로 다루기보다는 개인에게 직접적으로 관련이 있는 가족갈등, 학교나 직장 문제 등과 같은 직접적인 영향요인으로 한정하는 경향이 있다. 그렇다 하더라도 클라이언트의 문제를 이해함에 있어서 과거 발달력과 현재 처해있는 환경적 요인들을 동시에 고려하여 이들의 역동적 측면을 사정하는 것이 필요하다면 심리사회적 접근을 기반이론으로 사용할 수 있다.

3) 개입에 적용하기

심리사회적접근에 의한 개입은 주로 면담 또는 상담으로 진행된다. 따라서 클라이언트의 자기이해와 심리적 변화(생각, 느낌, 태도 등)를 도모하고자 한다면 앞에서 살펴본 개입기술들을 활용함으로써 효과적인 개입을 할 수 있다. 특히 근래에는 심리사회적 접근은 6~12회 정도로 구성된 단기적인 정신분석적 치료라는 개념으로 사용되고 있다는 점도 고려해 볼 필요가 있다(Mcguire, 2002).[3] 이에 비해 사회환경에 대한 개입은 주로 가족교육, 가족치료, 학교나 직장에서 대인간계 개성 정도의 개입을 다루게 된다. 그러나 환경이나 환경체계들 간 상호작용에 초점을 둔 구조적 변화 개입에 비중을 둘 경우에는 심리사회

---

3) 최근에는 1~20회기까지 그 횟수를 좀더 융통성 있게 설정한다.

적 모델보다는 생태체계모델과 같이 보다 범주가 큰 접근을 사용하는 것이 적합하다.

3. 학습이론(행동수정이론 또는 행동주의)

학습이론은 외부에서 주어지는 조건이나 자극에 의해 어떻게 인간의 행동이 학습될 수 있는지에 관한 이론이다. 그리고 이와 같은 이론적 기반 위에서 인간의 행동이 불합리한 경우 이를 수정할 수 있다고 보는 입장을 행동수정이론 또는 행동주의라고 지칭한다. 여기서 학습의 기제는 심리 내부 요인보다는 외부 환경이나 자극이며 그에 대한 반응으로서 행동이 형성되거나 소멸된다고 본다. 따라서 클라이언트가 보이는 문제의 근원을 상황에 대한 학습된 반응으로 파악하고 이러한 역기능적 행동반응이 형성된 과정과 이를 교정하는 부분에 초점을 둔다.

1) 핵심내용

인간의 행동은 관찰 가능한 것 뿐 아니라 관찰 가능하지 않은 것 즉, 행동, 언어, 사고, 인지, 느낌 등을 모두 포괄하는 개념이다. 이러한 인간의 행동은 생활경험으로부터 학습되며 이 학습은 전 생애를 통해 일어난다고 본다.

학습이론의 원리는 다음과 같이 반응적 학습, 조작적 학습, 관찰학습으로 구성된다(김혜란 외, 2006; 양옥경 외, 2013).

- 반응적 학습(Respondent Learning) 또는 고전적 조건화: Pavlov의 개 실험으로 알려진 것과 같이 먹이(무조건 자극)를 주면 개가 침을 흘리는데(무조건 반응), 먹이를 주기 전에 종을 울리면 처음엔 아무런 의미가 없었던 종소리(중립 자극)가 먹이와 관련된 것으로 학습되어 이후에는 종소리를 울리면(조건 자극) 종소리로 유도된 침이 분비(조건 반응)되는 원리로 설명된다. 이는 대표적으로 트라우마를 경험한 사람이 특정 외부자극에 반응하게 되는 논리를 제공해 준다.
- 조작적 학습(Operant Learning) 또는 조작적 조건화: ① 바람직한 행동을 보일 때 보상을 제공하여 그 행동을 증가시키려는 '정적 강화', ② 바람직한 행동을 보일 때 불쾌한 결과를 경감하여 그 행동을 증가시키려는 '부적 강화', ③ 바람직하지 않은 행동을 보일 때 혐오스러운 자극을 제공하여 그 행동을 감소시키려는 '정적 처벌', ④ 바람직하지 않은 행동을 보일 때 유쾌한 것을 제거하여 그 행동을 감소시키려는 '부적 처벌'

을 활용하여 특정 행동을 학습시키거나 소거시킬 수 있다.

- 관찰학습(observational learning) 또는 대리적 조건화: 인간은 어려서부터 타인이나 사물을 관찰함으로써 이를 모방하는 행위를 한다. 이러한 모델링은 사회학습의 주요 기제이므로 사회기술, 자기주장, 일상생활 기술, 기타 적응행동을 습득하는 주요 원리가 된다.

2) 사정에 적용하기

클라이언트의 문제 행동에 초점을 두고 이것이 어떻게 학습되었고 강화되어 왔는지에 대해 분석하는 경우에 사용할 수 있다. 여기서는 심리 내적 요인보다는 외부의 자극(강화, 처벌)에 의한 학습이나 모델링 등에 의한 학습에 초점을 둔다. 예를 들어 부적절한 강화에 의해 문제 행동이 형성되어 온 경우에는 조작적 학습이론을 통해 그 행동이 학습되어 온 기제를 설명할 수 있으며, 부모의 음주습관이나 폭력행동을 목격하며 성장하여 이를 그대로 답습하고 있는 경우라면 관찰학습이론을 적용하여 문제를 사정할 수 있다. 특히 개입에서 행동수정요법을 사용할 것이라면 초기 사정이 중요한데 이때는 충분한 자료수집을 통해 표적이 되는 주요 문제행동의 '기초선'을[4] 설정하는 것이 사정에서 중요한 과업이 된다.

3) 개입에 적용하기

부적절한 학습에 의해 형성된 특정 문제행동을 수정하는 것이 개입의 목표일 경우 사회학습이론은 적절한 이론적 기반을 제공한다. 기존의 바람직하지 않은 행동을 강화시켜 온 자극을 수정하여 조작적으로 소거하고 바람직한 행동을 습득할 수 있는 새로운 행동수정 스케줄을 계획할 수 있다. 또한 바람직한 행동 습득을 위해 관찰학습의 모델링 기제를 활용하여 '사회기술훈련'이나 '자기주장훈련' 등을 시행하고자 한다면 이 역시 학습이론(행동수정이론)이 이론적 근거가 될 수 있다.

---

4) 평가방식 중 단일체계설계 참고.

4. 인지이론과 인지행동모델

인지이론은 인간의 생각, 즉 사고에 초점을 두고 인간을 이해하는 이론이다. 즉 부적응적 행동이나 정서를 중재하는 비합리적이거나 역기능적인 인지 기능에 관심을 갖는다. 이런 비합리적이거나 역기능적인 사고는 자동적으로, 또 때로는 거의 무의식적으로 떠오르는 생각들인데 이것이 현실적응을 저해하기 때문에 이를 합리적이고 적응적인 사고로 대체하고자 하는 것이 핵심이다. 그리고 이와 같은 방향의 치료적 개입을 인지치료라고 한다.

인지이론은 앞에서 살펴본 행동주의 학습이론과 서로 비슷한 구조를 갖고 있다. 즉, 어떤 외부 자극이 행동적 결과(외부자극 → 행동, 감정, 인지 유발)를 가져온다고 보는 것이 행동주의라면, 인지이론은 외부자극에 대한 인지과정이 중재적, 과정적 역할을 함으로써 행동적 결과(외부자극 → 인지과정 → 행동, 감정 유발)를 가져온다고 보기 때문이다. 이렇듯 행동주의와 인지주의는 행동 발생 구조를 공유하기 때문에 '인지행동주의'라는 용어 안에서 인간의 사고와 행동을 합리적이고 적응적으로 수정해 가기 위한 여러 치료법들을 포괄하고 있다. 대표적으로 합리정서치료, 문제해결모델, 자기지시훈련, 시간관리훈련 등이 여기에 포함된다(김혜란 외, 2006). 이러한 접근들은 다른 치료적 모델들에 비해 명확성, 단기성, 효과성이 검증되어 왔기 때문에 현장에서도 활발히 사용되고 있다. 특히 인지치료의 경우에는 정신보건 영역에서는 우울증이나 불안증의 원인을 설명하고 치료하는 데에 그 유용성이 입증되어 왔다(권진숙 외, 2017).

1) 핵심내용

인지이론에서는 인간을 환경적 사건의 결과와 같은 객관적 현실보다 그에 대한 주관적인 인지작용에 반응하는 존재로 이해하며, 학습도 인지적으로 중재되는 것으로 본다. 그만큼 인지과정을 중시하기 때문에 클라이언트의 문제도 왜곡된 사고의 기능으로 간주한다. 따라서 인지이론에 의거한 인지치료는 잘못된 개념, 비현실적 기대, 기타 잘못된 생각을 변화시키고 자신에 대해 바람직하지 않은 진술을 수정하며 문제해결능력과 의사결정능력의 향상을 목적으로 한다.

왜곡된 인지재구조화를 위한 대표적인 개입방법에는 사고과정에 초점을 두고 Ellis에 의해 개발된 합리정서치료(Rational Emotional Behavioral Therapy: REBT)와 사고내용에 초점을 두고 Beck에 의해 개발된 인지치료(Cognitive Therapy)가 있다(김혜란 외, 2006; 엄명용 외, 2015).

- 합리정서행동치료: 비합리적이거나 자기파괴적인 신념(모든 사람으로부터 인정을 받아야 한다, 사악한 사람은 반드시 처벌받아야 한다, 불행은 외부환경에 의한 것이며 사람은 그걸 통제할 수 없다 등)으로 스스로를 옭아매는 경우 과도한 불안이나 우울에 빠지기 쉽다. 이를 벗어나기 위해서는 문제가 된 사건을 묘사하도록 하고 그 사건에 따라서 일어나는 생각을 질문하도록 함으로써 문제의 핵심이 비합리적 신념임을 밝혀내고 이를 대체할 수 있는 합리적인 진술을 할 수 있도록 학습시키는 것을 골자로 한다. 그 과정은 A(activating event 현재 일어난 사건) → B(belief 비합리적인 신념) → C(consequence 그 결과 인 감정, 생각, 행동) → D(disputing 반박) → E(effet 효과)로 나타난다. 그 핵심은 결국 독선적, 부정적 정서를 야기하는 불합리한 진술을 합리적 진술로 바꾸는 것이다. 이 과정에서 대안적 인지적 과제(home work)를 부여하며, 이를 강화할 수 있는 다양한 행동적 접근(예: 과제수행에 따른 보상 등)을 수행할 수 있다.
- 인지치료: 정보전달과정에서 발생되는 이분법적 사고, 과도한 일반화, 선택적 축약, 독단적 추론, 과장 및 축소, 개인화 등과 같은 왜곡된 사고유형이 우울이나 불안을 유발한다고 보고 교육적, 지시적 접근을 통해 잘못된 사고를 규명하도록 돕는다. 클라이언트의 인지내용을 사실이 아닌 가설로 설정하고 질문을 통해 이를 검증하고 대안적 해석을 탐색하도록 하여 새로운 사고체계를 구축해 가는 치료법이다.

2) 사정에 적용하기

클라이언트의 부적응적이거나 비합리적인 생각이나 신념을 갖고 있고 이것이 결과적으로 문제행동이나 부정적 결과로 귀결되는 경우에 그 신념을 규명하고 그에 따른 결과를 분석하는 데에 인지주의의 주장을 활용할 수 있다. 이때는 클라이언트의 사고, 기분, 행동을 구분하여야 하며 문제를 명확하게 초점화하는 것이 필요하다. 특히 불안이나 우울과 같은 증상이 있을 경우, 이것이 합리정서행동모델이나 인지치료에서 제시하는 왜곡된 인지나 불합리한 사고유형 중 어디에서 기인되는 것인지를 살펴보는 것은 클라이언트의 문제를 파악하는 데에 도움이 될 수 있다.

그러나 이러한 논리를 망상과 같은 사고장애의 증상에는 적용하지 않아야 한다. 망상의 경우에는 환각 등 정신질환의 병적 요인들에 의해 형성되기 때문에 외부에서 반박적 자극이 가해질 경우 이를 공격으로 받아들여 방어적으로 망상의 사고구조를 더 견고하게 발전시키는 부작용을 가져올 수 있다. 따라서 비합리적 신념이라 하더라도 인지치료의 대상이 되는 것은 정신병적 증상인 인지왜곡이 아니라, 일면 이해가 가는 부분도 있지만 그것이 현실적으로 역기능적이고 도움이 되지 않는 사고이다.

3) 개입에 적용하기

왜곡된 신념을 합리적이고 적응적으로 바로 잡기 위해 스크라테스식 산문법과 같은 형태의 질문하기, 모순된 내용들을 직면하기, 사고 중지, 사고일지 쓰기 등의 기법을 적용한 인지적 접근을 적용할 수 있다(엄명용 외, 2015). 이를 통해 당면하게 되는 상황들에 대해 부적응적으로 인지하고 반응하던 방식을 합리적으로 재인식하여 이를 적응적인 방식으로 대처하도록 돕고자 하는 것이다. 쉽게 말하면 생각을 바꾸어 행동을 변화시킨다는 것이다. 그러나 생각은 습관적으로 이뤄지는 경향이 있어서 이렇게 생각을 바꾸는 작업은 클라이언트의 동기 위에서 지속적인 연습과 익힘의 과정을 통해 이뤄져야 한다는 것이다.

단, 앞의 행동치료에 속한 것으로 제시한 사회기술훈련, 자기주장훈련 등은 결국 인지와 행동이 통합된 인지행동주의로도 볼 수 있기 때문에 어느 쪽으로 분류하여도 크게 문제되지는 않는다. 예를 들어 앞에서는 사회기술훈련을 행동주의에 포함시켰지만 이는 모델링과 강화기법을 주로 강조할 때의 개념이고, 메시지를 받고, 생각하고, 전달하기의 과정에 중심을 둘 때에는 인지행동주의로 분류될 수 있다. 따라서 이런 경우에는 인지행동주의이론을 그 기반으로 제시하는 것이 가장 무난할 수 있다.

5. 생태체계모델

생태체계론은 생태학과 일반체계론이 결합하여 발전된 접근이다. 따라서 환경에 대한 적응, 기능적인 상호의존성 등의 개념을 중심으로 한 생태학적 개념들과 각 구성부분을 체계(systems)로 파악하며 이들 간의 에너지 교환과 상호작용에 초점을 두는 체계론적 관점이 기반이 된다. 이러한 생태체계론은 정신보건 영역에서 정교한 인간 이해 및 치료이론으로서보다는 사례를 총체적으로 바라보고 이해하는 관점이나 패러다임으로 유용성이 있다. 그 이유는 생태체계모델은 앞에서 살펴본 정신역동, 행동주의, 인지주의 등과 같이 구체적인 인간의 발달이나 성격을 규명함으로써 변화의 기제를 구체적으로 제시하기보다는 클라이언트와 관련된 다양한 체계들 및 그 관계들을 조망하여 개입의 지점을 파악하는 데에 도움을 주기 때문이다. 특히 앞에서 제시한 여타 이론 및 모델들은 타 전문 영역에서도 공히 다루고 있지만, 생태체계모델은 환경과의 상호작용이 중시되는 모델로서 다학문적 팀 내에서 사회복지사의 정체성을 차별화하는 이론적 배경이 될 수 있다.

1) 핵심내용

초기 사회과학이 개인과 환경 각각에 초점 두었다면, 생태체계적 관점은 개인과 환경 간의 상호작용에 관심을 갖는다. 따라서 '환경 속의 인간(Person in Environment: PIE)'의 개념을 통해 환경에 반응하는 동시에 환경을 주도하면서 환경에 적응해 가는 인간의 위상을 보여준다(Miley et al., 2004).

생태체계론의 주요 용어와 의미(Payne, 1997; Friedman, 1997)

- 체계: 물리적, 정신적 에너지가 작동하는 경계선 내의 실체로서 개인, 가족, 집단, 조직, 지역사회는 모두 체계로 이해된다. 체계에는 더 큰 상위체계와 부분을 구성하는 하위체계가 있으며 환경과의 상호작용 정도에 따라 개방체계와 폐쇄체계로 구분되기도 한다.
- 경계: 각 체계를 고유하게 만드는 것으로 경계를 초월한 접근은 커뮤니케이션을 통해 가능하다. 이 경계의 투과성에 따라 체계의 개방성과 폐쇄성이 결정된다.
- 투입 · 전환 · 산출 · 피드백(환류고리): 경계선을 넘어 에너지가 들어가고(투입) 그 체계 내에서 에너지가 활용되며(전환) 이것이 경계선 밖으로 나가 환경에 영향을 미치는 과정(산출)으로, 이들은 모두 체계와 환경 사이의 정보교환을 의미한다. 피드백은 이러한 수행결과에 대한 정보를 알려주는 것이며 이를 통해 기존의 방식을 유지하기도, 변경하기도 한다.
- 항상성(homeostasis): 개방체계를 전제로 한 개념으로서 환경과 지속적인 상호작용을 하면서도 스스로 안정적 상태를 유지하는 속성이다.

이러한 다양한 체계 간의 상호작용을 고려하는 생태체계론적 관점은 정신건강 및 정신질환을 이해하는 통합적 모델로서 생심리사회학적 접근(biopsychsocial approach)의 근간이 된다(Saleebey, 2001). 다시 말해 개인의 정신건강이나 정신질환을 이해하기 위해서는 개인의 신체적, 심리적 요소뿐 아니라 사회환경적 요소 등을 통합적으로 고려해야 한다는 것이다. 그리고 이러한 통합적 관점은 '스트레스-취약성-대처능력 모델'로 발전되어 왔는데 여기서는 정신질환의 발생 조건을 다음과 같이 설명한다. 즉, 외부 사회환경적 스트레스가 생물학적으로 또는 심리적으로 취약한 부분에 작용할 때 이에 대해 대처할 수 있는 개인적, 사회적 대처능력이 부족하면 정신질환이 발생할 수 있다는 것이다(권진숙 외, 2017). 이는 역으로 외부 스트레스 감소, 생물학적, 심리적 취약성 보완, 대처능력 향상 등이 병의 예방과 재발 방지에 중요한 요소임을 일깨워준다.

2) 사정에 적용하기

생태체계모델은 환경 속 인간으로서 체계들 간 상호작용에 대한 이해를 높이는 이론적 틀을 제공해준다. 따라서 과거 성장발달사나 개인적 차원의 인식, 정서, 행동적 요소들보다 현재 클라이언트가 처한 복합적인 상황을 전체적으로 읽어내는 데에 도움이 된다. 특히 생태도(Ecomap)는 생태체계론에 근거한 중요한 사정도구이다. 생태도를 활용하면 클라이언트가 어떤 체계들과 관계를 맺고 있는지, 각 관계의 내용은 어떠한지(예: 스트레스를 주는 관계가 있는지), 필요한 체계이나 결핍된 부분은 없는지 등을 파악하는 데에 도움을 받을 수 있다. 또한 클라이언트의 사회적 기능 강화와 회복을 위한 자원과 각 체계의 장점 등을 규명하는 데에도 유용하다. 결국 인간은 사회적 인간으로서 주변 환경과 관계를 맺고 상호작용해야 하는 존재라는 점에서 지지체계의 양과 질 전반을 점검할 수 있는 생태체계모델은 클라이언트가 처한 상황을 사정하기에 유용한 이론적 틀을 제공해준다고 할 수 있다. 정신장애인의 경우 일반적으로 이러한 사회적 지지체계가 결핍되기 쉽고 갈등이나 고립 상태에 처해있을 위험이 있기 때문에 이러한 생태체계적 접근을 활용한 사정은 더욱 의미가 있다고 하겠다.

3) 개입에 적용하기

생태체계모델에서는 개인을 환경과의 교환관계에 있는 존재로 파악하기 때문에 클라이언트 내면의 변화보다는 환경체계와의 관계 변화를 도모하고자 할 때 유용성이 있다. 이를 대표하는 것이 사례관리라고 하겠다. 이처럼 개별적이거나 일부분에 대한 변화보다는 클라이언트 및 그를 둘러싼 체계들 간 상호작용에 대한 전체적이고 통합적인 접근을 계획하고자 한다면 생태체계론을 개입근거로 활용할 수 있다. 즉, 자원의 발굴, 지지체계 간의 관계나 소통, 구조적 차원 변화 등과 같이 다소 다층적이고 복합적인 개입계획을 세우고자 할 때 사용하면 좋을 것이다. 그러나 이 이론은 구체적인 개입방법을 제시하는 이론은 아니라는 점에서 임상적인 개입보다는 개입의 지점을 확인하는 사정에 보다 유용하게 활용되는 경향이 있다.

6. 강점관점과 관련 모델들

강점관점(strength perspective)은 인간의 역기능, 질병, 결함, 부적응, 스트레스, 상처, 학습된 무기력 등 문제에 초점을 두어온 의료모델이 갖고 있는 병리(pathology perspective) 관점의 대안으로 등장하였다. 따라서 결함보다는 강점, 문제보다는 해결, 위기보다는 대처, 숙명론보다는 기회, 과거보다는 미래에 초점을 둔다. 그리고 인간도 진단에 따른 환자나 사례가 아닌 성장과 변화를 위한 잠재성과 자원을 보유하고 적절한 지원이 주어진다면 문제를 해결해 갈 수 있는 독특한 존재라고 본다(Saleebey, 1996).

이러한 강점관점은 정신질환이나 정신장애라는 문제를 다루는 정신건강사회복지실천 현장에서 더욱 시사하는 바가 크다. 정신건강영역에서 만나는 클라이언트는 일정한 질병과 관련이 있는 경우가 많아서 병리적 관점을 취하기 쉽고 그러다 보면 한 인간이 갖고 있는 강점과 잠재력을 간과할 가능성이 크기 때문이다. 또한 문제가 많을수록 강점을 찾고 활성화하는 것이 더욱 중요하기 때문이기도 하다. 이러한 강점관점에 속한 여러 가지 접근들이 있다. 여기서는 해결중심, 레질리언스, 회복을 중심으로 그 핵심내용을 살펴보도록 하겠다.

1) 핵심내용

(1) 해결중심(solution-focused) 접근(Berg & Miller, 1992)

- 개요: 기존의 치료적 모델들이 인간과 그 발달에 대한 이론적 근거에 의해 대상의 문제나 결핍에 초점을 두어 그 원인을 찾고 그에 의거한 개입을 전문가 중심으로 제시하는 방식이라면, 해결중심모델은 특정 이론적 정향에 구애받지 않고 대상자의 관점과 경험에 의해 가장 유용하고 가능한 해결방법을 찾아가고 실행해 가도록 하는

접근이라는 점에서 차별화된다. 그런 점에서 강점관점을 가장 잘 실천할 수 있는 모델 중 하나로 평가받기도 한다. 이 모델은 일반적으로 몇 가지 질문 방법이나 전략을 적용하는 것으로 알려져 있기도 하지만 이를 실제로 적용하기 위해서는 인간이나 환경에 대한 관점과 가치를 강점 중심으로 전환하도록 요구한다는 점에서 병리적 관점에 익숙한 이들에게는 도전이 될 수 있다.

- 중심철학: 망가지지 않았으면 고치지 마라. 일단 무엇이 효과가 있는지를 안다면 그것을 더 많이 하라. 만약 그것이 효과가 없다면 다시는 그걸 하지 말고 그와 다른 어떤 것을 하라.
- 진단에 대한 입장: 기존의 문제해결접근이 문제에 대한 충분한 정보를 확보하여 정확한 진단을 내리는 데에 치중하며 전문가의 지식과 기술에 의지한다면, 해결중심접근에서는 문제 사정보다는 클라이언트가 원하는 바와 강점이나 문제가 없는 예외사항을 탐색하며 클라이언트의 준거틀을 존중한다.
- 변화에 대한 시각: 변화는 삶의 일부여서 클라이언트의 변화를 불가피하므로 치료는 이런 변화를 확인하고 그 변화를 해결책으로 활용하는 작업이라고 본다. 여기서는 한 영역의 작은 변화는 궁극적으로 다른 많은 영역에 중요한 변화를 가져온다고 보고 일단 첫 번째 변화, 즉 시작을 중시한다.
- 이러한 관점을 구현할 수 있는 유용한 질문들: 기적질문, 예외질문, 척도질문, 대처질문, 관계 질문 등

(2) 레질리언스(resilience) 접근(Frase et al., 1999; Walsh, 1998, 2006; 양옥경 · 최명민, 2001)

- 개요: 국어로 '탄력성' 또는 '회복탄력성'으로 번역되는 이 용어는 스트레스에 노출된 후 원 상태로 돌아오는 속성이나 능력을 의미하며 면역력에 비유되기도 한다. 인간은 인생에서 마주하는 고난이나 역경(질병 포함)으로 인해 좌절하고 포기하는 경우도 있지만 그 속에서도 유능감을 유지하면서 외상으로부터 회복하기도 한다. 뿐만 아니라 역경을 통해 오히려 더 강해지고 더 많은 자원을 보유하게 되는 경우도 있다. 따라서 레질리언스는 단지 고난으로부터의 생존을 넘어 서서 고난을 통해 성장하고 성숙할 수 있는 가능성을 담보하고 있는 개념이라고 하겠다.
- 위험요인: 레질리언스를 손상시키는 요인으로 주어진 상황에서 문제를 일으키거나

유지시킬 가능성을 증가시킨다. 예로는 만성적 가족 갈등, 미숙한 양육, 학업 실패, 동료로부터의 거절, 가난, 성적 차별, 비조직적인 이웃 환경과 같은 부정적 영향을 주는 요인 등을 들 수 있다.

- 보호요인: 단순히 위험요인의 반대라기보다는 위험요인에 저항하고 이를 조절하며 완화하는 역할을 하는 요인이며, 그 예로는 편안한 기질, 책임감, 낙관주의, 자신감을 증진시키는 양육 태도, 구조적인 기회 등을 들 수 있다. 레질리언스는 이러한 위험요인과 보호요인 간 상호작용의 결과라고 할 수 있다.
- 적용대상: 레질리언스는 개인의 속성으로서뿐 아니라 가족에게도 적용되는 개념이다. Walsh(1998)는 가족탄력성 모델을 통해 가족의 신념체계(역경에 대한 의미부여, 긍정적 시각, 초월과 영성), 조직유형(유연성, 유대감), 의사소통과정(명확성, 개방적 의사소통, 협력적 문제해결)을 가족의 레질리언스를 발휘하도록 하는 핵심요소로 제시하였다.
- 레질리언스 강화방법: 스트레스 요인과 그에 대한 대처와 적응과정을 탐색하기, 위기 경험의 의미를 새롭게 구성하기, 이를 통해 어떤 잠재적 자원과 강점을 보유하고 있는지 확인하기, 그리고 현재 마주한 고난을 성장의 기회로 재구조화하기, 주변화 협력하여 생산적인 변화 이끌어내기 등

(3) 회복(recovery) 접근(황숙연, 2007; Leamy et al., 2011; 권진숙 외, 2017)

- 개요: 질병으로부터 회복은 우리에게 익숙한 개념이지만 정신건강 영역에서 회복이 강조된 것은 비교적 최근의 일로서 결정적인 계기는 종단적 연구를 통해 정신장애인의 회복가능성을 확인하게 된 것이다. 회복은 초기에 자조와 자기옹호를 강조하는 당사자 관점에 의한 회복과 정신건강 서비스 제공을 통한 정신재활로서 임상적 회복이라는 두 가지 의미로 사용되었다. 그러나 현재는 전문가나 외부 기준에 의해 판단된 일정한 상태가 아니라 여러 가지 제약 속에서도 관계, 주거, 일, 여가와 같은 일상을 유지하면서 주관적으로 만족스러운 삶을 살아가는 과정으로 이해되고 있다.
- 지향: 회복은 임상적인 건강보다는 좋은 삶을 위한 삶의 질에 관심을 가지며 독립적이고 완전한 인간보다는 가치 있는 역할을 할 수 있는 존재를 추구한다. 이처럼 증상이나 장애가 지속된다 하더라도 삶의 목적을 달성할 수 있다는 희망을 가지고 자기 태도, 감정, 지각, 역할 등을 조정하고자 노력하는 과정을 중시한다.
- 회복을 위한 조건: 고립되지 않을 수 있는 지지적인 관계, 희망, 정체성, 건강한 대처

전략과 의미 있는 내적 인식틀, 임파워먼트와 안정적인 환경 등

- 회복프레임: 이러한 회복은 하나의 개념을 넘어서서 국가적인 정신건강 프레임웍으로 활용되고 있다. 영국이나 미국 등에서 국가적으로 추진하는 회복지향 정신건강 실천은 당사자가 자신의 회복과 복지를 인식하고 책임지며 자신의 목표, 소망, 포부를 정할 수 있도록 지원하는 것을 말한다.

2) 사정에 활용하기

강점관점에 의한 모델들에 따르면 기존의 사정 방식대로 문제나 결핍된 욕구를 파악하는 데에 치중하기보다 클라이언트[5] 관점에서 기술하는 주관적 경험과 느낌, 요구와 희망사항, 그리고 해결의 방향에 중점을 둔다. 즉, 클라이언트가 호소하는 개별적이고 특별한 호소에 주목하고 그것이 클라이언트에게 갖는 '의미'를 탐색한다. 이와 더불어 클라이언트가 당면한 어려움을 해결하기 위해 그동안 기울여온 노력과 그 방식들에 어떤 것들이 있고 그것들이 왜 작동하지 않았는지 검토하며 또 어떤 대처방식이 그래도 유용했는지, 그 이유는 무엇인지도 살펴본다. 또한 클라이언트가 갖고 있는 자원과 가능성을 클라이언트의 관점과 입장에서 찾아보며 궁극적으로 어떤 삶을 지향하는지를 파악한다.

예를 들어서 우울증환자의 경우, 기존의 이론 및 모델들에서는 언제부터 어느 정도로 우울했는지 그 심각성과 원인을 규명하는 데에 중점을 둔다면, 해결중심 접근에서는 언제 그래도 덜 우울한지 그 때는 어떻게 그럴 수 있었는지에 관심을 가지며 기분을 조절하는 데에 무엇이 도움이 될 것 같은지에 대해 질문한다. 드한 레질리언스 접근에 의하면 우울감을 악화시키는 위험요인과 이를 감소시키는 보호요인을 파악하는 동시에 과거 우울감이나 어려움을 극복한 경험이 있었는지에 관심을 가질 것이다. 한편, 회복 접근을 따른다면 우울로부터 회복되는 과정에서 전문가의 판단보다 클라이언트가 자신의 회복정도를 어떻게 인식하고 있는지에 귀를 기울이고 일상생활을 얼마나, 그리고 어떻게 유지하며 삶에서 의미를 두고 있는 부분이 무엇인지 등에 대해 이야기할 것이다.

5) 강점관점에서는 클라이언트라는 용어도 수동적이고 일방적인 수혜자라는 의미가 내포도어 있다고 보고 잘 쓰지 않으며 대신 서비스 이용자, 소비자, 당사자라는 용어를 사용한다. 그러나 여기서는 용어의 통일을 위해 그대로 클라이언트라는 용어를 사용한다.

3) 개입에 활용하기

강점관점 접근에서는 반드시 전문가가 개입계획이나 개입을 주도해야 하는 것은 아니다. 오히려 클라이언트가 주도적 입장에 서게 될 수 있으며 그 출발점도 클라이언트의 주관적 인식에 달려있다고 할 수 있다. 따라서 계획은 질문과 대화를 통해 삶의 질을 개선할 수 있는 방안을 함께 찾아보는 과정에서 세워질 수 있다. 특히 질병과 장애라는 고통 속에서도 그 의미를 이해하고 잠재력을 발휘하며 지지적인 사회적 관계를 형성함으로써 삶을 질을 담보할 수 있도록 제도나 정책적 지원을 강화하는 노력을 기울이는 환경적 개입이 중요해질 것이다.

때로는 강점관점을 강점이 많은 클라이언트를 대상으로 적용할 수 있는 것으로 오해하는 경우가 있다, 그러나 객관적 기준으로 강점을 찾기 어렵고 해결이 어려운 사례일수록 오히려 강점관점에 의한 접근을 통해 돌파구를 찾을 수 있다. 왜냐하면 문제에 매몰되지 않고 어려운 상황 속에서도 가능성을 찾을 때 대안의 모색과 실천이 가능하기 때문이다. 단, 이러한 관점에 의한 개입은 일관성을 갖추는 것이 중요하다. 예를 들어 사정은 병리적인 관점에서 문제를 나열하고 개입방식만 해결중심적으로 취하는 것은 바람직하지 않다는 것이다.

Ⅲ. 이론 적용 시 유의사항

정신건강사회복지사가 되기 위한 수련과정에서 이론을 적용하여 사례를 진행하는 과정에서 유의할 사항들을 다음과 같이 정리하여 제시한다(최명민, 2013).

1. 완전히 정해진 답이란 없다. 가장 적절한 것을 찾는 것뿐이다

어떤 이론도 사례의 모든 부분을 완벽하게 설명해 주거나 해결책을 제시해 주기는 어려울 수 있다. 따라서 우리는 신중하고 다각적인 비교와 분석을 통해 가장 적절한 것을 찾아보려고 노력하는 데에 의미를 두어야 한다. 단, 이때 “자신이나 자신의 가족이 클라이언트의 입장이라면 과연 어떤 이론에 의한 해석과 대안이 가장 도움이 될 것인가?”와 같은 질문을 통해서 보다 엄격하고 신중한 접근을 하는 것이 필요하다.

2. 가능하다면 사정과 개입을 일관성 있게 적용하는 연습부터 하는 것이 바람직하다

이론의 적용과 관련하여 수련생들로부터 가장 빈번하게 받는 질문 중 하나는 "사정과 개입 이론이 일치되어야만 하는가? 아니면 각기 달라도 좋은가?" 하는 것이다. 물론 사정에 더 적합한 이론이나 모델이 있을 수 있고, 사정에는 쓸 수 없었지만 개입에 더 필요한 이론이 있을 수는 있다. 예를 들어서 생태체계모델은 클라이언트의 상황을 이해하는 사정모델로는 유용성이 크지만 개입모델로 사용하기에는 다소 구체성이 부족한 경향이 있다. 따라서 생태체계모델로 상황을 분석하고 그에 의거한 각 체계 및 상호작용의 개선을 위하여 다른 특정한 이론이나 모델을 사용할 수도 있다. 그러나 모델끼리 기본 전제나 관점이 너무 다른데 이를 무시하고 이 둘을 사정과 개입에 적용하는 우를 범할 수도 있다. 예를 들어서 사정은 대상관계이론으로 하고 개입은 학습이론을 적용하는 경우는 마치 두통의 문제를 가지고 신경과에서 뇌의 문제로 진단을 받았는데 치료는 이와 상관없이 이비인후과에서 코 치료를 받는 것과 다름없다. 따라서 아주 몇몇 특별한 경우가 아니라면,[6] 특히 수련생의 입장에서는 가능하다면 동일한 이론으로 사정하고 개입계획까지 연결해서 진행해 보는 연습을 하도록 권장한다. 이런 과정을 통해 다양한 이론과 모델을 충분히 이해하고 서로의 연관성을 이해하게 된다면 상황에 따라서 필요 시 적절한 이론 및 모델들을 능수능란하게 결합시켜서 분석할 수도 있을 것이다.

3. 우선 각각의 이론 및 모델들 간 차별성을 숙지해야 한다

사회복지에서 사용되는 실천 이론과 모델들은 다양하다. 이들의 기본 개념을 정확히 이해하고 개입방법을 숙지하며, 여타 다른 이론 및 모델들과의 차별성을 아는 것은 결코 쉬운 일이 아니다. 때로는 각 이론을 이해하고 있는 것 같은데 막상 사례에 적용하려고

6) 이론 및 모델들 중에는 양립이 어려운 원칙을 갖고 있는 경우가 있는가 하면, 서로 유사하거나 근거를 두고 있는 경우도 있다. 후자의 경우에는 서로 연관시켜서 적용할 수도 있다(예: 사정은 생태체계모델로 하고 개입은 임파워먼트모델로 하는 경우에 임파워먼트 모델은 생태체계모델을 근간으로 하고 있기 때문에 상호 연관성이 있을 수 있다.)

보면 어떻게 연결시켜야 할지도 당황스럽고 다른 이론 및 모델들을 적용하는 것과 무엇이 다른지 헛갈릴 수도 있다. 만약 그렇다면 이는 이론이나 모델을 충분히 알고 있다고 보기 어려운 상황이다. 이론과 모델은 반복해서 공부하는 것이 필요하다. 강의뿐 아니라 자습이 병행되어야 하고 해당 이론을 적용한 우수 사례들을 보면서 실제 적용이 어떻게 이뤄지는지를 세심하게 들여다보아야 한다. 그래서 최종적으로는 아주 세부적인 것까지 다 기억하지는 못 하더라도 스스로 각 이론의 특징과 다른 이론과의 차별성을 말할 수 있는 수준까지는 도달할 수 있어야 한다.

4. 경계나 차이가 모호할 경우, 드러난 문제나 욕구 측면에서 사정과 개입의 초점이 어느 쪽에 더 가까운지를 고민해 보고 선택한다

앞에서도 언급하였듯이 이론이나 모델들 중에는 막상 적용하는 과정에서 그 경계나 차이가 모호하게 느껴지는 경우들이 꽤 있다. 이런 경우에는 클라이언트의 핵심적인 문제나 욕구가 어느 이론에서 더 잘 설명되는지를 각기 적용하여 비교해보는 것이 좋다. 예를 들어 개인과 환경의 상호작용을 염두에 둔 이론으로서 심리사회모델과 생태체계모델이 혼란스러운 경우라면, 다음과 같이 구분해 볼 수 있다. 즉 개인의 성장력과 심리적 상태에 초점이 주어지고 가족환경과 상호작용이 여기에 영향을 미치는 정도라면 심리사회모델이 적합하겠지만, 만약 클라이언트를 둘러싸고 있는 관련된 집단이나 조직, 지역사회(공동체), 법제도, 문화 등 다양한 차원의 체계들과 이들 간 상호작용의 어려움을 해결하는 것이 가장 핵심적인 이슈라면 생태체계모델로 해석하는 것이 좀 더 효과적일 것이다.

5. 각 사례별로 적용할 때에는 반드시 그 이론에 대해 다시 한 번 책으로 공부해야 한다. 현장 사례에 적용하며 공부한 내용이 가장 기억에 남는다

이론은 강의실에서 익히는 것도 좋겠지만 현장에서 사례를 적용하면서 공부하는 것이 가장 기억에 잘 남는 것 같다. 단, 이를 위해서는 클라이언트를 만나기 전후로 관련된 이론과 적용사례들을 보면서 일단 머릿속에서 적용 시나리오를 그려보는 작업이 필요하다. 자기가 맡은 사례와 관련하여 공부한 이론이나 모델은 오래도록 기억되며 임상가로서의 자신감을 더해줄 수 있다. 그러므로 이론 따로 실천 따로 생각하지 말고, 현장에서 실천하면서 항상 공부하는 습관을 들이는 것이 좋다.

6. 이론의 적용과정이 어렵고 번거로울 수는 있지만 이 과정이 논리적이고 전문적인 개입의 핵심 과정임을 기억한다

수련기록 작성 있어서 가장 껄끄러운 부분 중의 하나가 이론의 적용이라고 해도 과언이 아닐 것이다. 그럼에도 불구하고 이러한 과정이 우리의 과학성, 전문성을 담보하고, 수련생이 전문가로서 역량을 갖춰가도록 하는 데에 필수적인 과정이라는 점에서 그 중요성을 인식하고 슈퍼바이저부터 이 부분을 지속적으로 공부하고 발전시켜가는 노력이 있어야겠다.

7. 자신에게 익숙한 이론을 숙달하는 것도 중요하지만 다양한 이론을 경험하도록 노력을 기울이는 것이 필요하다

실제 수련사례기록들을 보면 한두 가지 이론을 가지고 전체 사례에 적용해서 제출하는 경우를 종종 보게 된다. 자신이 선호하거나 자신 있는 이론 및 모델에만 익숙해지면 클라이언트의 문제나 욕구를 그대로 보지 못 하고 자신에게 익숙한 이론적 틀에 클라이언트 상황을 끼워 맞추는 우를 범할 수 있다. 수련생은 배우는 과정에 있고 앞으로 어떤 세팅에서 일하게 될지 알 수 없으므로 가능하다면 최대한 다양한 이론이나 모델들을 적용해 보는 경험을 해볼 것을 권장한다.

참고문헌

김혜란, 홍선미, 공계순 (2006). **사회복지실천기술론**. 나남출판.

엄명용, 노충래, 김용석 (2015). **사회복지 실천기술의 이해**. 학지사.

양옥경, 김정진, 서미경, 김미옥, 김소희 (2013). **사회복지실천론**. 나남출판.

양옥경, 최명민 (2001). 한국인의 한과 탄력성: 정신보건사회사업에의 적용, **정신건강과 사회복지**, 11, 7-29.

최명민 (1999). 대상관계 부부치료의 이론적 고찰 및 활용. **한국가족치료학회지**, 7(1), 31-51.

최명민 (2003). 정신보건사회복지실천을 위한 이론의 활용. 한국정신보건사회복지사협회.

황숙연 (2007). 정신장애인의 회복의 인식에 관한 탐색적 고찰. **정신건강과사회복지**, 27, 28-63.

Berg, I. K., & Miller, S. D. (1992). **해결중심적 가족치료**. 가족치료연구회모임 역. 하나의학사.

Fraser, W. M., Richman, J. M., & Glinsky, M. J. (1999). Risk, Protection, and Resilience: Toward a Conceptual Framework for Social Work Practice. *Social Work Research, 23*(3), 131-140.

Friedman, B. D. (1997). Systems Theory, in Brandell, J.(Ed.) *Clinical Social Work.* New York: The Free Press: 3-17.

Horner, A. J. (1991). P*sychoanalytic Object Relations Theory.* New Your: Jason Aronson.

Leamy, M., Bird, V. J., Le Boutillier, C., Williams, J., & Slade, M. (2011). A conceptual framework for personal recovery in mental health: systematic review and narrative synthesis. *British Journal of Psychiatry, 199,* 445-452.

Mcguire, L. (2002). **전문사회복지실천기술**. 배태순, 최명민, 이선혜, 김영미 공역. 센게이지러닝.

Miley, K. K., O'Milia, M., & DuBois, B. (2004). *Generalist Social Work Practice: An Empoerment Approach.* Boston: Ally and Bacon.

Payne, M. (2001). **현대사회복지실천이론**. 서진환, 이선혜, 정수경 공역. 나남출판.

Saleebey, D. (1996). The Strength Perspective in Social Work Practice: Extensions and Cautions. *Social Work, 41,* 296-305.

Saleebey, D. (2001). *Human Behavior and Social Environment: A Biopsychosocial Approach.* New York: Columbia University Press.

Thompson, N. (2010). *Theorizing Social Work Practice.* London: Palgrave Macmillan.

Walsh, F. (1998). *Strengthening Family Resilience.* New York: Guilford.

정신건강사회복지의 이해와 실제 1

초판발행 2021년 4월 25일 **1판 1쇄 인쇄** | 2021년 4월 30일 **1판 1쇄 발행**
2022년 3월 5일 **1판 2쇄 인쇄** | 2022년 3월 10일 **1판 2쇄 발행**

편저자 한국정신건강사회복지사협회
펴낸이 최용구 | **펴낸곳** 도서출판 **신정**
주소 (04316) 서울시 용산구 원효로 89길 19 (원효로1가)
전화 02)3211-4782, 0266(영업부), 3211-4783(편집부), 3211-4784(팩스)
이메일 shinjeong72@naver.com | **홈페이지** www.sjbook.co.kr
등록 2001년 5월 11일 제13-702호
기획마케팅 최용구 장만동 최충구 진소희 | **책임편집** 석기은 황가연

ISBN 978-89-5912-759-7 94330
978-89-5912-761-0 (전2권)

정가 23,000원